AF717259

Jidi 寂地 • Ageng 阿梗

Der freie Vogel fliegt

Band 1

跖脚张望 1

Aus dem Chinesischen übersetzt von Martina Hasse

华瑞图书网
chinabooks.ch

Inhalt 目录

Originaltitel: 踮脚张望 Standing on your tiptoe, Vol. 1
Copyright © 2018 by 寂地 Jidi, 阿梗 Ageng
German translation copyright © 2018 by Chinabooks E. Wolf (www.chinabooks.ch)
This translation published by arrangement with 寂地 Jidi, daxiangguan.com
All rights reserved

Szenario und Texte: 寂地 Jidi
Zeichnungen: 阿梗 Ageng
Übersetzung aus dem Chinesischen: Martina Hasse

mit Anmerkungen von Martina Hasse
in der zweisprachigen Ausgabe mit Vokabellisten und Inhaltszusammenfassungen von Yingqun Jiang
Satz und Lettering: Elisabeth Wolf
Umschlaggestaltung und Bildretusche: Roberto Kohlstedt
technische Beratung: Fritz Franz Vogel

Verlag der deutschsprachigen Ausgabe:
Chinabooks E. Wolf und E. Wu, Bühlstrasse 6, CH-8142 Uitikon-Waldegg
www.chinabooks.ch
Tel. 0041 (0)43 540 40 77 / 0041 (0)76 518 45 26
bestellen@chinabooks.ch

Vertrieb an den deutschen Buchhandel:
GVA Gemeinsame Verlagsauslieferung Göttingen GmbH & Co. KG
www.gva-verlage.de
Postfach 2021, D-37010 Göttingen
Tel. +49 (0) 551 384200 -0 / Fax. +49 (0) 551 384200 -10

Vertrieb an den österreichischen Buchhandel:
Mohr Morawa Buchvertrieb GmbH
Sulzengasse 2, A-1230 Wien
Telefon: +43 (1) 680 14-0 / Fax: +43 (1) 688 71 30
Mail: momo@mohrmorawa.at

Vertrieb an den deutschen Comicfachhandel:
Comic Base Berlin
www.comic-base-berlin.de
Baruther Str. 10, D-10961 Berlin
Tel. +49 (0) 30 / 6 94 38 55

Die Übersetzung aus dem Chinesischen wurde vom SüdKulturFonds in Zusammenarbeit mit Litprom e. V. - Literaturen der Welt unterstützt.

Erstauflage April 2018 – Printed in Czech Republic

ISBN: 978-3-905816-72-3

1. Kapitel: Ihre Festung und ihr Garten

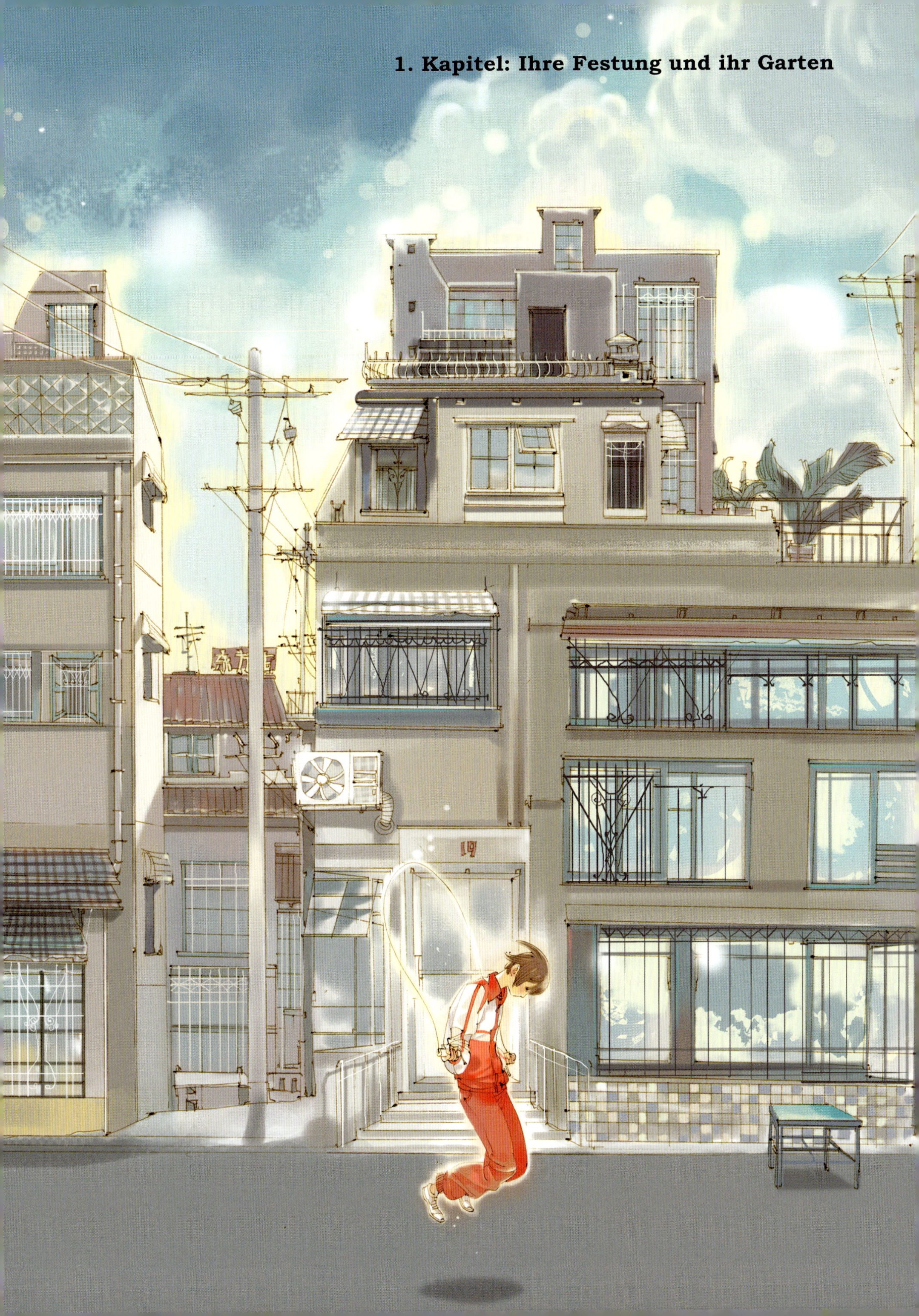

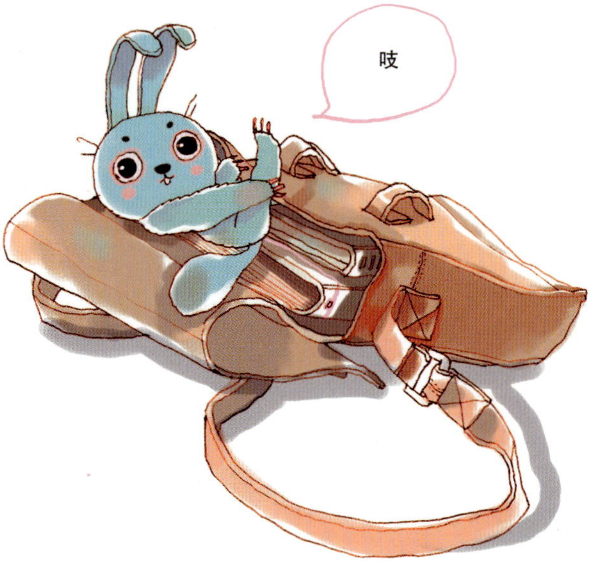
吱

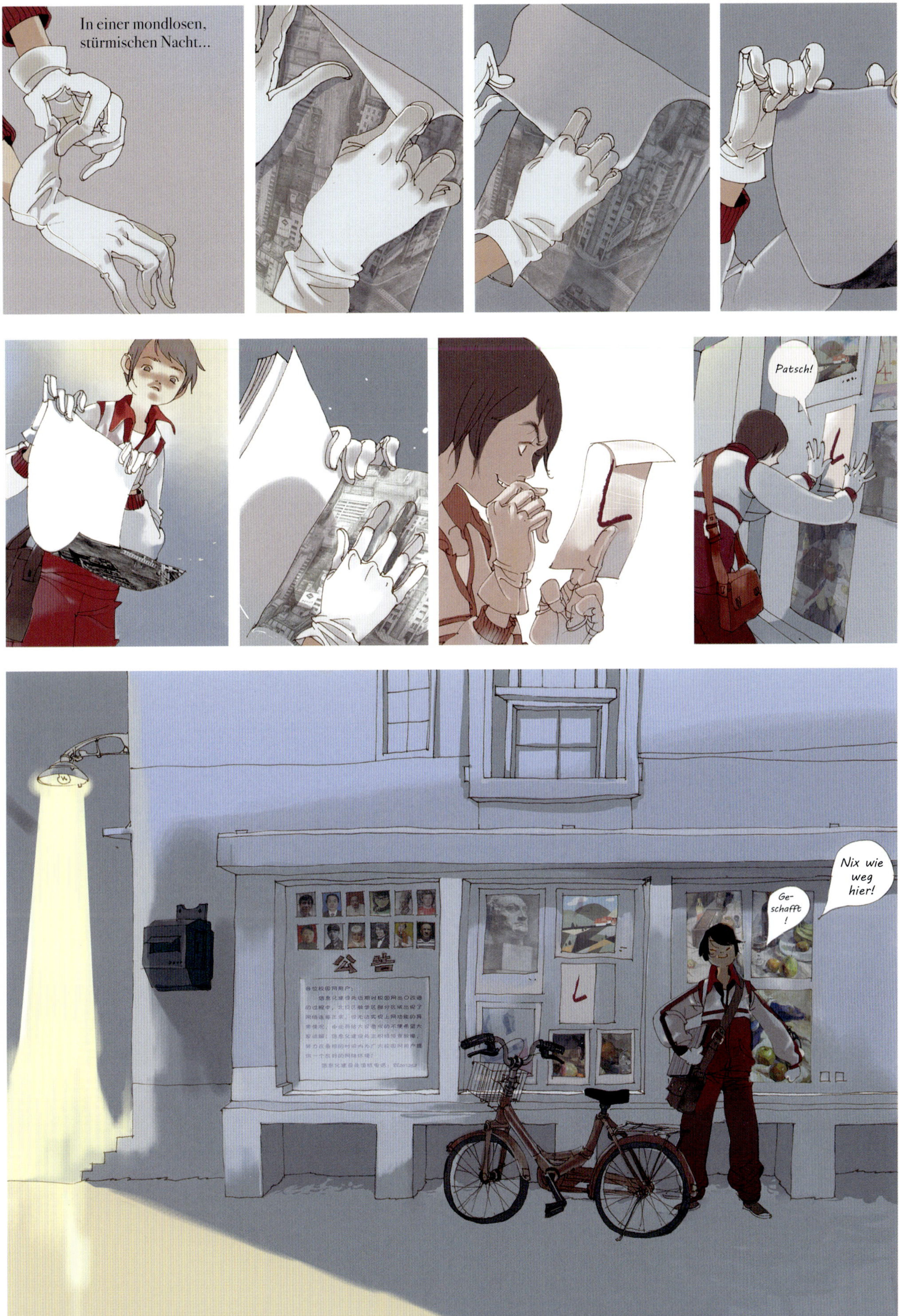
In einer mondlosen, stürmischen Nacht…
Patsch!
公告
Ge-schafft!
Nix wie weg hier!

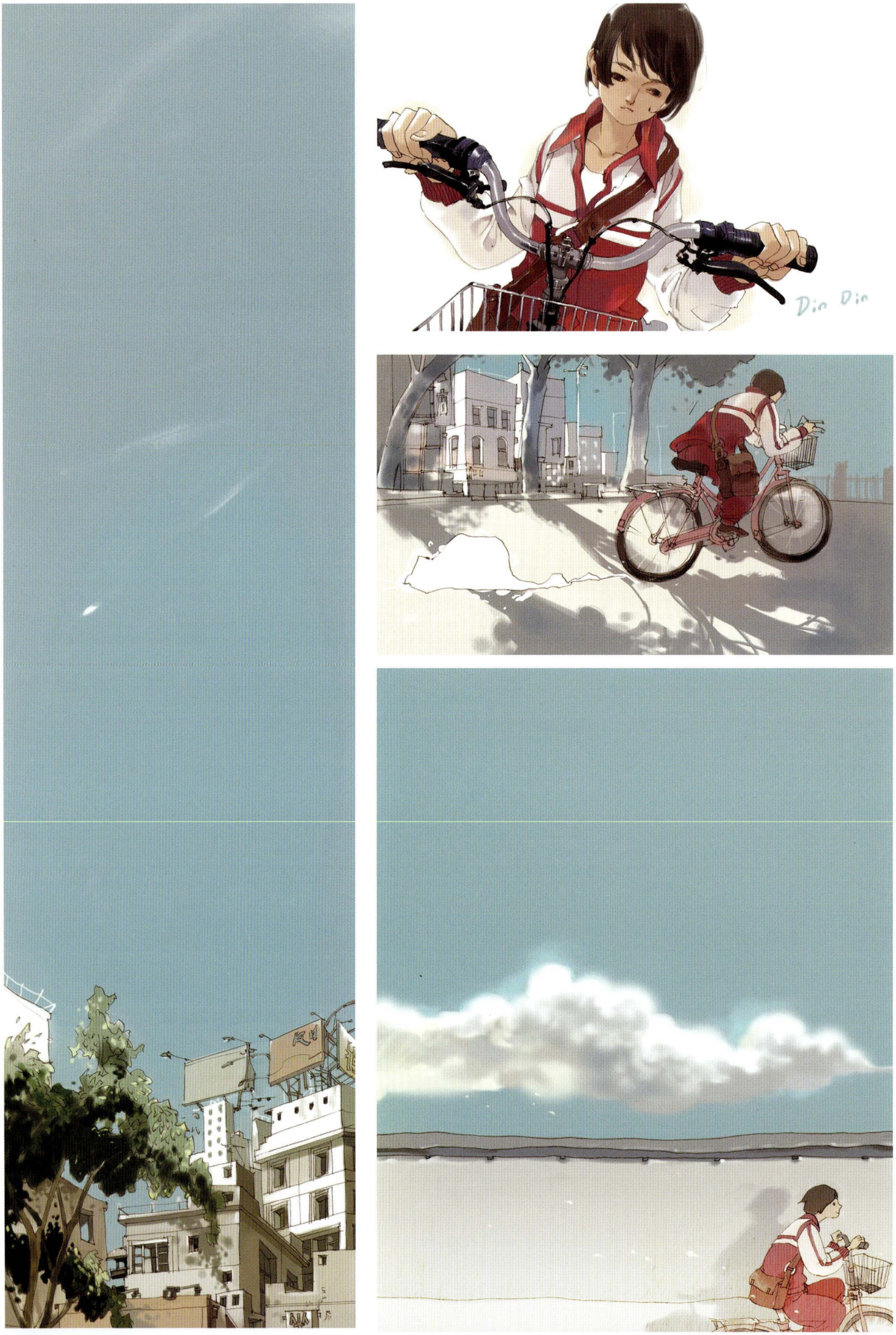
Din Din

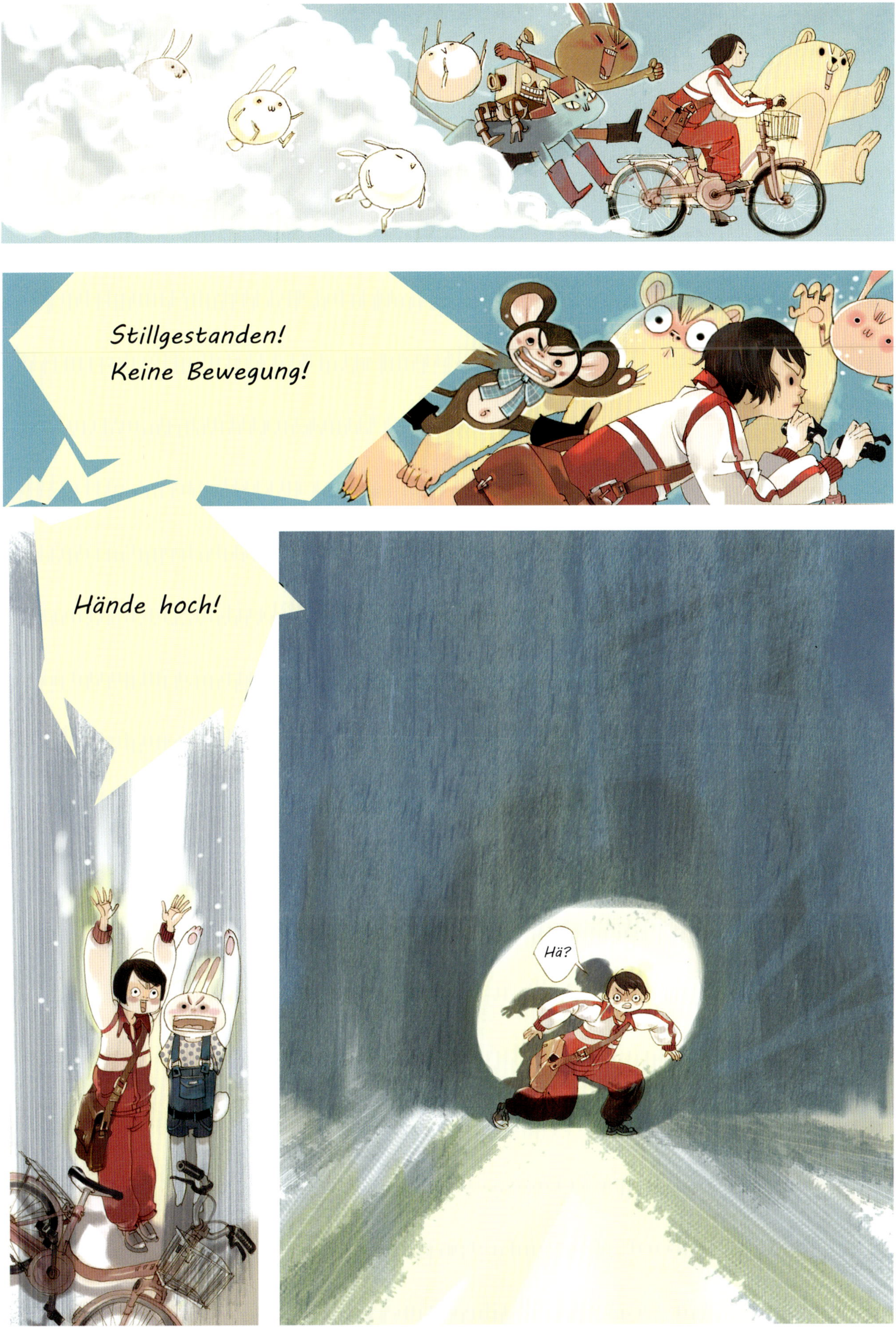
Stillgestanden!
Keine Bewegung!
Hände hoch!
Hä?

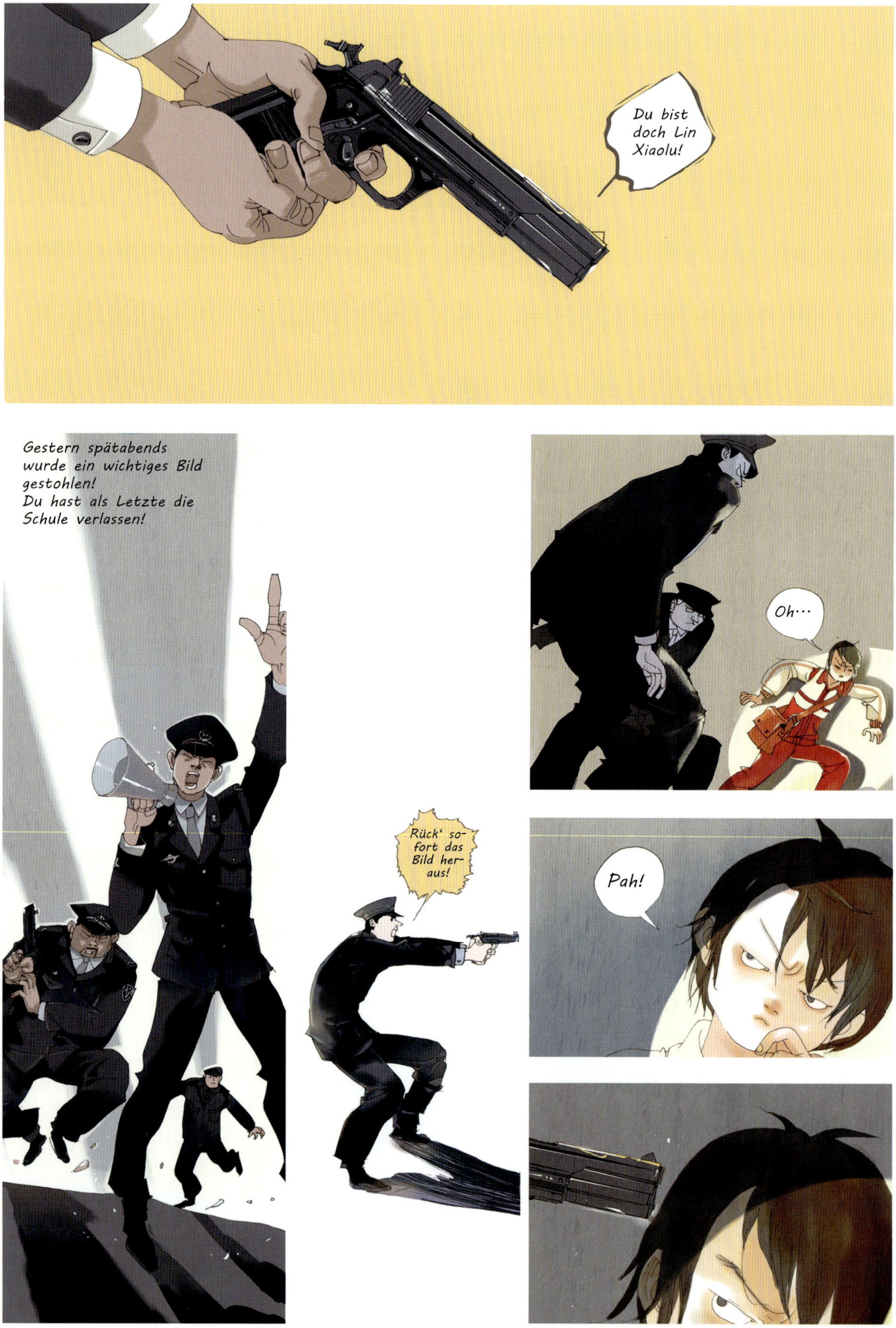
Du bist doch Lin Xiaolu!
Gestern spätabends wurde ein wichtiges Bild gestohlen! Du hast als Letzte die Schule verlassen!
Rück' sofort das Bild heraus!
Oh…
Pah!

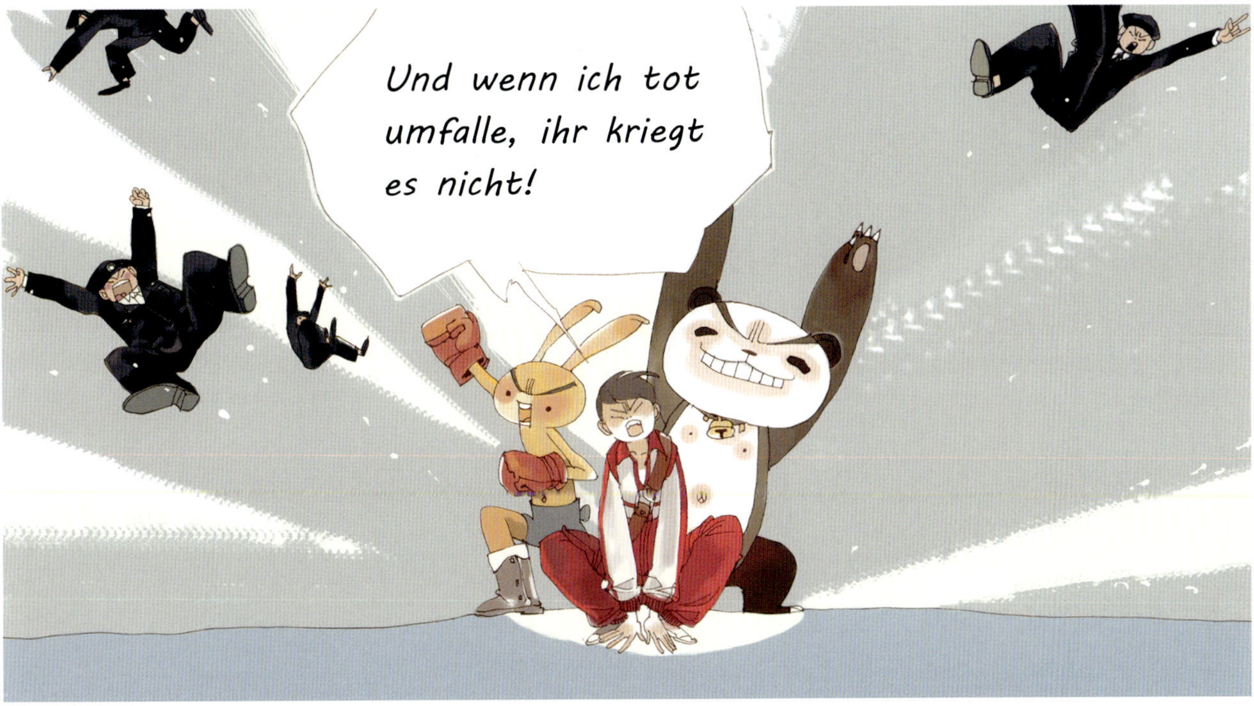
Und wenn ich tot umfalle, ihr kriegt es nicht!

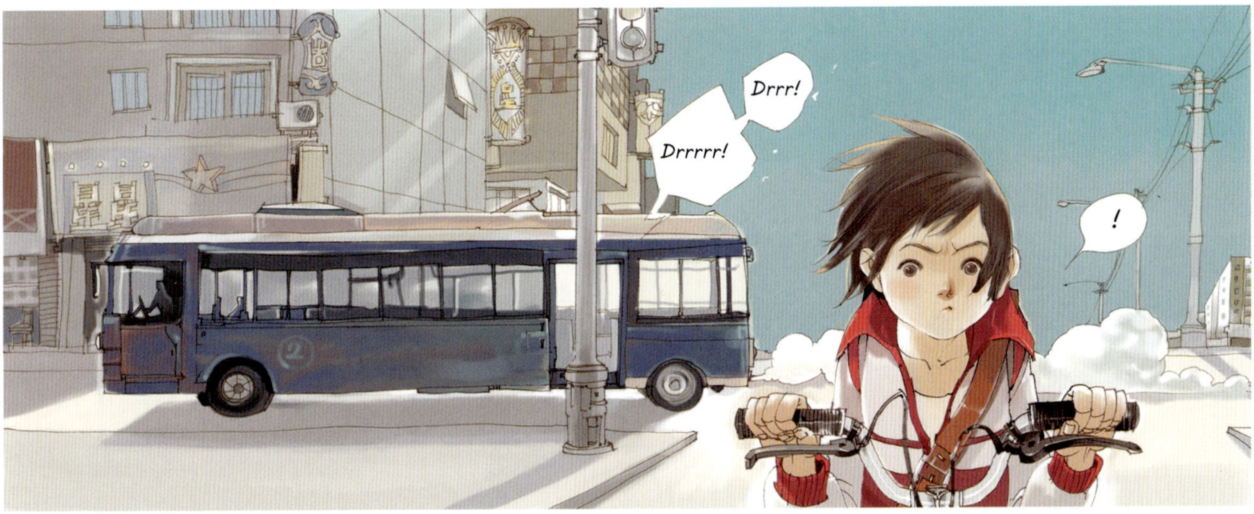
Drrr!
Drrrrr!
!

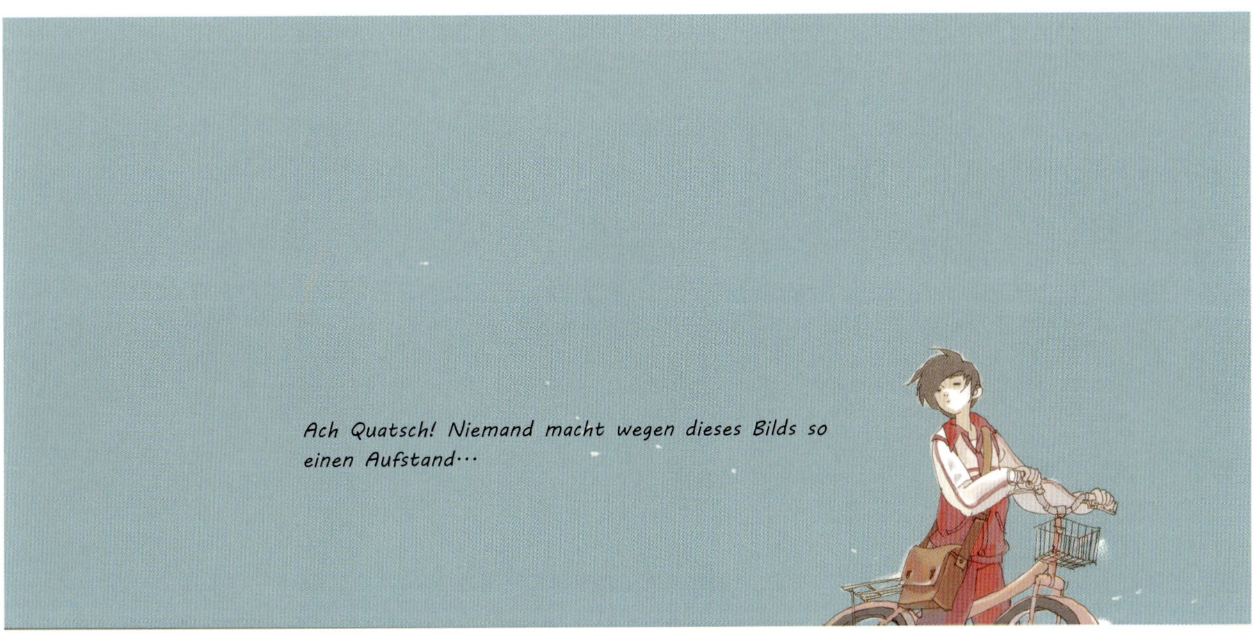
Ach Quatsch! Niemand macht wegen dieses Bilds so einen Aufstand···

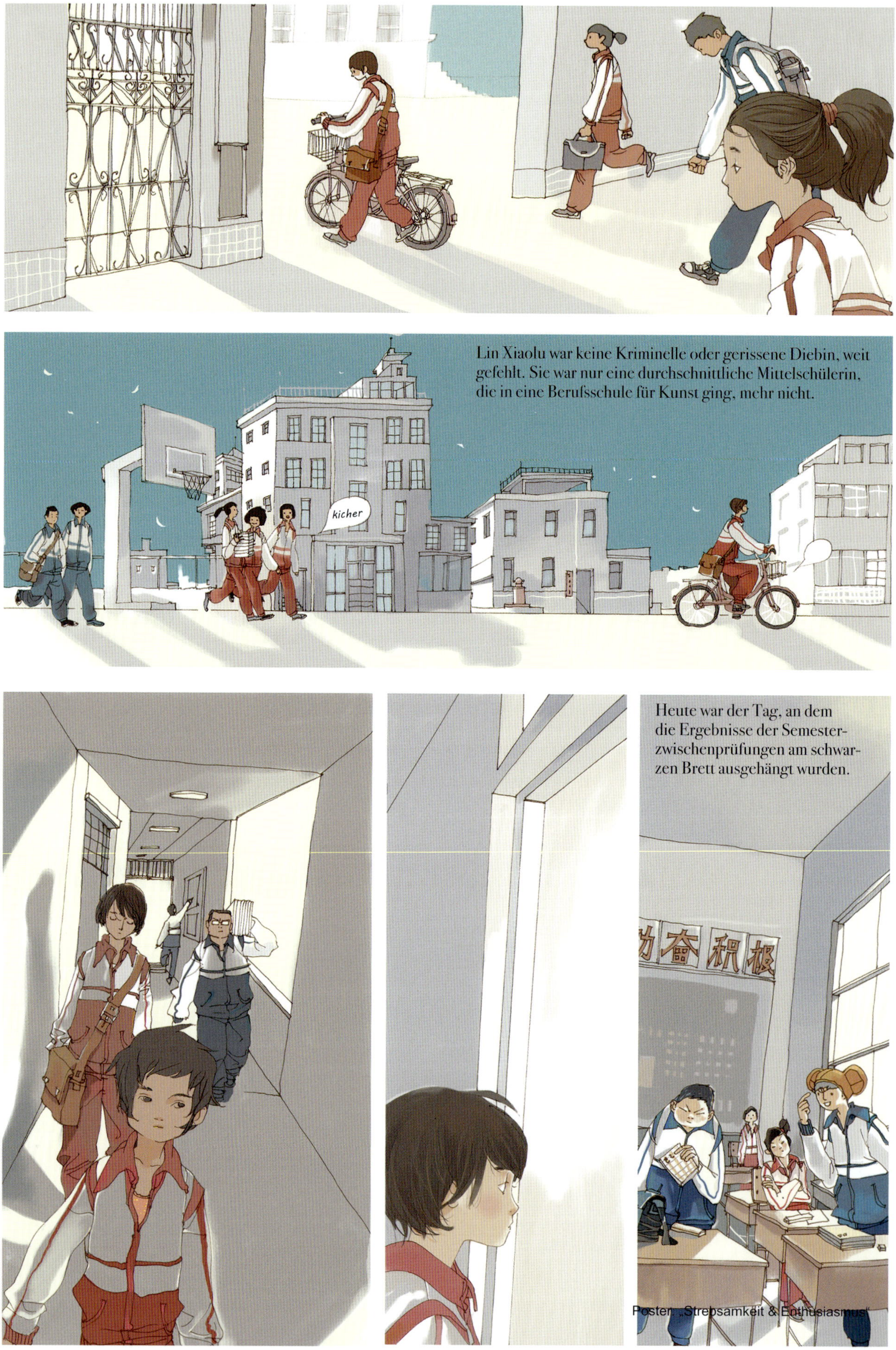
Lin Xiaolu war keine Kriminelle oder gerissene Diebin, weit gefehlt. Sie war nur eine durchschnittliche Mittelschülerin, die in eine Berufsschule für Kunst ging, mehr nicht.
kicher
Heute war der Tag, an dem die Ergebnisse der Semesterzwischenprüfungen am schwarzen Brett ausgehängt wurden.
Poster „Strebsamkeit & Enthusiasmus"

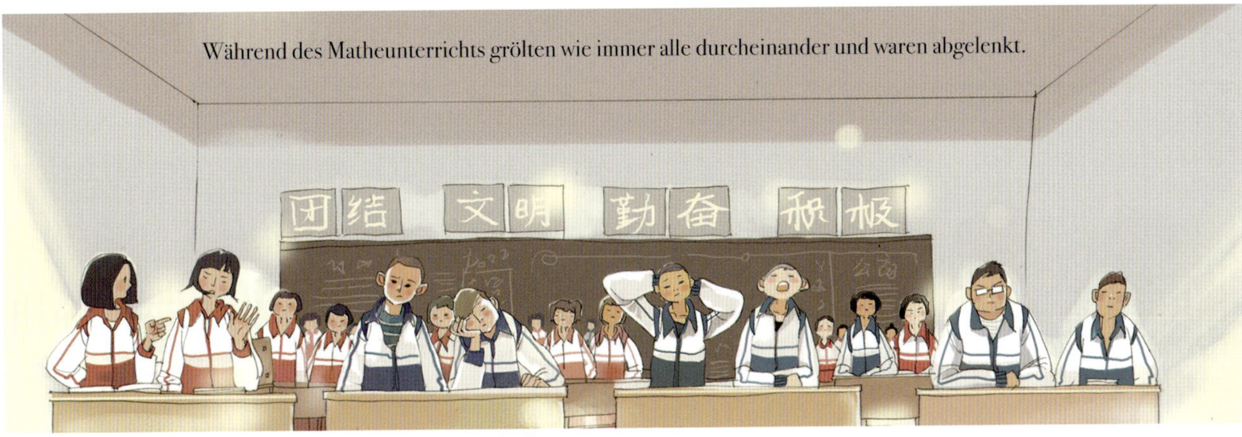

* Poster: Zusammenhalt & Gesittung & Strebsamkeit & Enthusiasmus

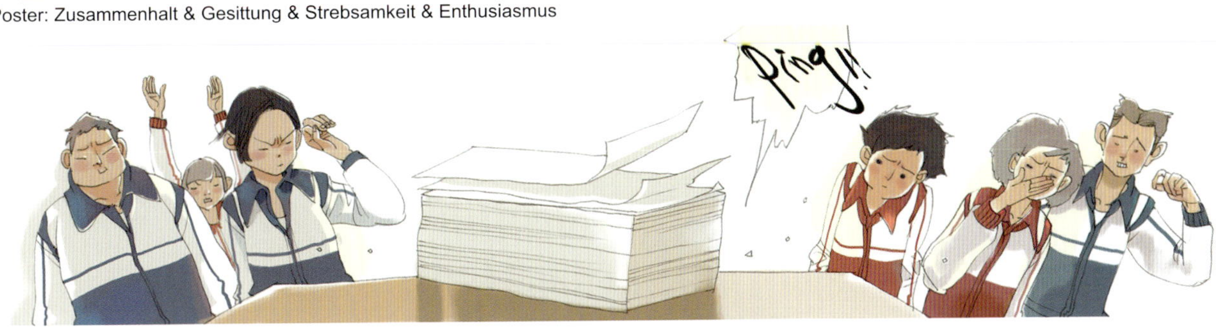

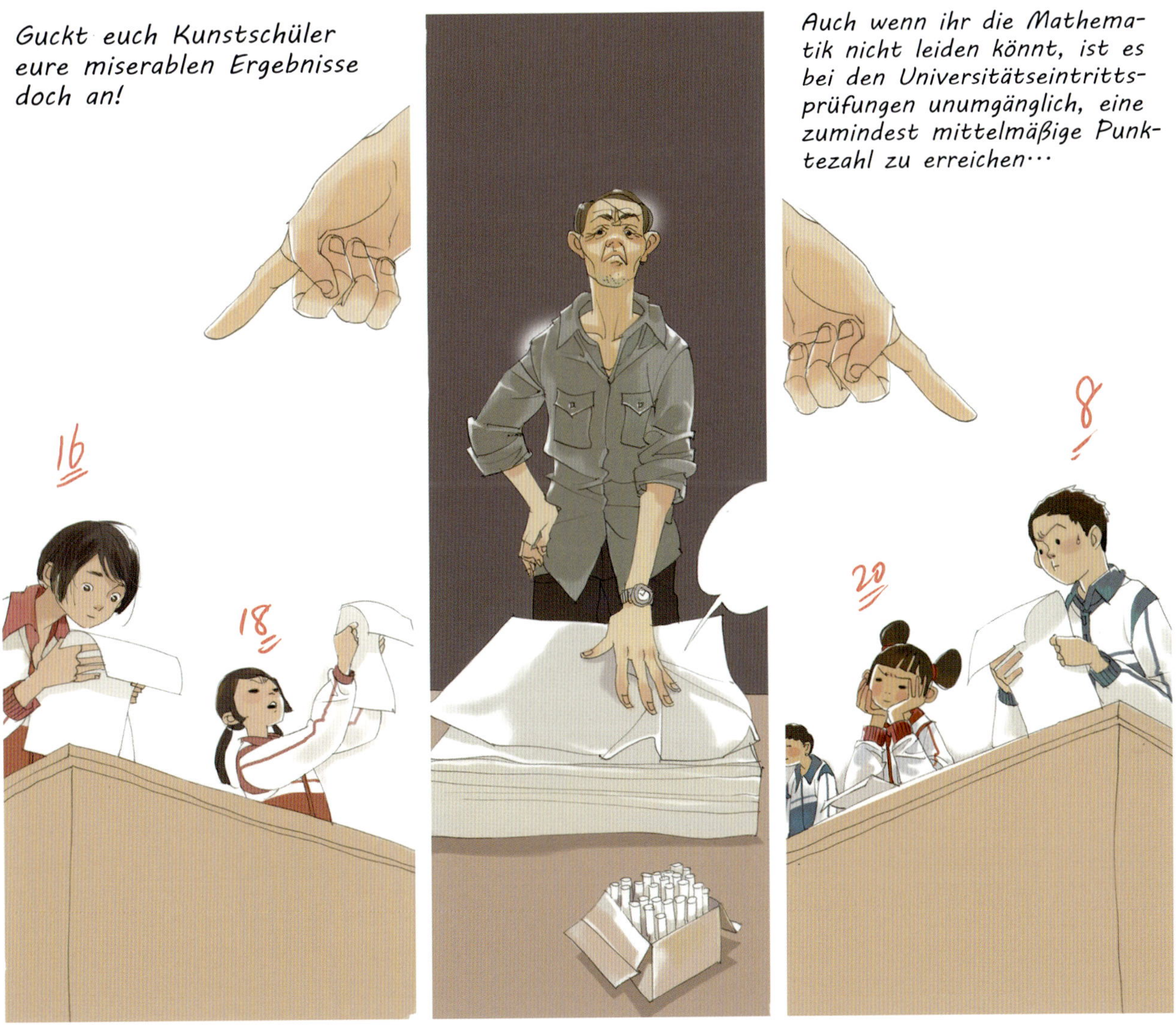

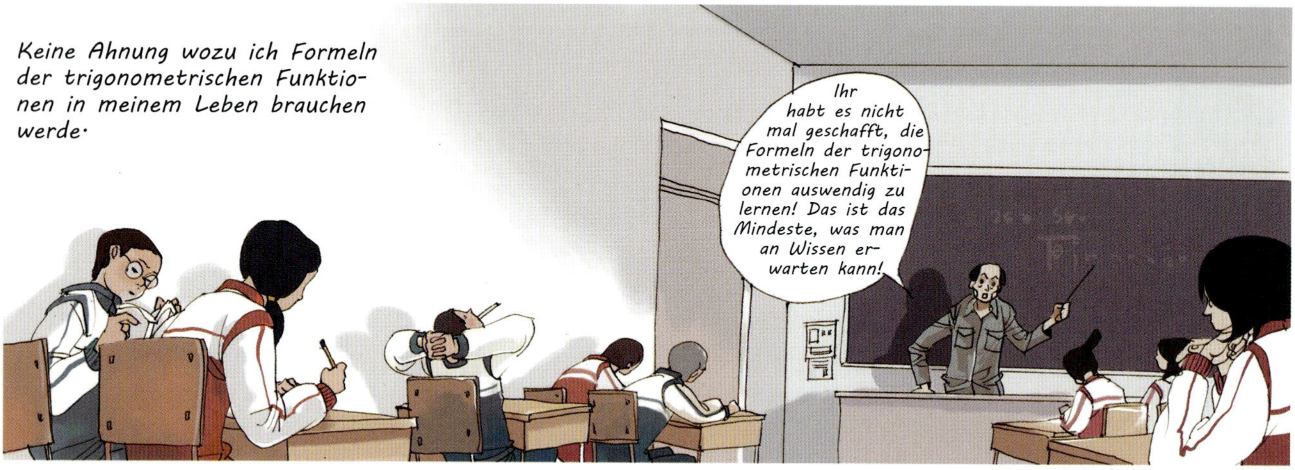

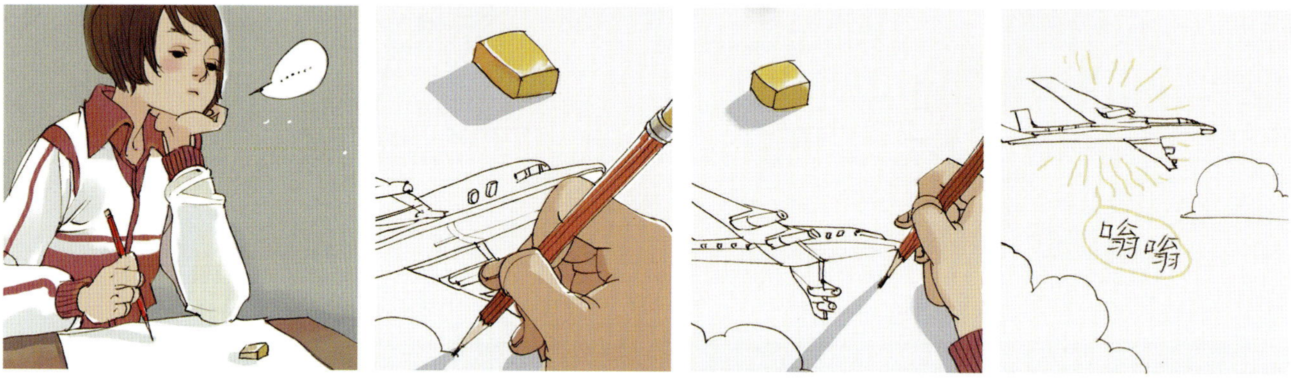

Dass man im Unterricht malen konnte und in Mathe mit nur 16 erreichten Punkten immer noch im Mittelfeld der Klasse lag, dies waren genau die paradiesischen Gefilde, die Lin Xiaolu frank und frei aufwachsen ließen.
Erst im zweiten Schulhalbjahr des ersten Highschool-Jahres war sie hierher gewechselt. Das war auch der Grund, warum sie zu dieser Schule noch kein richtiges Vertrauen gefasst hatte. Und aus dem selben Grund musste sie auch nicht befürchten, dass sie, wenn sie beim Unterricht träumte, zurechtgewiesen würde.
Allmählich verschwand die Stimme des Mathelehrers in der Ferne und sie versank in nichtssagenden Erinnerungen. Als sie acht Jahre alt war, damals...

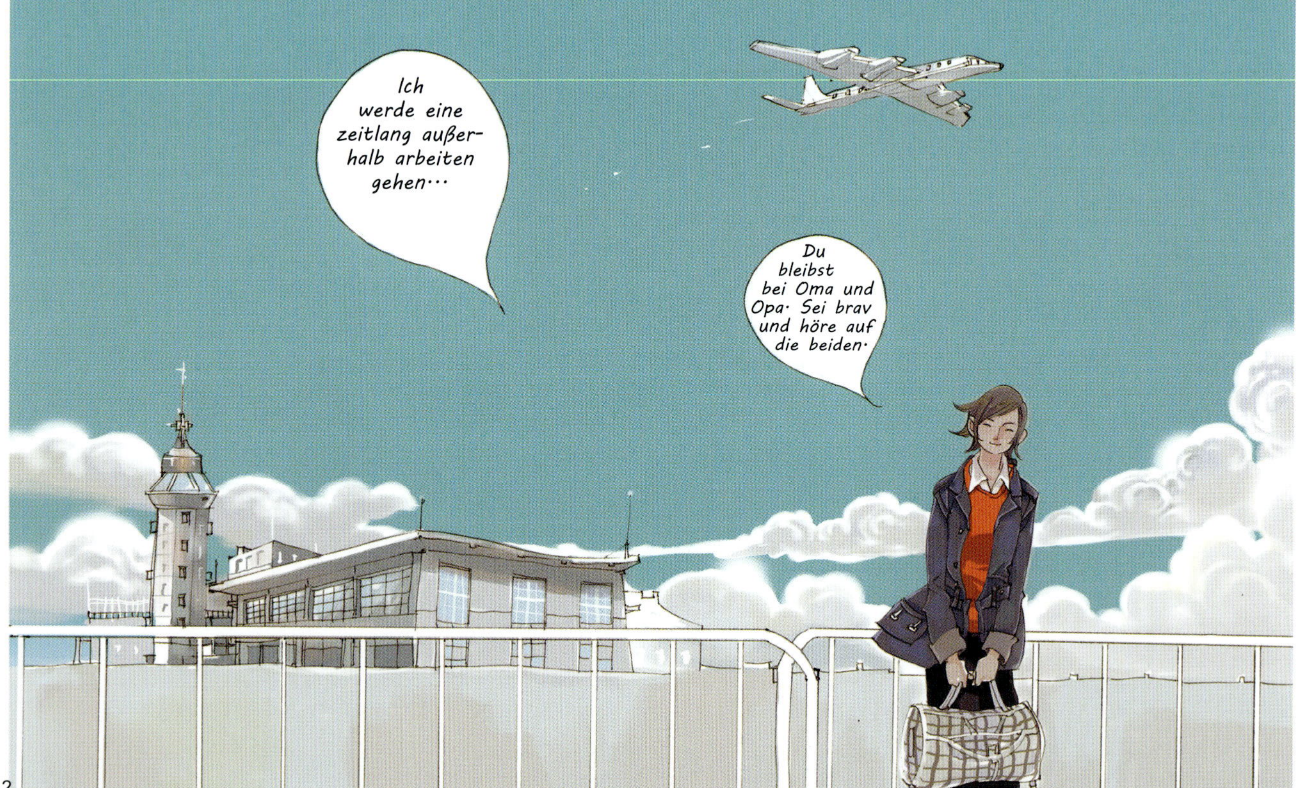

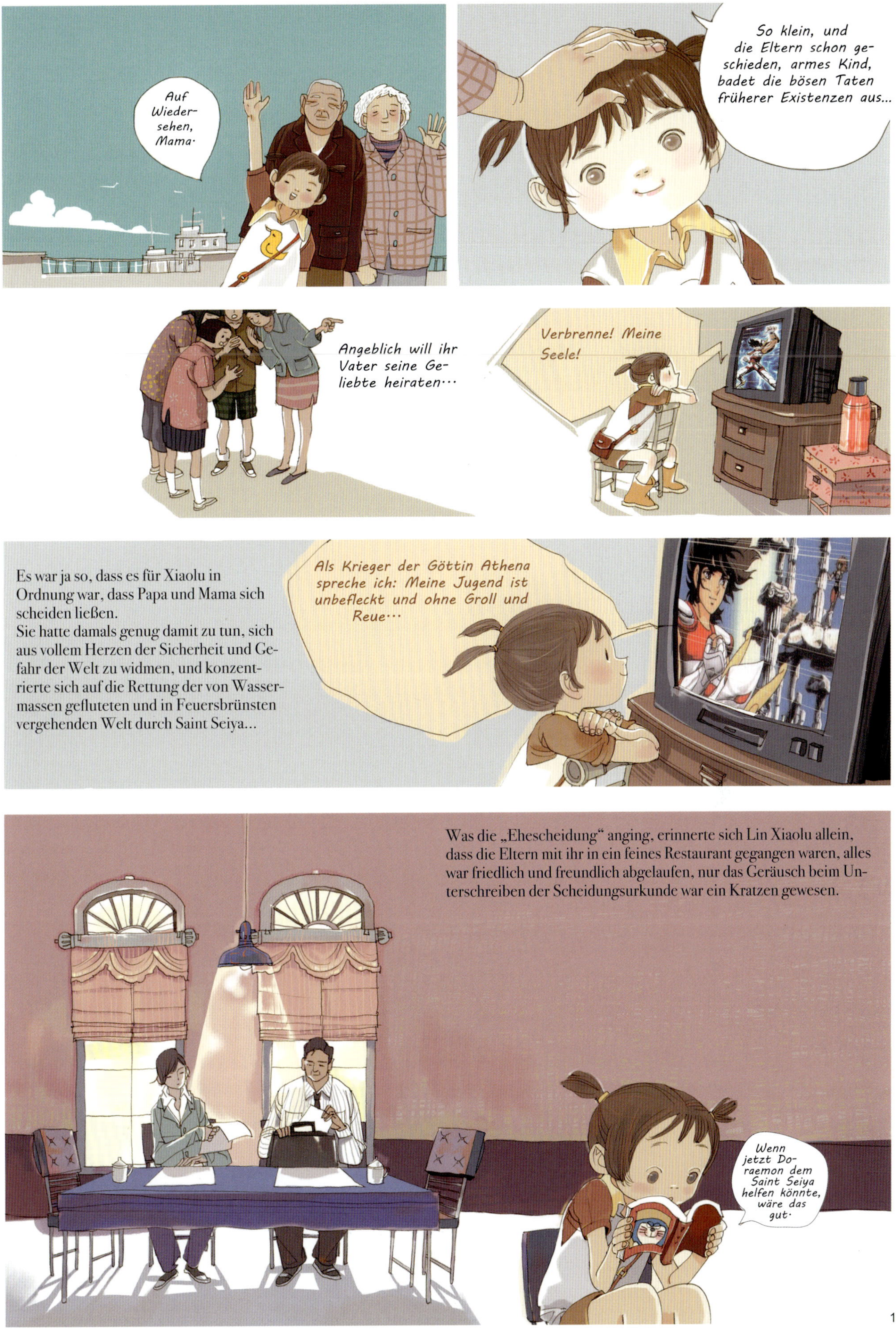
Auf Wieder-sehen, Mama.
So klein, und die Eltern schon ge-schieden, armes Kind, badet die bösen Taten früherer Existenzen aus...
Angeblich will ihr Vater seine Ge-liebte heiraten...
Verbrenne! Meine Seele!
Es war ja so, dass es für Xiaolu in Ordnung war, dass Papa und Mama sich scheiden ließen. Sie hatte damals genug damit zu tun, sich aus vollem Herzen der Sicherheit und Gefahr der Welt zu widmen, und konzentrierte sich auf die Rettung der von Wassermassen gefluteten und in Feuersbrünsten vergehenden Welt durch Saint Seiya...
Als Krieger der Göttin Athena spreche ich: Meine Jugend ist unbefleckt und ohne Groll und Reue...
Was die „Ehescheidung“ anging, erinnerte sich Lin Xiaolu allein, dass die Eltern mit ihr in ein feines Restaurant gegangen waren, alles war friedlich und freundlich abgelaufen, nur das Geräusch beim Unterschreiben der Scheidungsurkunde war ein Kratzen gewesen.
Wenn jetzt Doraemon dem Saint Seiya helfen könnte, wäre das gut.

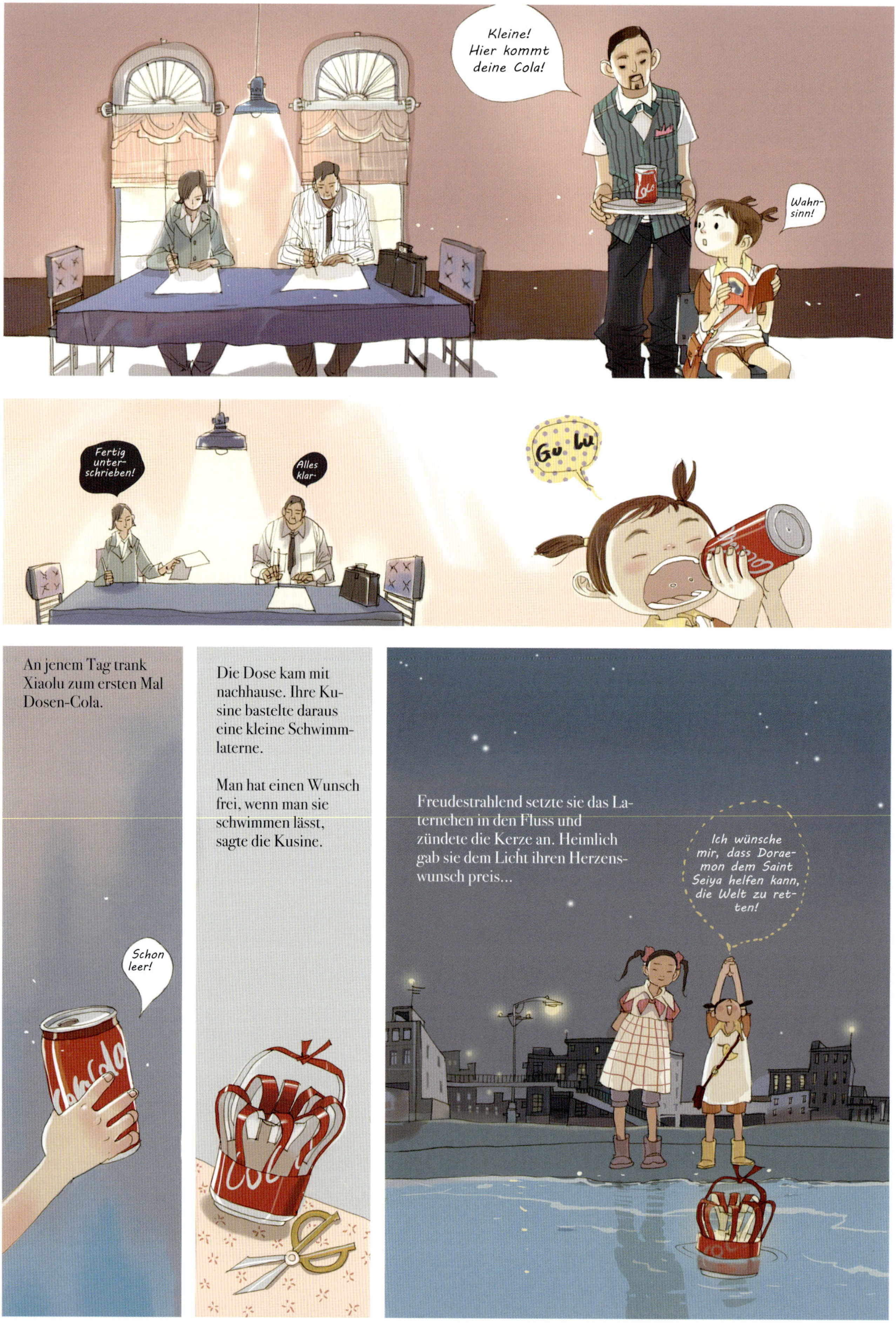

Kleine! Hier kommt deine Cola!
Wahnsinn!
Fertig unterschrieben!
Alles klar.
Gu Lu
An jenem Tag trank Xiaolu zum ersten Mal Dosen-Cola.
Schon leer!
Die Dose kam mit nachhause. Ihre Kusine bastelte daraus eine kleine Schwimmlaterne.
Man hat einen Wunsch frei, wenn man sie schwimmen lässt, sagte die Kusine.
Freudestrahlend setzte sie das Laternchen in den Fluss und zündete die Kerze an. Heimlich gab sie dem Licht ihren Herzenswunsch preis...
Ich wünsche mir, dass Doraemon dem Saint Seiya helfen kann, die Welt zu retten!

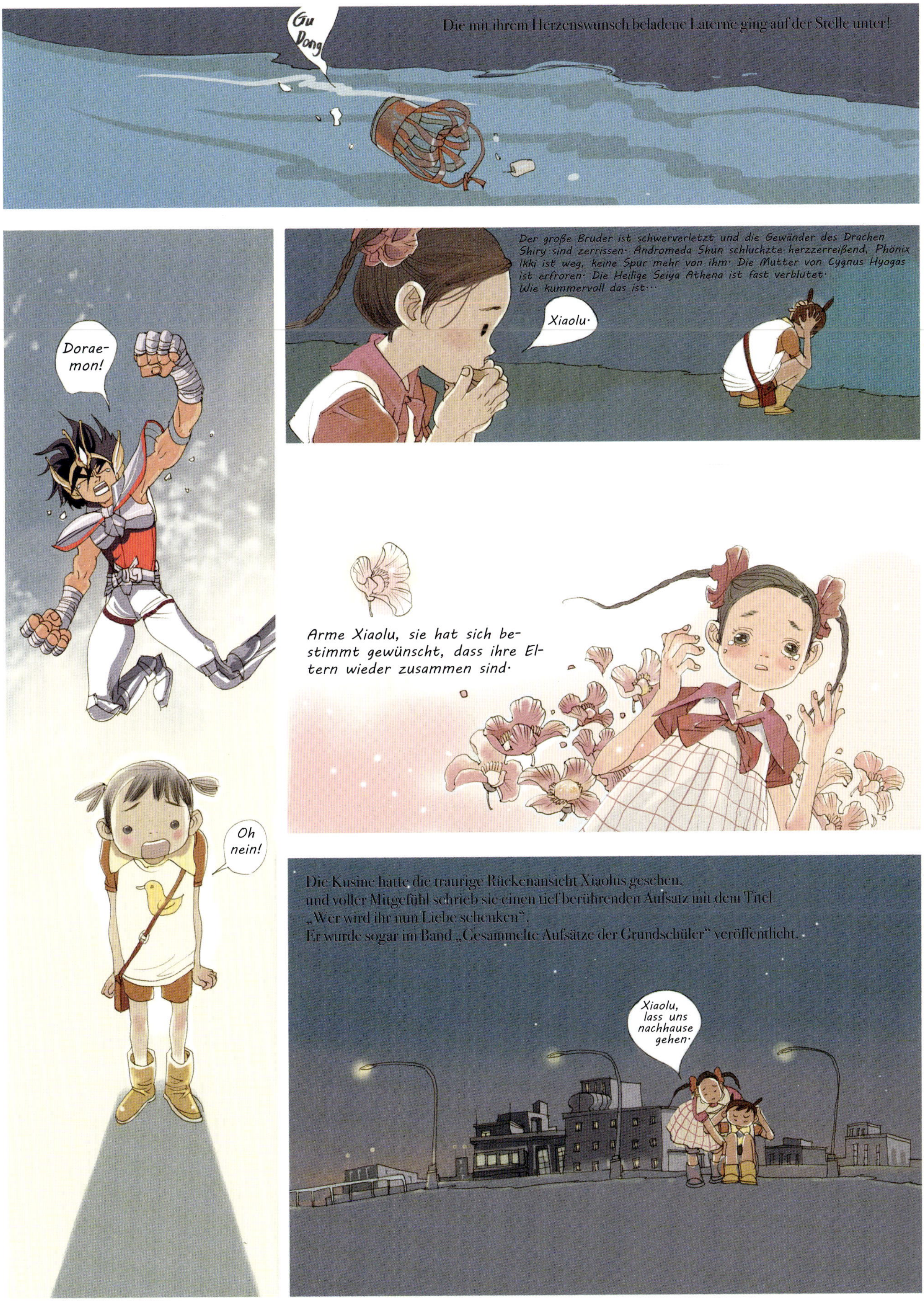

Gu Dong
Die mit ihrem Herzenswunsch beladene Laterne ging auf der Stelle unter!
Doraemon!
Der große Bruder ist schwerverletzt und die Gewänder des Drachen Shiry sind zerrissen. Andromeda Shun schluchzte herzzerreißend, Phönix Ikki ist weg, keine Spur mehr von ihm. Die Mutter von Cygnus Hyogas ist erfroren. Die Heilige Seiya Athena ist fast verblutet. Wie kummervoll das ist…
Xiaolu.
Arme Xiaolu, sie hat sich bestimmt gewünscht, dass ihre Eltern wieder zusammen sind.
Oh nein!
Die Kusine hatte die traurige Rückenansicht Xiaolus gesehen, und voller Mitgefühl schrieb sie einen tief berührenden Aufsatz mit dem Titel „Wer wird ihr nun Liebe schenken“. Er wurde sogar im Band „Gesammelte Aufsätze der Grundschüler“ veröffentlicht.
Xiaolu, lass uns nachhause gehen.

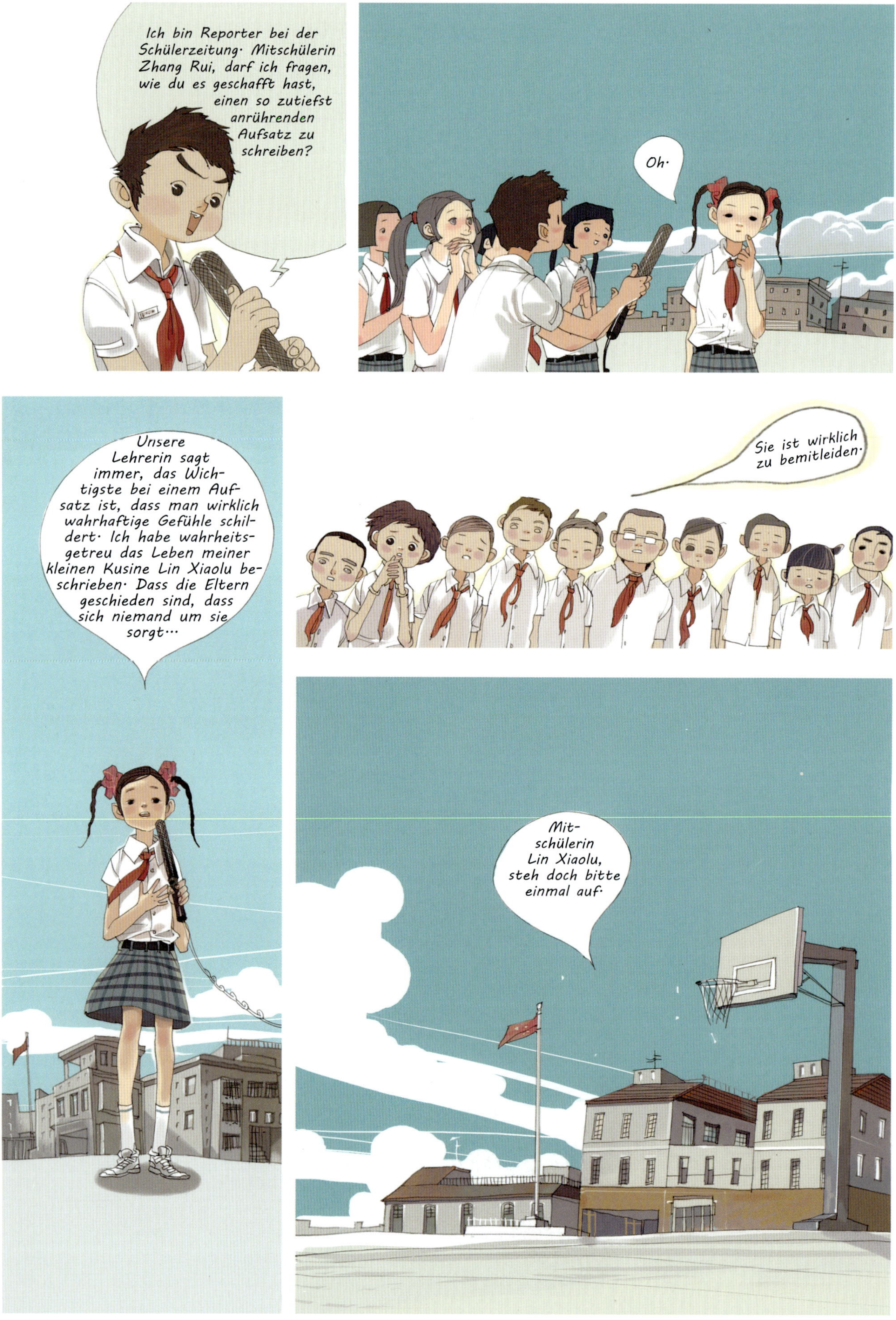
Ich bin Reporter bei der Schülerzeitung. Mitschülerin Zhang Rui, darf ich fragen, wie du es geschafft hast, einen so zutiefst anrührenden Aufsatz zu schreiben?
Oh.
Unsere Lehrerin sagt immer, das Wichtigste bei einem Aufsatz ist, dass man wirklich wahrhaftige Gefühle schildert. Ich habe wahrheitsgetreu das Leben meiner kleinen Kusine Lin Xiaolu beschrieben. Dass die Eltern geschieden sind, dass sich niemand um sie sorgt…
Sie ist wirklich zu bemitleiden.
Mitschülerin Lin Xiaolu, steh doch bitte einmal auf.

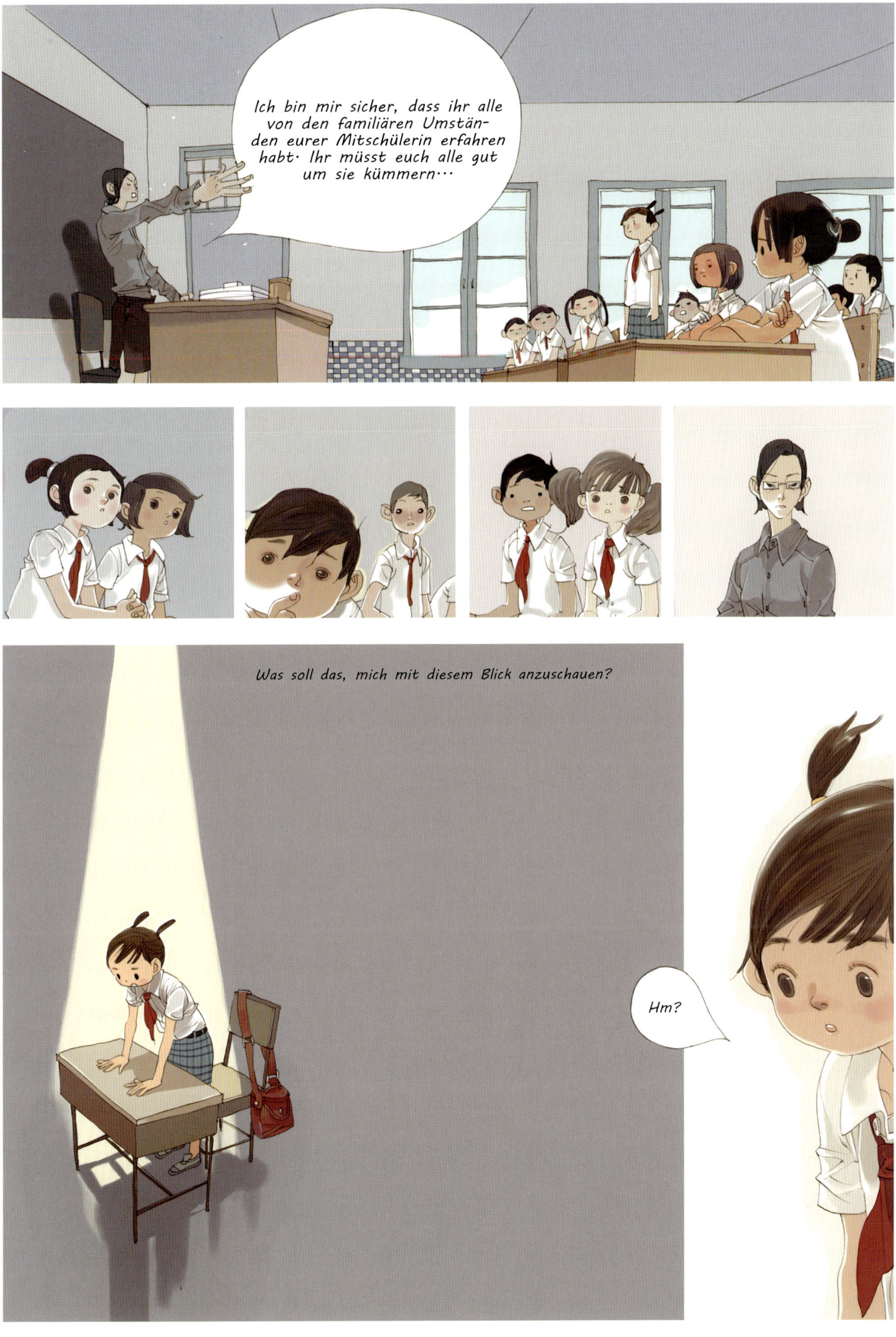
Ich bin mir sicher, dass ihr alle von den familiären Umständen eurer Mitschülerin erfahren habt. Ihr müsst euch alle gut um sie kümmern…
Was soll das, mich mit diesem Blick anzuschauen?
Hm?

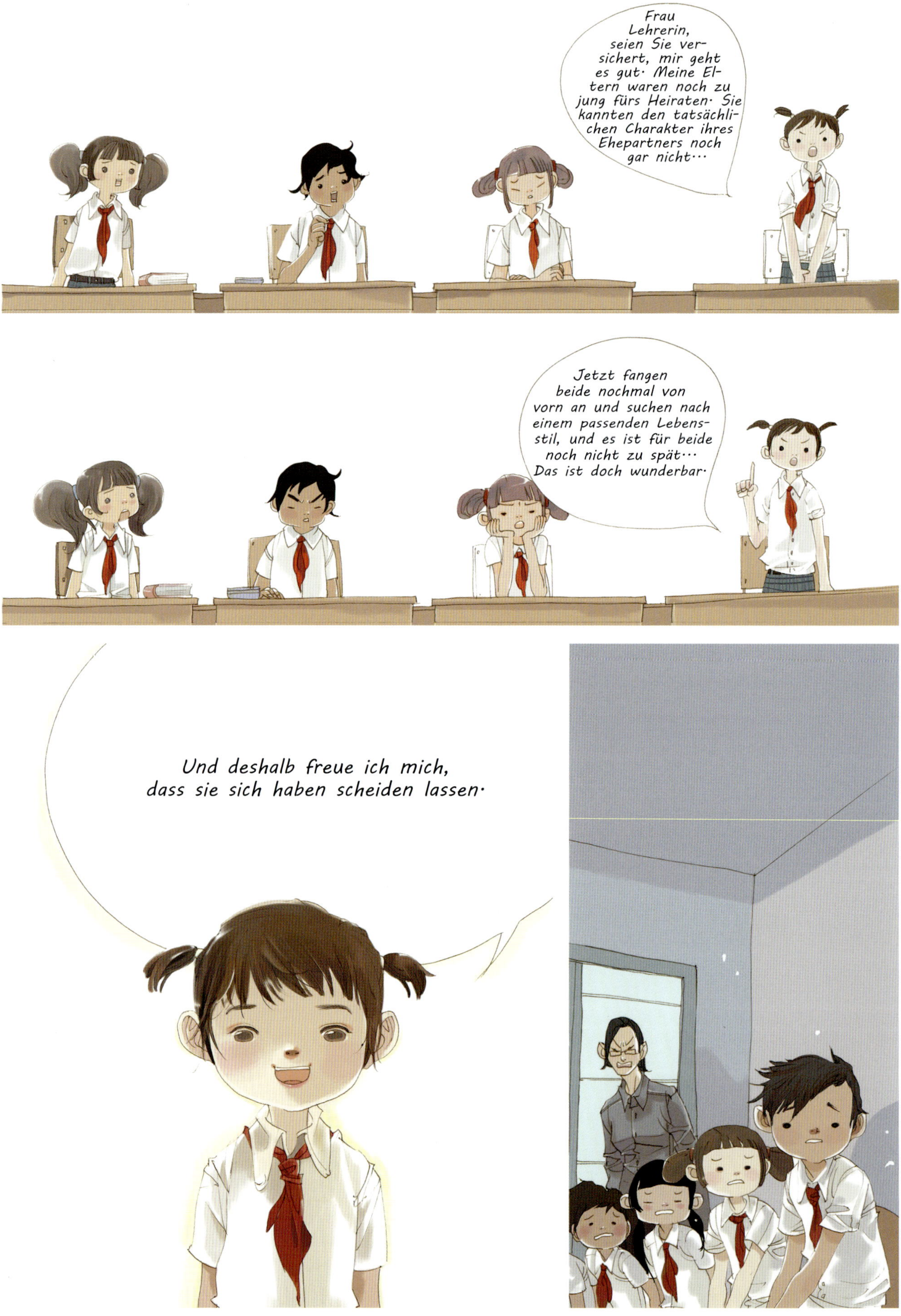
Frau Lehrerin, seien Sie versichert, mir geht es gut. Meine Eltern waren noch zu jung fürs Heiraten. Sie kannten den tatsächlichen Charakter ihres Ehepartners noch gar nicht…
Jetzt fangen beide nochmal von vorn an und suchen nach einem passenden Lebensstil, und es ist für beide noch nicht zu spät… Das ist doch wunderbar.
Und deshalb freue ich mich, dass sie sich haben scheiden lassen.

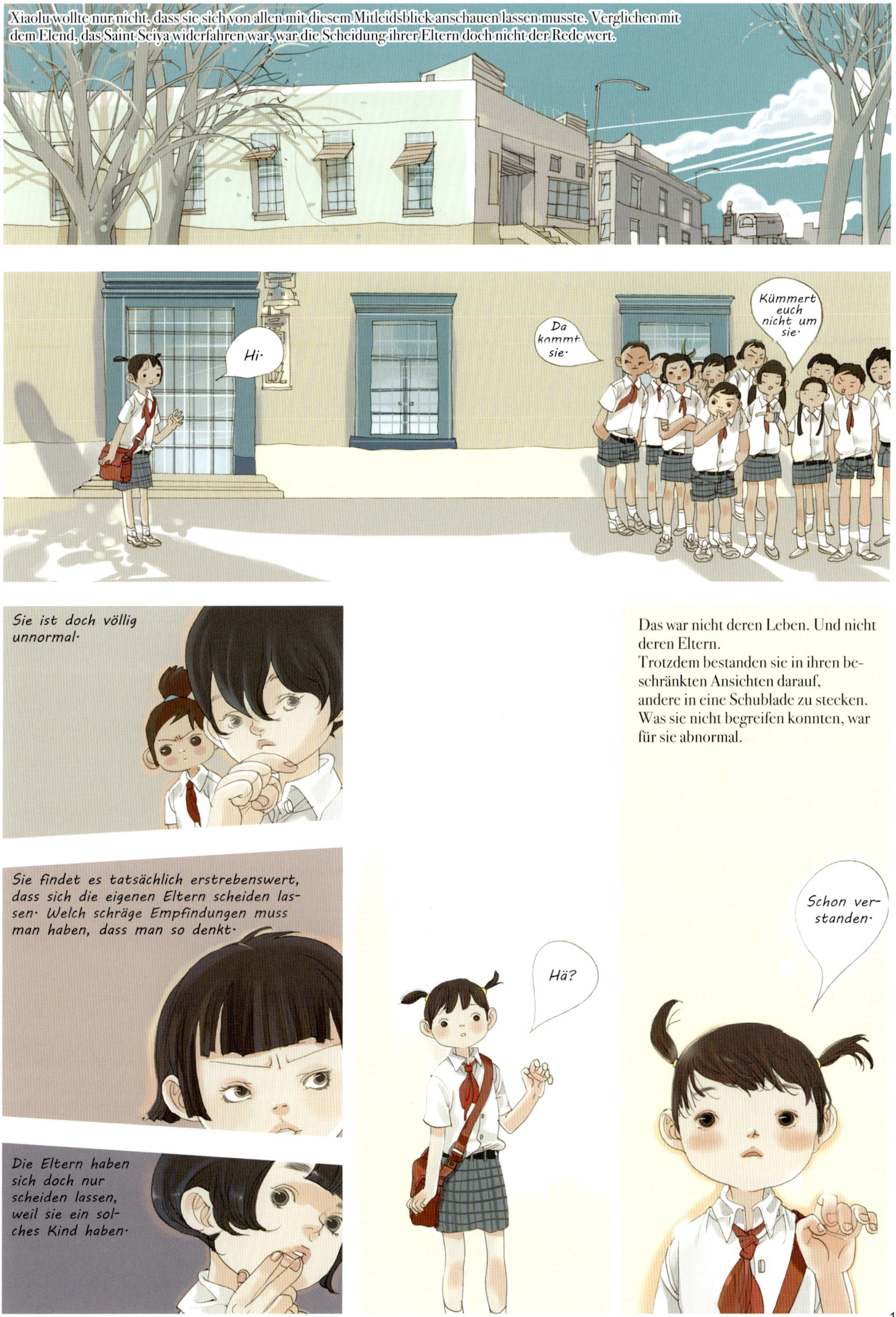
Xiaolu wollte nur nicht, dass sie sich von allen mit diesem Mitleidsblick anschauen lassen musste. Verglichen mit dem Elend, das Saint Seiya widerfahren war, war die Scheidung ihrer Eltern doch nicht der Rede wert.
Hi.
Da kommt sie.
Kümmert euch nicht um sie.
Sie ist doch völlig unnormal.
Das war nicht deren Leben. Und nicht deren Eltern. Trotzdem bestanden sie in ihren beschränkten Ansichten darauf, andere in eine Schublade zu stecken. Was sie nicht begreifen konnten, war für sie abnormal.
Sie findet es tatsächlich erstrebenswert, dass sich die eigenen Eltern scheiden lassen. Welch schräge Empfindungen muss man haben, dass man so denkt.
Die Eltern haben sich doch nur scheiden lassen, weil sie ein solches Kind haben.
Hä?
Schon verstanden.

Jetzt wusste sie endlich, welch Risiko es bedeutete,
wenn sie sagte, was sie dachte.

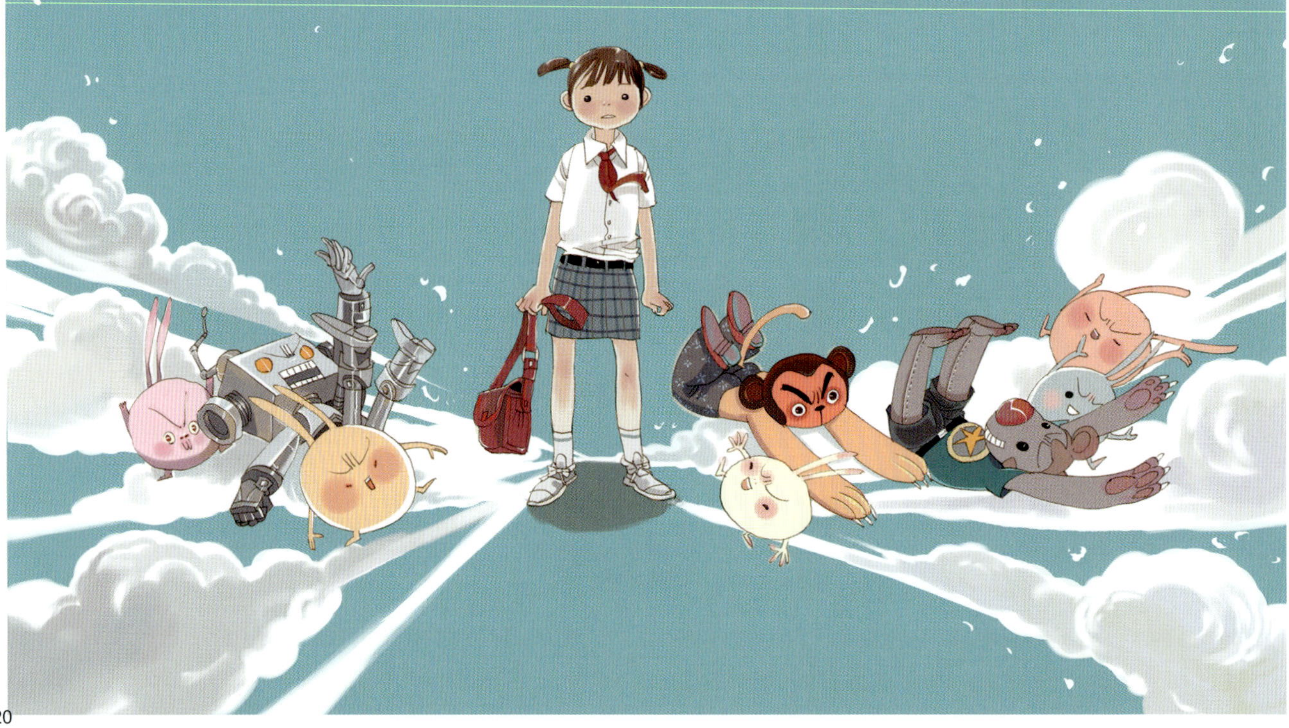

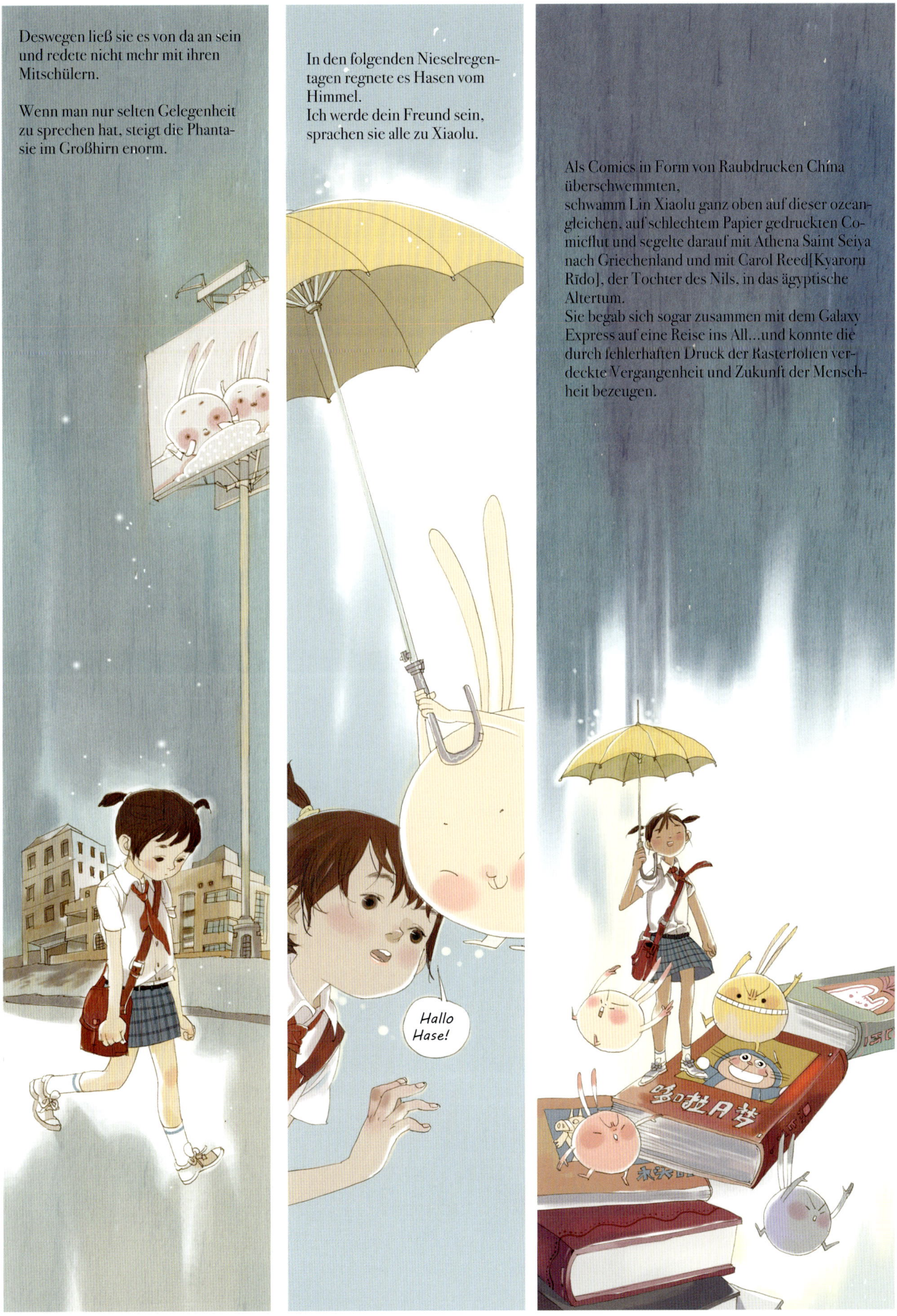
Deswegen ließ sie es von da an sein und redete nicht mehr mit ihren Mitschülern.
Wenn man nur selten Gelegenheit zu sprechen hat, steigt die Phantasie im Großhirn enorm.
In den folgenden Nieselregentagen regnete es Hasen vom Himmel.
Ich werde dein Freund sein, sprachen sie alle zu Xiaolu.
Hallo Hase!
Als Comics in Form von Raubdrucken China überschwemmten,
schwamm Lin Xiaolu ganz oben auf dieser ozeangleichen, auf schlechtem Papier gedruckten Comicflut und segelte darauf mit Athena Saint Seiya nach Griechenland und mit Carol Reed[Kyaroru Rīdo], der Tochter des Nils, in das ägyptische Altertum.
Sie begab sich sogar zusammen mit dem Galaxy Express auf eine Reise ins All…und konnte die durch fehlerhaften Druck der Rasterfolien verdeckte Vergangenheit und Zukunft der Menschheit bezeugen.

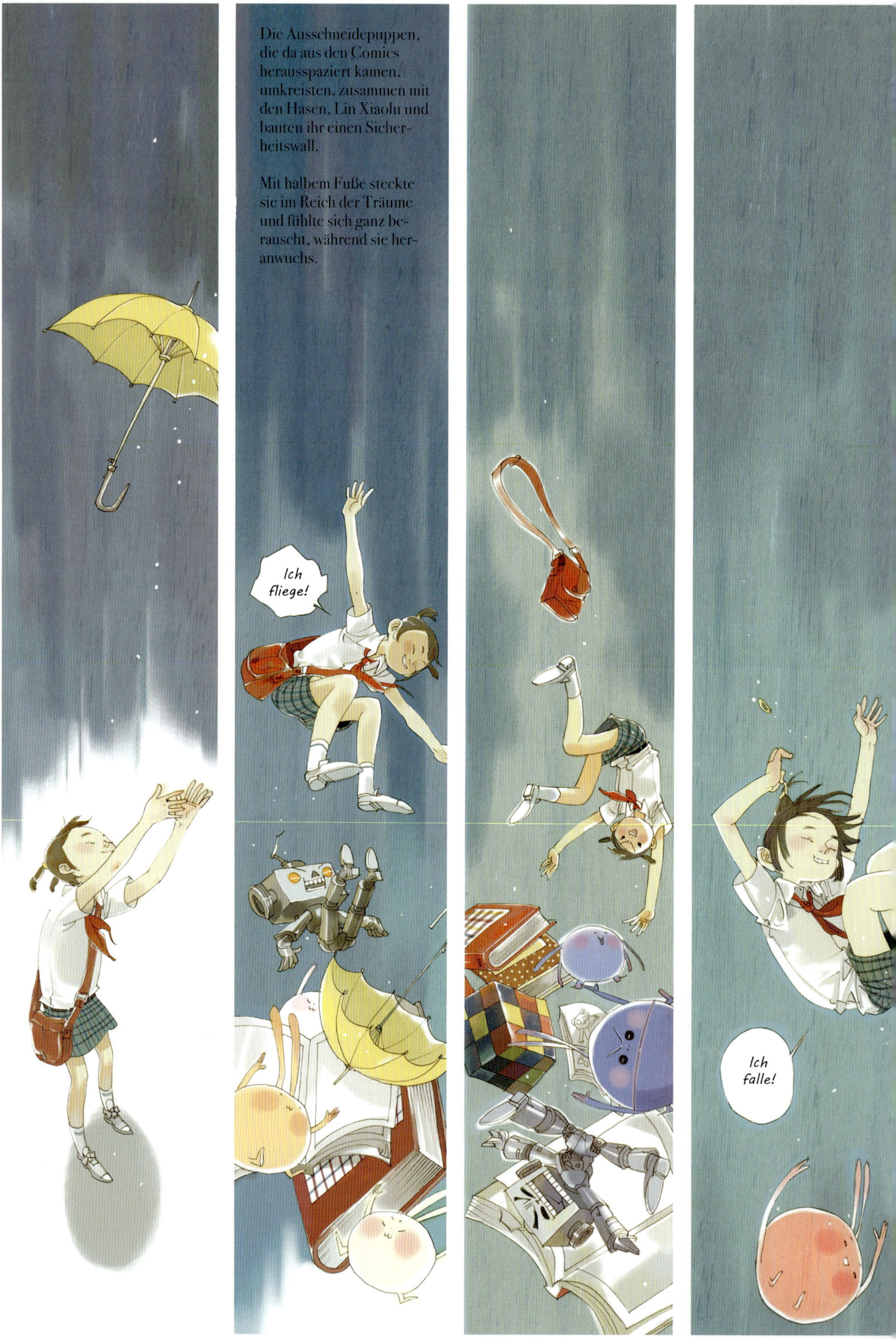
Die Ausschneidepuppen, die da aus den Comics herausspaziert kamen, umkreisten, zusammen mit den Hasen, Lin Xiaolu und bauten ihr einen Sicherheitswall.
Mit halbem Fuße steckte sie im Reich der Träume und fühlte sich ganz berauscht, während sie heranwuchs.
Ich fliege!
Ich falle!

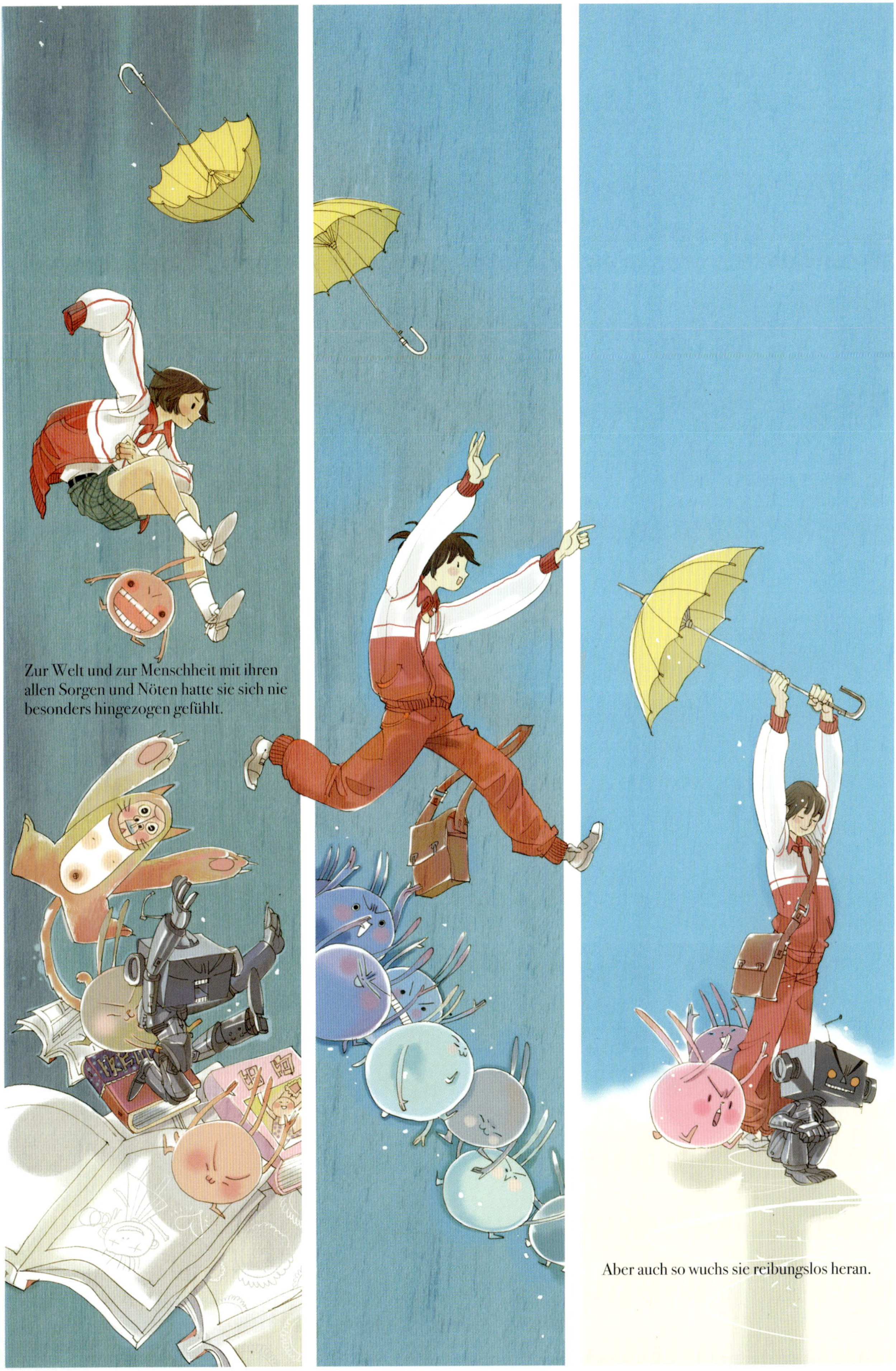

Zur Welt und zur Menschheit mit ihren allen Sorgen und Nöten hatte sie sich nie besonders hingezogen gefühlt.

Aber auch so wuchs sie reibungslos heran.

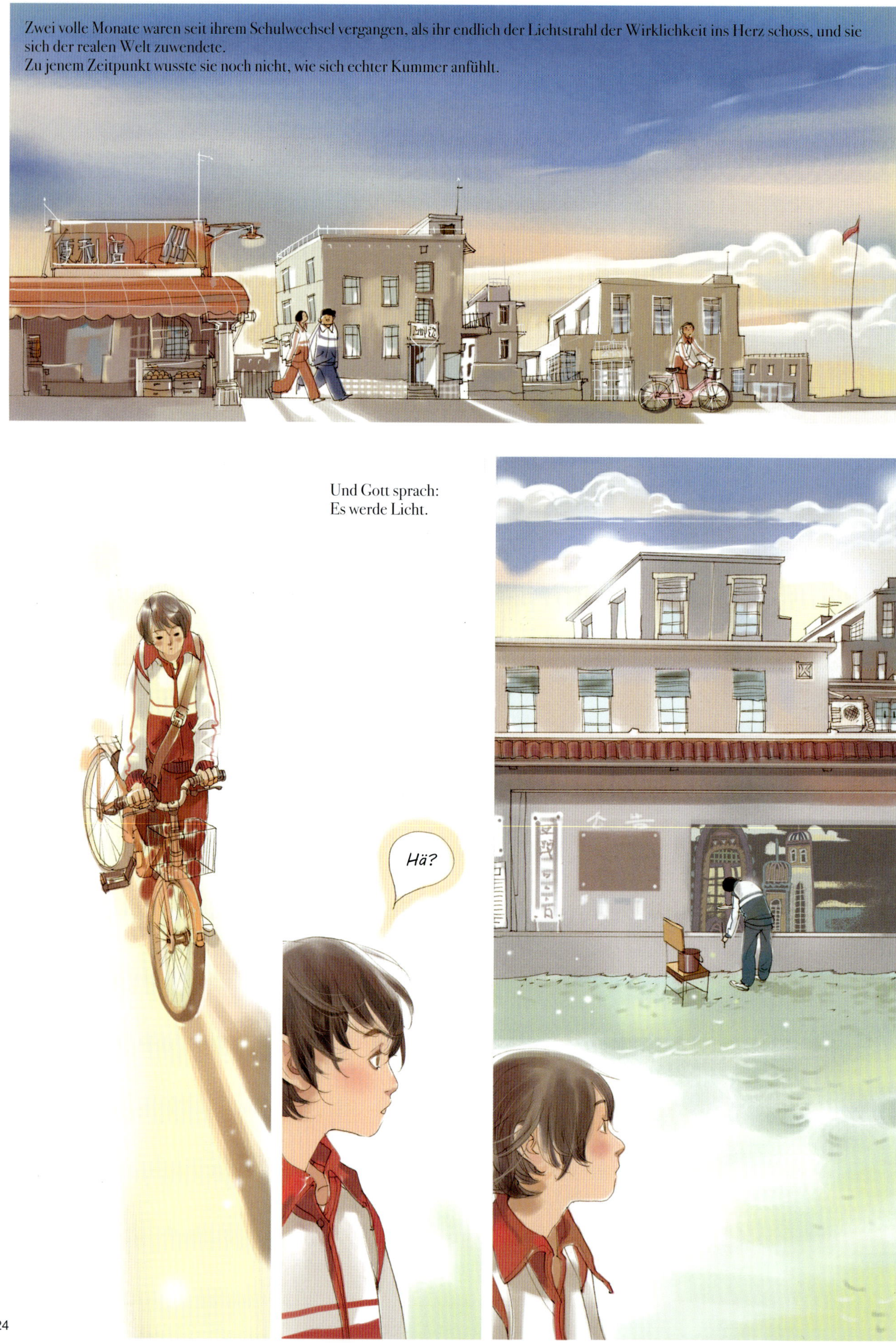
Zwei volle Monate waren seit ihrem Schulwechsel vergangen, als ihr endlich der Lichtstrahl der Wirklichkeit ins Herz schoss, und sie sich der realen Welt zuwendete.
Zu jenem Zeitpunkt wusste sie noch nicht, wie sich echter Kummer anfühlt.
便利店
Und Gott sprach:
Es werde Licht.
Hä?

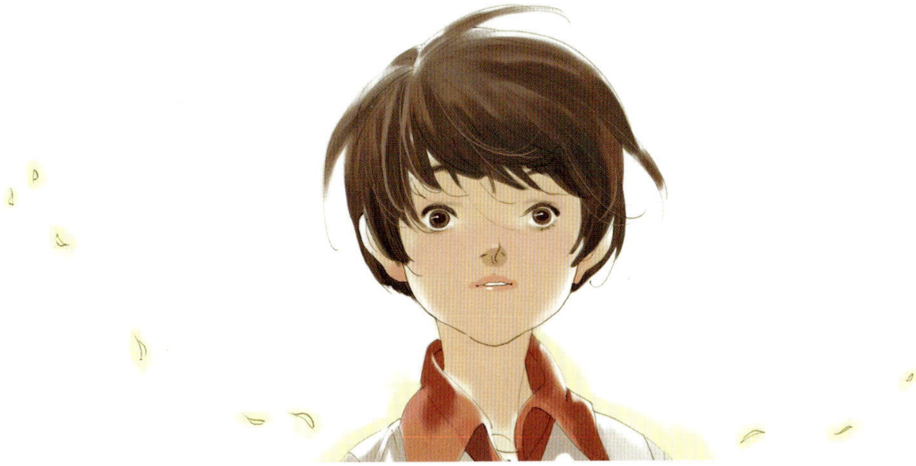

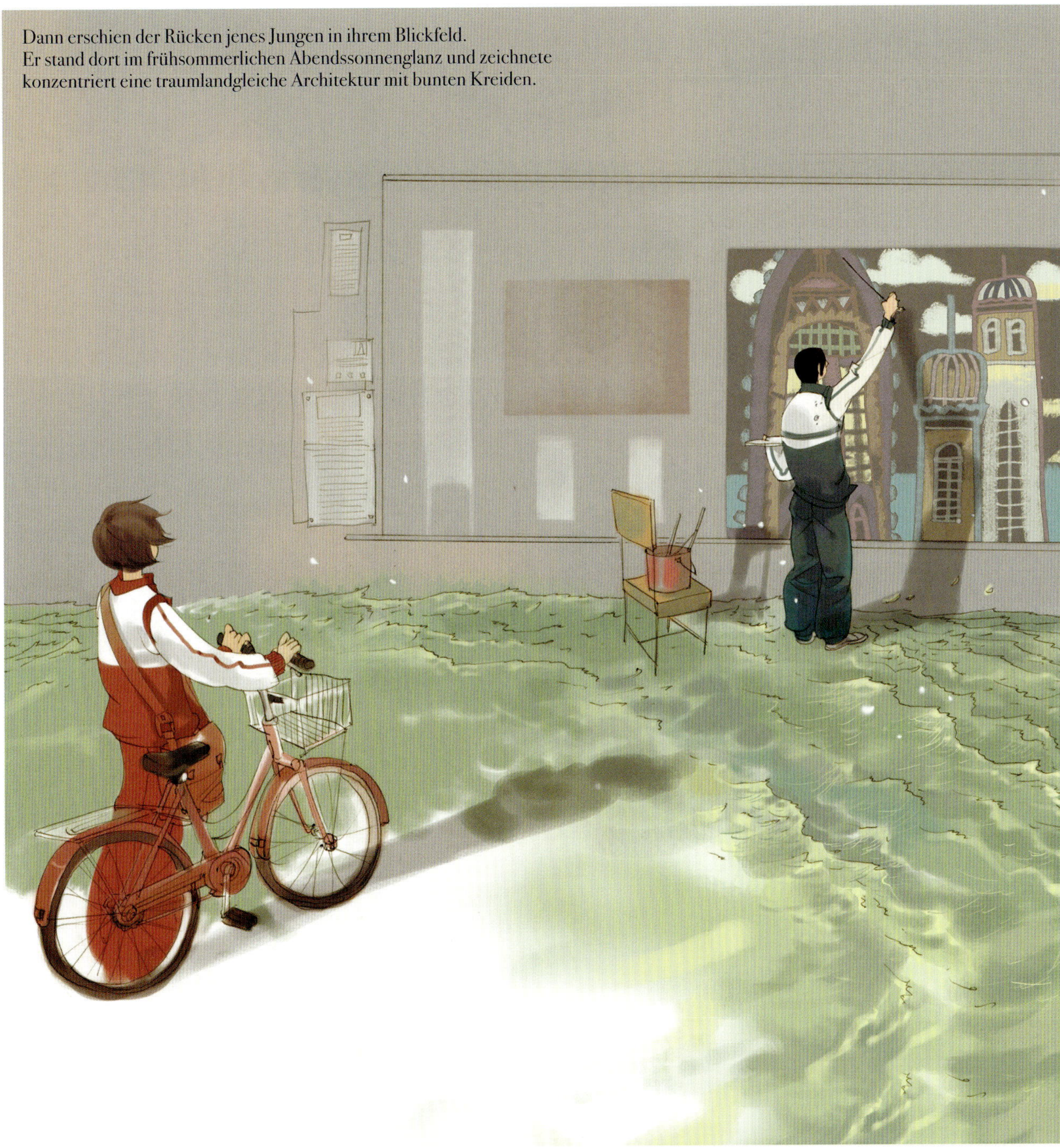
Dann erschien der Rücken jenes Jungen in ihrem Blickfeld.
Er stand dort im frühsommerlichen Abendssonnenglanz und zeichnete
konzentriert eine traumlandgleiche Architektur mit bunten Kreiden.

Wer ist er?
Wie heißt er?
In welche Klasse geht er wohl?
Das alles wusste sie nicht. Aber sie konnte deutlich die vielen Tuschespritzer auf dem Rücken seiner Schuluniform sehen. Die Farbspritzer hatten auf der Jacke beim Waschen blau abgefärbt.

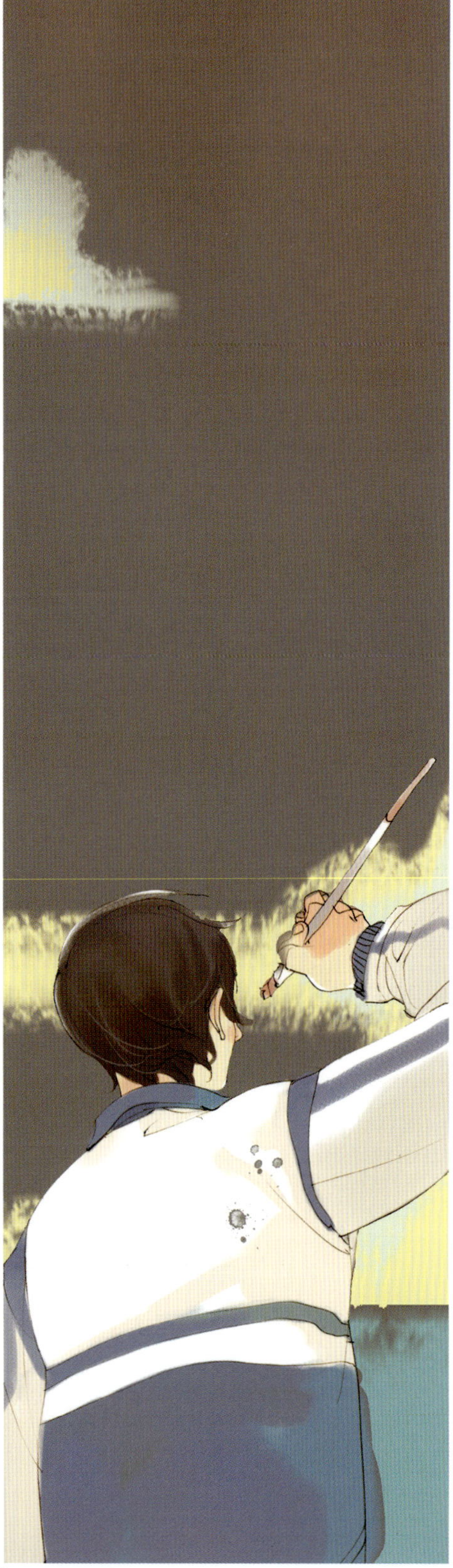

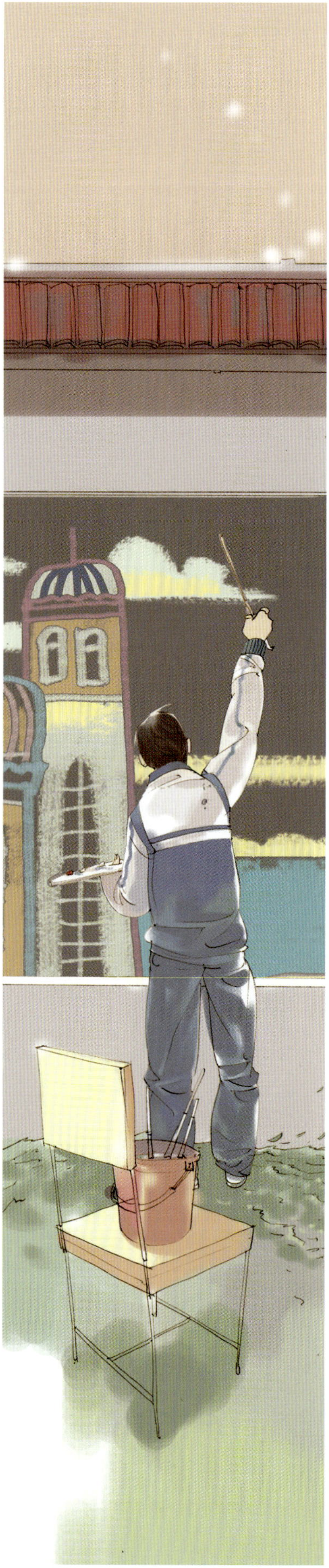

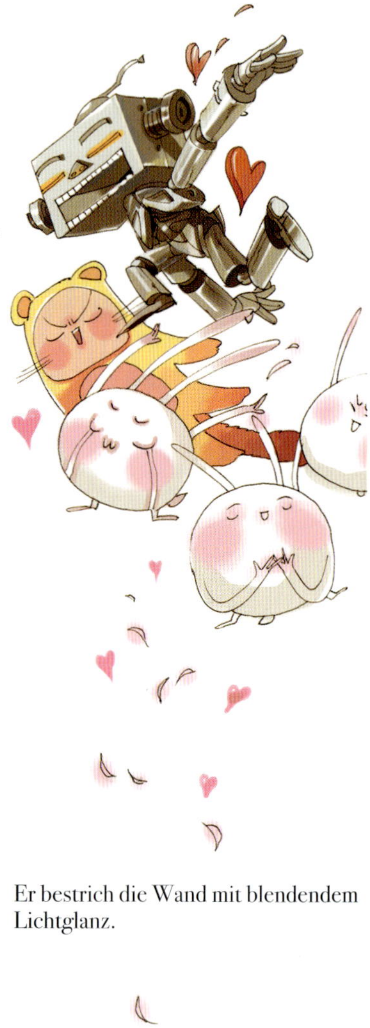

Er bestrich die Wand mit blendendem Lichtglanz.

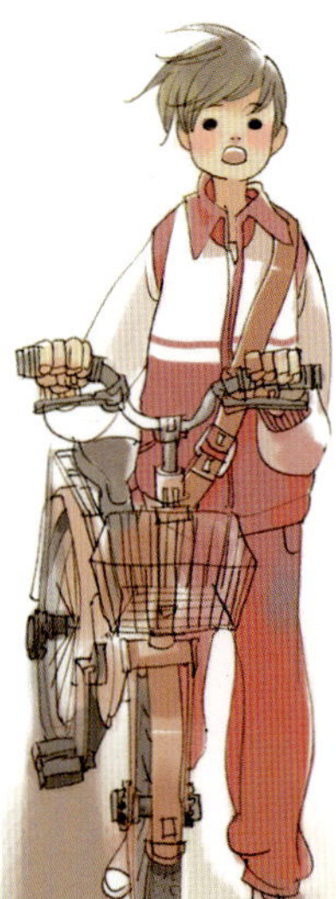

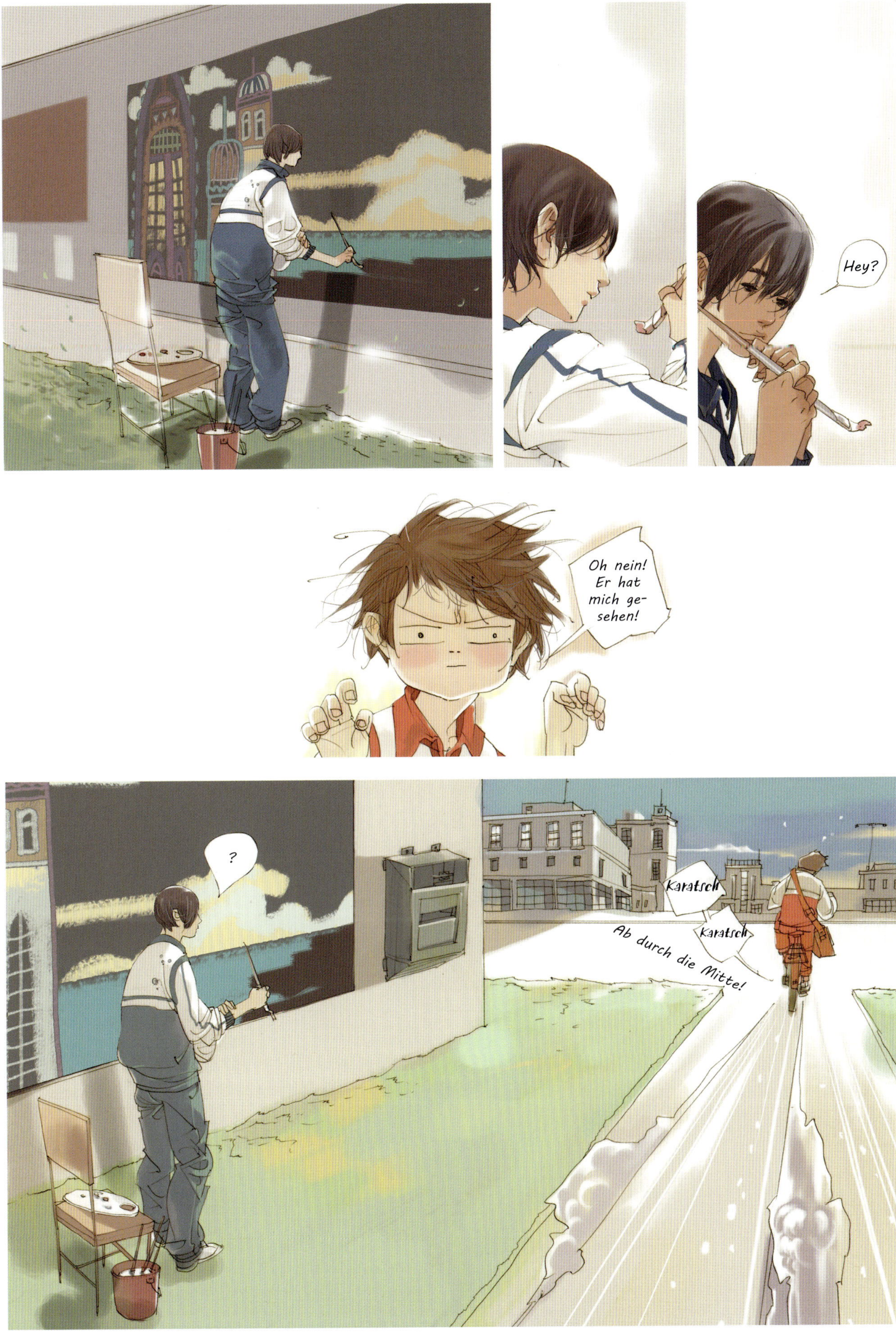
Hey?
Oh nein! Er hat mich gesehen!
?
Karatsch
Karatsch
Ab durch die Mitte!

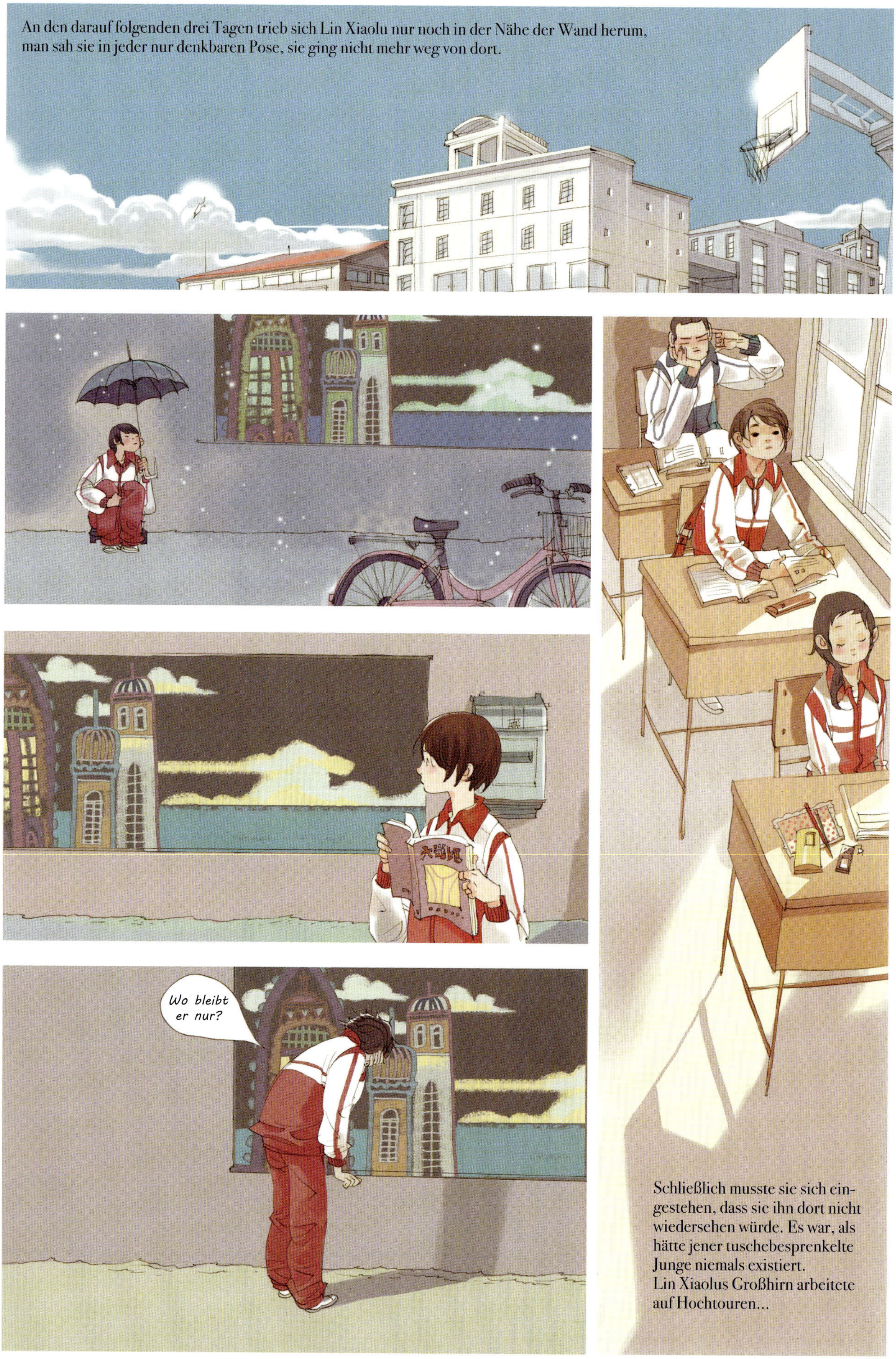
An den darauf folgenden drei Tagen trieb sich Lin Xiaolu nur noch in der Nähe der Wand herum, man sah sie in jeder nur denkbaren Pose, sie ging nicht mehr weg von dort.
Wo bleibt er nur?
Schließlich musste sie sich eingestehen, dass sie ihn dort nicht wiedersehen würde. Es war, als hätte jener tuschebesprenkelte Junge niemals existiert.
Lin Xiaolus Großhirn arbeitete auf Hochtouren...

Vielleicht…

existierte er wirklich nicht. Und er war ein Schulgeist, der abends spukte, ein gutherziges aber einsames Gespenst und allein und still in der Schule beim Malen.
Zuletzt rechnete sie sich aus…
dass sie den Jungen nur in einem ganz besonderen Augenblick wiedersehen könnte…

Warum hatte das Schulgespenst eine Wandzeitung ins Leben gerufen?
Vielleicht, weil…

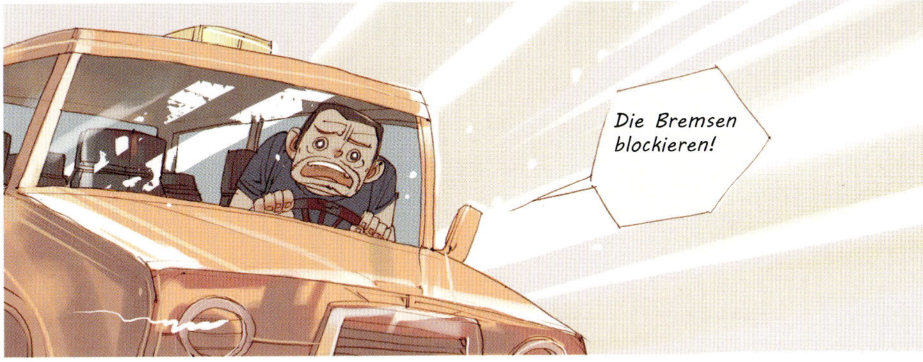

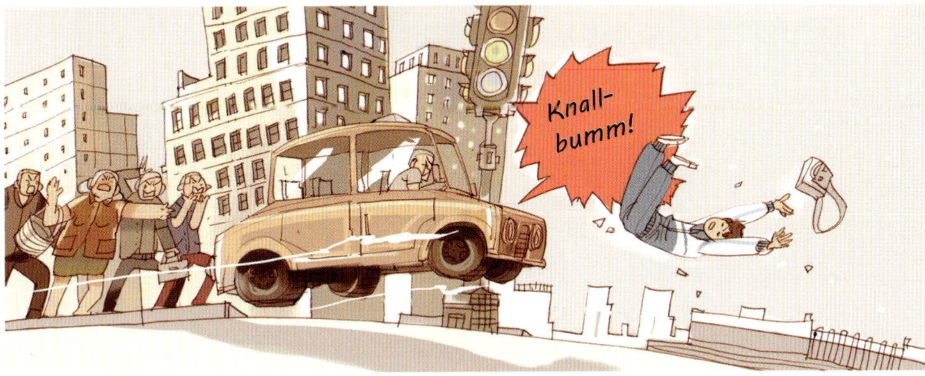

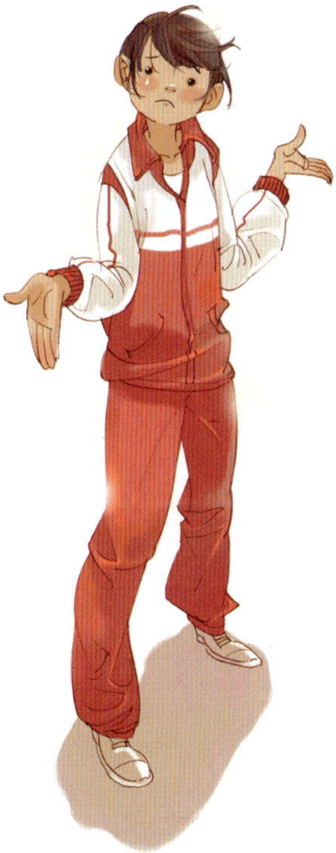

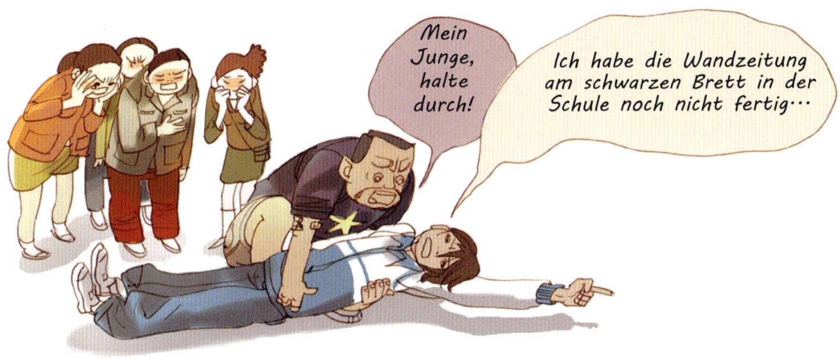

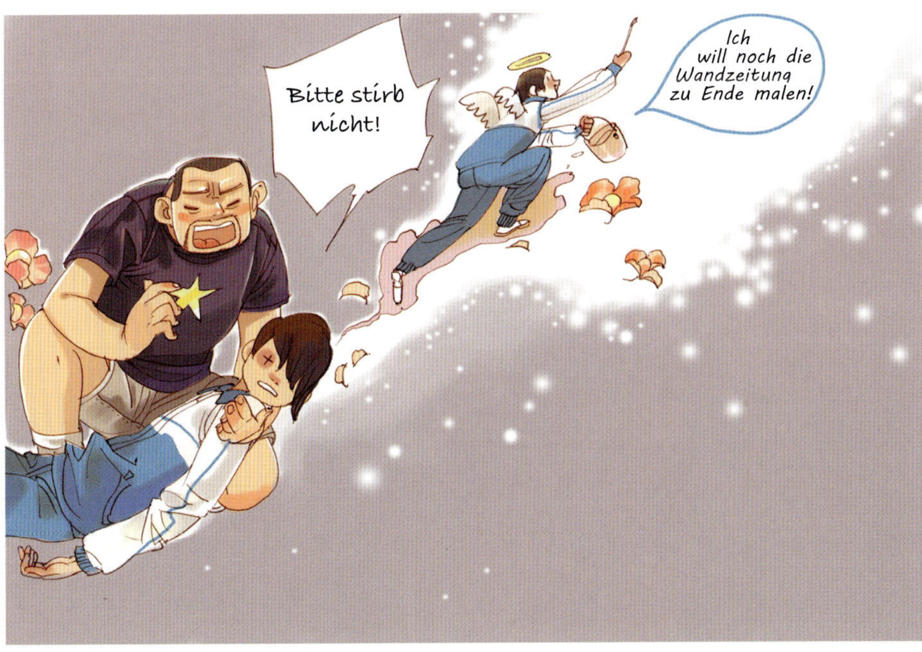

Marschlied der Sportler

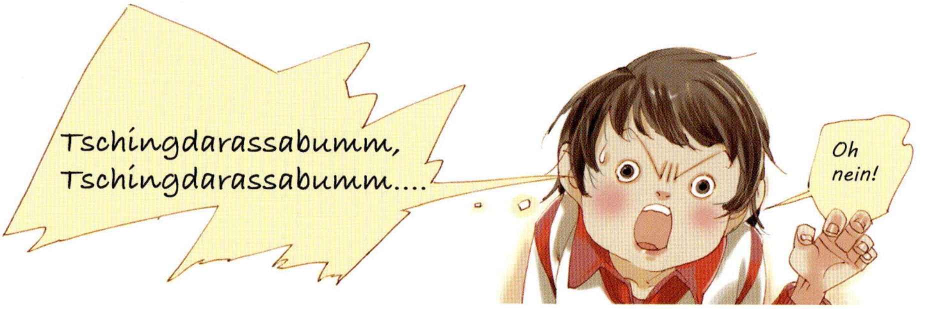

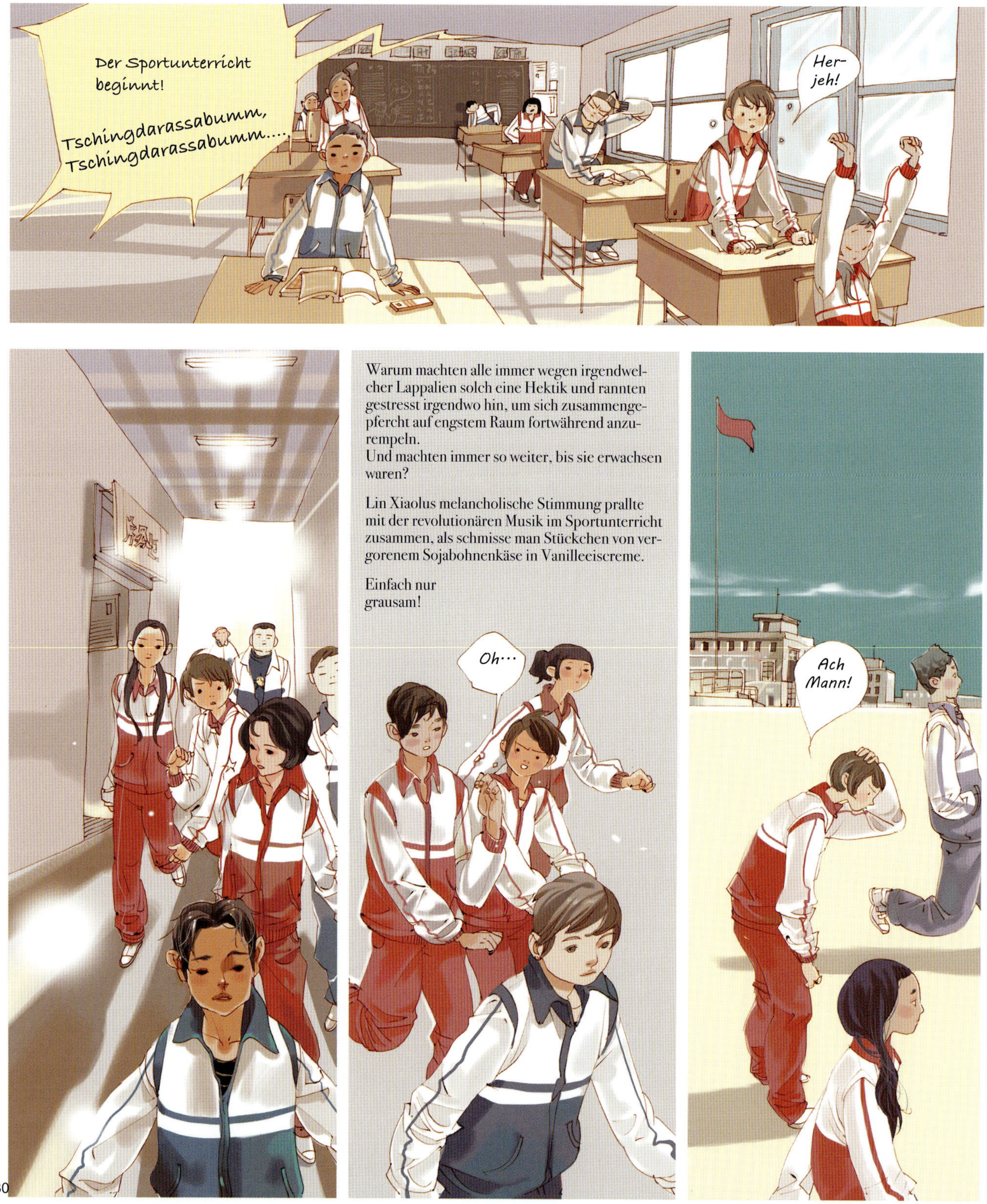

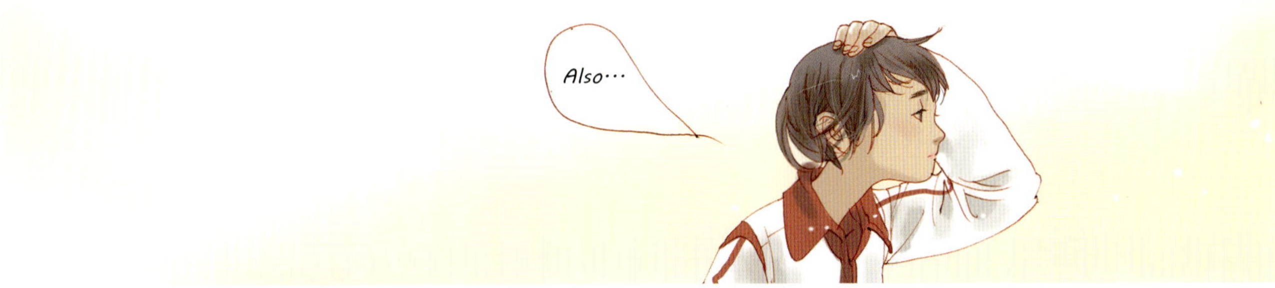
Also…

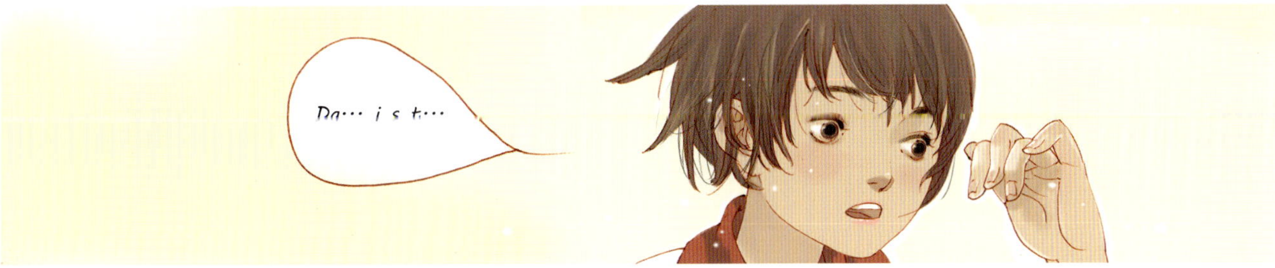
Da… i s t…

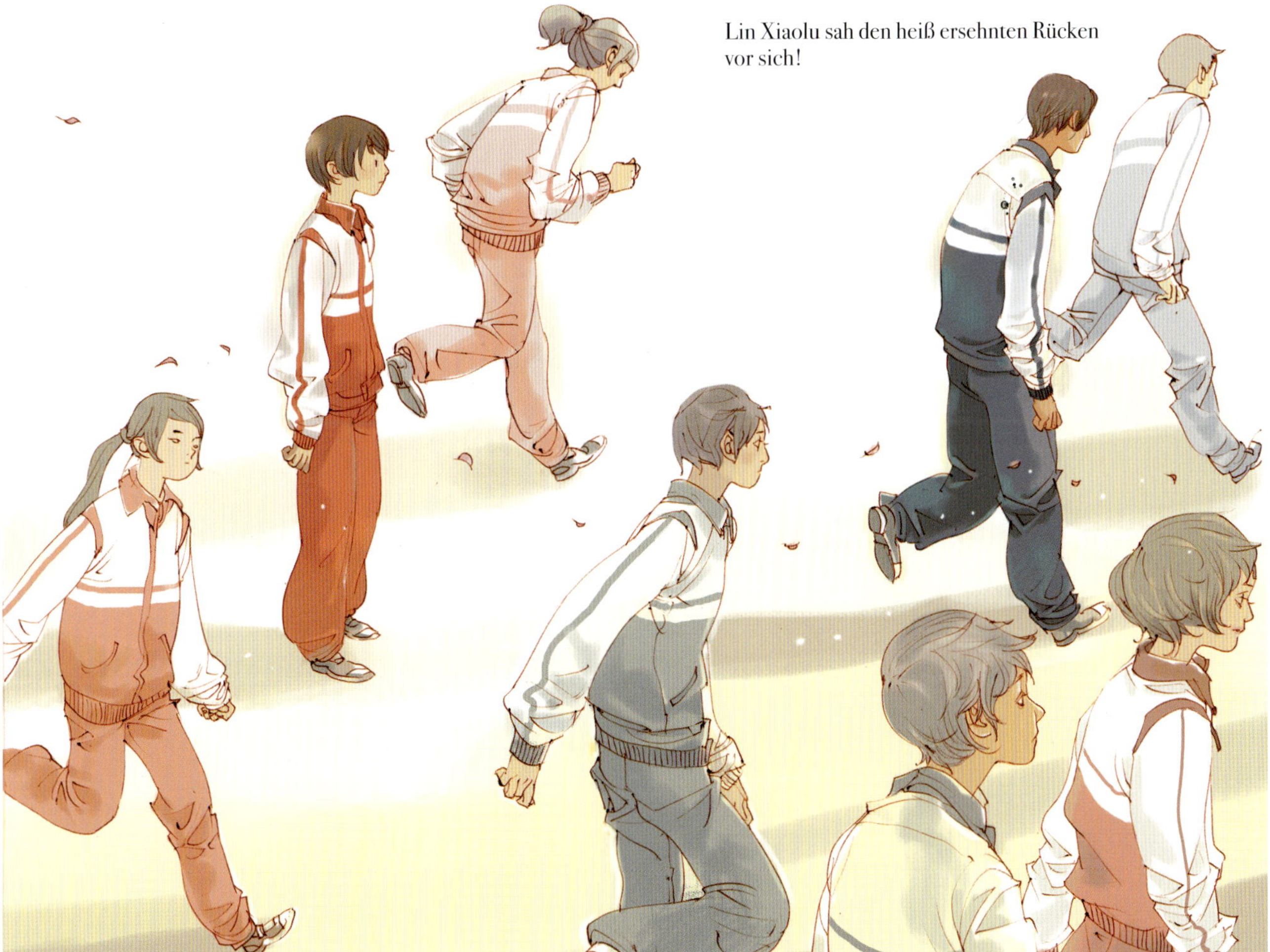
Lin Xiaolu sah den heiß ersehnten Rücken vor sich!

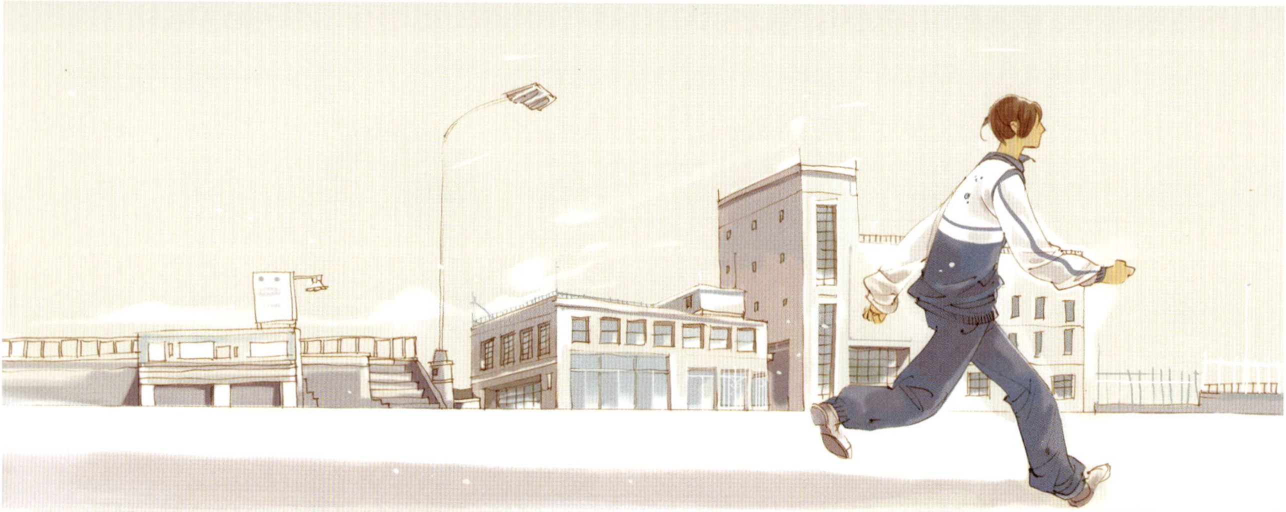

Er hatte also doch einen Schatten! Dann existierte er also wirklich!

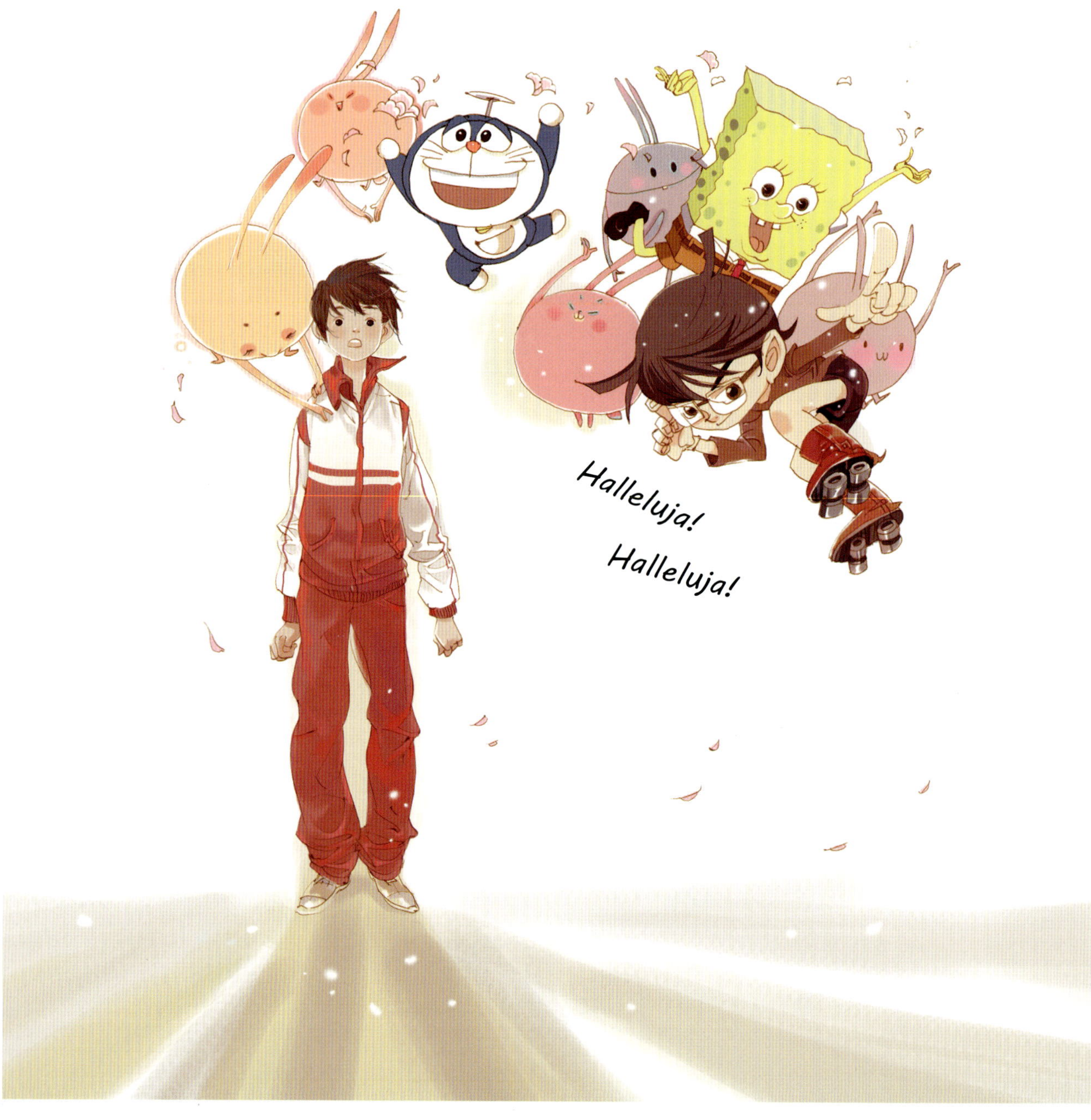

Lin Xiaolu hatte mit ihren Nachforschungen in einer aussichtslos scheinenden Lage den großen Durchbruch geschafft!

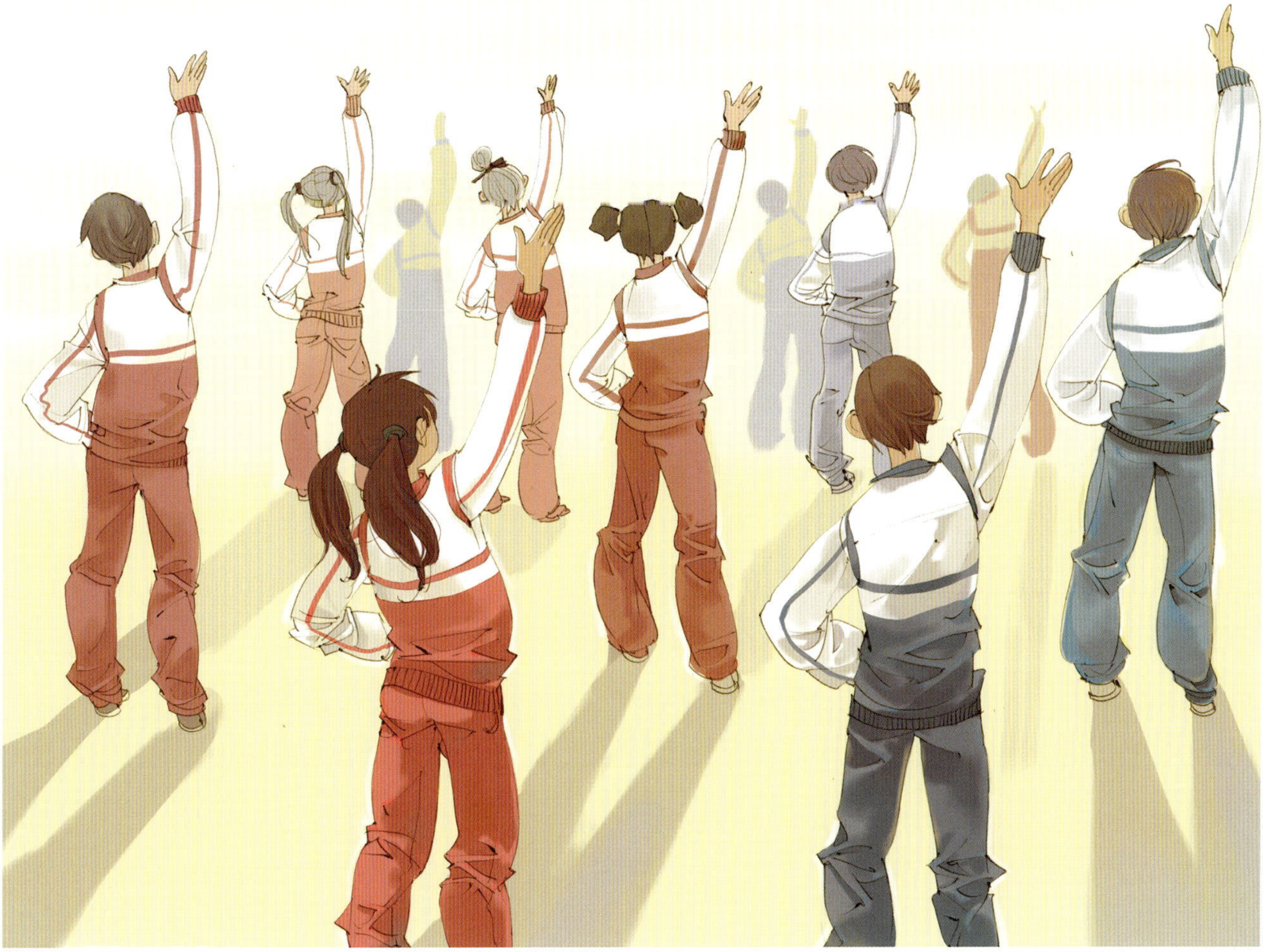

War der tuschebesprenkelte Junge also doch ein durch und durch lebendiger Mensch aus Fleisch und Blut!

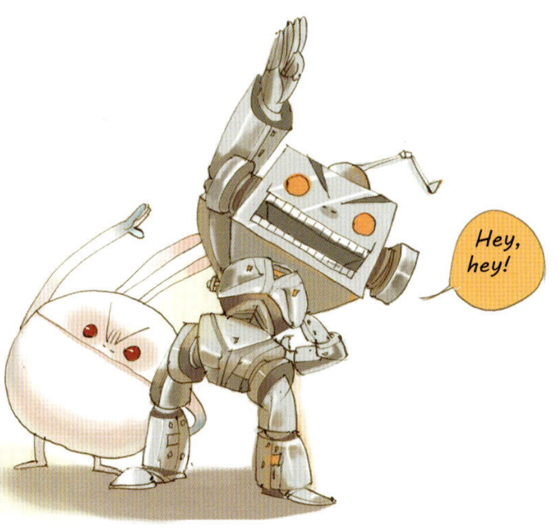

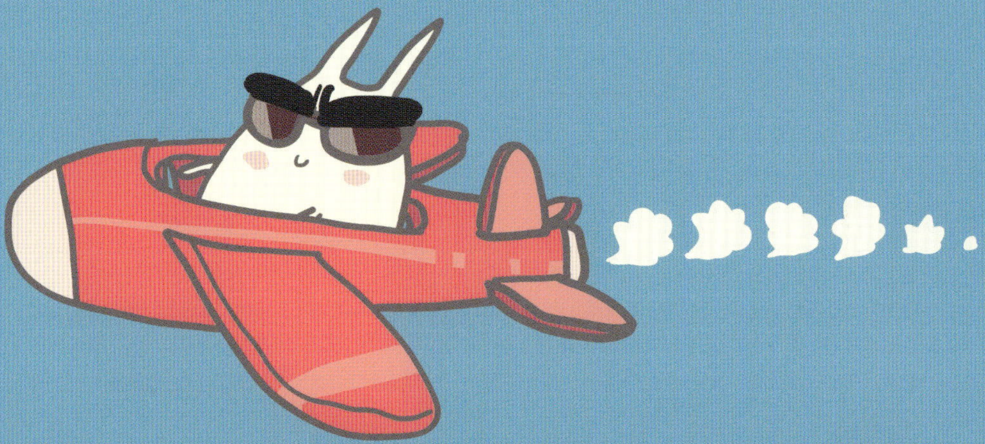

2. Kapitel: Der tuschebesprenkelte Junge

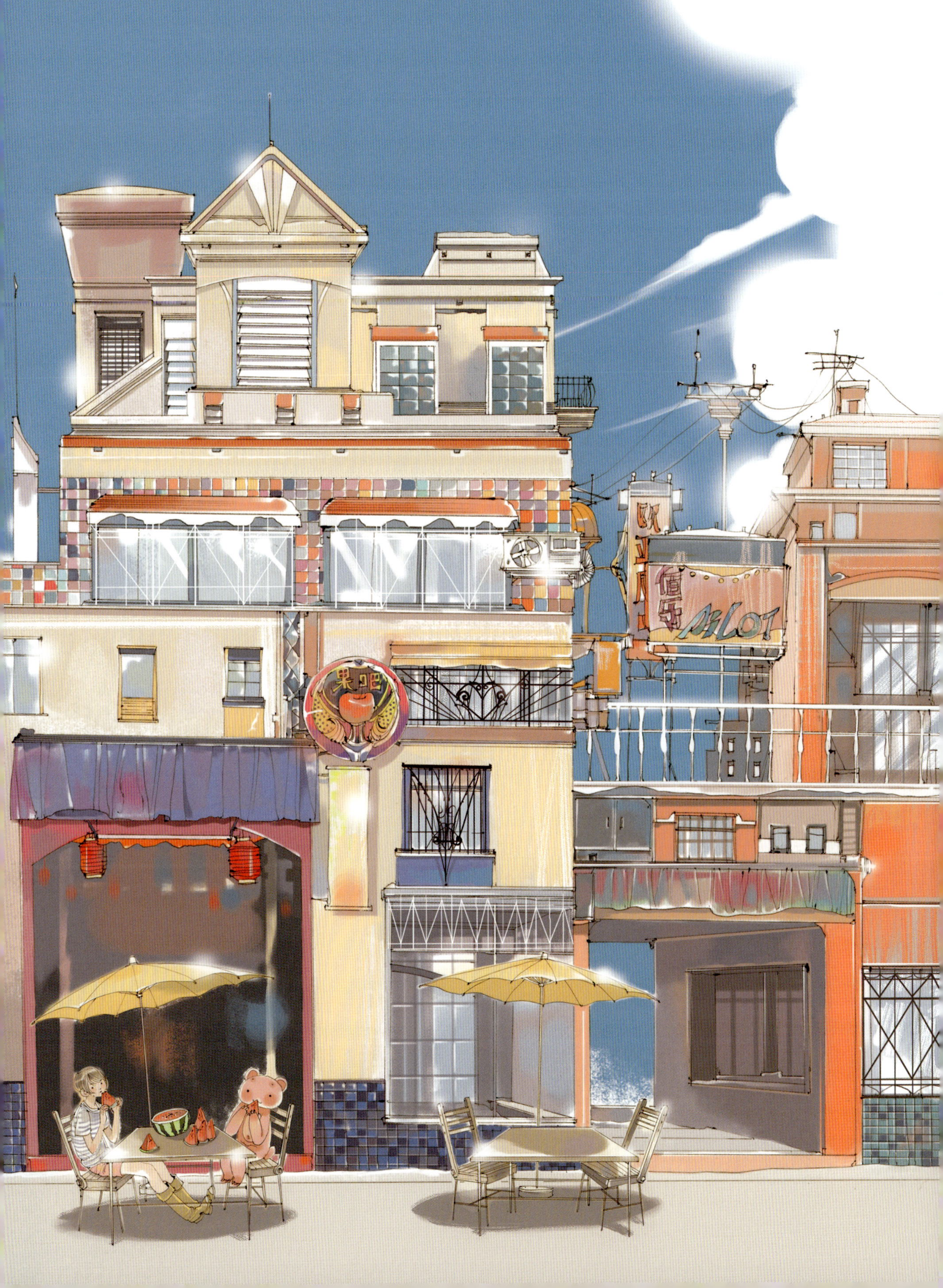

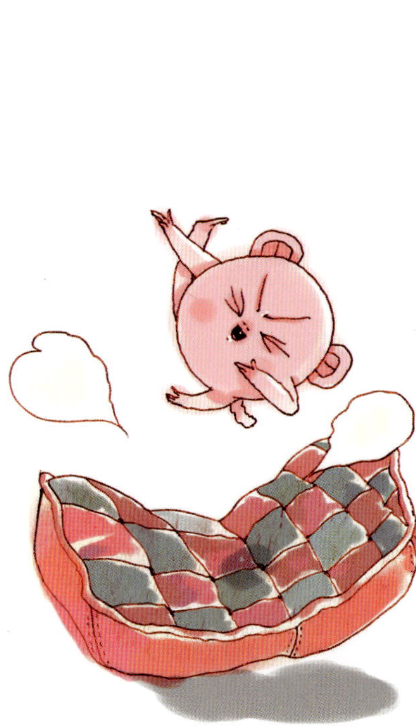

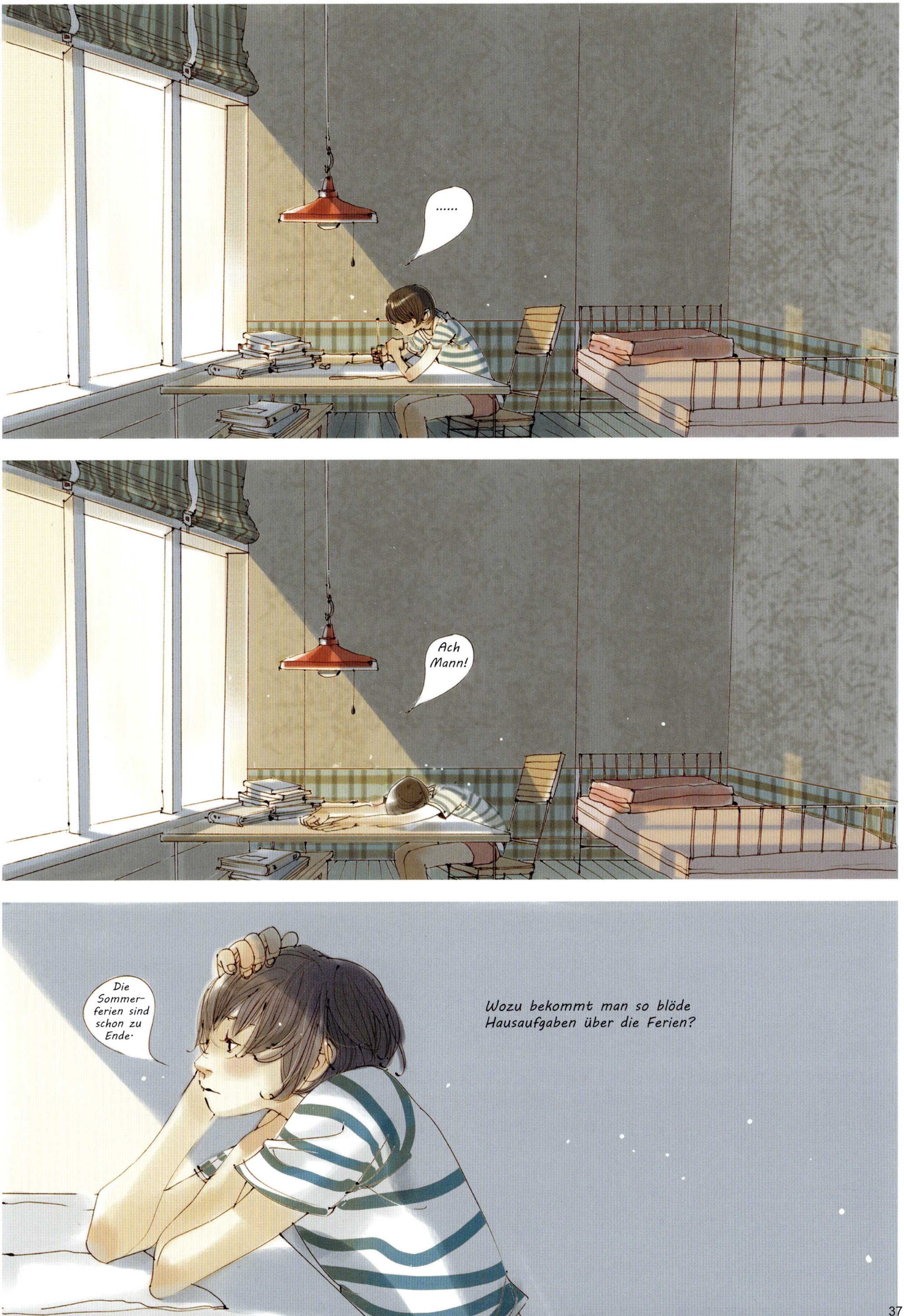
……
Ach Mann!
Die Sommerferien sind schon zu Ende.
Wozu bekommt man so blöde Hausaufgaben über die Ferien?

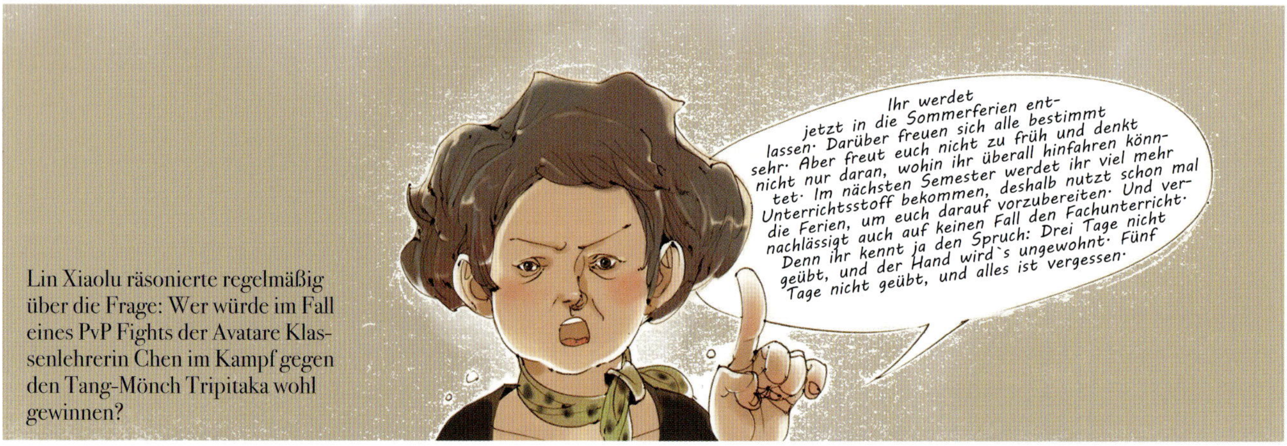

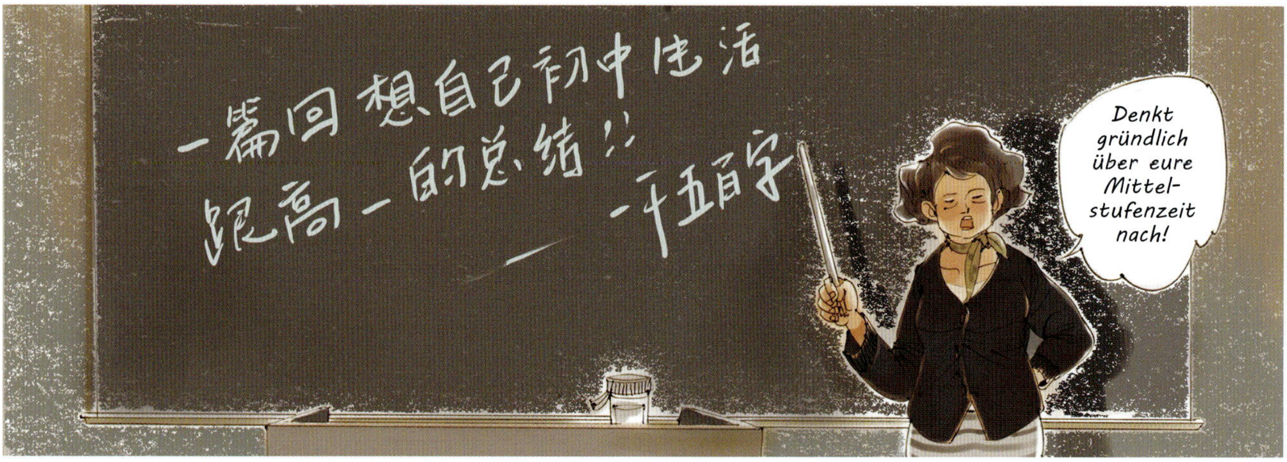

Wandtafel: Aufsatz mit dem Thema „Wenn ich an meine Mittelstufenzeit und die erste Oberstufenklasse zurückdenke: Ein Resümee". Länge 1500 Schriftzeichen.

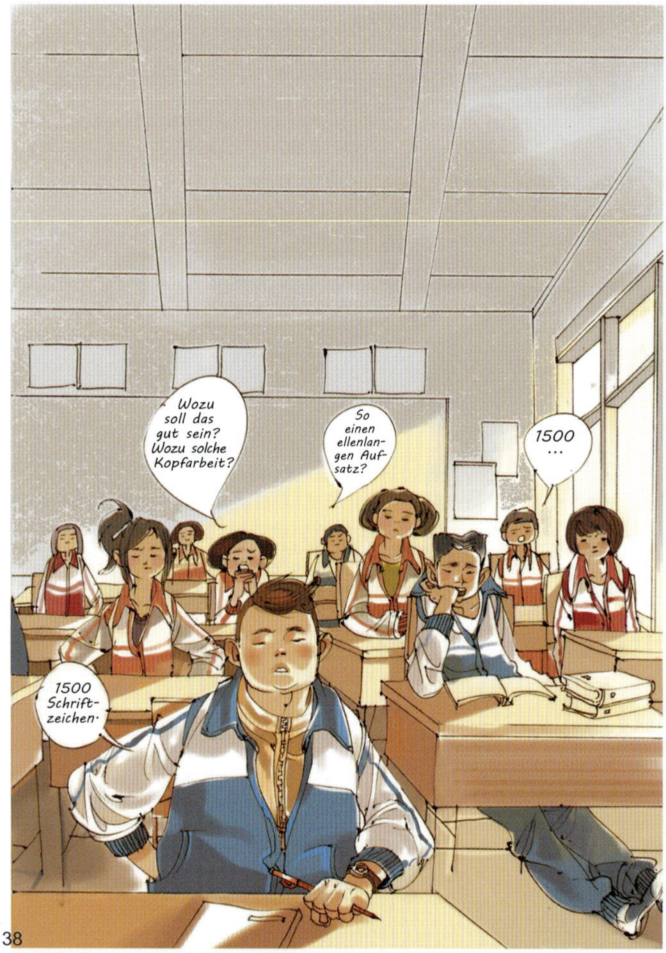

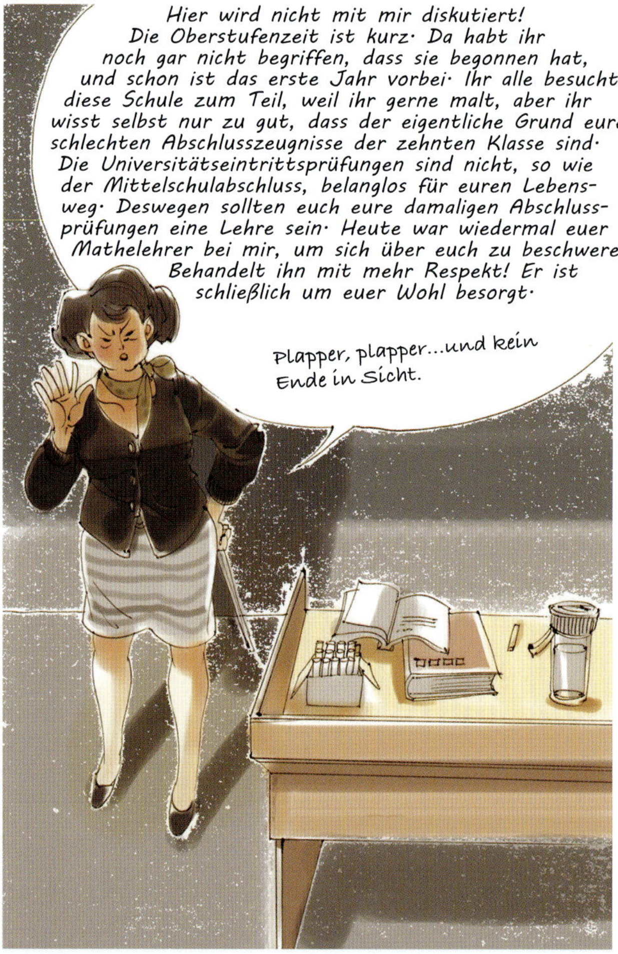

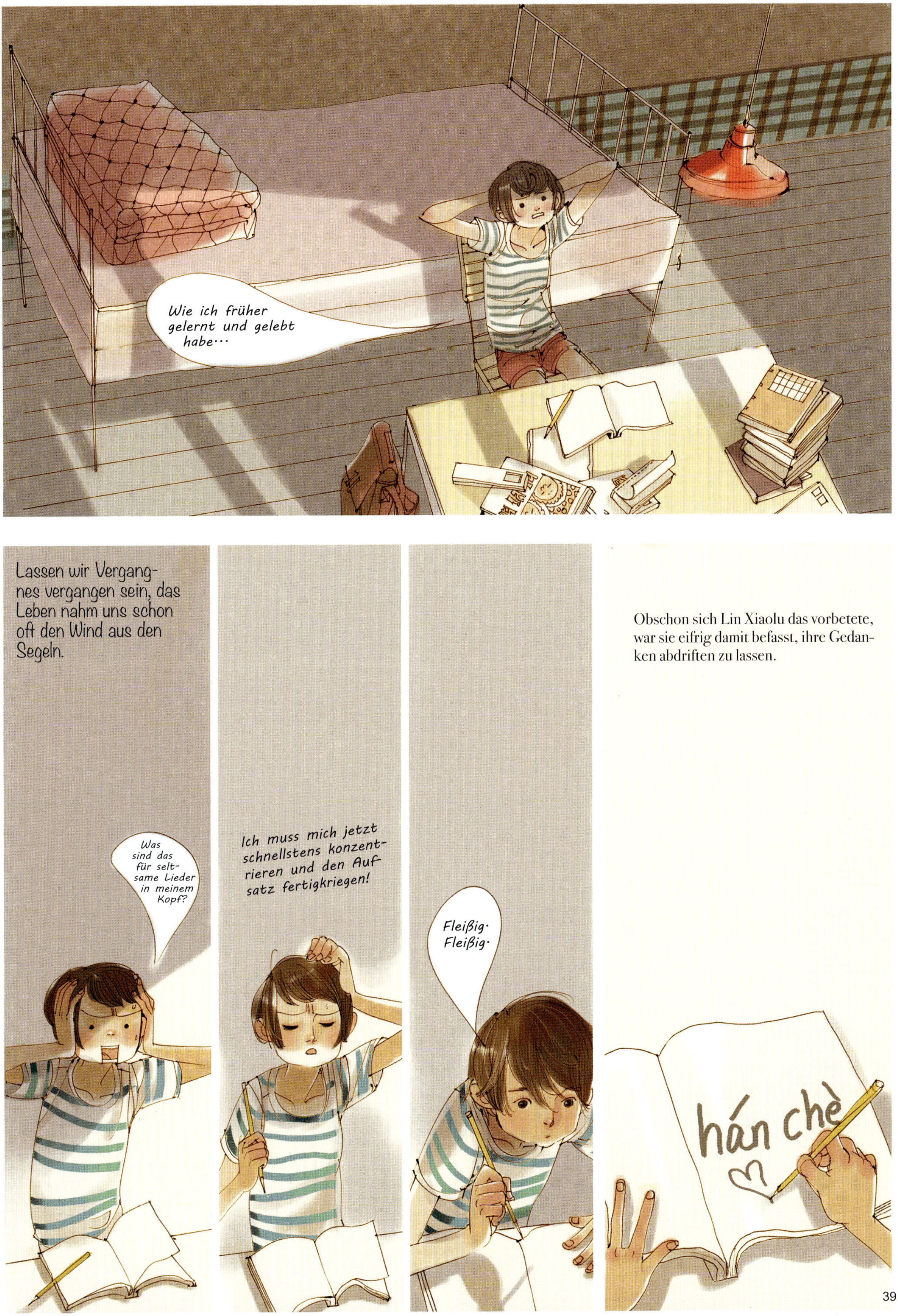

Wie ich früher gelernt und gelebt habe…
Lassen wir Vergangnes vergangen sein, das Leben nahm uns schon oft den Wind aus den Segeln.
Was sind das für seltsame Lieder in meinem Kopf?
Ich muss mich jetzt schnellstens konzentrieren und den Aufsatz fertigkriegen!
Fleißig. Fleißig.
Obschon sich Lin Xiaolu das vorbetete, war sie eifrig damit befasst, ihre Gedanken abdriften zu lassen.
hán chè

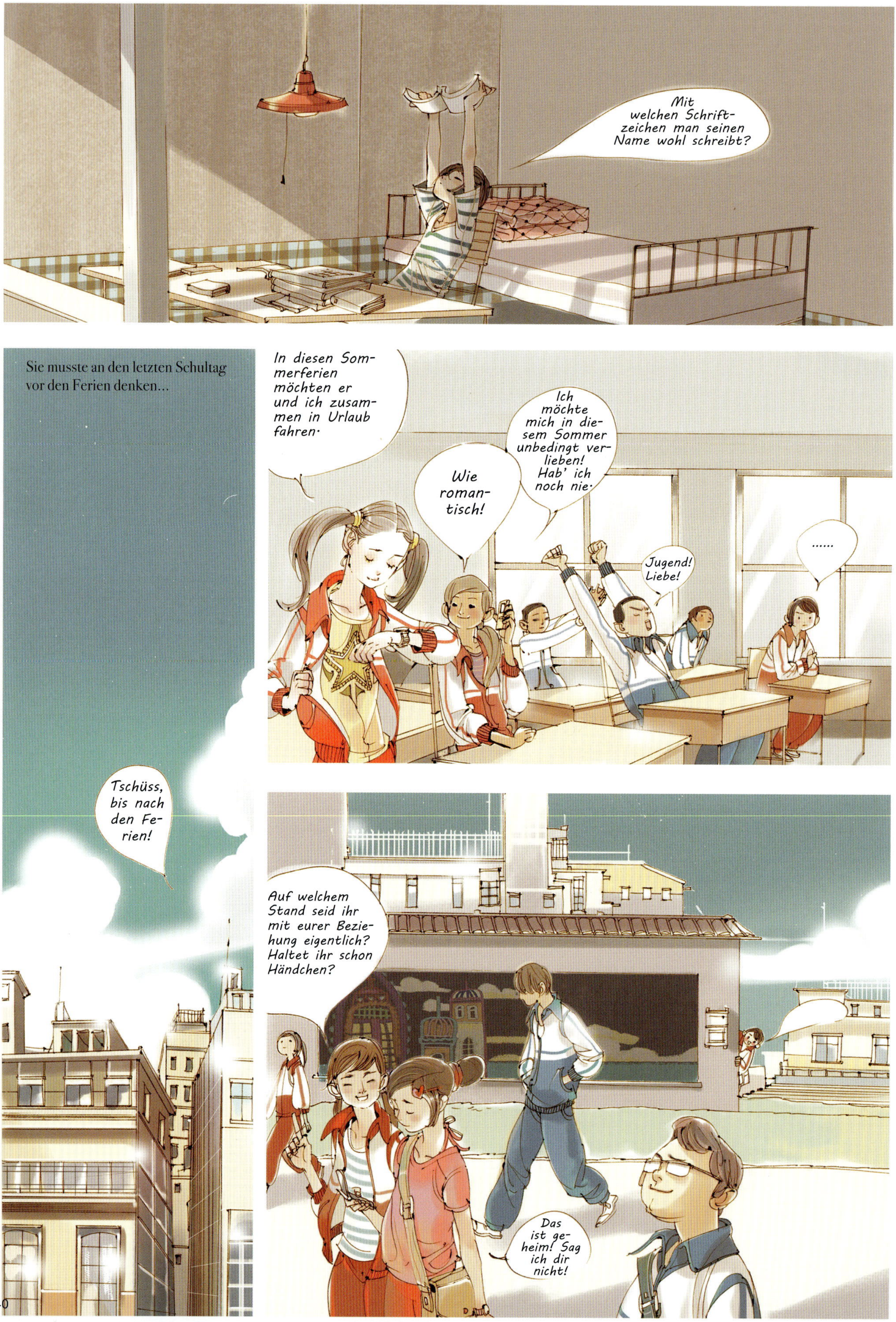

Mit welchen Schriftzeichen man seinen Name wohl schreibt?
Sie musste an den letzten Schultag vor den Ferien denken...
In diesen Sommerferien möchten er und ich zusammen in Urlaub fahren.
Wie romantisch!
Ich möchte mich in diesem Sommer unbedingt verlieben! Hab' ich noch nie.
Jugend! Liebe!
......
Tschüss, bis nach den Ferien!
Auf welchem Stand seid ihr mit eurer Beziehung eigentlich? Haltet ihr schon Händchen?
Das ist geheim! Sag ich dir nicht!

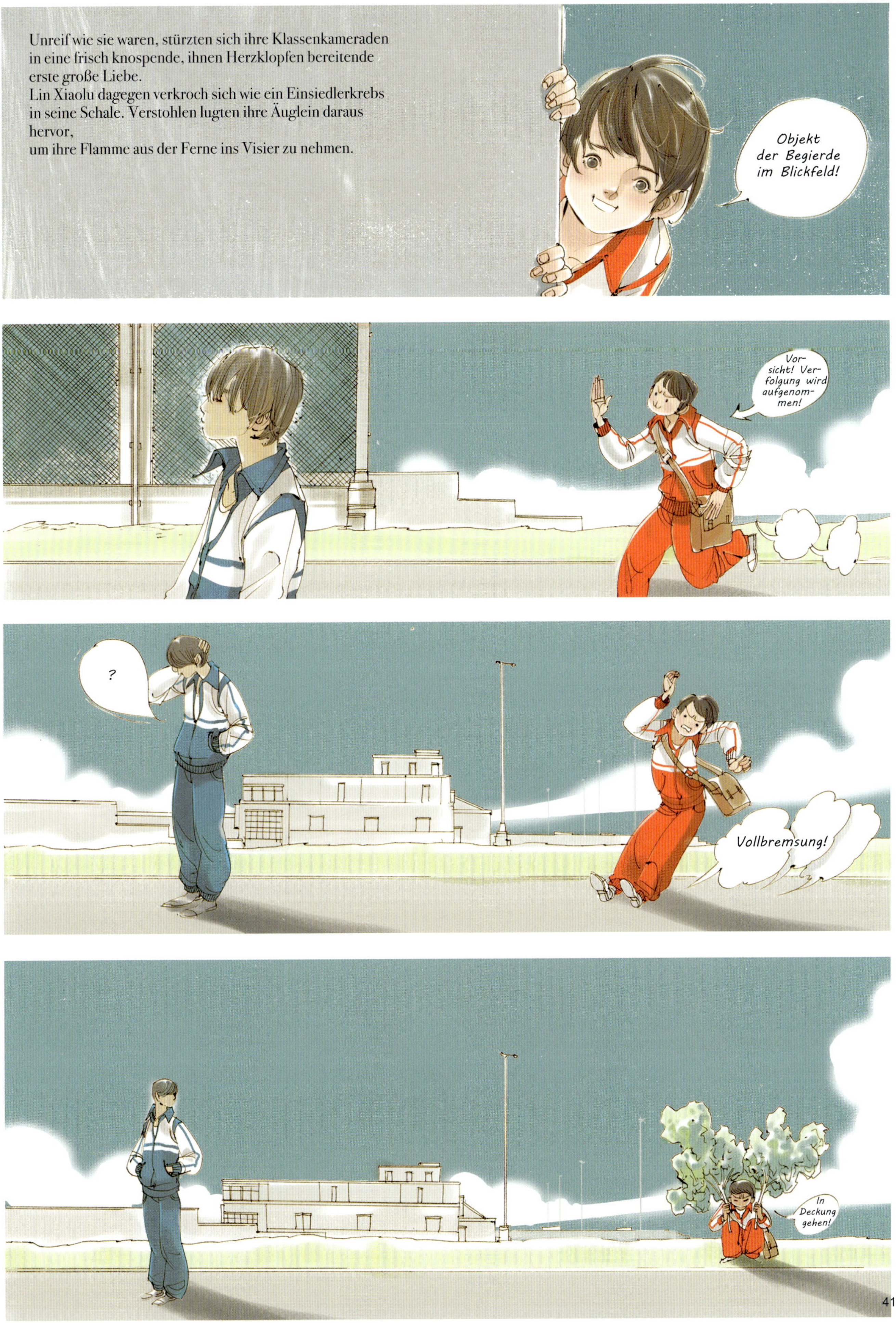
Unreif wie sie waren, stürzten sich ihre Klassenkameraden in eine frisch knospende, ihnen Herzklopfen bereitende erste große Liebe.
Lin Xiaolu dagegen verkroch sich wie ein Einsiedlerkrebs in seine Schale. Verstohlen lugten ihre Äuglein daraus hervor,
um ihre Flamme aus der Ferne ins Visier zu nehmen.
Objekt der Begierde im Blickfeld!
Vorsicht! Verfolgung wird aufgenommen!
?
Vollbremsung!
In Deckung gehen!

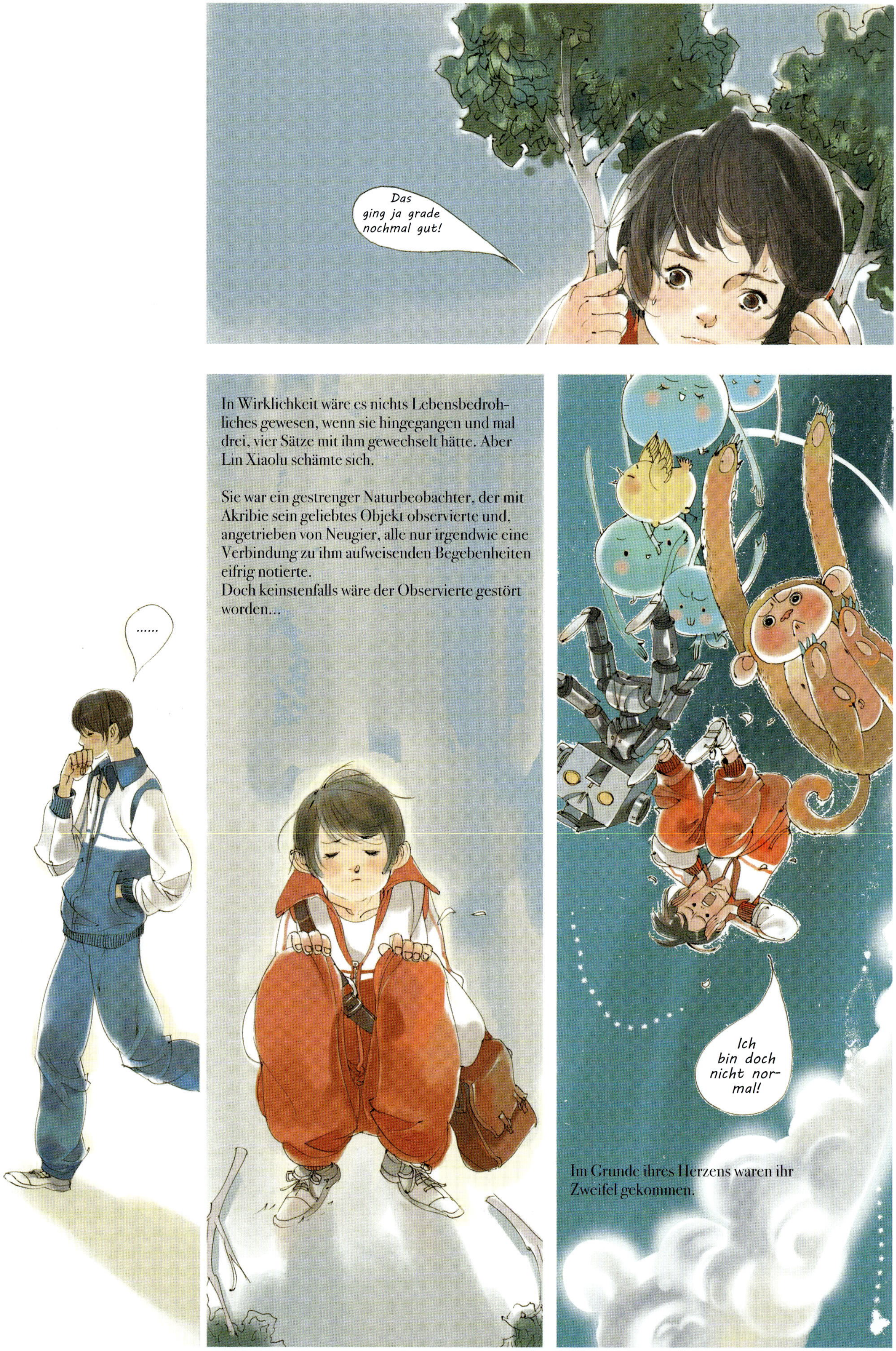
Das ging ja grade nochmal gut!
......
In Wirklichkeit wäre es nichts Lebensbedrohliches gewesen, wenn sie hingegangen und mal drei, vier Sätze mit ihm gewechselt hätte. Aber Lin Xiaolu schämte sich.
Sie war ein gestrenger Naturbeobachter, der mit Akribie sein geliebtes Objekt observierte und, angetrieben von Neugier, alle nur irgendwie eine Verbindung zu ihm aufweisenden Begebenheiten eifrig notierte.
Doch keinstenfalls wäre der Observierte gestört worden...
Ich bin doch nicht normal!
Im Grunde ihres Herzens waren ihr Zweifel gekommen.

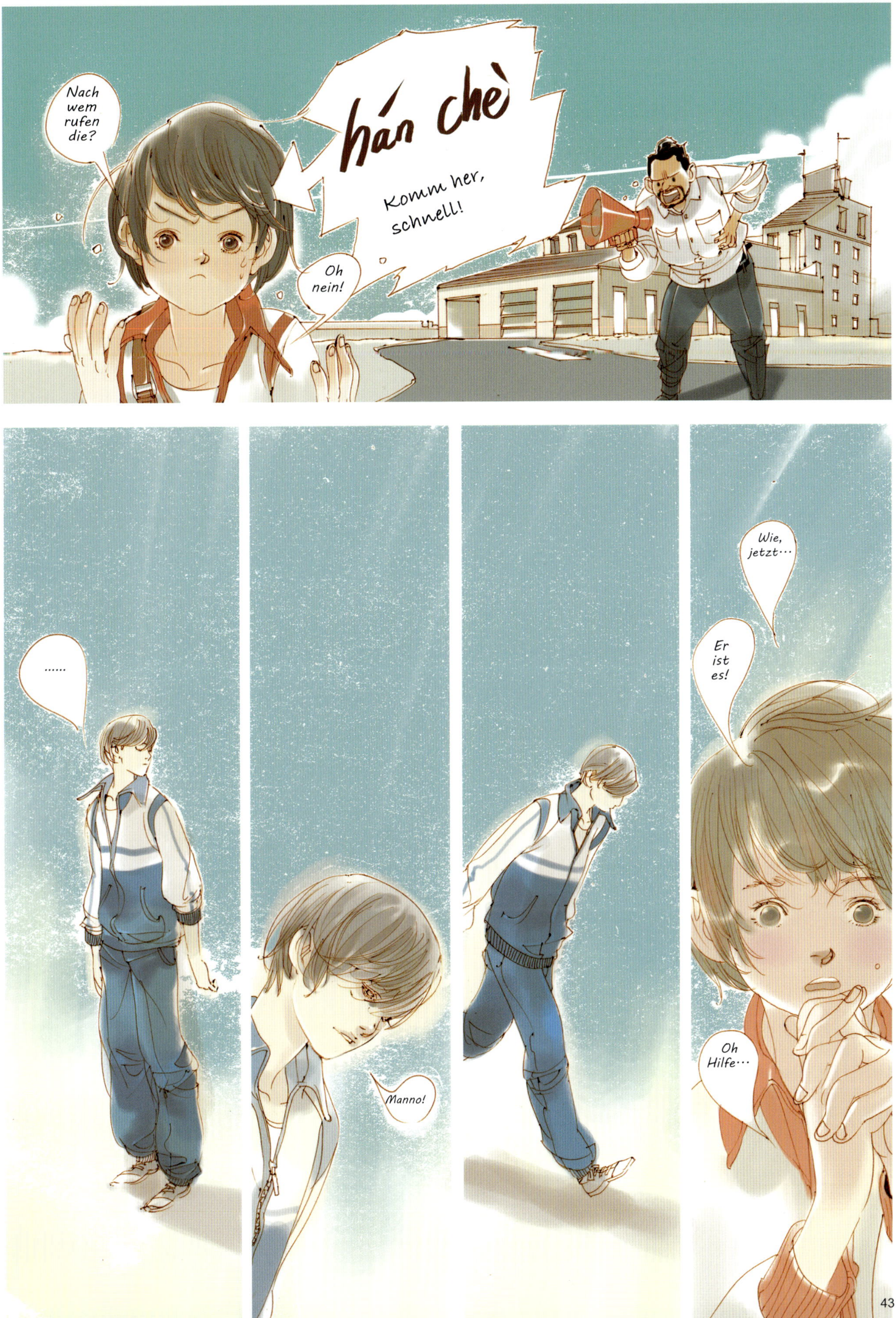

Nach wem rufen die?
hán chè
Komm her, schnell!
Oh nein!
......
Manno!
Wie, jetzt···
Er ist es!
Oh Hilfe···

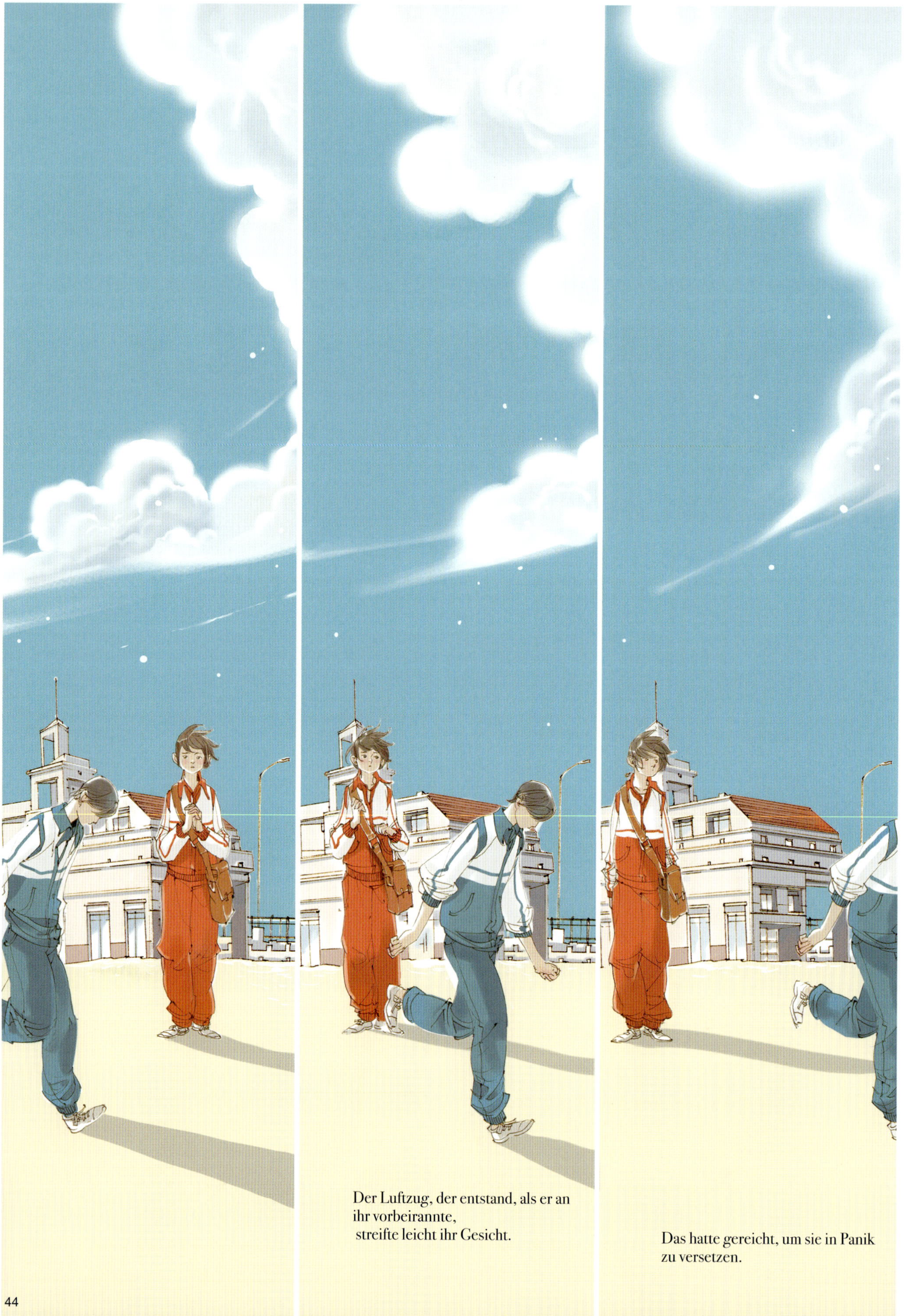
Der Luftzug, der entstand, als er an ihr vorbeirannte, streifte leicht ihr Gesicht.
Das hatte gereicht, um sie in Panik zu versetzen.

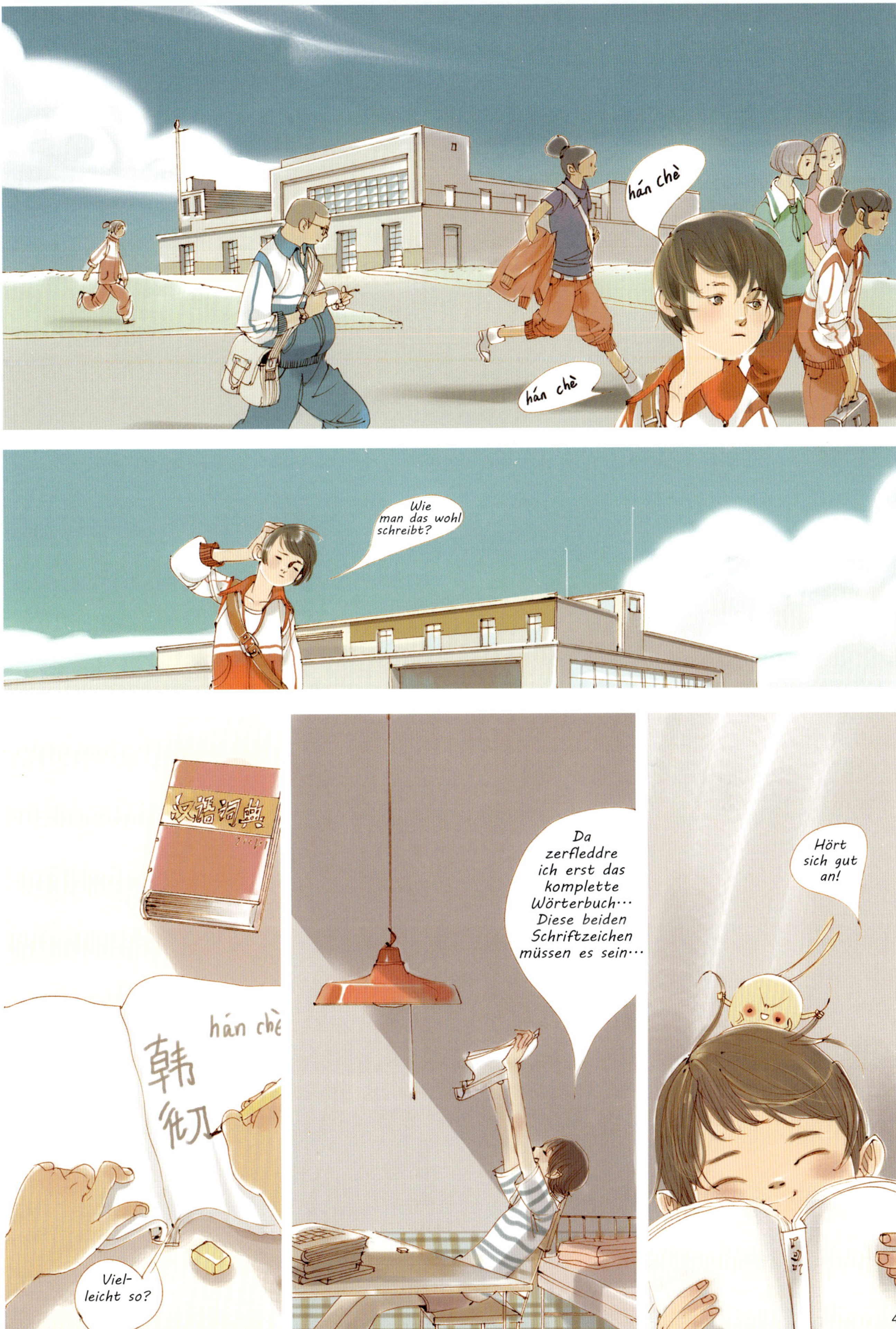
hán chè
hán chè
Wie man das wohl schreibt?
汉语词典
hán chè
韩
Viel-leicht so?
Da zerfleddre ich erst das komplette Wörterbuch… Diese beiden Schriftzeichen müssen es sein…
Hört sich gut an!

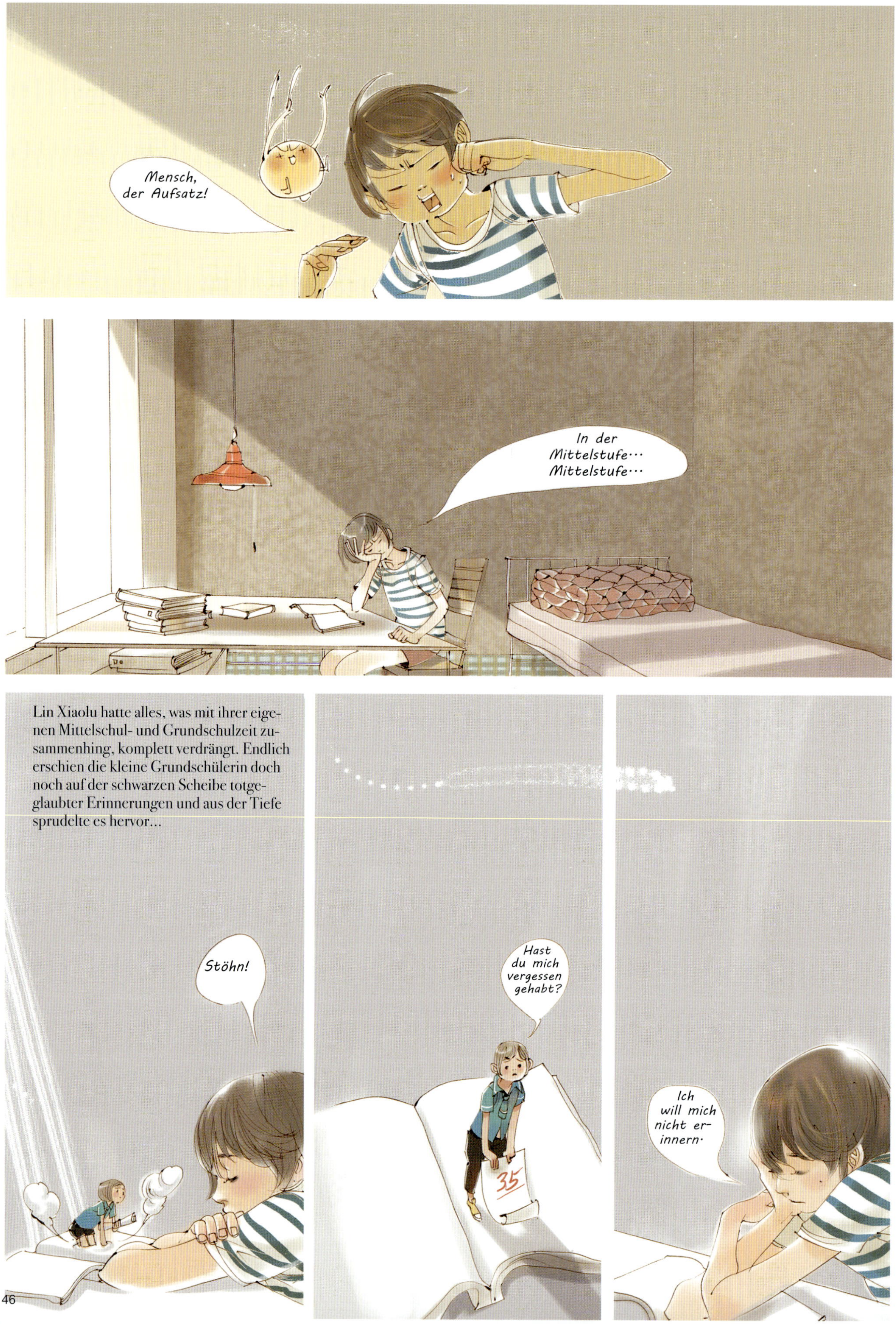
Mensch, der Aufsatz!
In der Mittelstufe… Mittelstufe…
Lin Xiaolu hatte alles, was mit ihrer eigenen Mittelschul- und Grundschulzeit zusammenhing, komplett verdrängt. Endlich erschien die kleine Grundschülerin doch noch auf der schwarzen Scheibe totgeglaubter Erinnerungen und aus der Tiefe sprudelte es hervor…
Stöhn!
Hast du mich vergessen gehabt?
35
Ich will mich nicht erinnern.

Lin Xiaolus verschüttete Erinnerungen:

(Es war eigentlich nichts so Böses, dass sie andere hätte dafür lebenslang hassen müssen. Aber sie hatte sich damals der Comicwelt verschrieben und wollte nichts davon wissen.)

Als sie von der Grundschule in die Mittelstufe wechselte, arbeitete ihre Mutter immer noch auswärts. Um die Tochter auf eine bessere Schule schicken zu können, holte ihr Vater sie aus dem Dorf weg von Oma und Opa zu sich in die Kreisstadt.

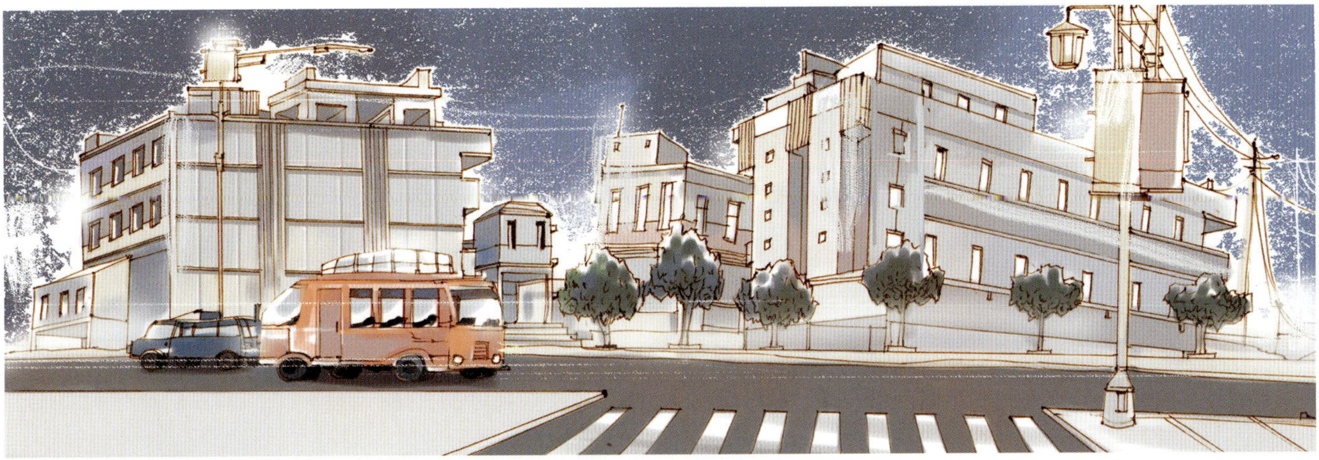

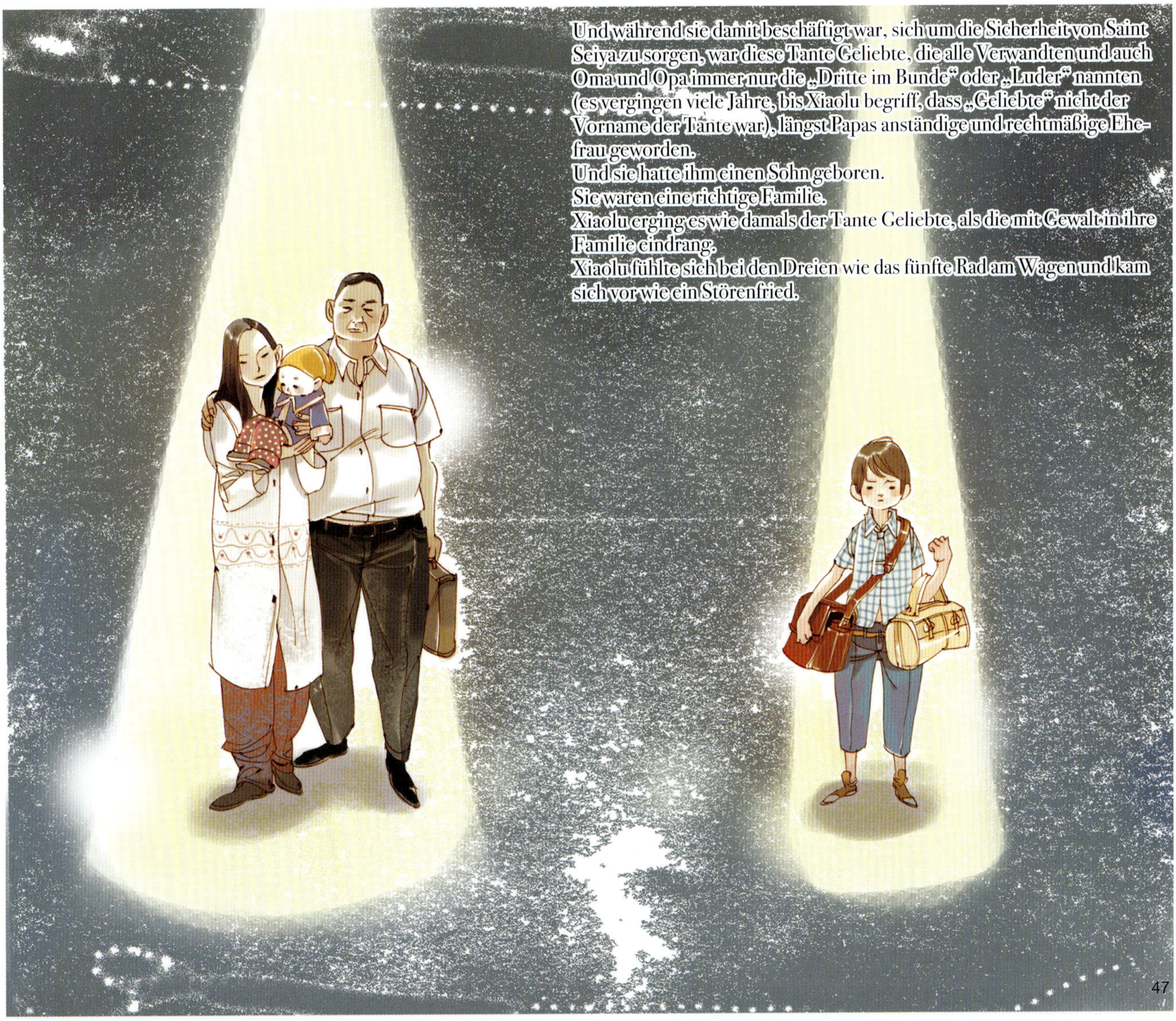

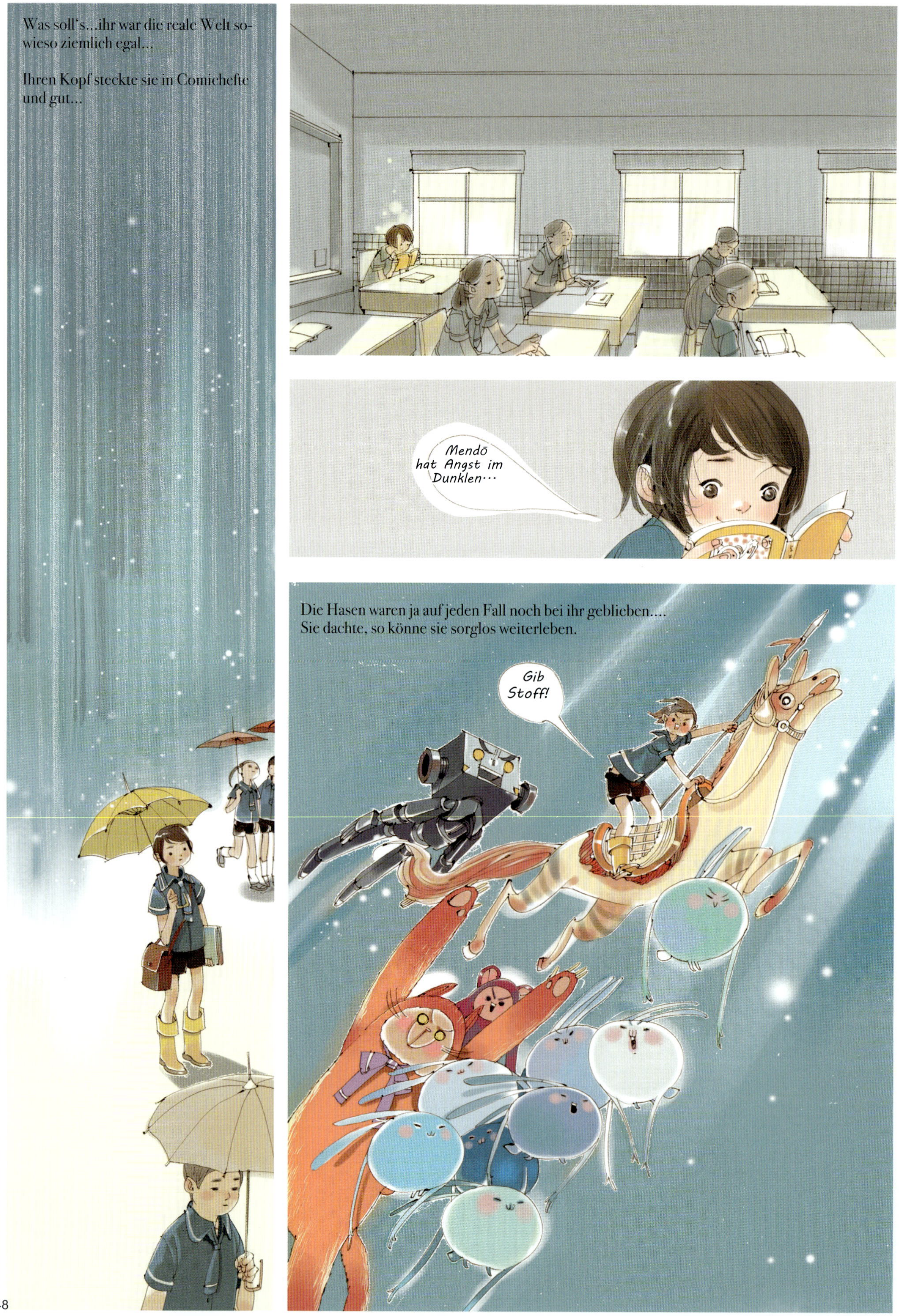

Was soll's…ihr war die reale Welt sowieso ziemlich egal…
Ihren Kopf steckte sie in Comichefte und gut…
Mendō hat Angst im Dunklen…
Die Hasen waren ja auf jeden Fall noch bei ihr geblieben…. Sie dachte, so könne sie sorglos weiterleben.
Gib Stoff!

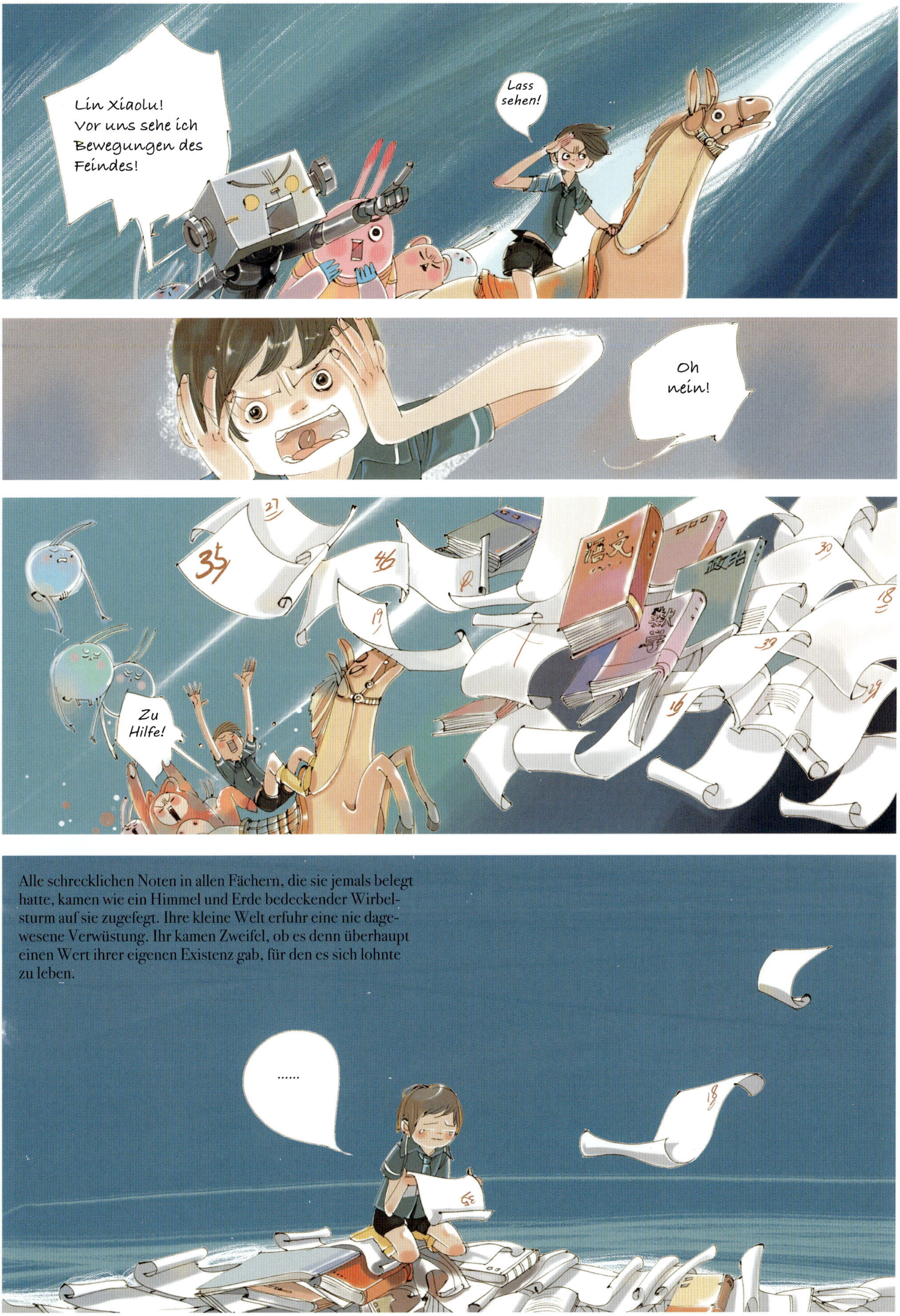
Lin Xiaolu! Vor uns sehe ich Bewegungen des Feindes!
Lass sehen!
Oh nein!
Zu Hilfe!
Alle schrecklichen Noten in allen Fächern, die sie jemals belegt hatte, kamen wie ein Himmel und Erde bedeckender Wirbelsturm auf sie zugefegt. Ihre kleine Welt erfuhr eine nie dagewesene Verwüstung. Ihr kamen Zweifel, ob es denn überhaupt einen Wert ihrer eigenen Existenz gab, für den es sich lohnte zu leben.
……

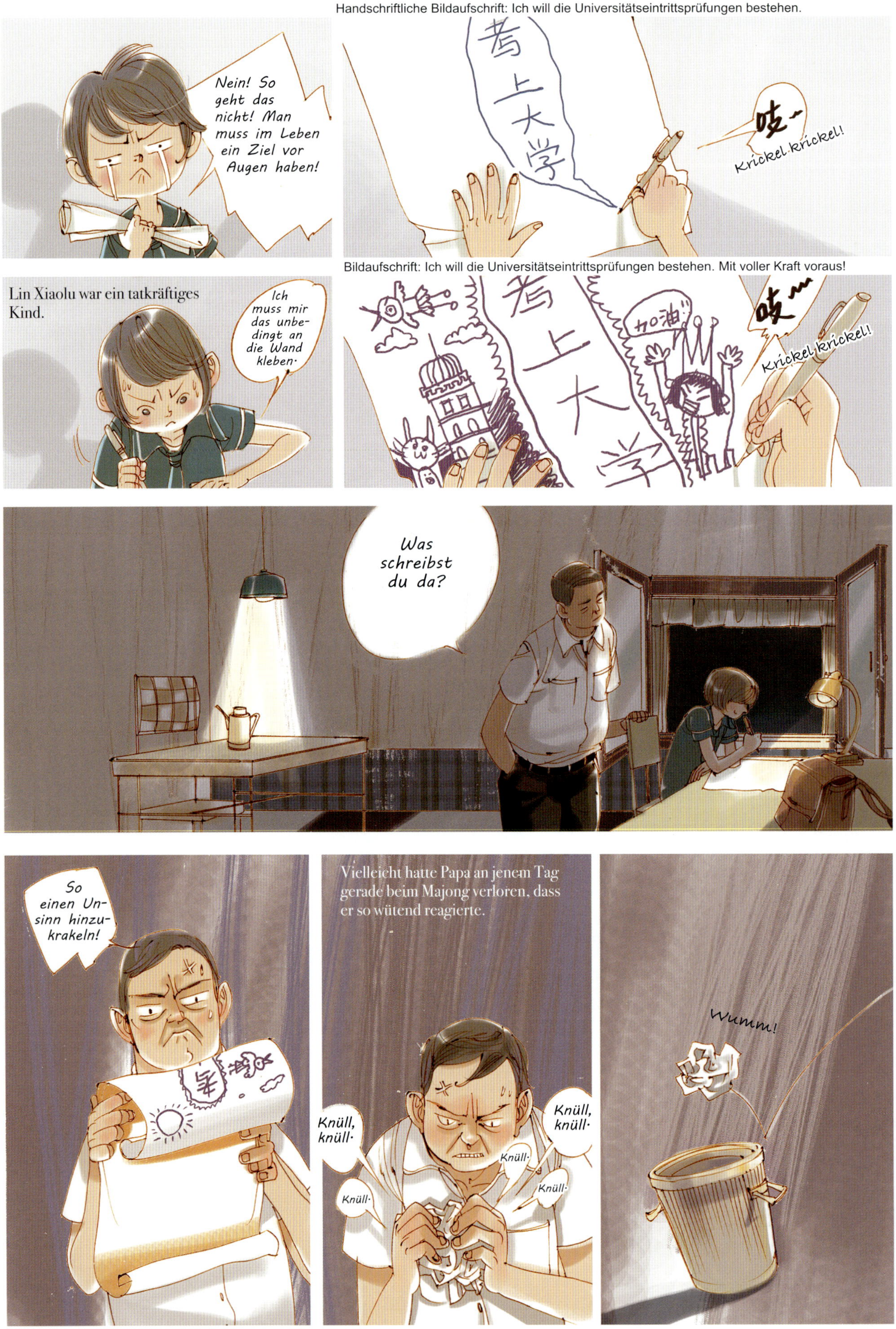
Handschriftliche Bildaufschrift: Ich will die Universitätseintrittsprüfungen bestehen.
Nein! So geht das nicht! Man muss im Leben ein Ziel vor Augen haben!
考上大学
吱~
Krickel-krickel!
Lin Xiaolu war ein tatkräftiges Kind.
Ich muss mir das unbedingt an die Wand kleben.
Bildaufschrift: Ich will die Universitätseintrittsprüfungen bestehen. Mit voller Kraft voraus!
考上大学
加油!
吱~
Krickel-krickel!
Was schreibst du da?
So einen Unsinn hinzukrakeln!
Vielleicht hatte Papa an jenem Tag gerade beim Majong verloren, dass er so wütend reagierte.
Knüll, knüll.
Knüll.
Knüll.
Knüll.
Knüll, knüll.
Wumm!

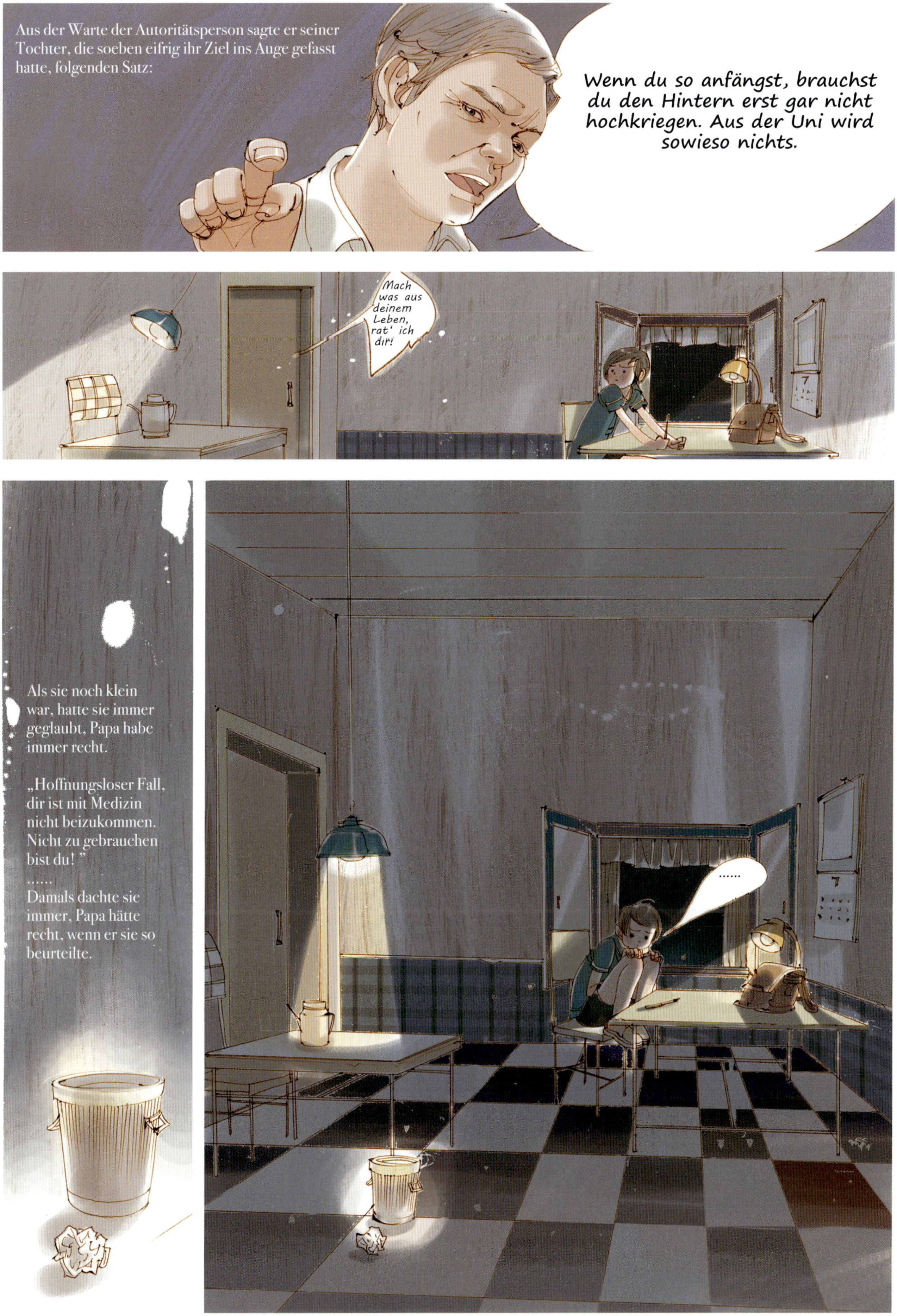
Aus der Warte der Autoritätsperson sagte er seiner Tochter, die soeben eifrig ihr Ziel ins Auge gefasst hatte, folgenden Satz:
Wenn du so anfängst, brauchst du den Hintern erst gar nicht hochkriegen. Aus der Uni wird sowieso nichts.
Mach was aus deinem Leben, rat' ich dir!
Als sie noch klein war, hatte sie immer geglaubt, Papa habe immer recht.
„Hoffnungsloser Fall, dir ist mit Medizin nicht beizukommen. Nicht zu gebrauchen bist du!"
……
Damals dachte sie immer, Papa hätte recht, wenn er sie so beurteilte.
……

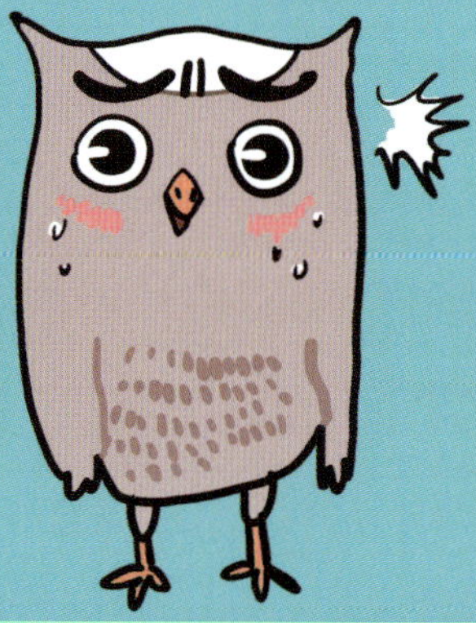

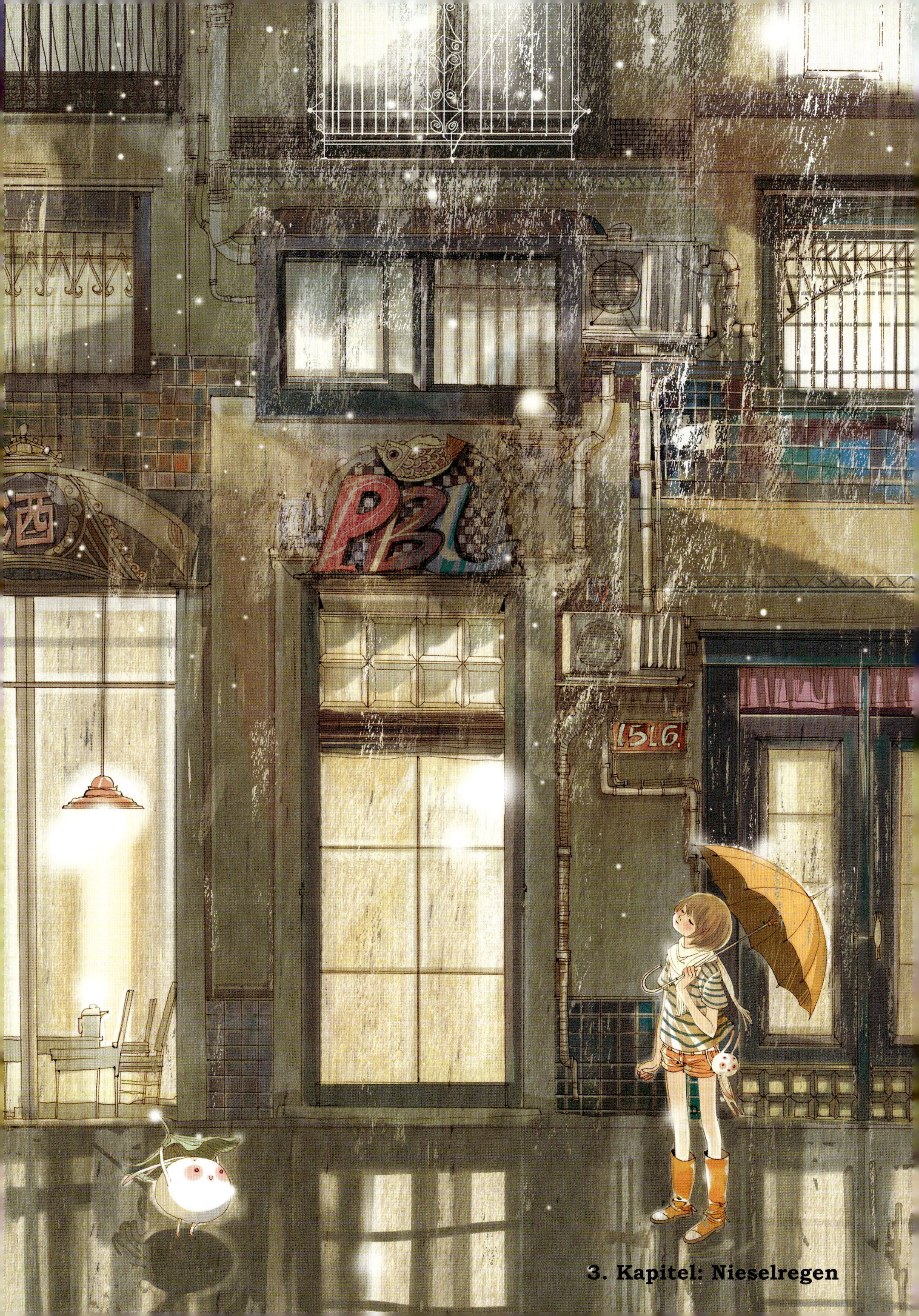

3. Kapitel: Nieselregen

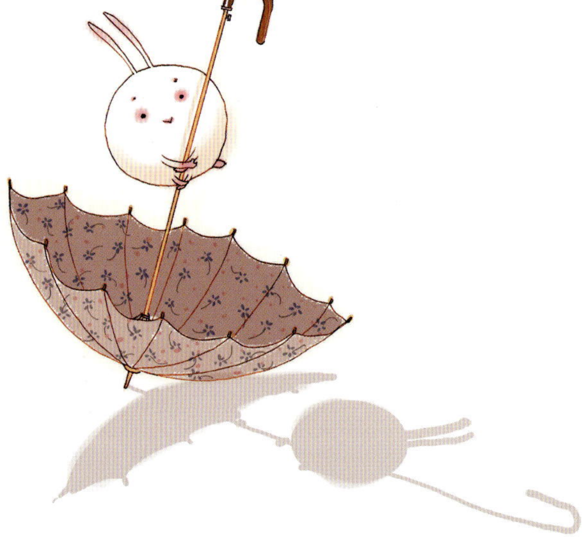

Wandschrift: Dritte Mittelschule Yuanshan

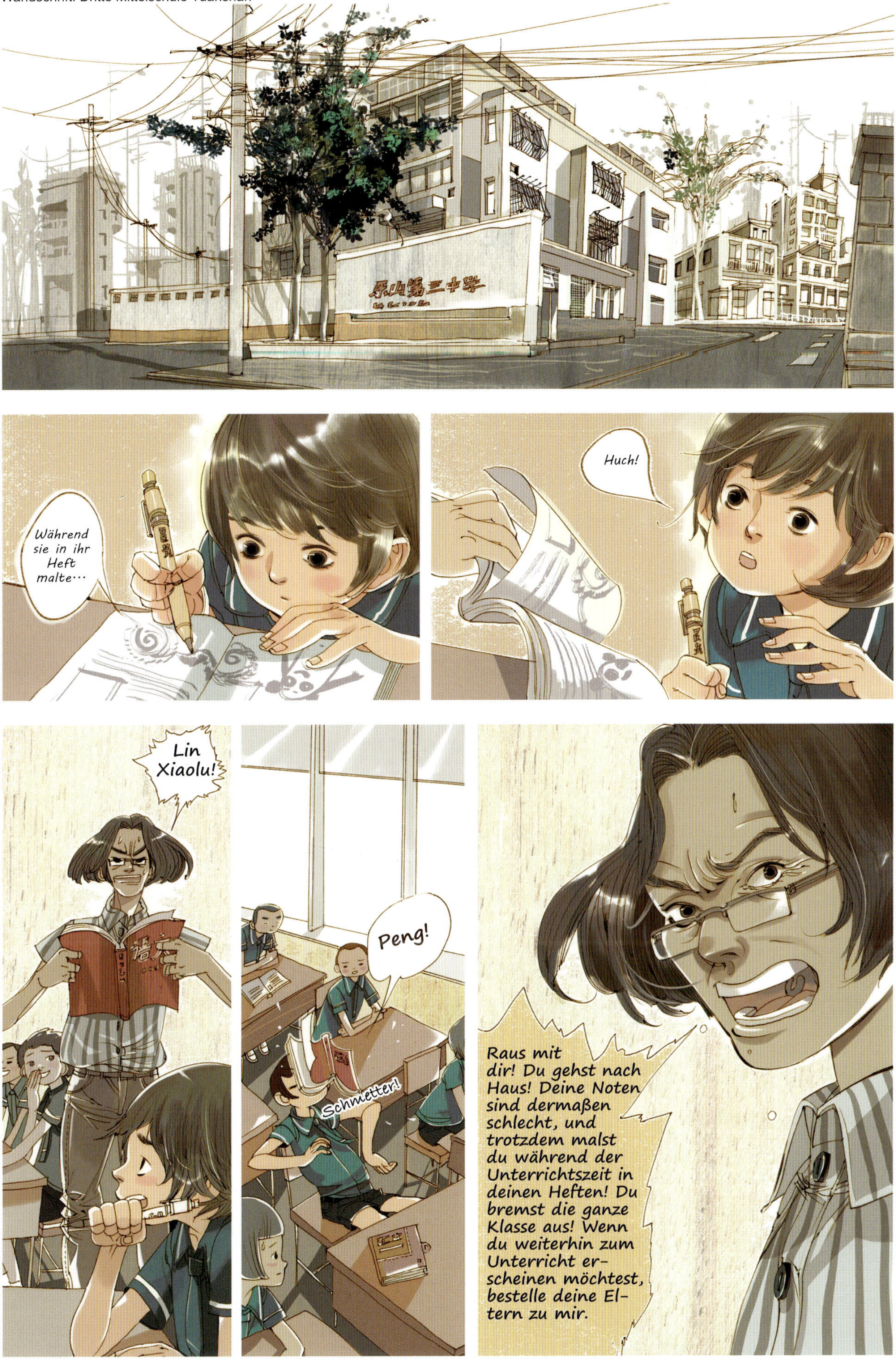

Lin Xiaolu wusste, dass ihr Vater nicht in die Schule kommen würde.

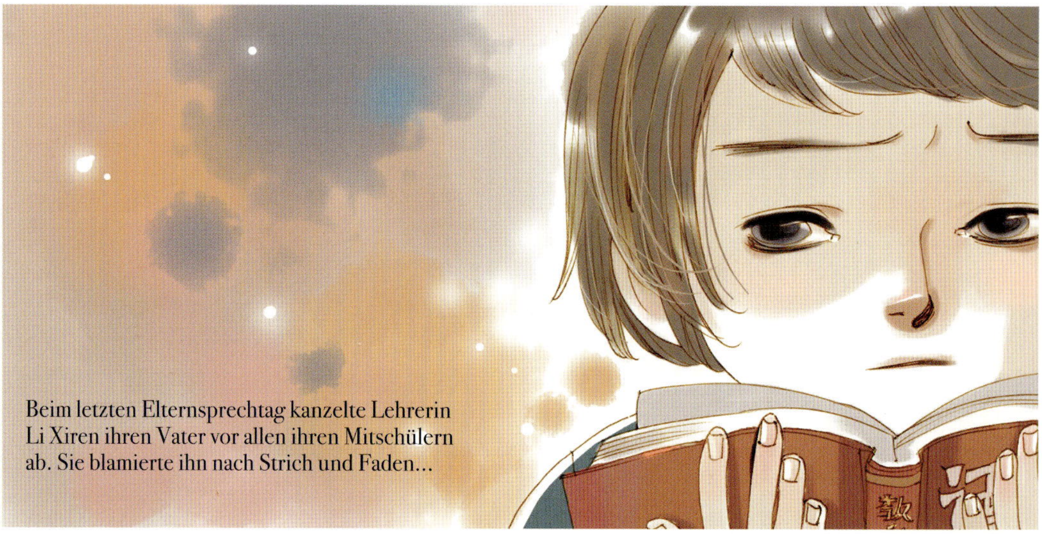

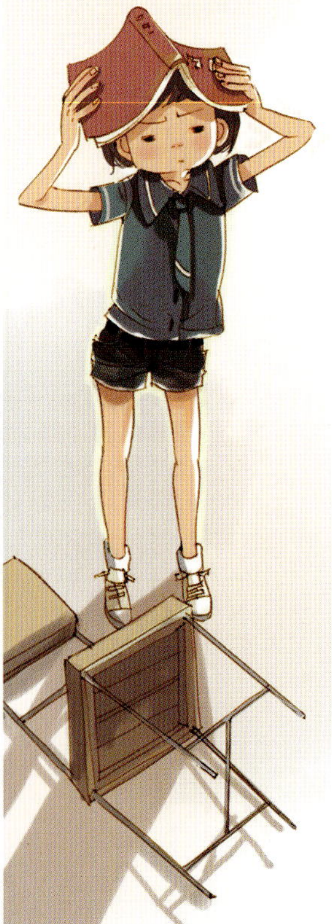

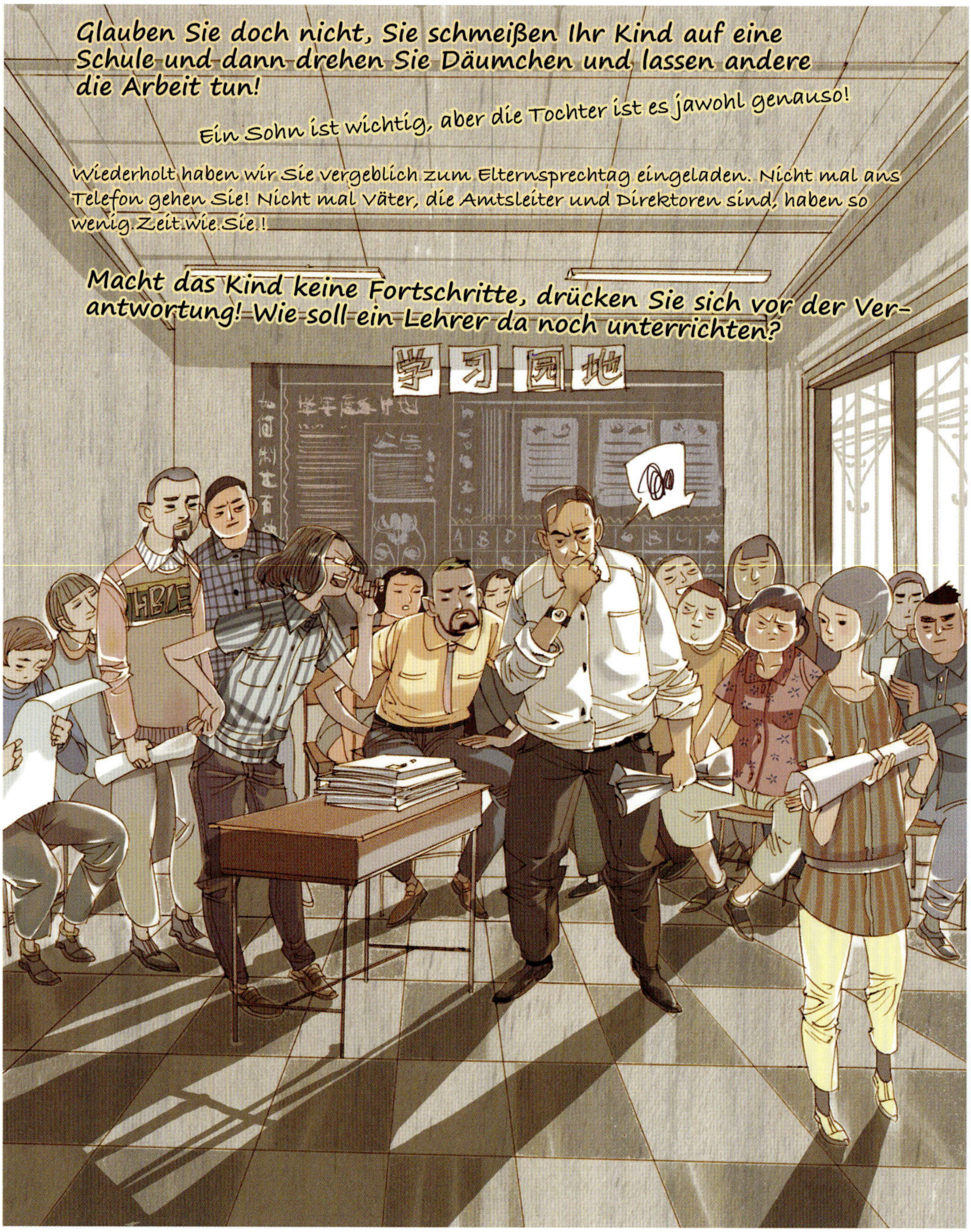

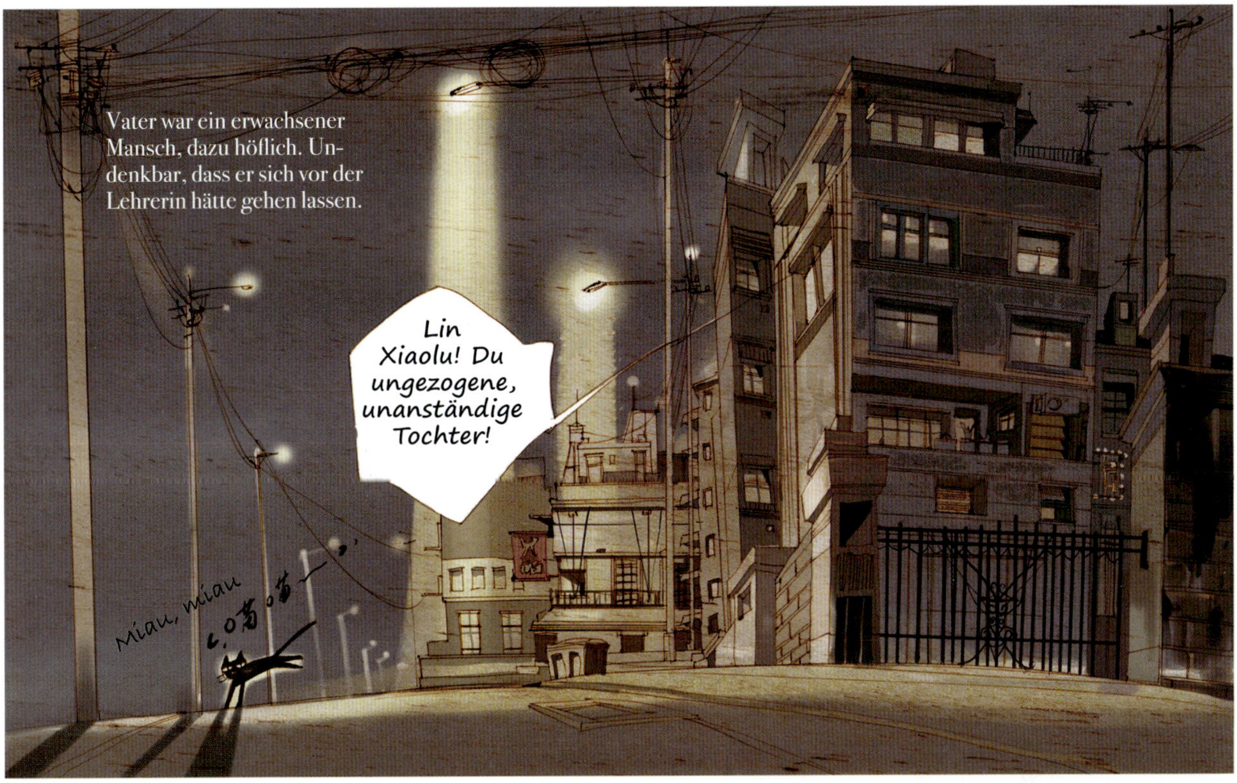
Vater war ein erwachsener Mansch, dazu höflich. Undenkbar, dass er sich vor der Lehrerin hätte gehen lassen.
Lin Xiaolu! Du ungezogene, unanständige Tochter!
Miau, miau

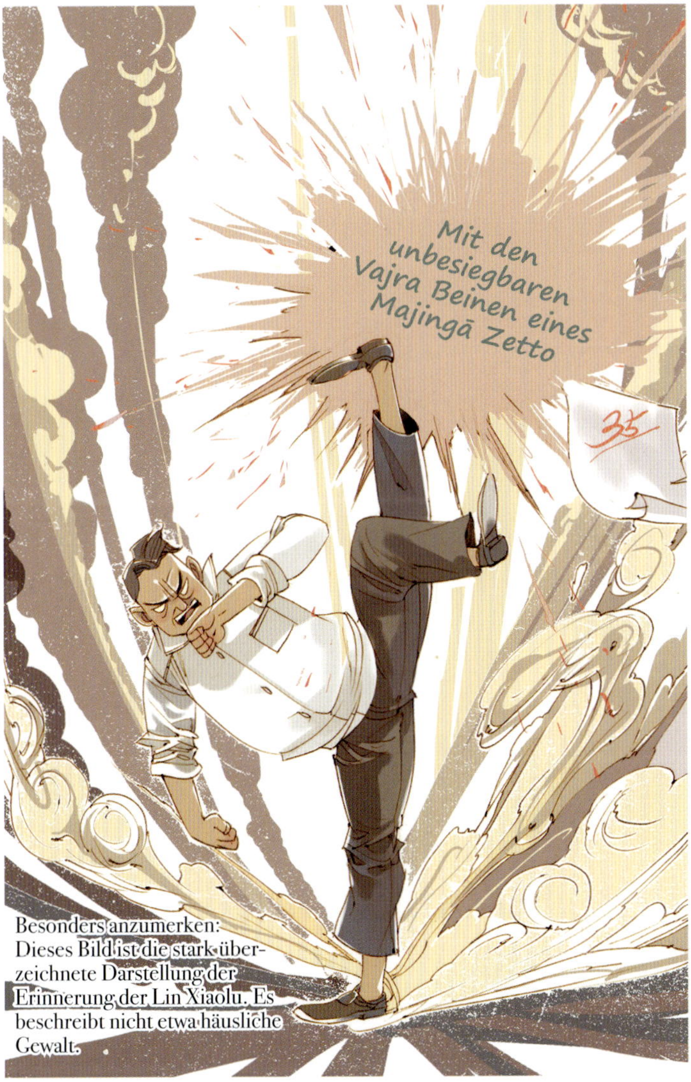
Mit den unbesiegbaren Vajra Beinen eines Majingā Zetto
35
Besonders anzumerken: Dieses Bild ist die stark überzeichnete Darstellung der Erinnerung der Lin Xiaolu. Es beschreibt nicht etwa häusliche Gewalt.

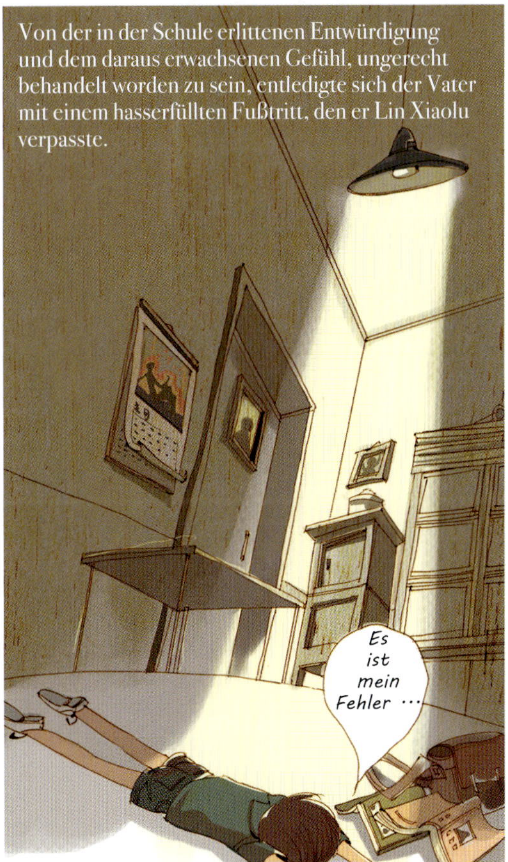
Von der in der Schule erlittenen Entwürdigung und dem daraus erwachsenen Gefühl, ungerecht behandelt worden zu sein, entledigte sich der Vater mit einem hasserfüllten Fußtritt, den er Lin Xiaolu verpasste.
Es ist mein Fehler …

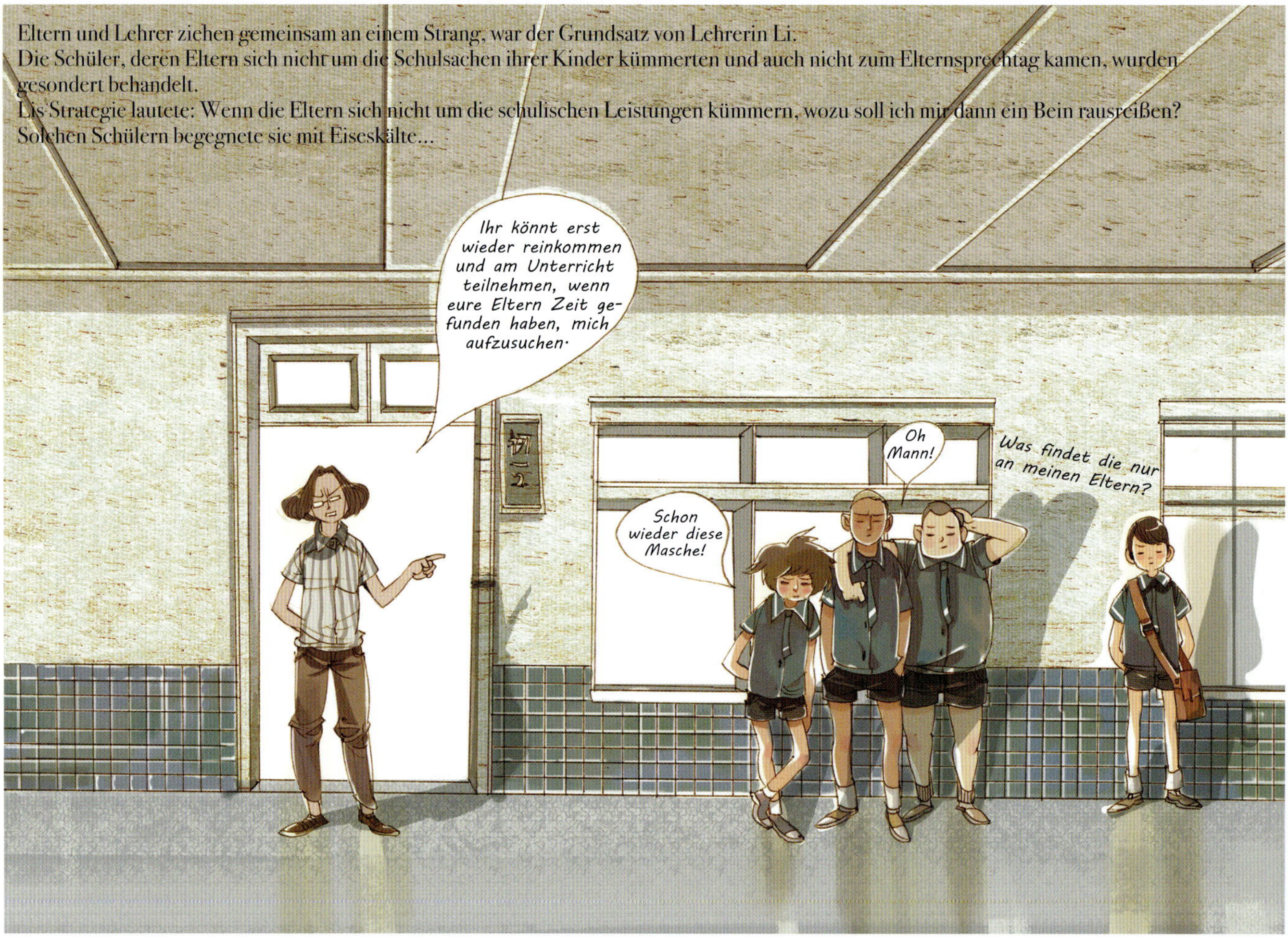
Eltern und Lehrer ziehen gemeinsam an einem Strang, war der Grundsatz von Lehrerin Li.
Die Schüler, deren Eltern sich nicht um die Schulsachen ihrer Kinder kümmerten und auch nicht zum Elternsprechtag kamen, wurden gesondert behandelt.
Lis Strategie lautete: Wenn die Eltern sich nicht um die schulischen Leistungen kümmern, wozu soll ich mir dann ein Bein rausreißen?
Solchen Schülern begegnete sie mit Eiseskälte…
Ihr könnt erst wieder reinkommen und am Unterricht teilnehmen, wenn eure Eltern Zeit gefunden haben, mich aufzusuchen.
Schon wieder diese Masche!
Oh Mann!
Was findet die nur an meinen Eltern?

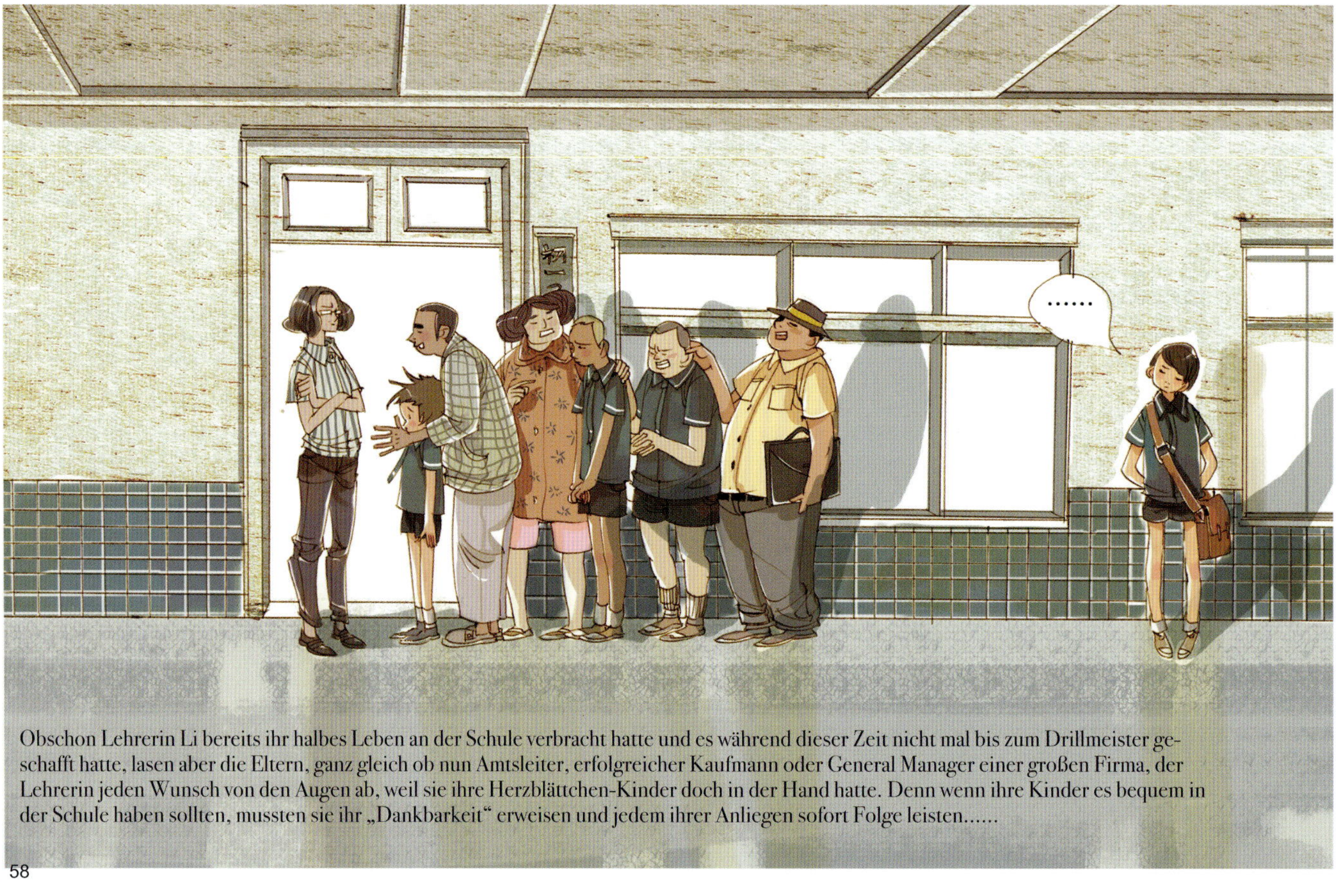
……
Obschon Lehrerin Li bereits ihr halbes Leben an der Schule verbracht hatte und es während dieser Zeit nicht mal bis zum Drillmeister geschafft hatte, lasen aber die Eltern, ganz gleich ob nun Amtsleiter, erfolgreicher Kaufmann oder General Manager einer großen Firma, der Lehrerin jeden Wunsch von den Augen ab, weil sie ihre Herzblättchen-Kinder doch in der Hand hatte. Denn wenn ihre Kinder es bequem in der Schule haben sollten, mussten sie ihr „Dankbarkeit" erweisen und jedem ihrer Anliegen sofort Folge leisten……

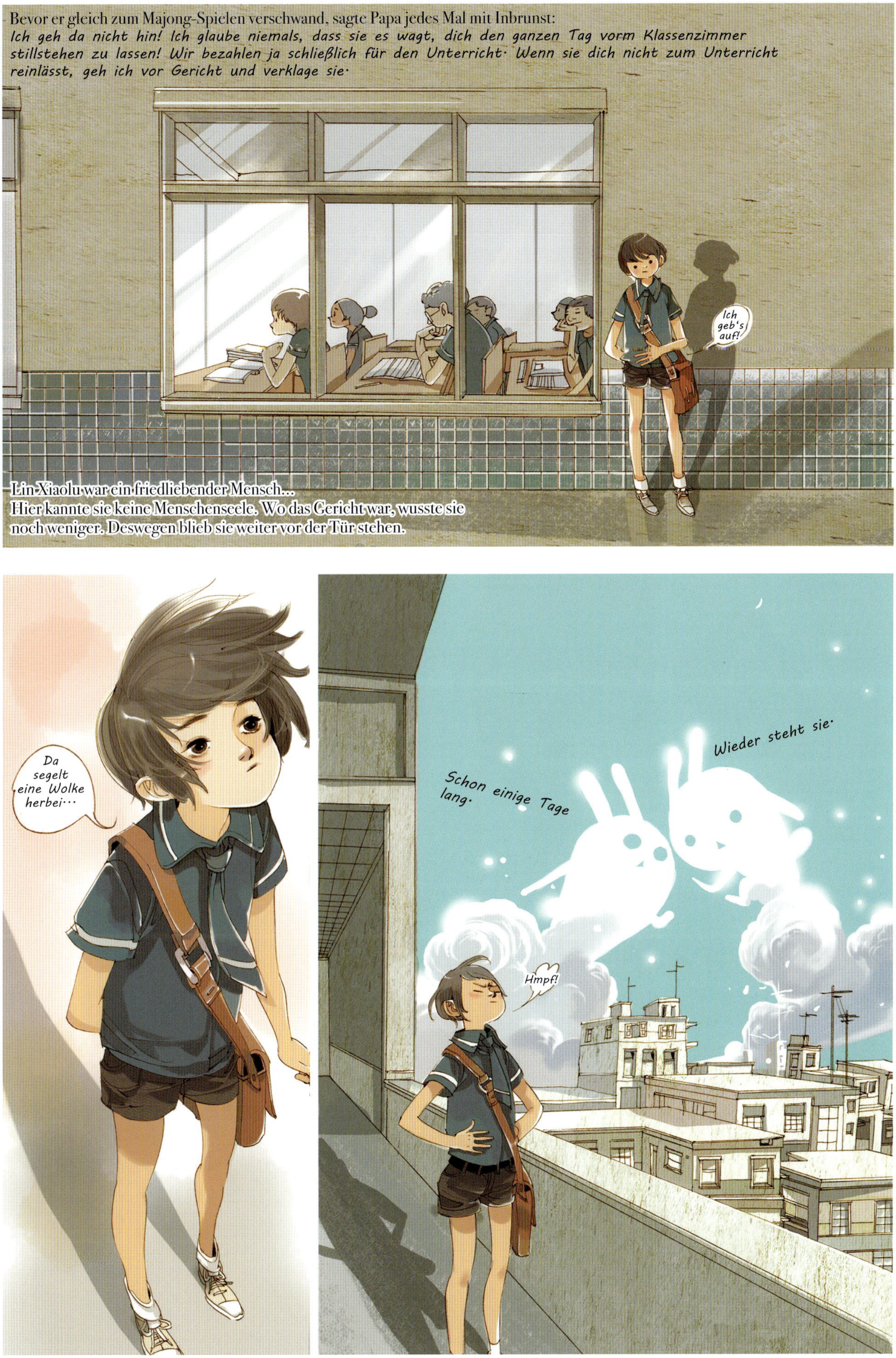
Bevor er gleich zum Majong-Spielen verschwand, sagte Papa jedes Mal mit Inbrunst:
Ich geh da nicht hin! Ich glaube niemals, dass sie es wagt, dich den ganzen Tag vorm Klassenzimmer stillstehen zu lassen! Wir bezahlen ja schließlich für den Unterricht. Wenn sie dich nicht zum Unterricht reinlässt, geh ich vor Gericht und verklage sie.
Ich geb's auf!
Lin Xiaolu war ein friedliebender Mensch…
Hier kannte sie keine Menschenseele. Wo das Gericht war, wusste sie noch weniger. Deswegen blieb sie weiter vor der Tür stehen.
Da segelt eine Wolke herbei…
Wieder steht sie.
Schon einige Tage lang.
Hmpf!

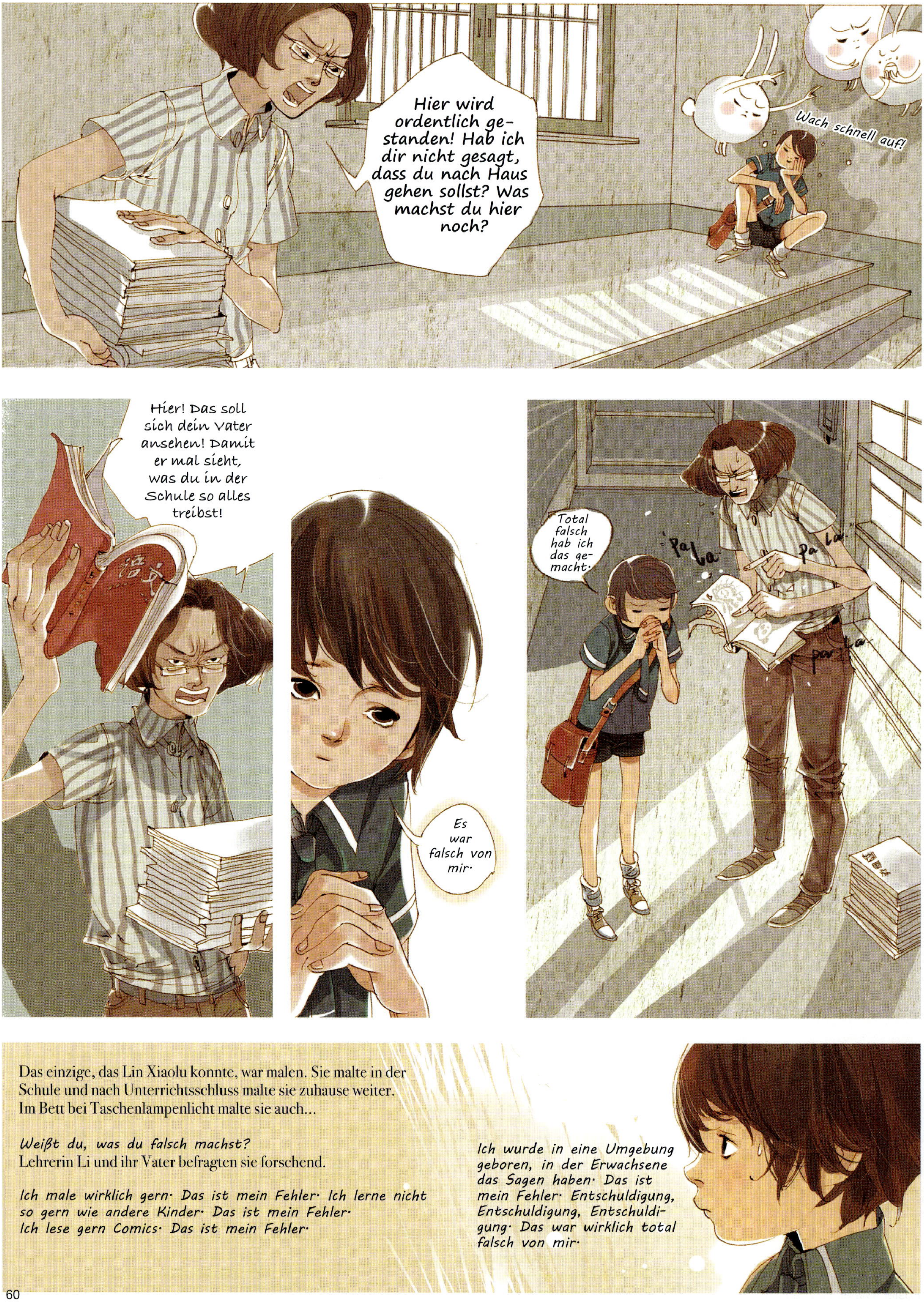

Hier wird ordentlich gestanden! Hab ich dir nicht gesagt, dass du nach Haus gehen sollst? Was machst du hier noch?
Wach schnell auf!
Hier! Das soll sich dein Vater ansehen! Damit er mal sieht, was du in der Schule so alles treibst!
Es war falsch von mir.
Total falsch hab ich das gemacht.
Das einzige, das Lin Xiaolu konnte, war malen. Sie malte in der Schule und nach Unterrichtsschluss malte sie zuhause weiter. Im Bett bei Taschenlampenlicht malte sie auch…
Weißt du, was du falsch machst?
Lehrerin Li und ihr Vater befragten sie forschend.
Ich male wirklich gern. Das ist mein Fehler. Ich lerne nicht so gern wie andere Kinder. Das ist mein Fehler. Ich lese gern Comics. Das ist mein Fehler.
Ich wurde in eine Umgebung geboren, in der Erwachsene das Sagen haben. Das ist mein Fehler. Entschuldigung, Entschuldigung, Entschuldigung. Das war wirklich total falsch von mir.

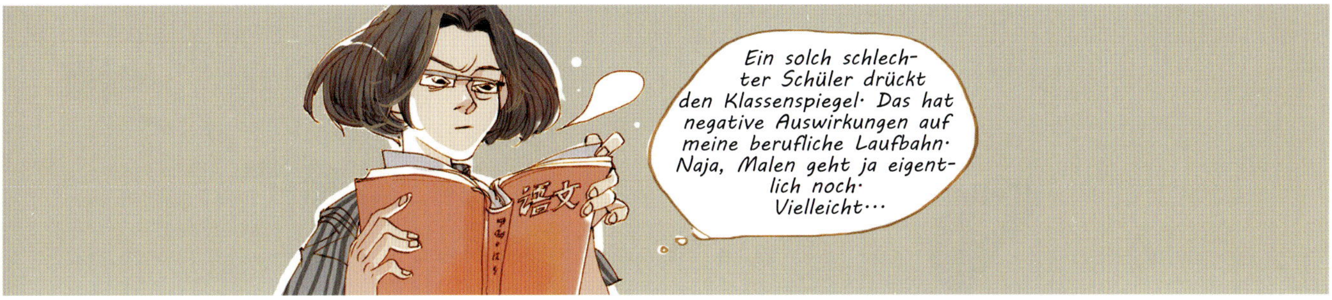

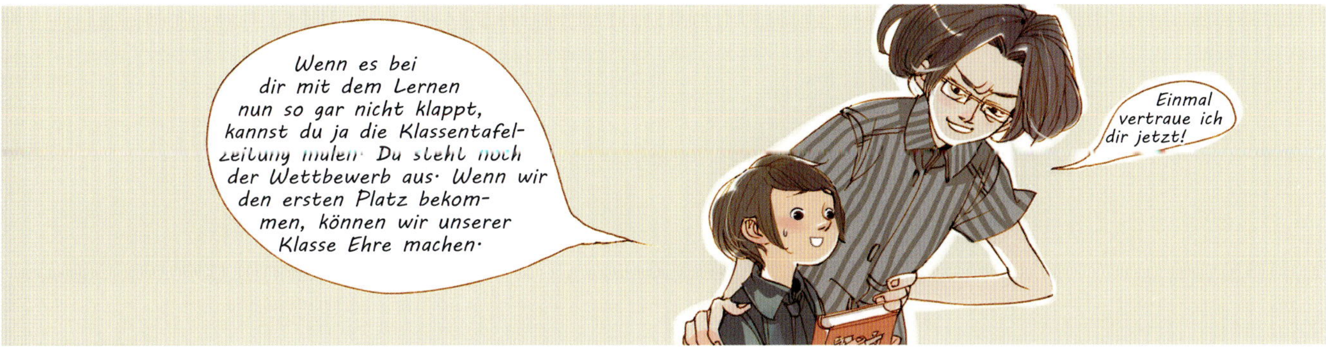

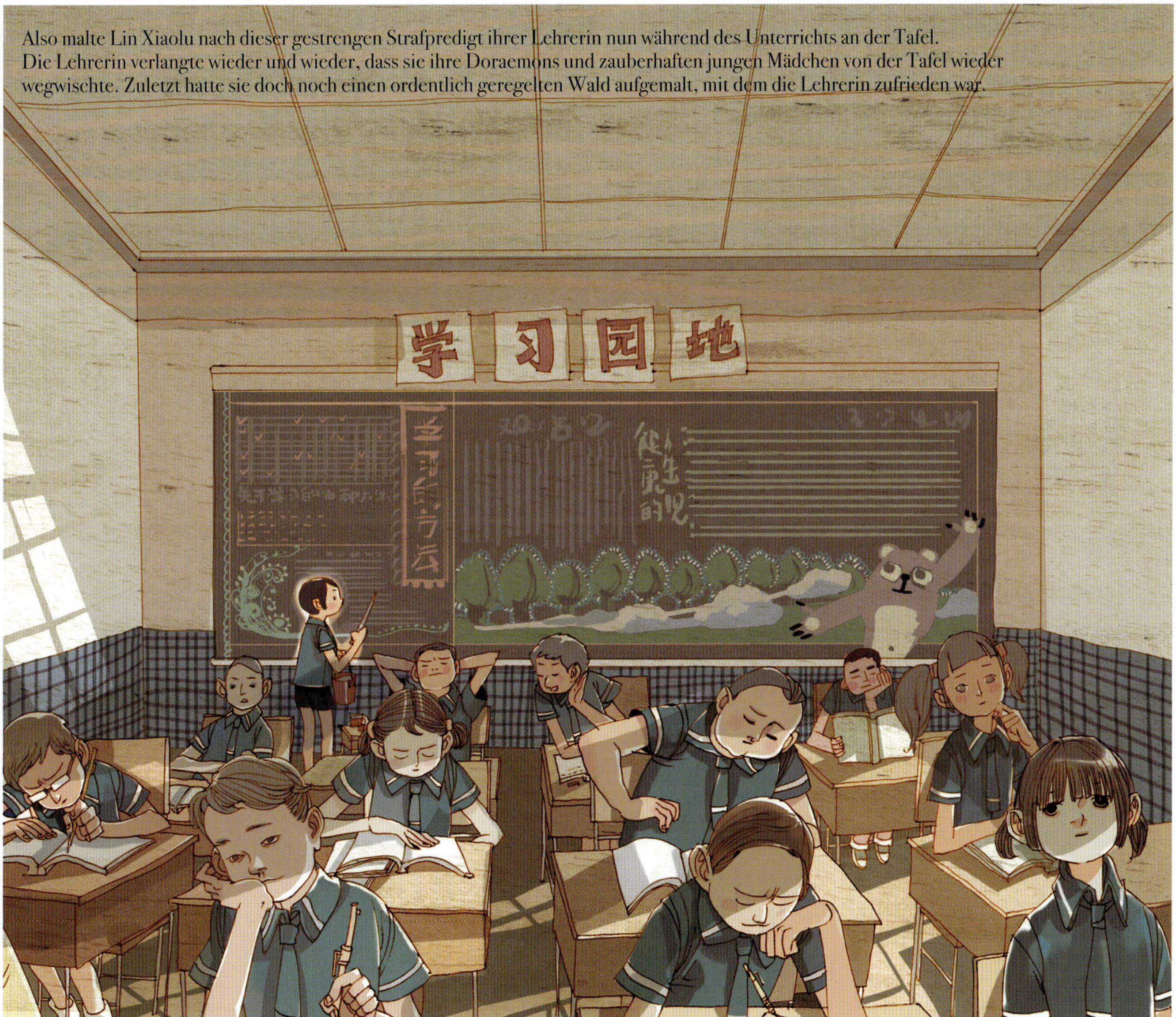

Poster: Garten des Lernens

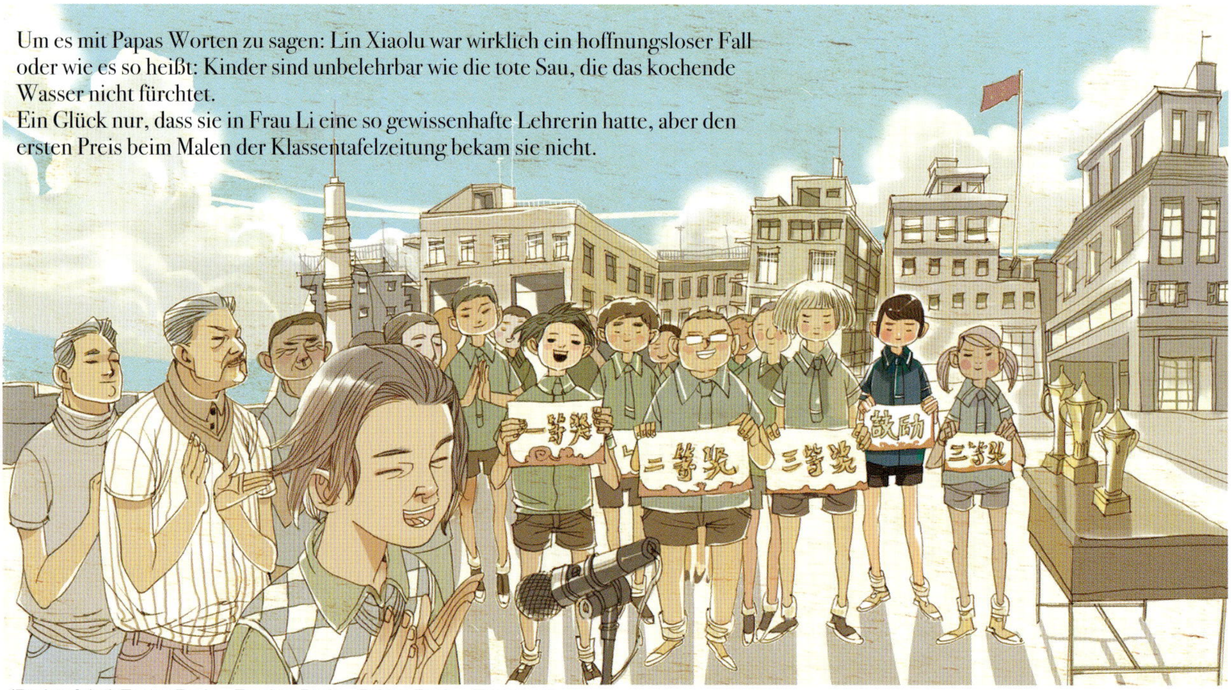

(Preistafeln:) Erster Preis - Zweiter Preis - Dritter Preis - Trostpreis

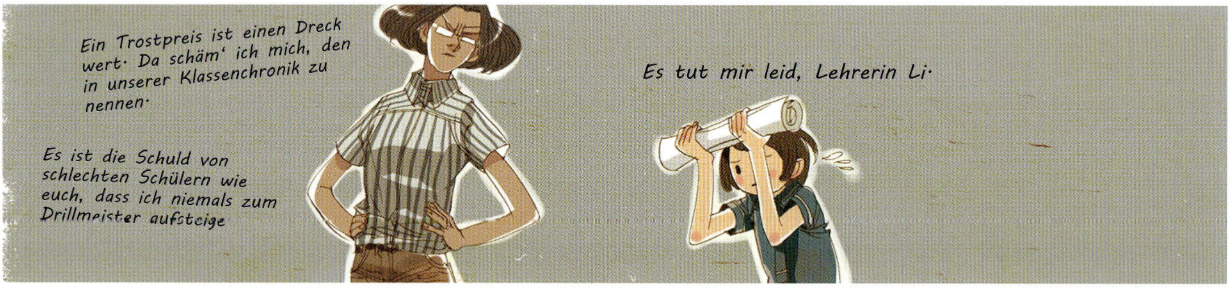

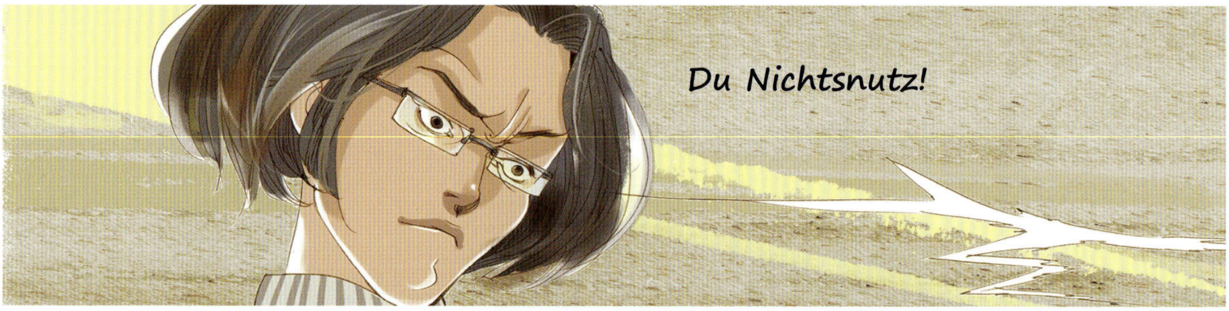

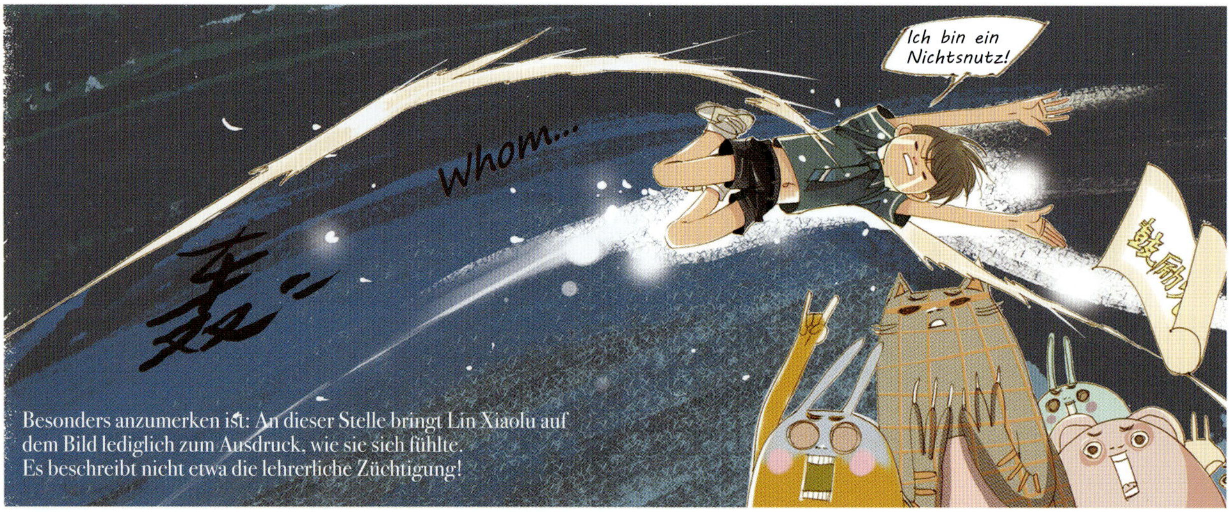

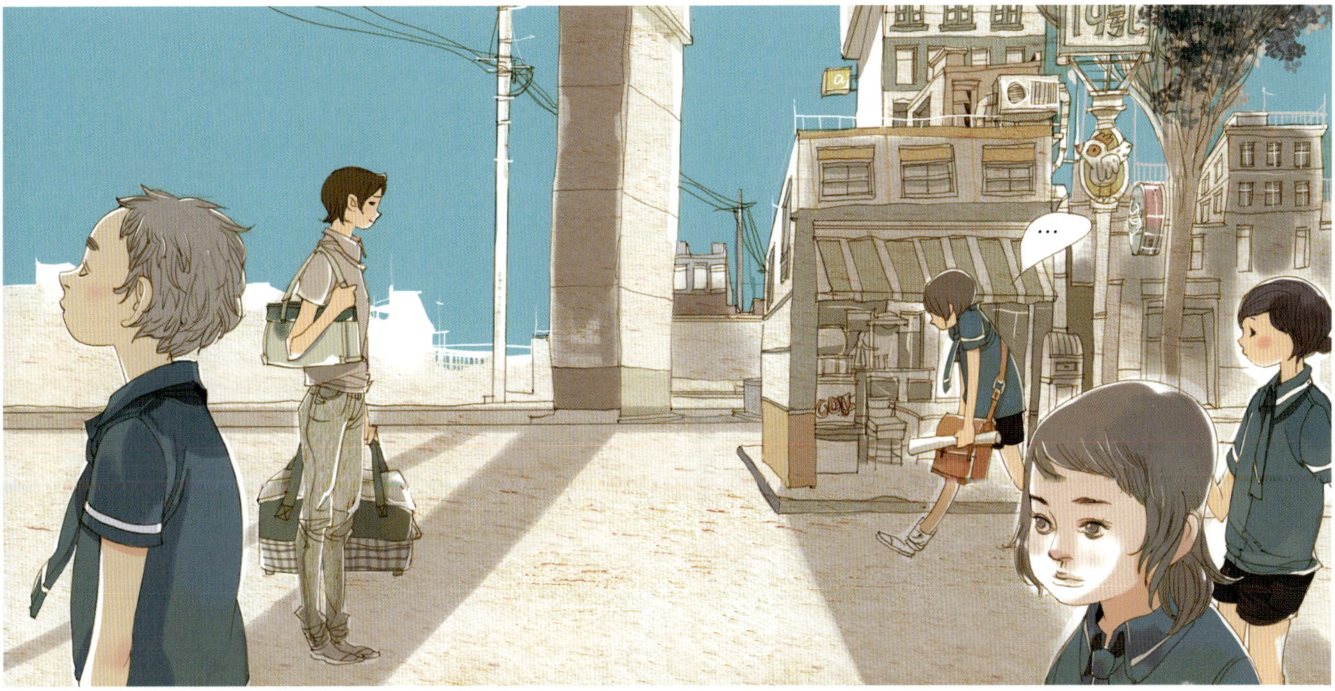

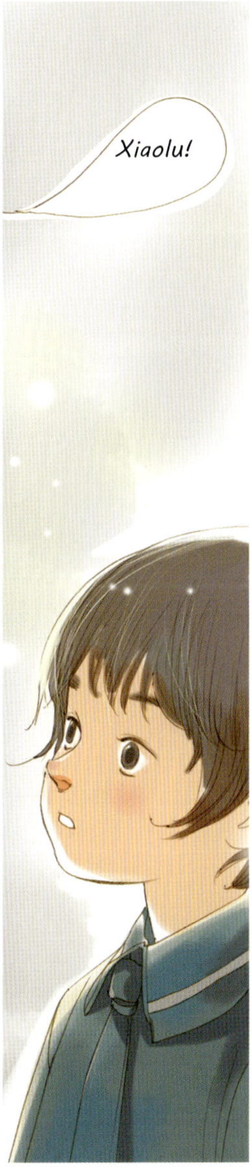

Am letzten Tag der Mittelschulabschlussprüfungen kam Mama endlich wieder zurück.

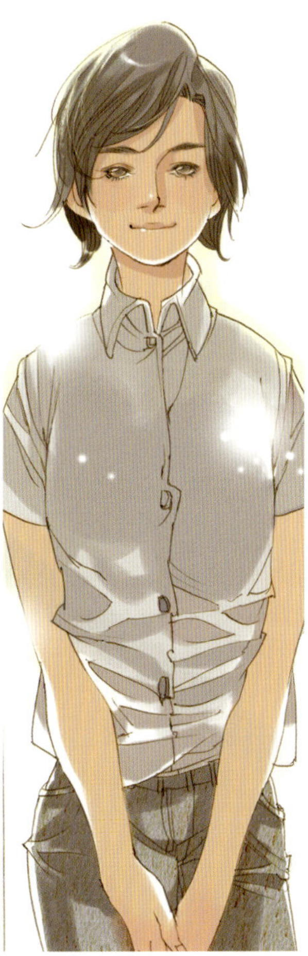

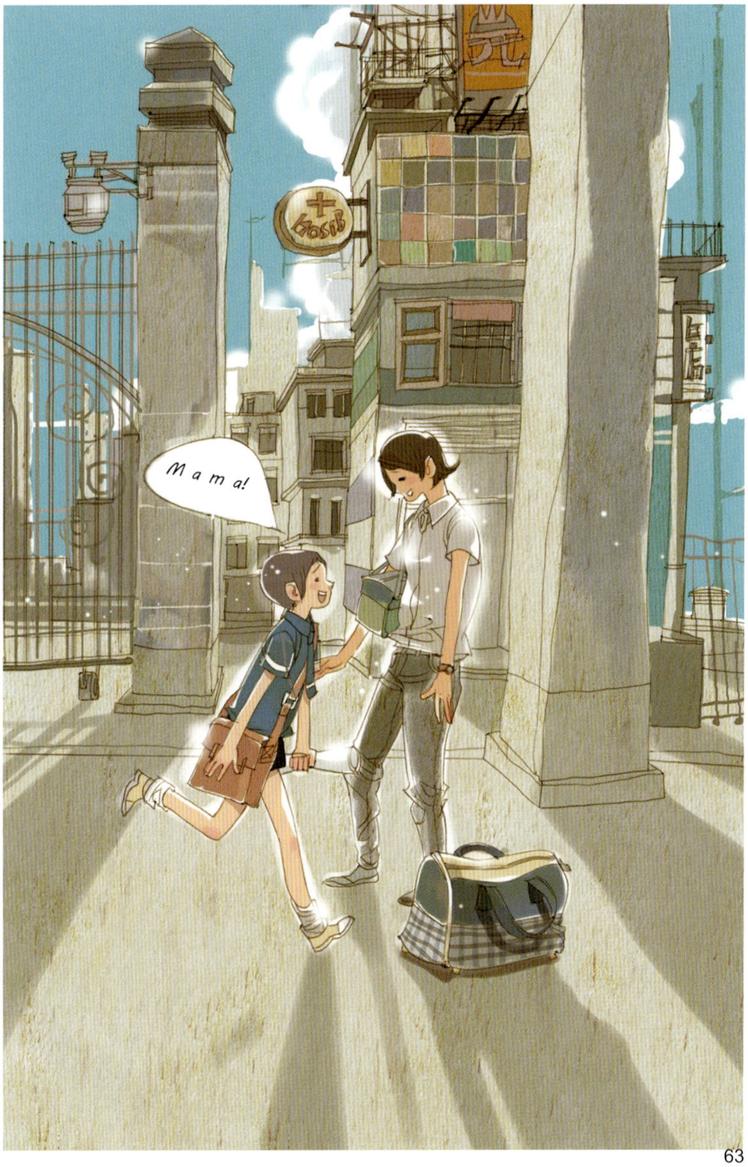

In jenem Jahr wurde, um den Prüfungsdruck auf die Schüler zu reduzieren, damit begonnen, ein computergestütztes Zuteilverfahren einzuführen, damit Schüler mit zu geringen Punktezahlen auch einen Schulplatz erhielten. Lin Xiaolu hatte Glück und bekam in der Sekundarstufe 2 einer zentralen höheren Mittelschule einen Platz…

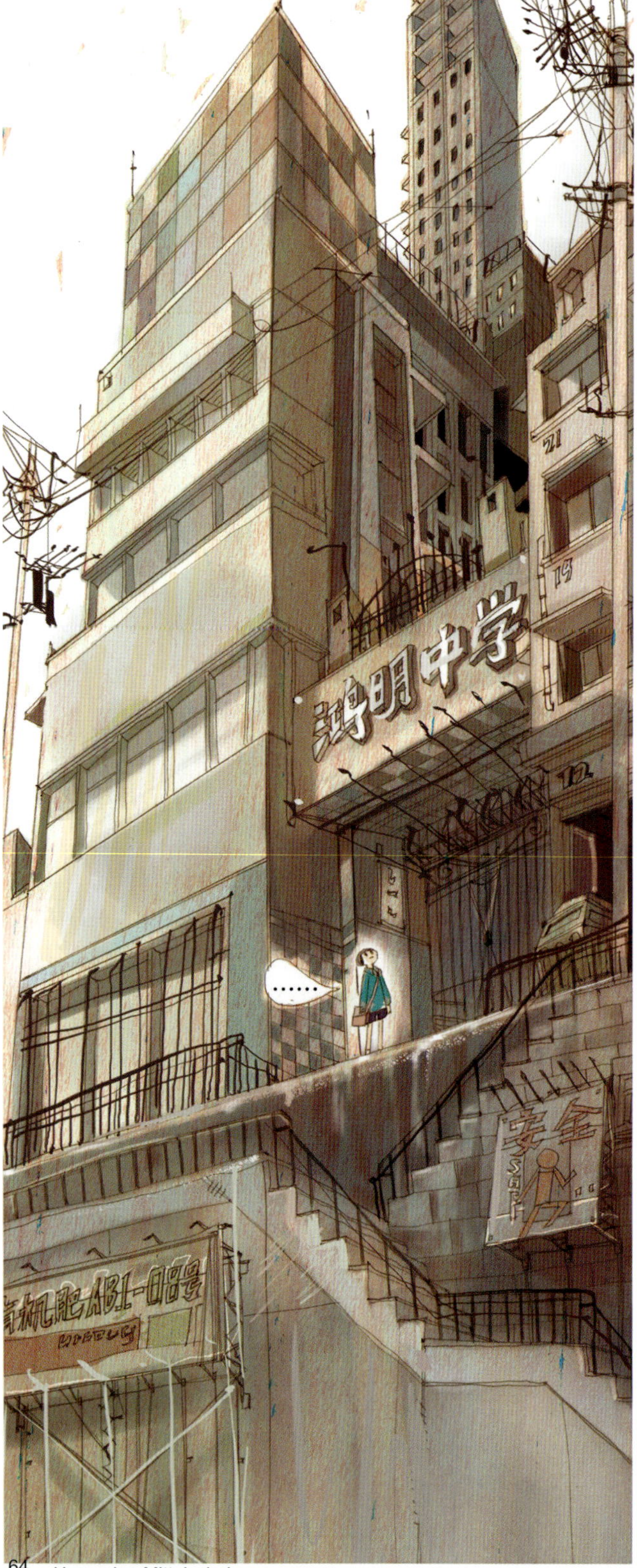

Obwohl in jenem Jahr alle ein Riesengeschrei um die Massnahmen zur Milderung des Prüfungsdrucks machten, blieben „die Noten das Lebensserum des Schülers“ und waren weiterhin das von jedem verinnerlichte, ungeschriebene Gesetz.

Verglichen mit solch exzellenten Schülern, deren Lieblingsfächer Mathe, Physik und Chemie waren, und die mit ganzem Herzen für den besten Abschluss paukten, war das so dürftige Ergebnis Lin Xiaolus eine Schande für Partei und Volk.

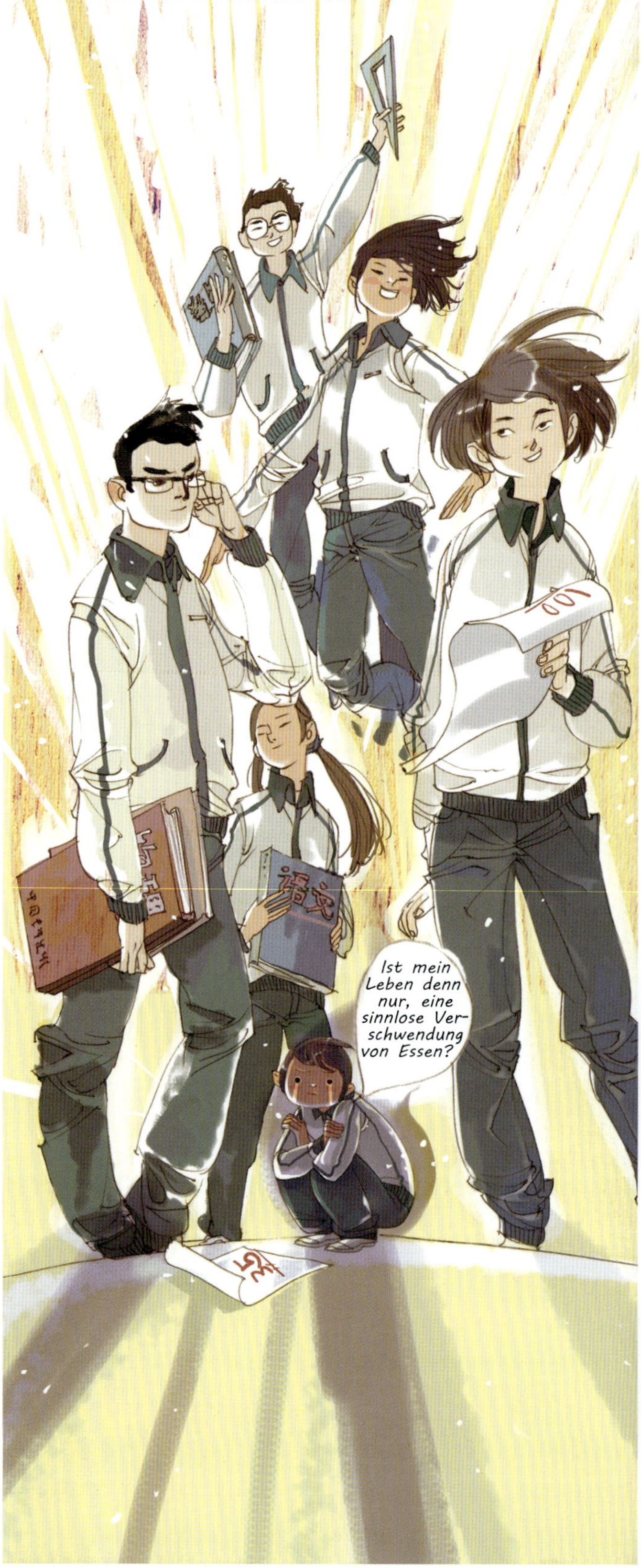

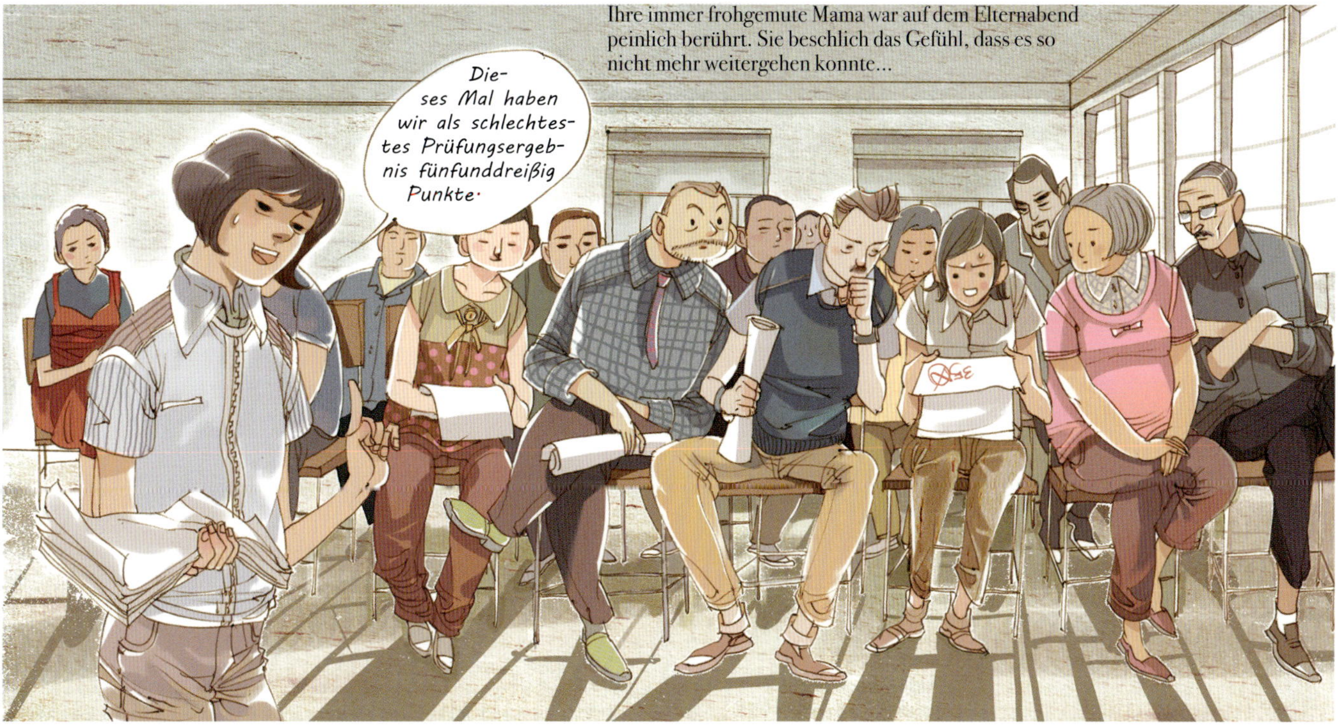

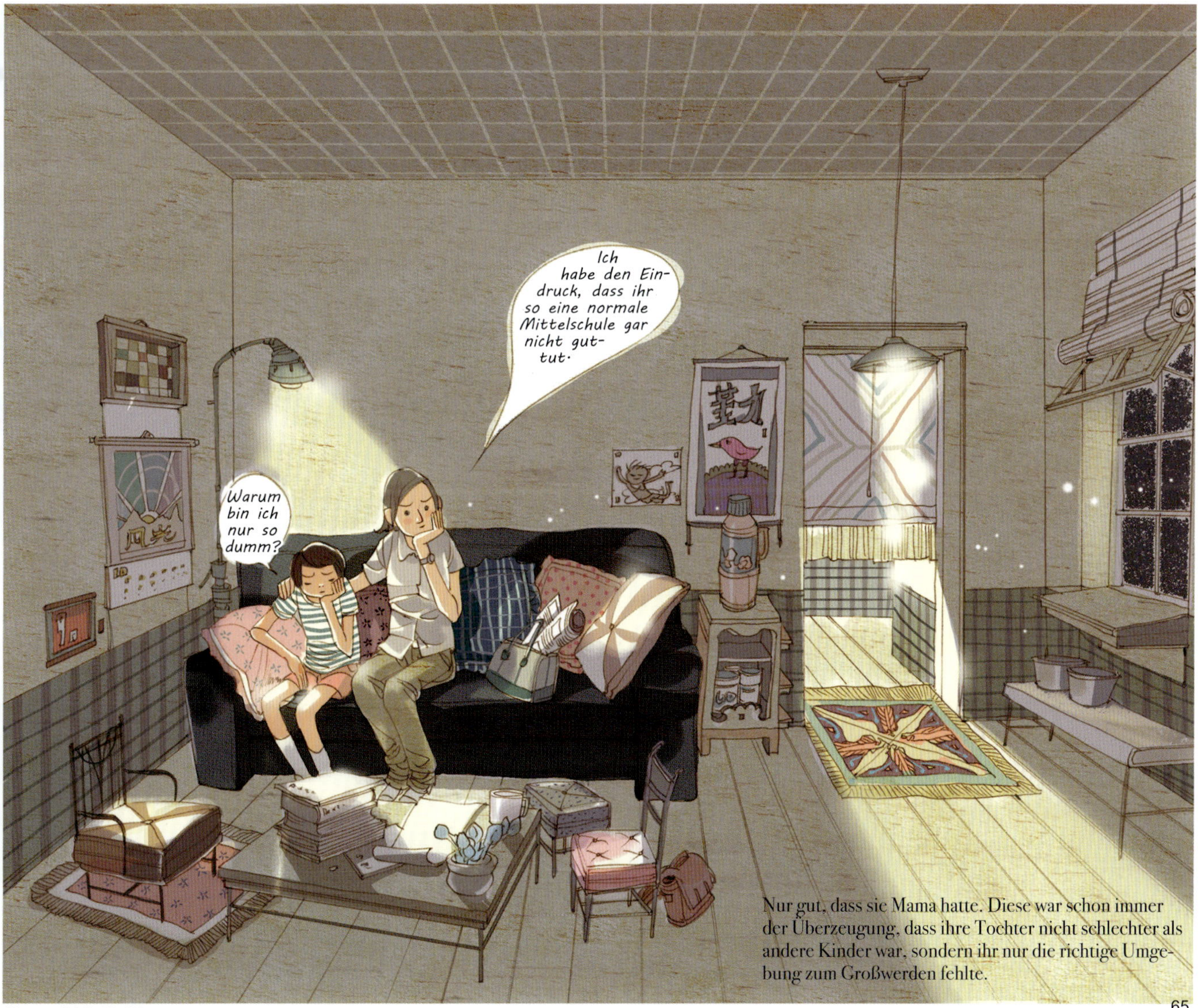

(Poster:) Mit Fleiß!

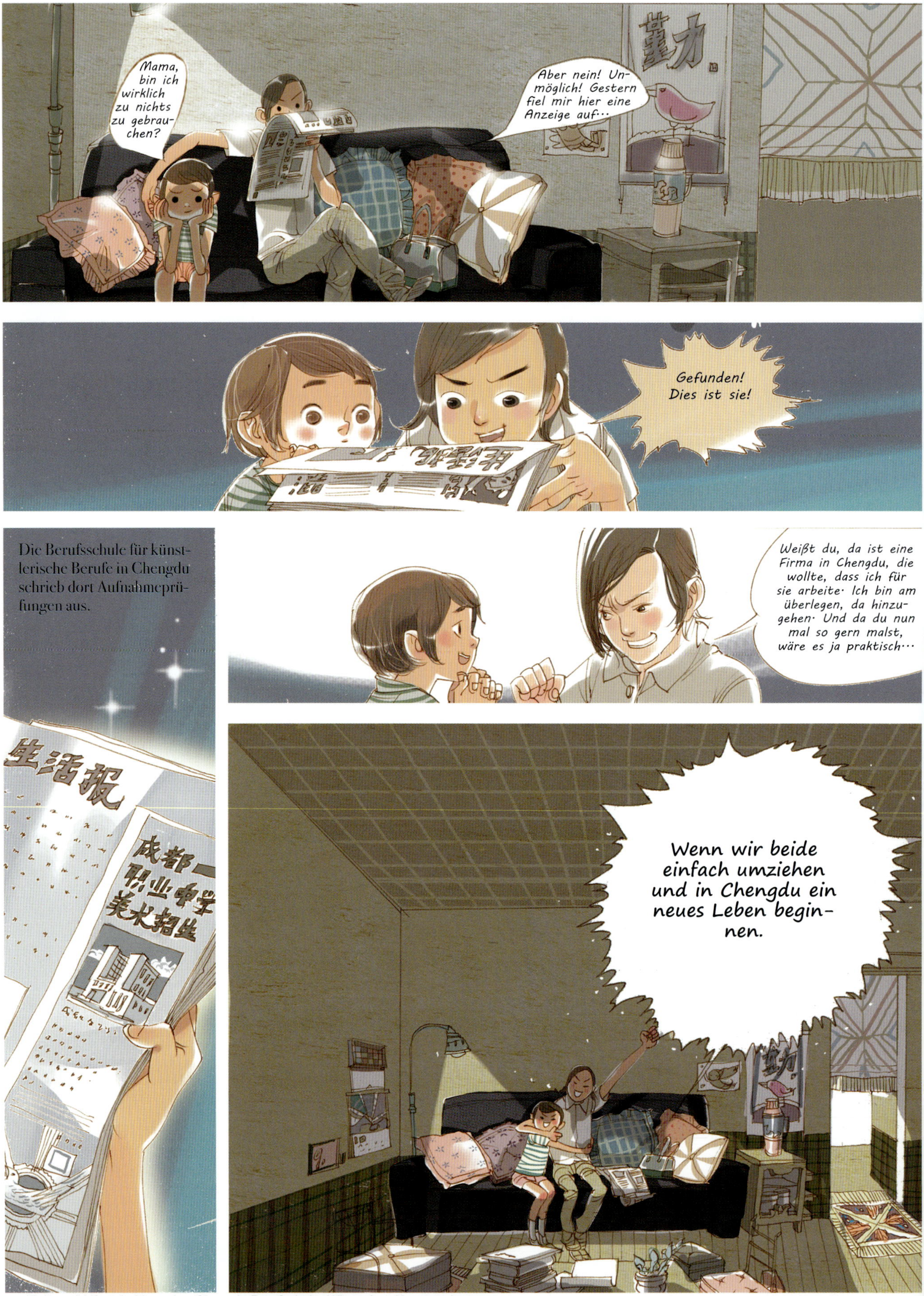
Mama, bin ich wirklich zu nichts zu gebrauchen?
Aber nein! Unmöglich! Gestern fiel mir hier eine Anzeige auf···
Gefunden! Dies ist sie!
Die Berufsschule für künstlerische Berufe in Chengdu schrieb dort Aufnahmeprüfungen aus.
Weißt du, da ist eine Firma in Chengdu, die wollte, dass ich für sie arbeite· Ich bin am überlegen, da hinzugehen· Und da du nun mal so gern malst, wäre es ja praktisch···
生活报
成都一
职业中学
美术招生
Wenn wir beide einfach umziehen und in Chengdu ein neues Leben beginnen.

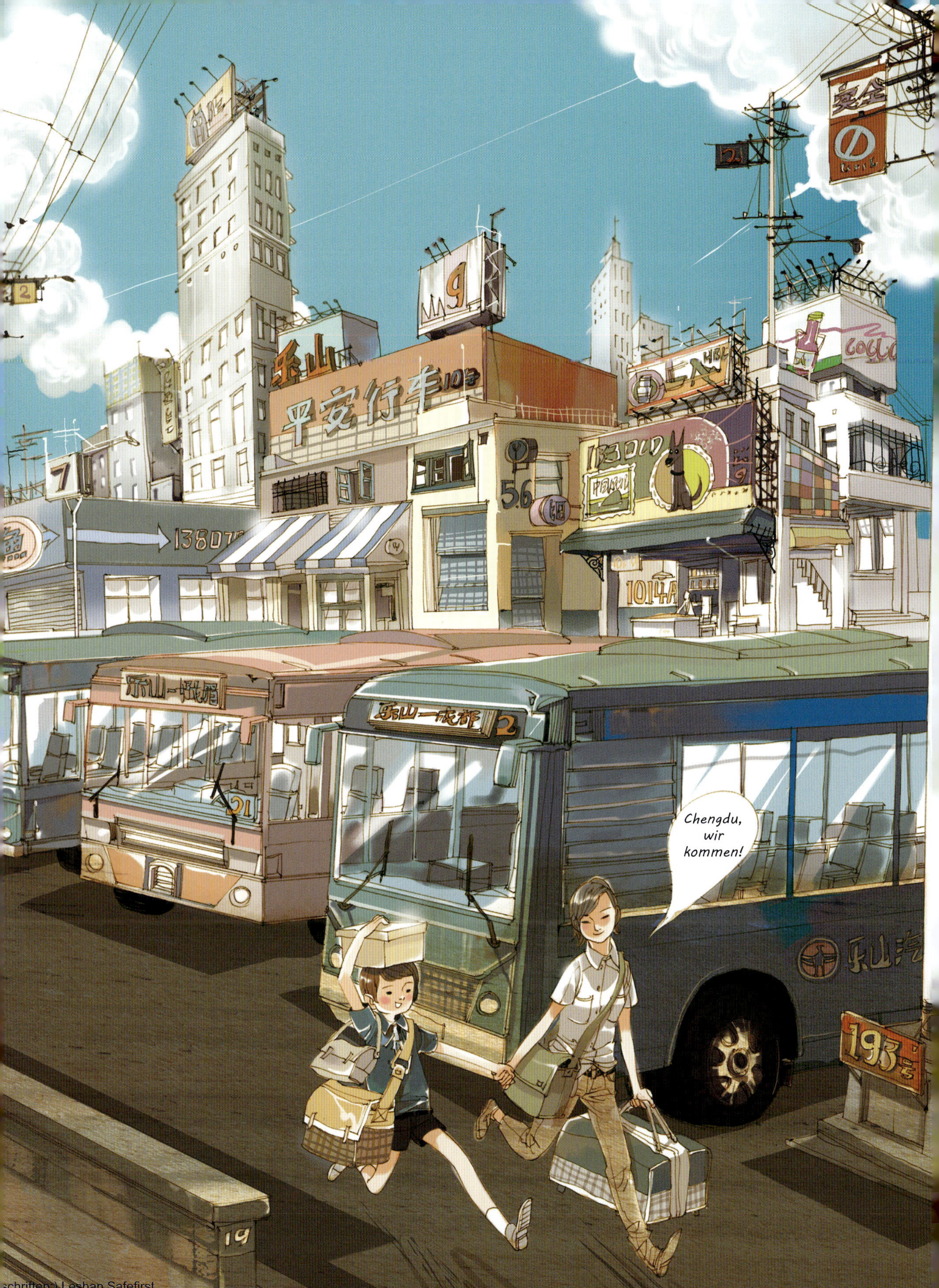

schriften:) Leshan Safefirst
ten Sicherheit - Fischspezi-
en - Leshan-Chengdu

So kam es, dass Mama sie wie der Blitz aus dem 35-Punkte-Alptraum rettete, und sie beide einfach schnurstracks nach Chengdu umzogen, wo sie heute noch wohnen.

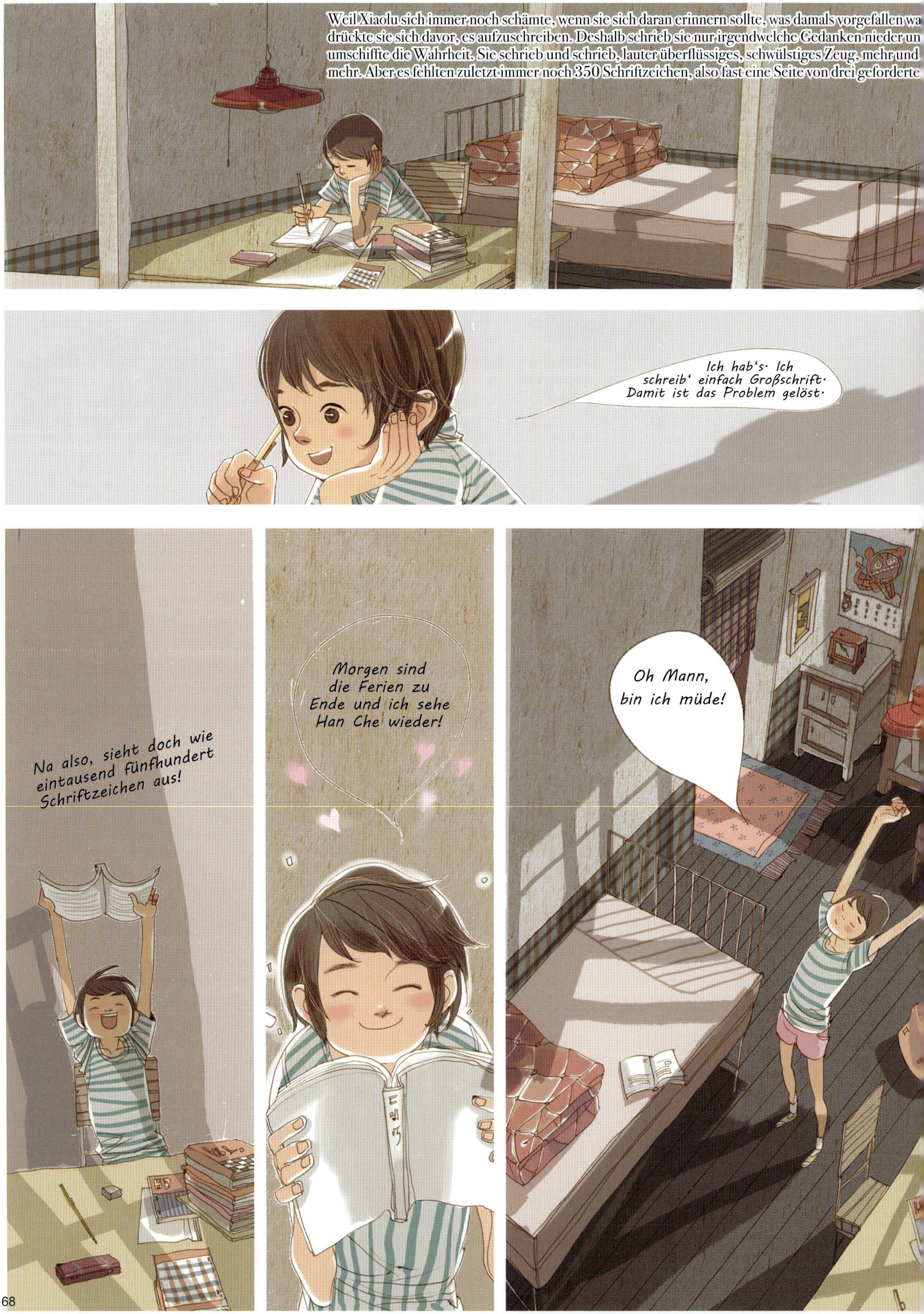
Weil Xiaolu sich immer noch schämte, wenn sie sich daran erinnern sollte, was damals vorgefallen wa drückte sie sich davor, es aufzuschreiben. Deshalb schrieb sie nur irgendwelche Gedanken nieder un umschiffte die Wahrheit. Sie schrieb und schrieb, lauter überflüssiges, schwülstiges Zeug, mehr und mehr. Aber es fehlten zuletzt immer noch 350 Schriftzeichen, also fast eine Seite von drei geforderte
Ich hab's. Ich schreib' einfach Großschrift. Damit ist das Problem gelöst.
Na also, sieht doch wie eintausend fünfhundert Schriftzeichen aus!
Morgen sind die Ferien zu Ende und ich sehe Han Che wieder!
Oh Mann, bin ich müde!

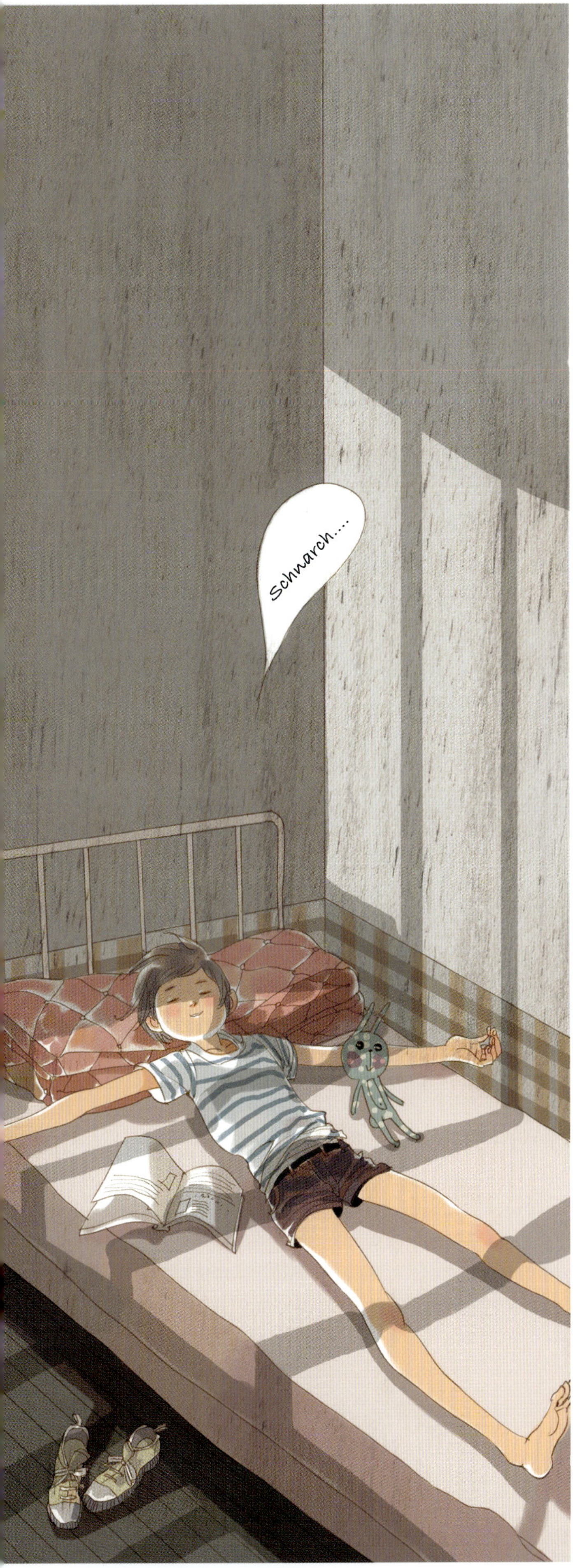
Schnarch....

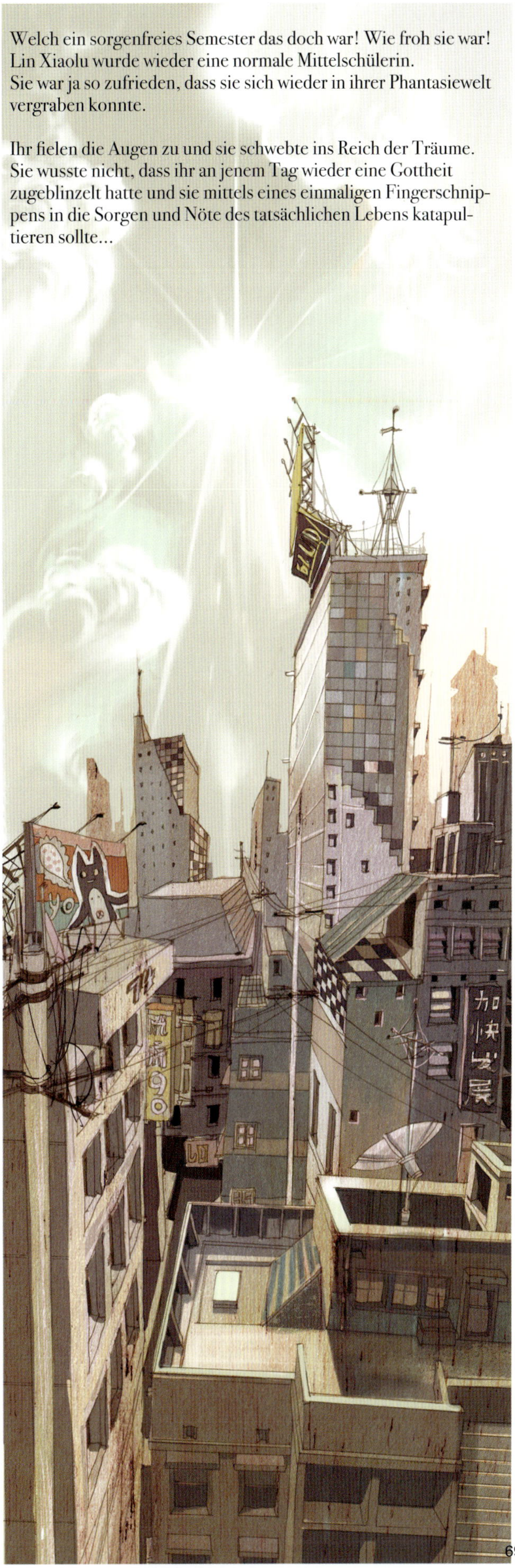
Welch ein sorgenfreies Semester das doch war! Wie froh sie war!
Lin Xiaolu wurde wieder eine normale Mittelschülerin.
Sie war ja so zufrieden, dass sie sich wieder in ihrer Phantasiewelt vergraben konnte.
Ihr fielen die Augen zu und sie schwebte ins Reich der Träume. Sie wusste nicht, dass ihr an jenem Tag wieder eine Gottheit zugeblinzelt hatte und sie mittels eines einmaligen Fingerschnippens in die Sorgen und Nöte des tatsächlichen Lebens katapultieren sollte...
加快发展

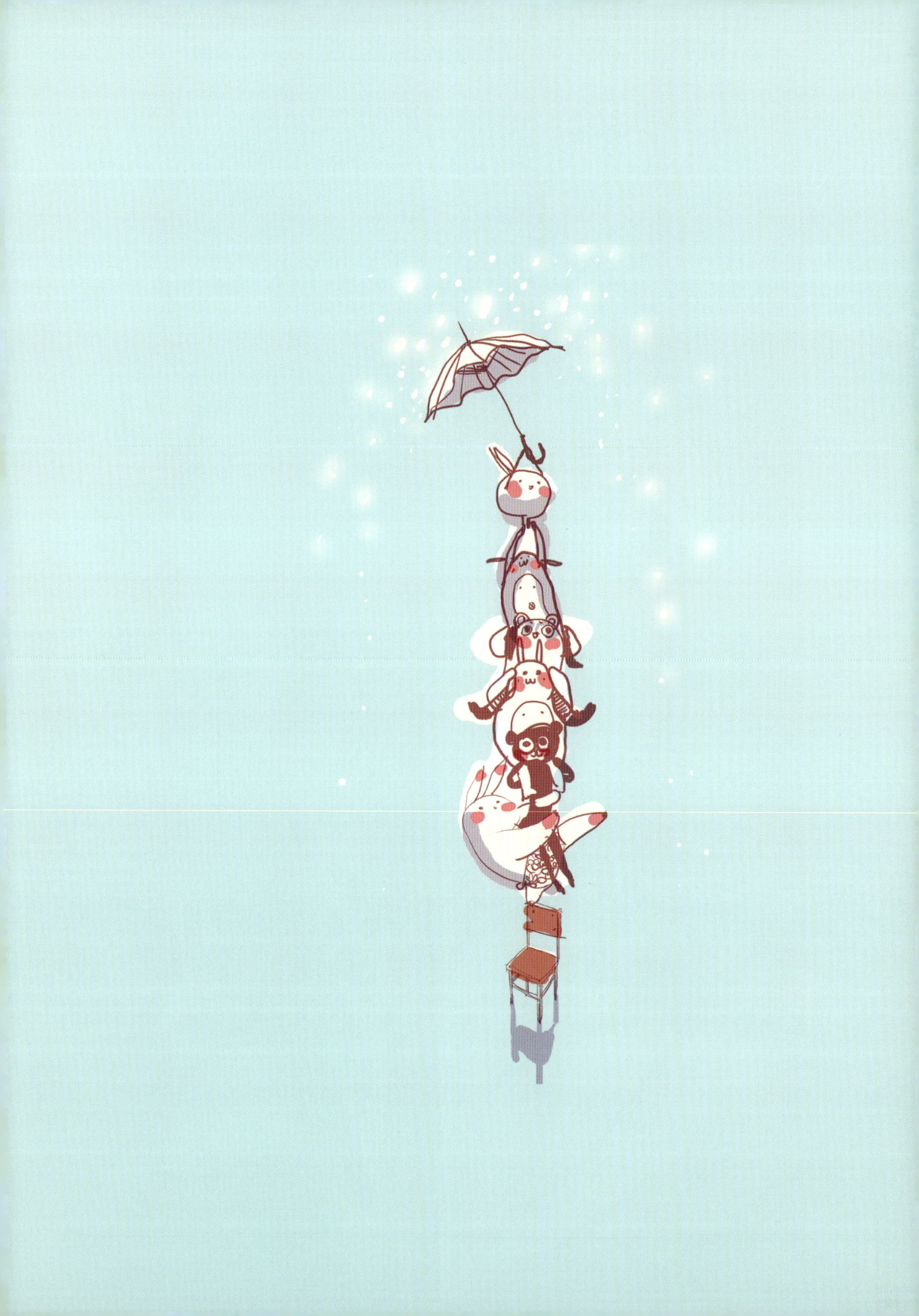

4. Kapitel: Beim Park

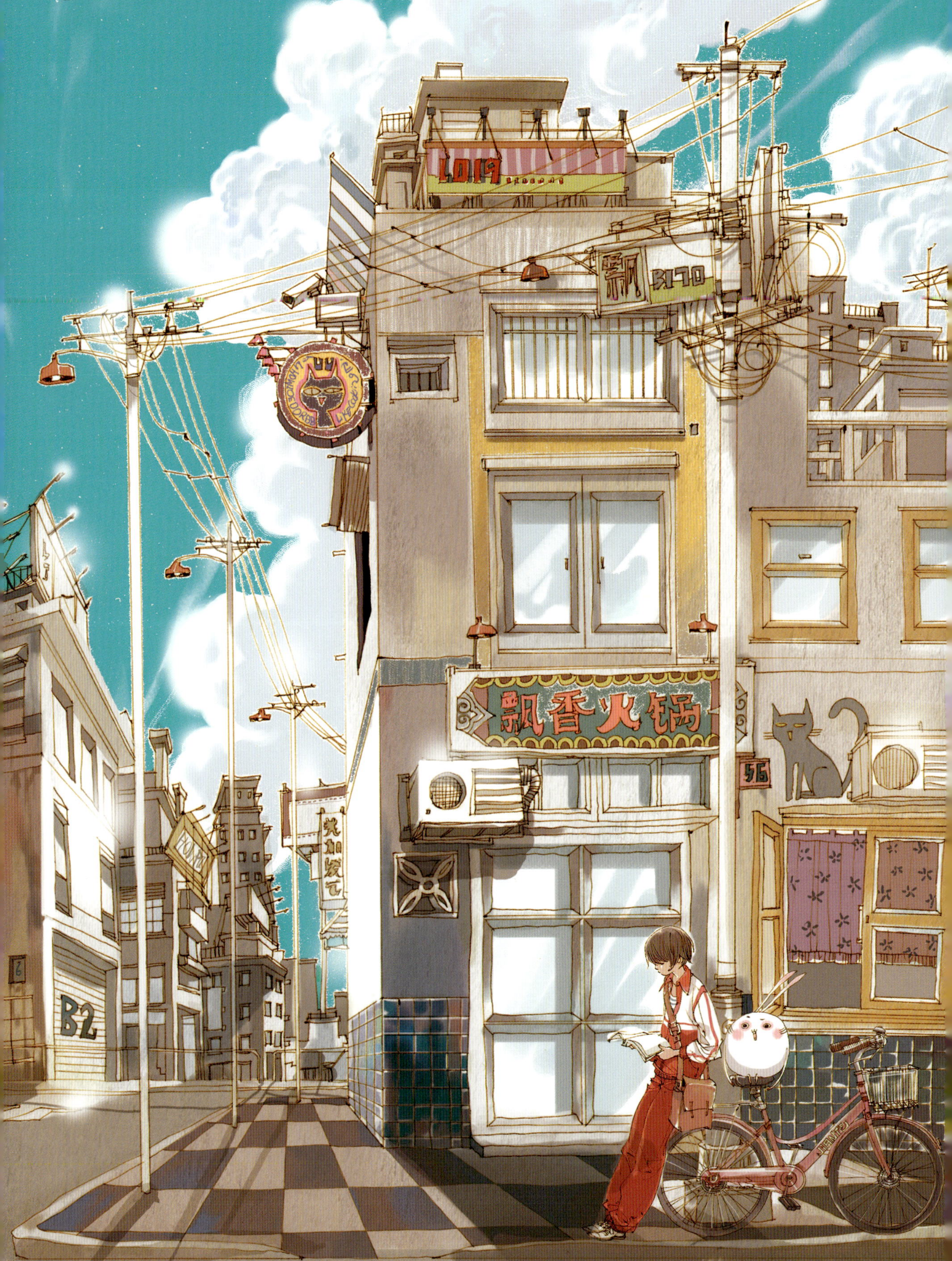

schriften:) Szechuan Feuertopf
zialitäten

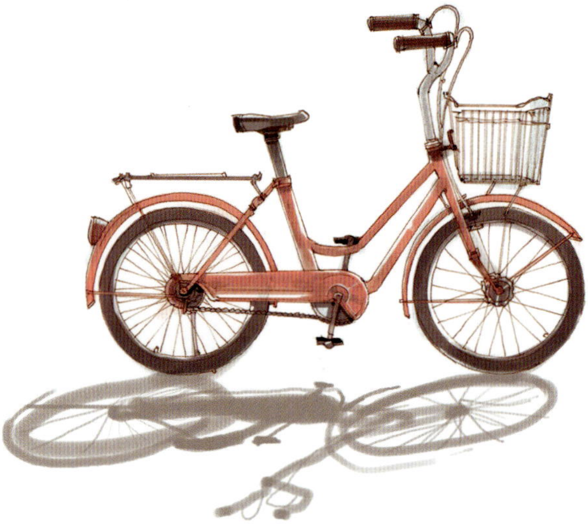

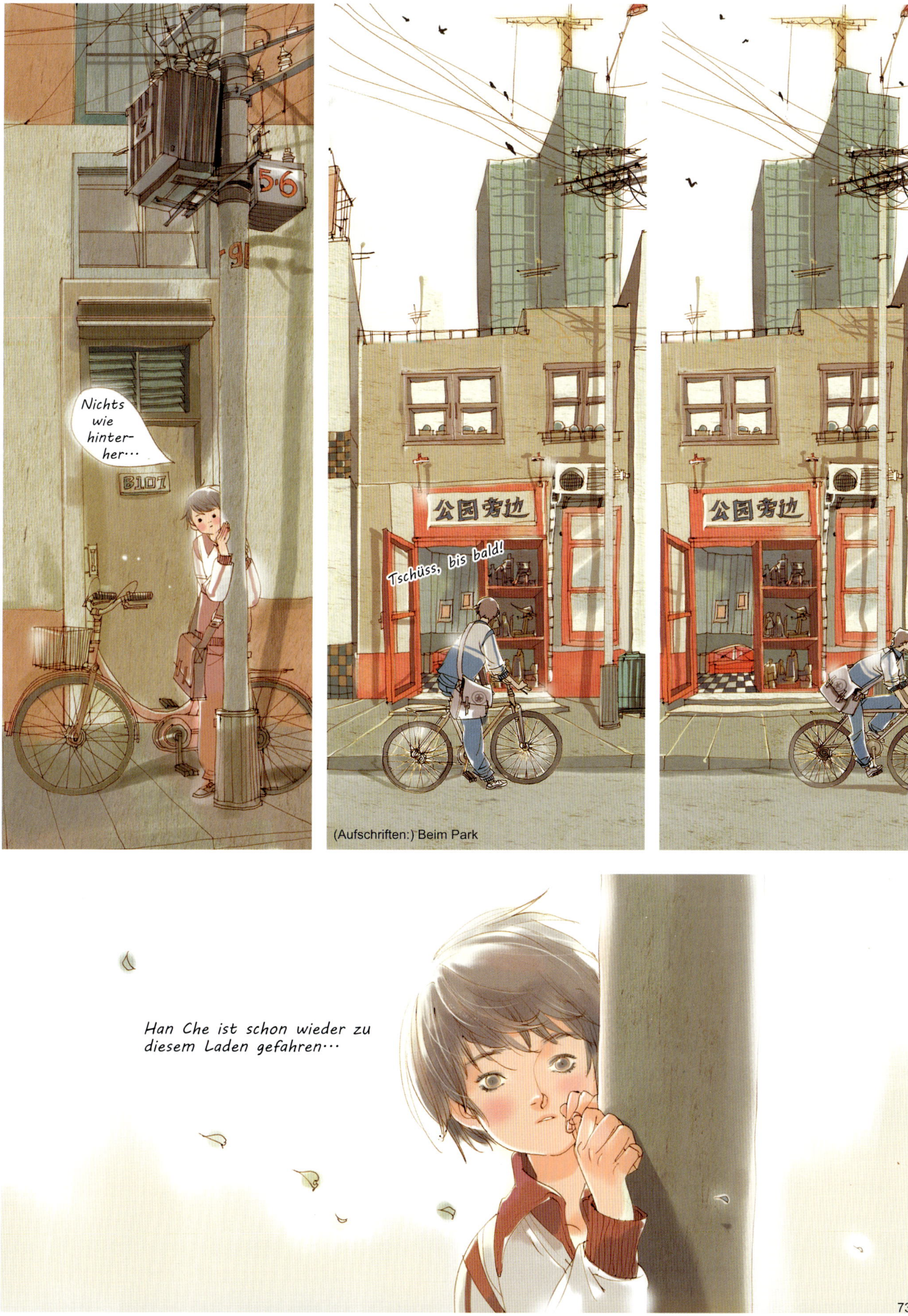
Nichts wie hinter-her…
5·6
B107
Tschüss, bis bald!
公园旁边
(Aufschriften:) Beim Park
Han Che ist schon wieder zu diesem Laden gefahren…

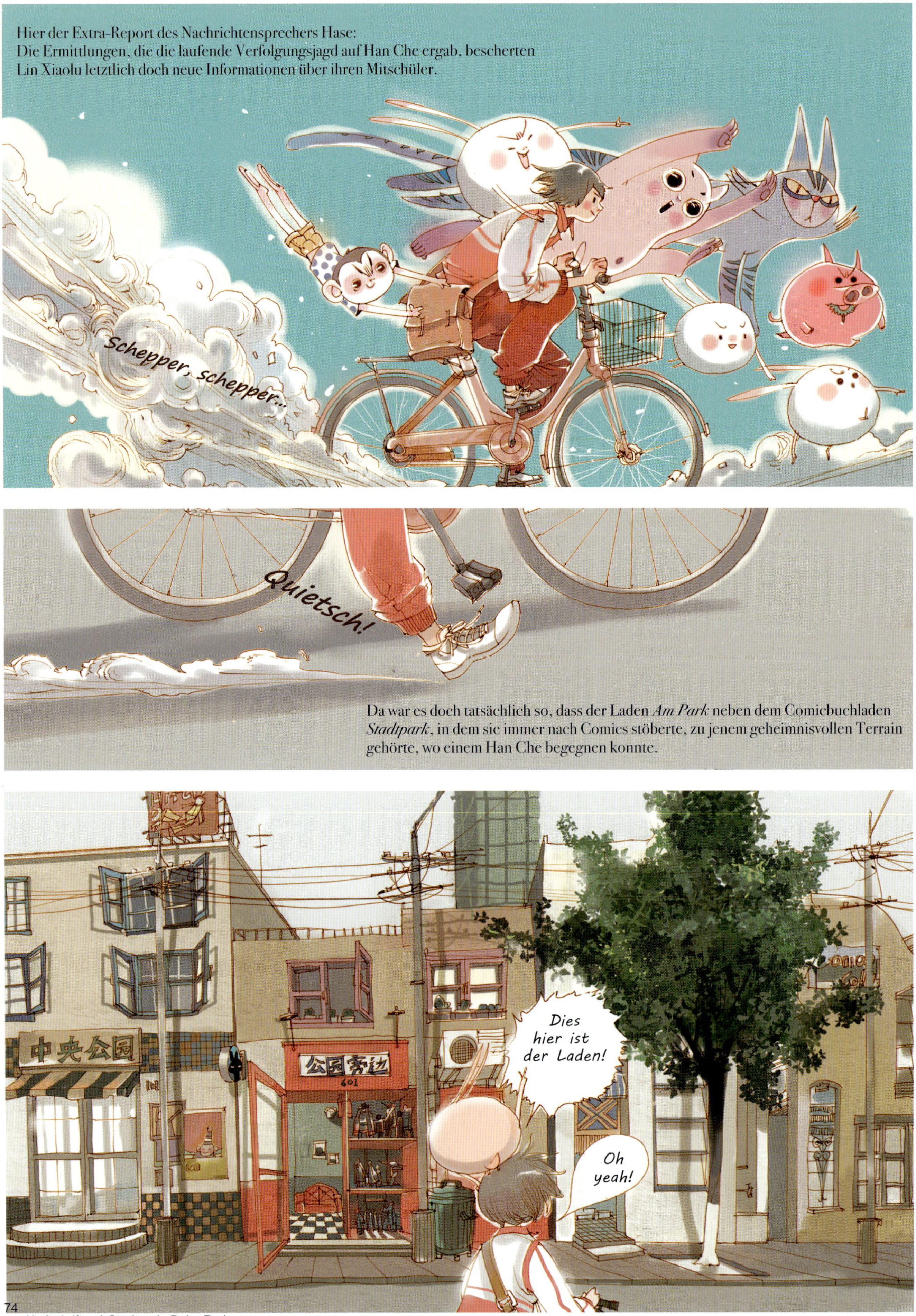

(Aufschriften:) Stadtpark, Beim Park

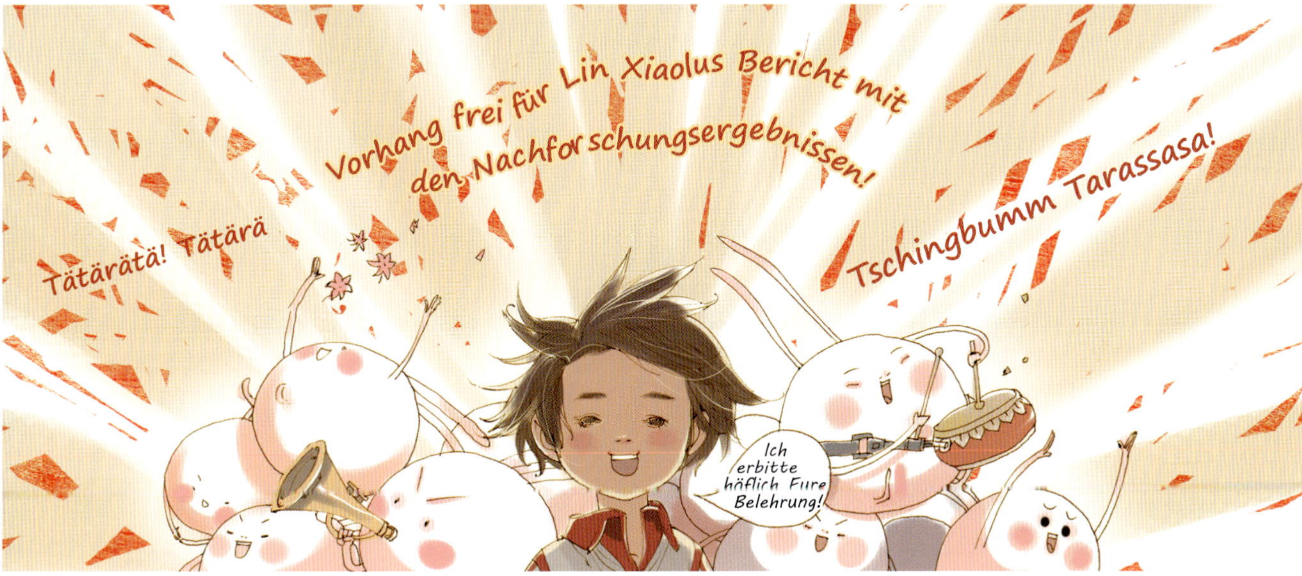

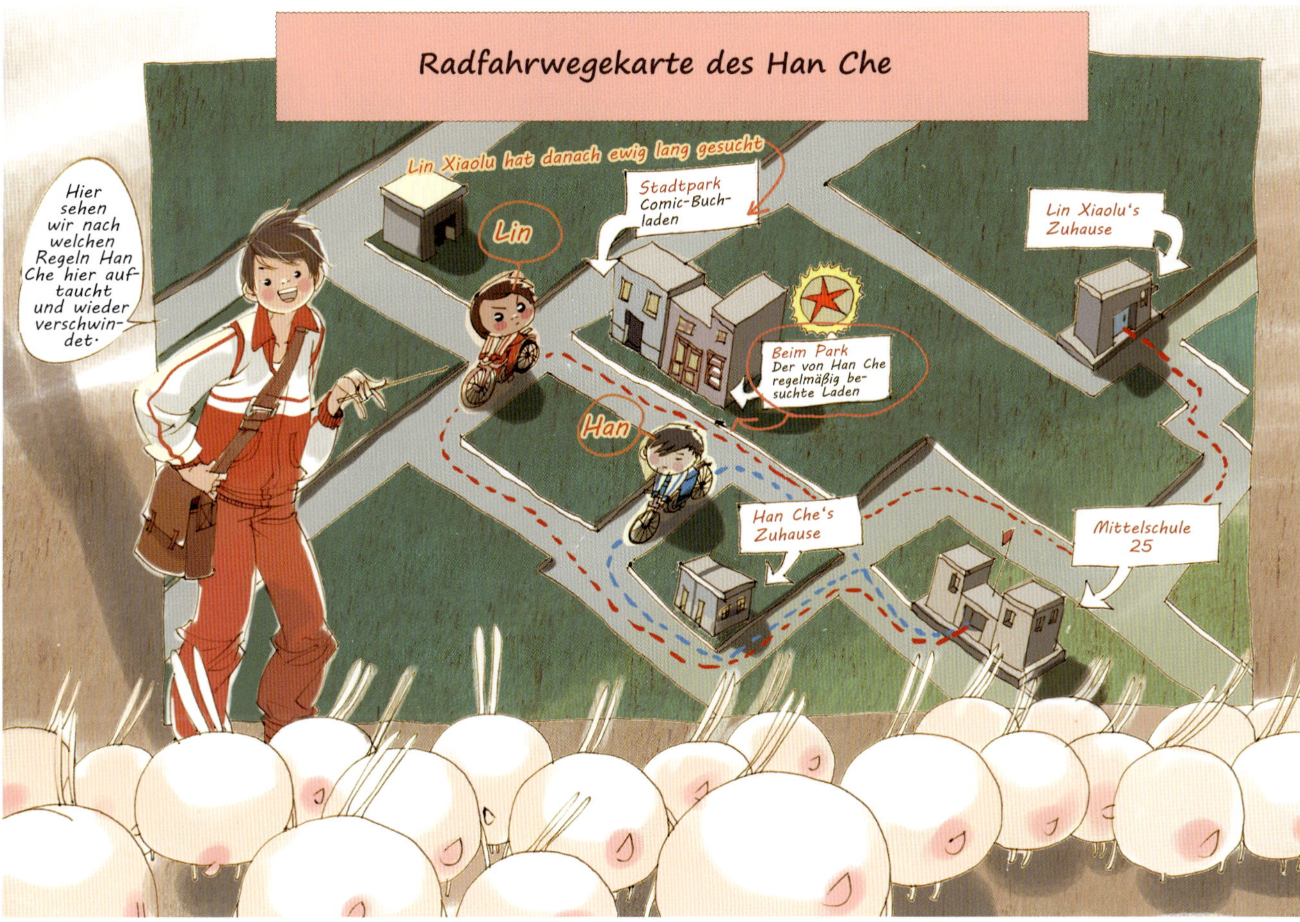

Einen Monat, nachdem das neue Schulhalbjahr begonnen hatte, fand Lin Xiaolu heraus, dass Han Ches Familie in der Ost-Fangcao-Straße im Yulin-Viertel wohnte, und das lag gar nicht auf ihrem Weg.
Deshalb fuhr sie täglich einen zehnminütigen Umweg, um ihren Schwarm stalken zu können. Der Laden *Beim Park*, bei dem Han Che Stammkunde war, hatte während der Nationalfeiertage die Rollgitter herabgelassen. Da war es nicht so einfach, die Lage zu checken....

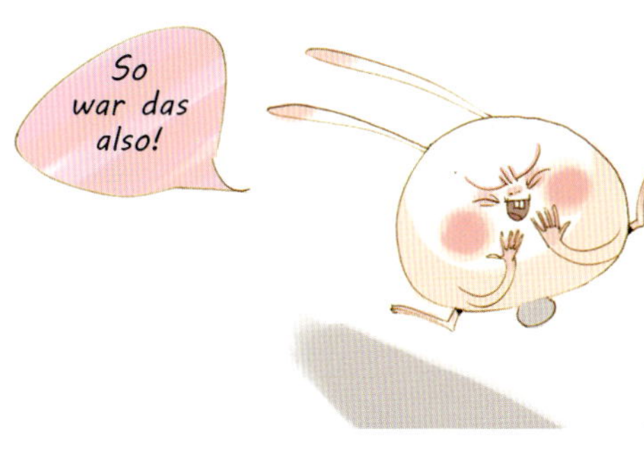

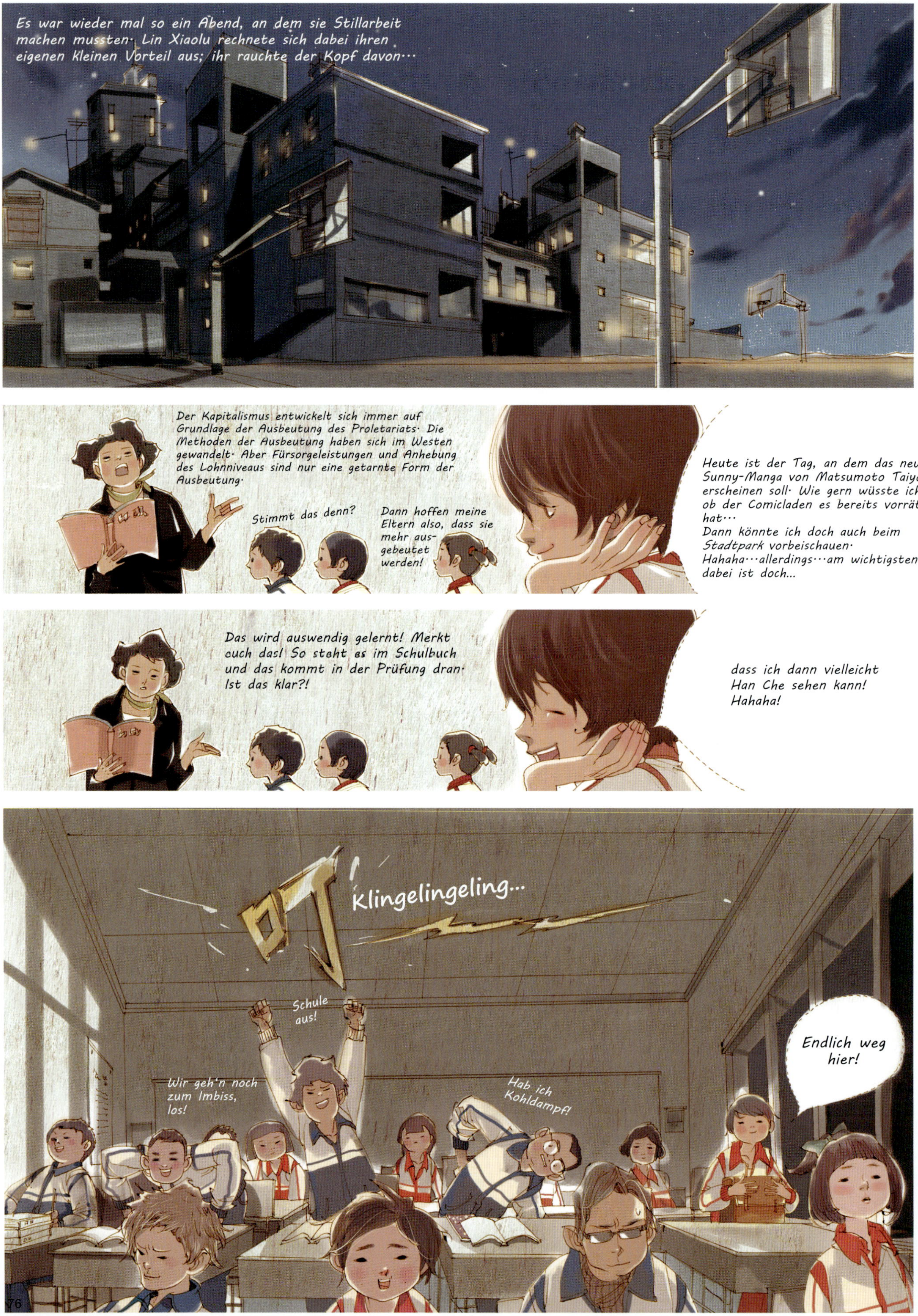

Es war wieder mal so ein Abend, an dem sie Stillarbeit machen mussten. Lin Xiaolu rechnete sich dabei ihren eigenen kleinen Vorteil aus; ihr rauchte der Kopf davon···
Der Kapitalismus entwickelt sich immer auf Grundlage der Ausbeutung des Proletariats. Die Methoden der Ausbeutung haben sich im Westen gewandelt. Aber Fürsorgeleistungen und Anhebung des Lohnniveaus sind nur eine getarnte Form der Ausbeutung.
Stimmt das denn?
Dann hoffen meine Eltern also, dass sie mehr ausgebeutet werden!
Heute ist der Tag, an dem das neu Sunny-Manga von Matsumoto Taiyo erscheinen soll. Wie gern wüsste ich, ob der Comicladen es bereits vorrät hat···
Dann könnte ich doch auch beim Stadtpark vorbeischauen.
Hahaha···allerdings···am wichtigsten dabei ist doch...
Das wird auswendig gelernt! Merkt euch das! So steht es im Schulbuch und das kommt in der Prüfung dran. Ist das klar?!
dass ich dann vielleicht Han Che sehen kann! Hahaha!
叮
Klingelingeling...
Schule aus!
Wir geh'n noch zum Imbiss, los!
Hab ich Kohldampf!
Endlich weg hier!

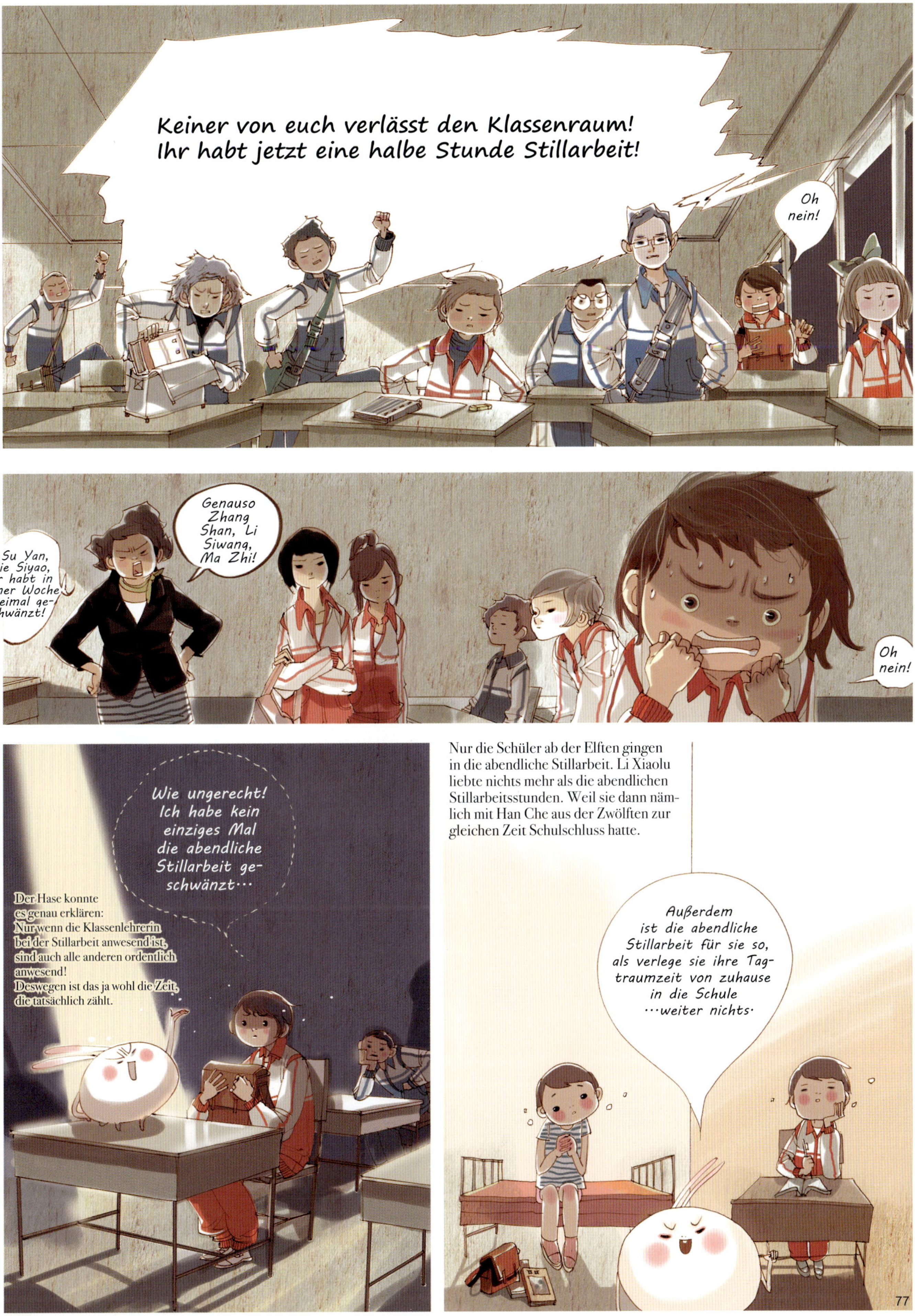
Keiner von euch verlässt den Klassenraum! Ihr habt jetzt eine halbe Stunde Stillarbeit!
Oh nein!
Su Yan, Xie Siyao, r habt in iner Woche reimal ge-schwänzt!
Genauso Zhang Shan, Li Siwang, Ma Zhi!
Oh nein!
Wie ungerecht! Ich habe kein einziges Mal die abendliche Stillarbeit geschwänzt…
Der Hase konnte es genau erklären: Nur wenn die Klassenlehrerin bei der Stillarbeit anwesend ist, sind auch alle anderen ordentlich anwesend! Deswegen ist das ja wohl die Zeit, die tatsächlich zählt.
Nur die Schüler ab der Elften gingen in die abendliche Stillarbeit. Li Xiaolu liebte nichts mehr als die abendlichen Stillarbeitsstunden. Weil sie dann nämlich mit Han Che aus der Zwölften zur gleichen Zeit Schulschluss hatte.
Außerdem ist die abendliche Stillarbeit für sie so, als verlege sie ihre Tagtraumzeit von zuhause in die Schule …weiter nichts.

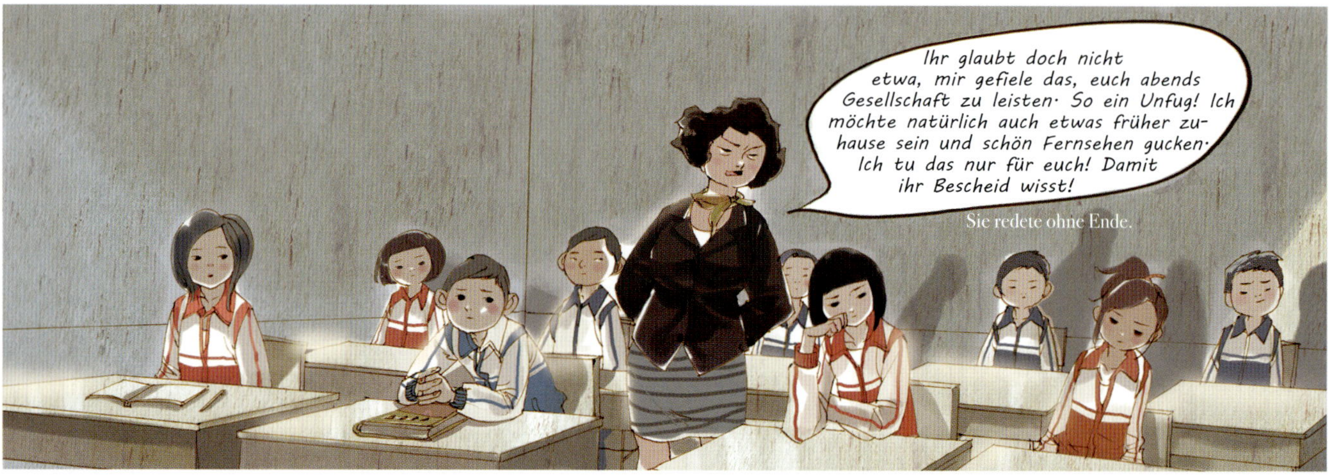
Ihr glaubt doch nicht etwa, mir gefiele das, euch abends Gesellschaft zu leisten. So ein Unfug! Ich möchte natürlich auch etwas früher zuhause sein und schön Fernsehen gucken. Ich tu das nur für euch! Damit ihr Bescheid wisst!
Sie redete ohne Ende.

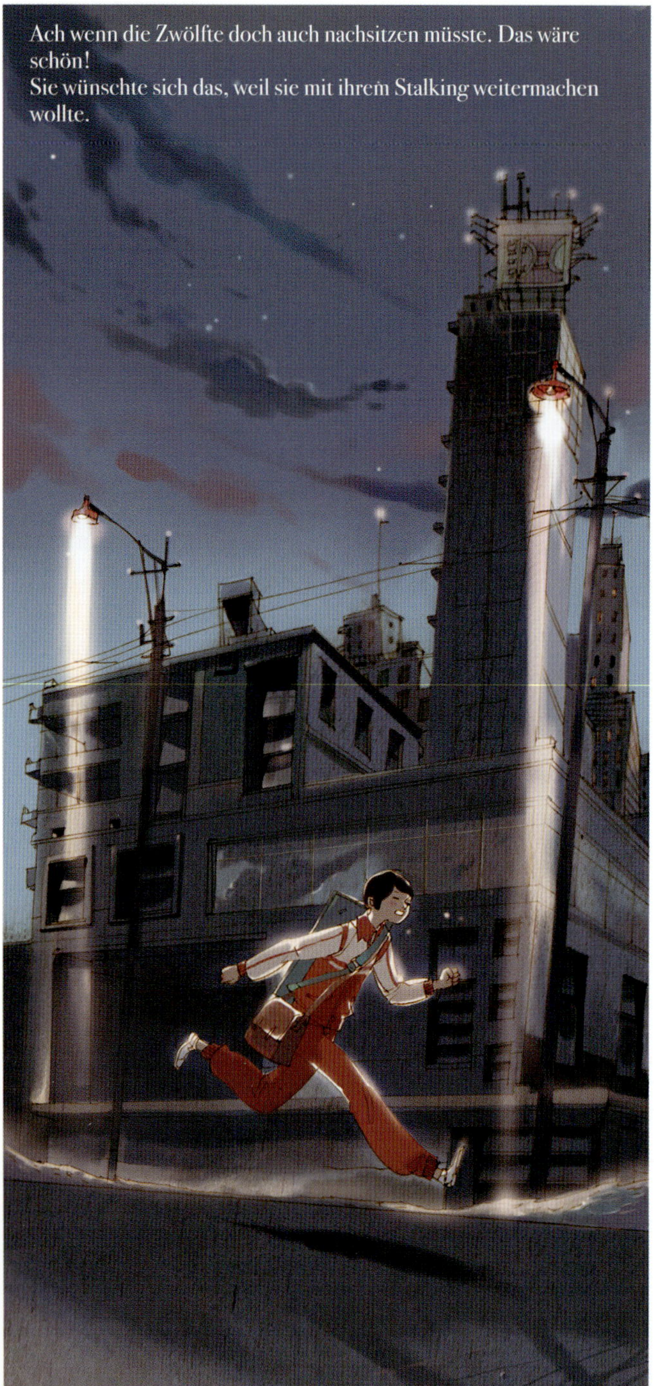
Ach wenn die Zwölfte doch auch nachsitzen müsste. Das wäre schön!
Sie wünschte sich das, weil sie mit ihrem Stalking weitermachen wollte.

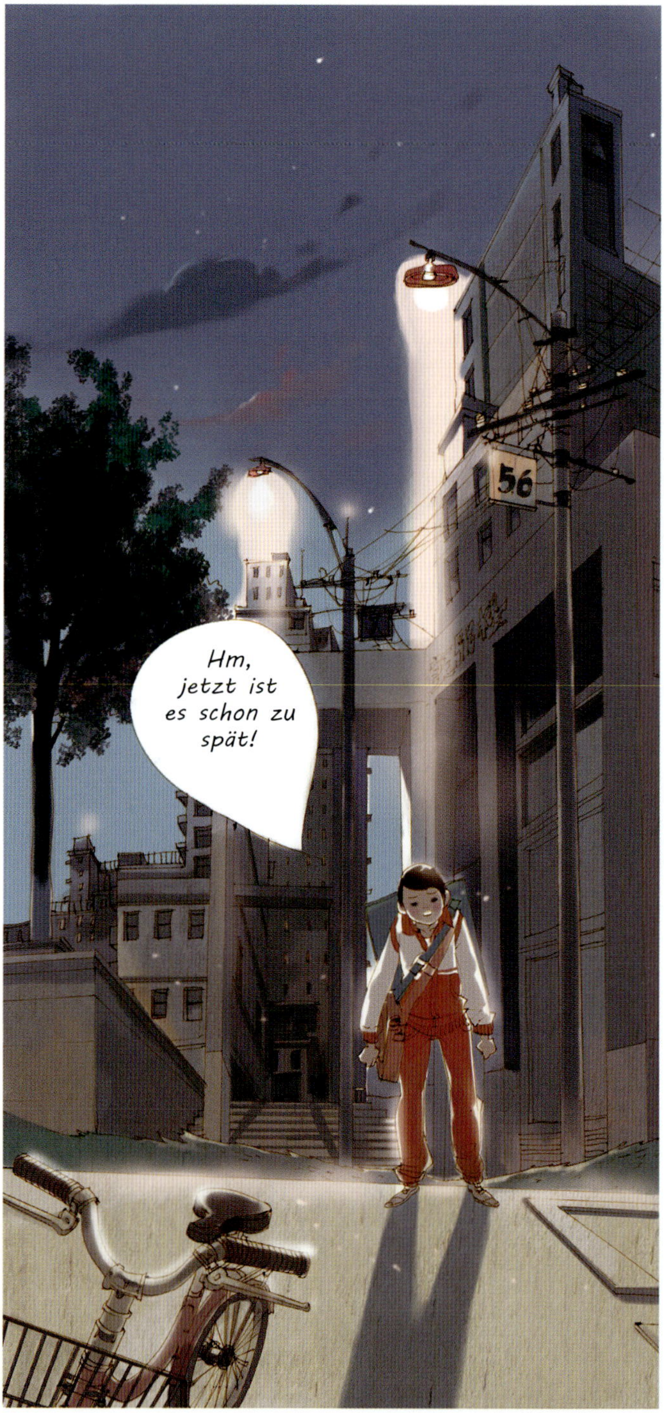
56
Hm, jetzt ist es schon zu spät!

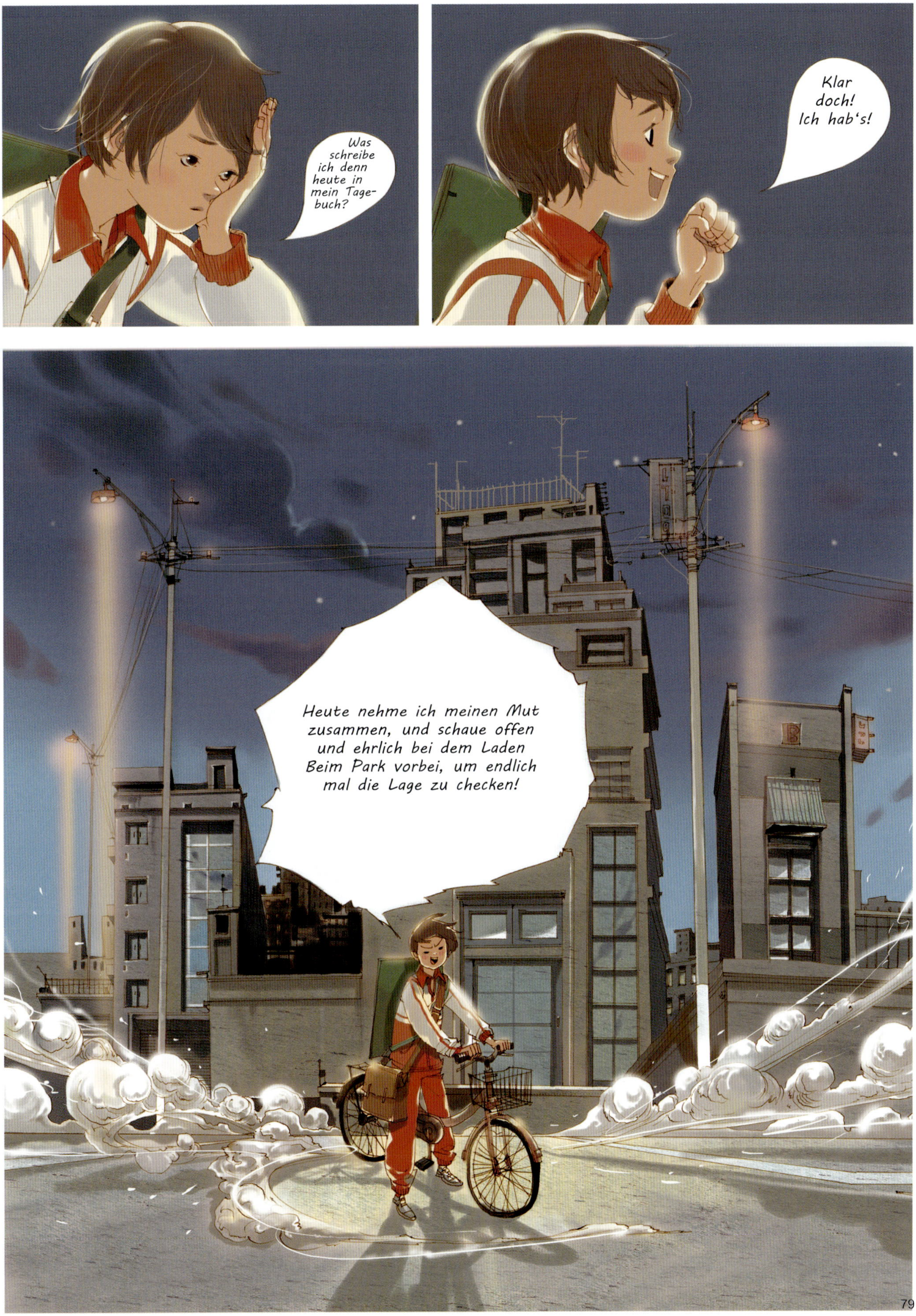
Was schreibe ich denn heute in mein Tage-buch?
Klar doch! Ich hab's!
Heute nehme ich meinen Mut zusammen, und schaue offen und ehrlich bei dem Laden Beim Park vorbei, um endlich mal die Lage zu checken!

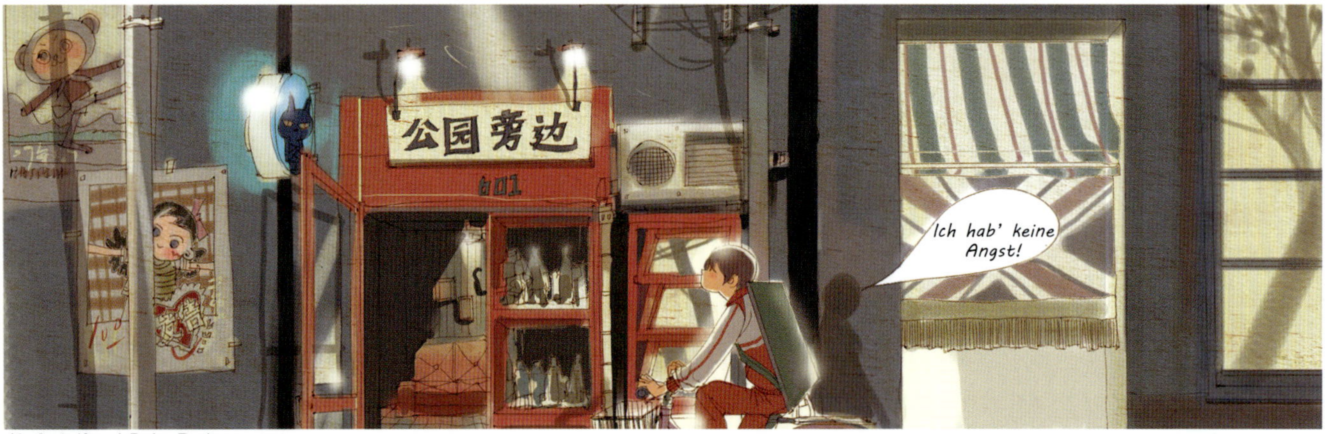

(Aufschriften:) Beim Park

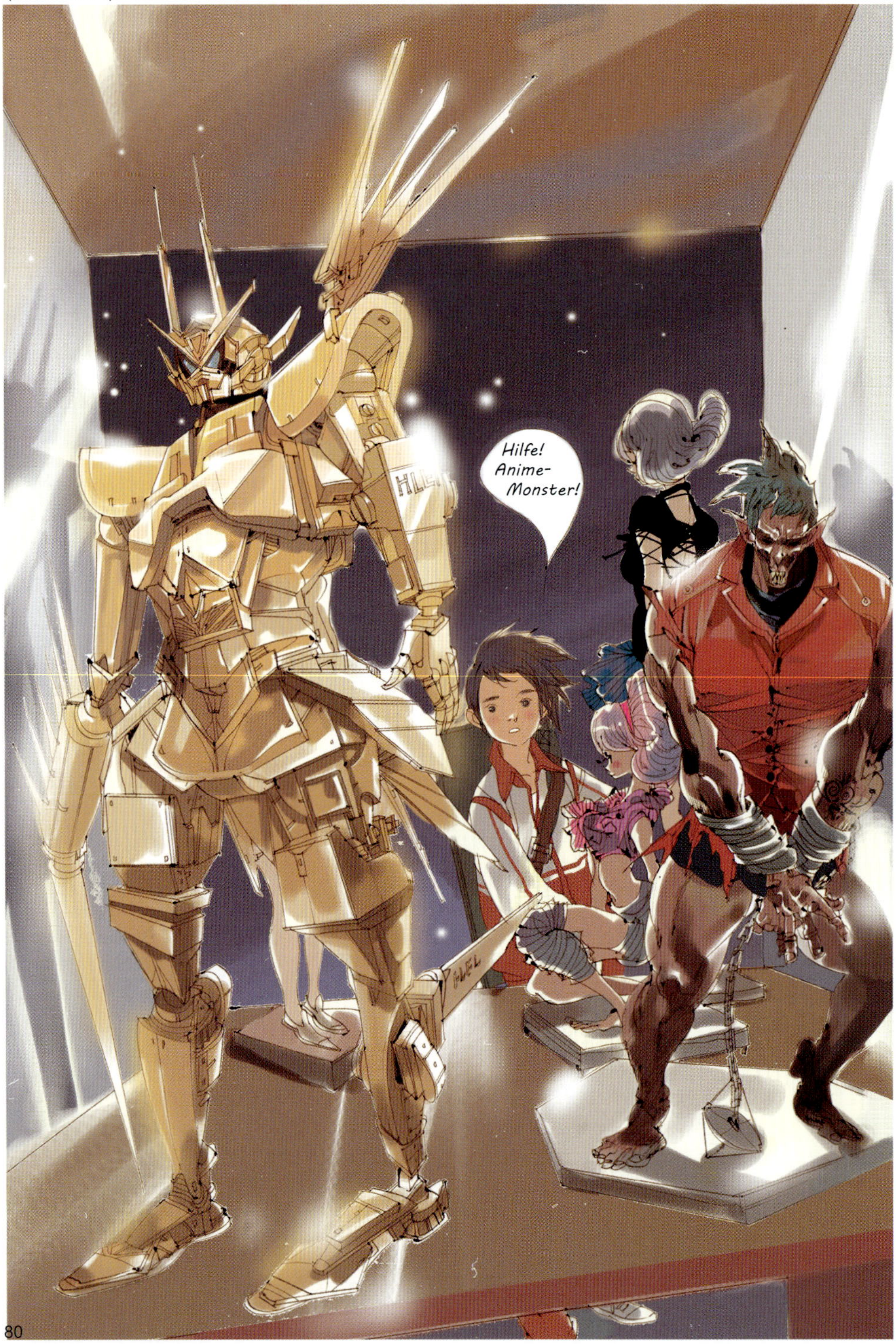

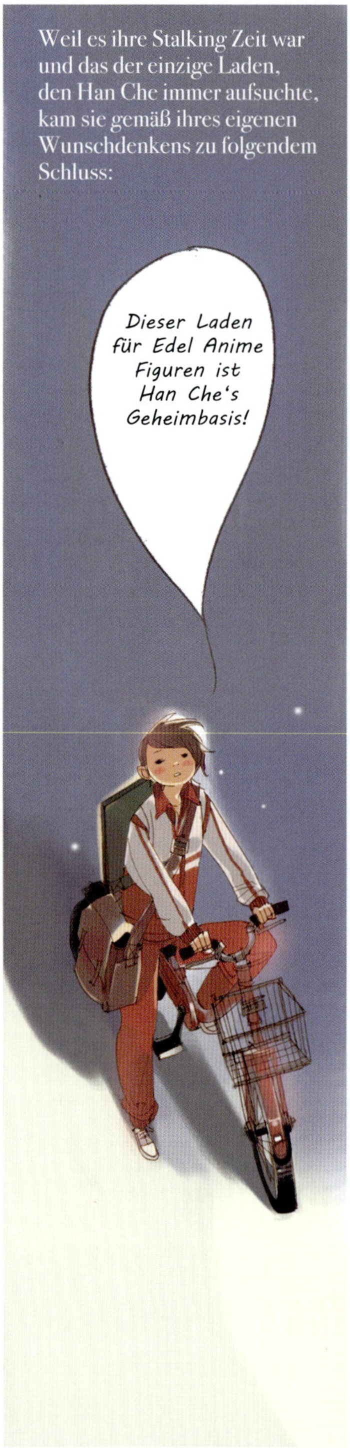

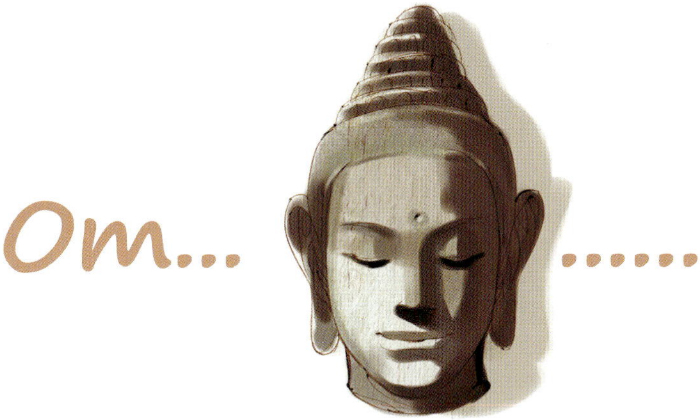
Om... ......

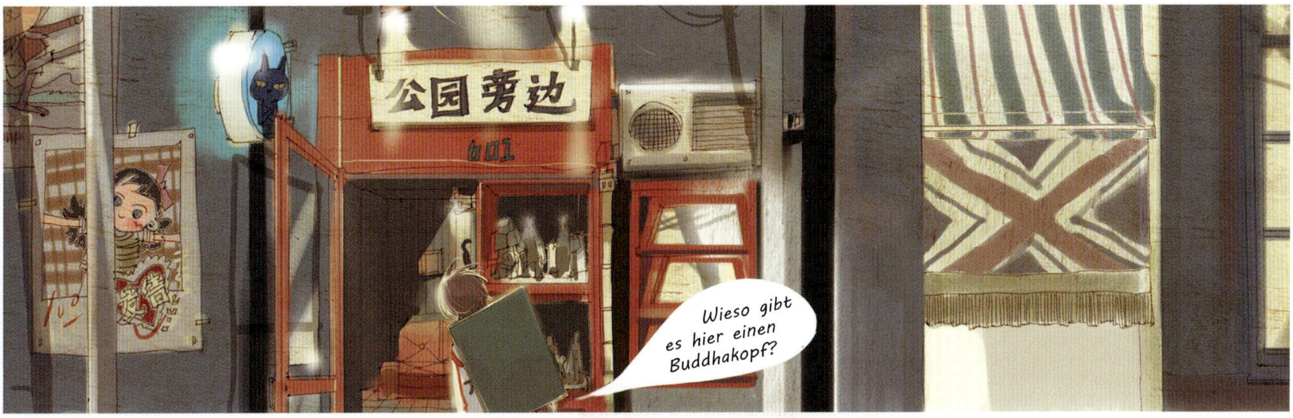
公园旁边
601
Wieso gibt es hier einen Buddhakopf?

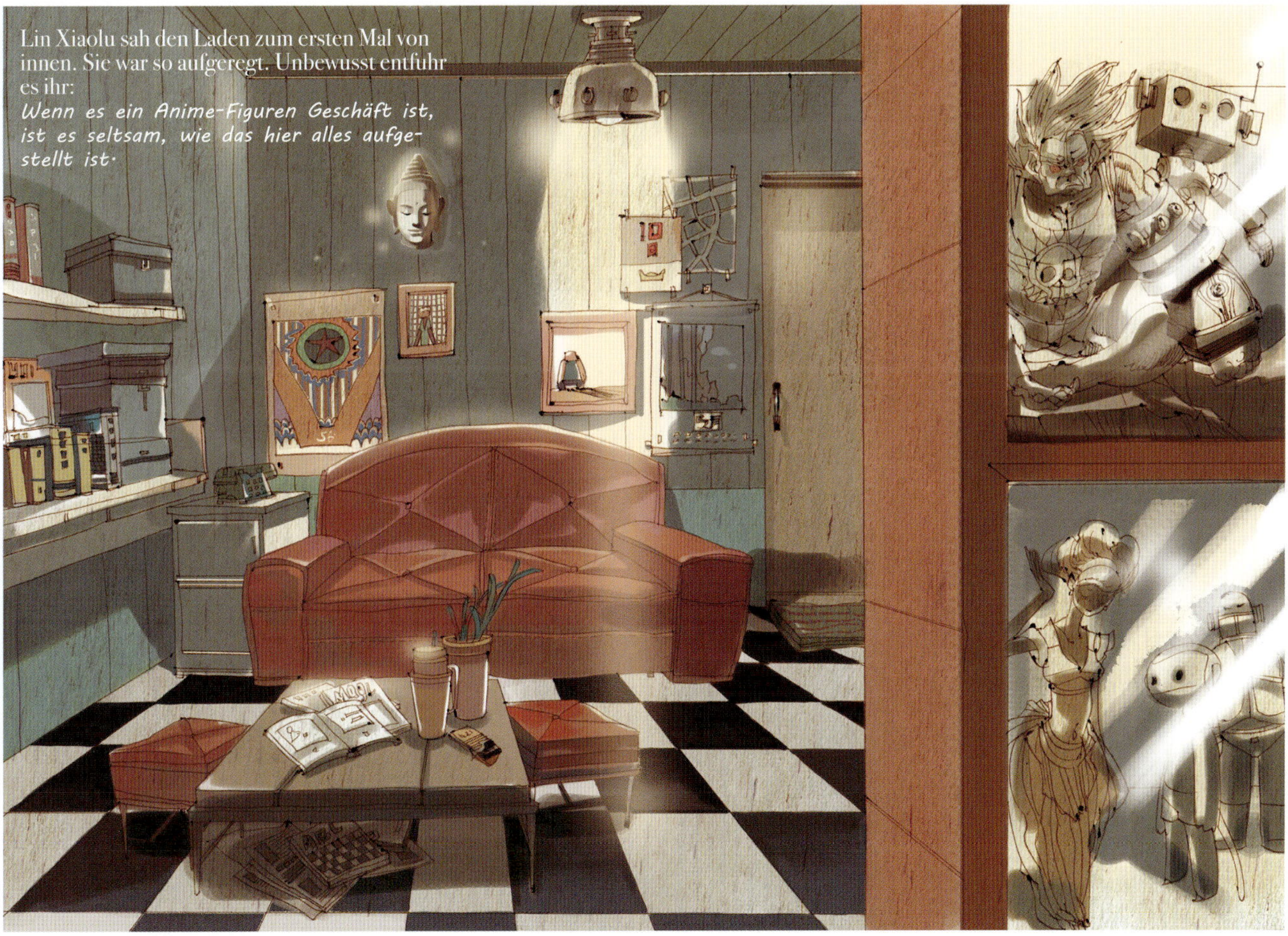
Lin Xiaolu sah den Laden zum ersten Mal von innen. Sie war so aufgeregt. Unbewusst entfuhr es ihr:
Wenn es ein Anime-Figuren Geschäft ist, ist es seltsam, wie das hier alles aufgestellt ist.

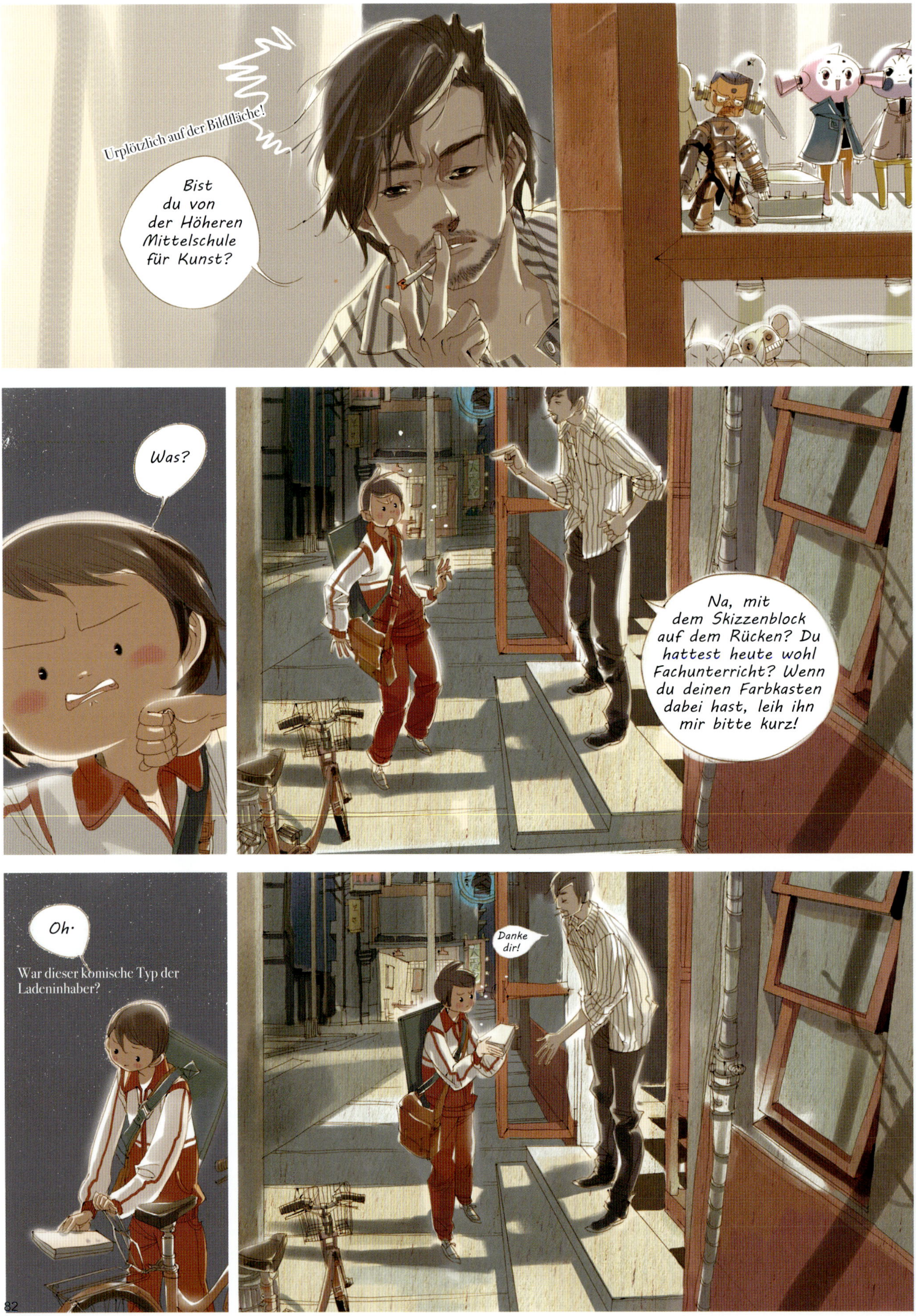
Urplötzlich auf der Bildfläche!
Bist du von der Höheren Mittelschule für Kunst?
Was?
Na, mit dem Skizzenblock auf dem Rücken? Du hattest heute wohl Fachunterricht? Wenn du deinen Farbkasten dabei hast, leih ihn mir bitte kurz!
Oh·
War dieser komische Typ der Ladeninhaber?
Danke dir!

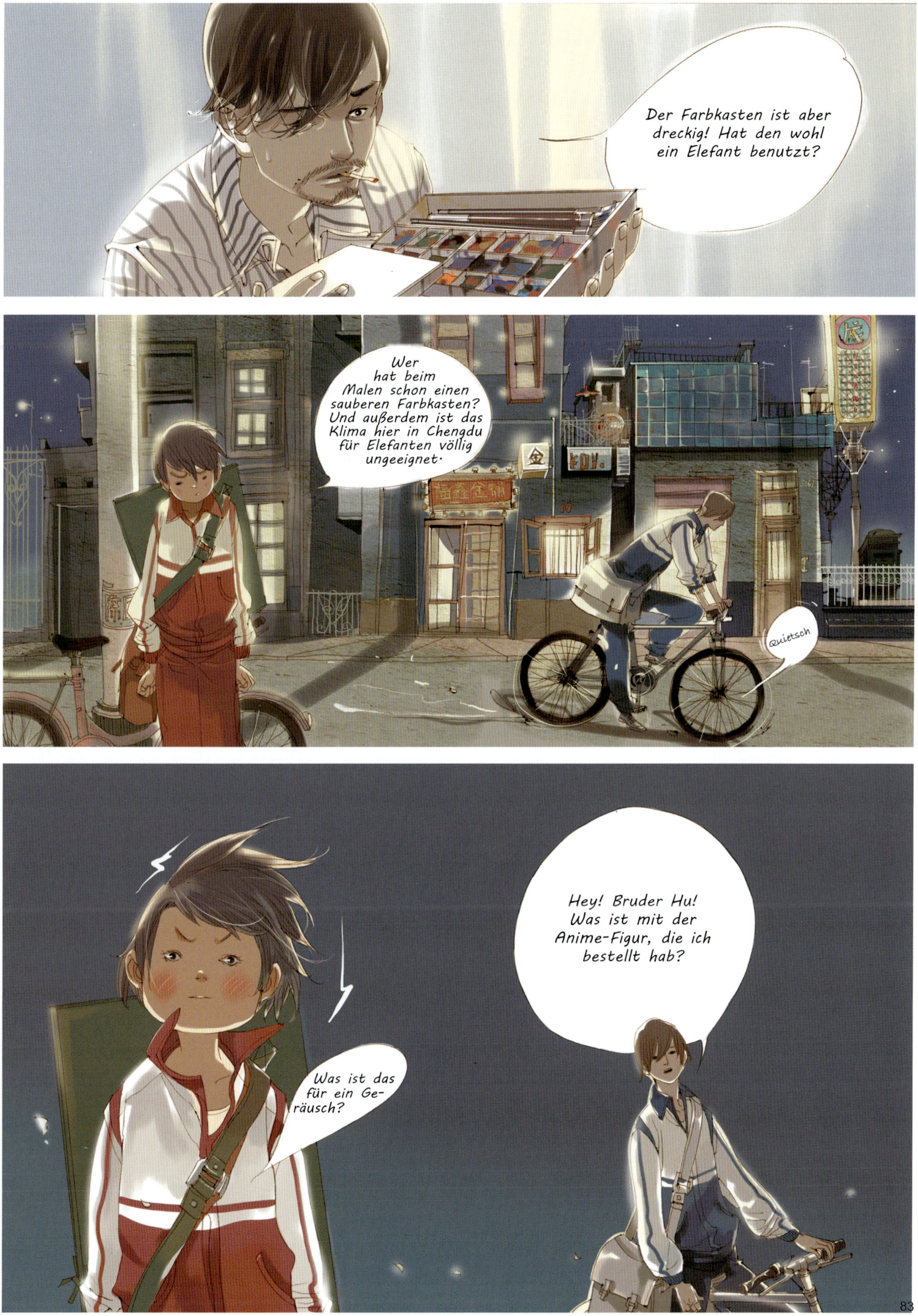
Der Farbkasten ist aber dreckig! Hat den wohl ein Elefant benutzt?
Wer hat beim Malen schon einen sauberen Farbkasten? Und außerdem ist das Klima hier in Chengdu für Elefanten völlig ungeeignet.
Quietsch
Hey! Bruder Hu! Was ist mit der Anime-Figur, die ich bestellt hab?
Was ist das für ein Geräusch?

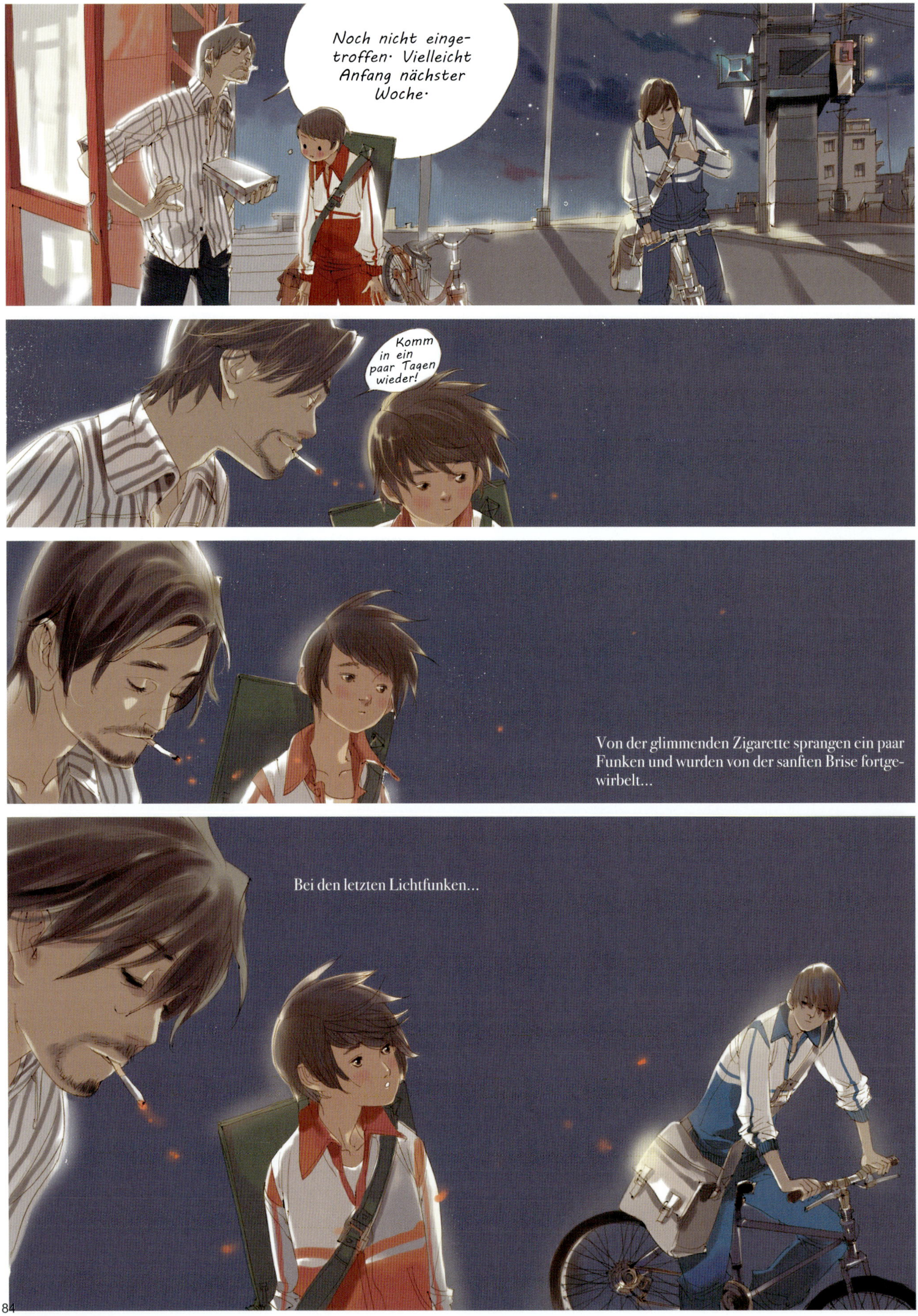
Noch nicht eingetroffen. Vielleicht Anfang nächster Woche.
Komm in ein paar Tagen wieder!
Von der glimmenden Zigarette sprangen ein paar Funken und wurden von der sanften Brise fortgewirbelt...
Bei den letzten Lichtfunken...

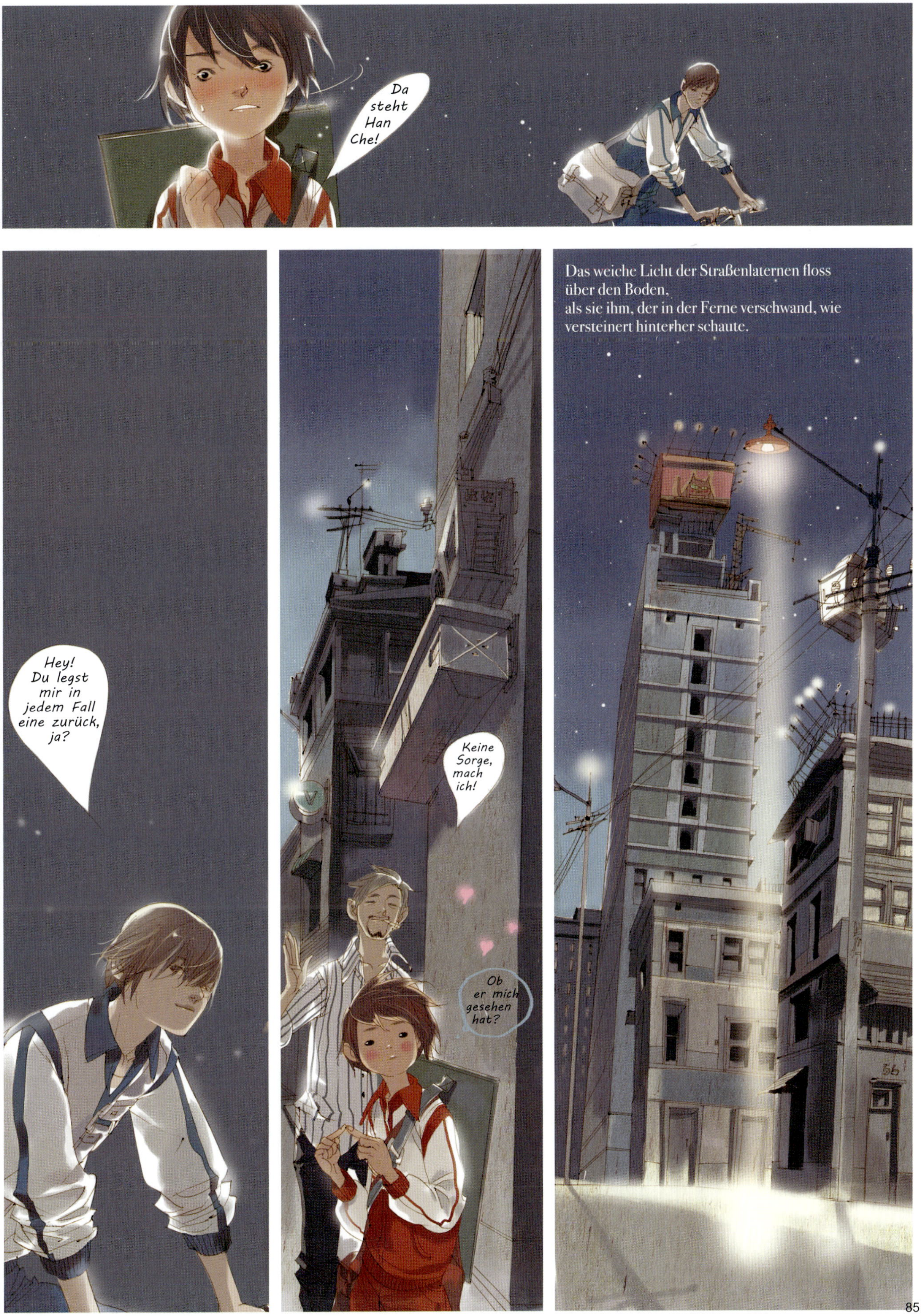
Da steht Han Che!
Das weiche Licht der Straßenlaternen floss über den Boden, als sie ihm, der in der Ferne verschwand, wie versteinert hinterher schaute.
Hey! Du legst mir in jedem Fall eine zurück, ja?
Keine Sorge, mach ich!
Ob er mich gesehen hat?

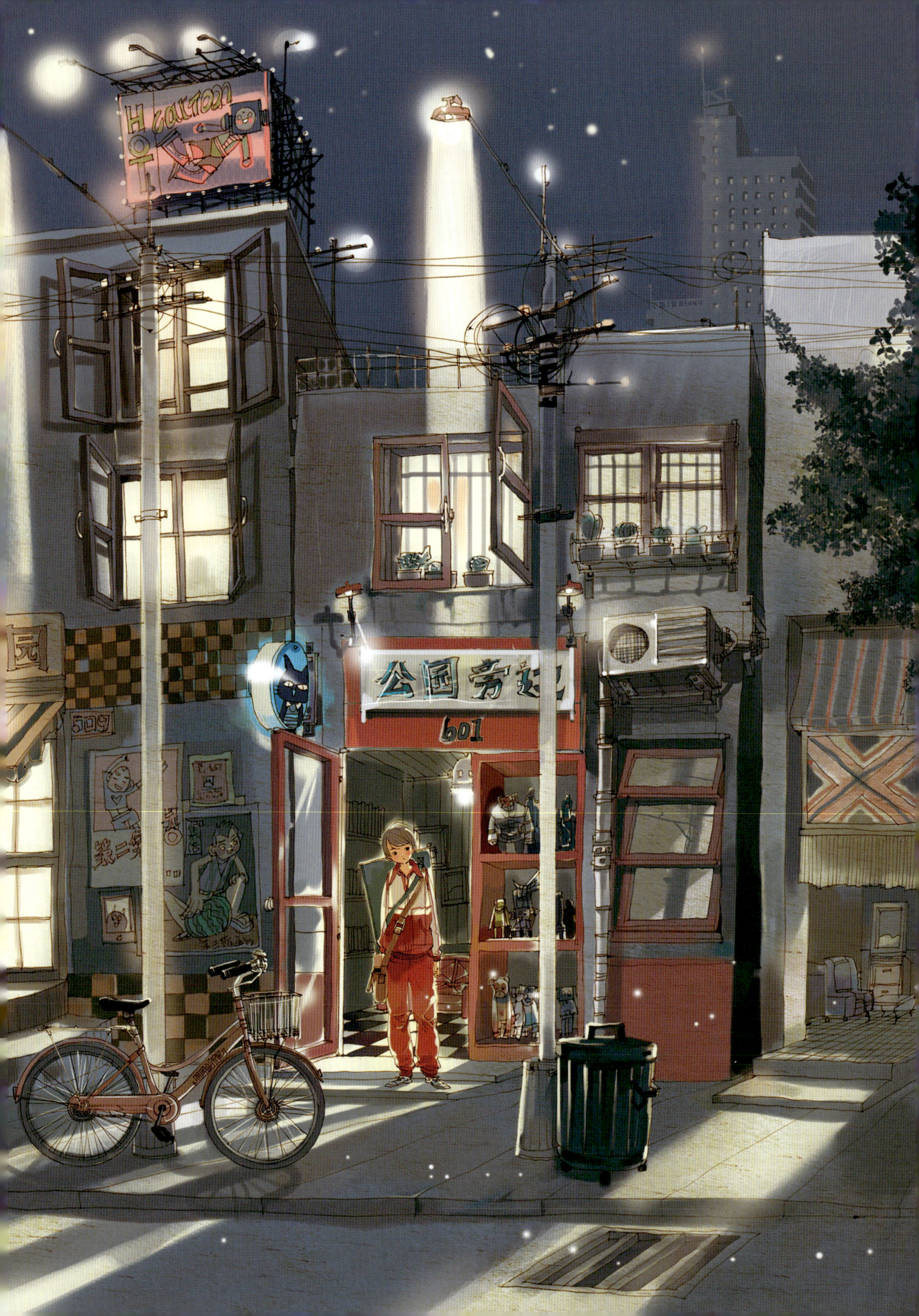
公园旁边
601
509

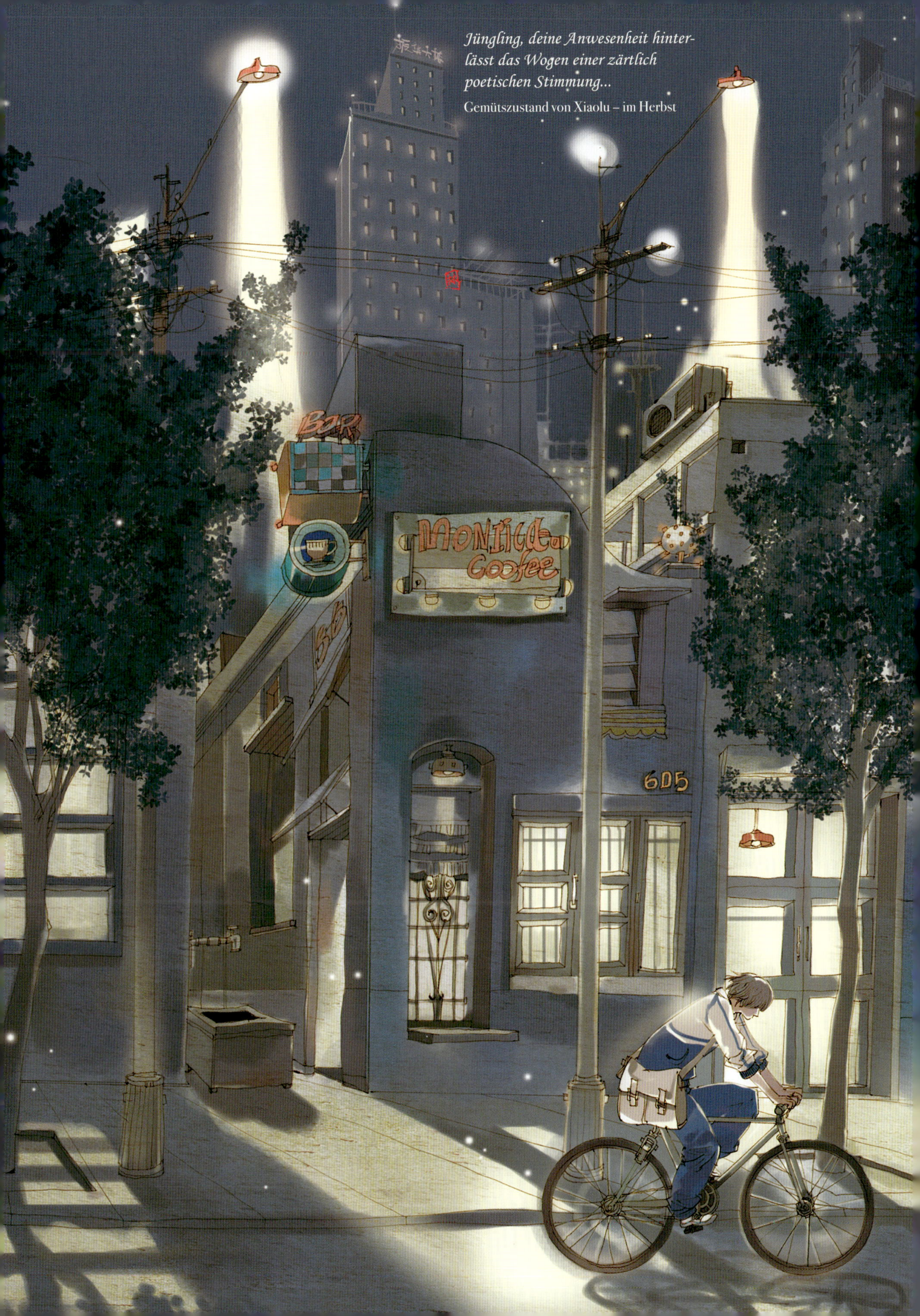

Jüngling, deine Anwesenheit hinterlässt das Wogen einer zärtlich poetischen Stimmung...

Gemütszustand von Xiaolu – im Herbst

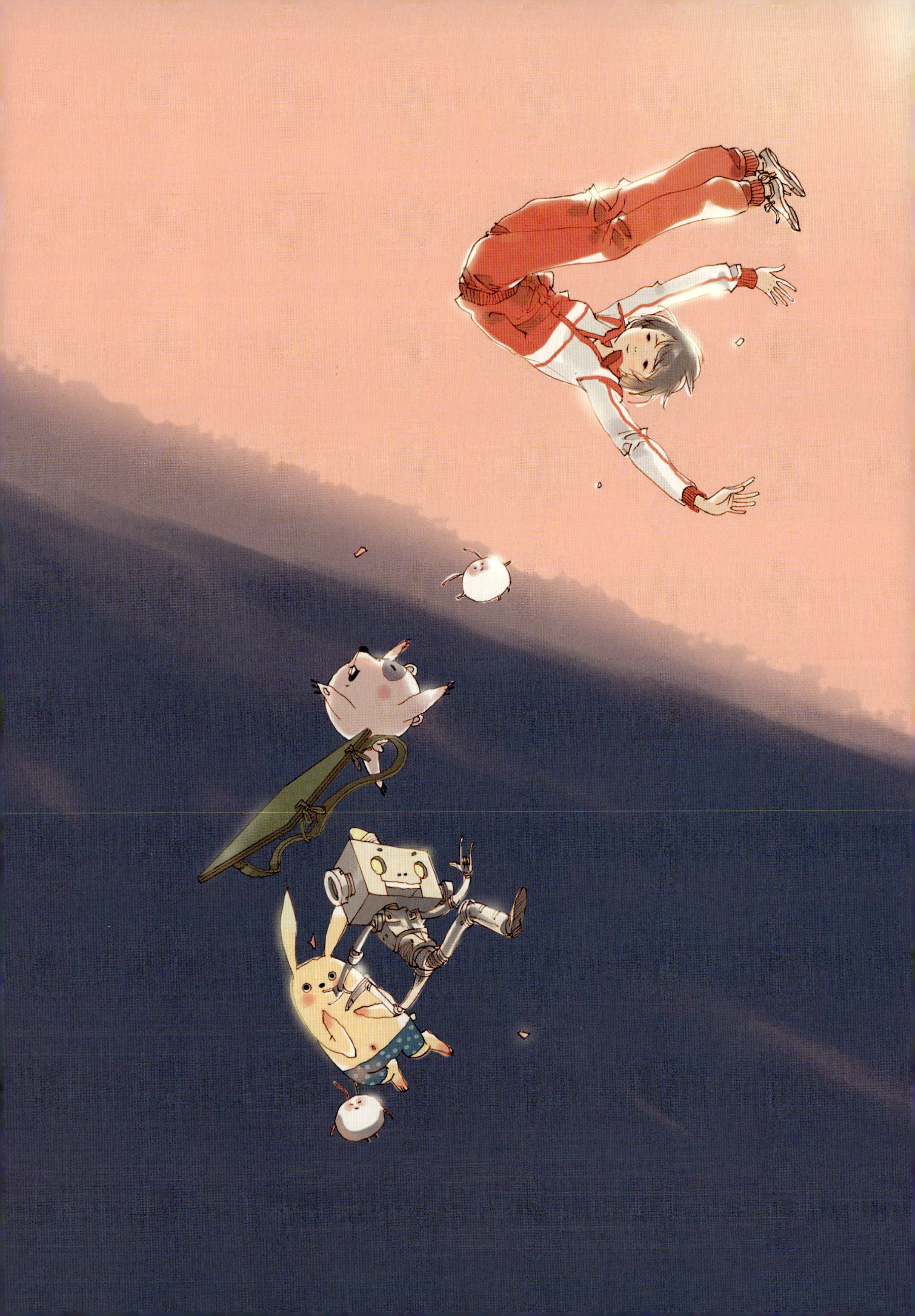

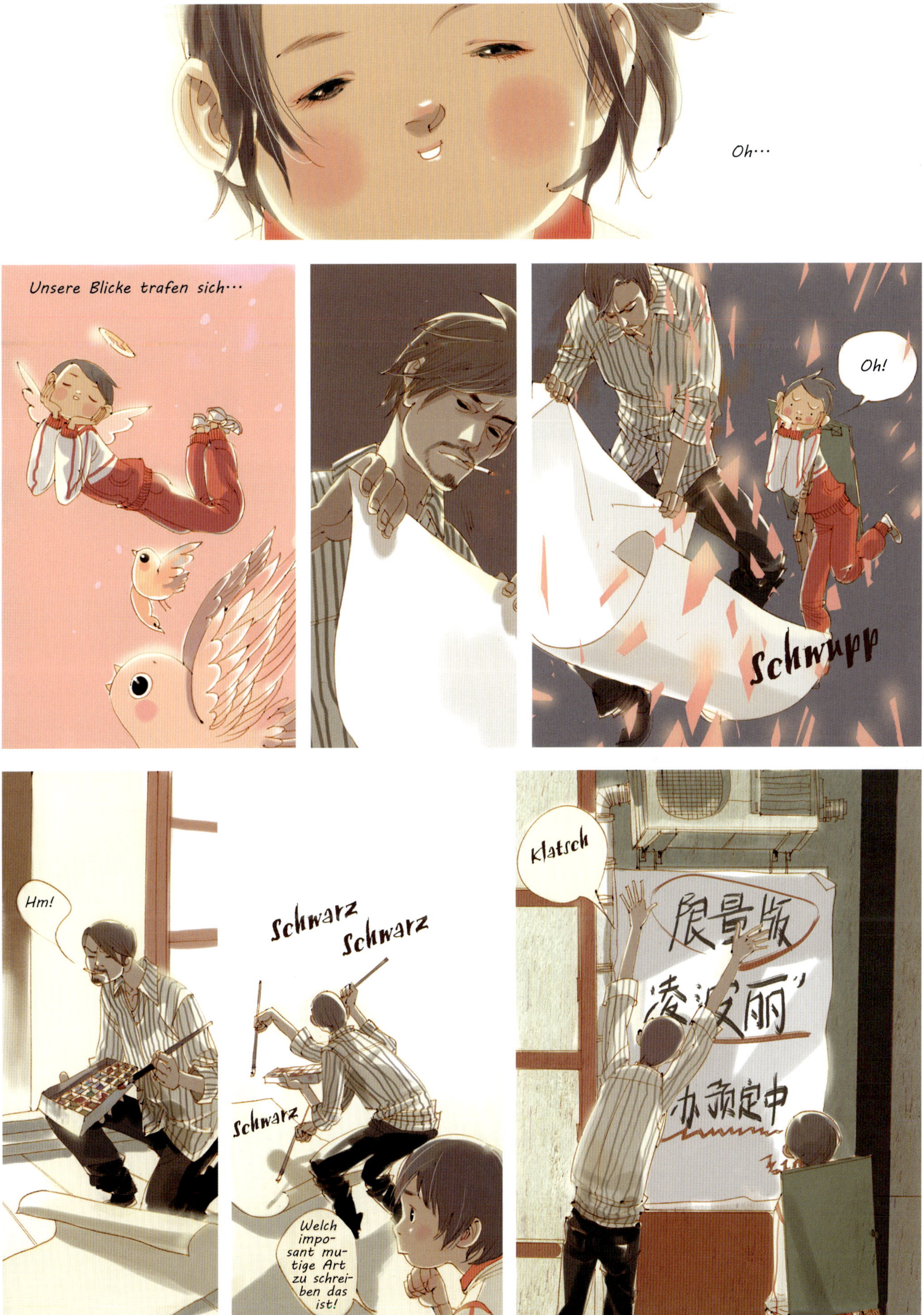

(Plakat:) Limitierte Auflage von Ayanami Rei Anime-Figuren sind vorbestellt

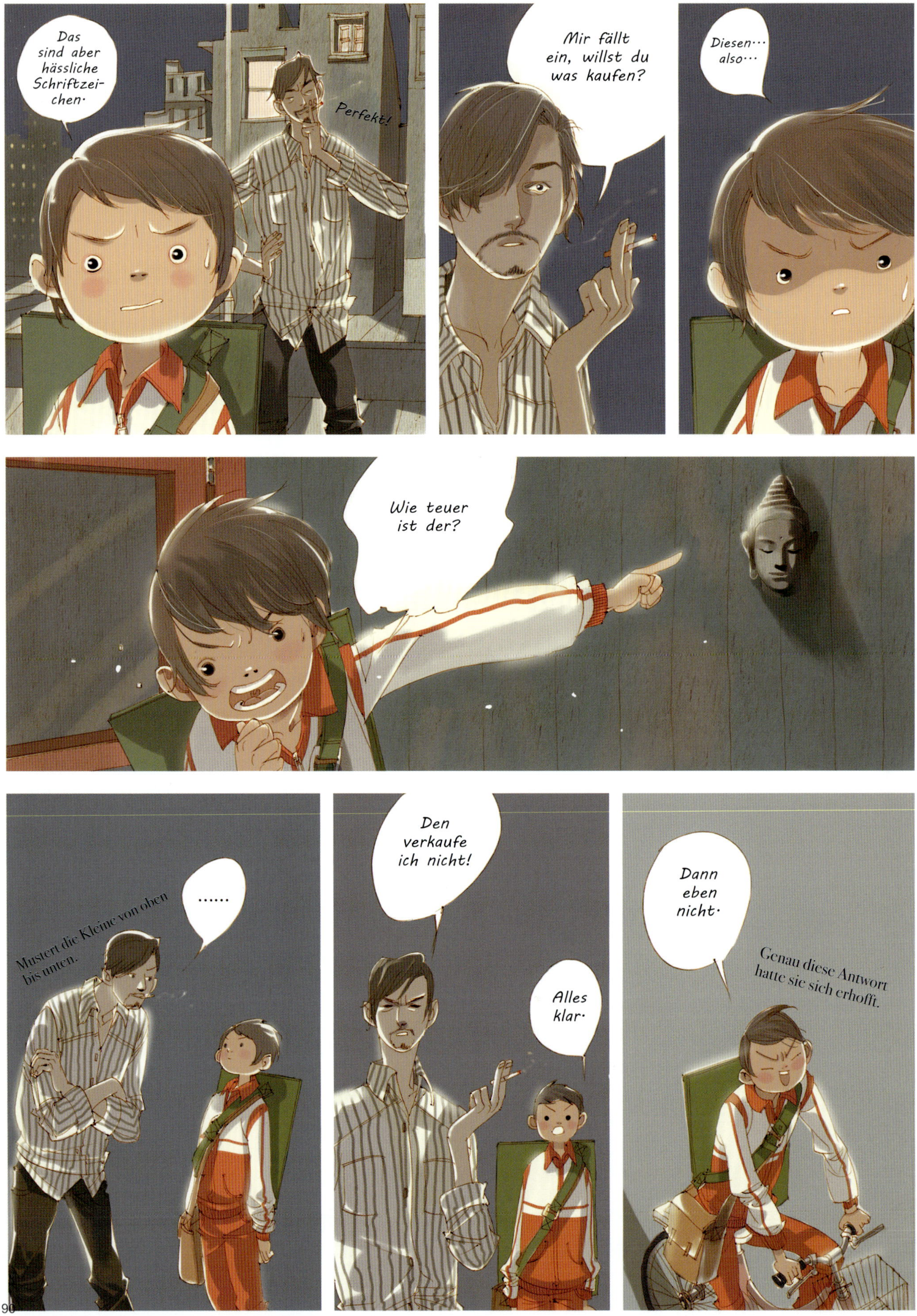
Das sind aber hässliche Schriftzeichen.
Perfekt!
Mir fällt ein, willst du was kaufen?
Diesen… also…
Wie teuer ist der?
Mustert die Kleine von oben bis unten.
……
Den verkaufe ich nicht!
Alles klar.
Dann eben nicht.
Genau diese Antwort hatte sie sich erhofft.

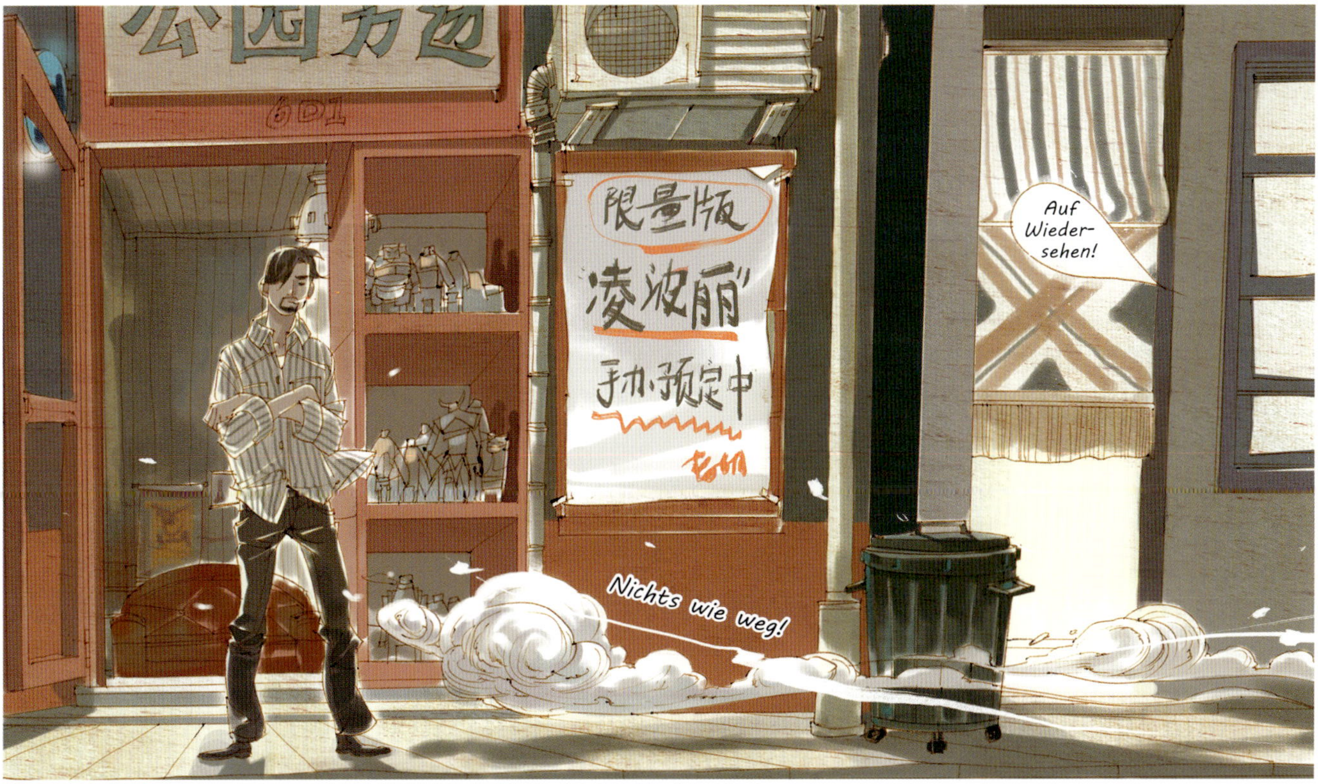

(Plakat:) Limitierte Auflage von Ayanami Rei Anime-Figuren sind vorbestellt. Der Inhaber Hu

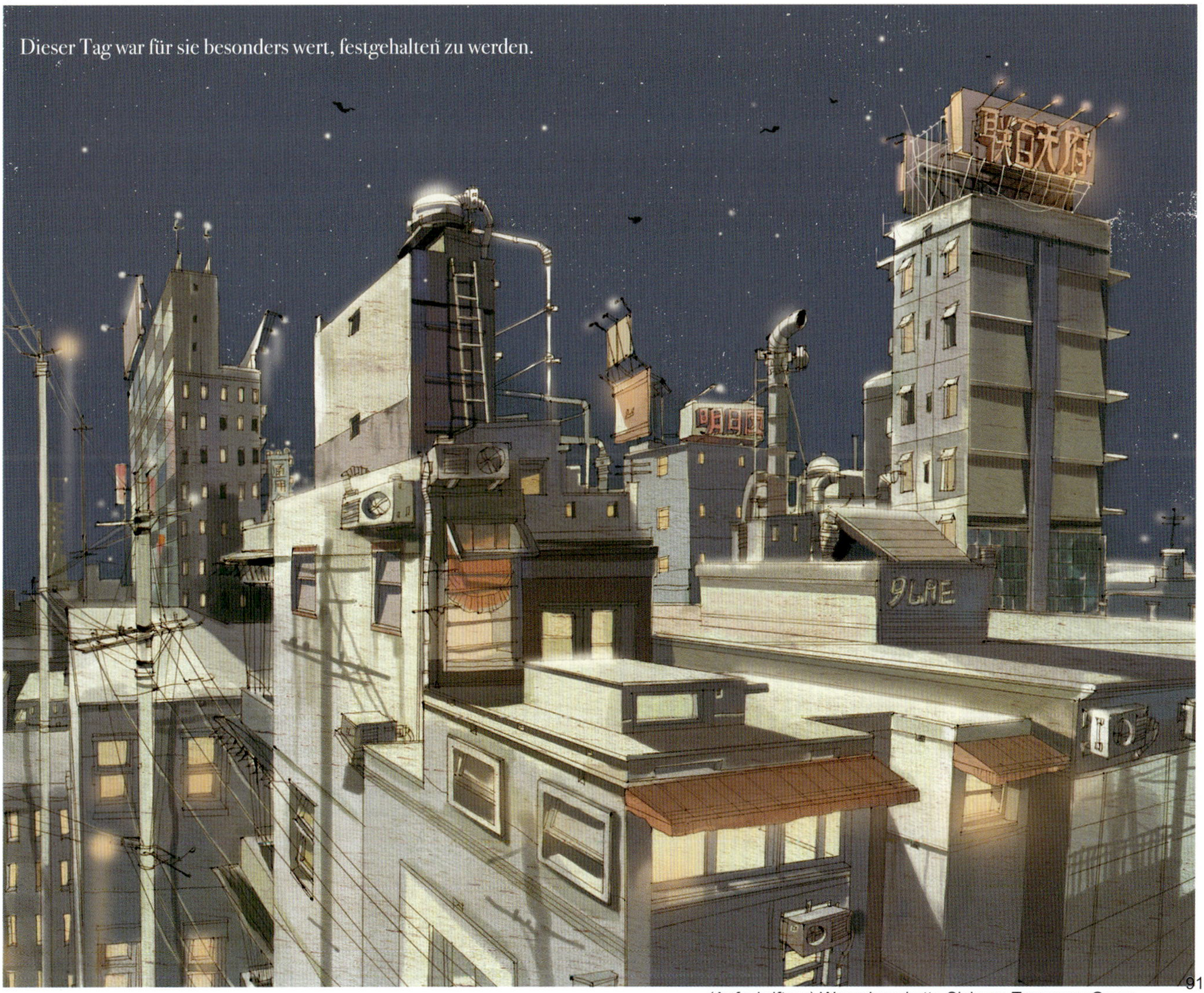

(Aufschriften:) Warenhauskette Sichuan Tomorrow Group

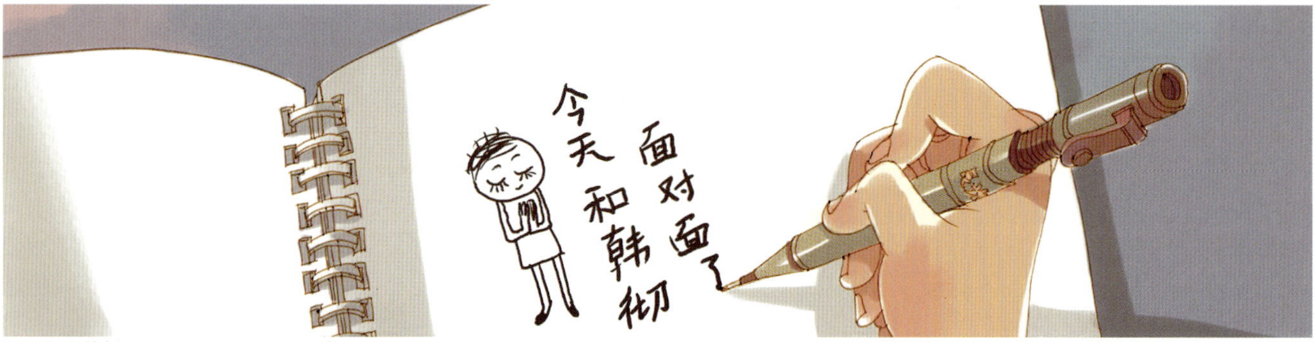

(Handschrift:) Heute standen sich Han Che und ich gegenüber.

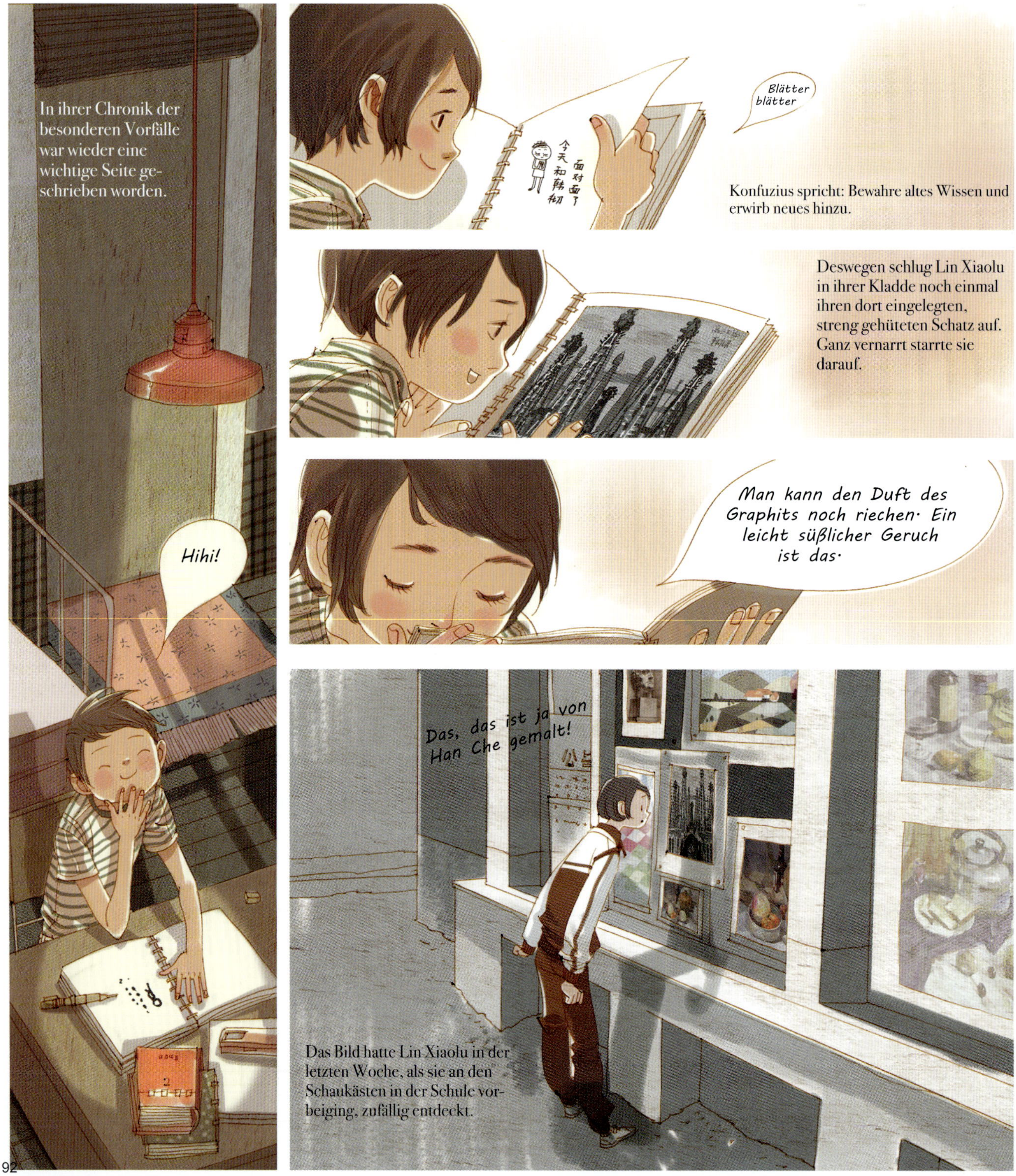

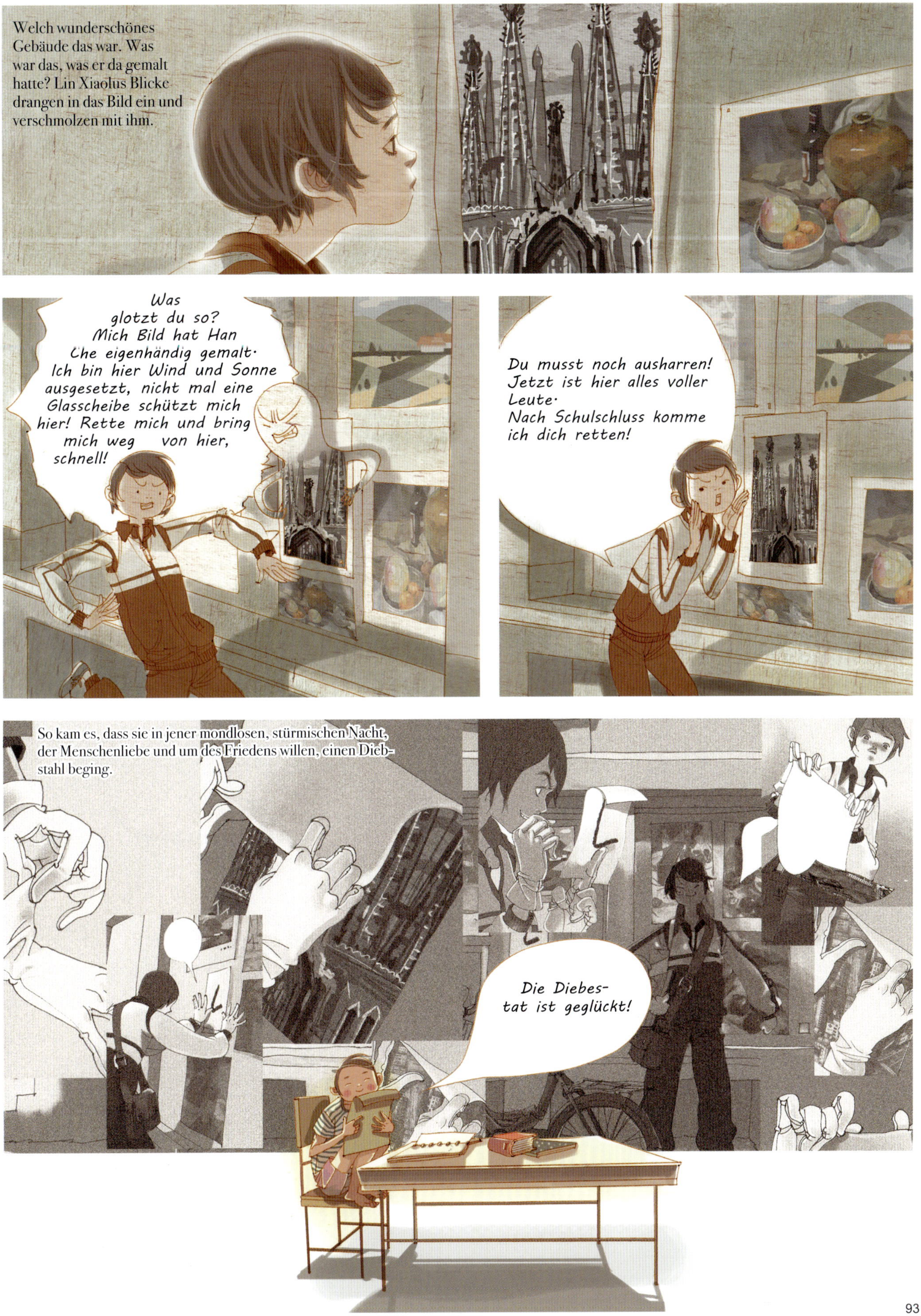
Welch wunderschönes Gebäude das war. Was war das, was er da gemalt hatte? Lin Xiaolus Blicke drangen in das Bild ein und verschmolzen mit ihm.
Was glotzt du so? Mich Bild hat Han Che eigenhändig gemalt. Ich bin hier Wind und Sonne ausgesetzt, nicht mal eine Glasscheibe schützt mich hier! Rette mich und bring mich weg von hier, schnell!
Du musst noch ausharren! Jetzt ist hier alles voller Leute. Nach Schulschluss komme ich dich retten!
So kam es, dass sie in jener mondlosen, stürmischen Nacht, der Menschenliebe und um des Friedens willen, einen Diebstahl beging.
Die Diebestat ist geglückt!

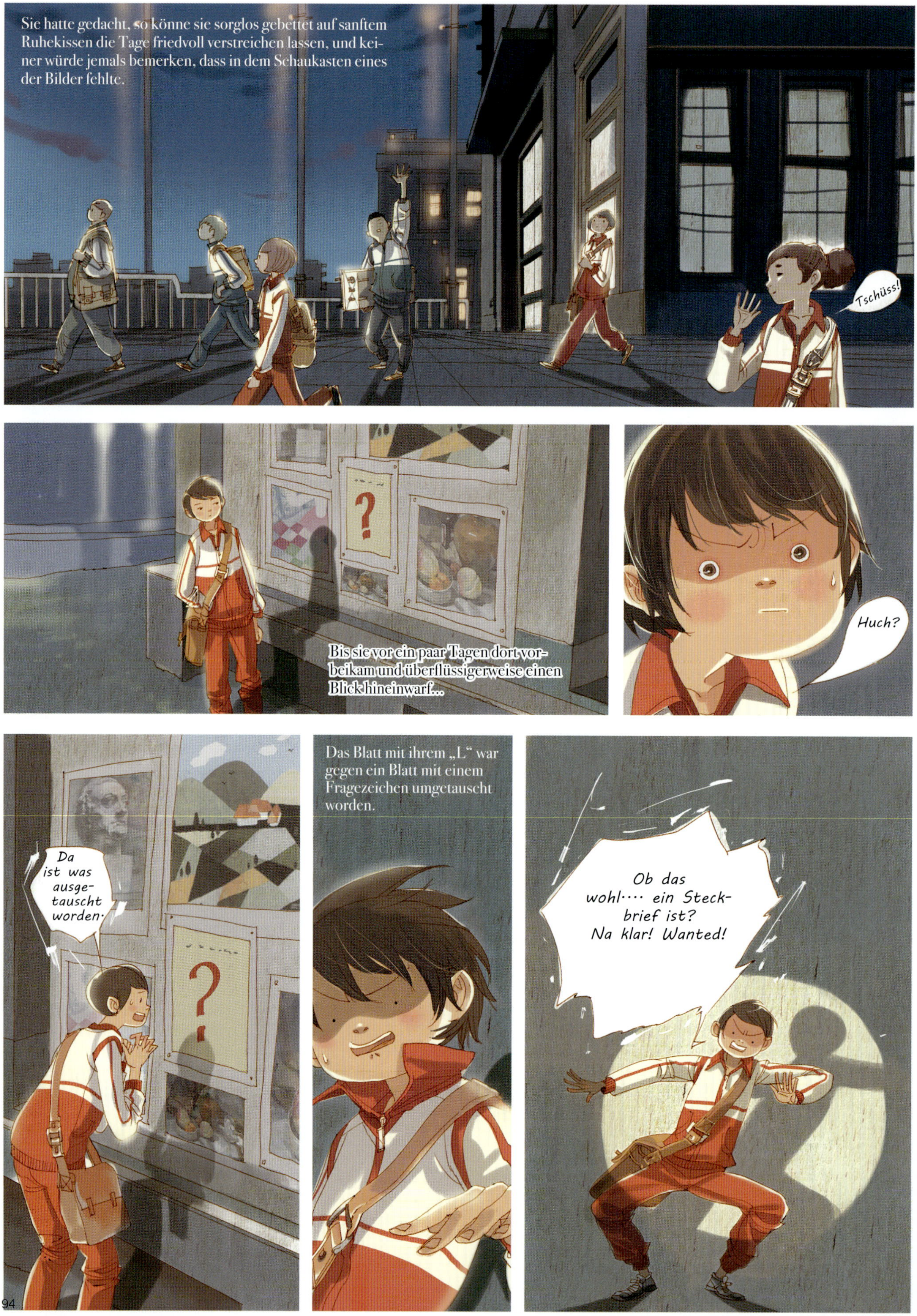

Sie hatte gedacht, so könne sie sorglos gebettet auf sanftem Ruhekissen die Tage friedvoll verstreichen lassen, und keiner würde jemals bemerken, dass in dem Schaukasten eines der Bilder fehlte.
Tschüss!
Bis sie vor ein paar Tagen dort vorbeikam und überflüssigerweise einen Blick hineinwarf...
Huch?
Da ist was ausgetauscht worden.
Das Blatt mit ihrem „L" war gegen ein Blatt mit einem Fragezeichen umgetauscht worden.
Ob das wohl… ein Steckbrief ist? Na klar! Wanted!

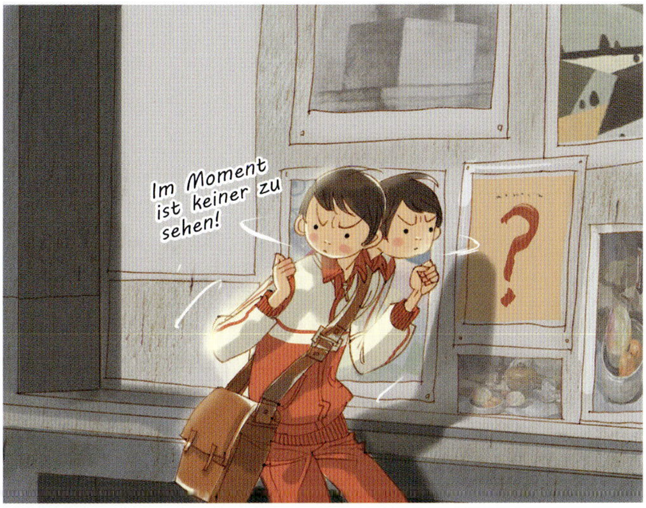

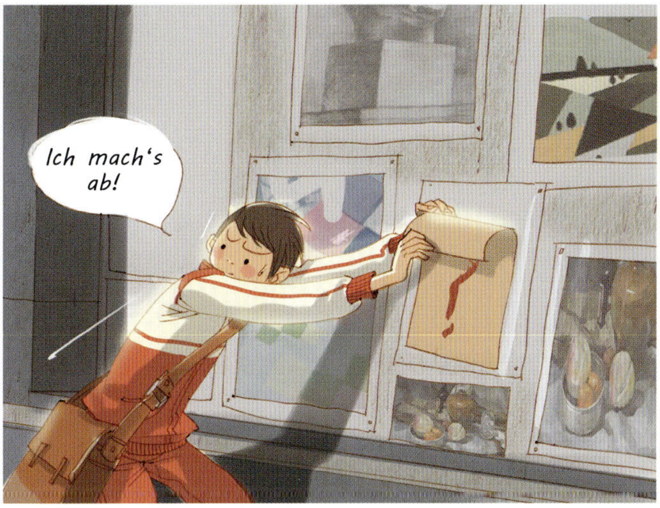

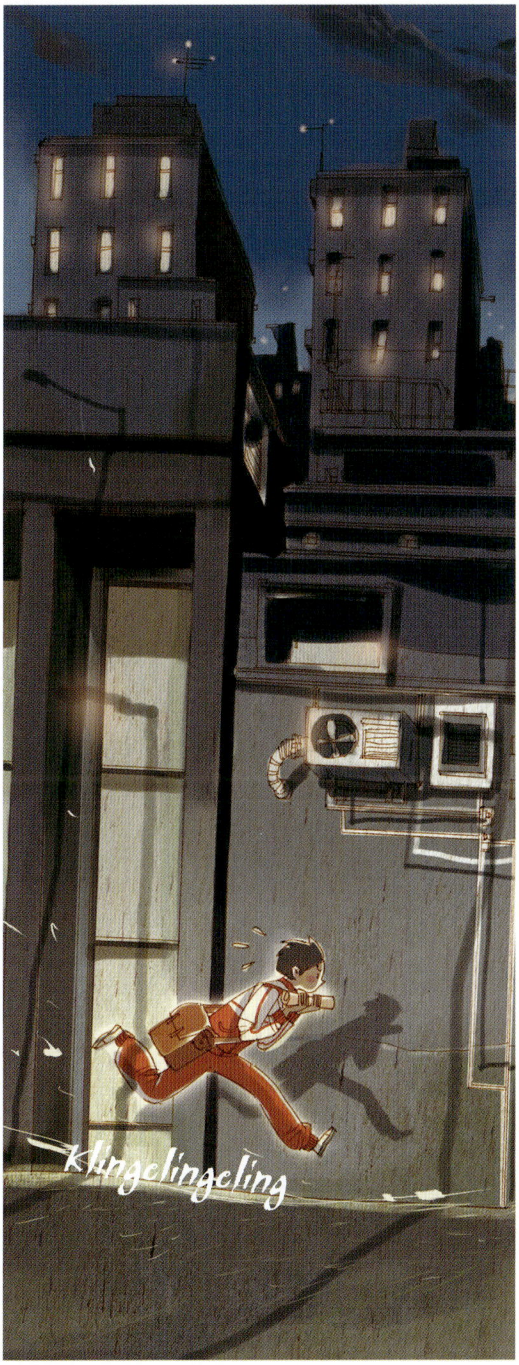

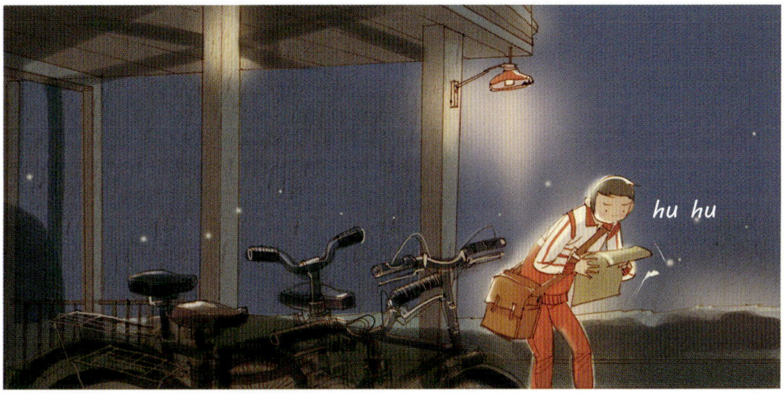

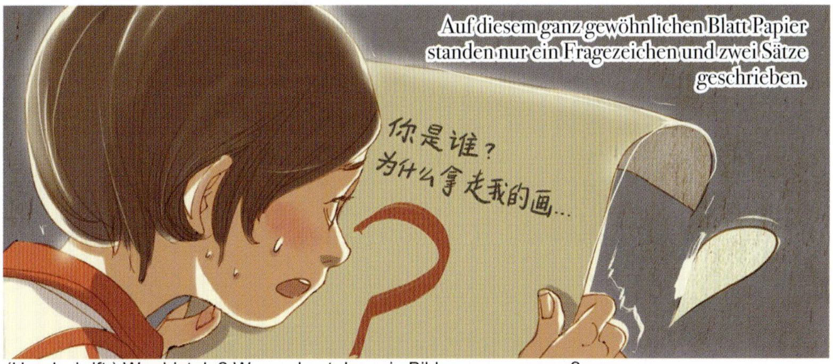

(Handschrift:) Wer bist du? Warum hast du mein Bild weggenommen?

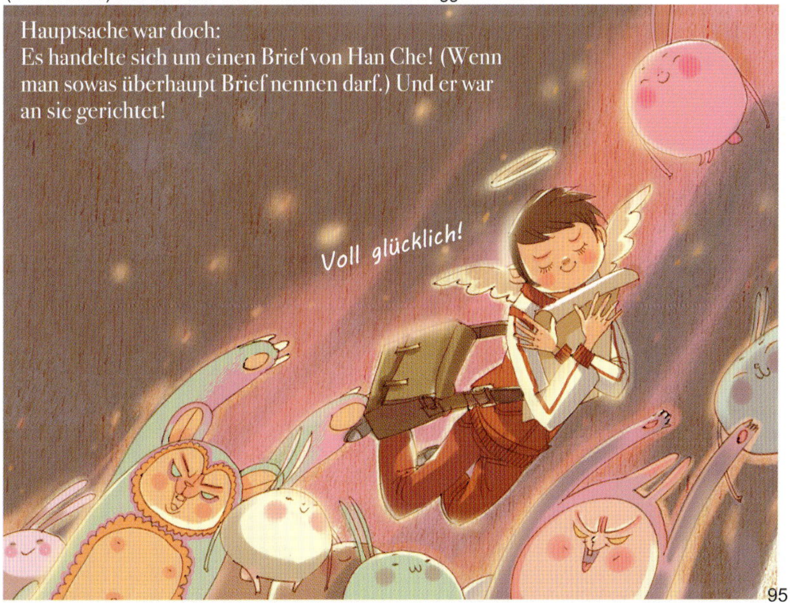

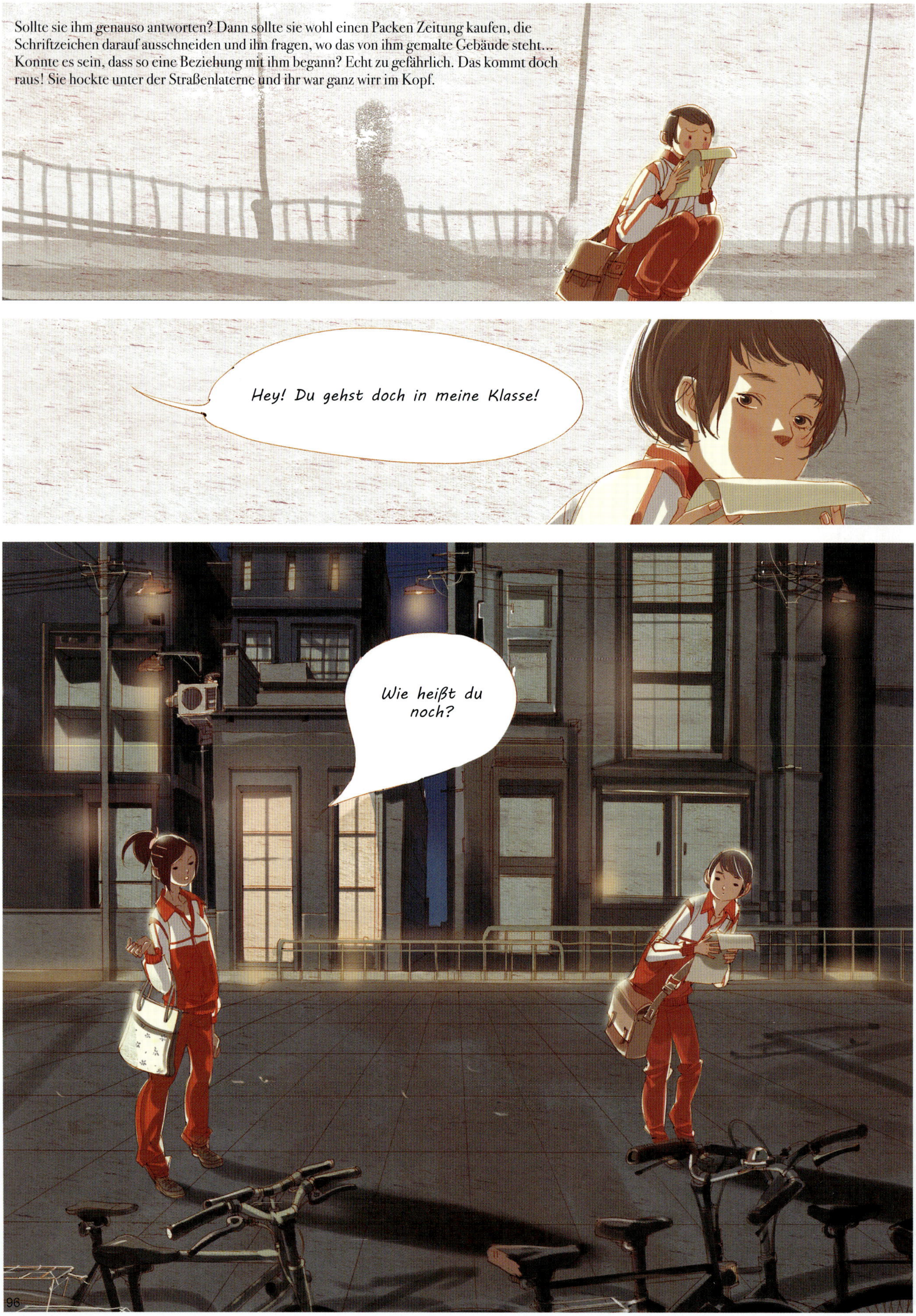
Sollte sie ihm genauso antworten? Dann sollte sie wohl einen Packen Zeitung kaufen, die Schriftzeichen darauf ausschneiden und ihn fragen, wo das von ihm gemalte Gebäude steht... Konnte es sein, dass so eine Beziehung mit ihm begann? Echt zu gefährlich. Das kommt doch raus! Sie hockte unter der Straßenlaterne und ihr war ganz wirr im Kopf.
Hey! Du gehst doch in meine Klasse!
Wie heißt du noch?

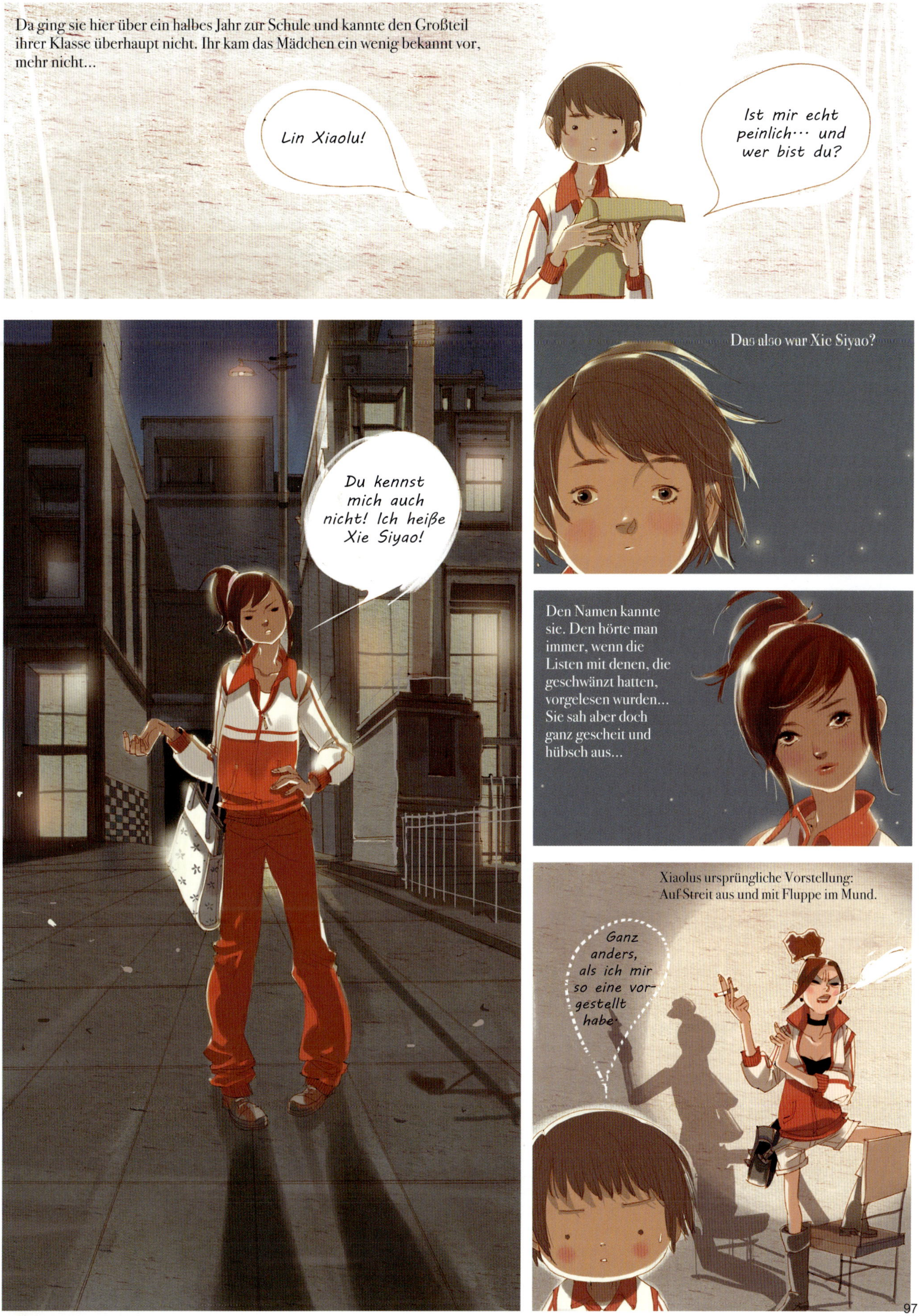
Da ging sie hier über ein halbes Jahr zur Schule und kannte den Großteil ihrer Klasse überhaupt nicht. Ihr kam das Mädchen ein wenig bekannt vor, mehr nicht…
Lin Xiaolu!
Ist mir echt peinlich… und wer bist du?
Du kennst mich auch nicht! Ich heiße Xie Siyao!
Das also war Xie Siyao?
Den Namen kannte sie. Den hörte man immer, wenn die Listen mit denen, die geschwänzt hatten, vorgelesen wurden… Sie sah aber doch ganz gescheit und hübsch aus…
Xiaolus ursprüngliche Vorstellung: Auf Streit aus und mit Fluppe im Mund.
Ganz anders, als ich mir so eine vorgestellt habe.

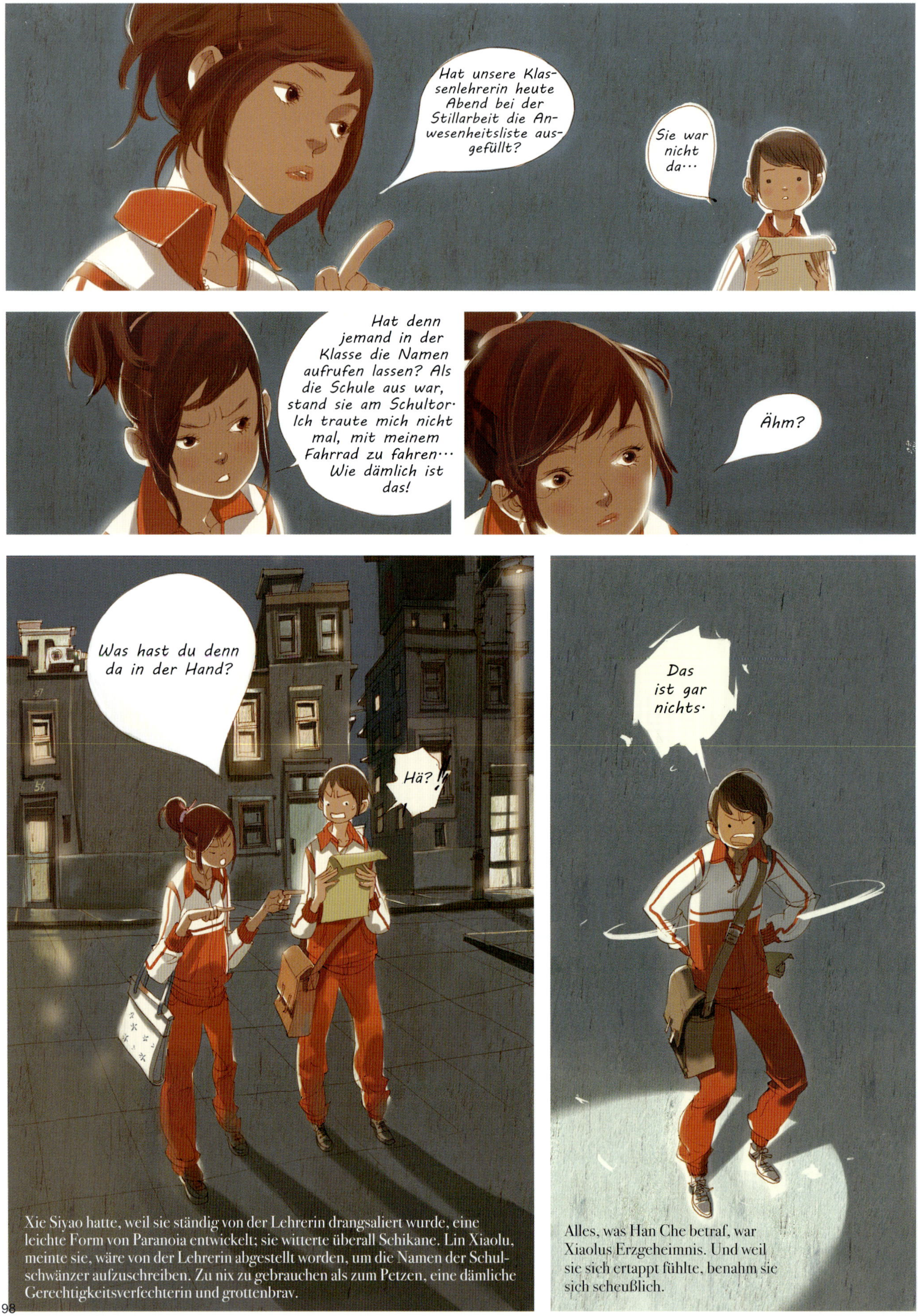
Hat unsere Klassenlehrerin heute Abend bei der Stillarbeit die Anwesenheitsliste ausgefüllt?
Sie war nicht da…
Hat denn jemand in der Klasse die Namen aufrufen lassen? Als die Schule aus war, stand sie am Schultor. Ich traute mich nicht mal, mit meinem Fahrrad zu fahren… Wie dämlich ist das!
Ähm?
Was hast du denn da in der Hand?
Hä?!
Xie Siyao hatte, weil sie ständig von der Lehrerin drangsaliert wurde, eine leichte Form von Paranoia entwickelt; sie witterte überall Schikane. Lin Xiaolu, meinte sie, wäre von der Lehrerin abgestellt worden, um die Namen der Schulschwänzer aufzuschreiben. Zu nix zu gebrauchen als zum Petzen, eine dämliche Gerechtigkeitsverfechterin und grottenbrav.
Das ist gar nichts.
Alles, was Han Che betraf, war Xiaolus Erzgeheimnis. Und weil sie sich ertappt fühlte, benahm sie sich scheußlich.

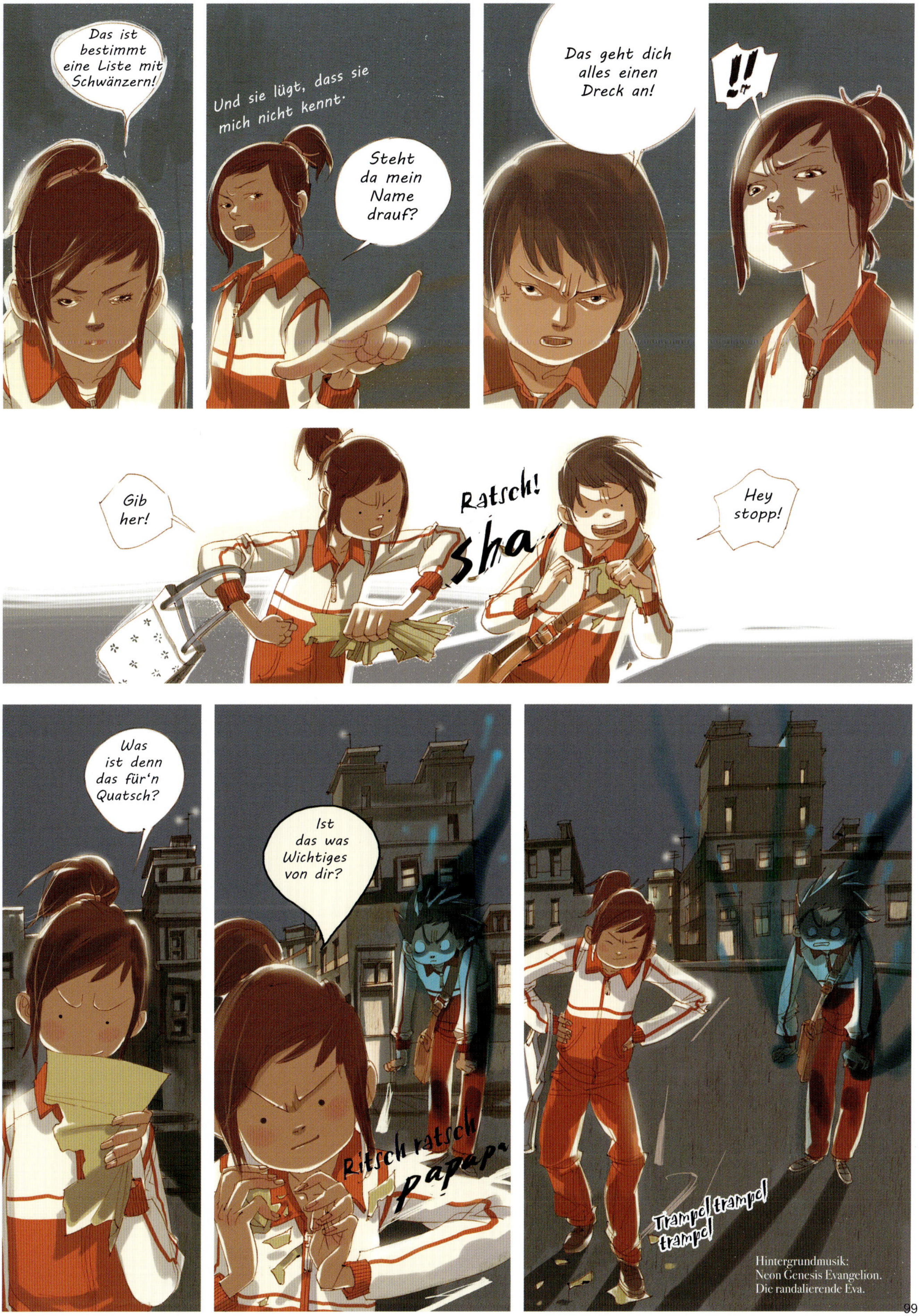

Hintergrundmusik:
Neon Genesis Evangelion.
Die randalierende Eva.

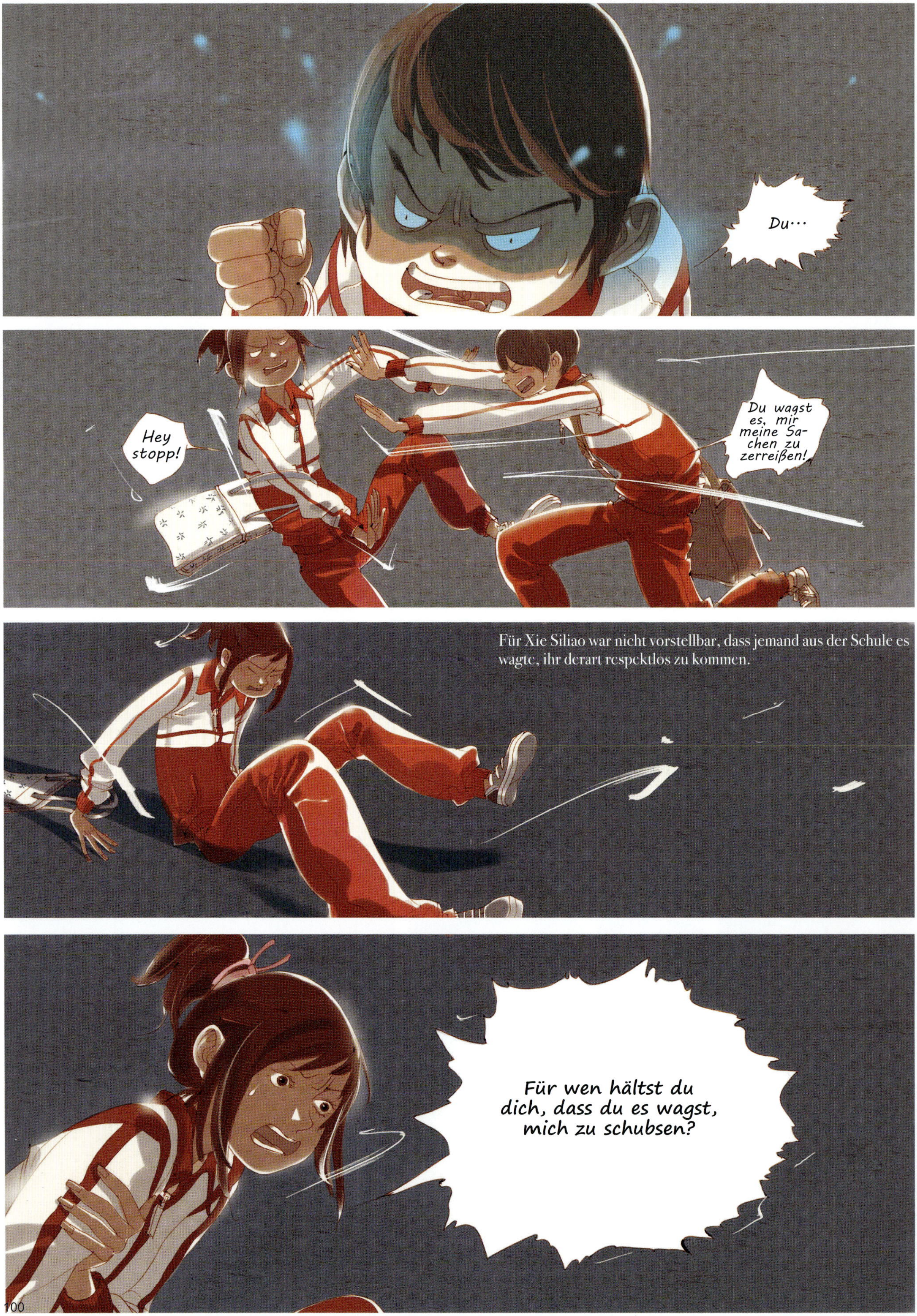
Du…
Hey stopp!
Du wagst es, mir meine Sachen zu zerreißen!
Für Xie Siliao war nicht vorstellbar, dass jemand aus der Schule es wagte, ihr derart respektlos zu kommen.
Für wen hältst du dich, dass du es wagst, mich zu schubsen?

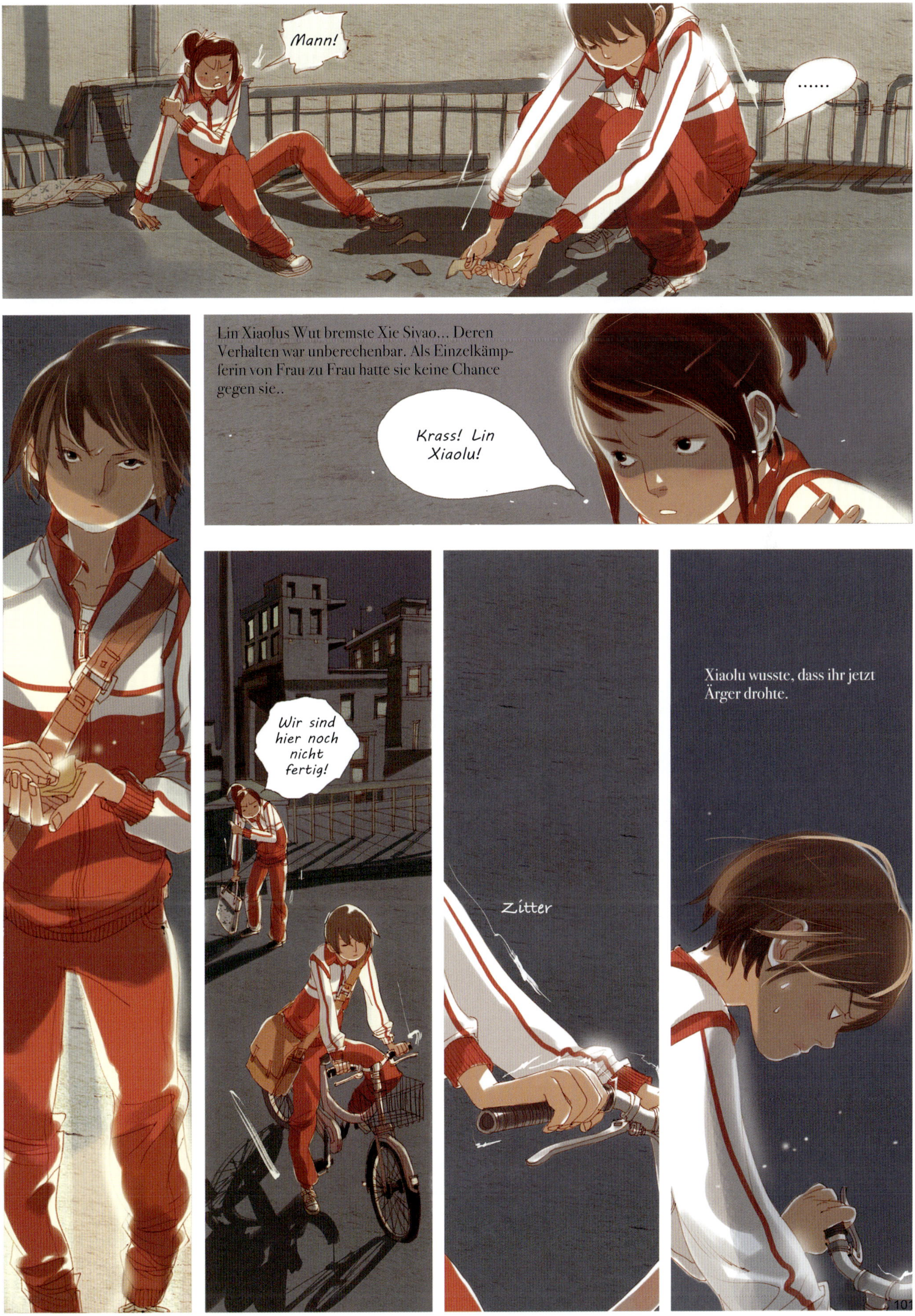
Mann!
......
Lin Xiaolus Wut bremste Xie Siyao... Deren Verhalten war unberechenbar. Als Einzelkämpferin von Frau zu Frau hatte sie keine Chance gegen sie..
Krass! Lin Xiaolu!
Wir sind hier noch nicht fertig!
Zitter
Xiaolu wusste, dass ihr jetzt Ärger drohte.

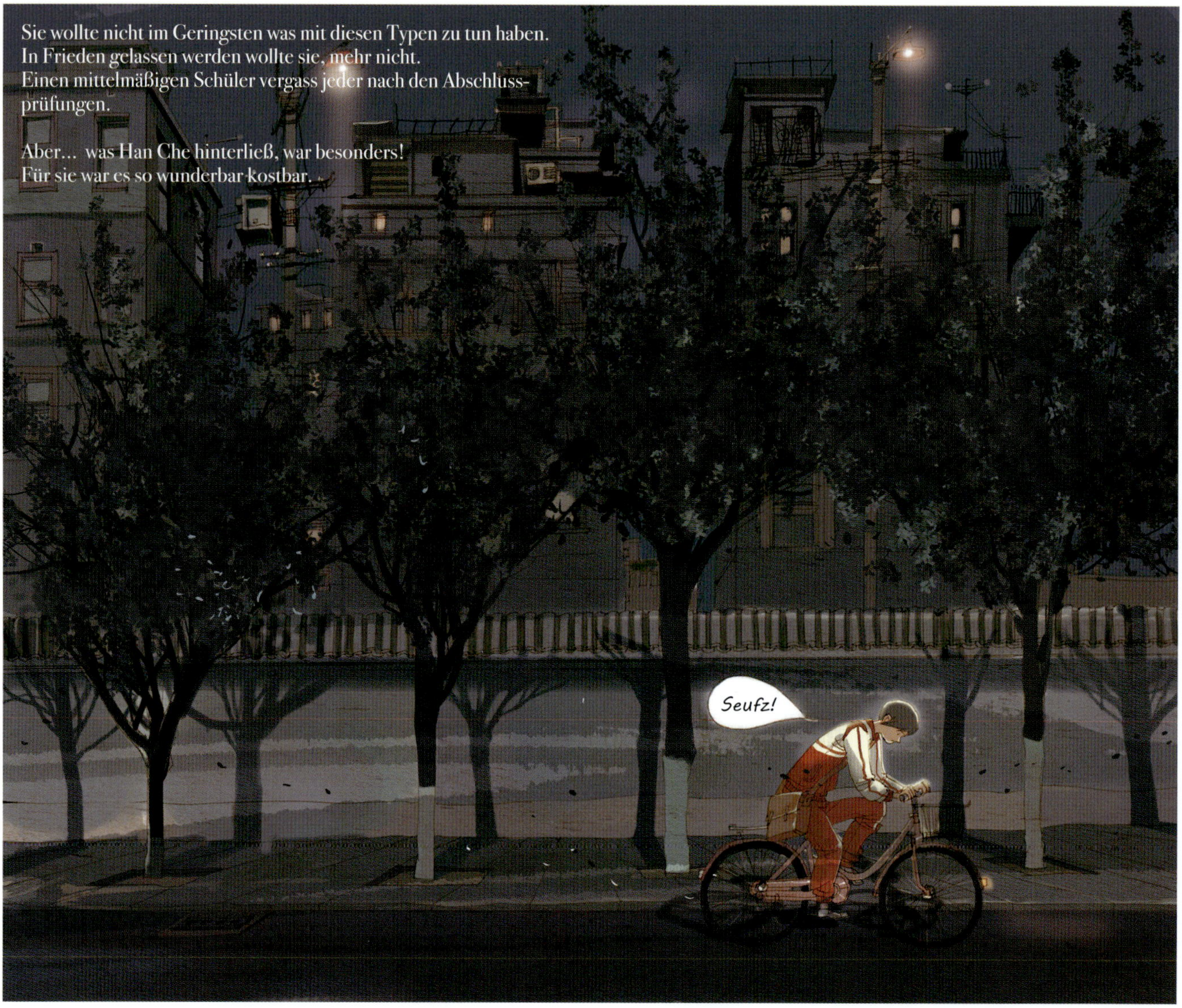
Sie wollte nicht im Geringsten was mit diesen Typen zu tun haben.
In Frieden gelassen werden wollte sie, mehr nicht.
Einen mittelmäßigen Schüler vergass jeder nach den Abschlussprüfungen.
Aber… was Han Che hinterließ, war besonders!
Für sie war es so wunderbar kostbar.
Seufz!

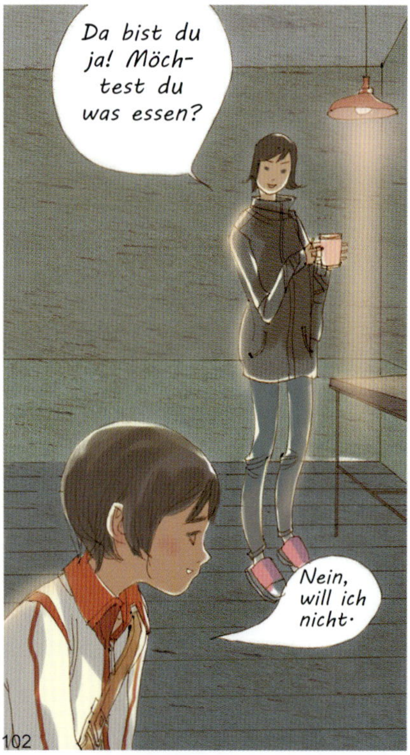
Da bist du ja! Möchtest du was essen?
Nein, will ich nicht.

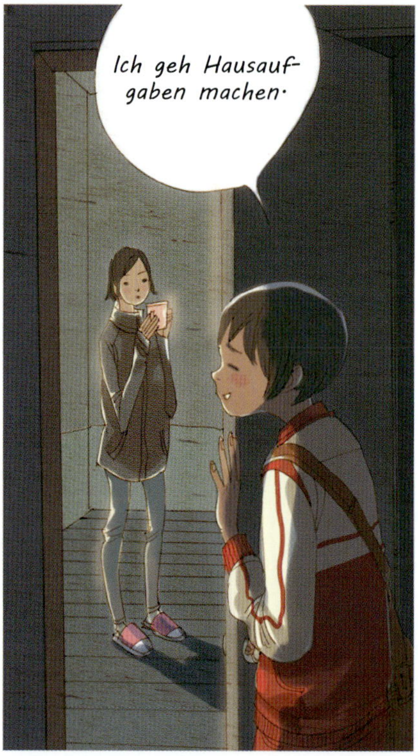
Ich geh Hausaufgaben machen.

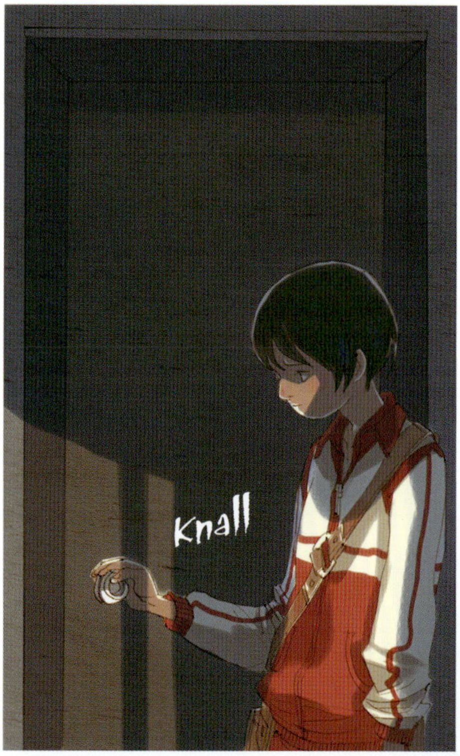
Knall

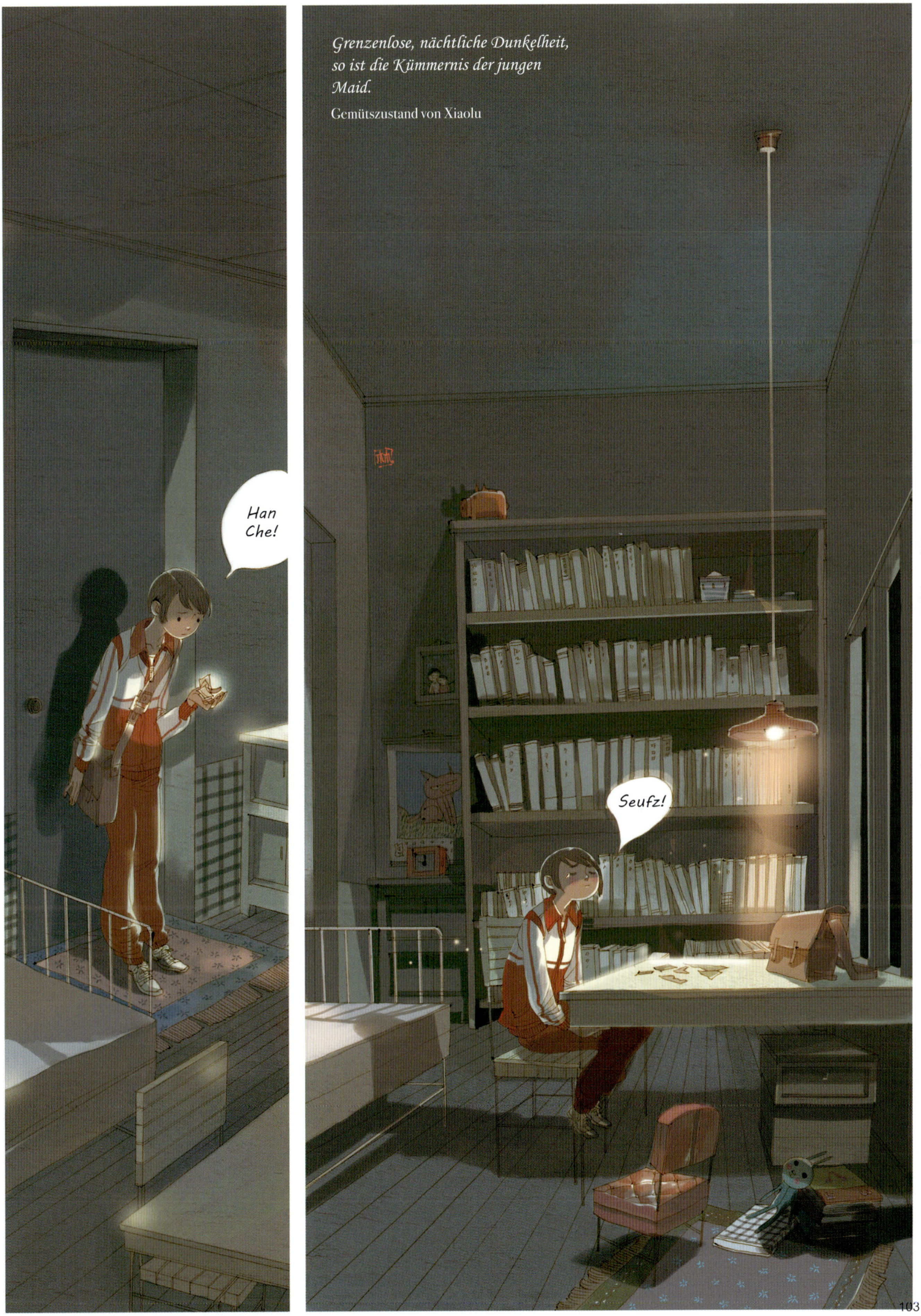
Han Che!
Grenzenlose, nächtliche Dunkelheit, so ist die Kümmernis der jungen Maid.
Gemütszustand von Xiaolu
Seufz!

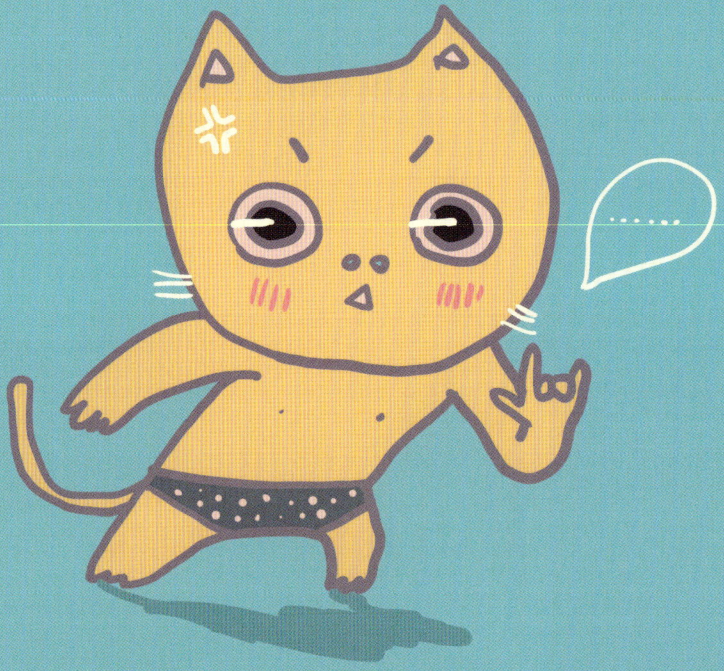

5. Kapitel: Du bist also Antoni Gaudí.

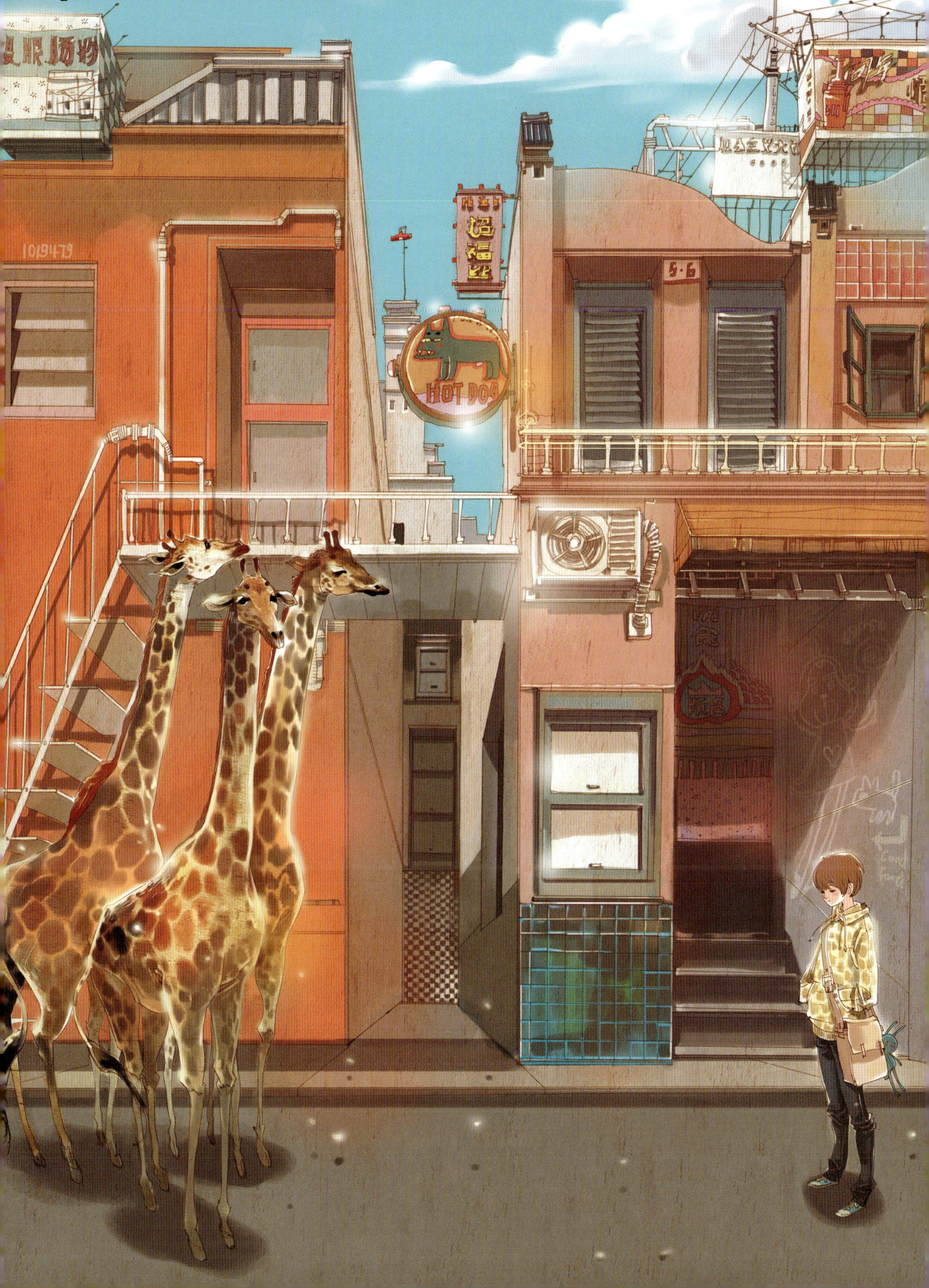

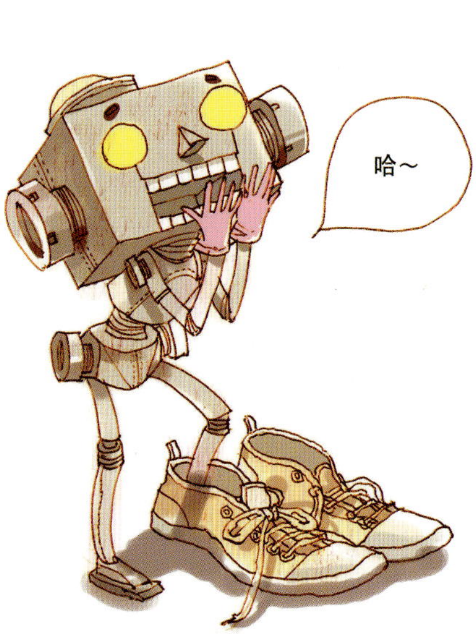
哈～

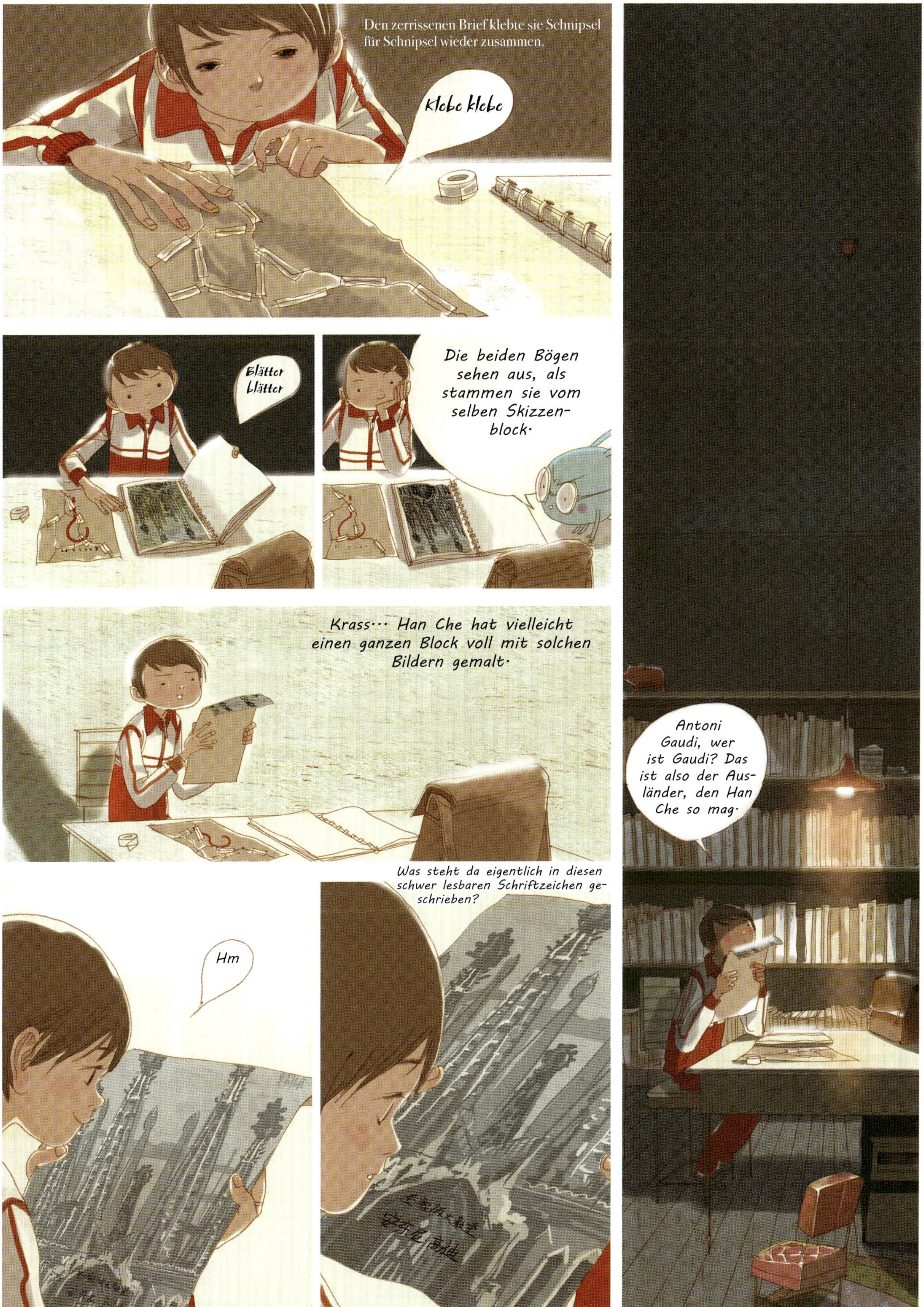

(Handschrift:) Sagrada Família in Barcelona

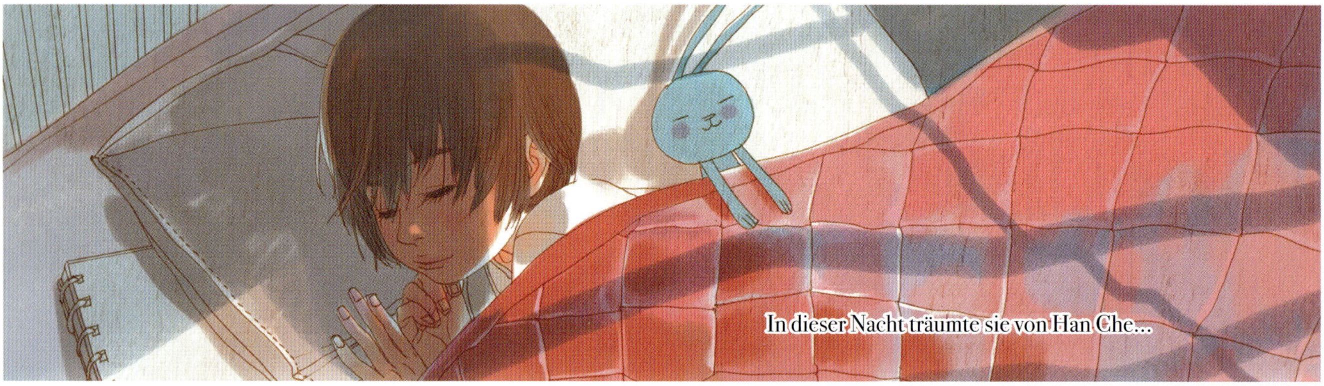
In dieser Nacht träumte sie von Han Che...

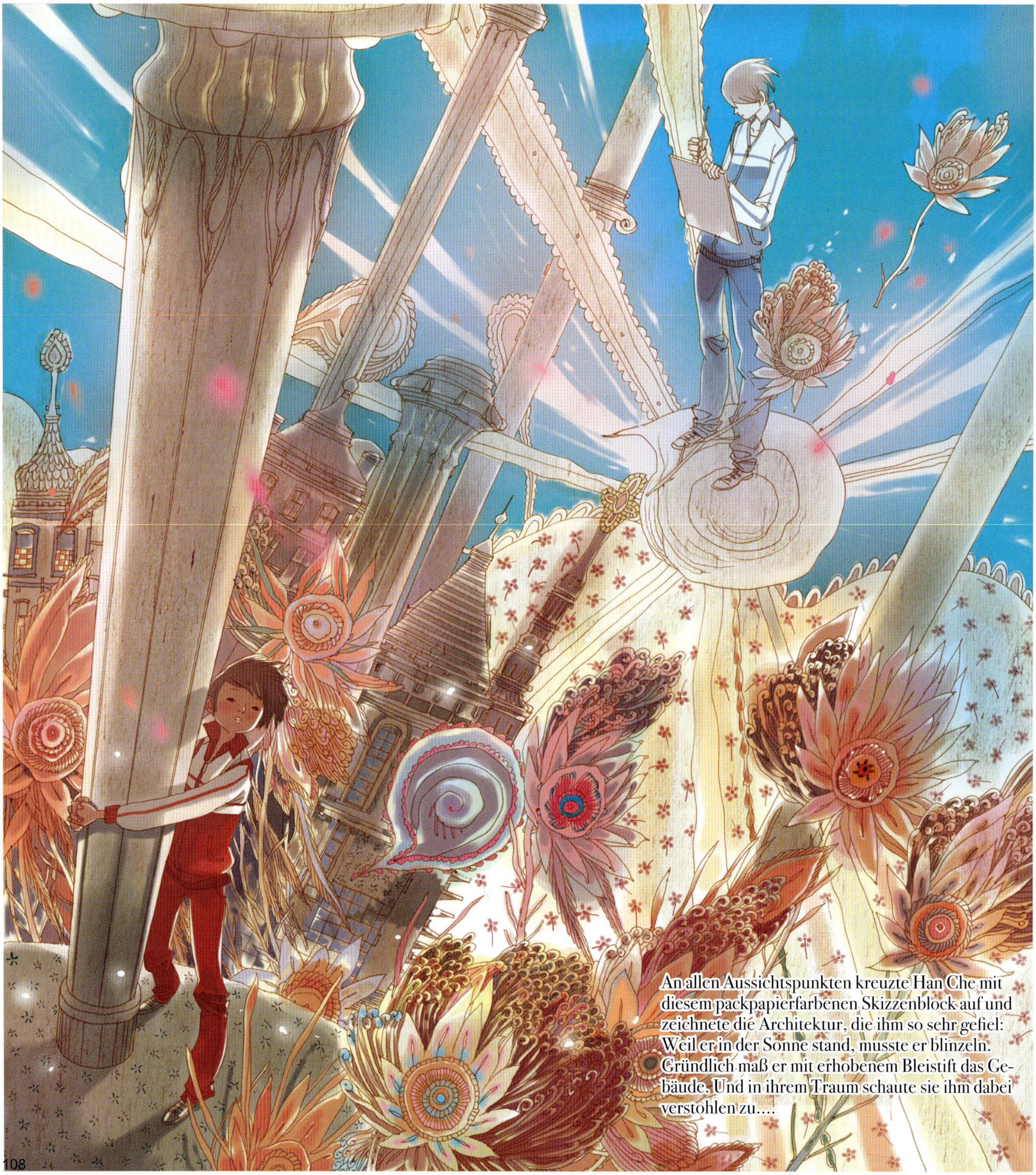
An allen Aussichtspunkten kreuzte Han Che mit diesem packpapierfarbenen Skizzenblock auf und zeichnete die Architektur, die ihm so sehr gefiel: Weil er in der Sonne stand, musste er blinzeln. Gründlich maß er mit erhobenem Bleistift das Gebäude. Und in ihrem Traum schaute sie ihm dabei verstohlen zu....

Am Sonntag…

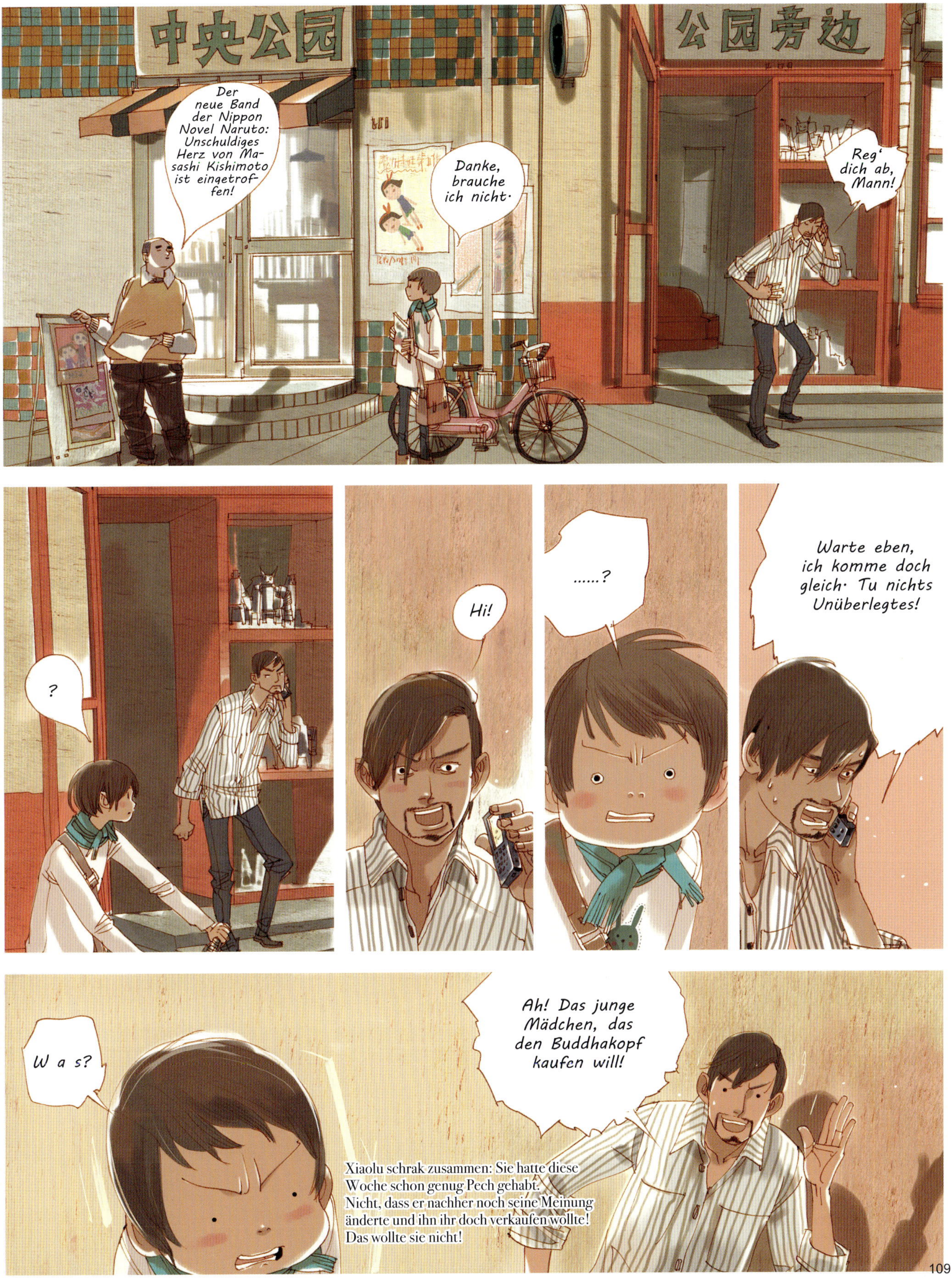

中央公园
公园旁边
Der neue Band der Nippon Novel Naruto: Unschuldiges Herz von Masashi Kishimoto ist eingetroffen!
Danke, brauche ich nicht.
Reg' dich ab, Mann!
?
Hi!
……?
Warte eben, ich komme doch gleich. Tu nichts Unüberlegtes!
W a s?
Ah! Das junge Mädchen, das den Buddhakopf kaufen will!
Xiaolu schrak zusammen: Sie hatte diese Woche schon genug Pech gehabt. Nicht, dass er nachher noch seine Meinung änderte und ihn ihr doch verkaufen wollte! Das wollte sie nicht!

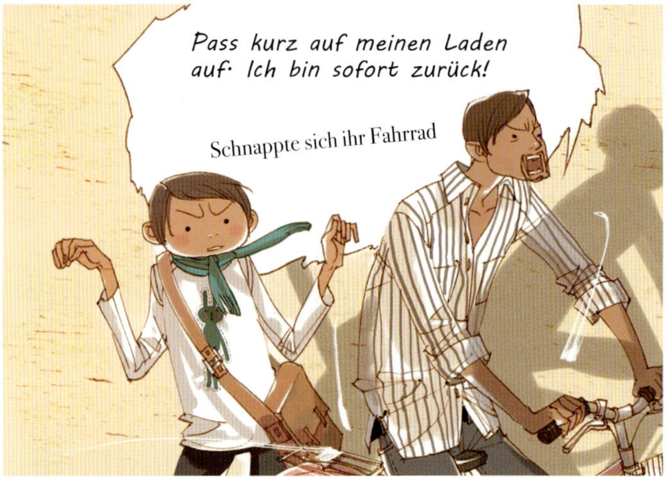

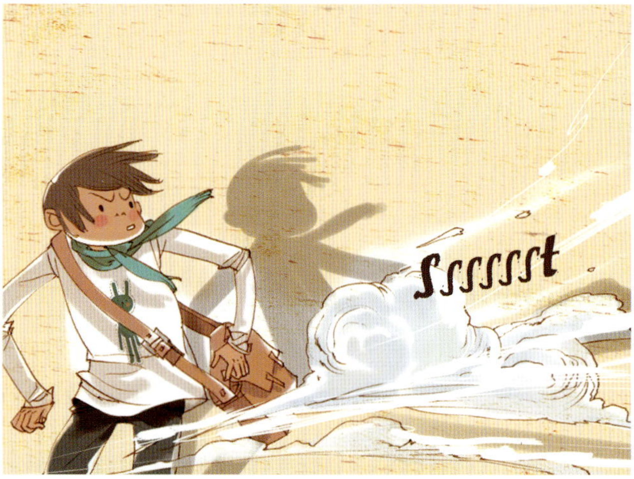

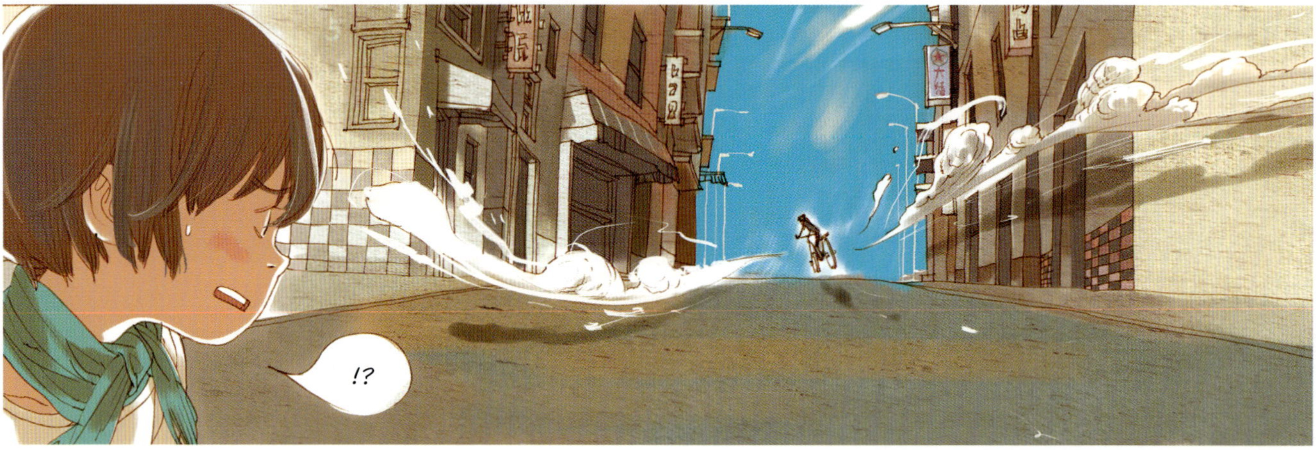

Xiaolu war baff. Sie stand eine Minute regungslos, bis sie es gewahr wurde...

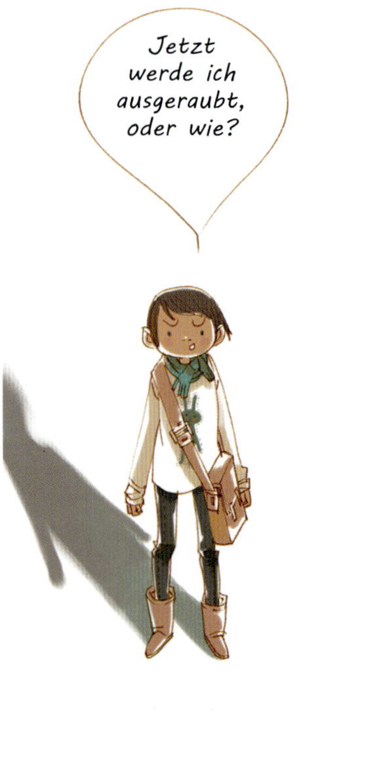

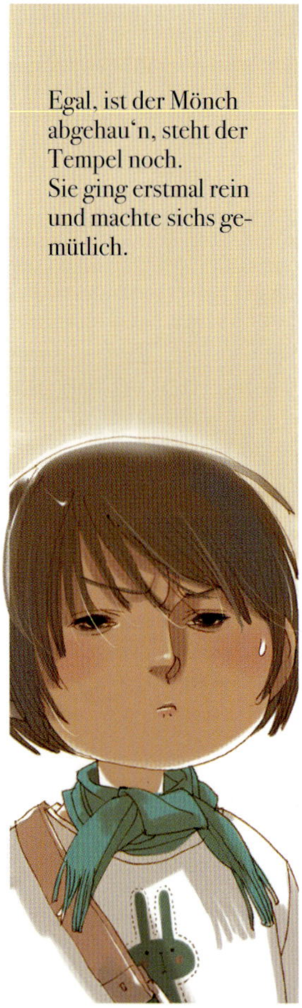

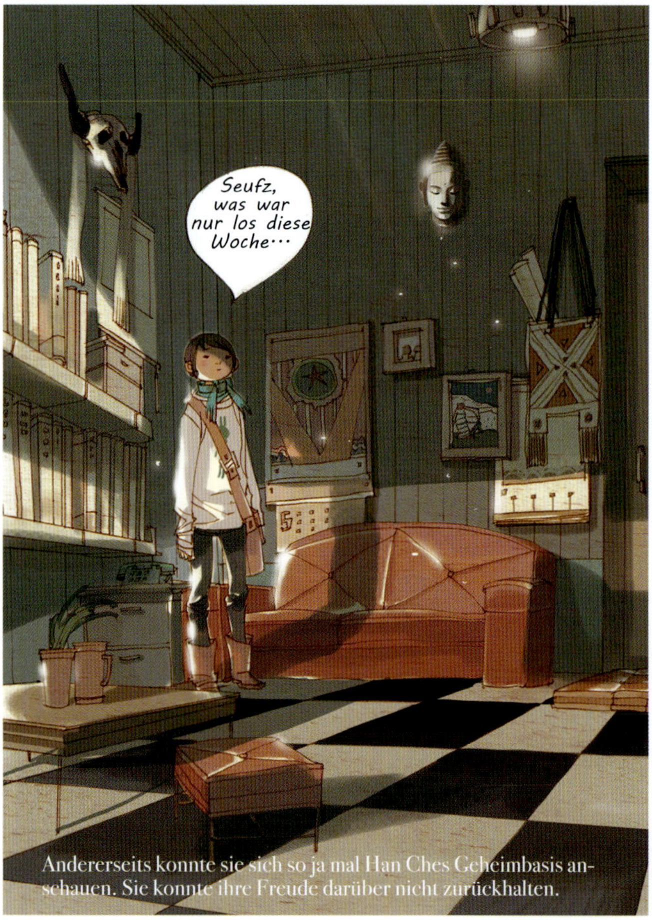

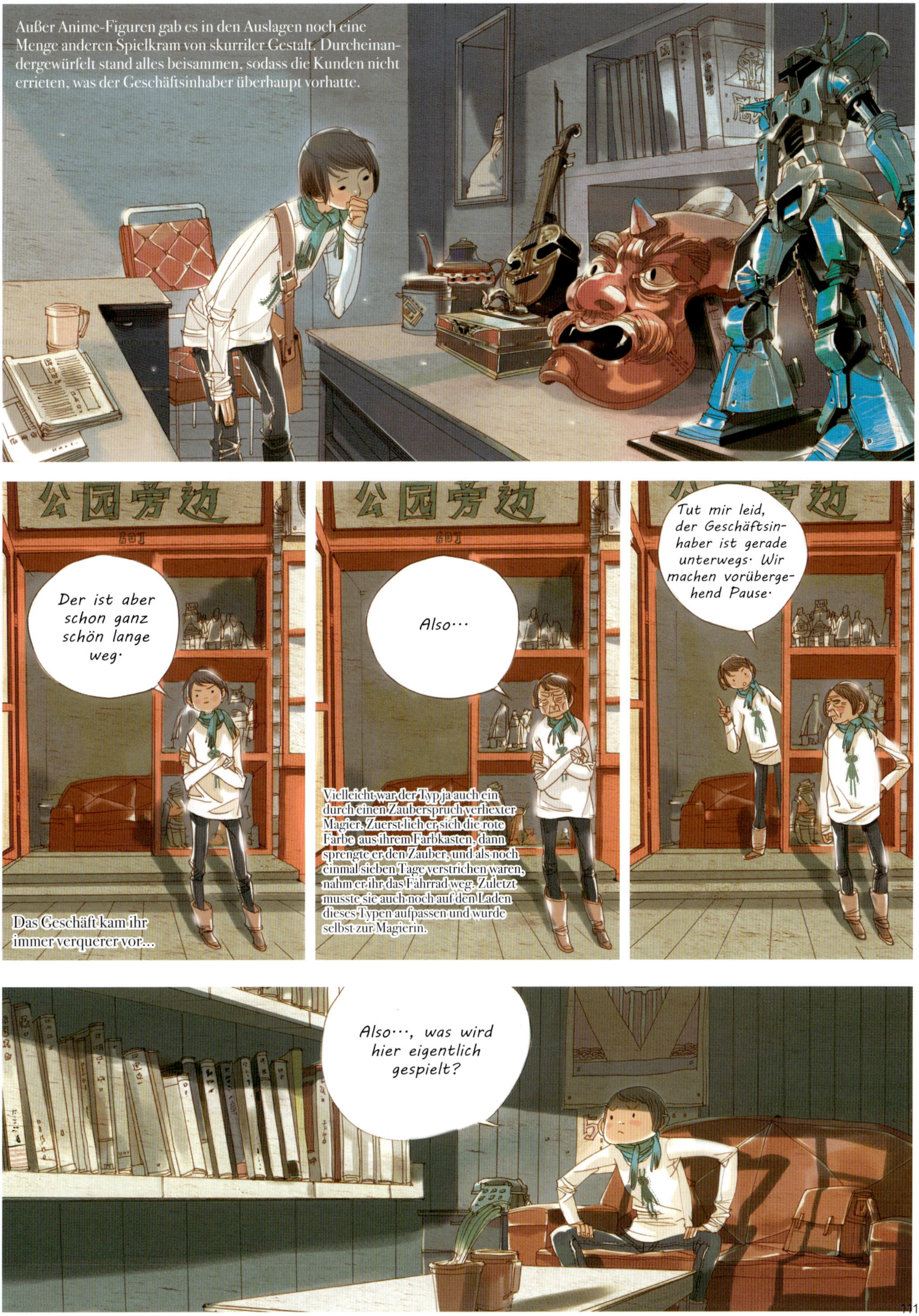
Außer Anime-Figuren gab es in den Auslagen noch eine Menge anderen Spielkram von skurriler Gestalt. Durcheinandergewürfelt stand alles beisammen, sodass die Kunden nicht errieten, was der Geschäftsinhaber überhaupt vorhatte.
公园旁边
Der ist aber schon ganz schön lange weg.
Das Geschäft kam ihr immer verquerer vor...
公园旁边
Also...
Vielleicht war der Typ ja auch ein durch einen Zauberspruch verhexter Magier. Zuerst lieh er sich die rote Farbe aus ihrem Farbkasten, dann sprengte er den Zauber, und als noch einmal sieben Tage verstrichen waren, nahm er ihr das Fahrrad weg. Zuletzt musste sie auch noch auf den Laden dieses Typen aufpassen und wurde selbst zur Magierin.
Tut mir leid, der Geschäftsinhaber ist gerade unterwegs. Wir machen vorübergehend Pause.
Also..., was wird hier eigentlich gespielt?

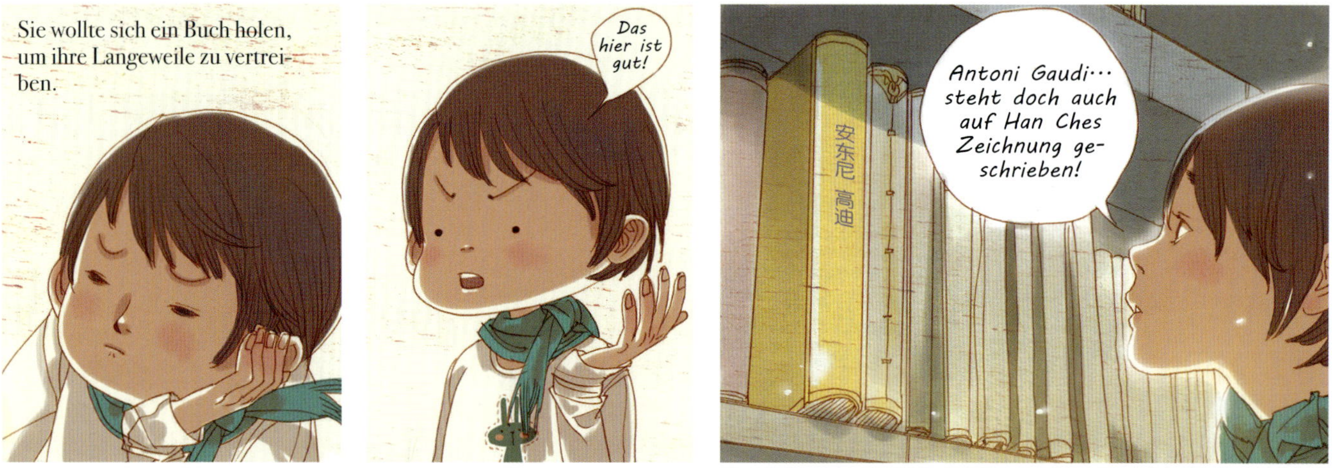

(Aufschrift:) Antoni Gaudi

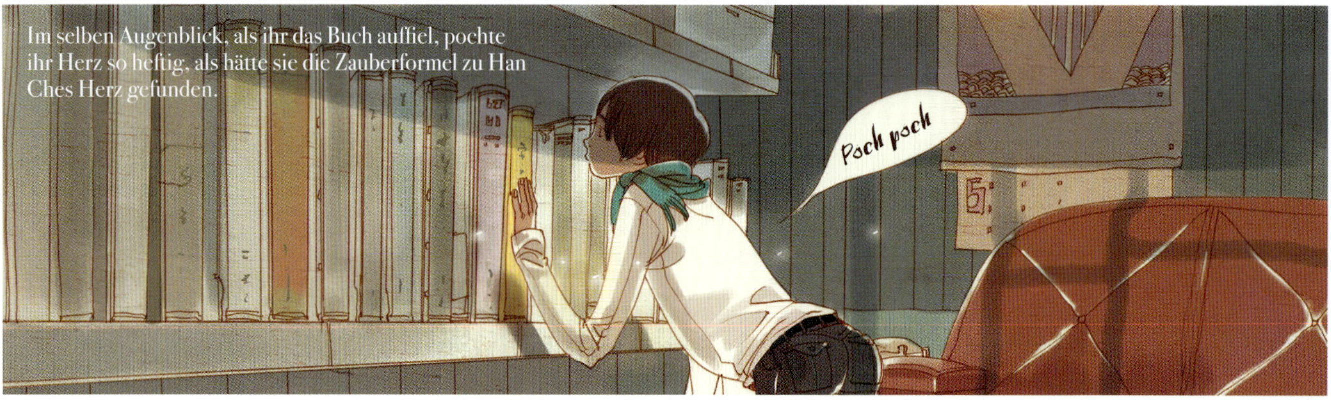

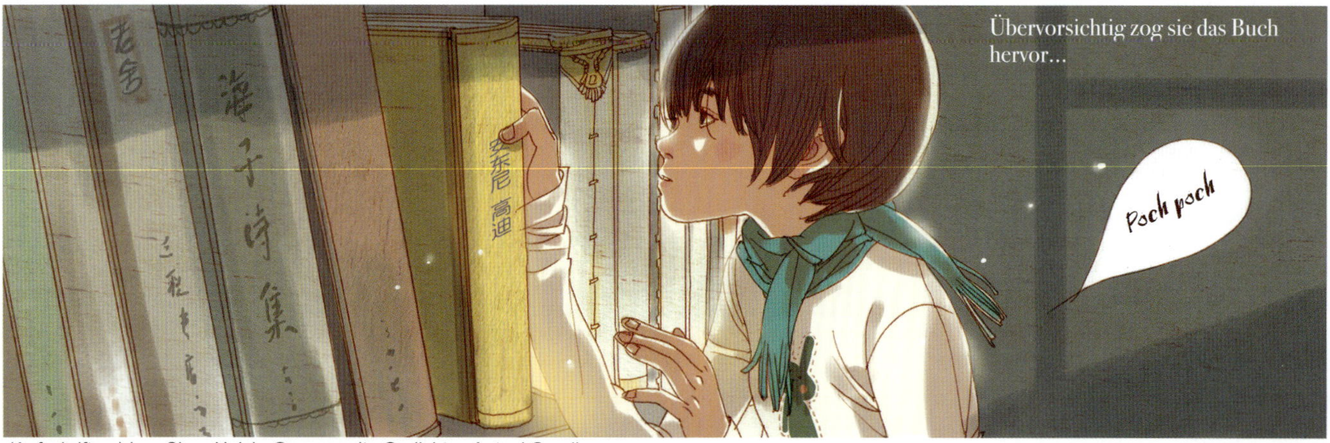

(Aufschriften:) Lao She Haizi - Gesammelte Gedichte Antoni Gaudi

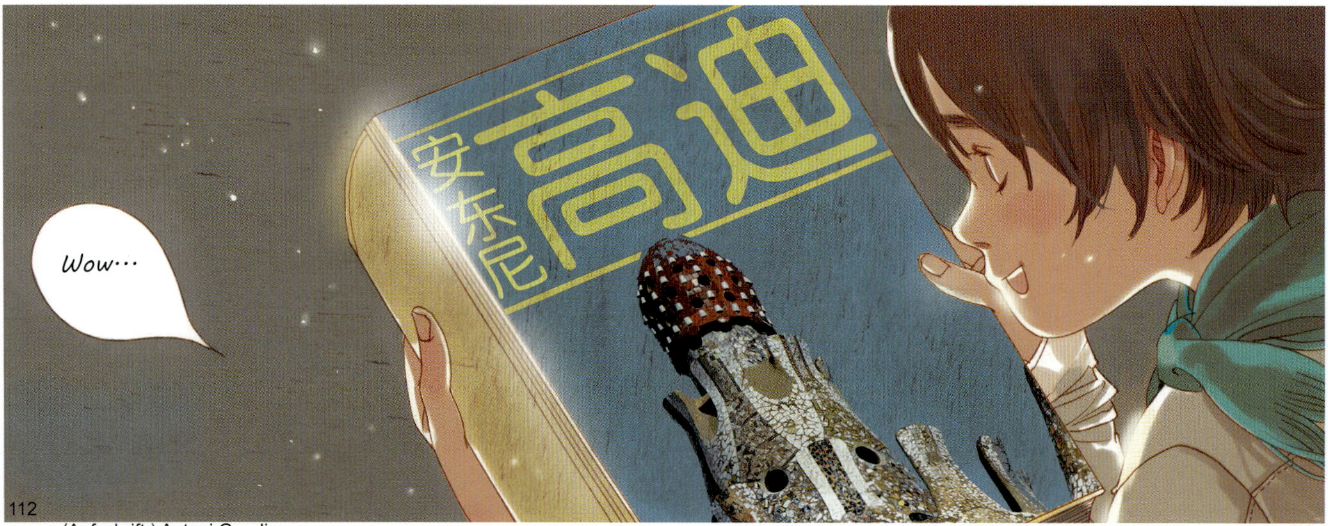

(Aufschrift:) Antoni Gaudi

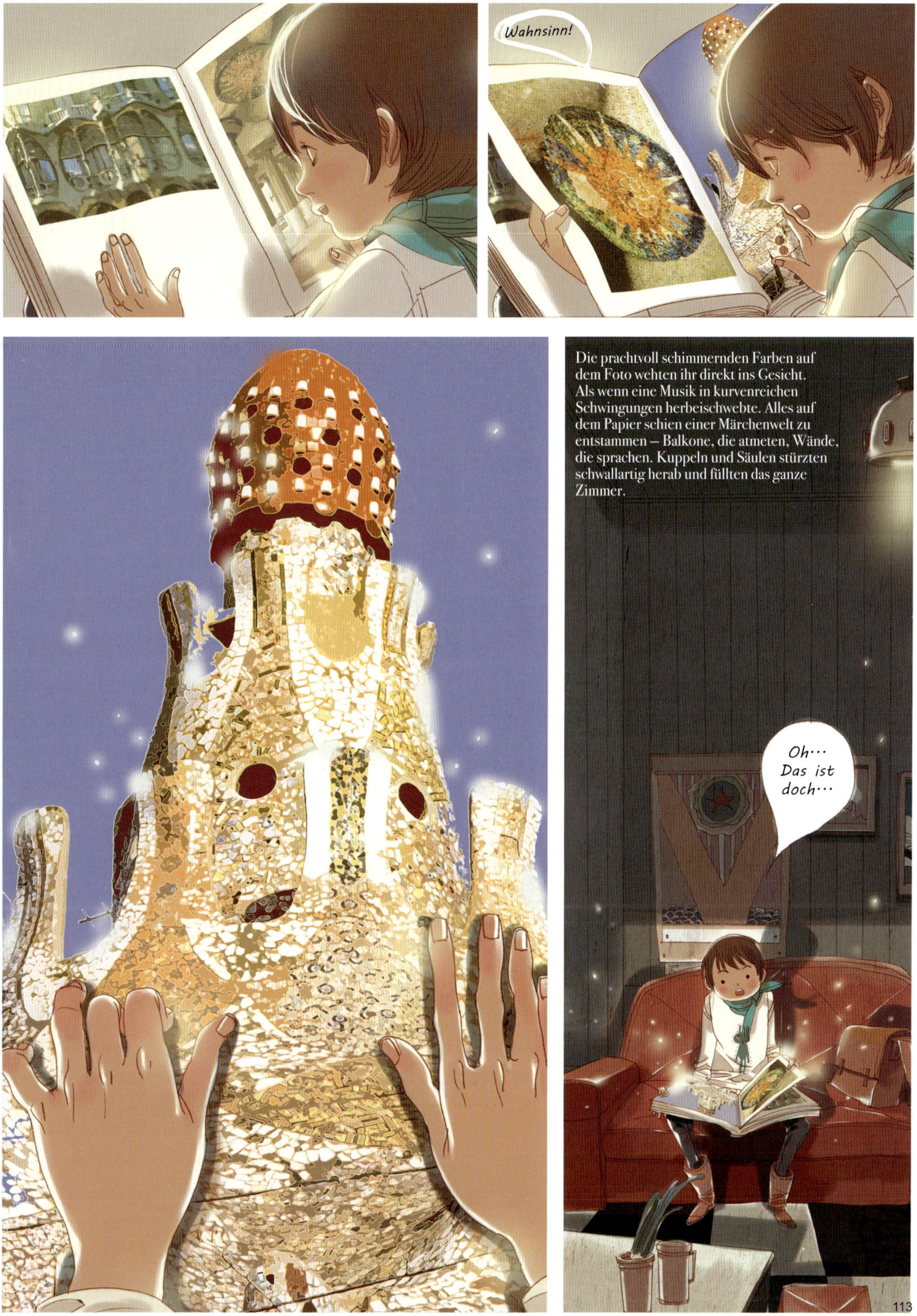
Wahnsinn!
Die prachtvoll schimmernden Farben auf dem Foto wehten ihr direkt ins Gesicht. Als wenn eine Musik in kurvenreichen Schwingungen herbeischwebte. Alles auf dem Papier schien einer Märchenwelt zu entstammen – Balkone, die atmeten, Wände, die sprachen. Kuppeln und Säulen stürzten schwallartig herab und füllten das ganze Zimmer.
Oh… Das ist doch…

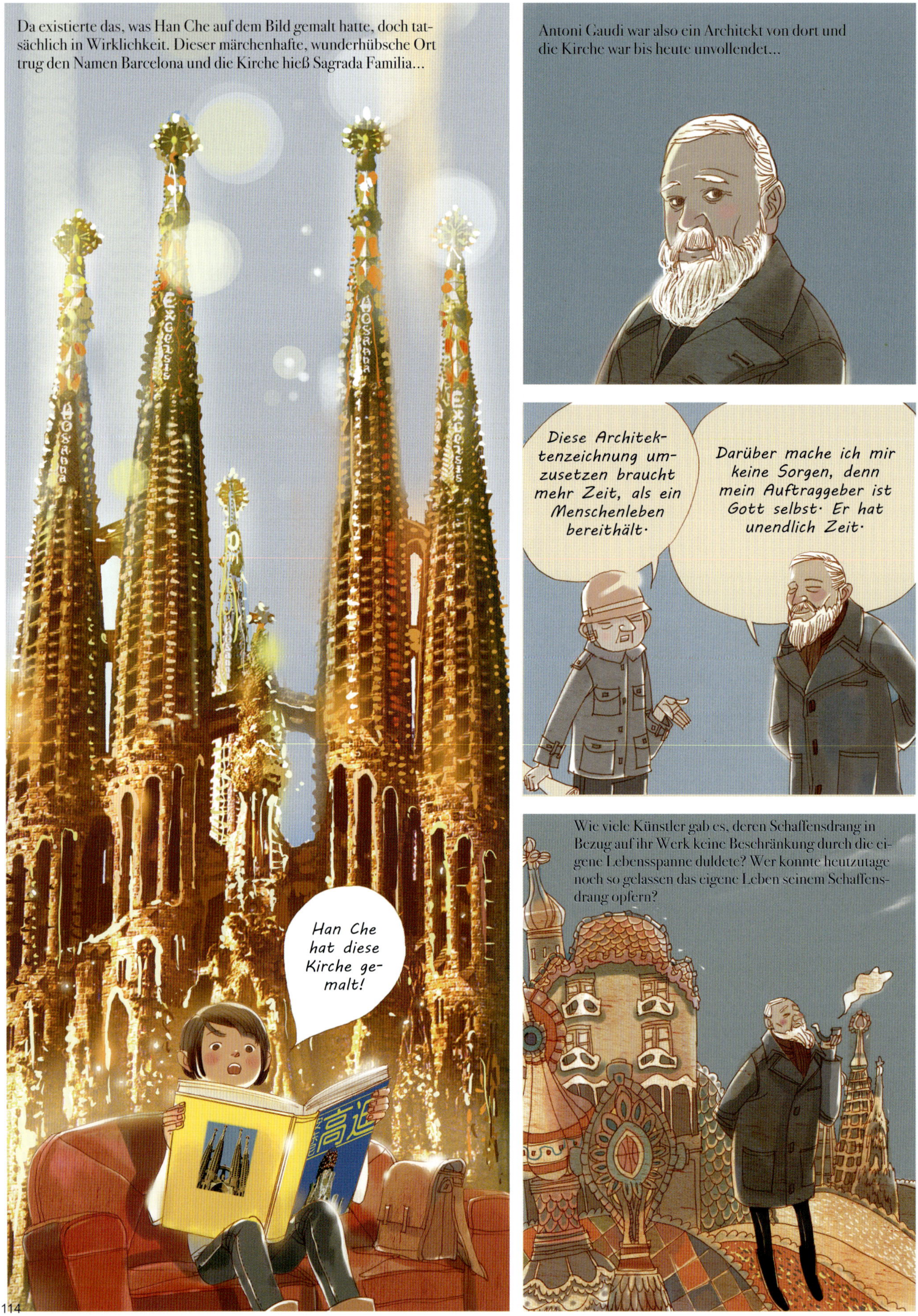
Da existierte das, was Han Che auf dem Bild gemalt hatte, doch tatsächlich in Wirklichkeit. Dieser märchenhafte, wunderhübsche Ort trug den Namen Barcelona und die Kirche hieß Sagrada Familia…
Han Che hat diese Kirche gemalt!
Antoni Gaudi war also ein Architekt von dort und die Kirche war bis heute unvollendet…
Diese Architektenzeichnung umzusetzen braucht mehr Zeit, als ein Menschenleben bereithält.
Darüber mache ich mir keine Sorgen, denn mein Auftraggeber ist Gott selbst. Er hat unendlich Zeit.
Wie viele Künstler gab es, deren Schaffensdrang in Bezug auf ihr Werk keine Beschränkung durch die eigene Lebensspanne duldete? Wer konnte heutzutage noch so gelassen das eigene Leben seinem Schaffensdrang opfern?

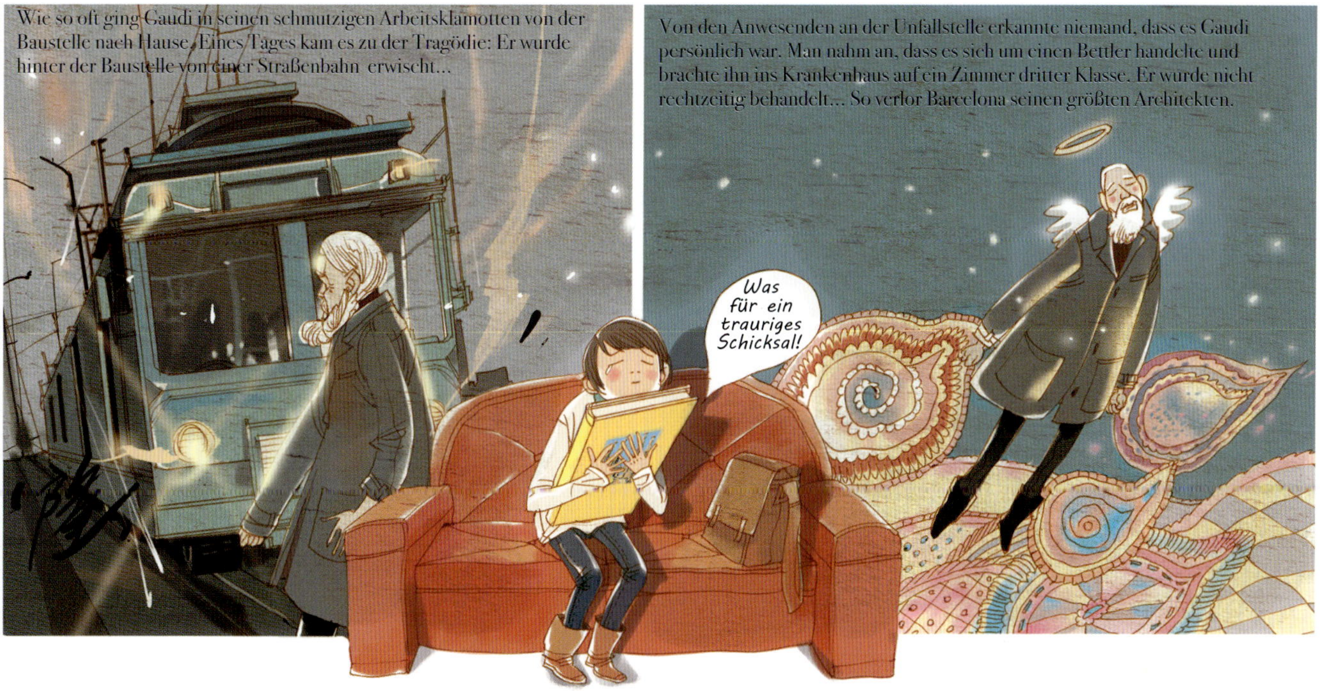

Hatte Gott Gaudis Leben etwa ausgelöscht, um den Menschen ob ihrer Blasiertheit und Eitelkeit den Spiegel vorzuhalten?
Welch Ironie! Sie seufzte…

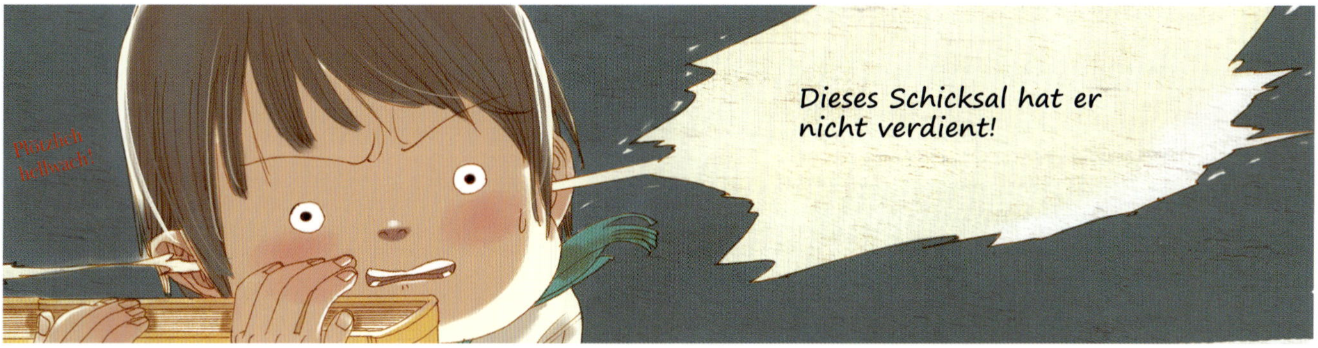

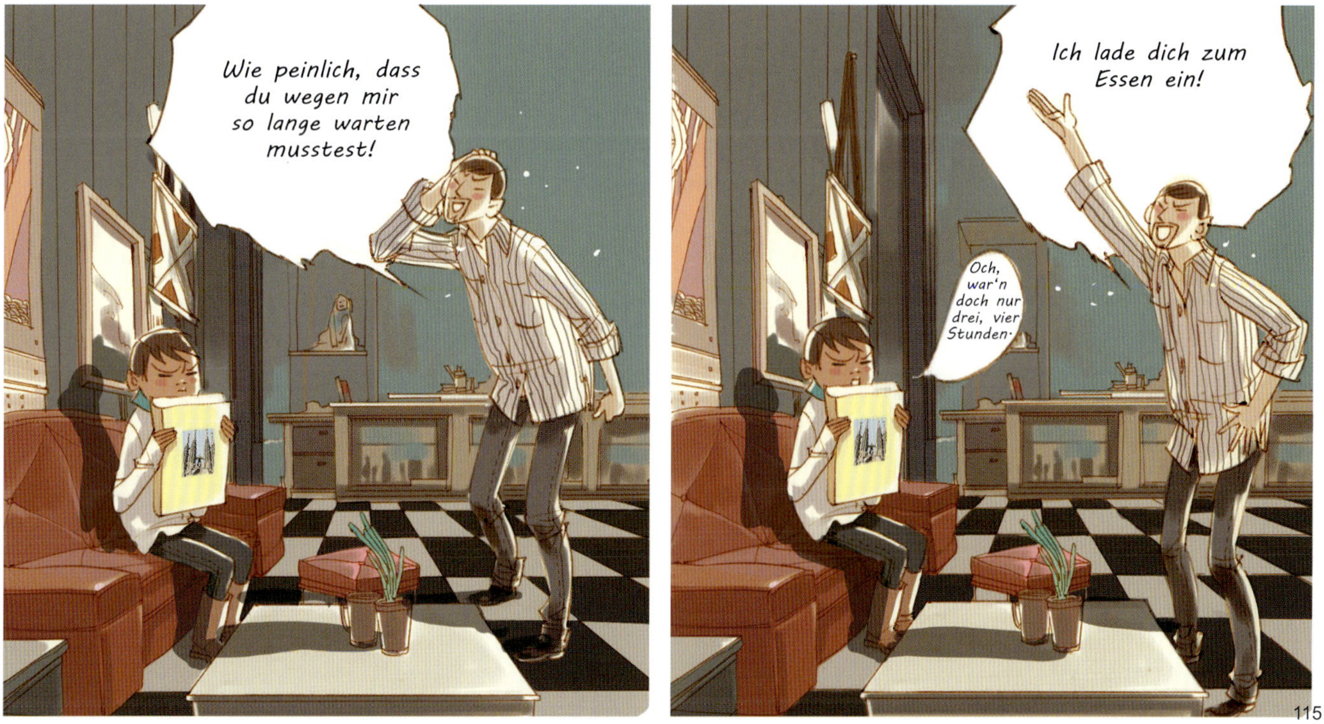

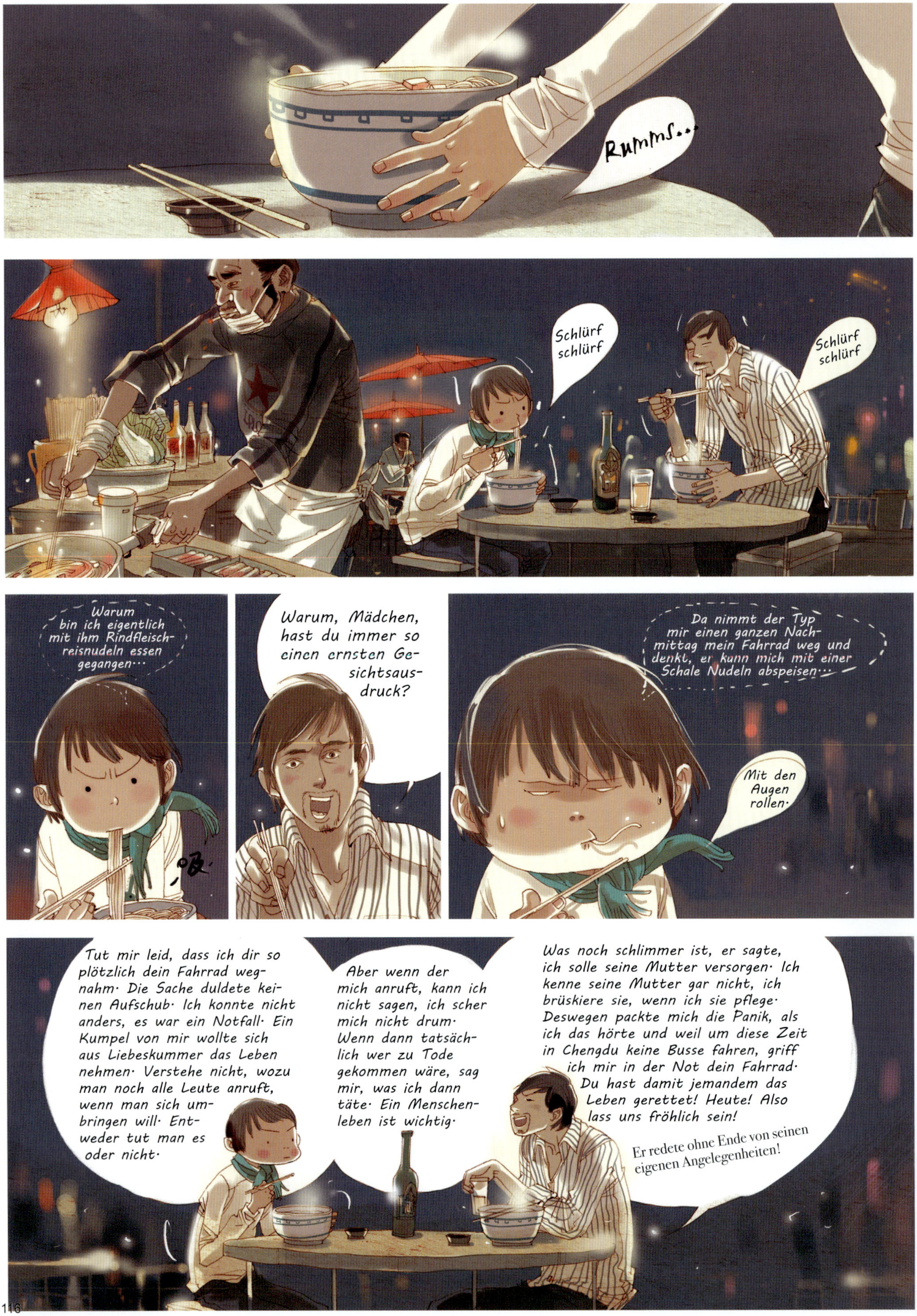
Rumms…
Schlürf schlürf
Schlürf schlürf
Warum bin ich eigentlich mit ihm Rindfleischreisnudeln essen gegangen…
吸
Warum, Mädchen, hast du immer so einen ernsten Gesichtsausdruck?
Da nimmt der Typ mir einen ganzen Nachmittag mein Fahrrad weg und denkt, er kann mich mit einer Schale Nudeln abspeisen…
Mit den Augen rollen.
Tut mir leid, dass ich dir so plötzlich dein Fahrrad wegnahm. Die Sache duldete keinen Aufschub. Ich konnte nicht anders, es war ein Notfall. Ein Kumpel von mir wollte sich aus Liebeskummer das Leben nehmen. Verstehe nicht, wozu man noch alle Leute anruft, wenn man sich umbringen will. Entweder tut man es oder nicht.
Aber wenn der mich anruft, kann ich nicht sagen, ich scher mich nicht drum. Wenn dann tatsächlich wer zu Tode gekommen wäre, sag mir, was ich dann täte. Ein Menschenleben ist wichtig.
Was noch schlimmer ist, er sagte, ich solle seine Mutter versorgen. Ich kenne seine Mutter gar nicht, ich brüskiere sie, wenn ich sie pflege. Deswegen packte mich die Panik, als ich das hörte und weil um diese Zeit in Chengdu keine Busse fahren, griff ich mir in der Not dein Fahrrad. Du hast damit jemandem das Leben gerettet! Heute! Also lass uns fröhlich sein!
Er redete ohne Ende von seinen eigenen Angelegenheiten!

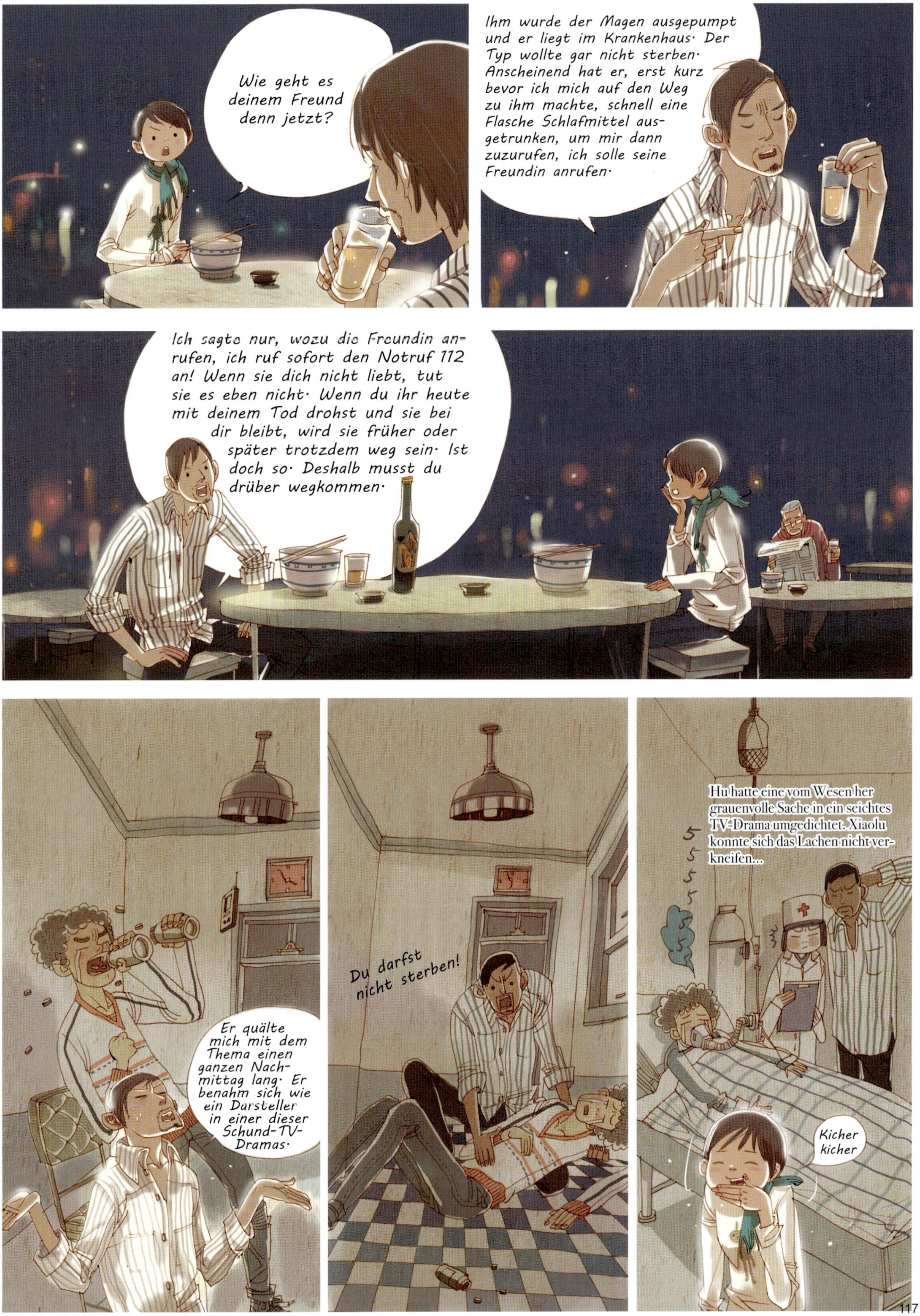
Wie geht es deinem Freund denn jetzt?
Ihm wurde der Magen ausgepumpt und er liegt im Krankenhaus. Der Typ wollte gar nicht sterben. Anscheinend hat er, erst kurz bevor ich mich auf den Weg zu ihm machte, schnell eine Flasche Schlafmittel ausgetrunken, um mir dann zuzurufen, ich solle seine Freundin anrufen.
Ich sagte nur, wozu die Freundin anrufen, ich ruf sofort den Notruf 112 an! Wenn sie dich nicht liebt, tut sie es eben nicht. Wenn du ihr heute mit deinem Tod drohst und sie bei dir bleibt, wird sie früher oder später trotzdem weg sein. Ist doch so. Deshalb musst du drüber wegkommen.
Er quälte mich mit dem Thema einen ganzen Nachmittag lang. Er benahm sich wie ein Darsteller in einer dieser Schund-TV-Dramas.
Du darfst nicht sterben!
Hu hatte eine vom Wesen her grauenvolle Sache in ein seichtes TV-Drama umgedichtet. Xiaolu konnte sich das Lachen nicht verkneifen...
5555
Kicher kicher

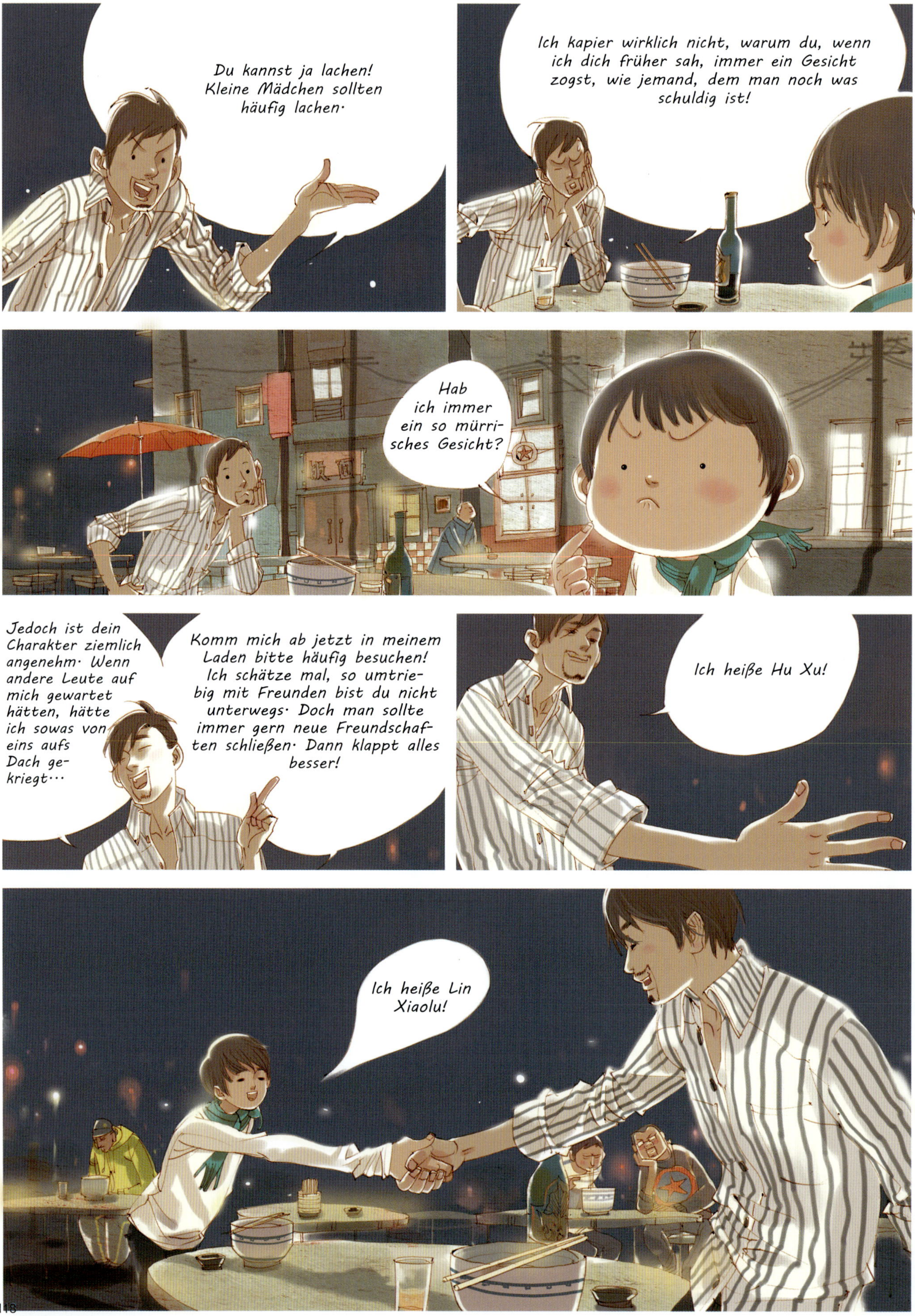

Du kannst ja lachen! Kleine Mädchen sollten häufig lachen.
Ich kapier wirklich nicht, warum du, wenn ich dich früher sah, immer ein Gesicht zogst, wie jemand, dem man noch was schuldig ist!
Hab ich immer ein so mürrisches Gesicht?
Jedoch ist dein Charakter ziemlich angenehm. Wenn andere Leute auf mich gewartet hätten, hätte ich sowas von eins aufs Dach gekriegt…
Komm mich ab jetzt in meinem Laden bitte häufig besuchen! Ich schätze mal, so umtriebig mit Freunden bist du nicht unterwegs. Doch man sollte immer gern neue Freundschaften schließen. Dann klappt alles besser!
Ich heiße Hu Xu!
Ich heiße Lin Xiaolu!

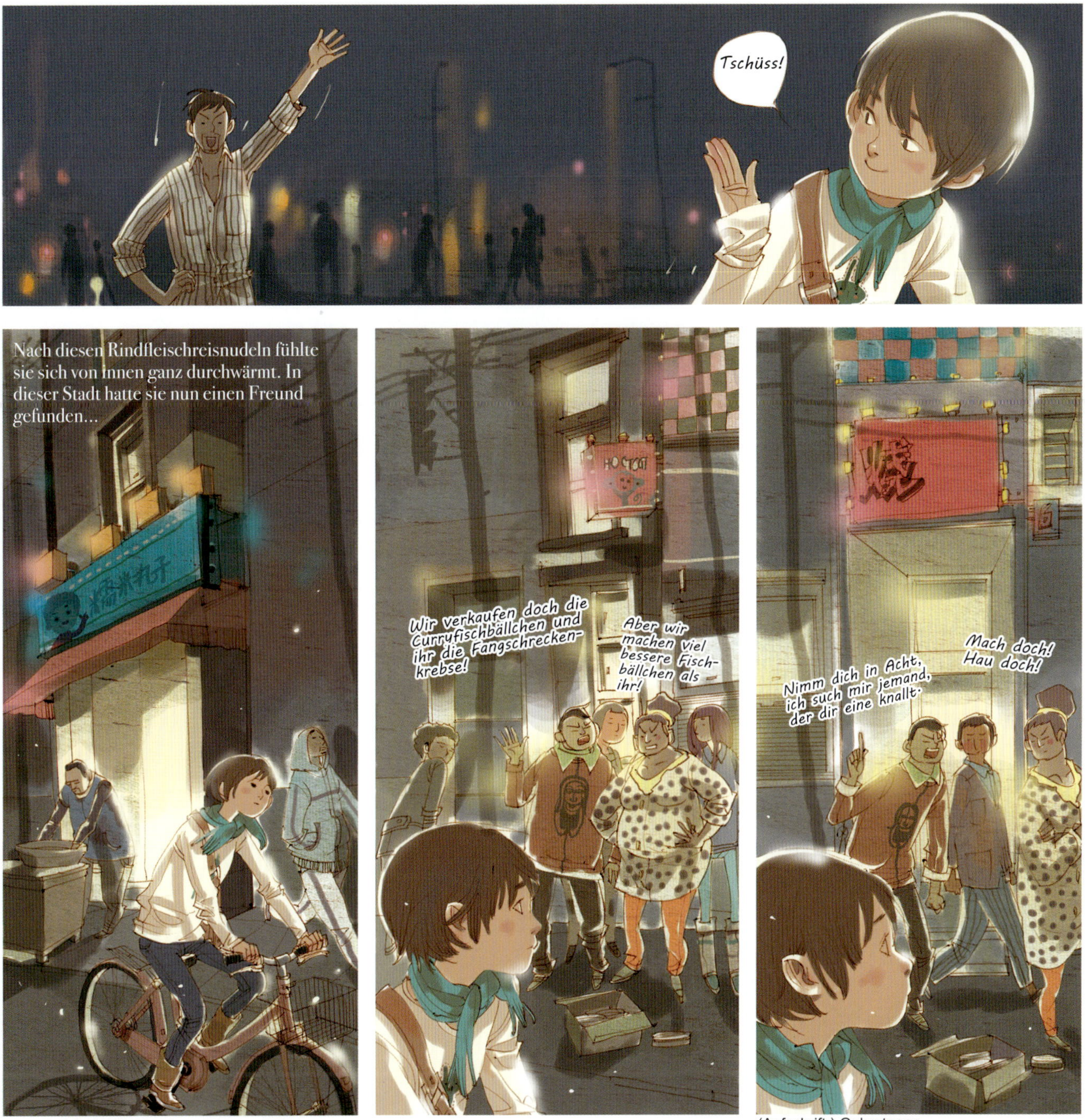

(Aufschrift:) Gebratenes

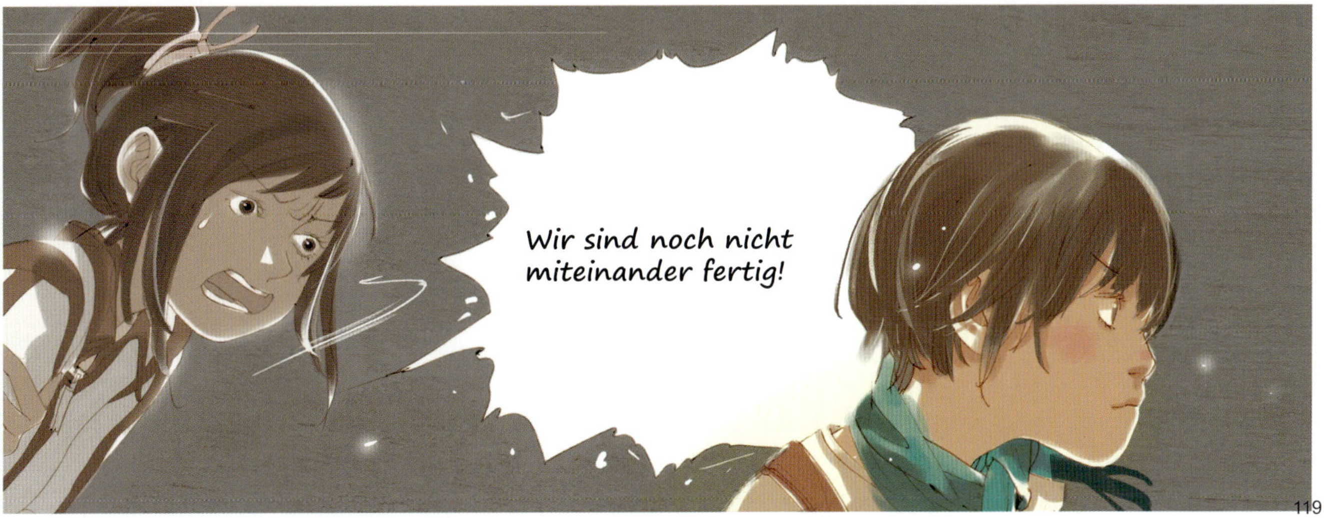

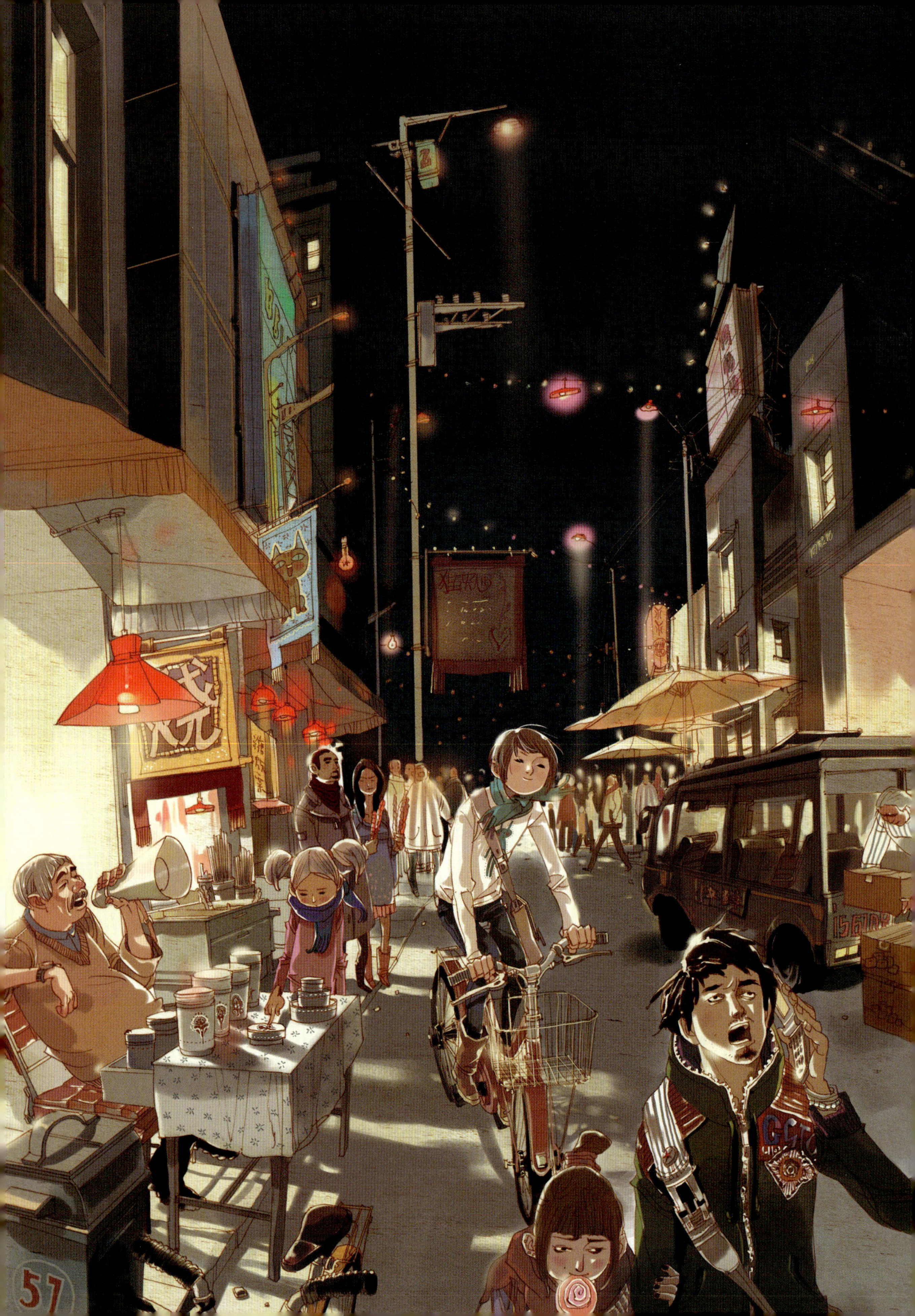

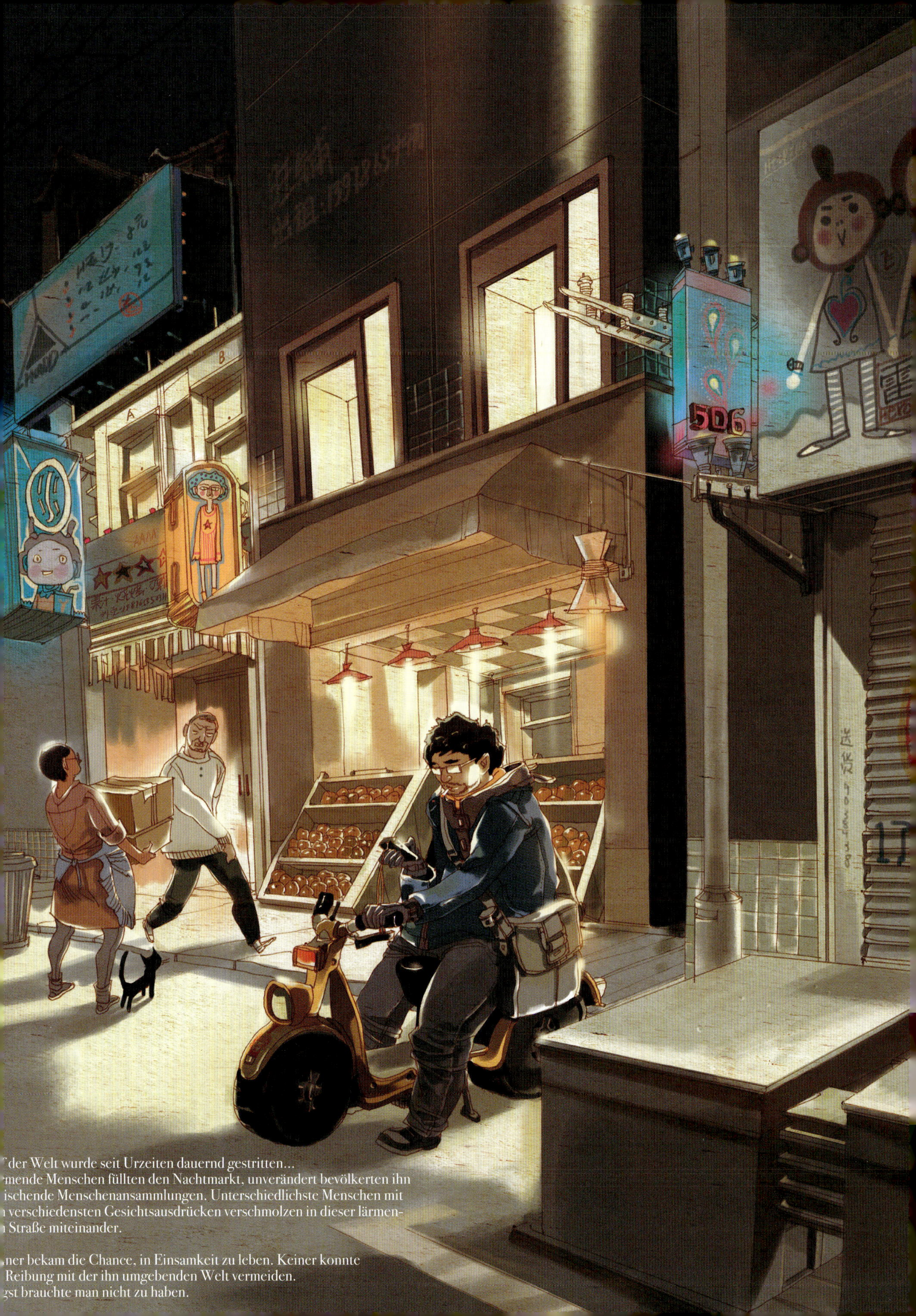

f der Welt wurde seit Urzeiten dauernd gestritten…
rmende Menschen füllten den Nachtmarkt, unverändert bevölkerten ihn
ischende Menschenansammlungen. Unterschiedlichste Menschen mit
n verschiedensten Gesichtsausdrücken verschmolzen in dieser lärmen-
n Straße miteinander.

iner bekam die Chance, in Einsamkeit zu leben. Keiner konnte
Reibung mit der ihn umgebenden Welt vermeiden.
gst brauchte man nicht zu haben.

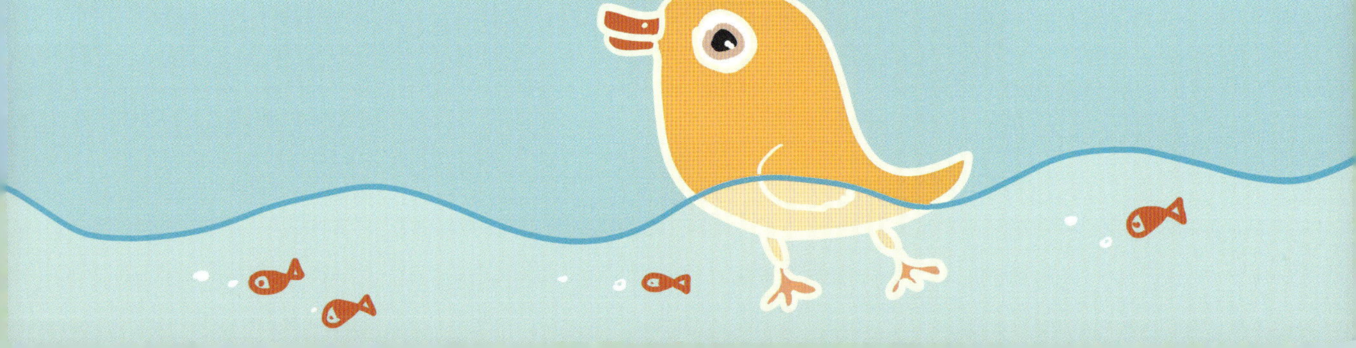

6. Kapitel: Die Ohrfeige schallt laut.

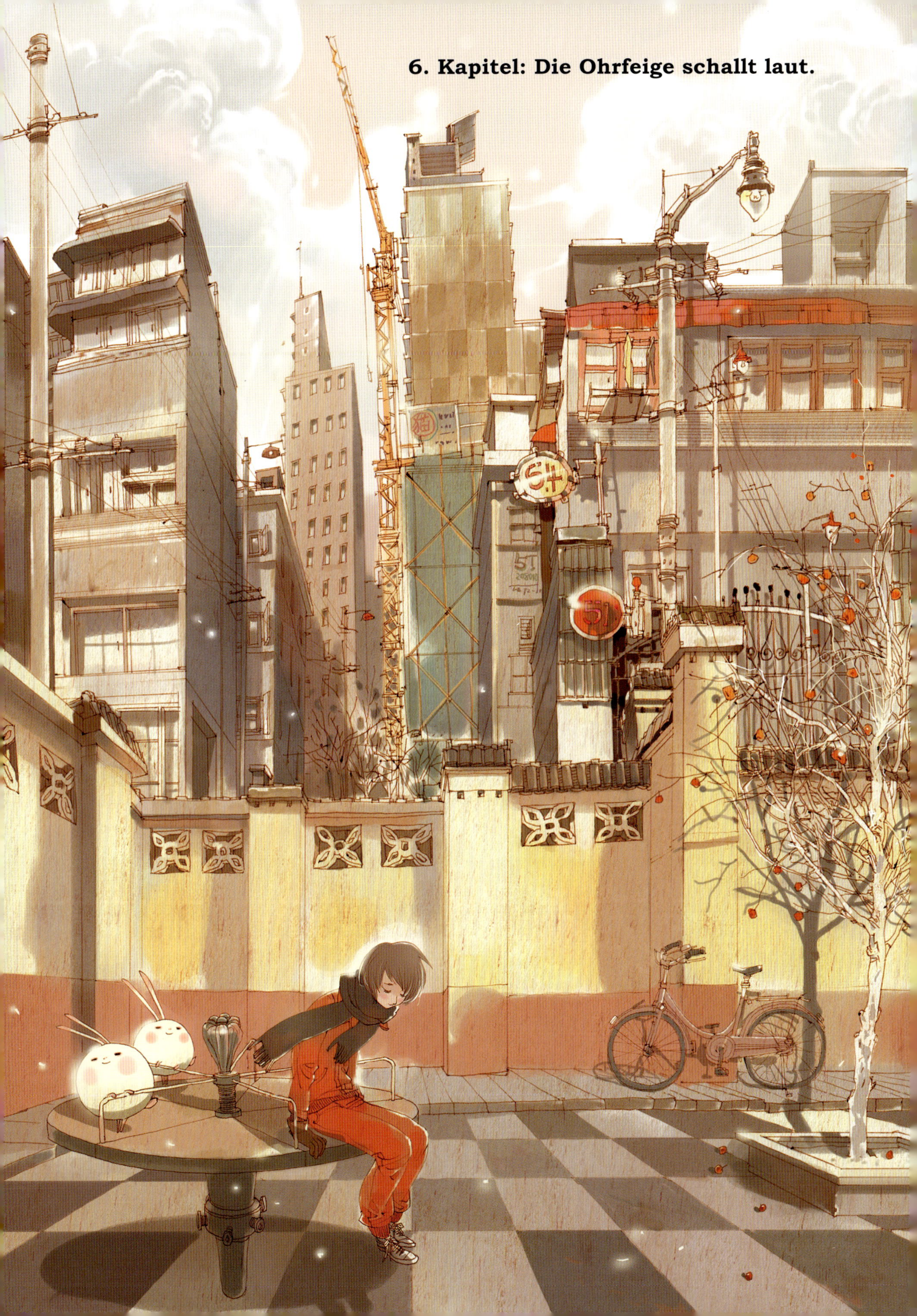

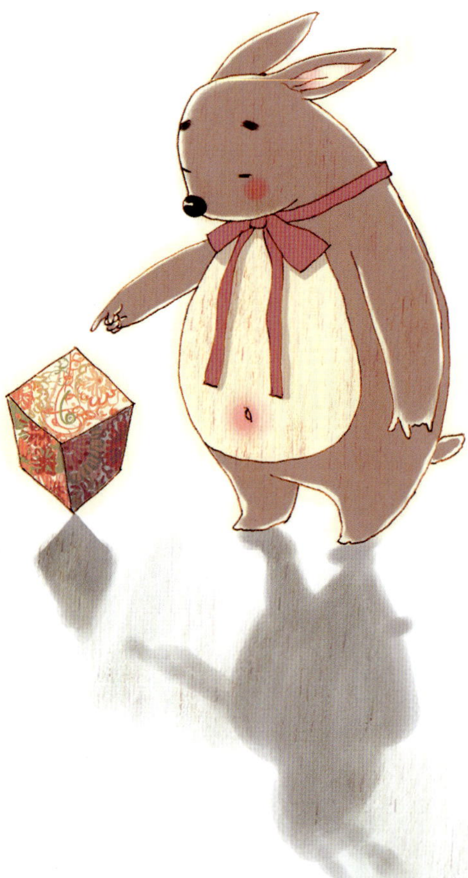

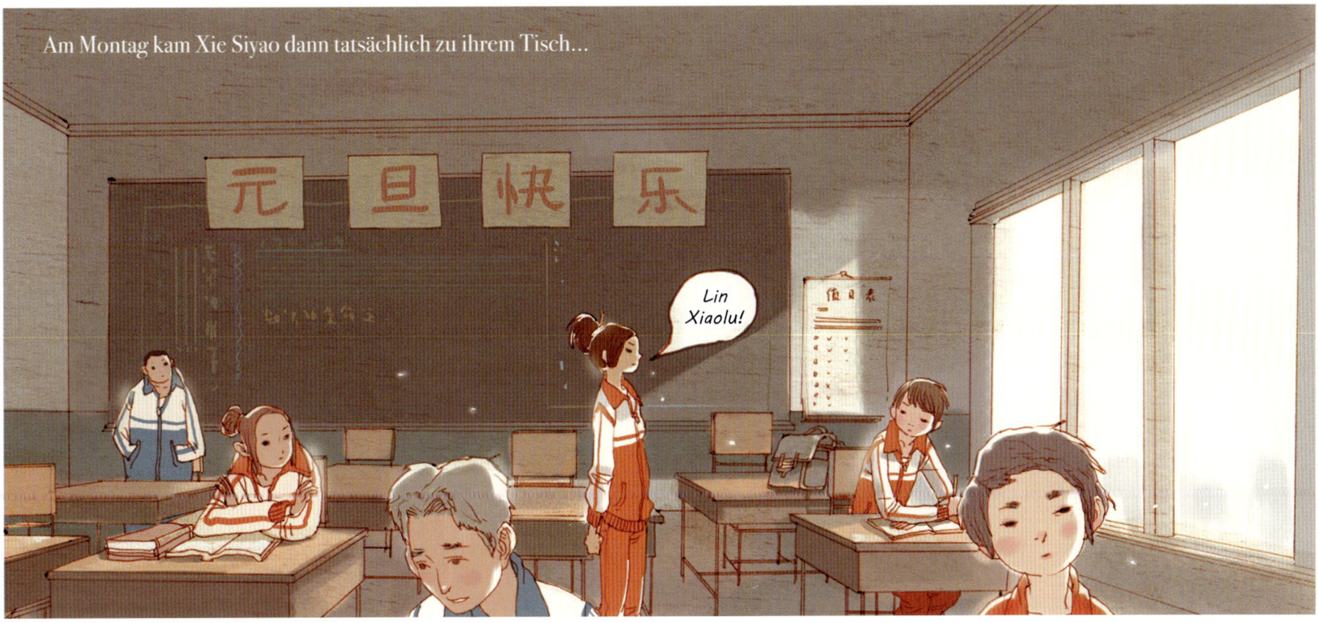

(Plakat:) Frohes Neues Jahr

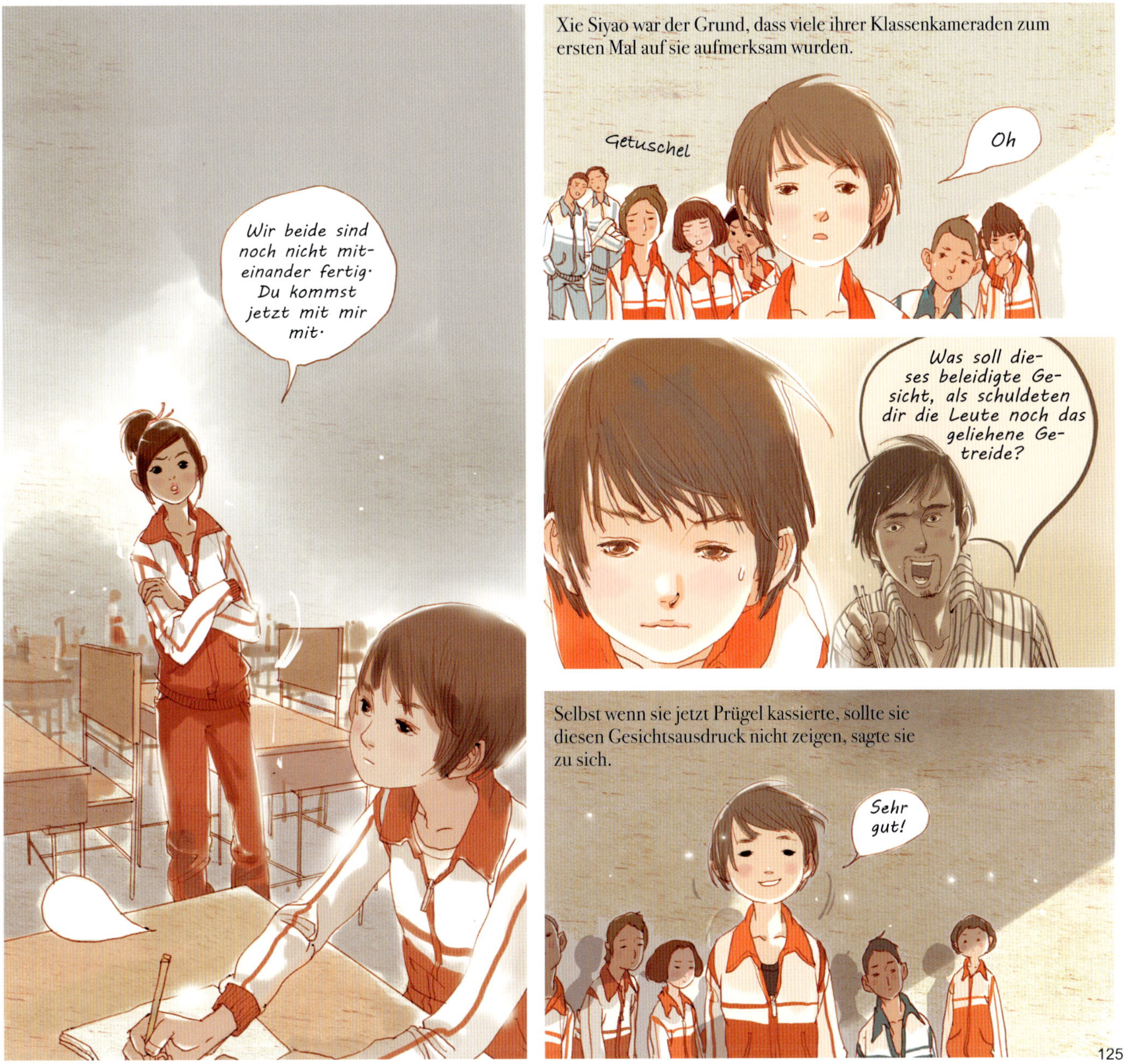

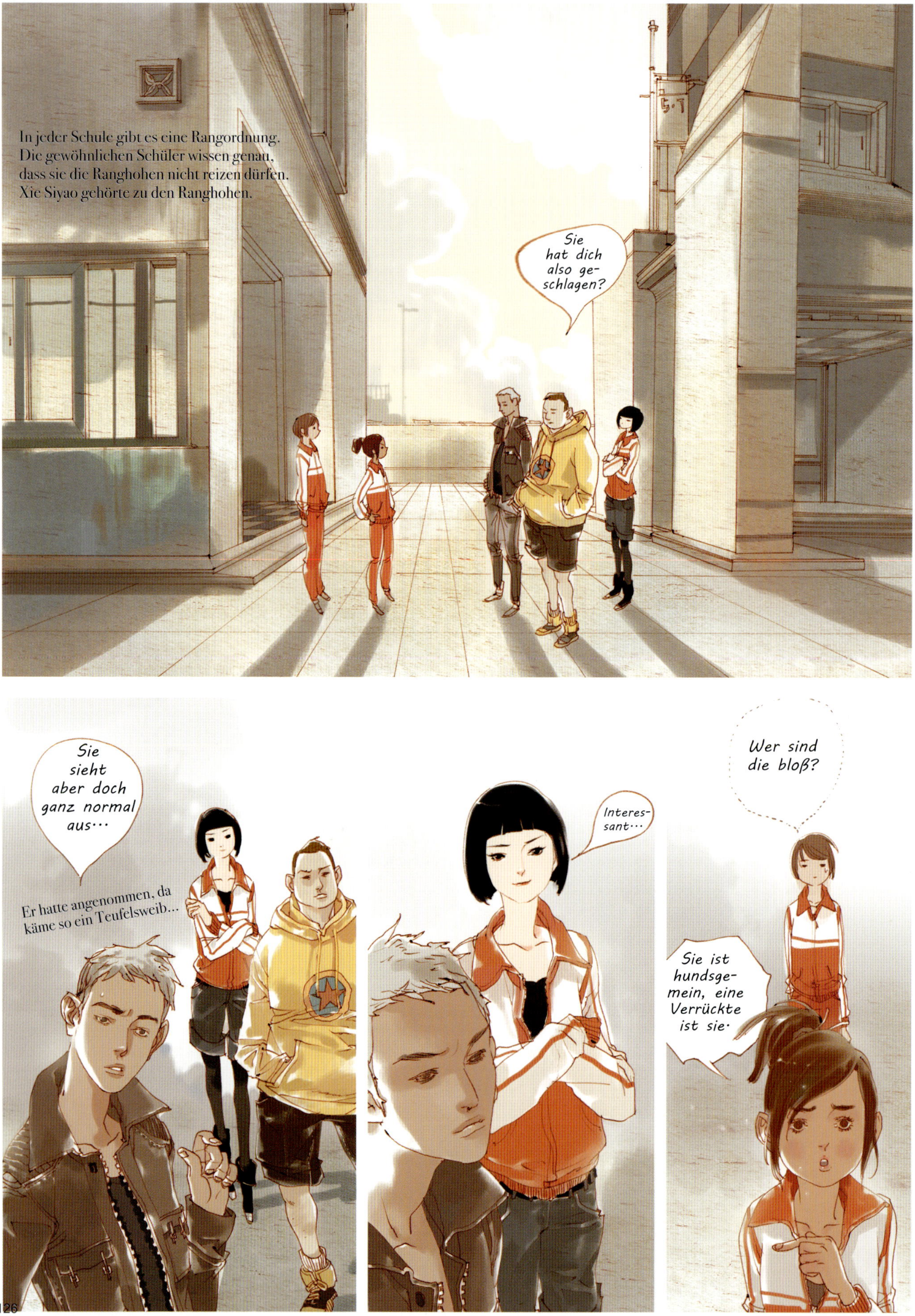
In jeder Schule gibt es eine Rangordnung.
Die gewöhnlichen Schüler wissen genau,
dass sie die Ranghohen nicht reizen dürfen.
Xie Siyao gehörte zu den Ranghohen.
Sie hat dich also geschlagen?
Sie sieht aber doch ganz normal aus…
Er hatte angenommen, da käme so ein Teufelsweib…
Interessant…
Wer sind die bloß?
Sie ist hundsgemein, eine Verrückte ist sie.

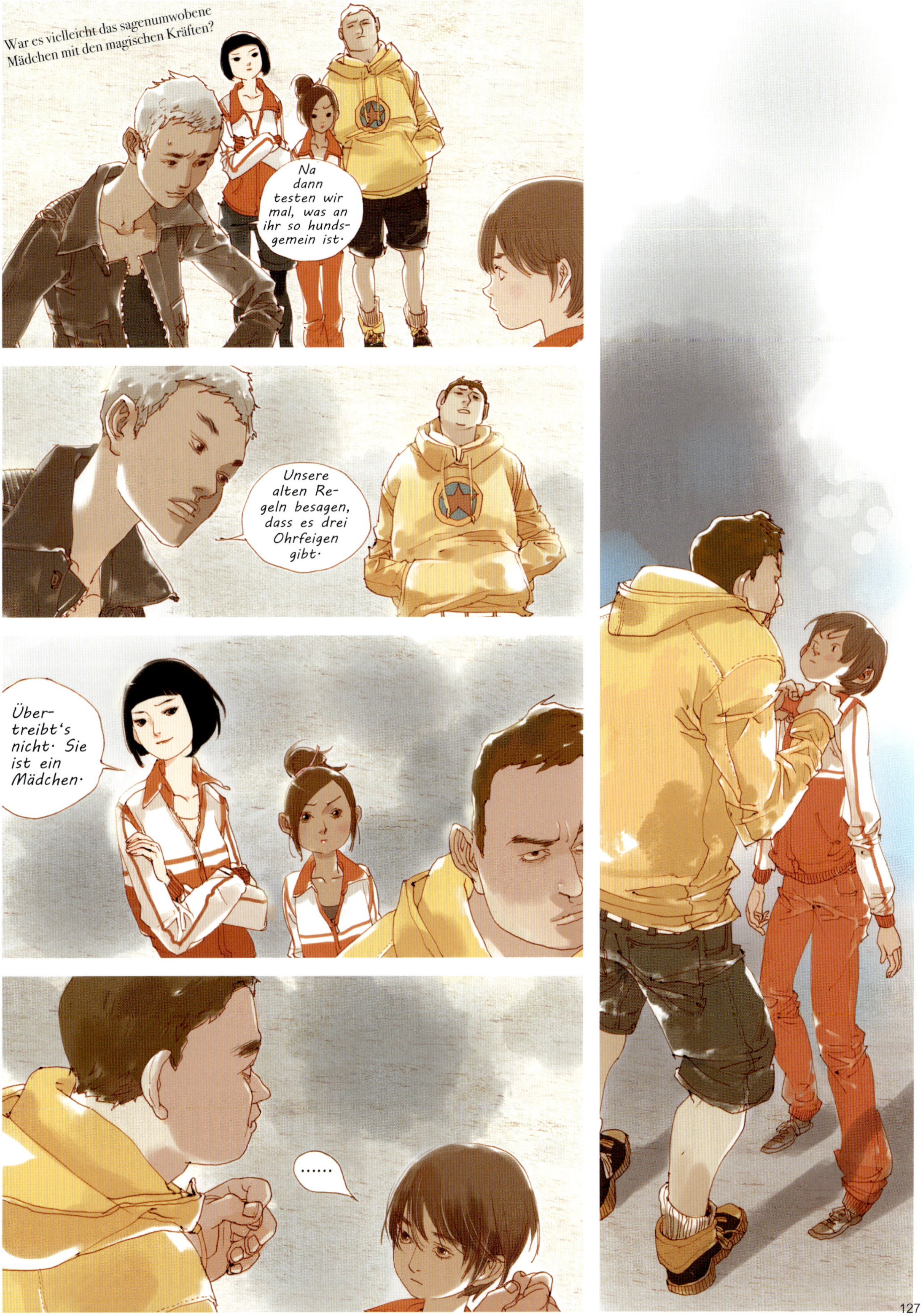
War es vielleicht das sagenumwobene Mädchen mit den magischen Kräften?
Na dann testen wir mal, was an ihr so hundsgemein ist.
Unsere alten Regeln besagen, dass es drei Ohrfeigen gibt.
Übertreibt's nicht. Sie ist ein Mädchen.
......

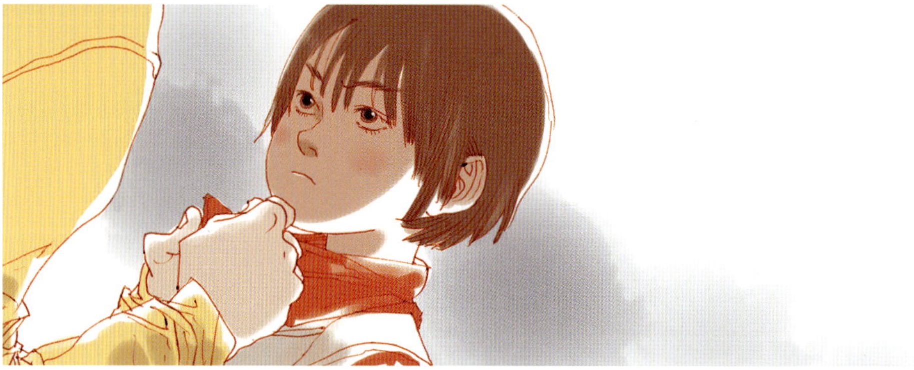

Die Schmerzen von Faustschlägen und Ohrfeigen waren ihr ein Begriff. Das Schlimmste daran war das Gefühl der Demütigung.

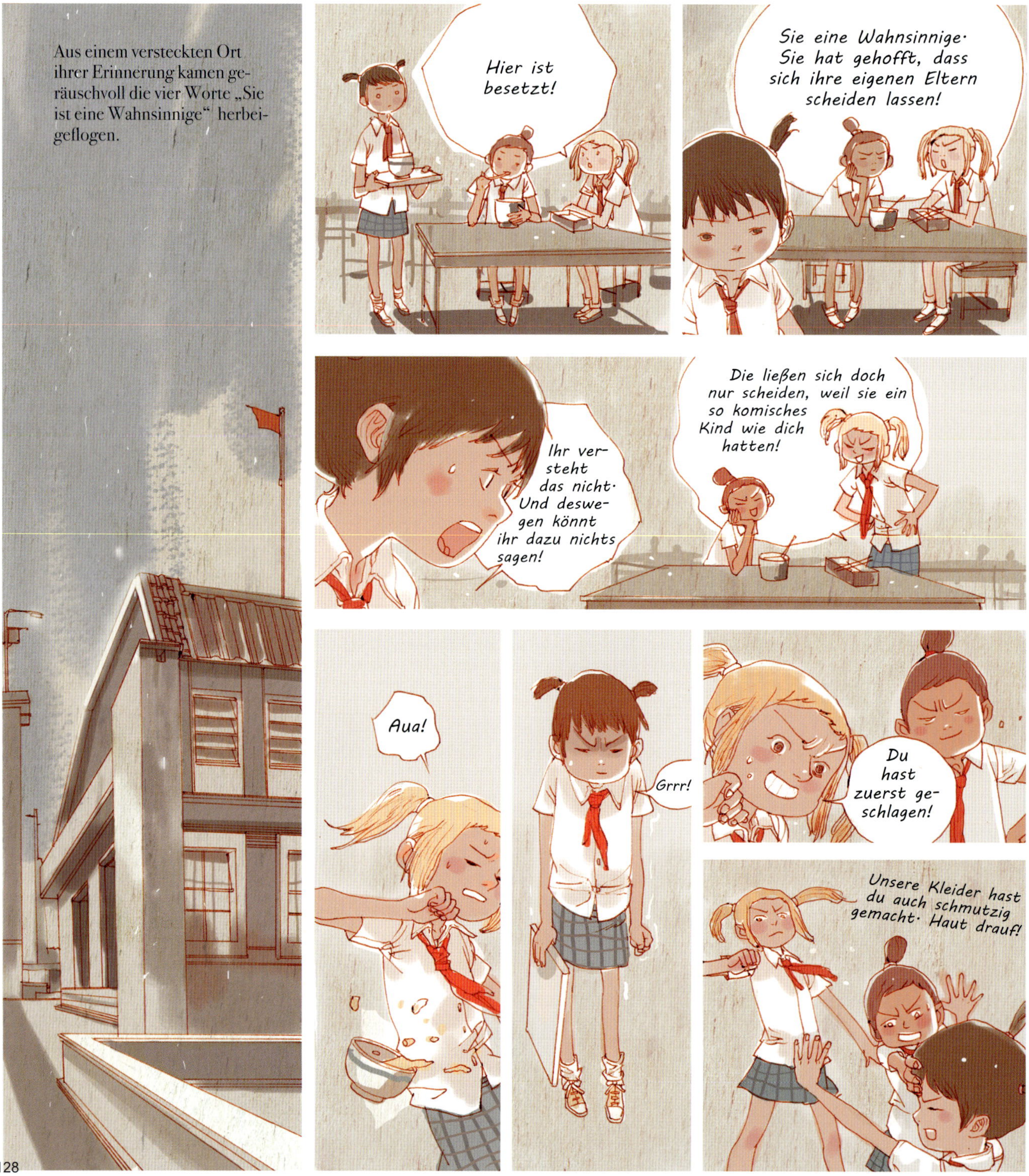

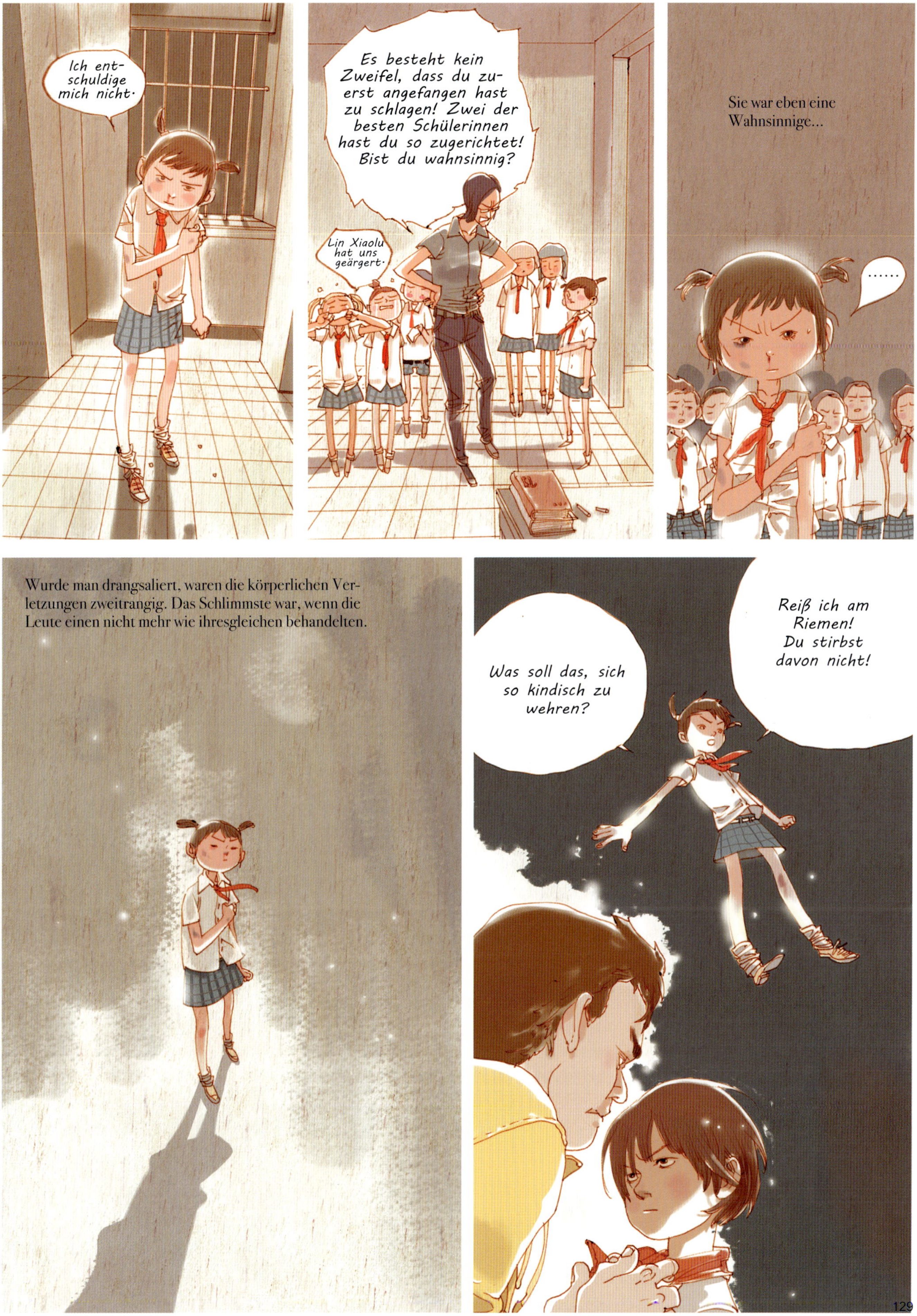

Ich entschuldige mich nicht.
Es besteht kein Zweifel, dass du zuerst angefangen hast zu schlagen! Zwei der besten Schülerinnen hast du so zugerichtet! Bist du wahnsinnig?
Lin Xiaolu hat uns geärgert.
Sie war eben eine Wahnsinnige...
......
Wurde man drangsaliert, waren die körperlichen Verletzungen zweitrangig. Das Schlimmste war, wenn die Leute einen nicht mehr wie ihresgleichen behandelten.
Reiß ich am Riemen! Du stirbst davon nicht!
Was soll das, sich so kindisch zu wehren?

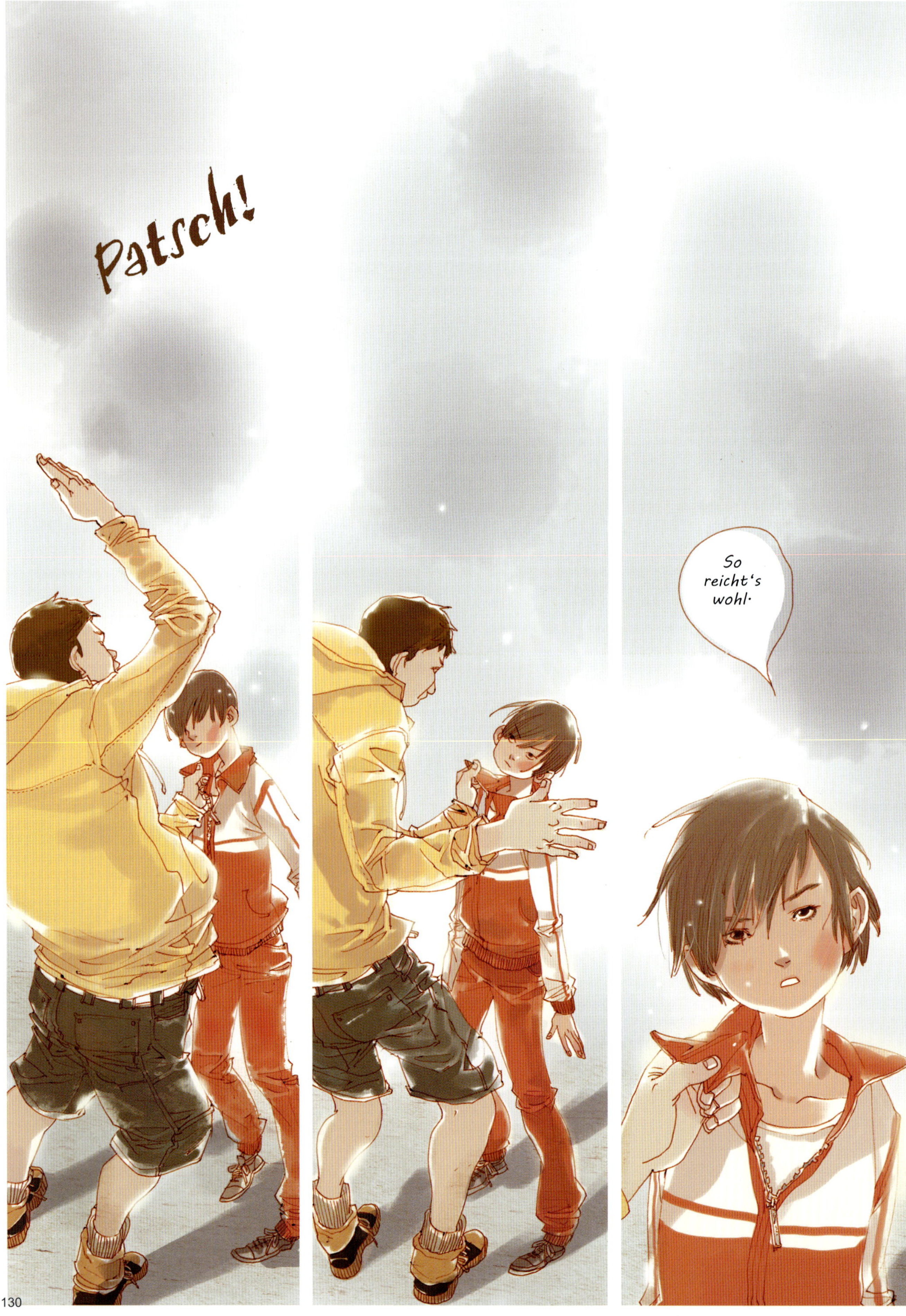
Patsch!
So reicht's wohl.

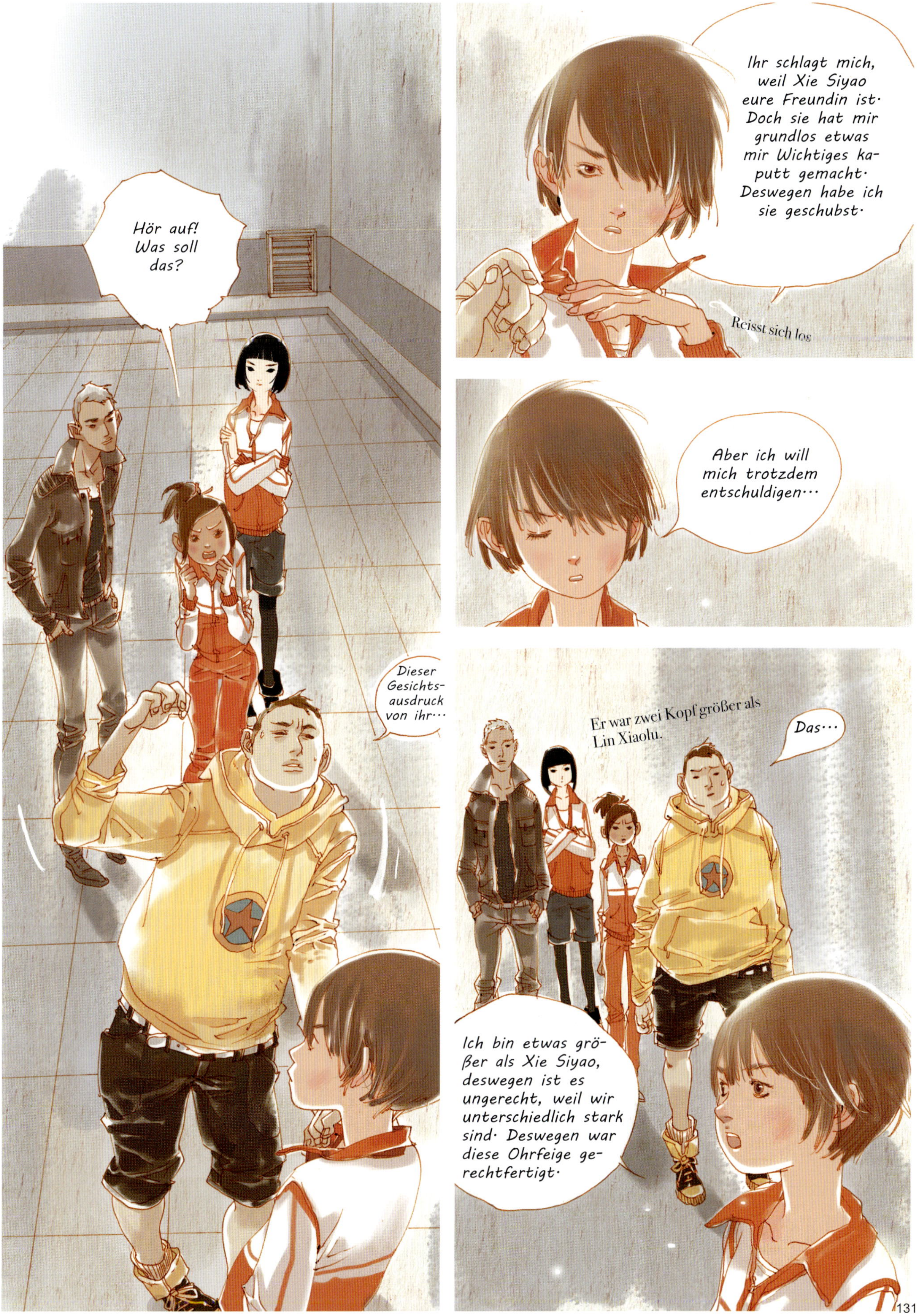
Hör auf! Was soll das?
Dieser Gesichtsausdruck von ihr…
Ihr schlagt mich, weil Xie Siyao eure Freundin ist. Doch sie hat mir grundlos etwas mir Wichtiges kaputt gemacht. Deswegen habe ich sie geschubst.
Reisst sich los
Aber ich will mich trotzdem entschuldigen…
Er war zwei Kopf größer als Lin Xiaolu.
Das…
Ich bin etwas größer als Xie Siyao, deswegen ist es ungerecht, weil wir unterschiedlich stark sind. Deswegen war diese Ohrfeige gerechtfertigt.

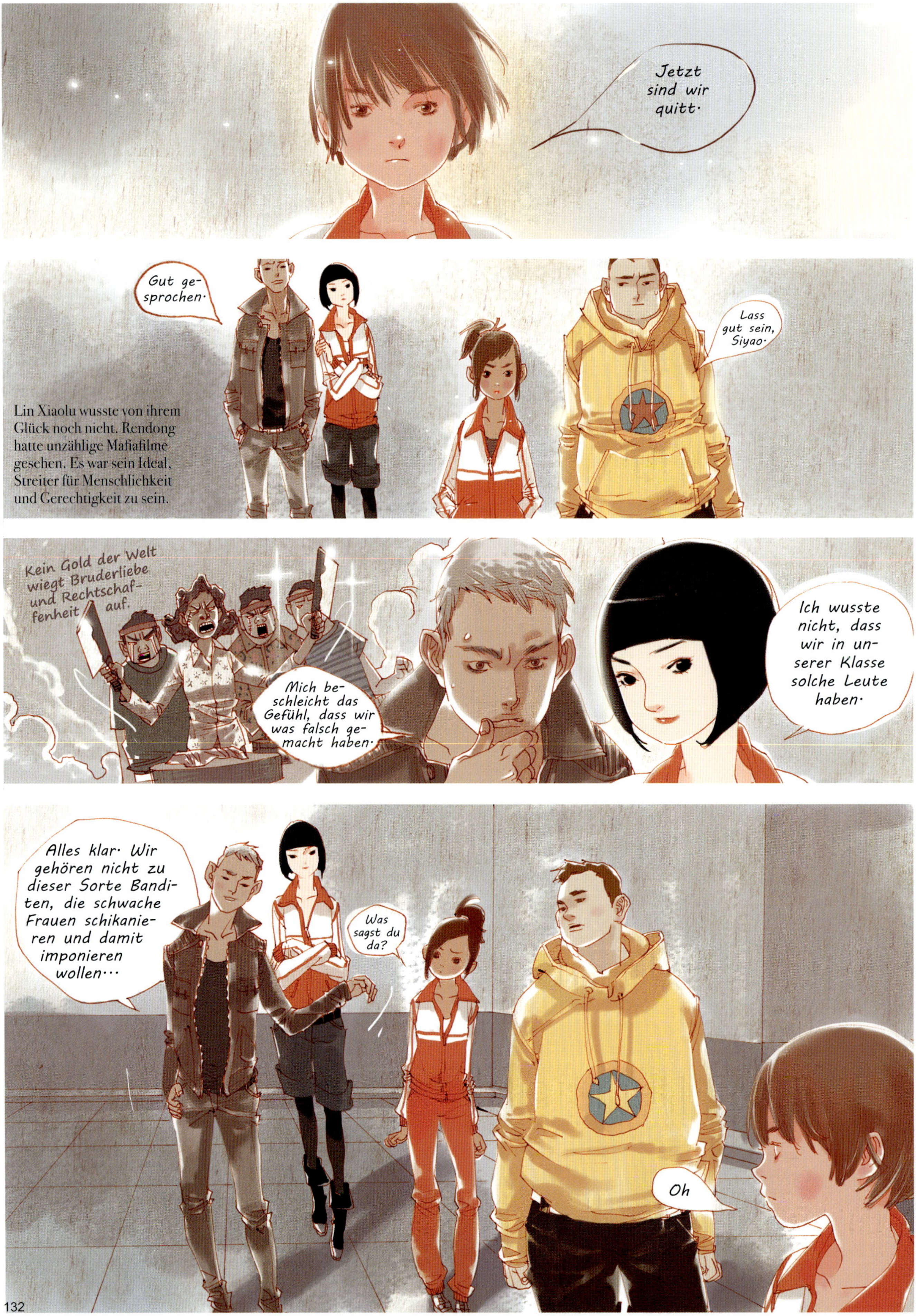
Jetzt sind wir quitt.
Gut gesprochen.
Lass gut sein, Siyao.
Lin Xiaolu wusste von ihrem Glück noch nicht. Rendong hatte unzählige Mafiafilme gesehen. Es war sein Ideal, Streiter für Menschlichkeit und Gerechtigkeit zu sein.
Kein Gold der Welt wiegt Bruderliebe und Rechtschaffenheit auf.
Mich beschleicht das Gefühl, dass wir was falsch gemacht haben.
Ich wusste nicht, dass wir in unserer Klasse solche Leute haben.
Alles klar. Wir gehören nicht zu dieser Sorte Banditen, die schwache Frauen schikanieren und damit imponieren wollen…
Was sagst du da?
Oh

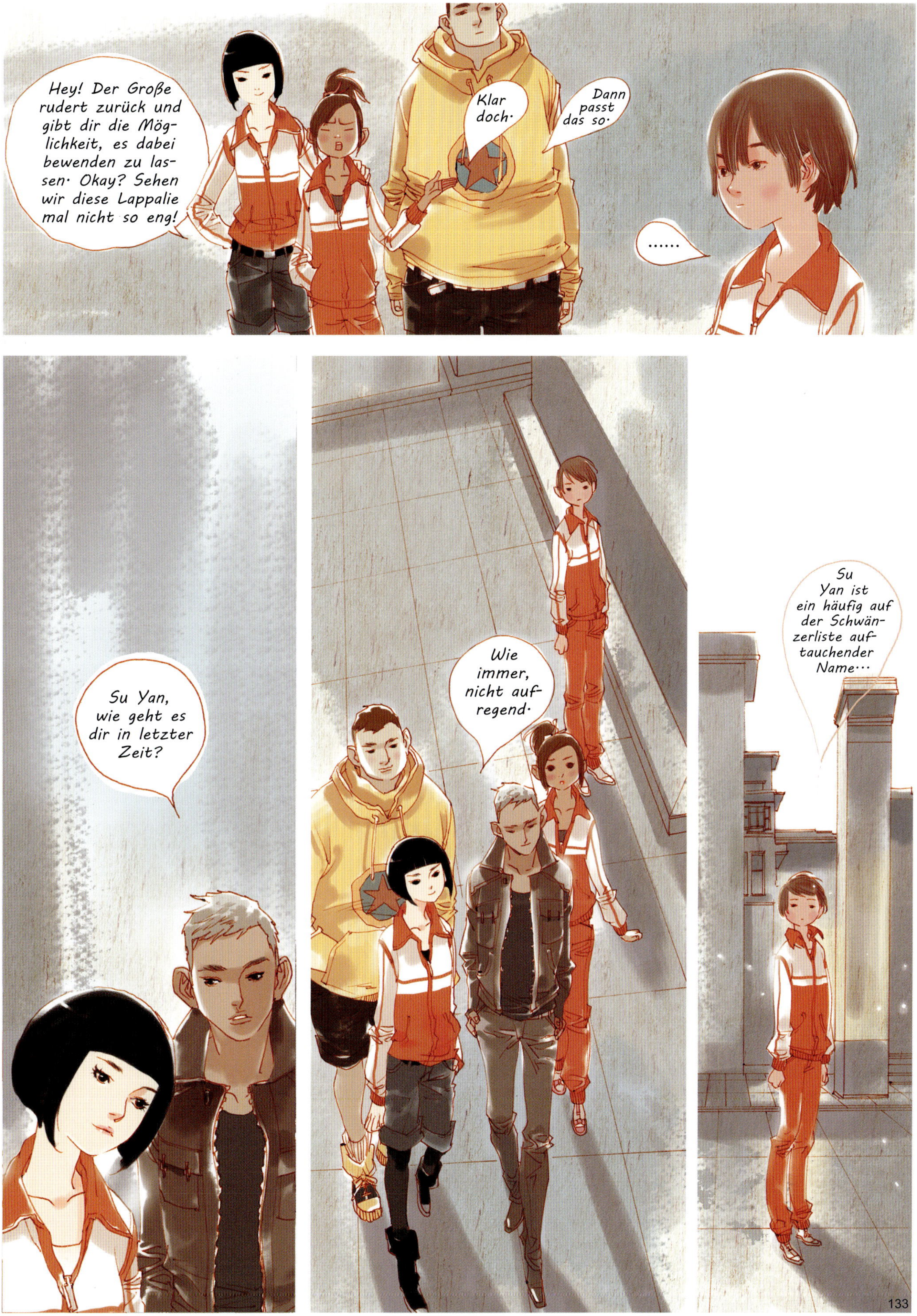
Hey! Der Große rudert zurück und gibt dir die Möglichkeit, es dabei bewenden zu lassen. Okay? Sehen wir diese Lappalie mal nicht so eng!
Klar doch.
Dann passt das so.
......
Su Yan, wie geht es dir in letzter Zeit?
Wie immer, nicht aufregend.
Su Yan ist ein häufig auf der Schwänzerliste auftauchender Name...

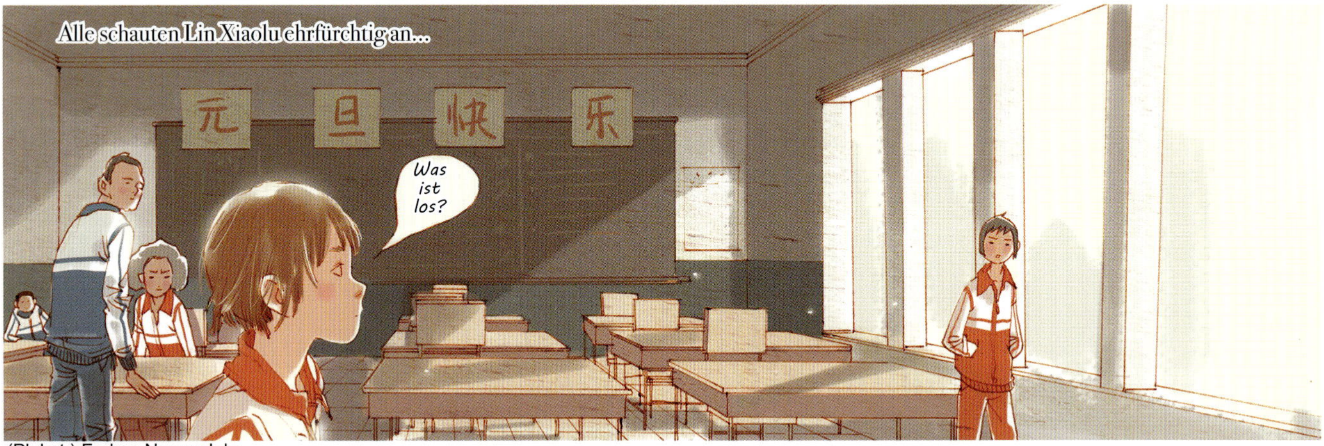

(Plakat:) Frohes Neues Jahr

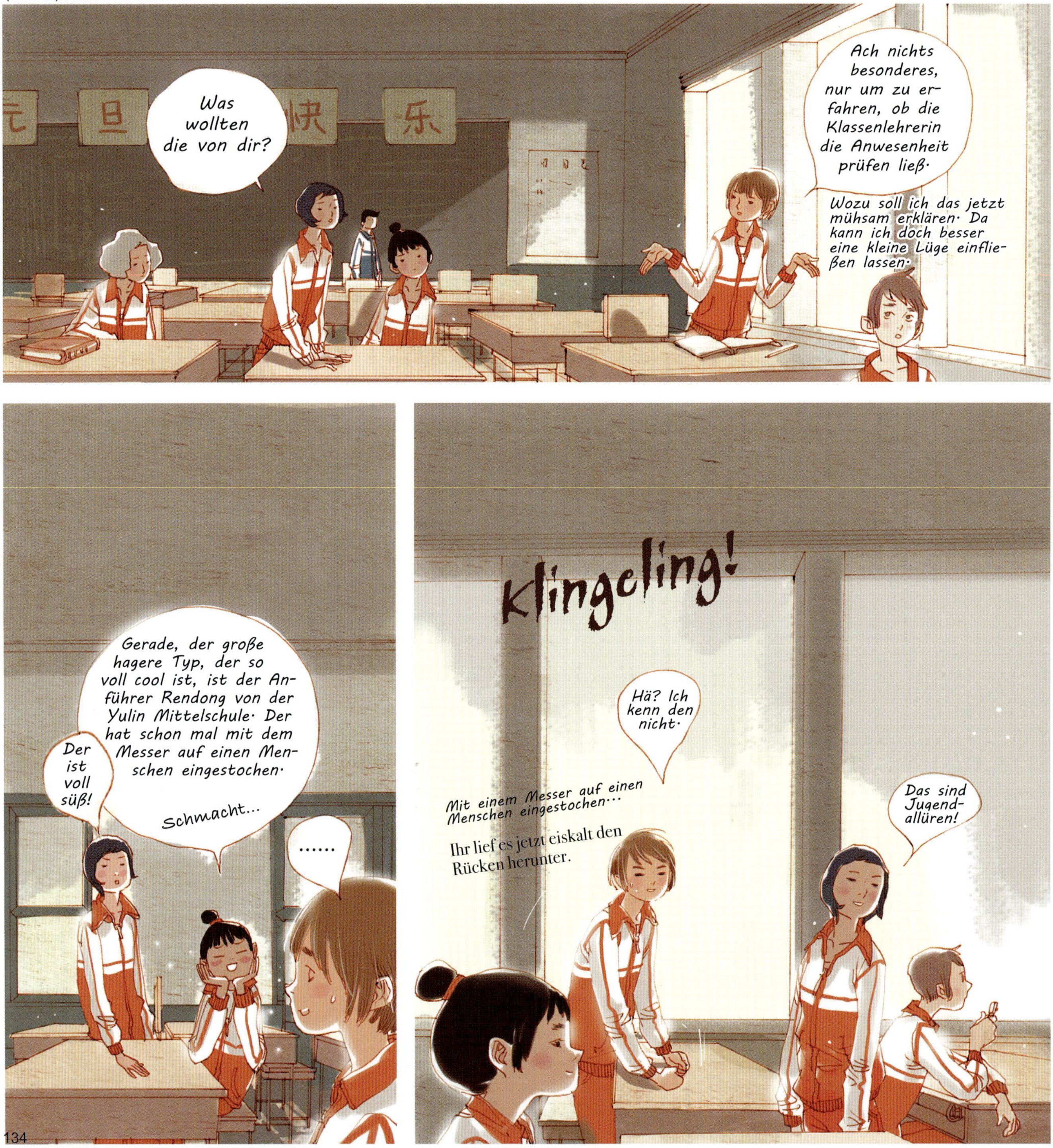

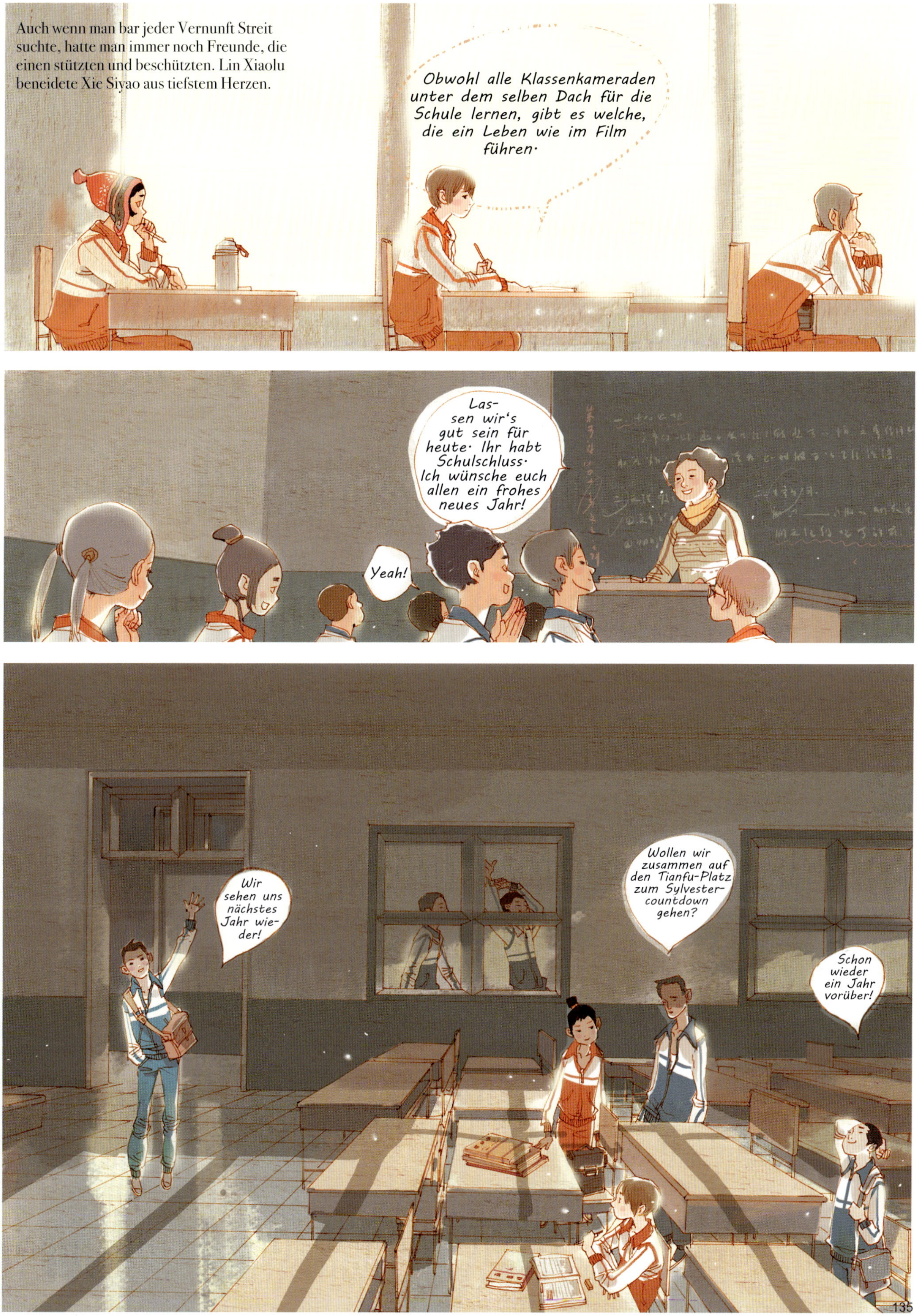
Auch wenn man bar jeder Vernunft Streit suchte, hatte man immer noch Freunde, die einen stützten und beschützten. Lin Xiaolu beneidete Xie Siyao aus tiefstem Herzen.
Obwohl alle Klassenkameraden unter dem selben Dach für die Schule lernen, gibt es welche, die ein Leben wie im Film führen.
Lassen wir's gut sein für heute. Ihr habt Schulschluss. Ich wünsche euch allen ein frohes neues Jahr!
Yeah!
Wir sehen uns nächstes Jahr wieder!
Wollen wir zusammen auf den Tianfu-Platz zum Sylvestercountdown gehen?
Schon wieder ein Jahr vorüber!

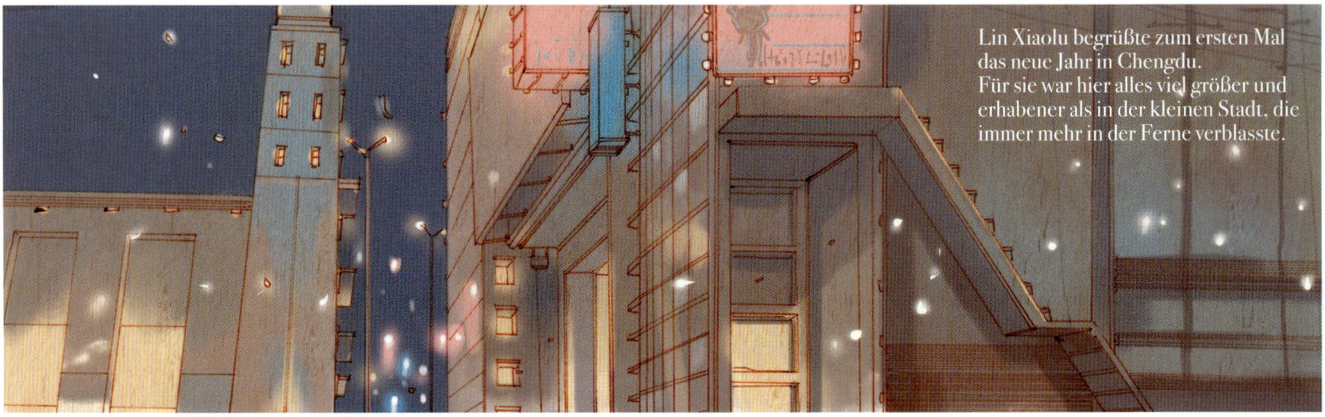
Lin Xiaolu begrüßte zum ersten Mal das neue Jahr in Chengdu.
Für sie war hier alles viel größer und erhabener als in der kleinen Stadt, die immer mehr in der Ferne verblasste.

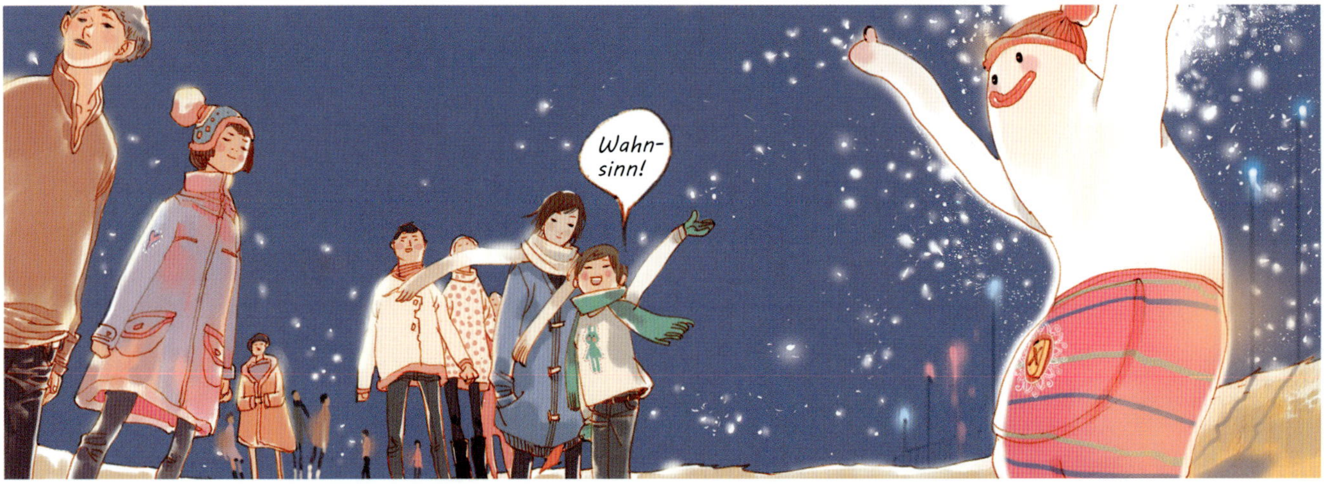
Wahn-sinn!

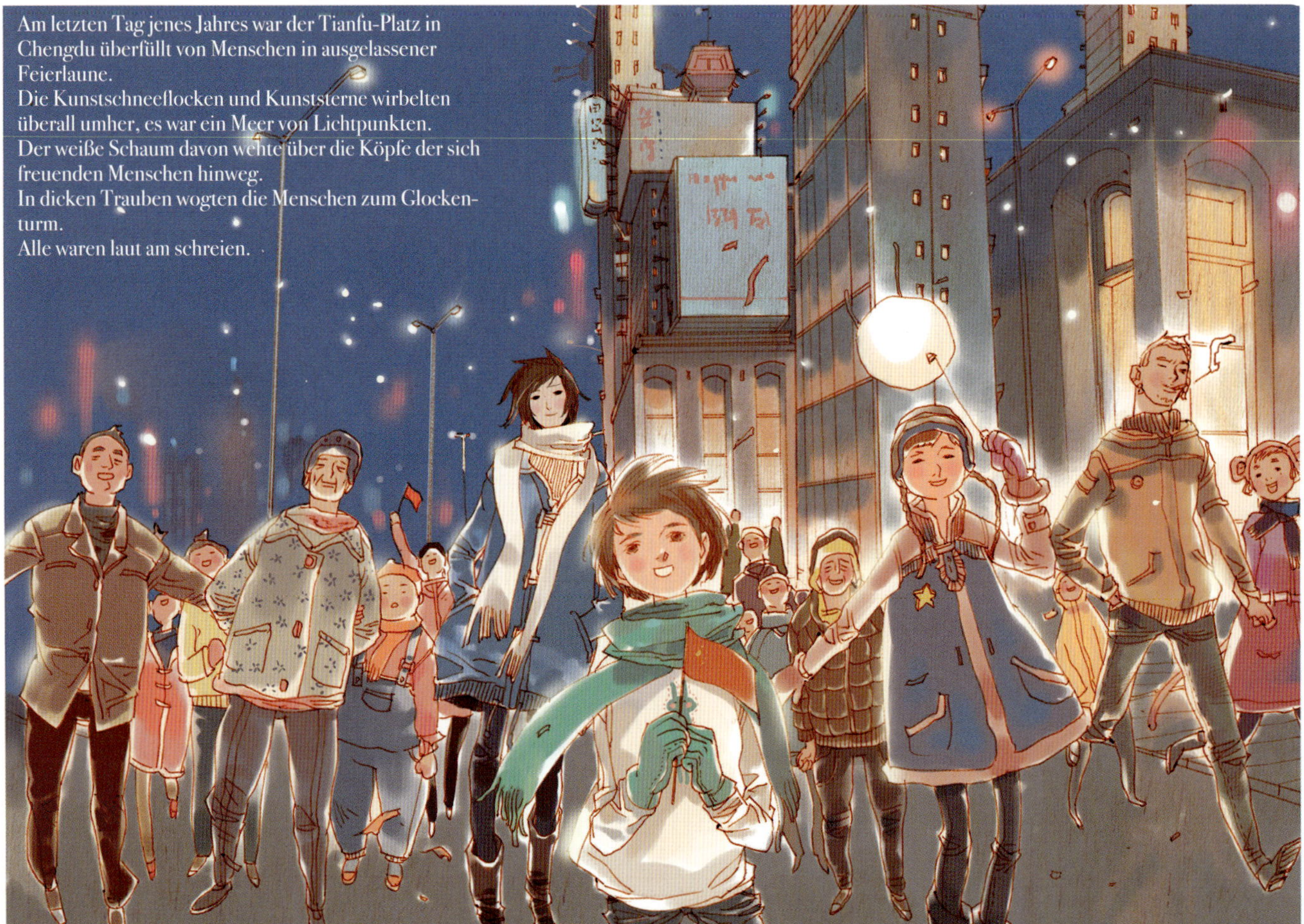
Am letzten Tag jenes Jahres war der Tianfu-Platz in Chengdu überfüllt von Menschen in ausgelassener Feierlaune.
Die Kunstschneeflocken und Kunststerne wirbelten überall umher, es war ein Meer von Lichtpunkten.
Der weiße Schaum davon wehte über die Köpfe der sich freuenden Menschen hinweg.
In dicken Trauben wogten die Menschen zum Glockenturm.
Alle waren laut am schreien.

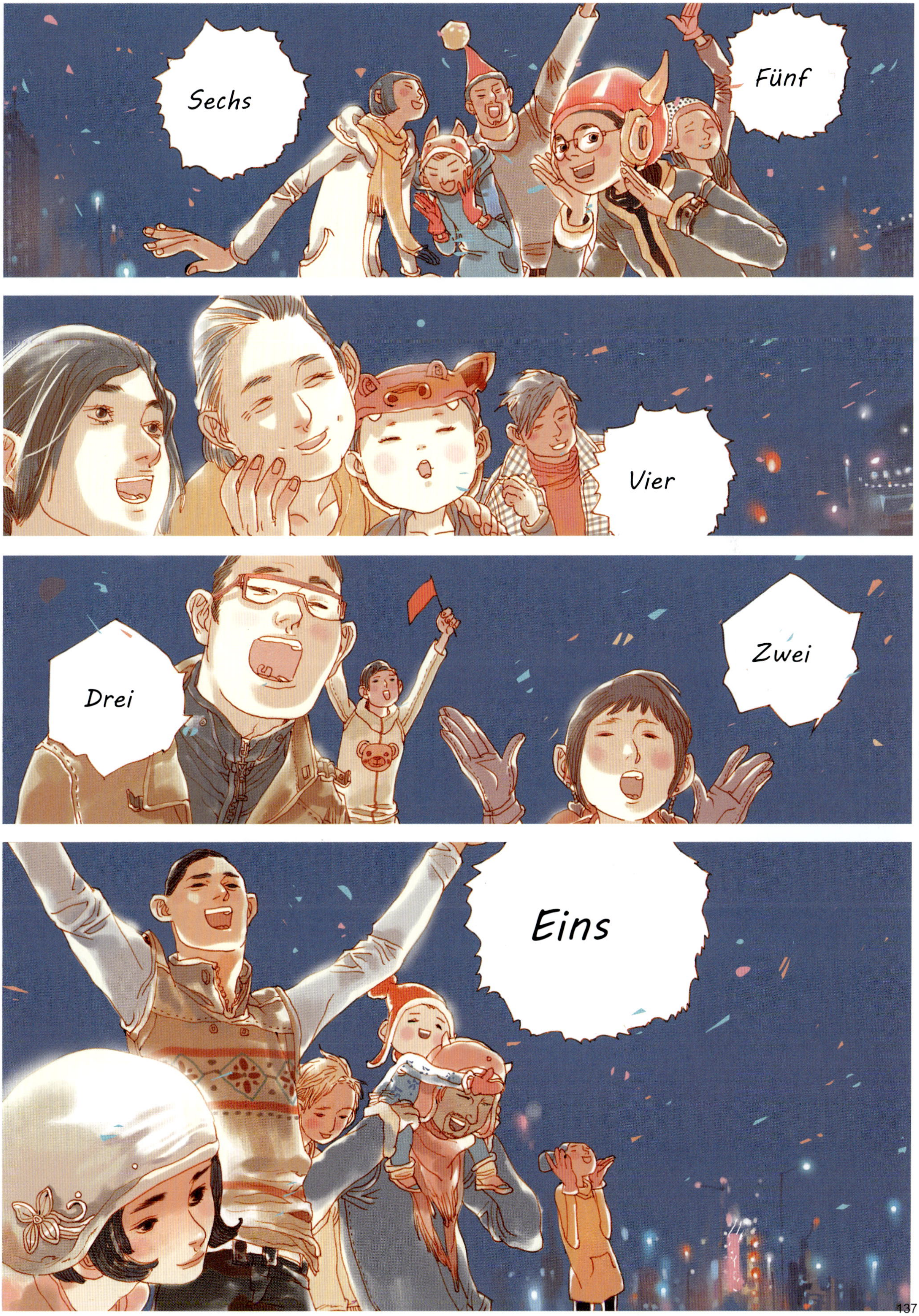
Sechs
Fünf
Vier
Drei
Zwei
Eins

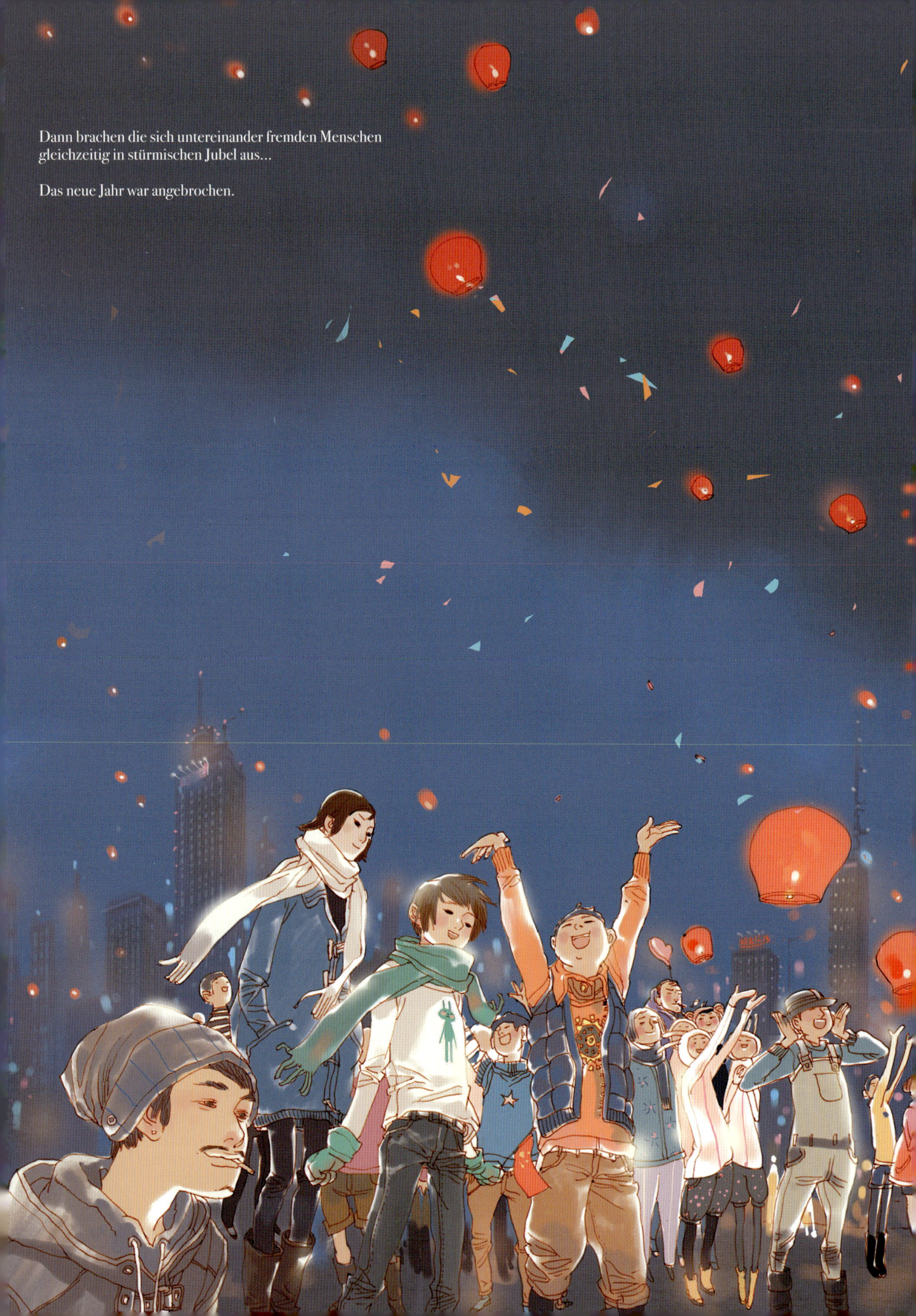
Dann brachen die sich untereinander fremden Menschen
gleichzeitig in stürmischen Jubel aus…
Das neue Jahr war angebrochen.

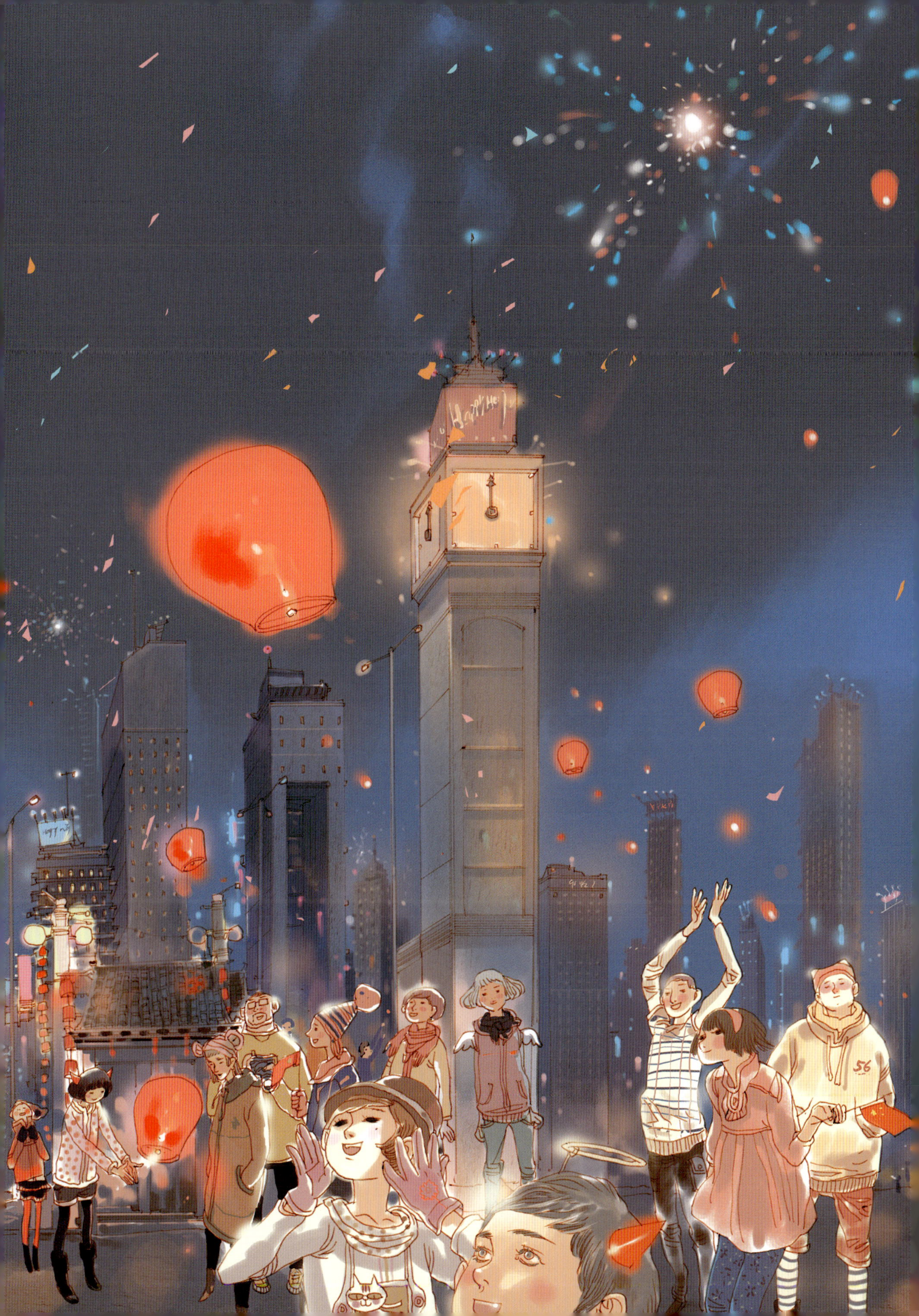
56

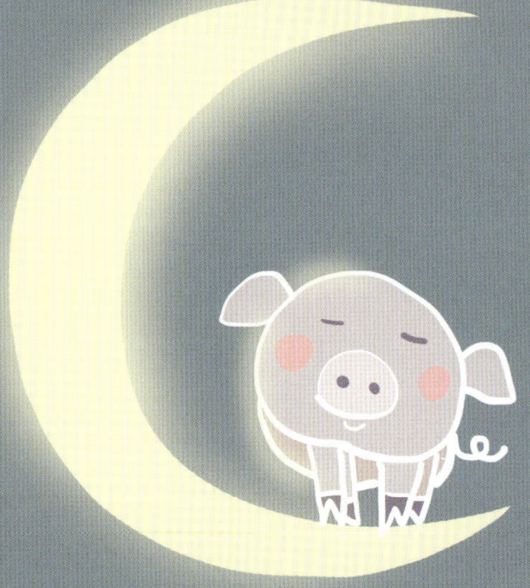

Anmerkungen für neugierige Leser

Seite 15:

[Saint Seiya: Next Dimension, einer der Hauptcharaktere aus der gleichnamigen japanischen Manga- und Animeserie. Der Manga stammt aus der Feder von Masami Kurumada.
Die Geschichte folgt fünf mysteriösen Helden, die „Heilige Krieger" (im Japanischen 聖闘士セイント Seinto oder „Knights / Ritter" in der englischsprachigen Adaption) genannt werden und in Rüstungen, welche als „heilige Gewänder" (聖衣クロス Kurosu) bezeichnet werden, kämpfen. Die Gestal tung der Gewänder lehnt sich an die jeweilige Sternenkonstellation an, welche der dazugehörigen Figur als Symbol dient und diese beschützt. Ihre übernatürlichen Kräfte schöpfen die Helden aus einer mysteriösen Energiequelle, welche als „Kosmos" (小宇宙コスモ Kosumo) bezeichnet wird. Die „Heiligen Krieger" haben geschworen, der Reinkarnation der griechischen Göttin Athene in ihrem Kampf gegen andere olympische Götter, die danach trachten, die Erde zu beherrschen, zur Seite zu stehen und diese zu verteidigen.]

[Doragon no Shiryū]

[Ikki, der Bruder von Shun, ein weiterer Protagonist]

[Kigunasu Hyogas]

Seite 21

[Akita Shoten Crest of the Royal Family Volume 1, veröffentlicht im Comic Magazin Princess. Ein Shojo-Manga aus der Feder von Chieko Hosokawa. Die weibliche Heldin in der Geschichte ist Carol, eine blonde, blauäugige junge Amerikanerin, die in Kairo Archäologie studiert. Nachdem ein Fluch über sie fällt, reist sie 3000 Jahre in der Zeit zurück und begegnet dem grausamen aber gutaussehenden Pharaoh Memphis. Aufgrund ihrer profunden Kenntnisse der antiken Geschichte Ägyptens ist es Carol möglich, dem Land durch Schwierigkeiten hindurch zu helfen. Deshalb wird sie von der Bevölkerung als „Tochter des Nils, Wächterin und Beschützerin Ägyptens" gepriesen. Aufgrund ihrer Schönheit und Intelligenz lauern in der antiken Welt ständig Gefahren auf Carol, da andere Mächtige sie entweder zu töten trachten oder für sich in Besitz nehmen wollen.]

eite 22

[Papier-Anziehpuppen (weitere gebräuchliche Bezeichnungen sind „paper dolls", „Ausschneidepuppen", „Papier-Ankleidepuppen", „Mandlbogen" und „Papierpuppen") sind aus Papier oder Pappe ausgeschnittene Figuren, denen man separate Papierkleider durch Auflegen oder Vorhängen „anziehen" kann. Sie sind seit fast zweihundert Jahren ein preiswertes, populäres Kinderspielzeug. Heute sind Papier-Anziehpuppen für manche Künstler eine Kunstform geworden.]

eite 38

[Anm.6 Tang (唐 táng): Tripitaka wird im Chinesischen als »Tripitaka der Tang-Dynastie« (唐三藏 Táng Sānzàng) oder als »Tang-Mönch« bezeichnet (唐僧 Tángsēng) S. 666]

eite 48

(Mengtai; Shuutarou Mendou aus dem Manga Urusei Yatsura)

[Mendou leidet unter Angst vor der Dunkelheit und unter Klaustrophobie und gibt in geistig verstörtem Zustand, wenn er sich in abgeschlossenen, dunklen Räumen befindet, oftmals Schreie von sich: „Es ist dunkel, es ist eng, ich habe solche Angst!" (暗いよ狭いよ怖いよーっ, Kurai yo semai yo kowai yo~?). Wenn sich jedoch weibliche Personen in seiner Nähe befinden, schafft er es, sich zu beherrschen und ruhig zu bleiben.]

eite 57

Mazinger Z (jap. マジンガー Z majingā Z) ist eine 1972 entwickelte Manga-Serie des japanischen Zeichners Go Nagai, die auch mehrmals als Anime verfilmt wurde.

eite 58

Jiaoguan. Nach militärischem Vorbild eine Funktion, die Disziplin vermittelt.

eite 76

Sunray: Hier ist wohl Sunny ist gemeint. [Manga, im Ikki 2010 bis 2015 erschienen]

eite 92

[子曰：「溫故而知新，可以為師矣。Wenn man altes Wissen bewahrt und neues hinzuerwirbt, so ist man ein Lehrer für andere. Aus den Analekten ICS Lunyu: 2.11/3/21]

eite 99

[japanische Anime TV Serie 新世紀エヴァンゲリオン Shin Seiki Evangelion von 1995]

eite 109

Einige Bände von Kishimoto sind ins Deutsch übersetzt worden und bei Carlsen erschienen.

eite 142 (Nachwort)

[Haushauben-Star. Bage. Beliebter zu Hause gehaltener Vogel. Wie ein Rabenvogel.]

Nachwort der beiden Autorinnen Ageng und Jidi

Nachwort der Originalausgabe von Ageng

Wenn ich ehrlich bin, habe ich über zehn Jahre lang, wie in Trance, an *Der freie Vogel fliegt* (踮腳張望) gemalt. Es war der erste Comic, den ich hundertprozentig konzentriert zu Ende brachte.
Zähle ich die verwendete Zeit an den Fingern ab, vergingen von der Entscheidung, *Der freie Vogel fliegt* zu malen, bis zum Beginn der Publikation als Fortsetzungscomic in einer Comiczeitschrift fast zwei Jahre. Die Zeit zerrann wie in einem PC-Spiel zwischen den Fingern. Insgesamt malte ich 174 Seiten Manuskript. Jeden Monat arbeitete ich fünfundzwanzig Tage, und jeden Tag mit zwölf Stunden Arbeitszeit. Die Schlafenszeit betrug siebeneinhalb Stunden, für's essen gab es eine Stunde, unser Haus-Haubenstar klaute mir mit seinen Späßen eine halbe Stunde, eine Stunde Radfahrzeit war enthalten, manchmal ein bisschen Luft holen und eine Stunde Gymnastik machen und außerdem eine Stunde für's Einkaufen. Dass die Leute behaupten einen Comic, der als Fortsetzungscomic publiziert wird, zu malen, sei nicht anstrengend, ist völliger Quatsch. Aber es trainierte mir eisenharten Willen an!
Jidis *Der freie Vogel fliegt* (踮腳張望的時光) überstieg meine Erwartungen völlig. Nachdem ich das Buch fertig gelesen hatte war ich nur noch mehr davon angetan. Es sprengte meine Vorstellungen völlig. Die Authentizität, was die Jugendzeit betrifft, und die euphorische Geisteshaltung der Jugend war so stark geschildert, dass ich mich darin völlig wiedererkannte. Ihr Buch ist einmal ein wirklicher Jugendroman unter den zahllosen Werken, die die Gesellschaft mit ihren Phantasien über die Jugend hervorbringt. Der Wankelmut, das Euphorische, die Liebe und der Mut der Jugend, dazu ihre herzergreifende Ehrlichkeit, ihre Sanftmütigkeit und die Schilderung aller Tiefen und Höhen der menschlichen Natur schildert er treffend. Ich war stark ergriffen, als ich malte, und ich hoffe, den Leser berührt dieses Buch genauso.
Wenn zwei Menschen wirklich zusammentreffen und in ehrlicher Zusammenarbeit einen mehrbändigen Comic schreiben und malen, ist das etwas außergewöhnlich Großes! Interessant ist, dass während Außenstehende fanden, dass wir einen absolute Behutsamkeit und Vorsicht verlangenden Entschluss fassten, ich mir jedoch keinerlei Zeit für die Entscheidung nahm und ohne jeden Umschweif mir sozusagen auf die Knie schlug und Jidi sofort mit „Gut, machen wir!" zusagte. Wir wollten einen richtigen Jugendcomic malen! Frohgemut gingen wir beide auf den Spuren von Lin Xiaolu auf Reisen, um Eindrücke an den vielen Orten, an denen sie gewesen war, zu sammeln. Zum ersten Mal wanderte ich mit großer Empathie durch die einzelnen Szenen, die der Roman schildert. In Barcelona, für Lin Xiaolu die Stadt ihrer Träume, schaute ich mir Antoni Gaudis große Kirche Sagrada Familia an und verstand plötzlich Lin Xiaolus einem Ozean gleiches, großes Herz, das in ihrer feurig heißen Brust schlug, und plötzlich war ich stark ergriffen über ihren Eifer, mit klopfendem Herzen und sich fast überschlagend für die Wahrhaftigkeit ihres Selbst einzustehen.
Als der erste Band von *Der freie Vogel fliegt* herauskam, fiel von mir alle Aufregung ab. Jidis und mein Innerstes ist schnörkellos ehrlich und die Bilder sind ohne Prunk. In *Der freie Vogel fliegt* gibt es keine Dornröschenträume und keine Prinzen, dafür ist von Anfang bis Ende die Jugendzeit, der Ruhm und Gewinn gleichgültig ist, präsent. All die Wege, die wir in unserer Jugend gegangen sind oder die wir noch gehen wollten.
Danke, dass ihr unseren Comic gelesen habt!

Von Ageng

Nachwort der Originalausgabe von Jidi

Das erste Mal traf ich die Comiczeichnerin A Geng auf der Preisverleihung des Comicpreises Golden Dragon Award, Original Animation & Comic Competition. Das ist etliche Jahre her. Als ich freudig überrascht feststellte, dass ich mit ihr, die ich so sehr bewunderte, ein Zimmer teilte, habe ich damit vor meinen Freunden am Telefon wohl ziemlich angegeben. Sie hat alles mitgehört. Wenn ich heute daran zurückdenke, finde ich, dass es ihr, die sich bei jedem Lob von anderen immer ruckzuck versteckt, sehr peinlich gewesen sein muss, als sie mich, mit Händen und Füßen vor Begeisterung gestikulierend, in einem fort von ihr sprechen sah.
Wenn ich vor zehn Jahren ein Magazin mit A Gengs Malerei in der Hand gehalten hätte und dann jemand zu mir gesprochen hätte: „Später wird diese Künstlerin einmal mit dir zusammenarbeiten", wäre ich sicher zur Salzsäule erstarrt, so überrascht wäre ich gewesen. Wenn damals jemand zu A Geng gesagt hätte, dass die, weil sie ihr begegnete, gleich komplett weggetreten vor Freude, sie, die doch todmüde zum Umfallen war, gleich beim ersten Treffen einen ganzen Abend lang bereden würde, nur um mit ihr zusammen einen Comic zu machen, hätte sie denjenigen wohl für nicht ganz richtig im Oberstübchen gehalten.
Aber auch wenn wir uns auf diesem Wege kennenlernten, rochen wir doch gleich diesen besonderen Hauch und wussten,

ıss wir derselben Spezies angehörten. Das bedeutete, dass wir gleiche Wertvorstellungen hatten, wir uns aufgrund von eichen Dingen berührt zeigten, und dass, auch wenn wir verschiedener Meinung in Bezug auf die Dinge waren, wir den- ɔch die Ansichten des anderen interessant fanden. Und außerdem ergänzten wir uns gegenseitig in unseren Fähigkeiten, ıs heißt, dass wir nämlich zu diesen “eins plus ein sind mehr als zwei”-Menschen gehörten.

ır *Der freie Vogel fliegt* besuchte ich A Geng zuhause in Nanning, Guangxi und wohnte einen vollen Monat bei ihr in ihrer ımilie. Und auch auf unseren gemeinsamen Reisen, die wir später zusammen unternahmen, profitierte ich jedes Mal reich- ıltig von ihren Fähigkeiten und Kenntnissen. Keine Zusammenarbeit verläuft gänzlich ohne Reibung oder Streit. Oft geriet ı so unter Stress, dass ich mich wie ein Vogel jeden Moment aufplusterte, mein Federkleid quasi explodierte, und ich los- vitscherte wie nichts Gutes.

Geng geht die Arbeit so fröhlich, unverfälscht und schnörkellos an, hat so eine Art, jederzeit Zu- und Abneigung kristall- ar voneinander zu trennen, und bleibt dabei trotzdem immer tolerant und zartfühlend, dass sie eben – wie Laozi sagt, von ɔchster Güte, so wie Wasser [Laozi 8] – ist, und dass jeder, der mit ihr Umgang hat, sich immer ermutigt und fröhlich fühlt.

e Entstehung und Produktion der Comicausgabe *Der freie Vogel fliegt* ist für mich ein wahres Geschenk. Mir wurde A engs Freundschaft geschenkt, unter ihrer Führung konnte ich ruhig werden und mein Augenmerk auf eine Ästhetik der :hlichtheit richten, so dass ich Stärken und Schwächen einiger Sachverhalte aus einem neuem Blickwinkel, dass nämlich ıte wie schlechte Seiten etwas erst vollständig werden lassen, sah.

Geng gehört für mich quasi zur Familie. Sogar bei der Wahl eines Lebenspartners lasse ich einen Kandidaten erst einmal ɪn A Geng in Augenschein nehmen.

ıd ich weiß, dass ich, bin ich verletzt, egal an welchem Tag und zu welcher Zeit, sofort meinen Koffer packen und zu ihr hren kann, und sie und Herrn Totoro dann rücksichtslos stören kann. So wie die Freunde aus der englischen Vorabendse- *Friends*, die sich immer und immer wieder aneinander reiben und zu engsten Vertrauten werden.

ı wollte eigentlich schreiben, wie gewissenhaft unsere Arbeit für dieses Buch war, wie fleißig wir waren, wohin wir für die- ›s Buch überall reisten, wie oft wir das Manuskript überarbeiteten und dass ich jetzt – in dieser Minute – finde, dass es die ühe wert war.

ənn mit solch einer Freundin zusammen, und mit der Portion Herzblut, die wir hineintaten, war das Schreiben der Texte ıd das Malen der Bilder dieser Geschichte pures Glück.

ı wünsche mir, dass ich dich, lieber Leser, an unserem schlichten Glück teilhaben lassen kann, und ich wünsche mir, dass in deinem Leben auch so wunderbare Erfahrungen gibt.

Di im Juni 2010

ıchwort zur deutschen Ausgabe „Der freie Vogel fliegt“ von Jidi

eine lieben deutschen Leser und Leserinnen, ich grüße euch herzlich! Wie freue ich mich, dass „Der freie Vogel fliegt“ in eutschland erscheinen wird. Mit dieser Comicreihe beginnen wir uns, die Kulturen übergreifend, miteinander auszutau- hen und uns zu verstehen. Egal in welchem Land, die Jugendlichen auf der ganzen Welt haben immer ihre Not mit dem wachsenwerden und fühlen sich während ihrer Jugendzeit entwurzelt.

diesem Comic gibt es einiges, das mir wirklich widerfahren ist. So war mein Vater tatsächlich immer enttäuscht von mir. abei war ich glühend entbrannt für die Malerei und das Schreiben, doch er fand, dass dies völlig nutzlose Dinge seien. abei ist er nichts weiter als ein besonders typischer Fall des chinesischen Vaters —— und hat somit allerhöchste Erwartun- ɪn an sein Kind. Doch nur die Schulnoten und nichts anderes entscheiden darüber, ob ein chinesisches Kind herausragend oder nicht. Meine Noten waren immer schlecht; und er fand deshalb, dass ich ein Nichtsnutz wäre. Er glaubte nicht, dass :h bei mir in der Zukunft irgendein Erfolg einstellen würde. Noch viel schlimmer war, dass auch ich annahm, dass das, was dachte, richtig wäre. Es war unzählige Male der Fall, dass ich eine Klausur nicht bestanden hatte und ihm deshalb nicht ter die Augen treten mochte, und dass ich nur hoffte, ich wäre tot.

ücklicherweise unterstützte meine Mutter immer meine Malerei, obschon sie nach ihrer Scheidung von meinem Vater in ıer anderen Stadt arbeitete und wir uns nur sehr wenig sahen. Sie gab mir jederzeit geistigen Beistand und begleitete ch dabei, meine dunkle Jugendzeit zu überstehen, ohne dass ich meine Malerei und Schreiberei aufgab. Mit Eintritt in die here Mittelschule konnte ich endlich das Haus meines Vaters verlassen und mit meiner Mutter zusammenleben. Wenn ı wegen meiner Noten niedergeschlagen war, tröstete sie mich und sagte immer, ich hätte doch mein Bestes gegeben, s würde ausreichen. Ich entspannte mich und machte in meiner Schulausbildung und bei meiner Malerei riesengroße rtschritte. Sogar die Universitätseintrittsprüfungen bestand ich, das, was mein Vater mir niemals zugetraut hatte, und ich nnte studieren.

Mit Unterstützung meiner Mutter veröffentlichte ich noch während meiner Studienzeit meine ersten Arbeiten. Ich hatte soga die Chance zu veröffentlichen! Inzwischen sind meine Werke Bestseller, die Gesamtabsatzzahlen überschreiten 3.000.000 Exemplare. Meine Bücher gehören zu den in China erfolgreichsten Graphic Novels überhaupt. Ich weiß natürlich genau, dass es in China noch viele talentierte Kinder gibt, denen wegen ihrer schlechten Schulnoten ein Weiterkommen in Abrede gestellt wird. Ich habe Glück gehabt. Als mein Vater mir meine nach Freiheit strebenden Vogelschwingen stutzen wollte, beschützte mich meine Mutter und verhinderte es. Was anderen Kindern wohl geschieht? Können sie ihre eigenen Talente ohne Behinderung zur vollen Entfaltung bringen?

Die chinesische Ausgabe meines Buches habe ich meiner Mutter gewidmet. Im November 2004 wurde ihr Leben durch einen Verkehrsunfall ausgelöscht. Ein halbes Jahr später hörte ich, während ich mir auf dem Sofa sitzend die Fernsehnachrichten anschaute, dass ein Schüler, der immer sehr gute Noten gehabt hatte, bei einer wichtigen Prüfung, nämlich den Probeklausuren, die vor den Universitätseintrittsklausuren geschrieben werden, versagte; wider alle Erwartungen bekam er schlechte Noten. Er nahm sich das Leben. Es war lediglich die vorbereitende Probeklausur. Es hatte sich nicht einmal um die wirkliche Universitätseintrittsprüfung gehandelt. Meine Mutter war ein Mensch, der das Leben über alles liebte, der immer frohgemut und voller Enthusiasmus war. Als sie mir fortgenommen wurde, war sie 48 Jahre alt. Sie hatte eine Scheidung hinter sich, war oft arbeitslos gewesen, aber sie hatte immer wieder im Leben gesiegt. Durch ihre Entschiedenheit ur Fröhlichkeit lebte sie meisterhaft. Sie hätte so gern weitergelebt. Aber sie wurde durch den Unfall aus dem Leben gerissen Jede Schülerin und jeder Schüler auf der höheren Mittelschule ist blutjung. Ihnen allen winkt, egal mit welchen Schwierigketen sie zu kämpfen haben, eine glänzende Zukunft. Der Schüler in den Nachrichten jedoch warf sein Leben über Bord. An jenem Tag, als ich das hörte, saß ich allein auf dem Sofa. Ich weinte und weinte. Dann beschloss ich, dieses Buch zu schrben. Ich wollte mittels meines schwachen Stimmchens allen Kindern, die aus den Augen verloren haben, dass ihnen eine Zukunft winkt, mitteilen, dass alles immer gut wird. Dass man sich selbst nie aufgeben darf.

Es ist bisher der einzige „Roman“, den ich schrieb, doch die Resonanz, die ich von meinen Lesern bekomme und bekam, i riesengroß. Deswegen produzierte ich mit meiner Freundin A Geng – eine der herausragendsten Comicautorinnen Chinas – einen mehrbändigen Comic aus meinem Buch. Und es ist mein Glück, dass die erfahrene Übersetzerin Martina, die viele Bücher, die mir sehr gefallen, ins Deutsche übertrug, die Übersetzung dieser Reihe übernommen hat. Wir sprachen lange über mein Buch und erörterten, was mir am Herzen liegt, den Kern seines Inhalts. Martina wählte für mein Buch den deutschen Titel „Der freie Vogel fliegt“. Ich liebe diesen Buchtitel.

Danke, lieber Leser, dass du mein Buch gekauft hast, dass durch dich das kleine Mädchen, dass sich so entwurzelt fühlte, seine Flügel so weit ausstreckt. Ich wünsche dir Genuss beim Lesen, wenn du in die Gedanken- und Seelenwelt dieses chinesischen Mädchens eintrittst.

2017 in China, Provinz Yunnan in Dali
verfasst von Ji Di

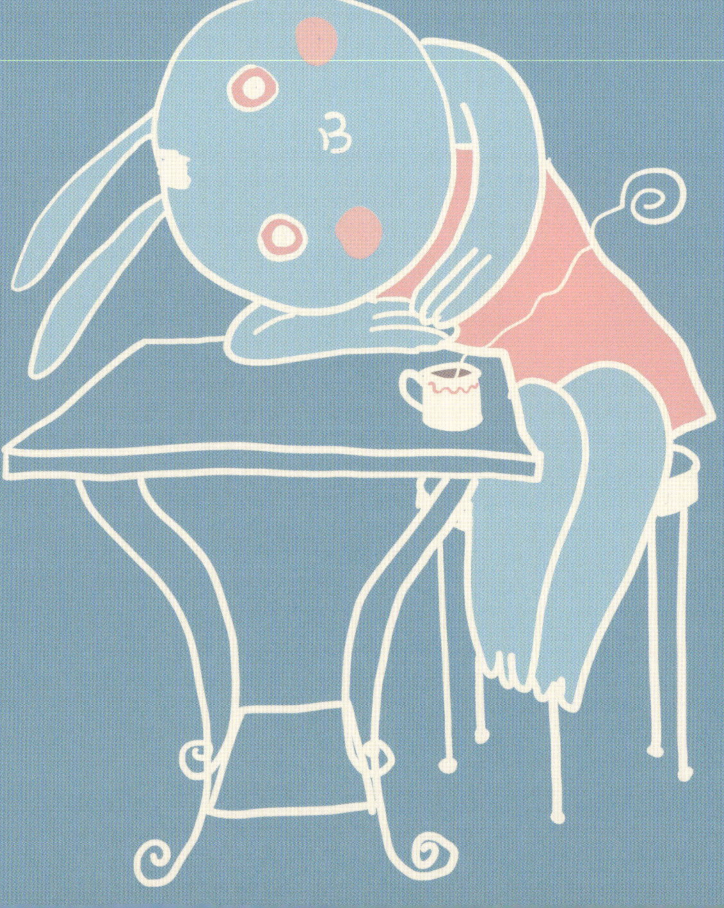

Die Geschichte geht weiter...

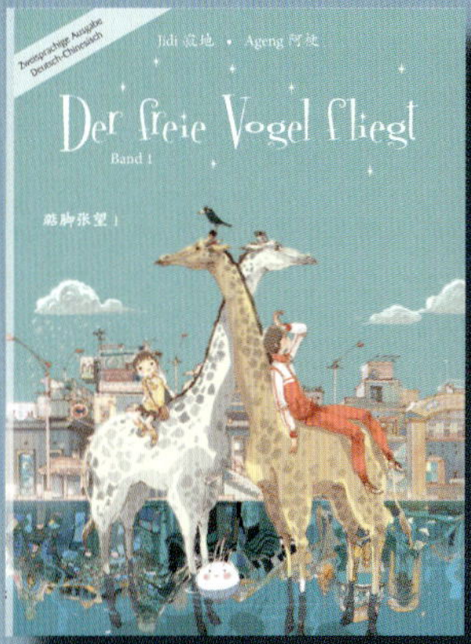

Band 1
ISBN: 9783905816723

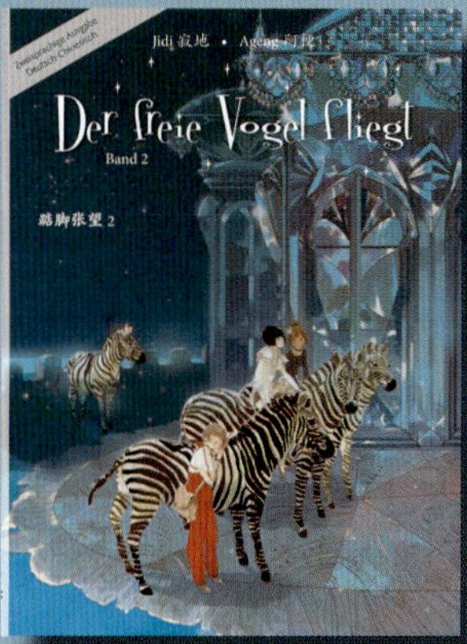

Band 2
ISBN: 9783905816730

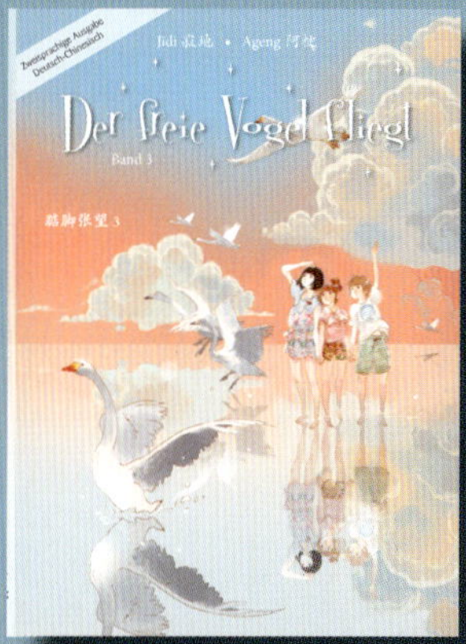

Band 3
ISBN: 9783905816747

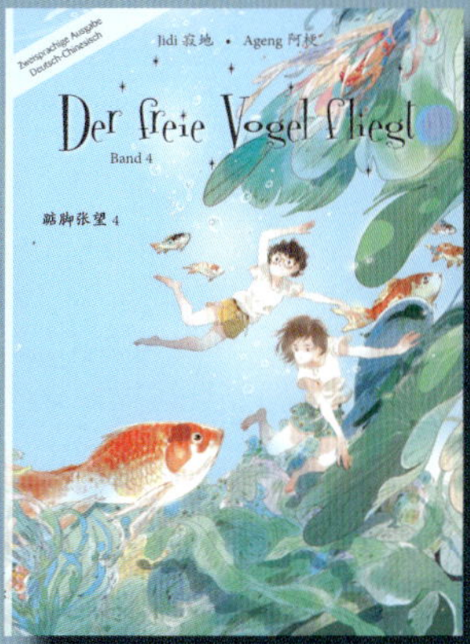

Band 4
ISBN: 9783905816754

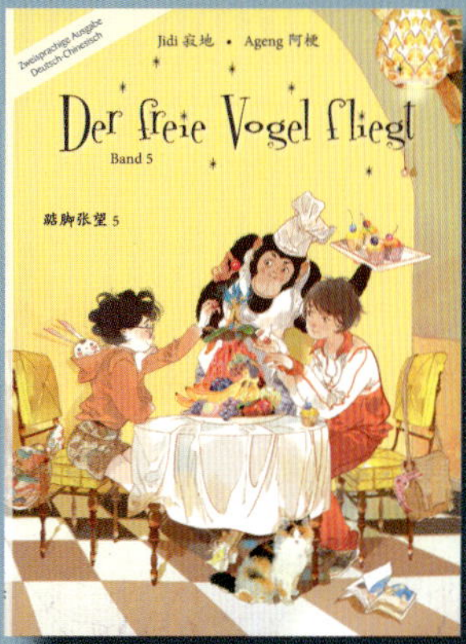

Band 5
ISBN: 9783905816761

Band 6 ist in Vorbereitung.

Mehr Informationen über Jidi und Ageng: www.manhua.ch

CHAPTER1 她的城堡与花园

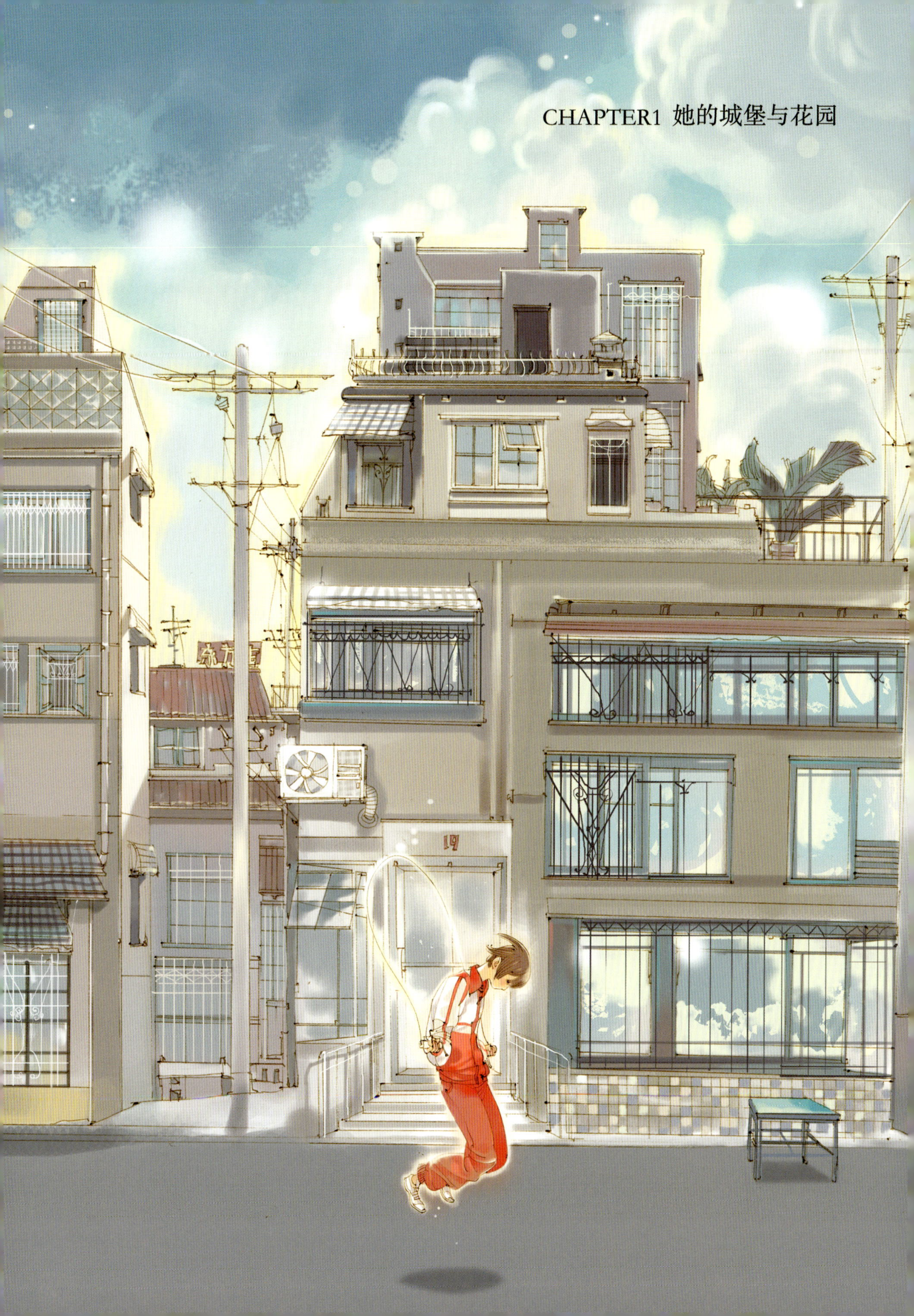

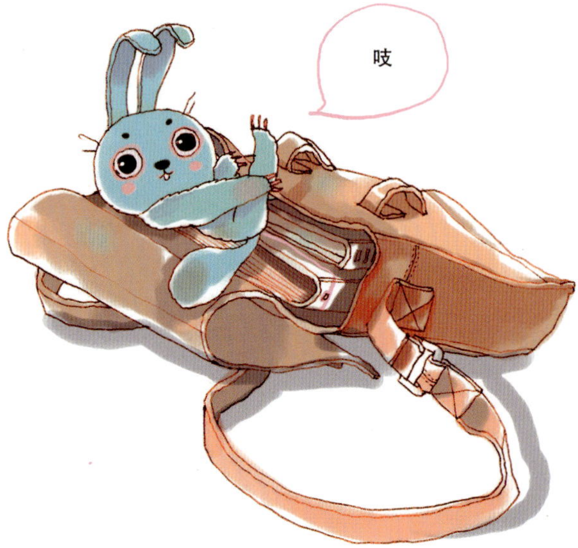
吱

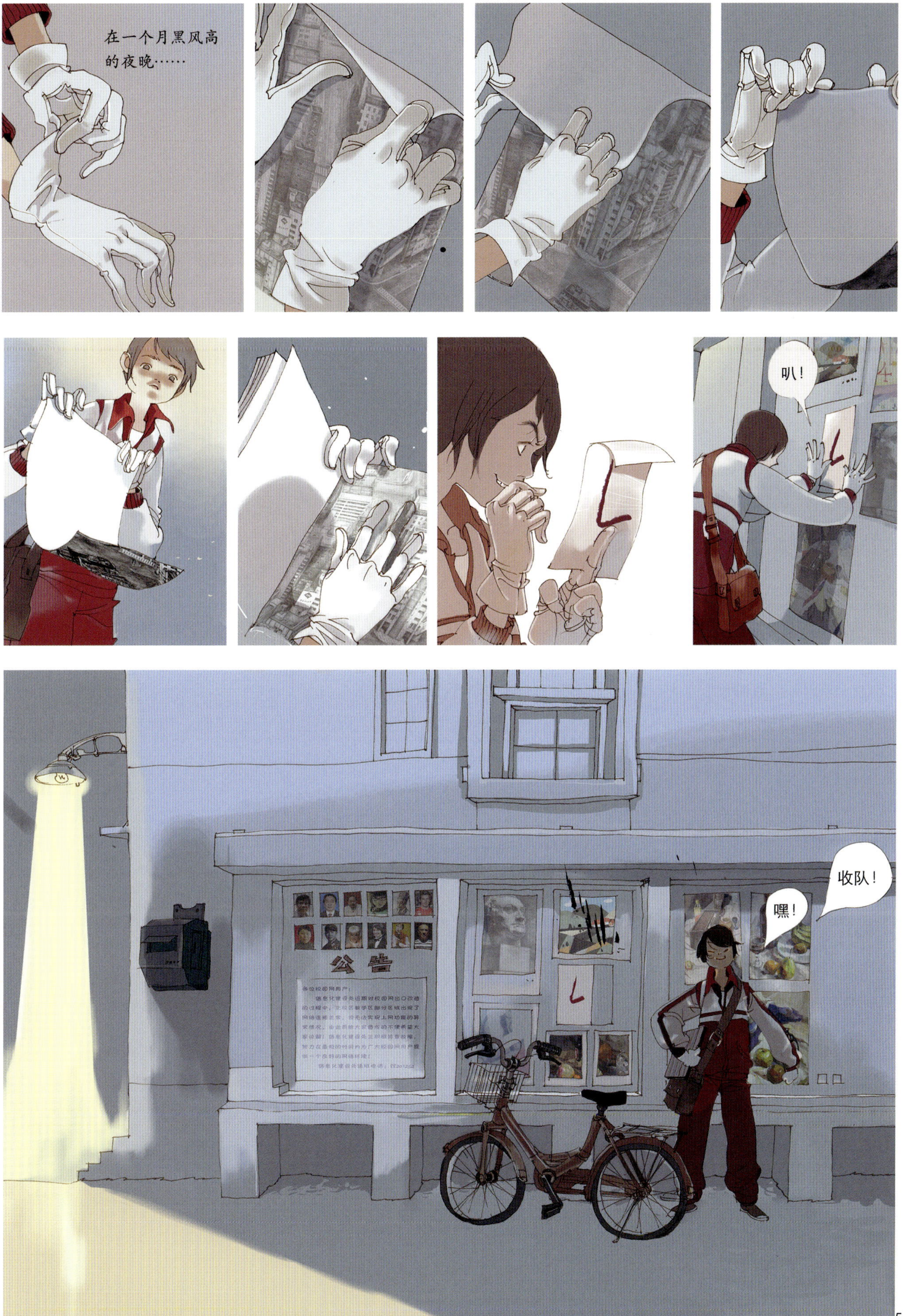
在一个月黑风高
的夜晚……
叭！
公告
收队！
嘿！

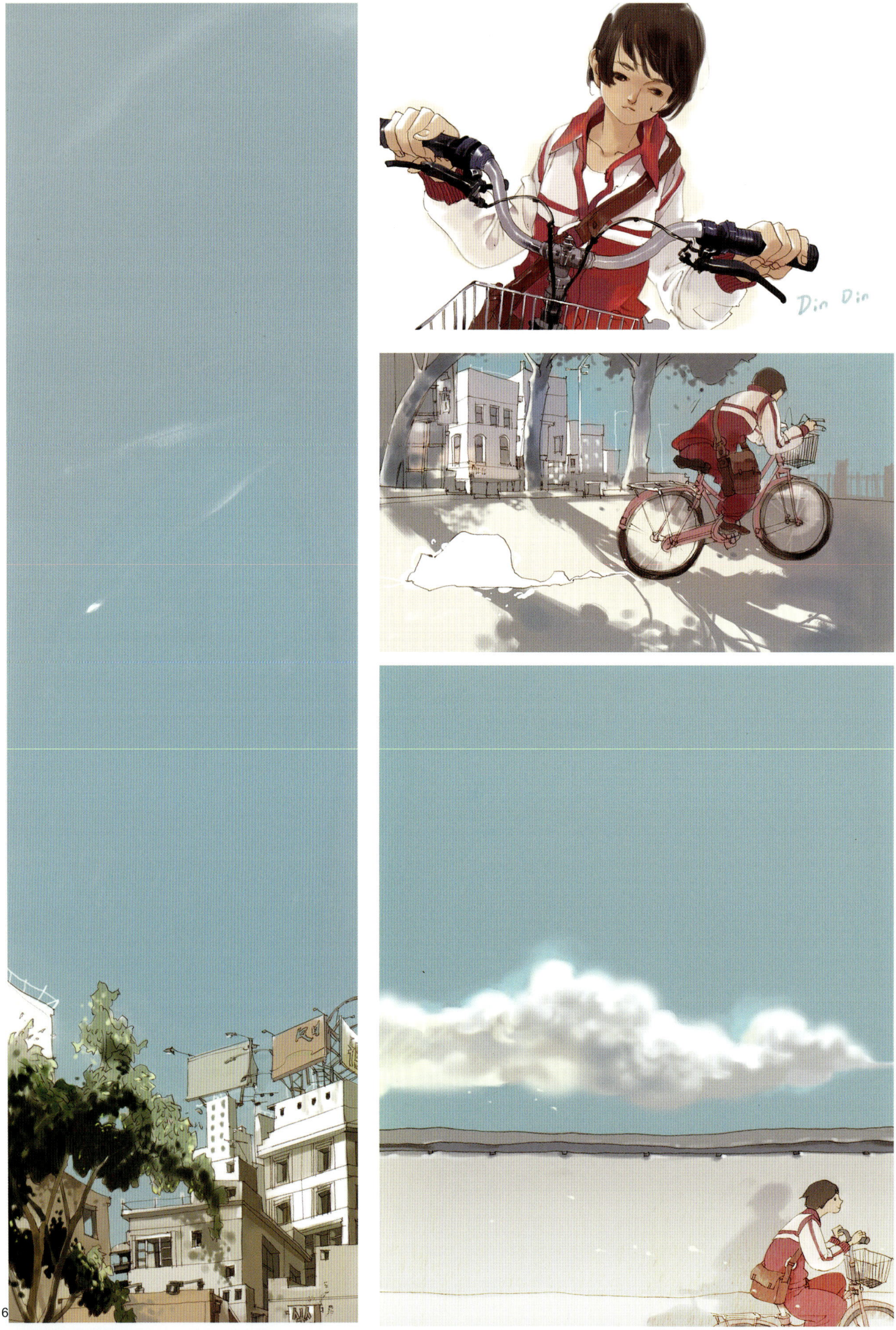
Din Din

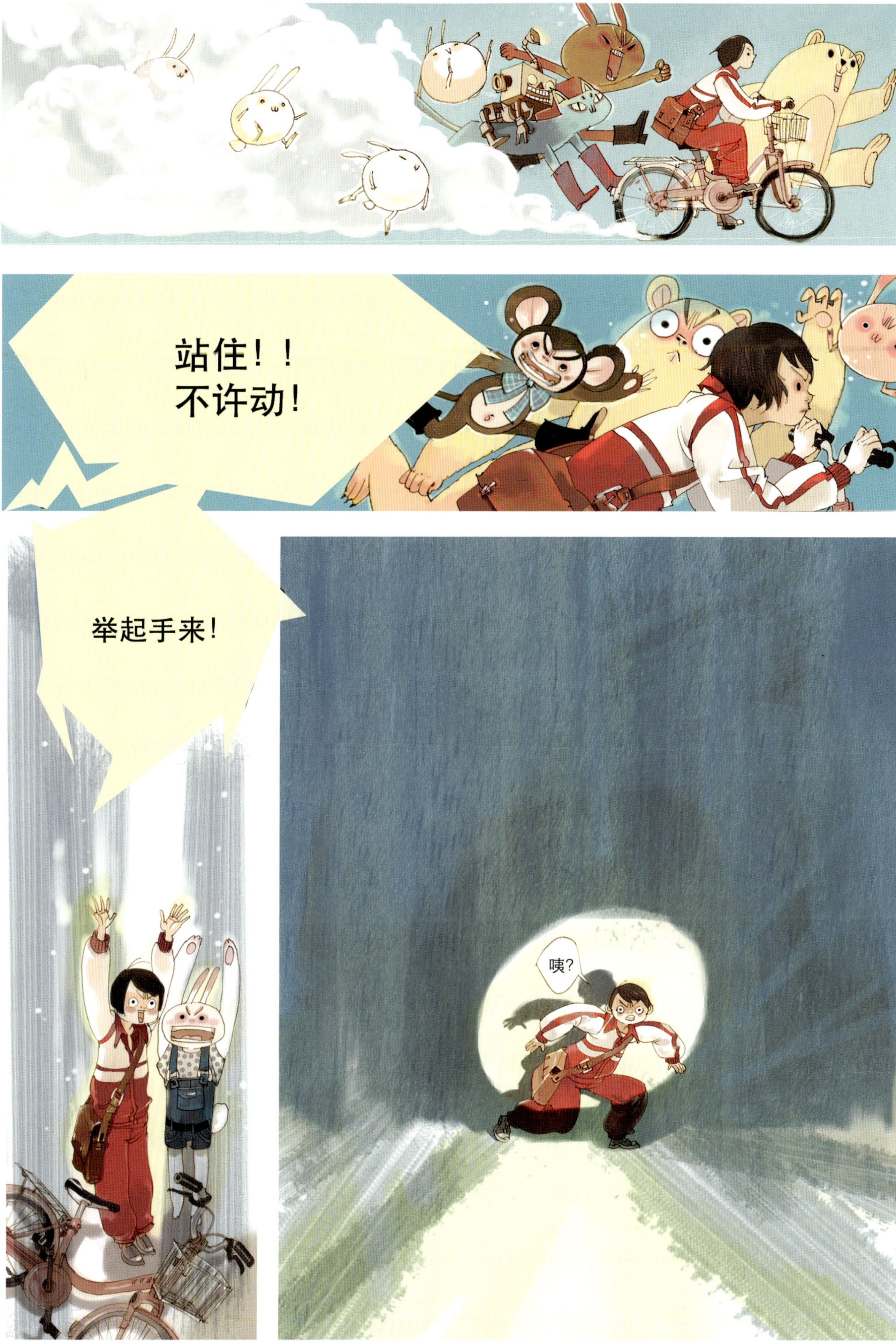
站住！！
不许动！
举起手来！
咦？

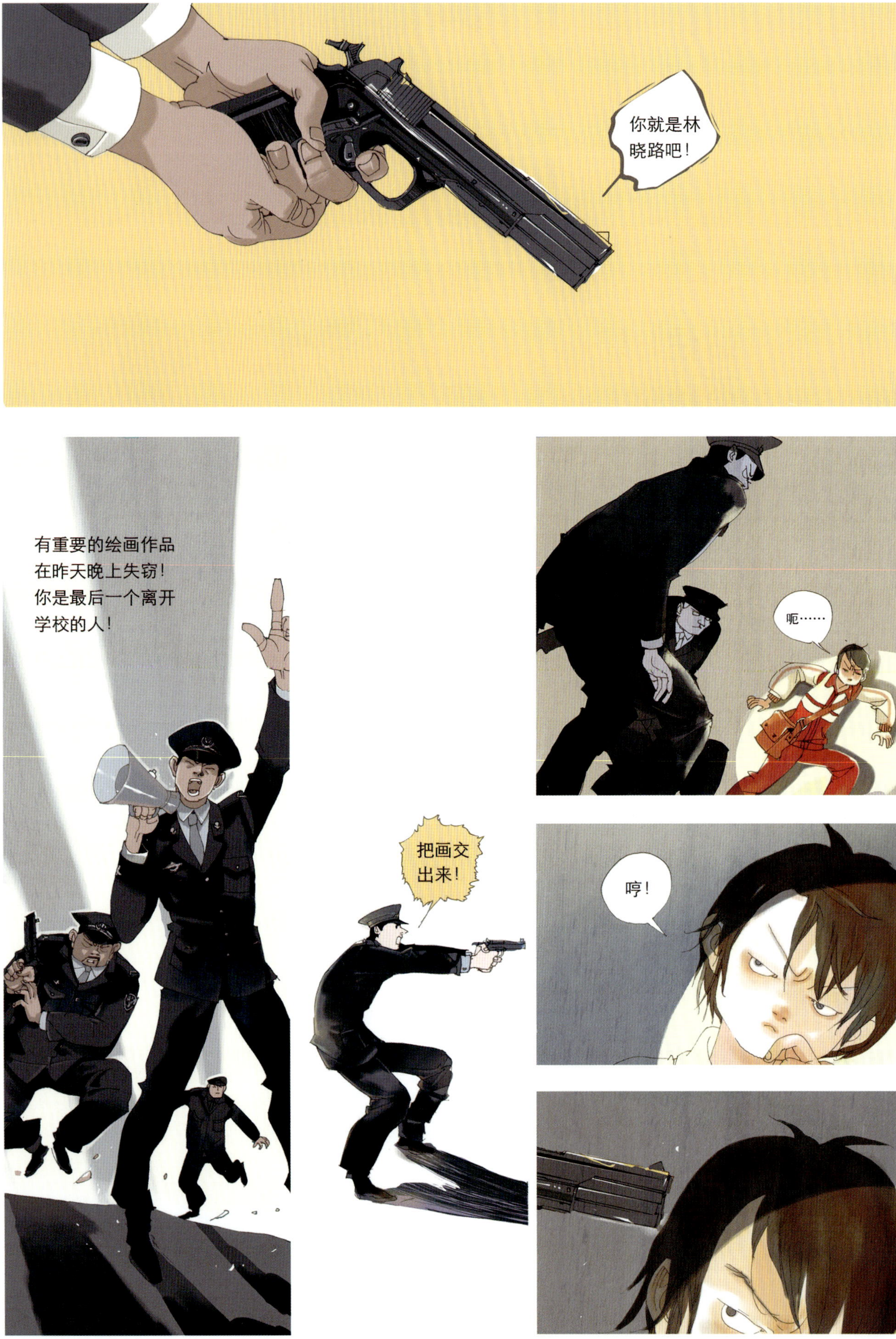
你就是林
晓路吧！
有重要的绘画作品
在昨天晚上失窃！
你是最后一个离开
学校的人！
把画交
出来！
呃……
哼！

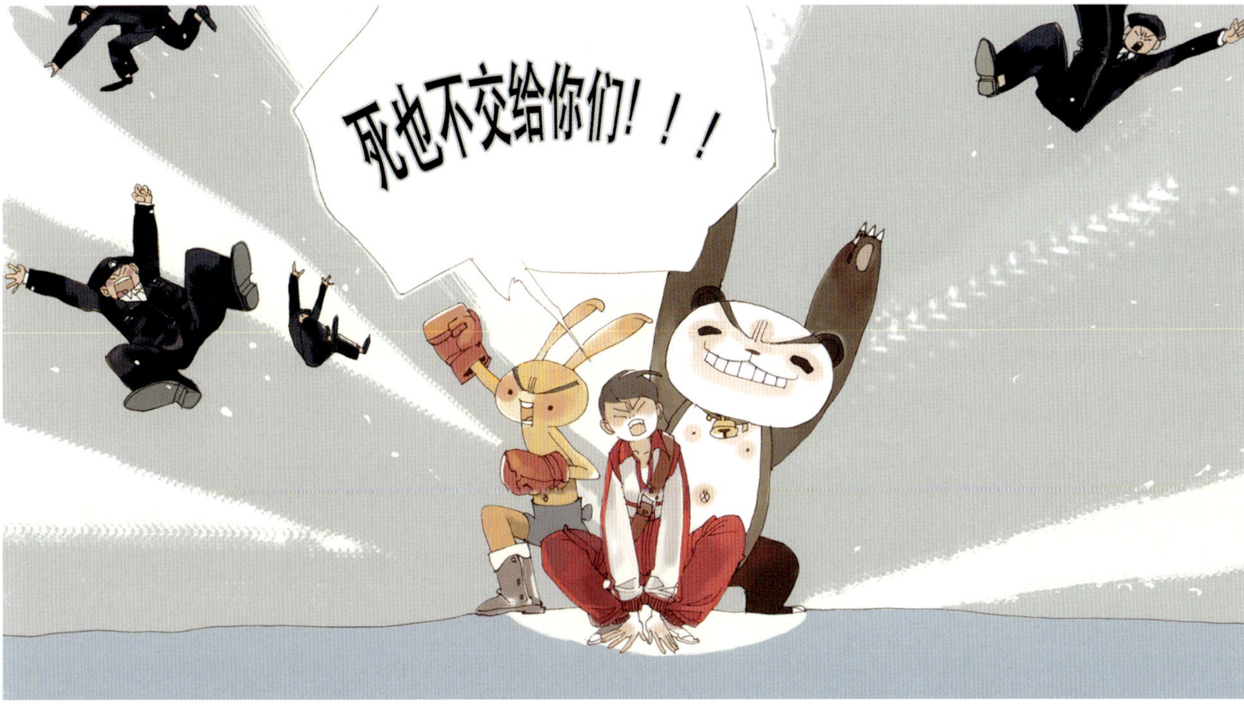
死也不交给你们！！！

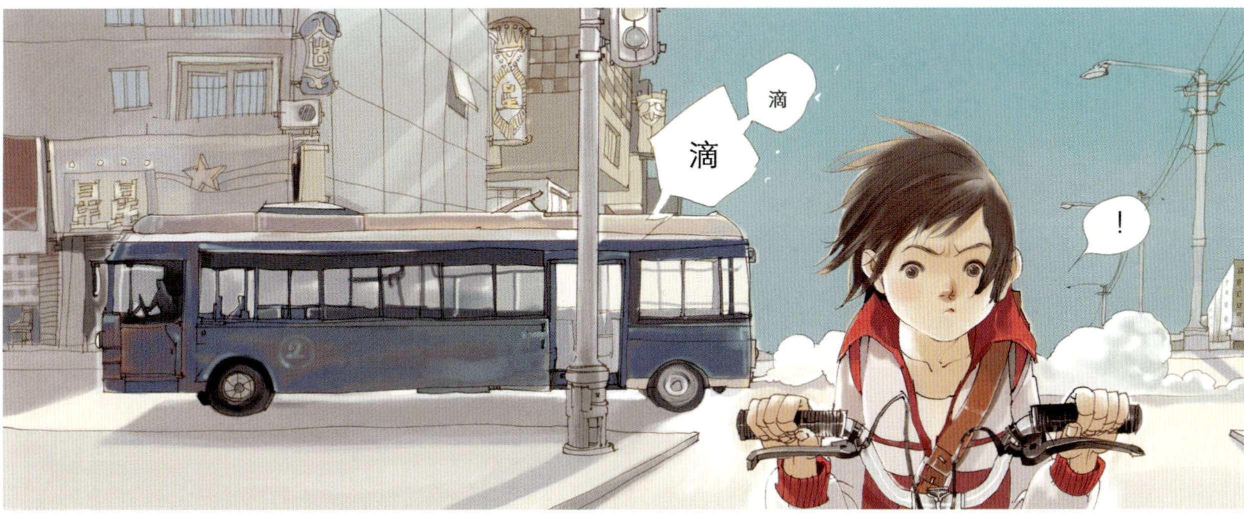
滴
滴
！

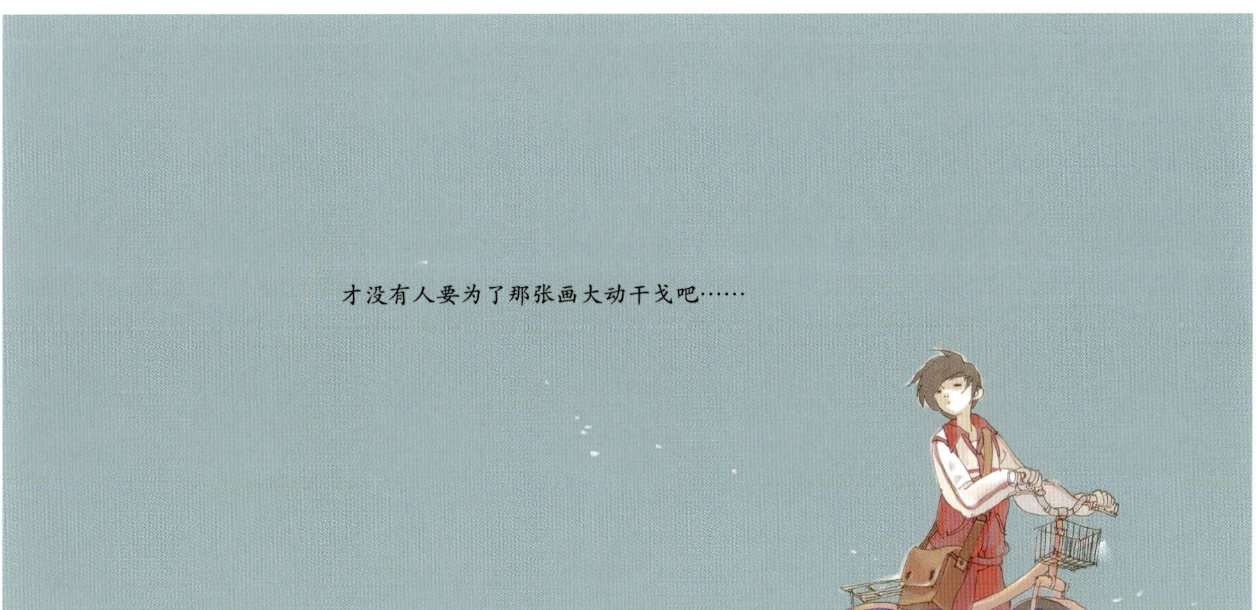
才没有人要为了那张画大动干戈吧……

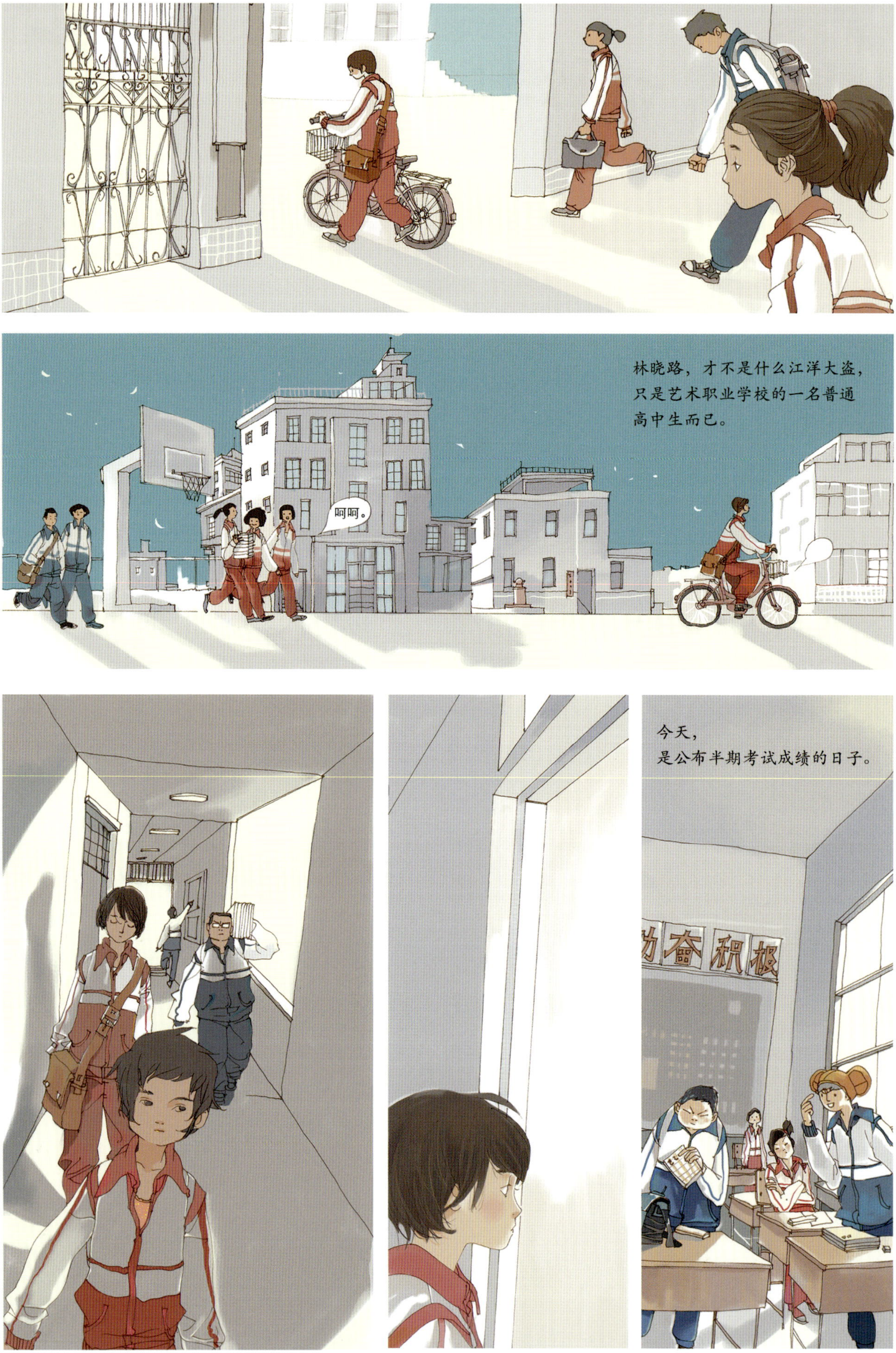
林晓路，才不是什么江洋大盗，
只是艺术职业学校的一名普通
高中生而已。
呵呵。
今天，
是公布半期考试成绩的日子。
奋积极

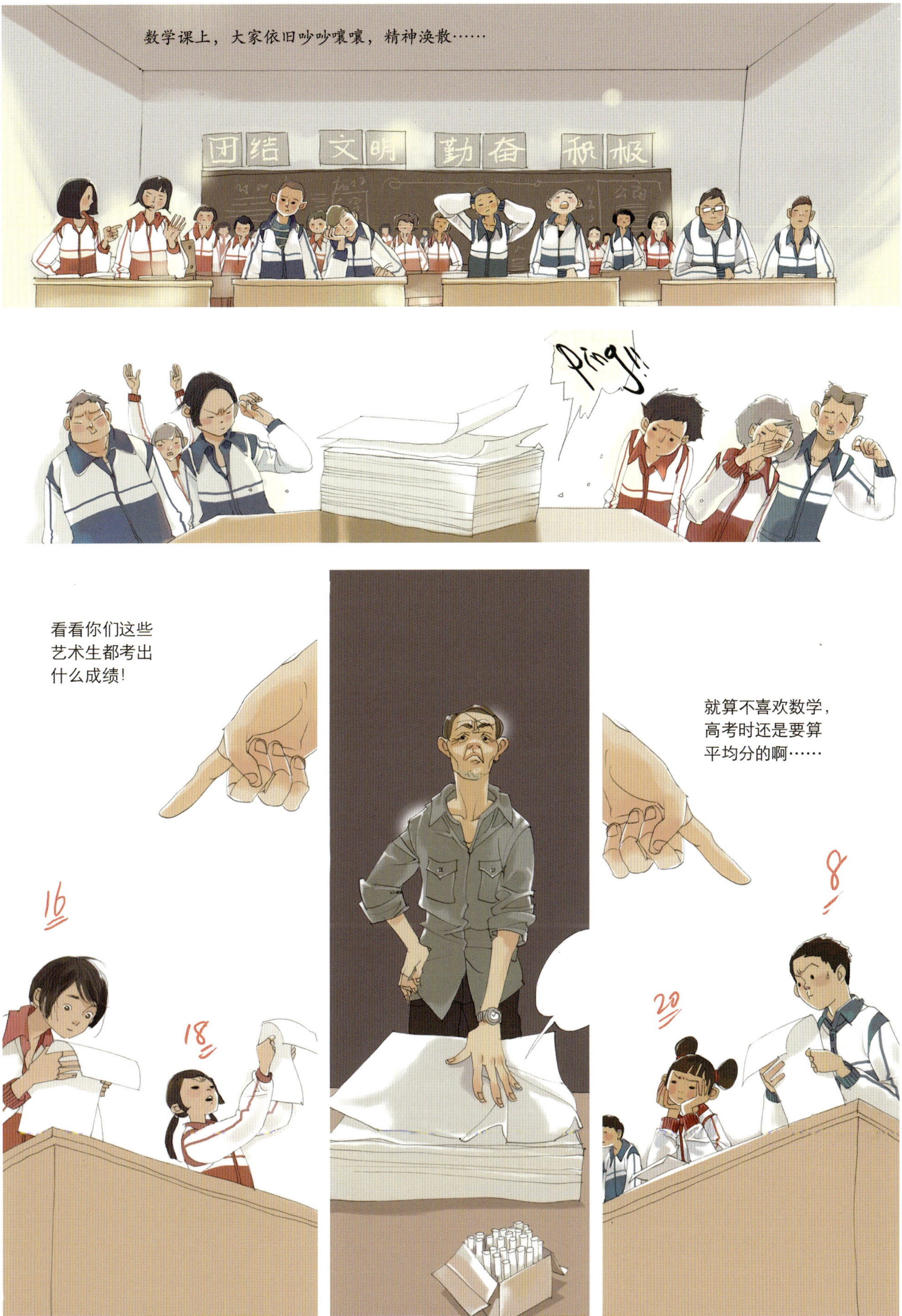
数学课上，大家依旧吵吵嚷嚷，精神涣散……
团结 文明 勤奋 积极
ping!!
看看你们这些
艺术生都考出
什么成绩！
就算不喜欢数学，
高考时还是要算
平均分的啊……
16
18
20
8

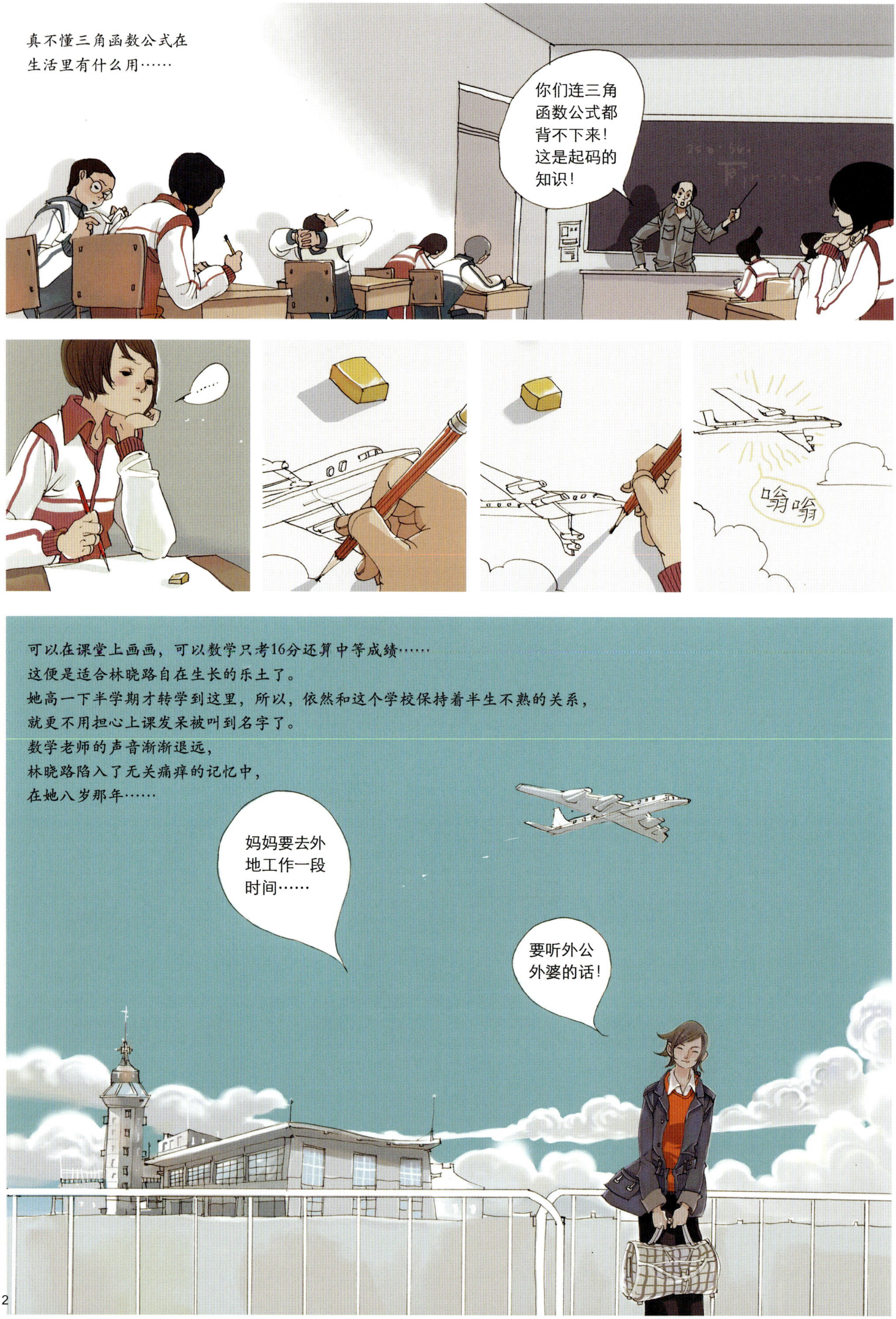
真不懂三角函数公式在生活里有什么用……
你们连三角函数公式都背不下来！这是起码的知识！
……
嗡嗡
可以在课堂上画画，可以数学只考16分还算中等成绩……
这便是适合林晓路自在生长的乐土了。
她高一下半学期才转学到这里，所以，依然和这个学校保持着半生不熟的关系，
就更不用担心上课发呆被叫到名字了。
数学老师的声音渐渐退远，
林晓路陷入了无关痛痒的记忆中，
在她八岁那年……
妈妈要去外地工作一段时间……
要听外公外婆的话！

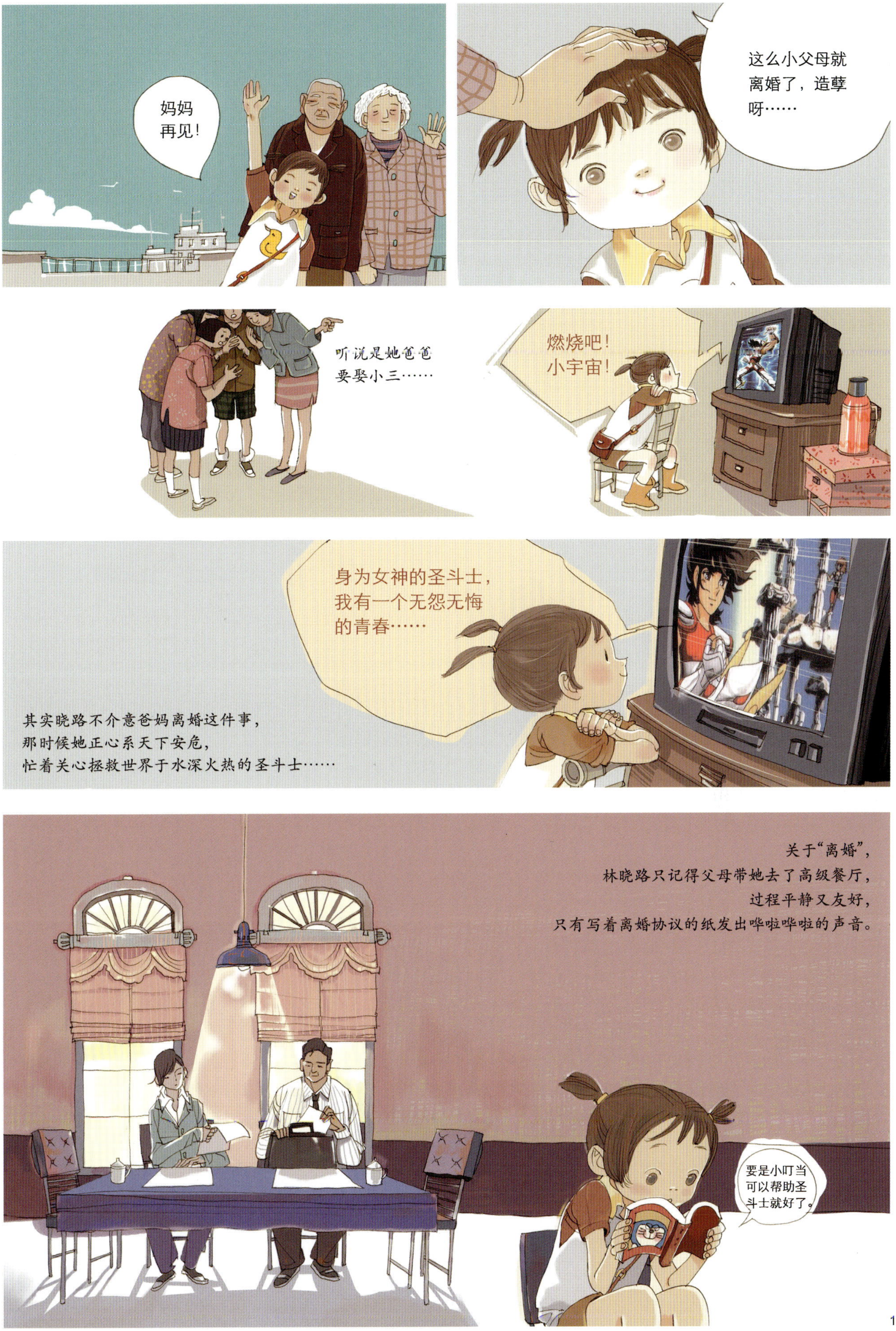
妈妈
再见！
这么小父母就
离婚了，造孽
呀……
听说是她爸爸
要娶小三……
燃烧吧！
小宇宙！
身为女神的圣斗士，
我有一个无怨无悔
的青春……
其实晓路不介意爸妈离婚这件事，
那时候她正心系天下安危，
忙着关心拯救世界于水深火热的圣斗士……
关于“离婚”，
林晓路只记得父母带她去了高级餐厅，
过程平静又友好，
只有写着离婚协议的纸发出哗啦哗啦的声音。
要是小叮当
可以帮助圣
斗士就好了。

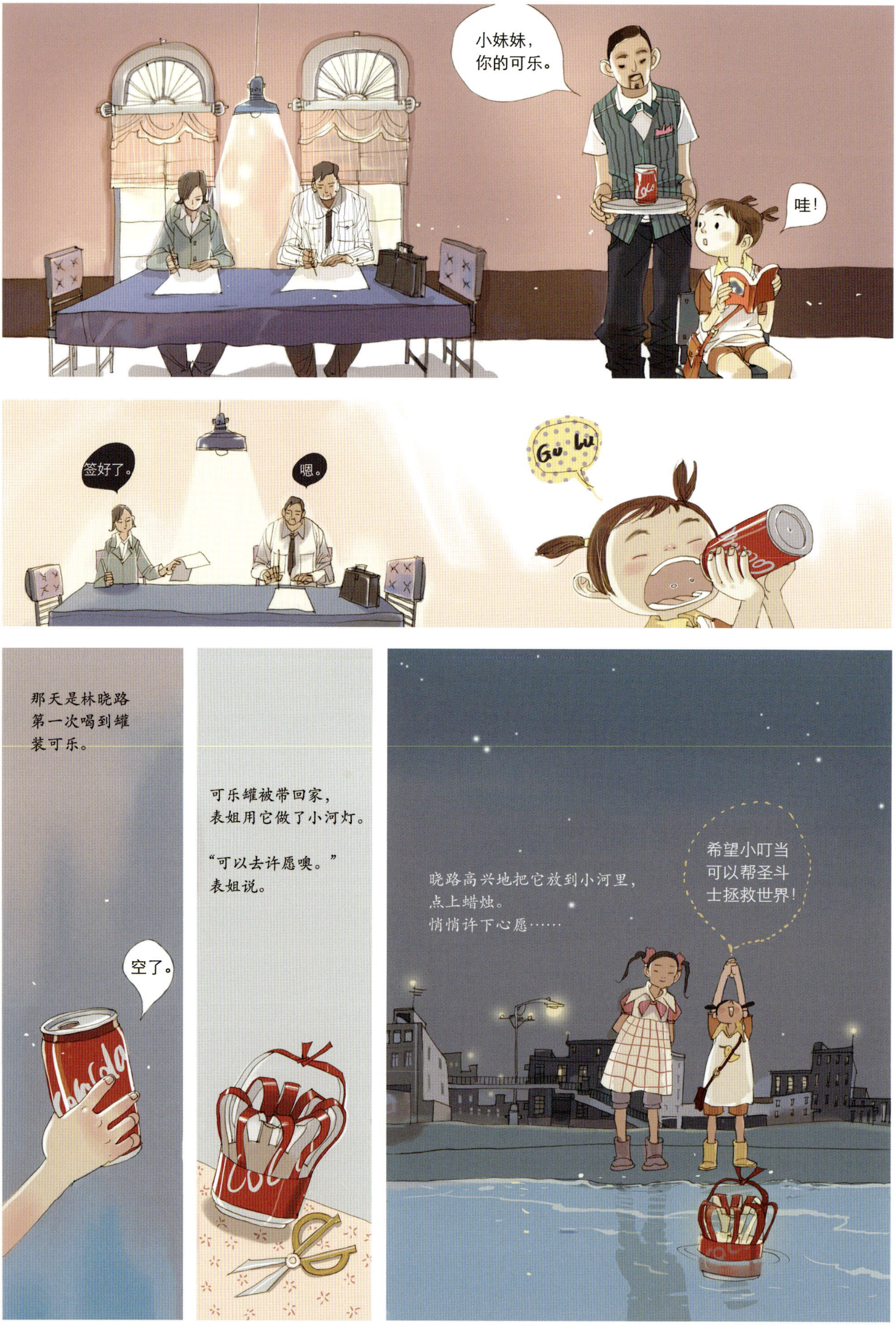
小妹妹，
你的可乐。
哇！
签好了。
嗯。
Gu lu
那天是林晓路
第一次喝到罐
装可乐。
空了。
可乐罐被带回家，
表姐用它做了小河灯。
“可以去许愿噢。”
表姐说。
晓路高兴地把它放到小河里，
点上蜡烛。
悄悄许下心愿……
希望小叮当
可以帮圣斗
士拯救世界！

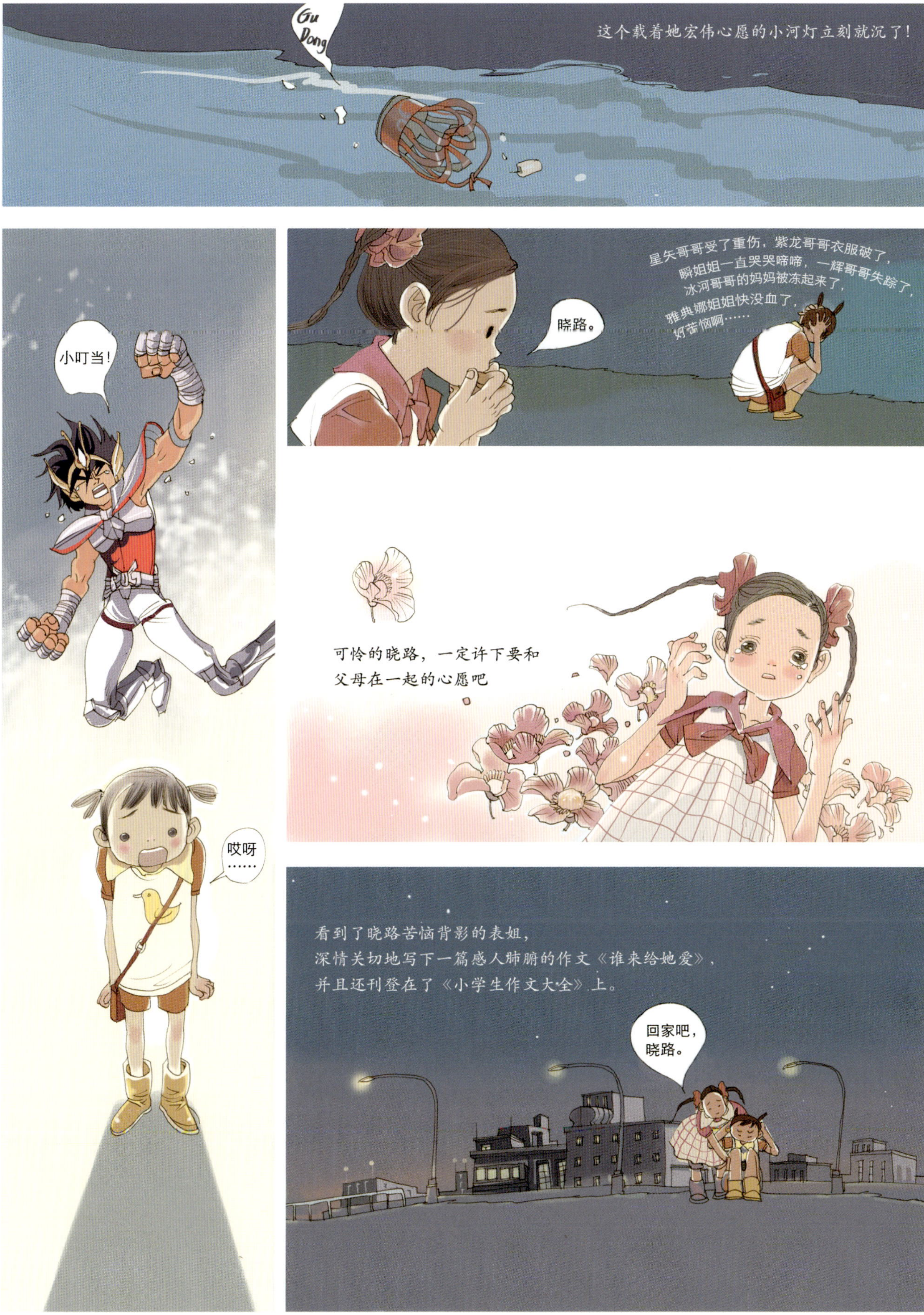
这个载着她宏伟心愿的小河灯立刻就沉了！
Gu Dong
小叮当！
晓路。
星矢哥哥受了重伤，紫龙哥哥衣服破了，
瞬姐姐一直哭哭啼啼，一辉哥哥失踪了，
冰河哥哥的妈妈被冻起来了，
雅典娜姐姐快没血了，
好苦恼啊……
哎呀……
可怜的晓路，一定许下要和
父母在一起的心愿吧
看到了晓路苦恼背影的表姐，
深情关切地写下一篇感人肺腑的作文《谁来给她爱》，
并且还刊登在了《小学生作文大全》上。
回家吧，
晓路。

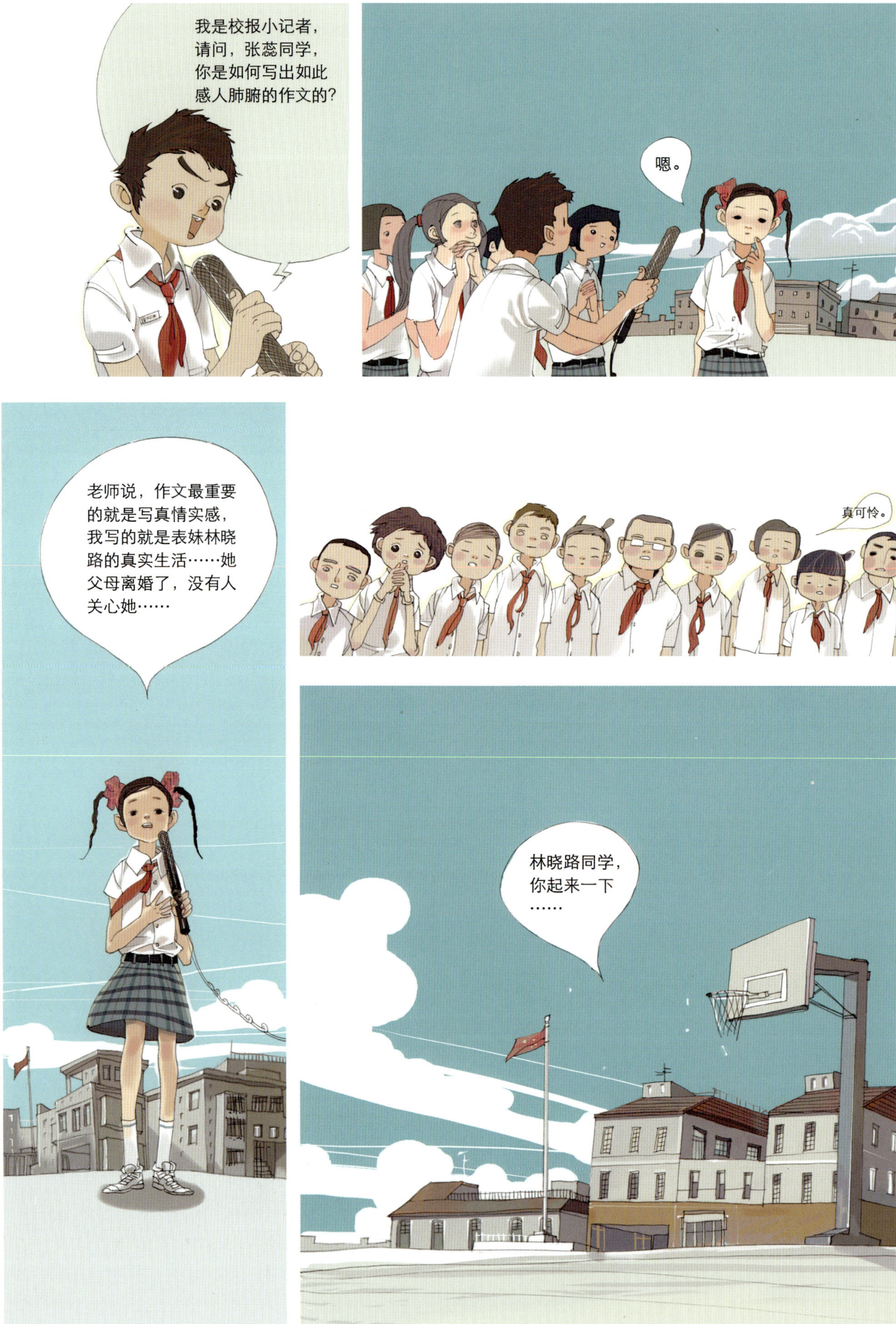
我是校报小记者，
请问，张蕊同学，
你是如何写出如此
感人肺腑的作文的？
嗯。
老师说，作文最重要
的就是写真情实感，
我写的就是表妹林晓
路的真实生活……她
父母离婚了，没有人
关心她……
真可怜。
林晓路同学，
你起来一下
……

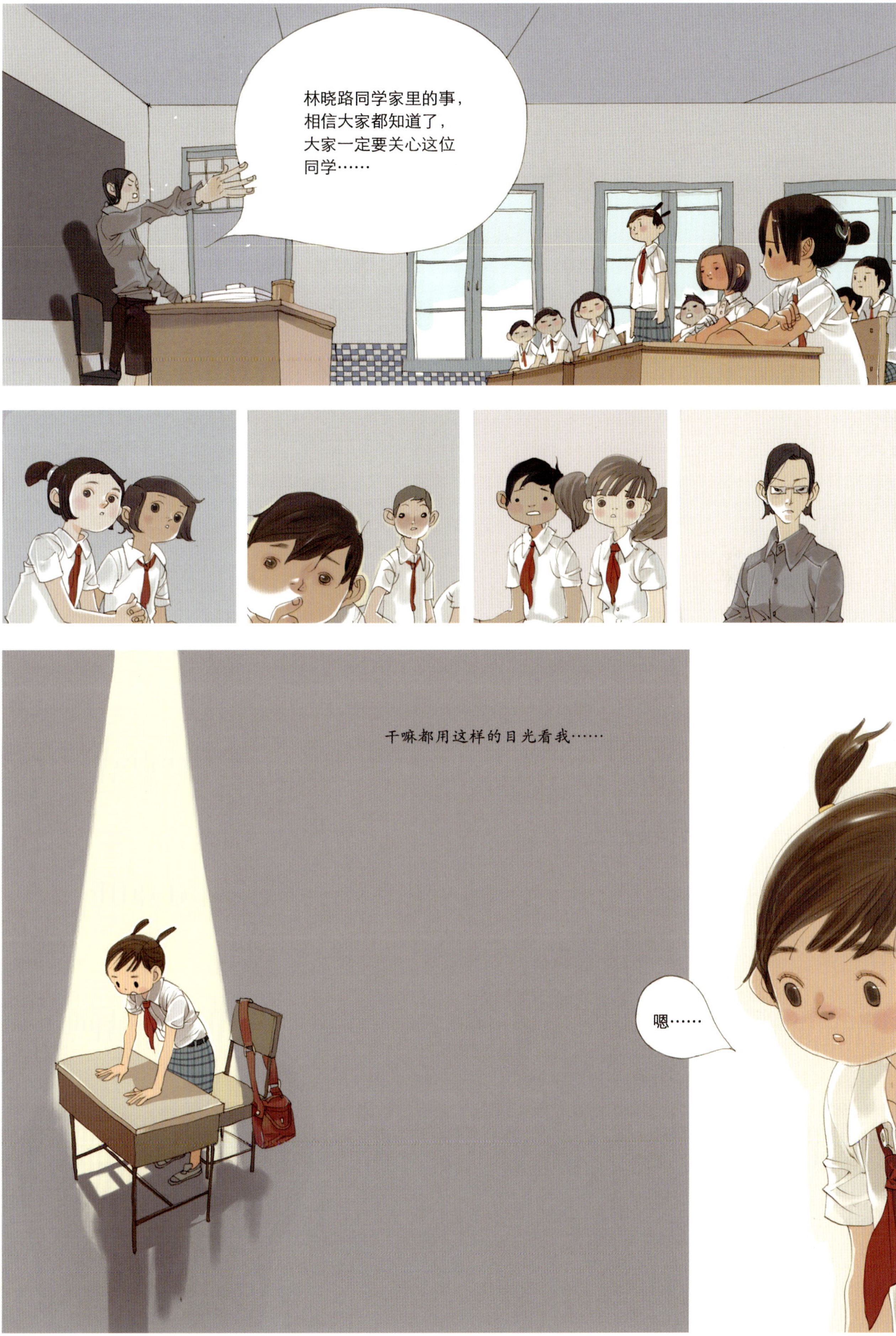
林晓路同学家里的事，
相信大家都知道了，
大家一定要关心这位
同学……
干嘛都用这样的目光看我……
嗯……

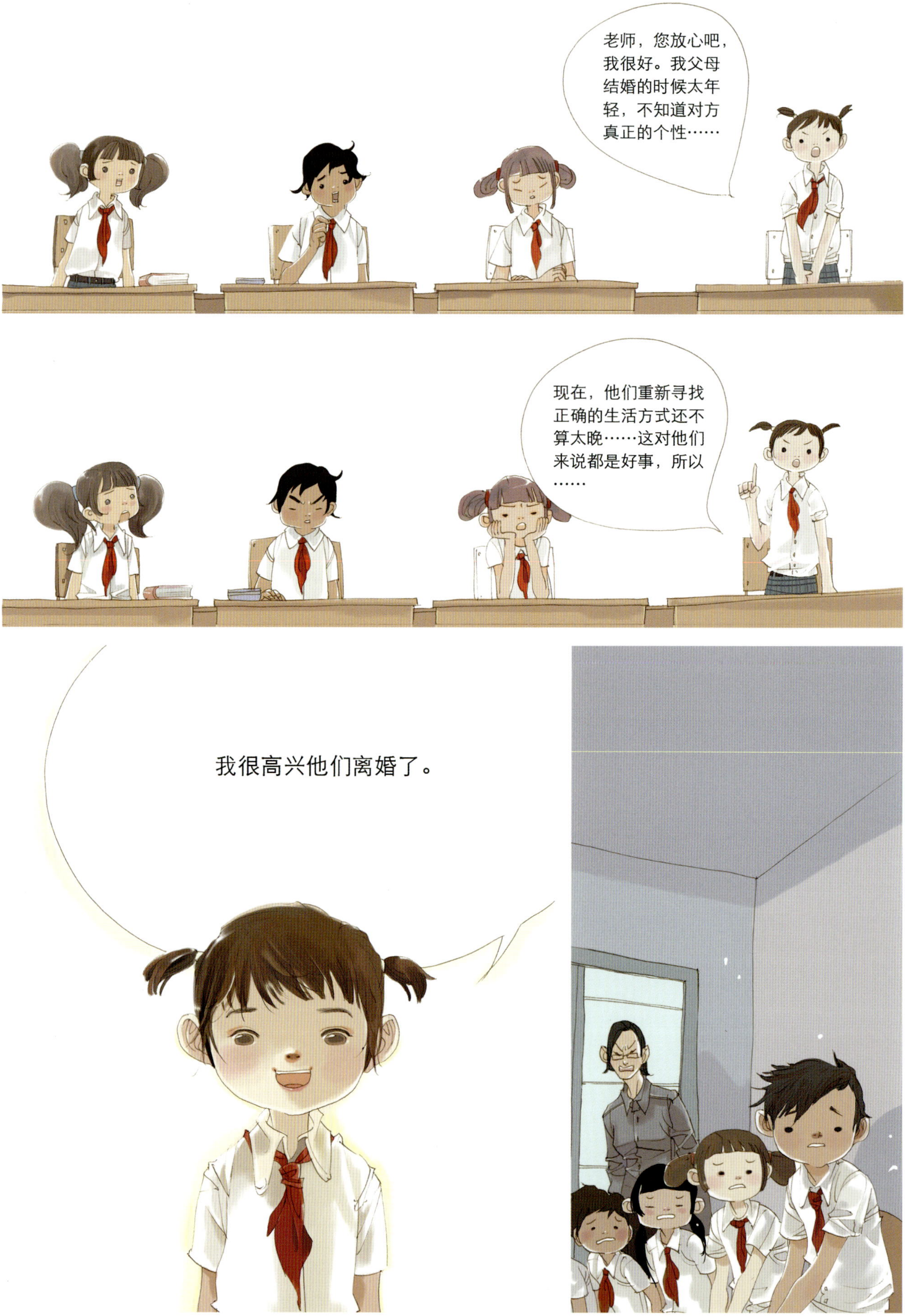
老师，您放心吧，我很好。我父母结婚的时候太年轻，不知道对方真正的个性……
现在，他们重新寻找正确的生活方式还不算太晚……这对他们来说都是好事，所以……
我很高兴他们离婚了。

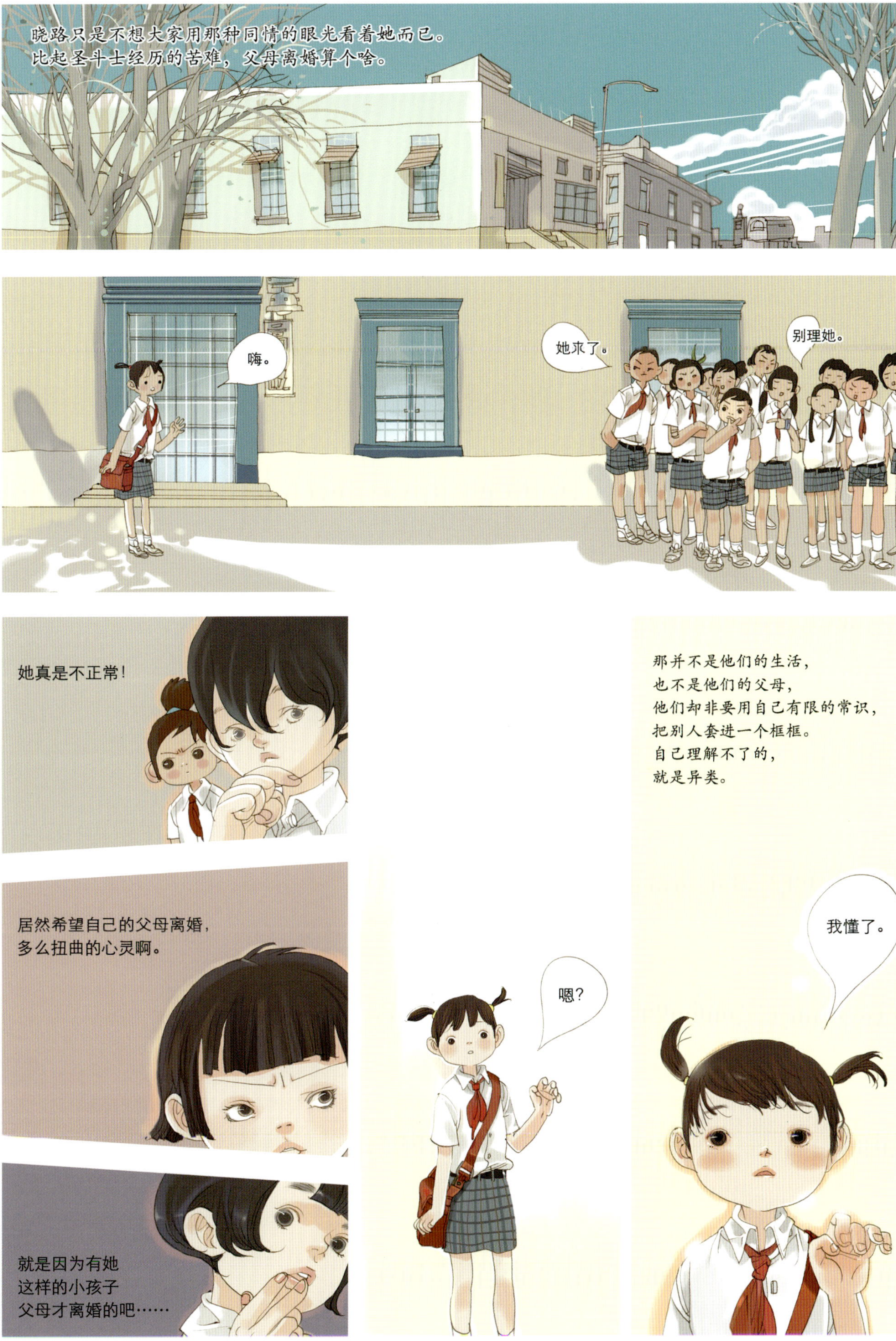

晓路只是不想大家用那种同情的眼光看着她而已。
比起圣斗士经历的苦难，父母离婚算个啥。
嗨。
她来了。
别理她。
她真是不正常！
居然希望自己的父母离婚，
多么扭曲的心灵啊。
就是因为有她
这样的小孩子
父母才离婚的吧……
嗯？
那并不是他们的生活，
也不是他们的父母，
他们却非要用自己有限的常识，
把别人套进一个框框。
自己理解不了的，
就是异类。
我懂了。

原来……真心话，说出来就是大冒险。

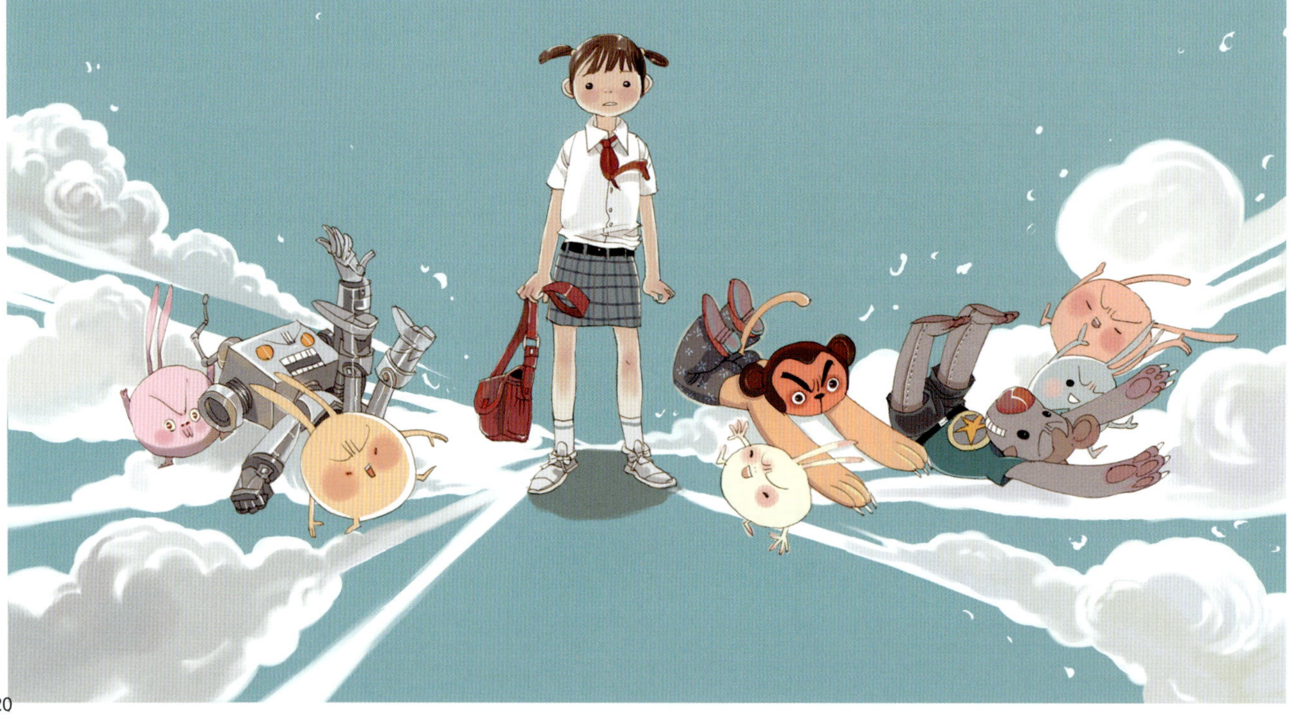

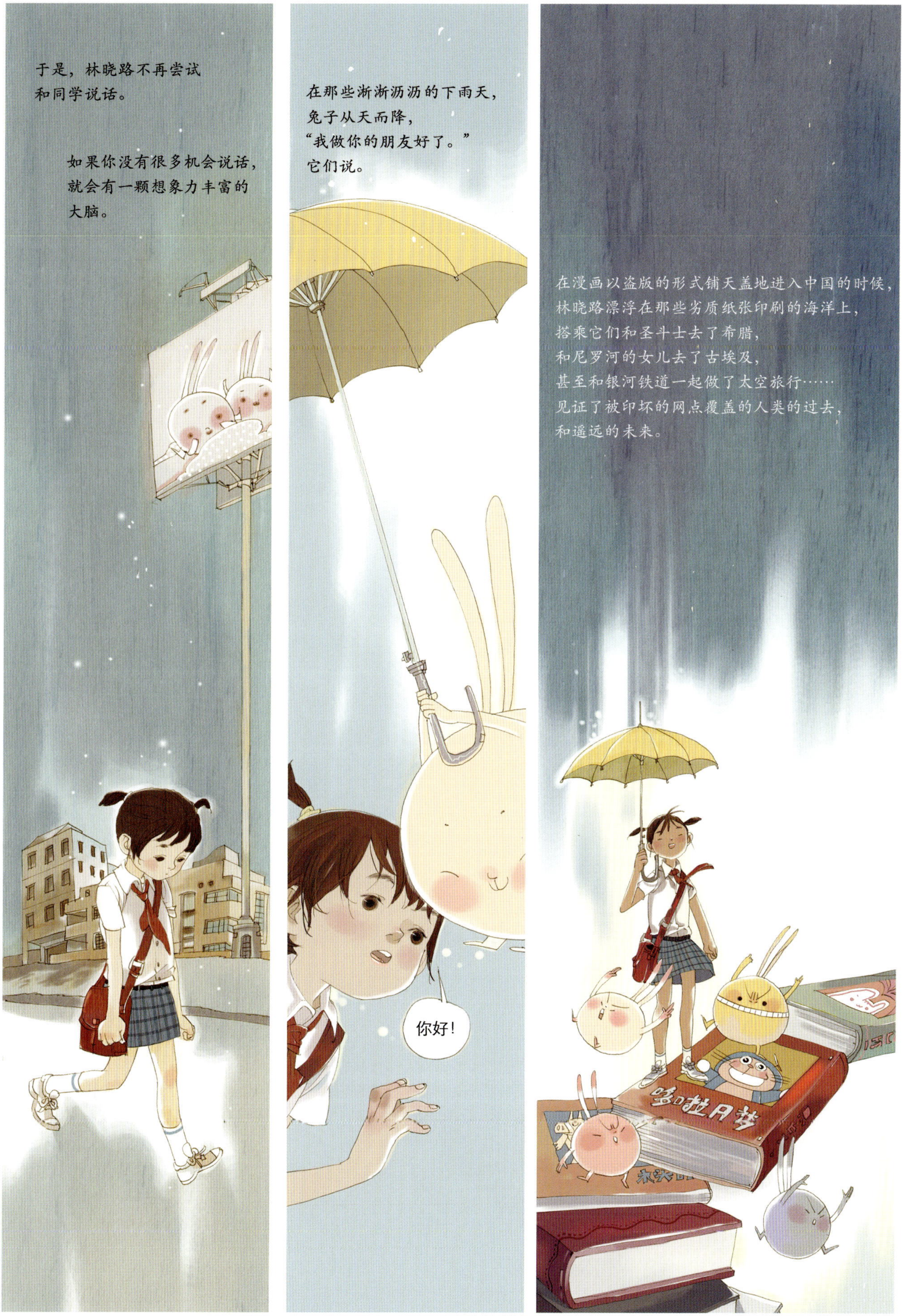
于是，林晓路不再尝试
和同学说话。
如果你没有很多机会说话，
就会有一颗想象力丰富的
大脑。
在那些淅淅沥沥的下雨天，
兔子从天而降，
“我做你的朋友好了。”
它们说。
你好!
在漫画以盗版的形式铺天盖地进入中国的时候，
林晓路漂浮在那些劣质纸张印刷的海洋上，
搭乘它们和圣斗士去了希腊，
和尼罗河的女儿去了古埃及，
甚至和银河铁道一起做了太空旅行……
见证了被印坏的网点覆盖的人类的过去，
和遥远的未来。

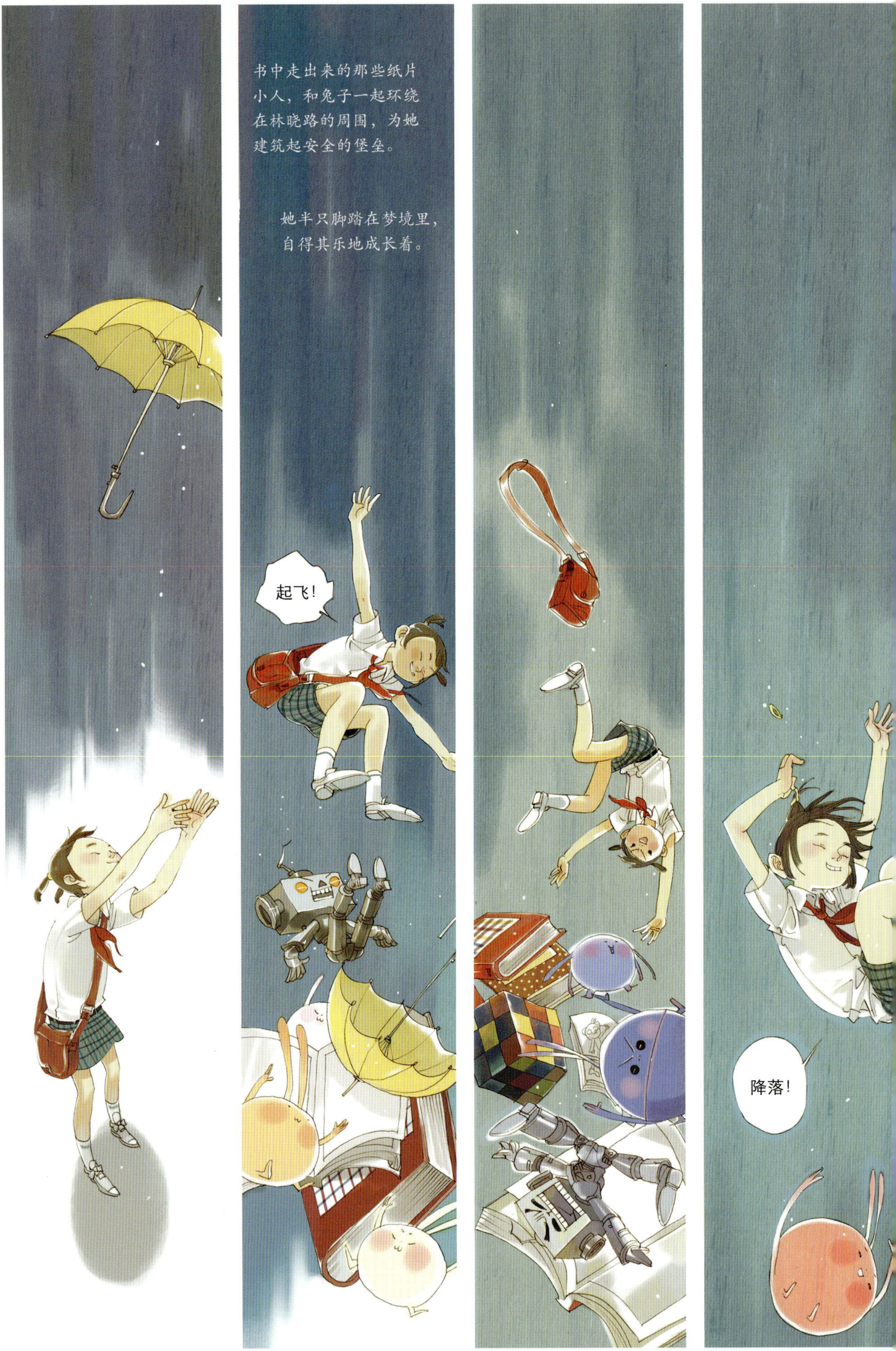
书中走出来的那些纸片
小人，和兔子一起环绕
在林晓路的周围，为她
建筑起安全的堡垒。
她半只脚踏在梦境里，
自得其乐地成长着。
起飞！
降落！

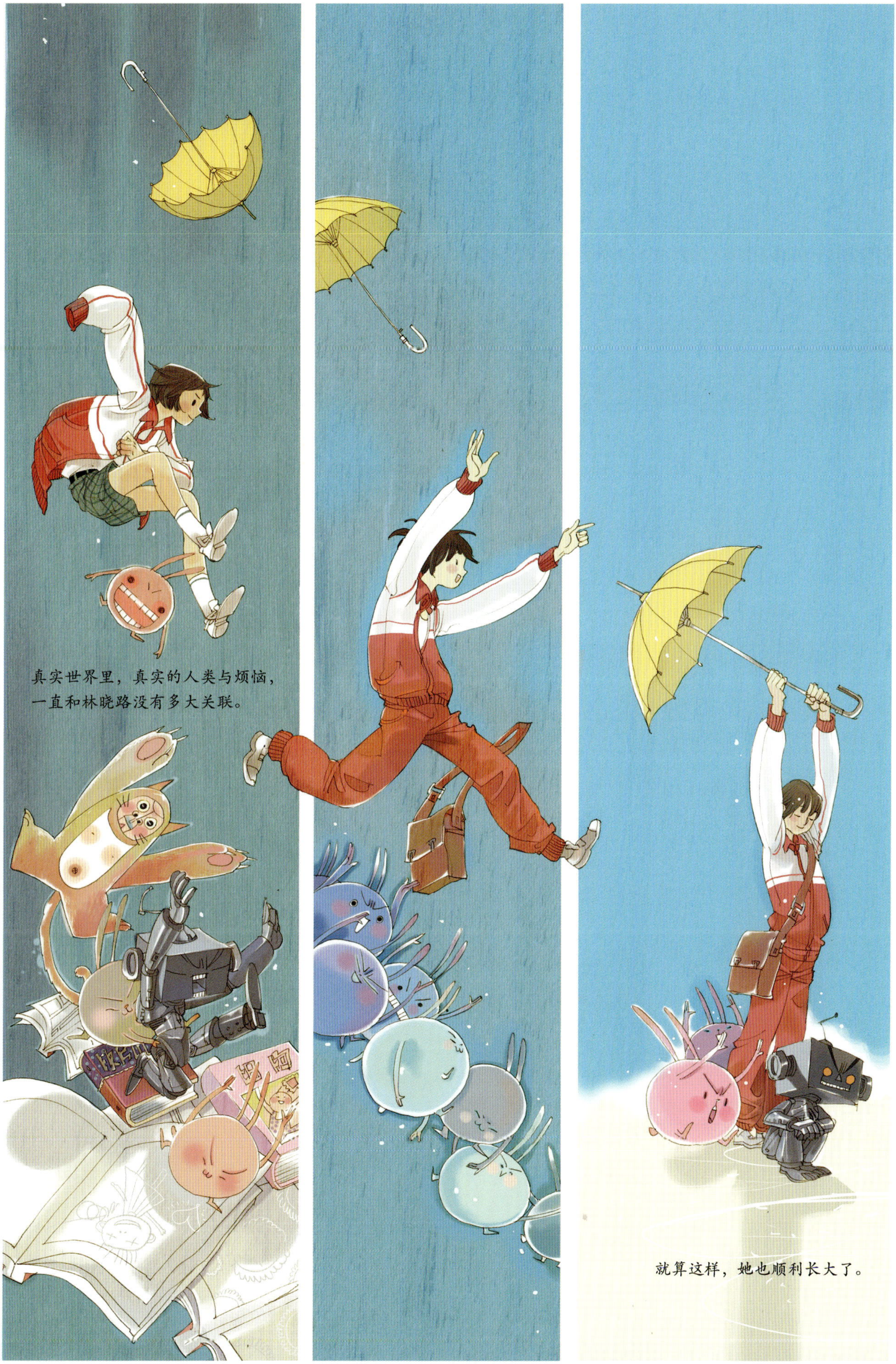

真实世界里，真实的人类与烦恼，
一直和林晓路没有多大关联。

就算这样，她也顺利长大了。

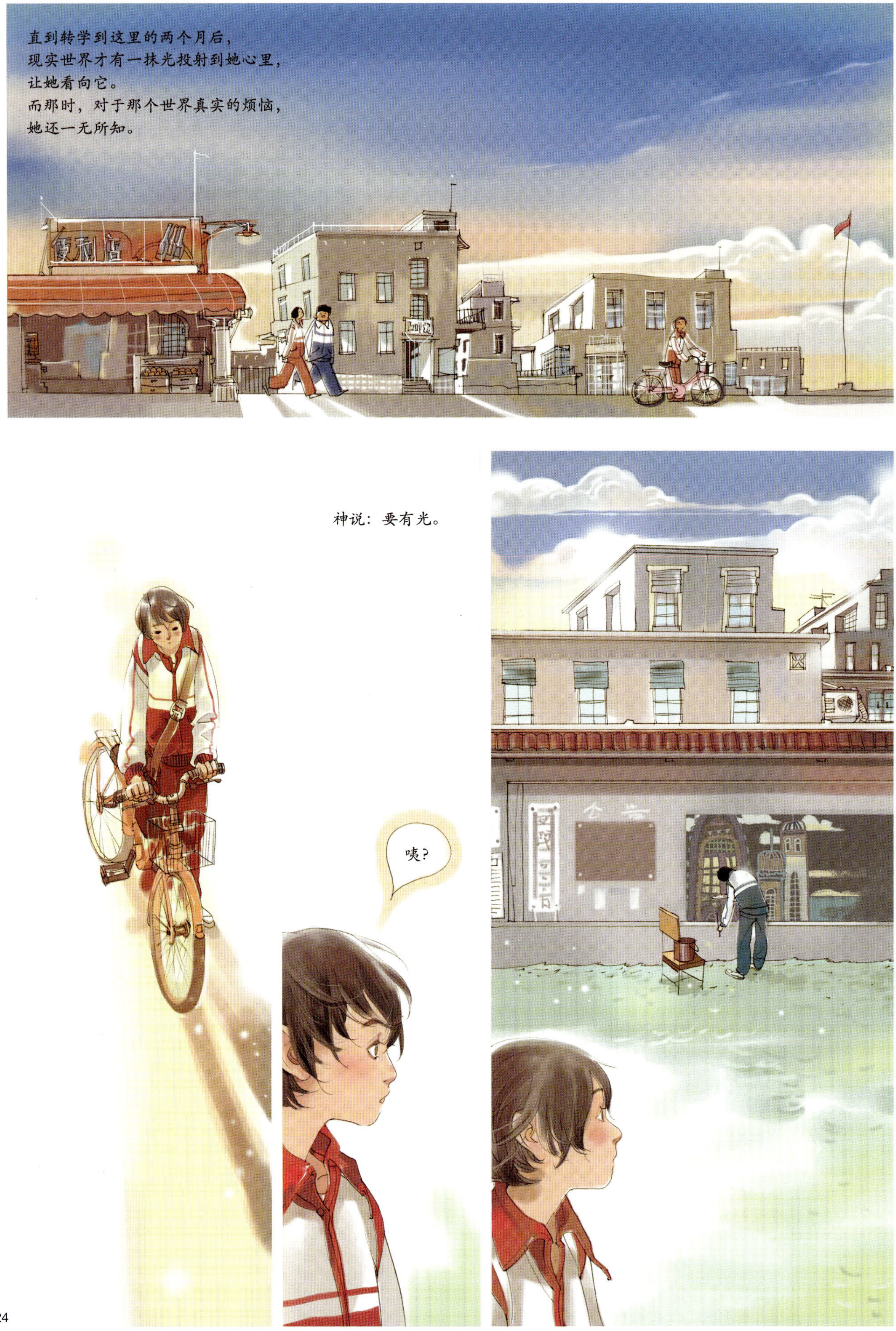
直到转学到这里的两个月后，
现实世界才有一抹光投射到她心里，
让她看向它。
而那时，对于那个世界真实的烦恼，
她还一无所知。
神说：要有光。
咦？

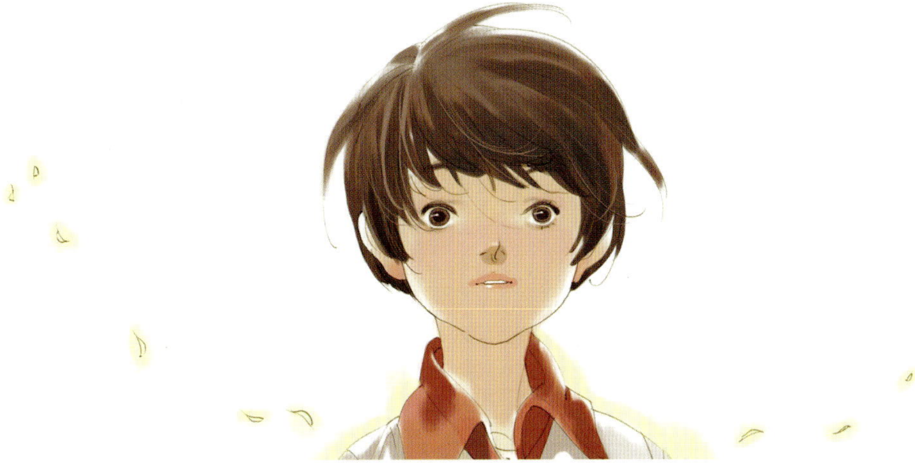

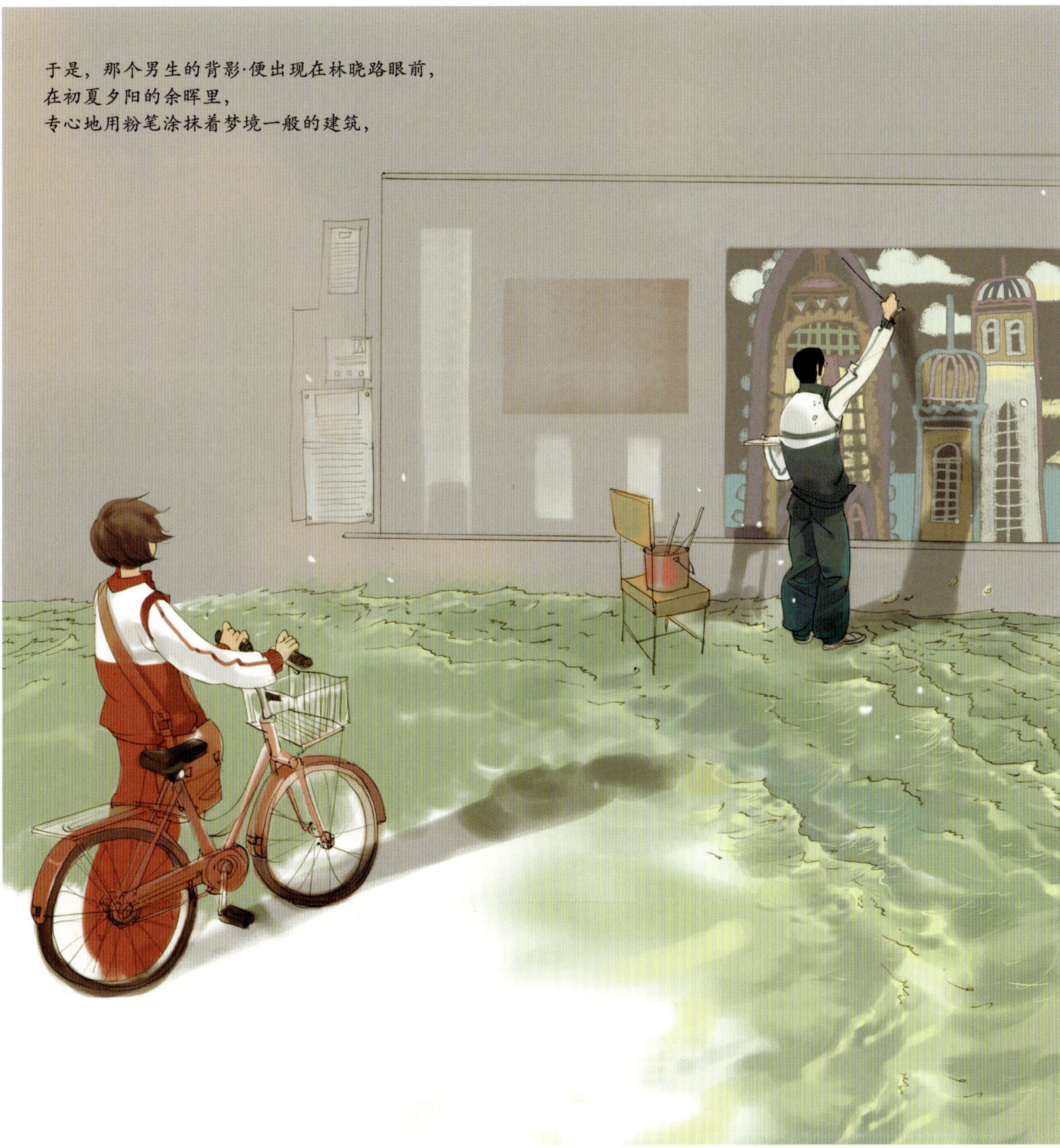
于是，那个男生的背影·便出现在林晓路眼前，
在初夏夕阳的余晖里，
专心地用粉笔涂抹着梦境一般的建筑，

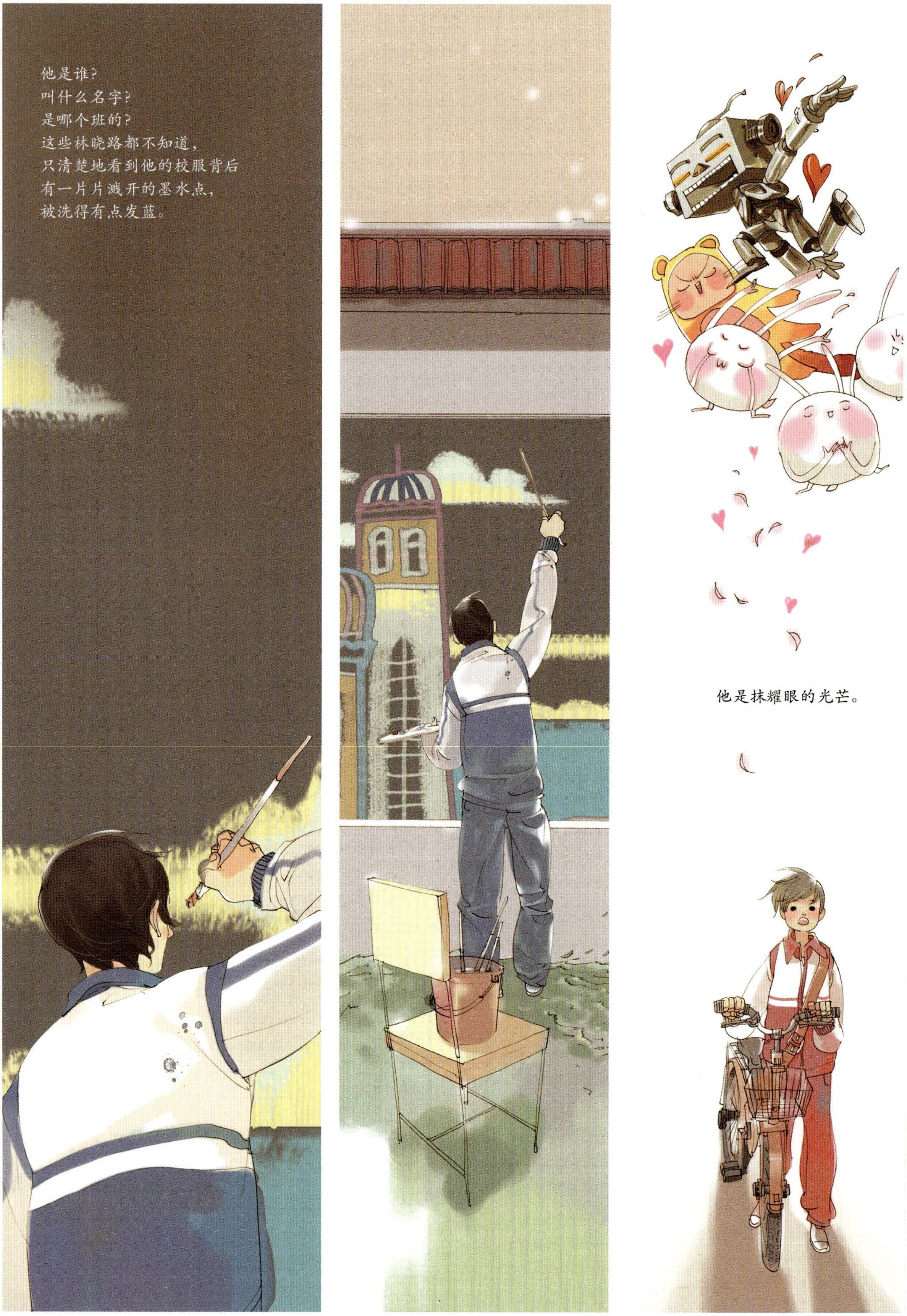
他是谁？
叫什么名字？
是哪个班的？
这些林晓路都不知道，
只清楚地看到他的校服背后
有一片片溅开的墨水点，
被洗得有点发蓝。
他是抹耀眼的光芒。

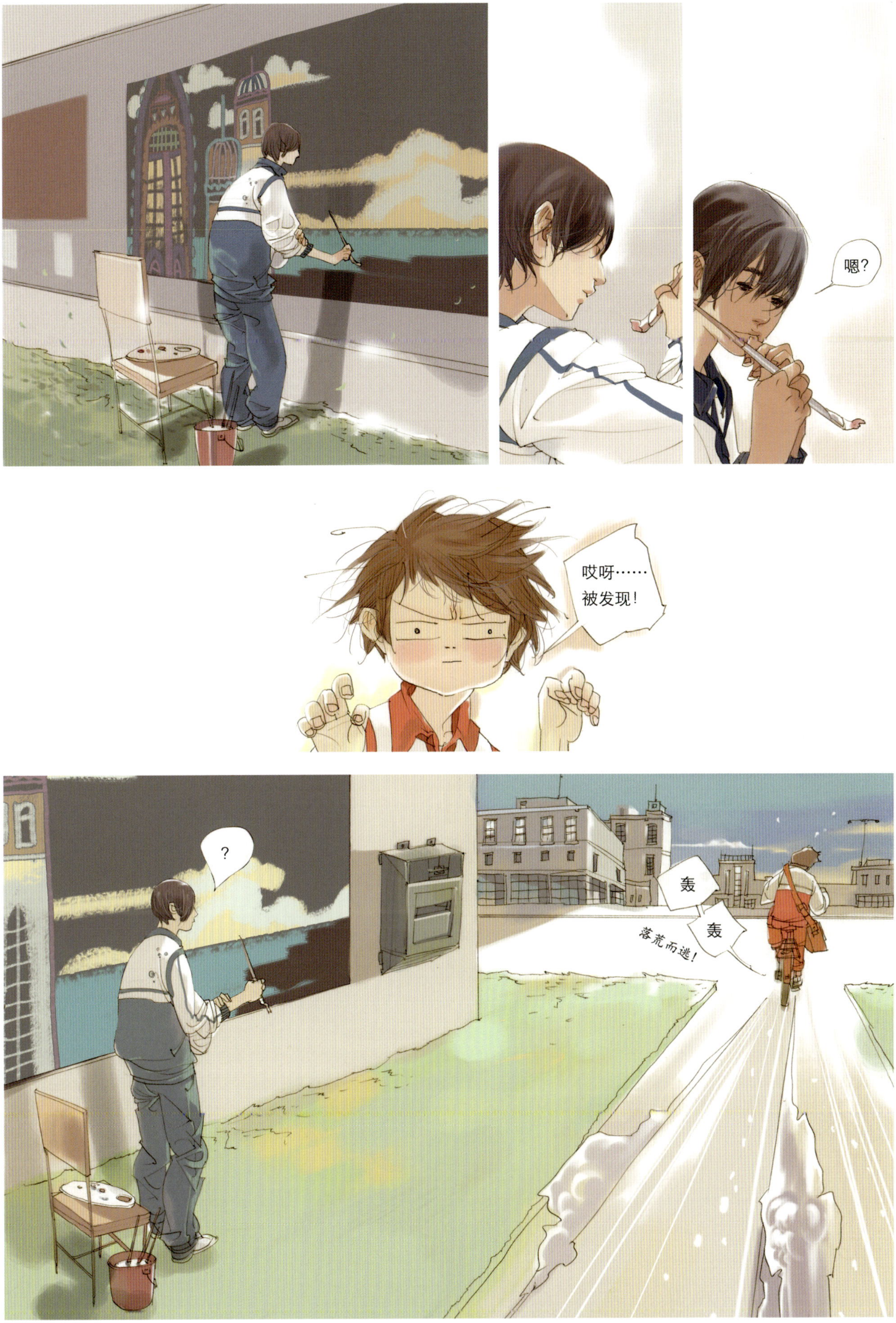
嗯?
哎呀……
被发现!
?
轰
轰
落荒而逃!

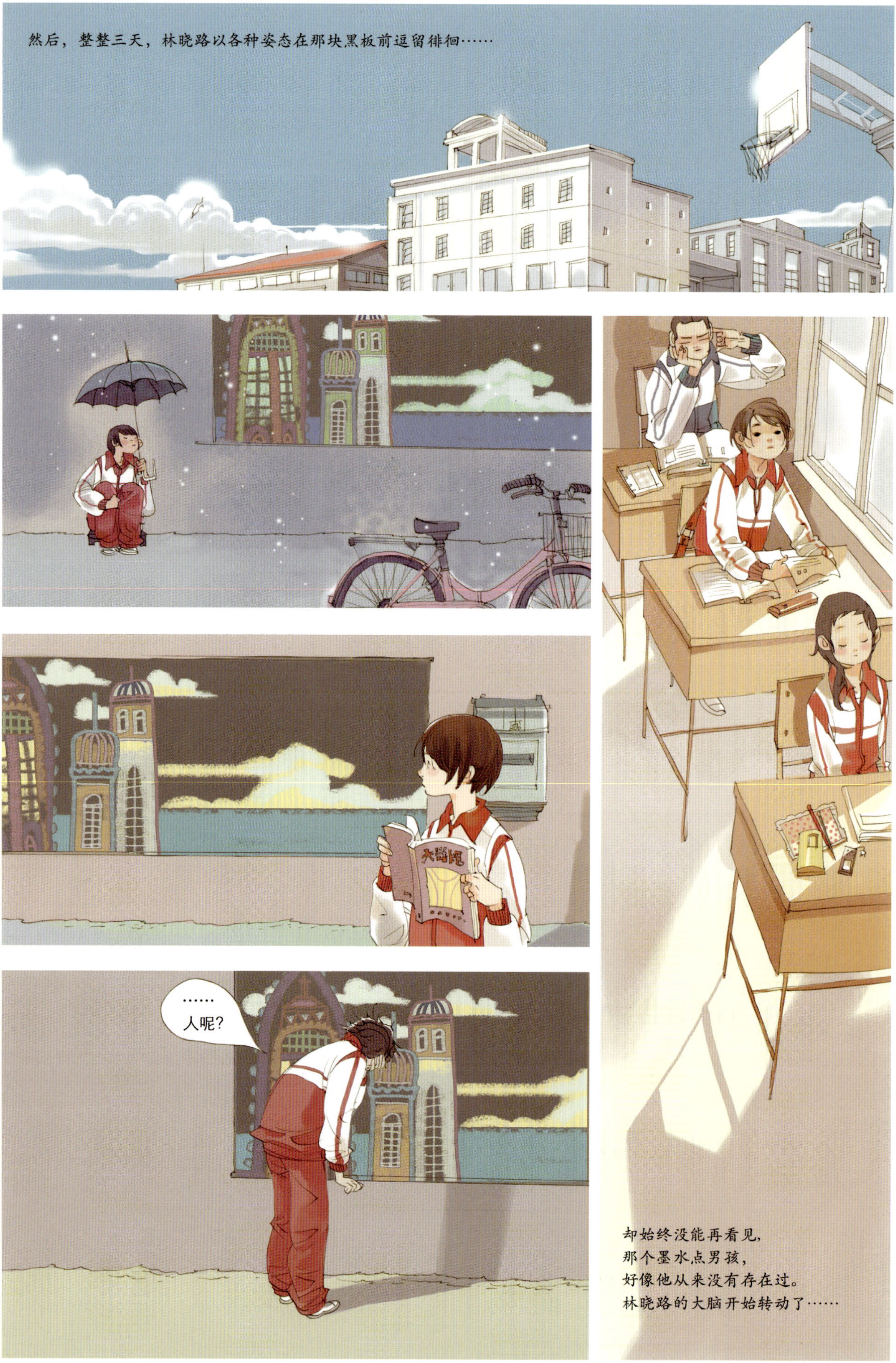
然后，整整三天，林晓路以各种姿态在那块黑板前逗留徘徊……
……
人呢？
却始终没能再看见，
那个墨水点男孩，
好像他从来没有存在过。
林晓路的大脑开始转动了……

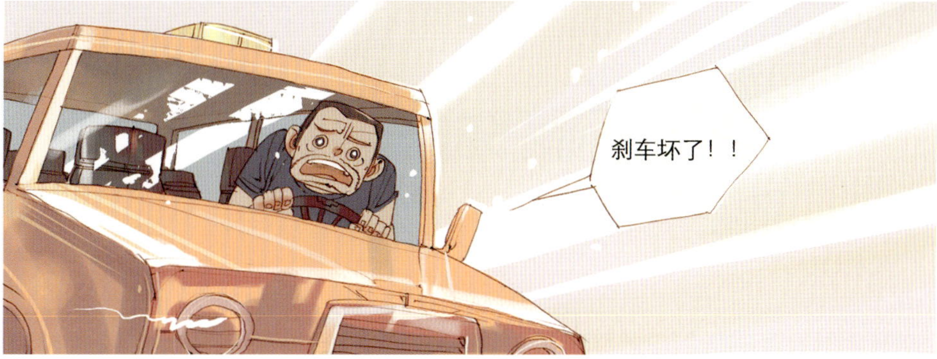

说不定……

那个男生根本就是不存在的，
他是学校里的一个幽灵，
善良而孤独，
独自安静地在学校画画到
最后……
只有某些特别的时刻才能
看到他……

为什么幽灵会在学校办板报？
也许……

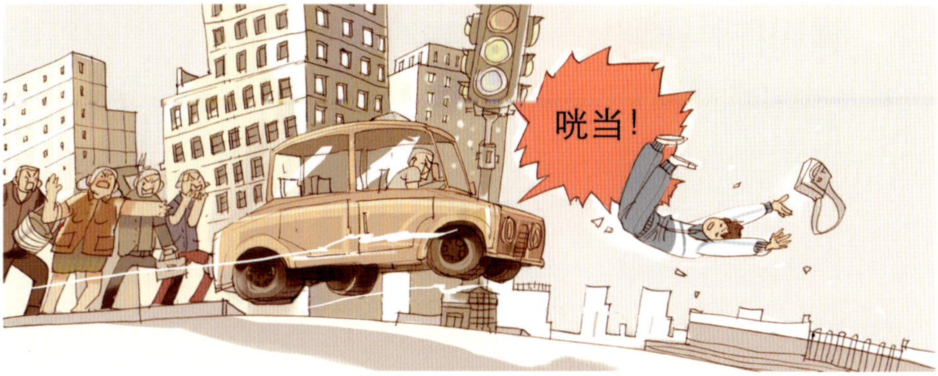

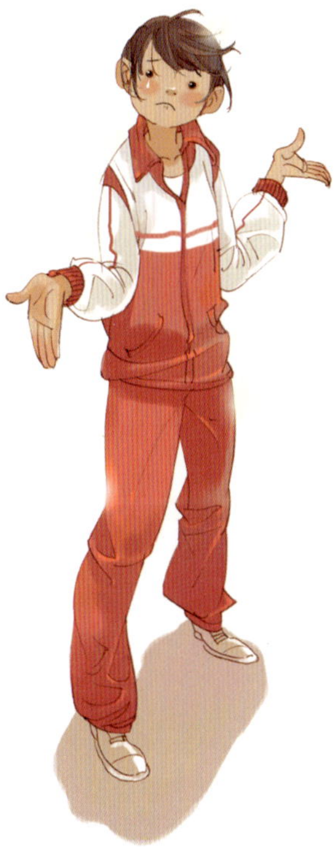

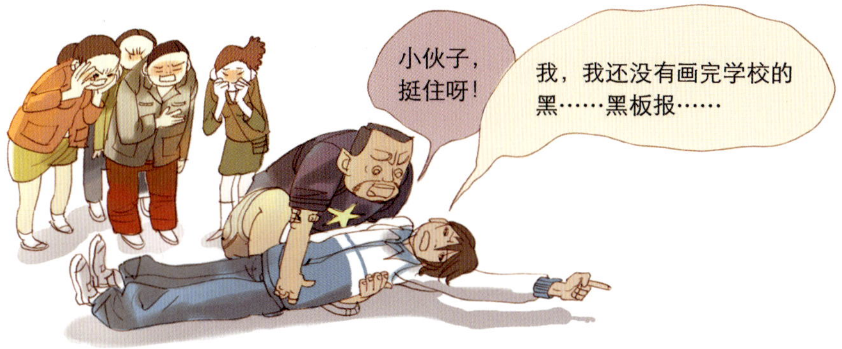

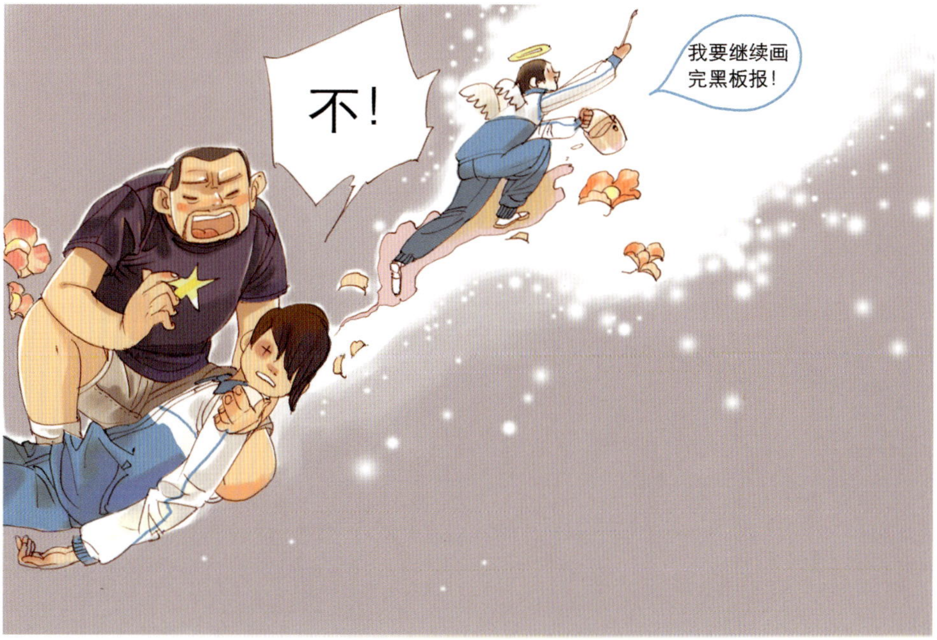

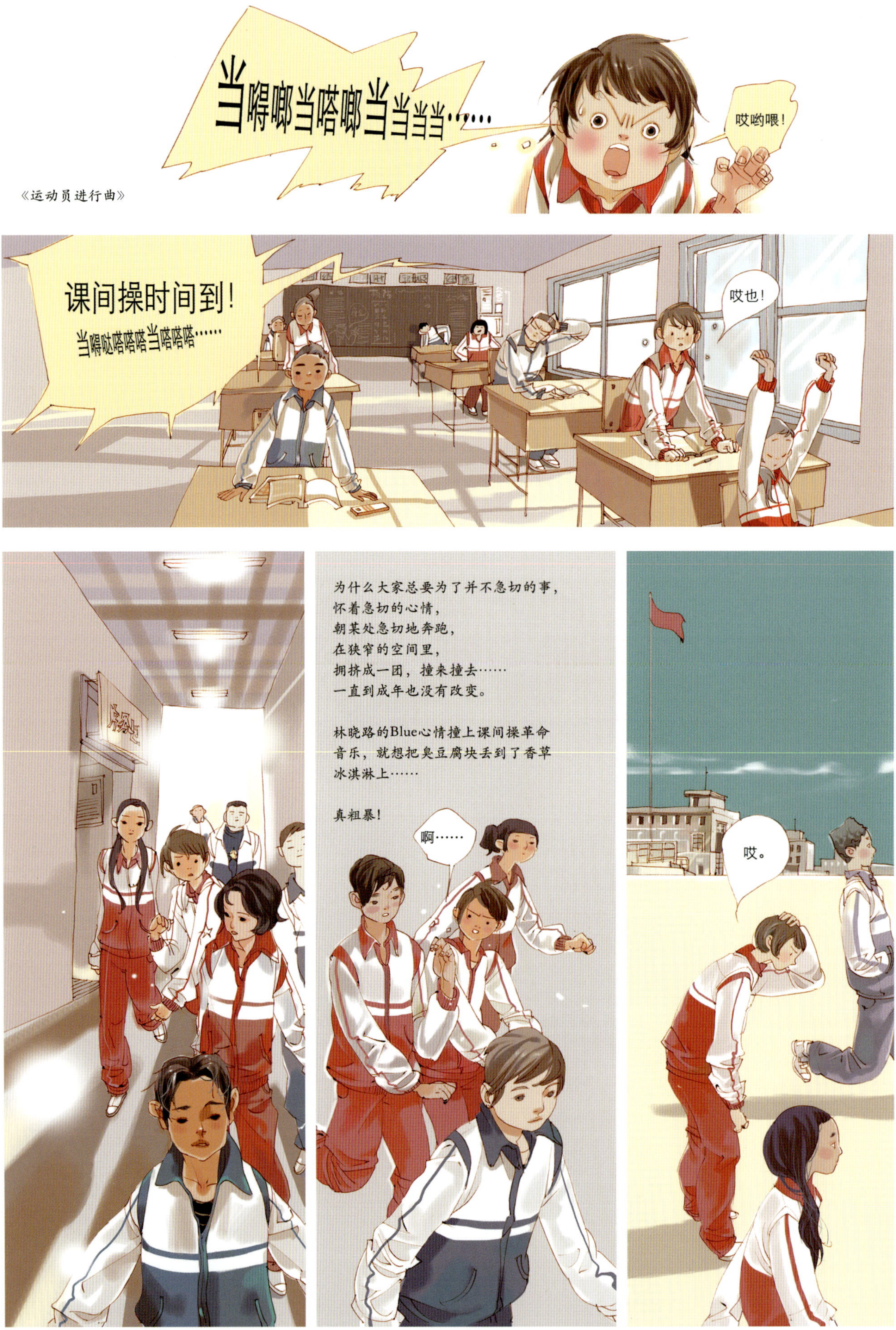
当嘚唧当嗒唧当当当当……
哎哟喂！
《运动员进行曲》
课间操时间到！
当嘚哒嗒嗒嗒当嗒嗒嗒……
哎也！
为什么大家总要为了并不急切的事，
怀着急切的心情，
朝某处急切地奔跑，
在狭窄的空间里，
拥挤成一团，撞来撞去……
一直到成年也没有改变。
林晓路的Blue心情撞上课间操革命音乐，就想把臭豆腐块丢到了香草冰淇淋上……
真粗暴！
啊……
哎。

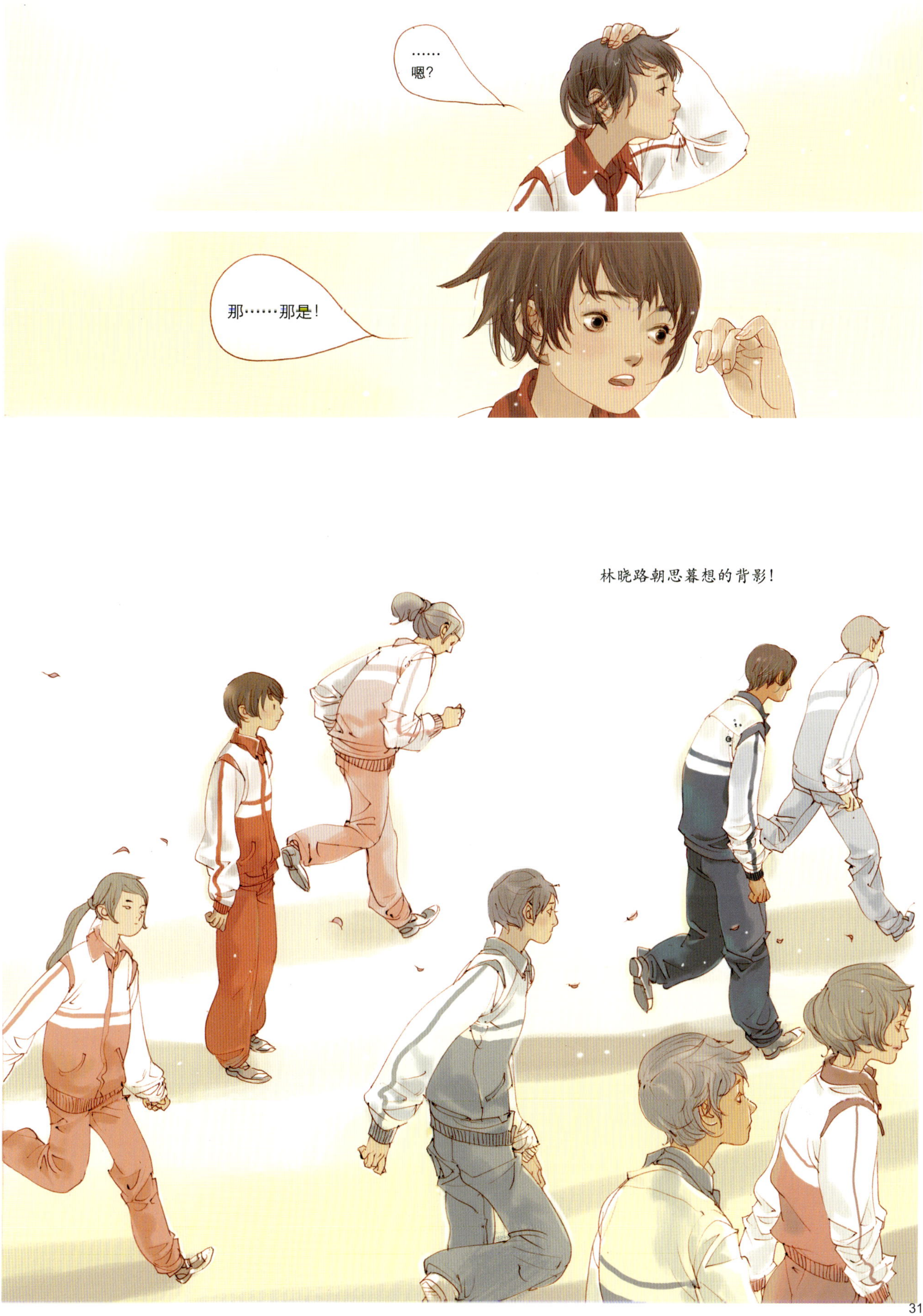
……
嗯?
那……那是!
林晓路朝思暮想的背影!

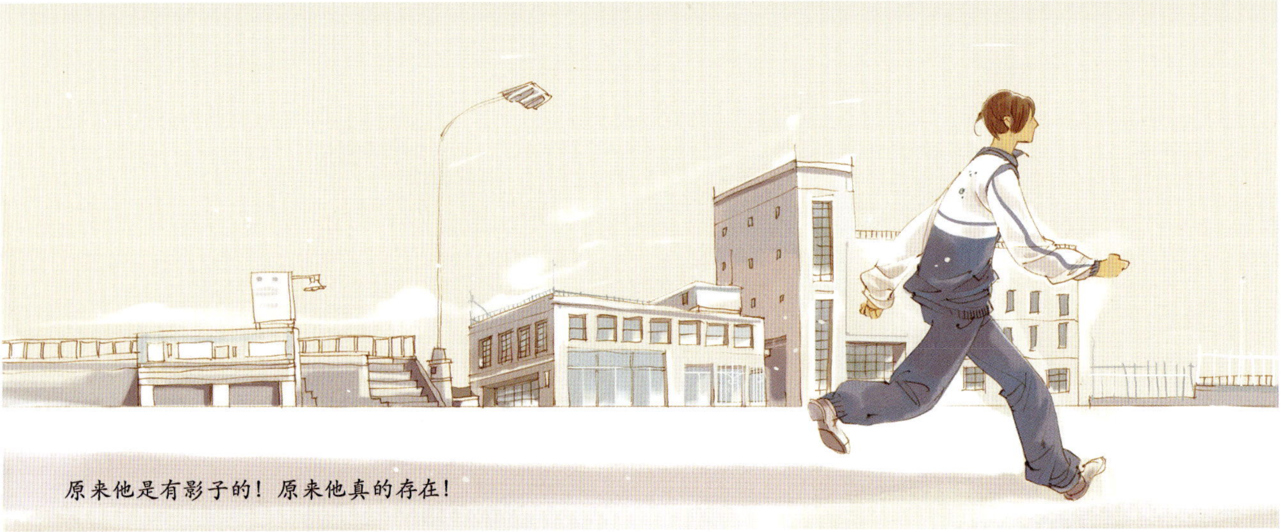
原来他是有影子的！原来他真的存在！

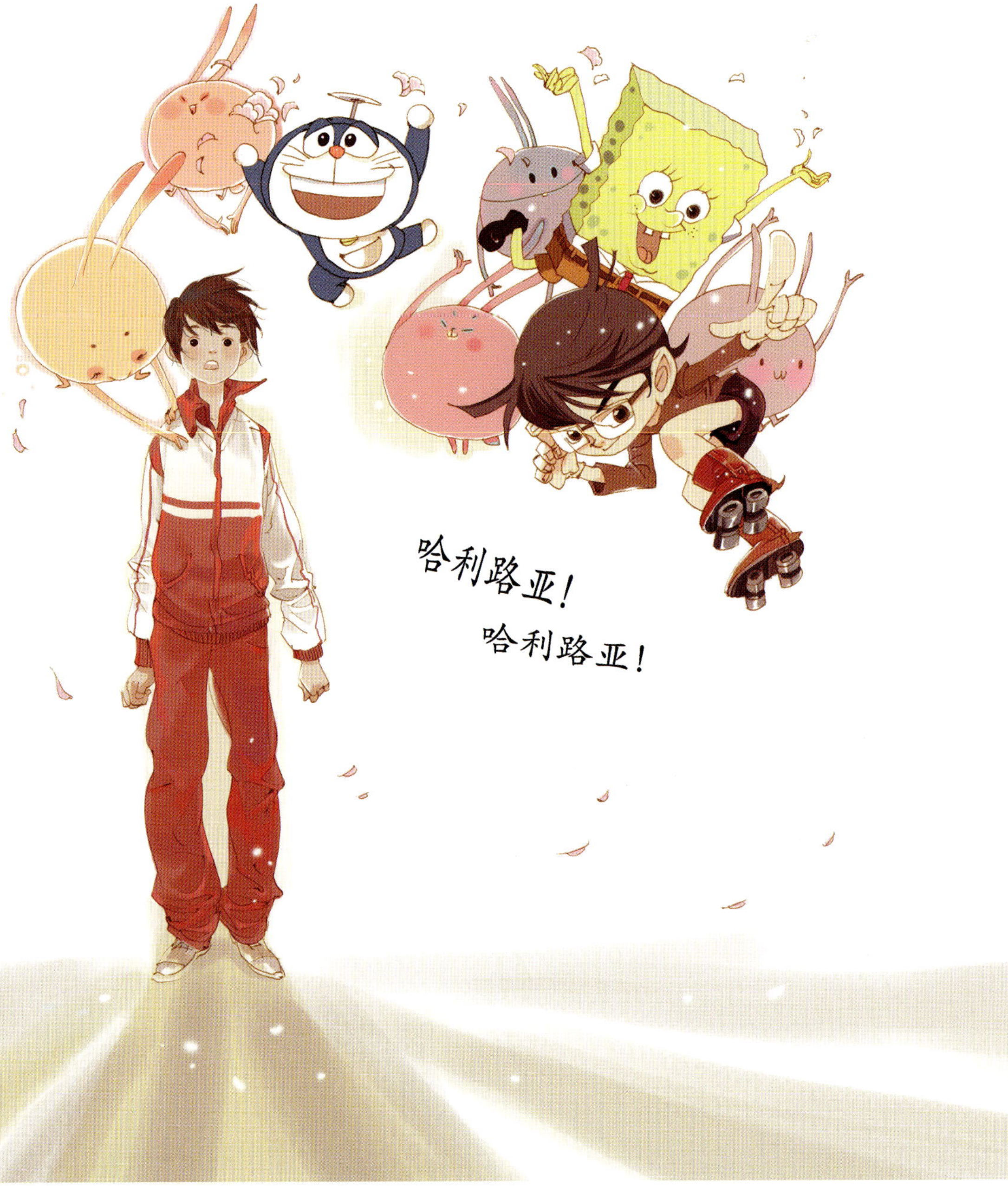
哈利路亚！
哈利路亚！

林晓路的调查工作在山穷水尽之际有了重大突破！

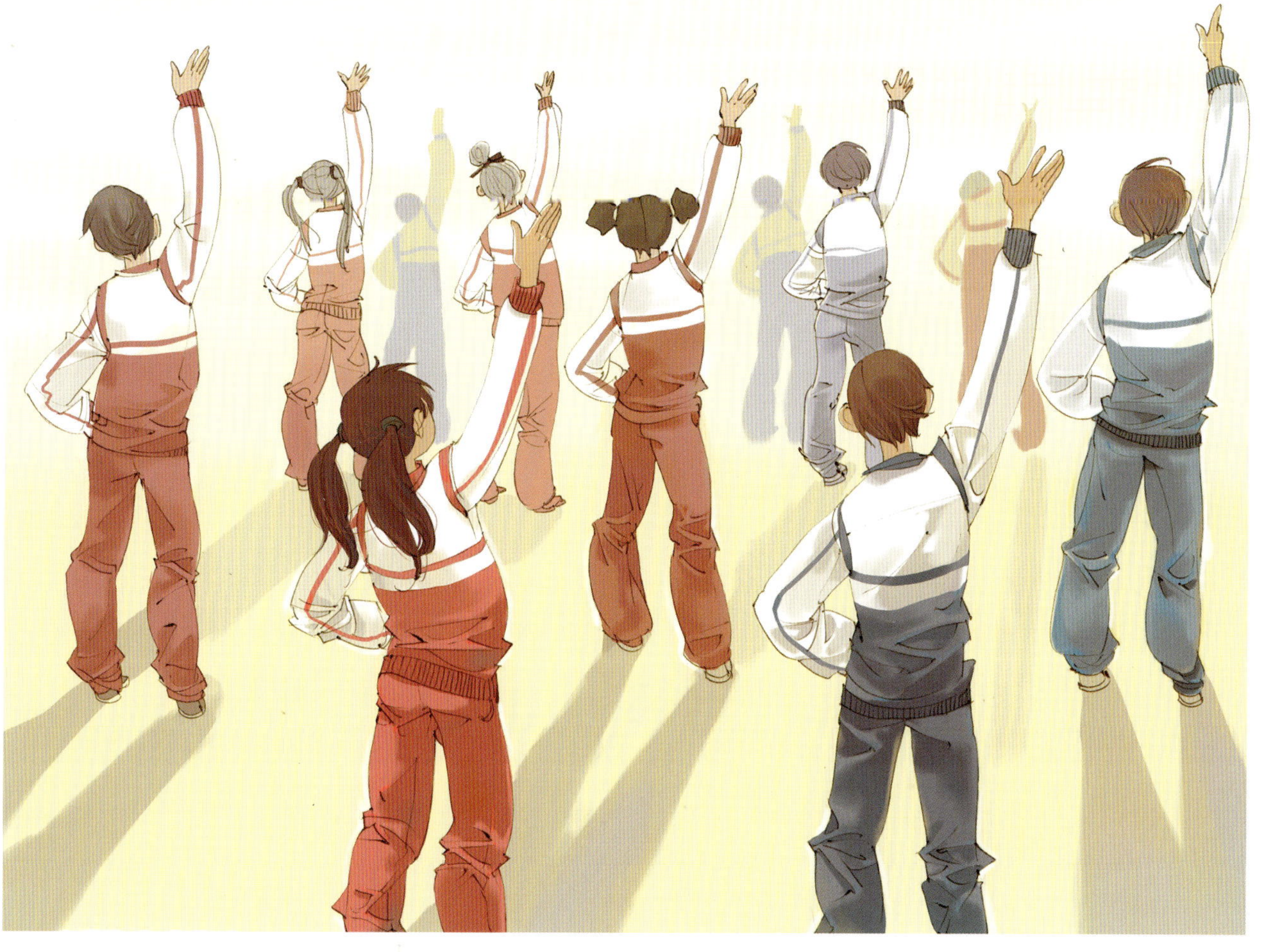

原来，墨水点男生是个大活人！

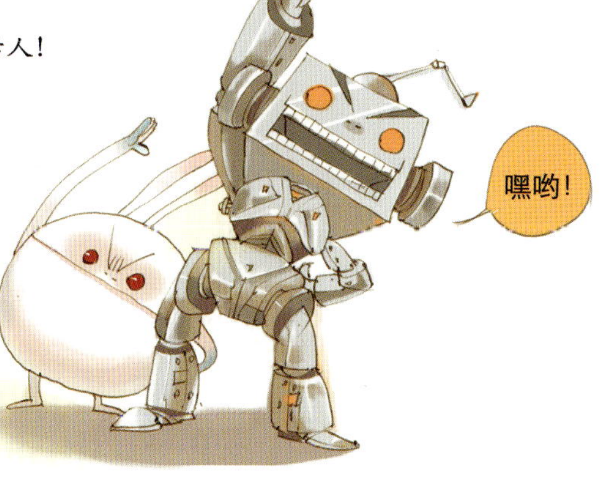

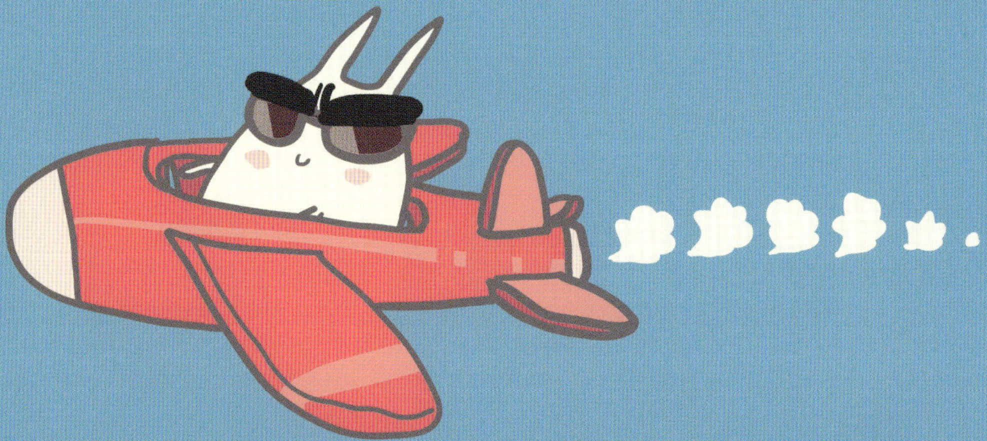

CHAPTER2 墨水点男孩

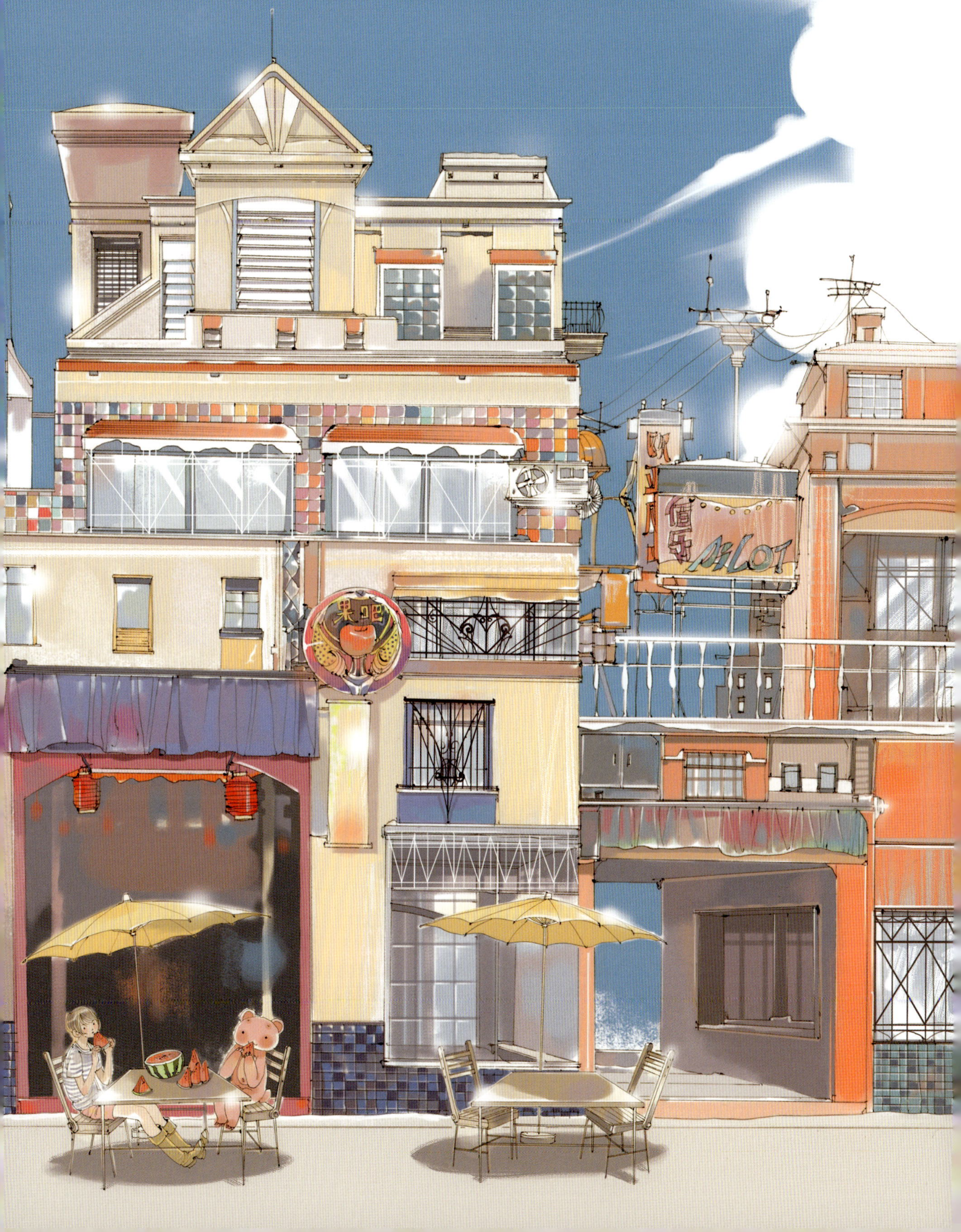

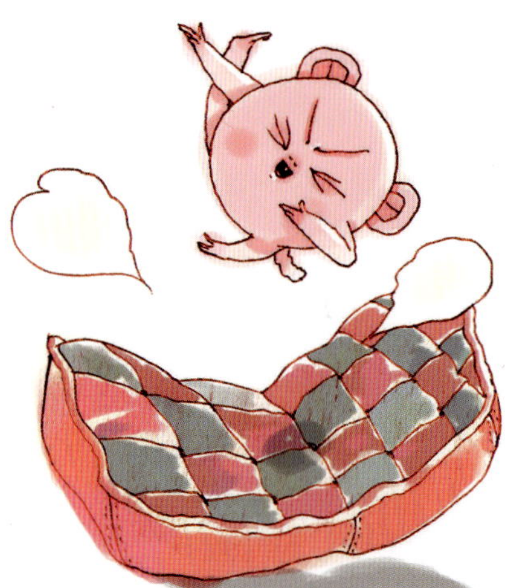

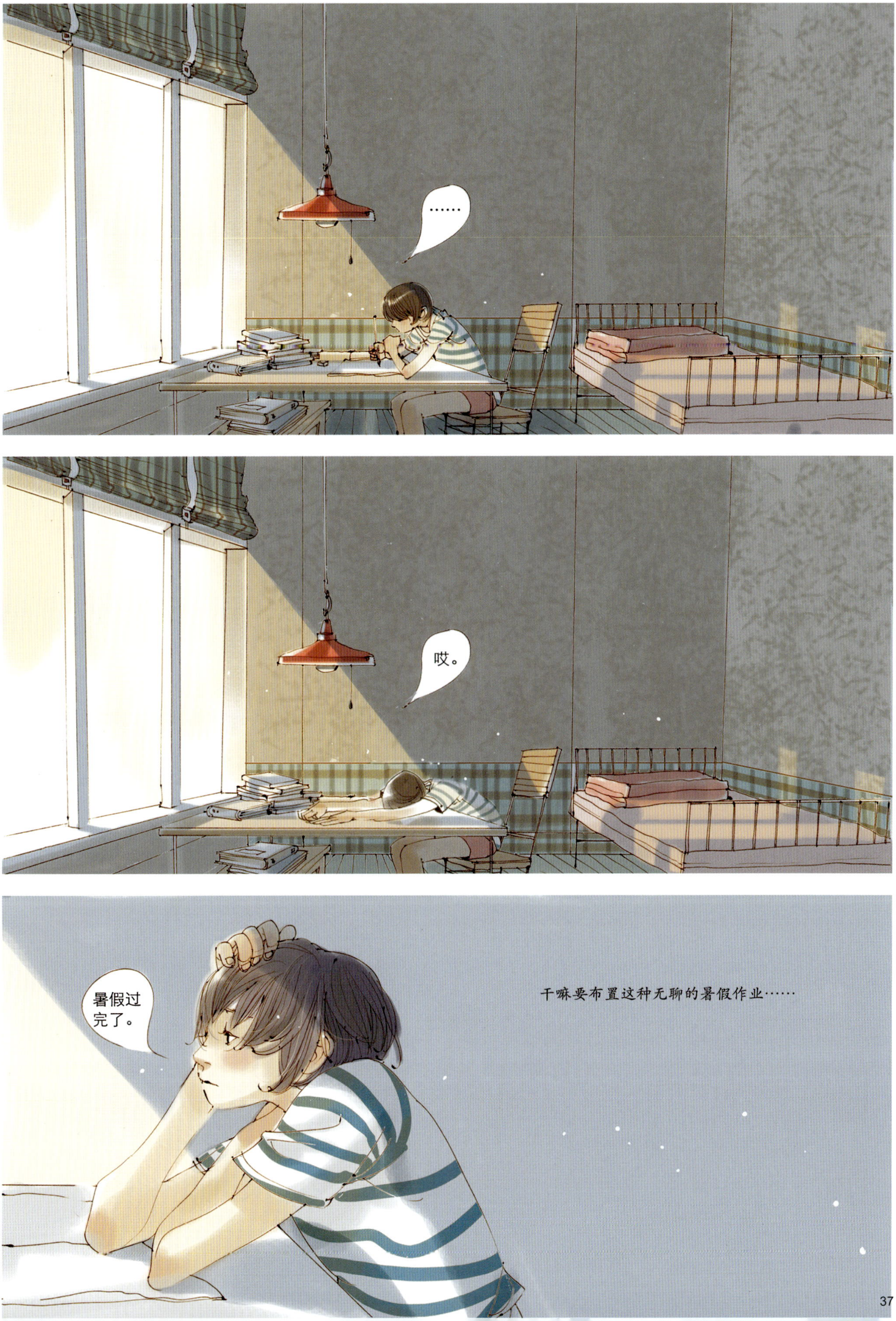
……
哎。
暑假过完了。
干嘛要布置这种无聊的暑假作业……

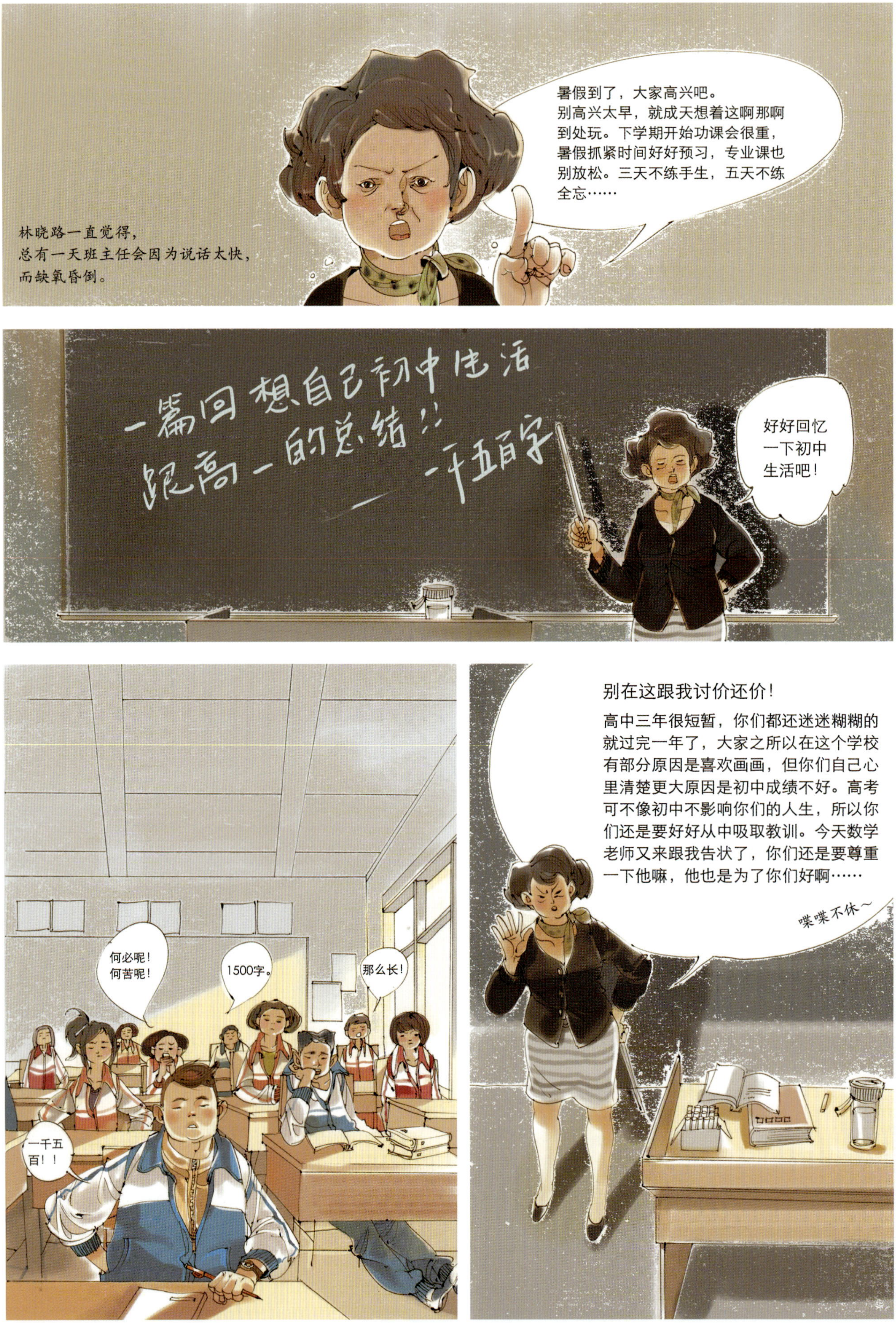
林晓路一直觉得，
总有一天班主任会因为说话太快，
而缺氧昏倒。
暑假到了，大家高兴吧。别高兴太早，就成天想着这啊那啊到处玩。下学期开始功课会很重，暑假抓紧时间好好预习，专业课也别放松。三天不练手生，五天不练全忘……
一篇回想自己初中生活跟高一的总结!!
——一千五百字
好好回忆一下初中生活吧！
何必呢！何苦呢！
1500字。
那么长！
一千五百！！
别在这跟我讨价还价！
高中三年很短暂，你们都还迷迷糊糊的就过完一年了，大家之所以在这个学校有部分原因是喜欢画画，但你们自己心里清楚更大原因是初中成绩不好。高考可不像初中不影响你们的人生，所以你们还是要好好从中吸取教训。今天数学老师又来跟我告状了，你们还是要尊重一下他嘛，他也是为了你们好啊……
喋喋不休～

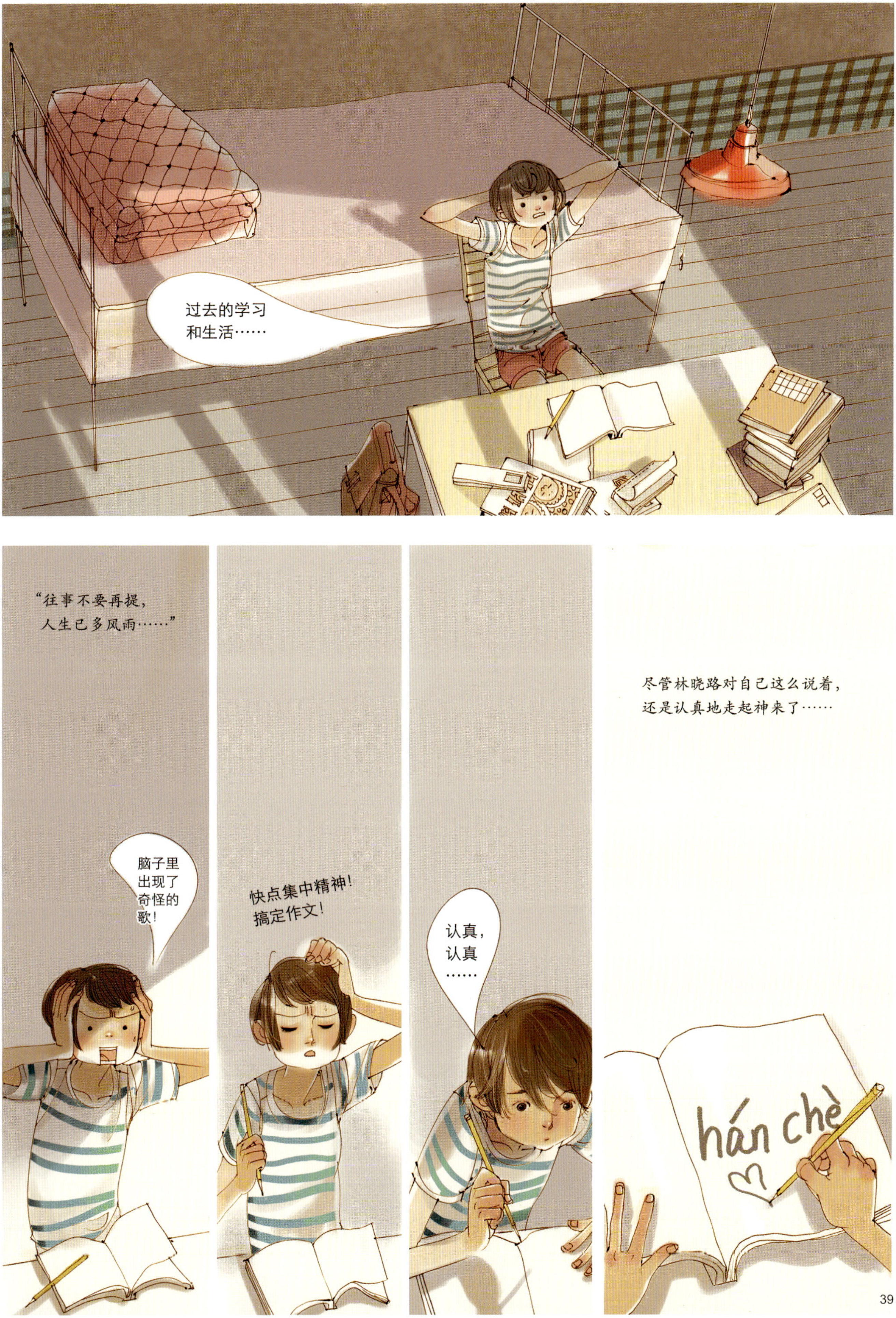
过去的学习
和生活……
“往事不要再提，
人生已多风雨……”
脑子里
出现了
奇怪的
歌！
快点集中精神！
搞定作文！
认真，
认真
……
尽管林晓路对自己这么说着，
还是认真地走起神来了……
hán chè

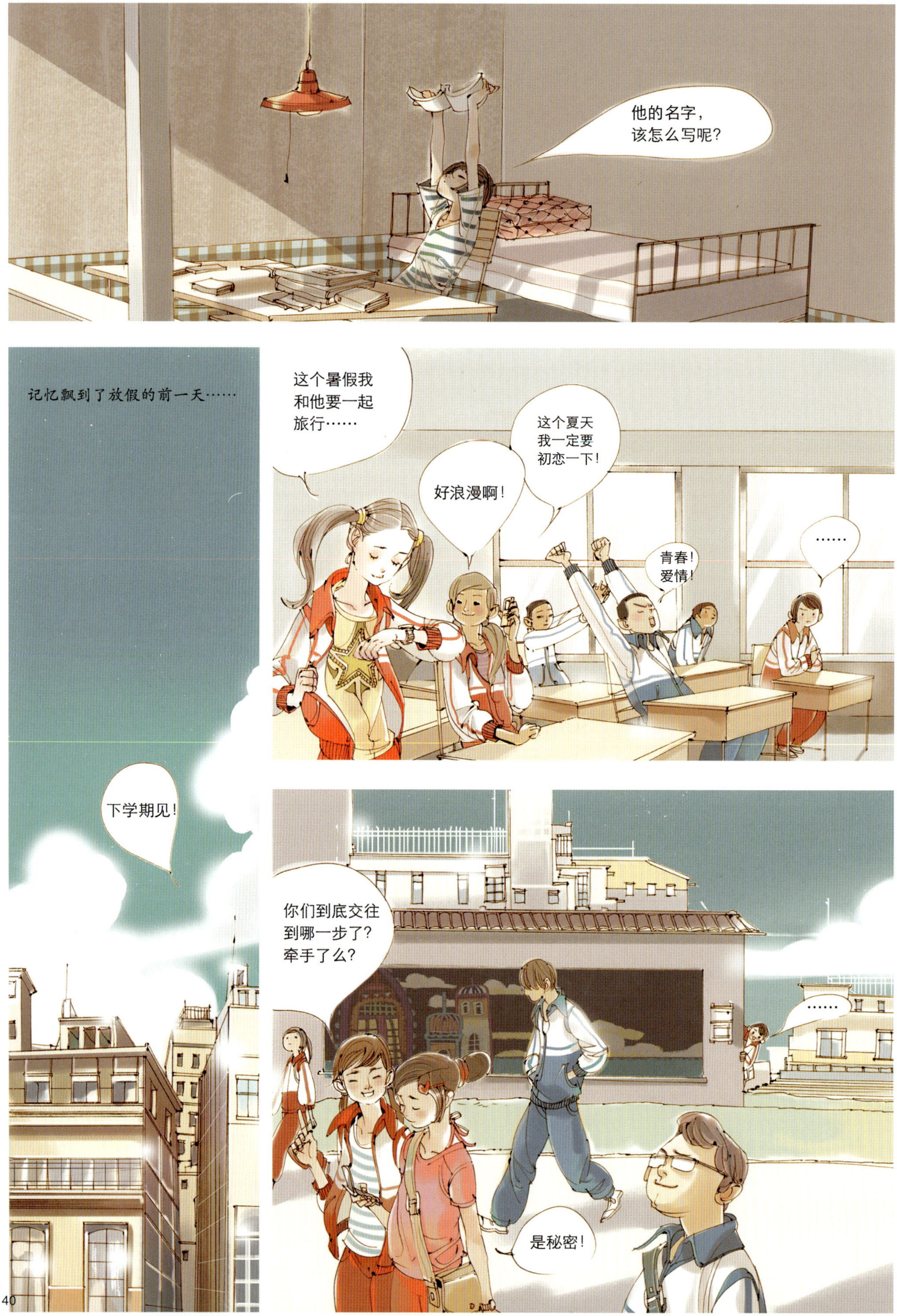
他的名字，
该怎么写呢？
记忆飘到了放假的前一天……
这个暑假我和他要一起旅行……
这个夏天我一定要初恋一下！
好浪漫啊！
青春！爱情！
……
下学期见！
你们到底交往到哪一步了？牵手了么？
……
是秘密！

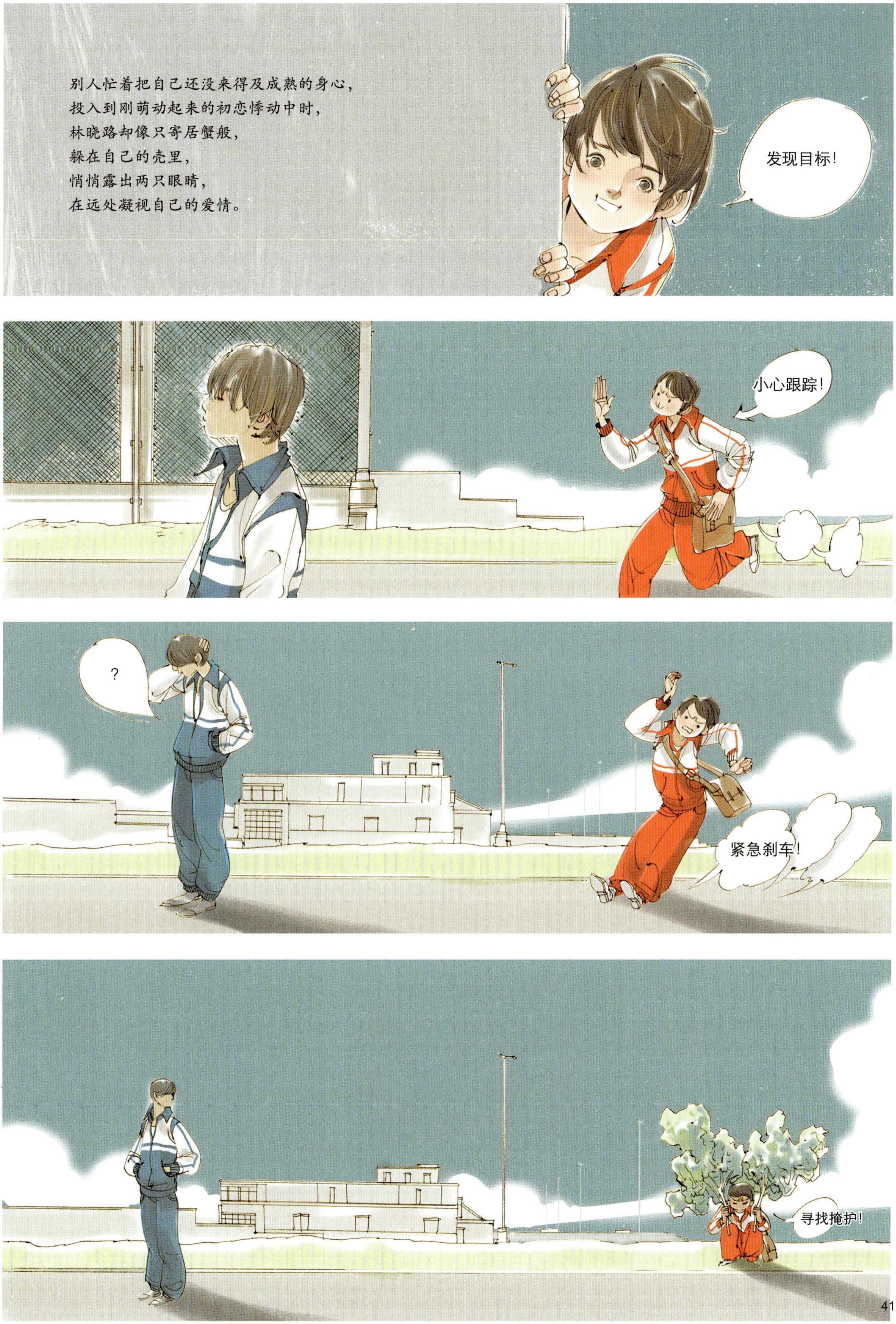
别人忙着把自己还没来得及成熟的身心，
投入到刚萌动起来的初恋悸动中时，
林晓路却像只寄居蟹般，
躲在自己的壳里，
悄悄露出两只眼睛，
在远处凝视自己的爱情。
发现目标！
小心跟踪！
?
紧急刹车！
寻找掩护！

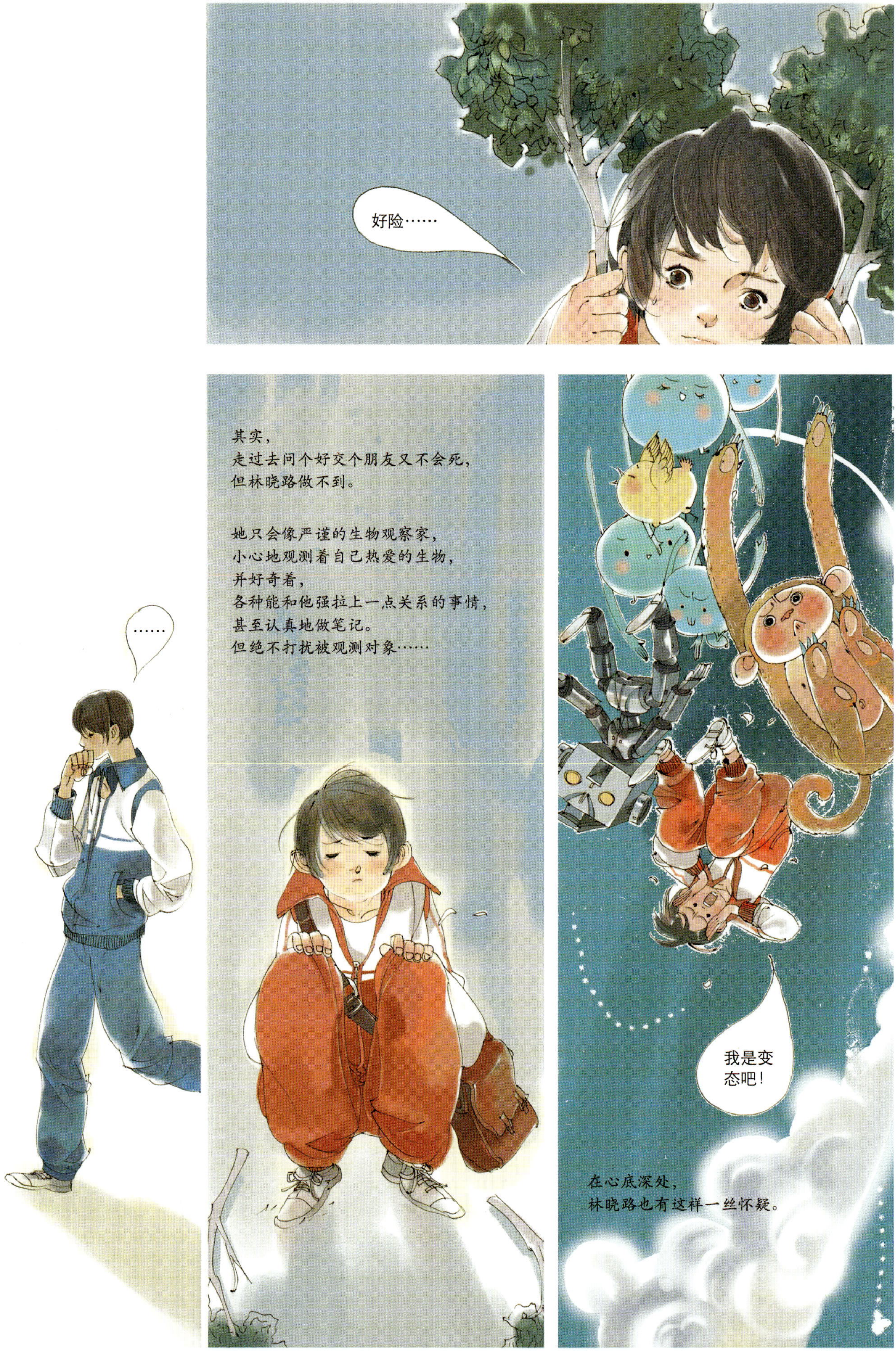
好险……
其实，
走过去问个好交个朋友又不会死，
但林晓路做不到。
她只会像严谨的生物观察家，
小心地观测着自己热爱的生物，
并好奇着，
各种能和他强拉上一点关系的事情，
甚至认真地做笔记。
但绝不打扰被观测对象……
……
我是变态吧！
在心底深处，
林晓路也有这样一丝怀疑。

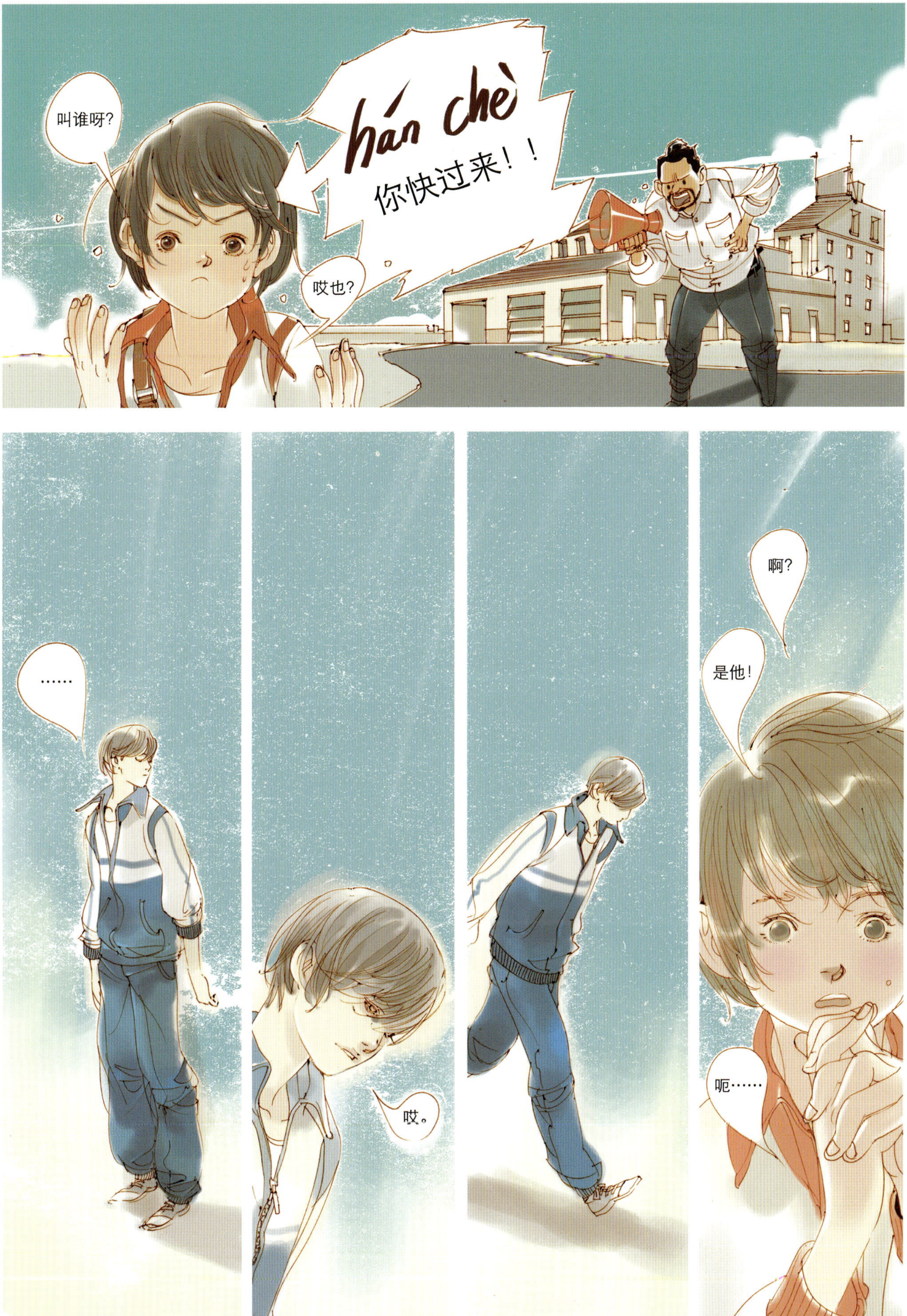
叫谁呀?
hán chè
你快过来!!
哎也?
……
哎。
啊?
是他!
呃……

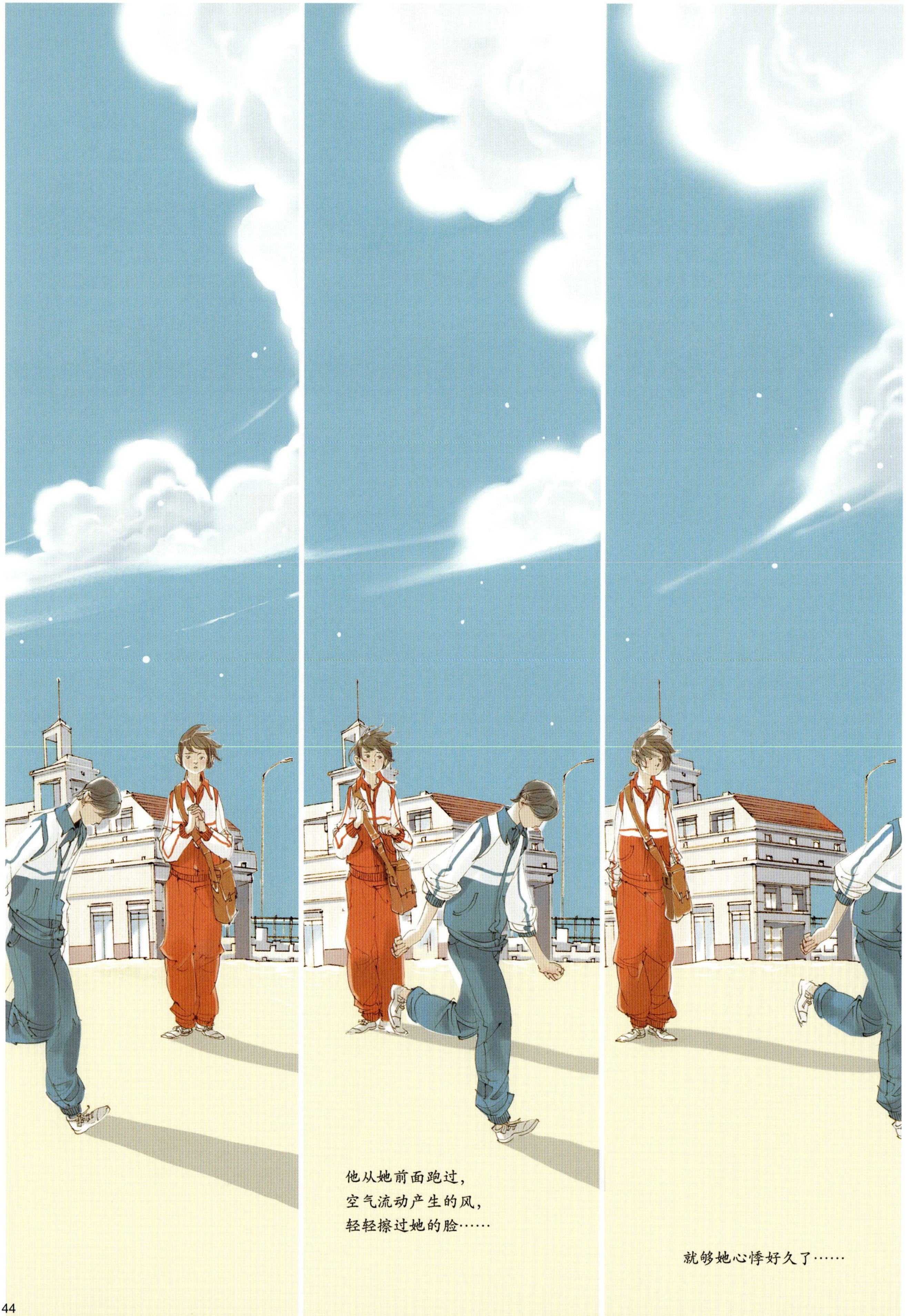
他从她前面跑过，
空气流动产生的风，
轻轻擦过她的脸……
就够她心悸好久了……

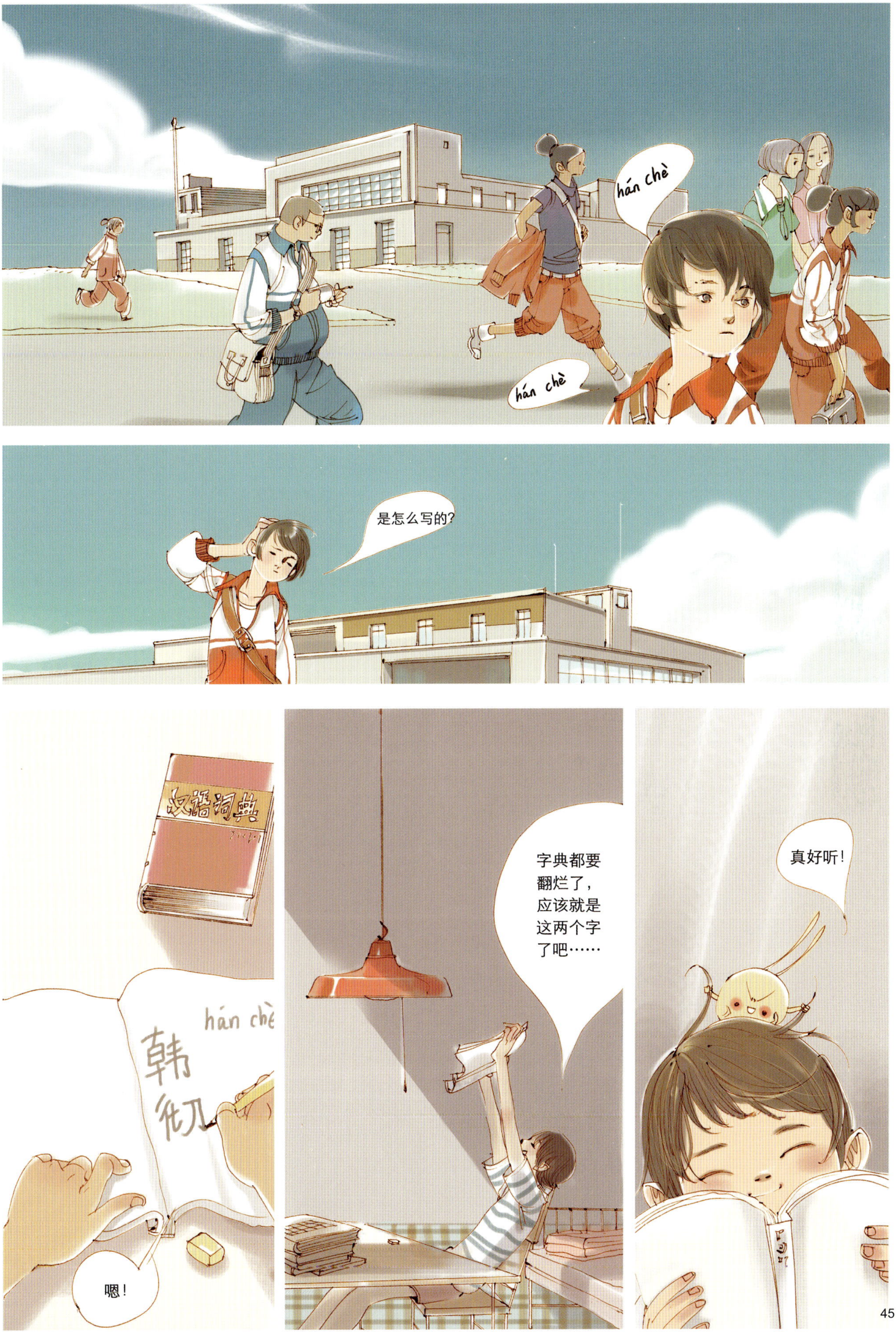
hán chè
hán chè
是怎么写的?
汉语词典
hán chè
韩彻
嗯!
字典都要翻烂了，应该就是这两个字了吧……
真好听!

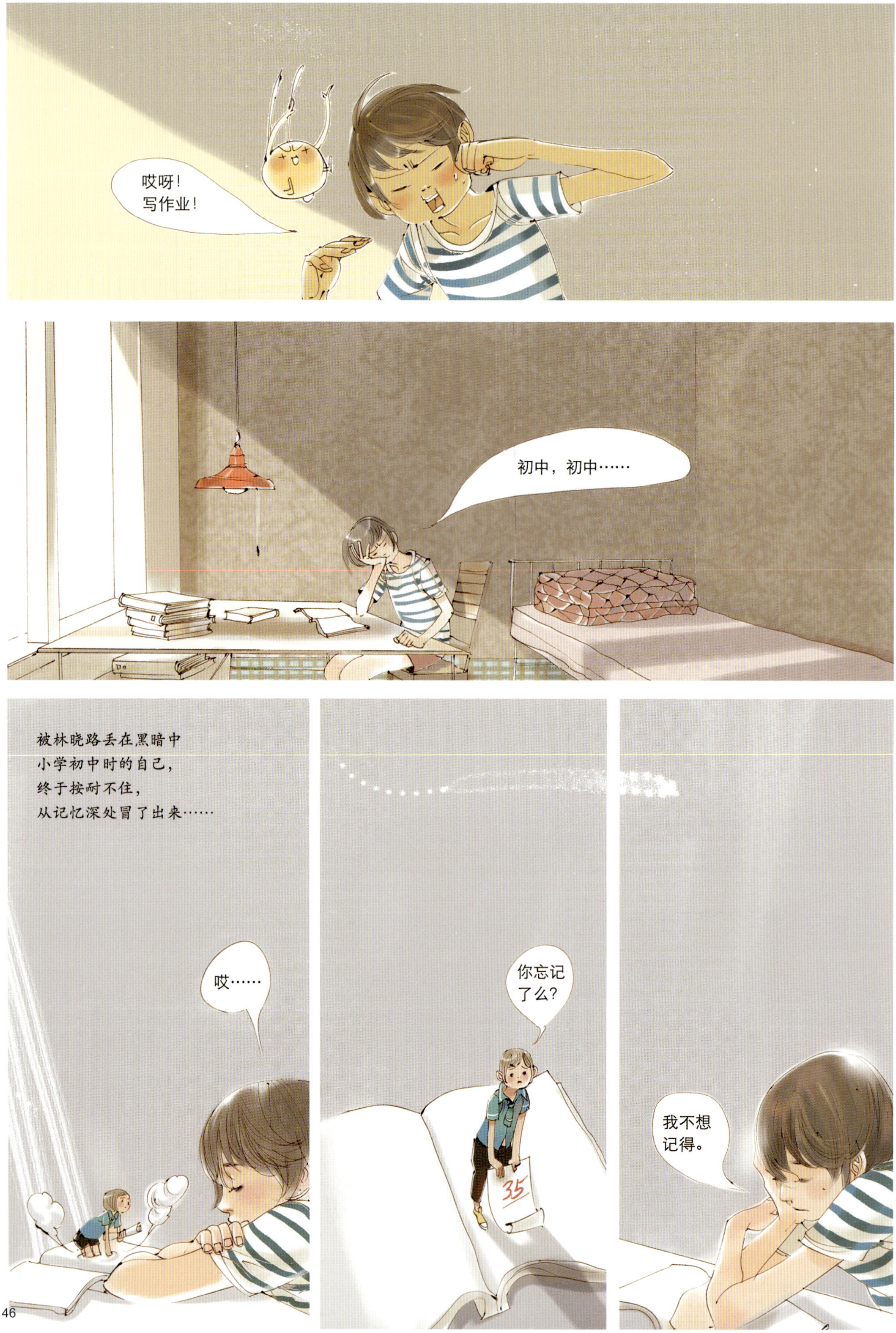
哎呀！
写作业！
初中，初中……
被林晓路丢在黑暗中
小学初中时的自己，
终于按耐不住，
从记忆深处冒了出来……
哎……
你忘记
了么？
35
我不想
记得。

被林晓路刨坑埋了的记忆：

（其实也不是什么苦大仇深的事，只是她把大脑都贡献给了漫画世界，懒得记起而已。）

要上初中的时候，妈妈依然在外地工作。为了让女儿受到好一点的教育，
爸爸将林晓路从乡下的外公家接到大一点的市级城市。

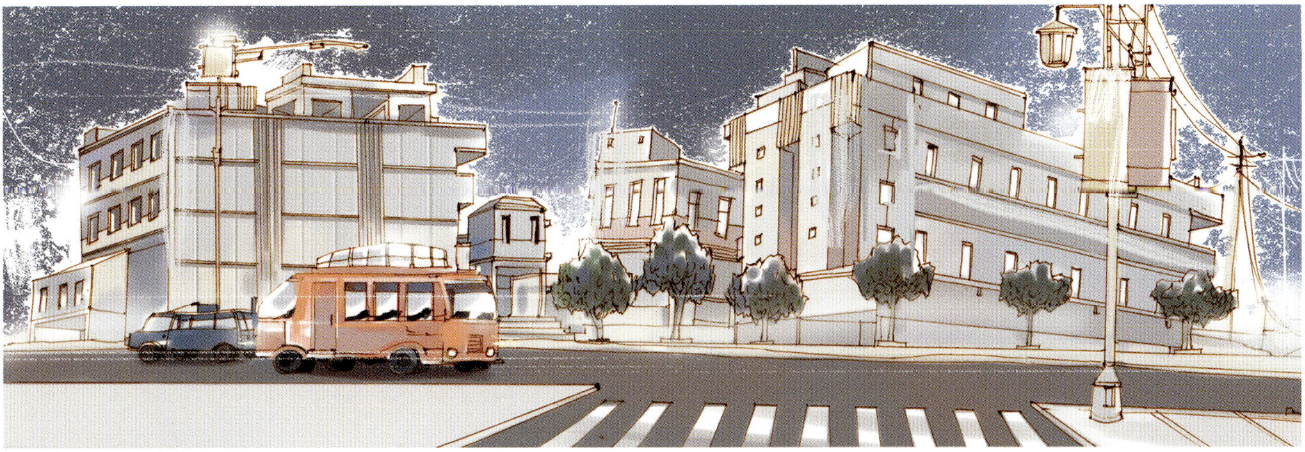

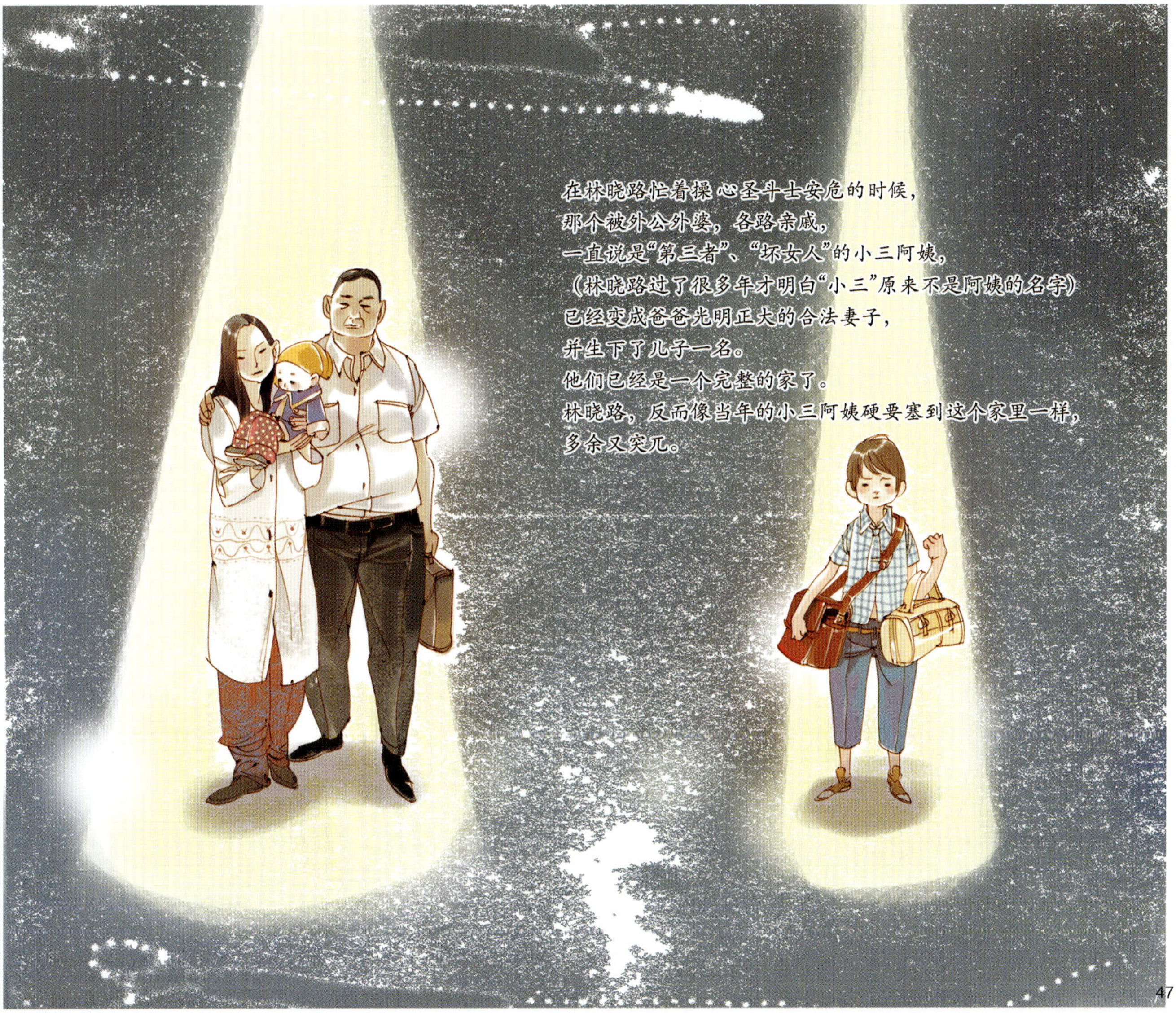

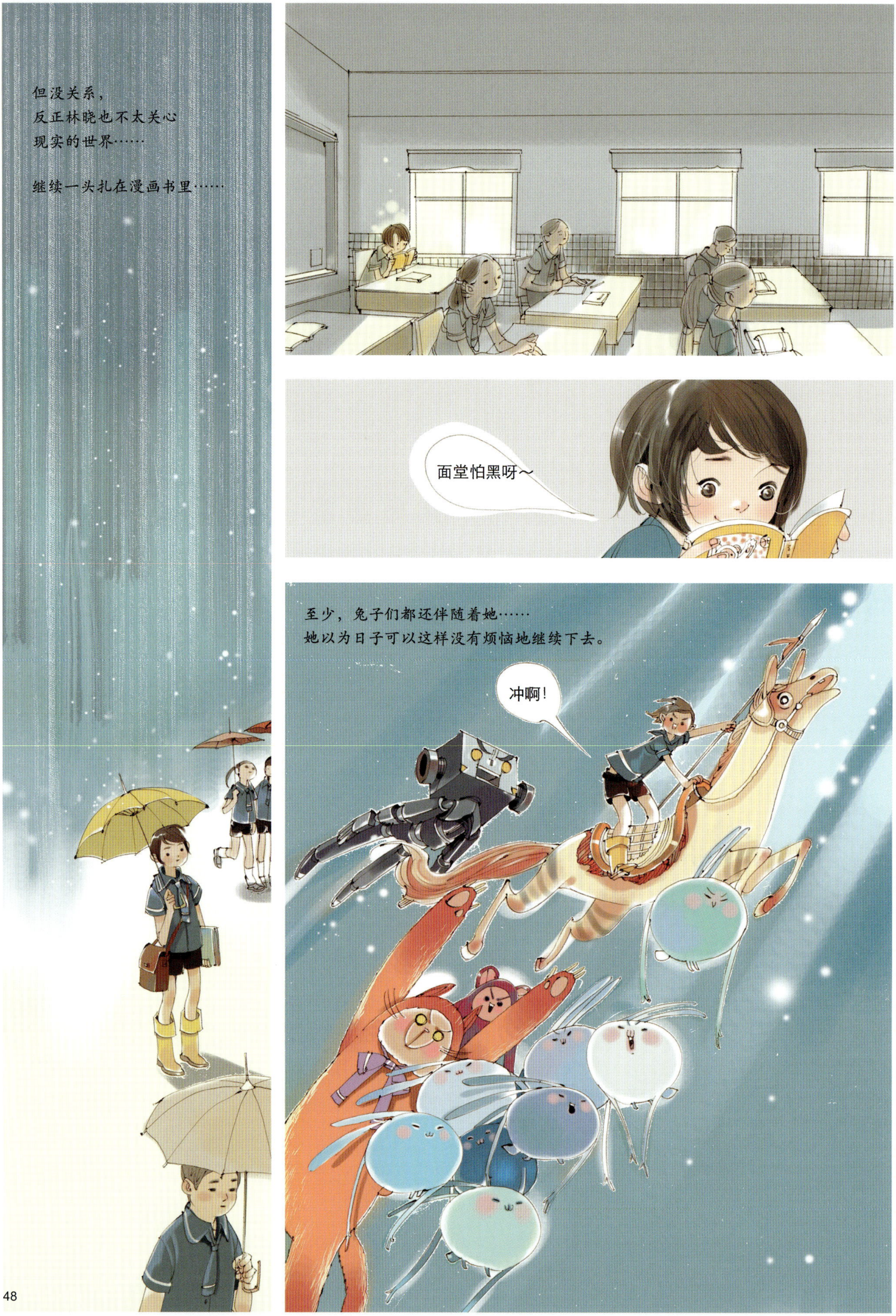
但没关系，
反正林晓也不太关心
现实的世界……
继续一头扎在漫画书里……
面堂怕黑呀～
至少，兔子们都还伴随着她……
她以为日子可以这样没有烦恼地继续下去。
冲啊！

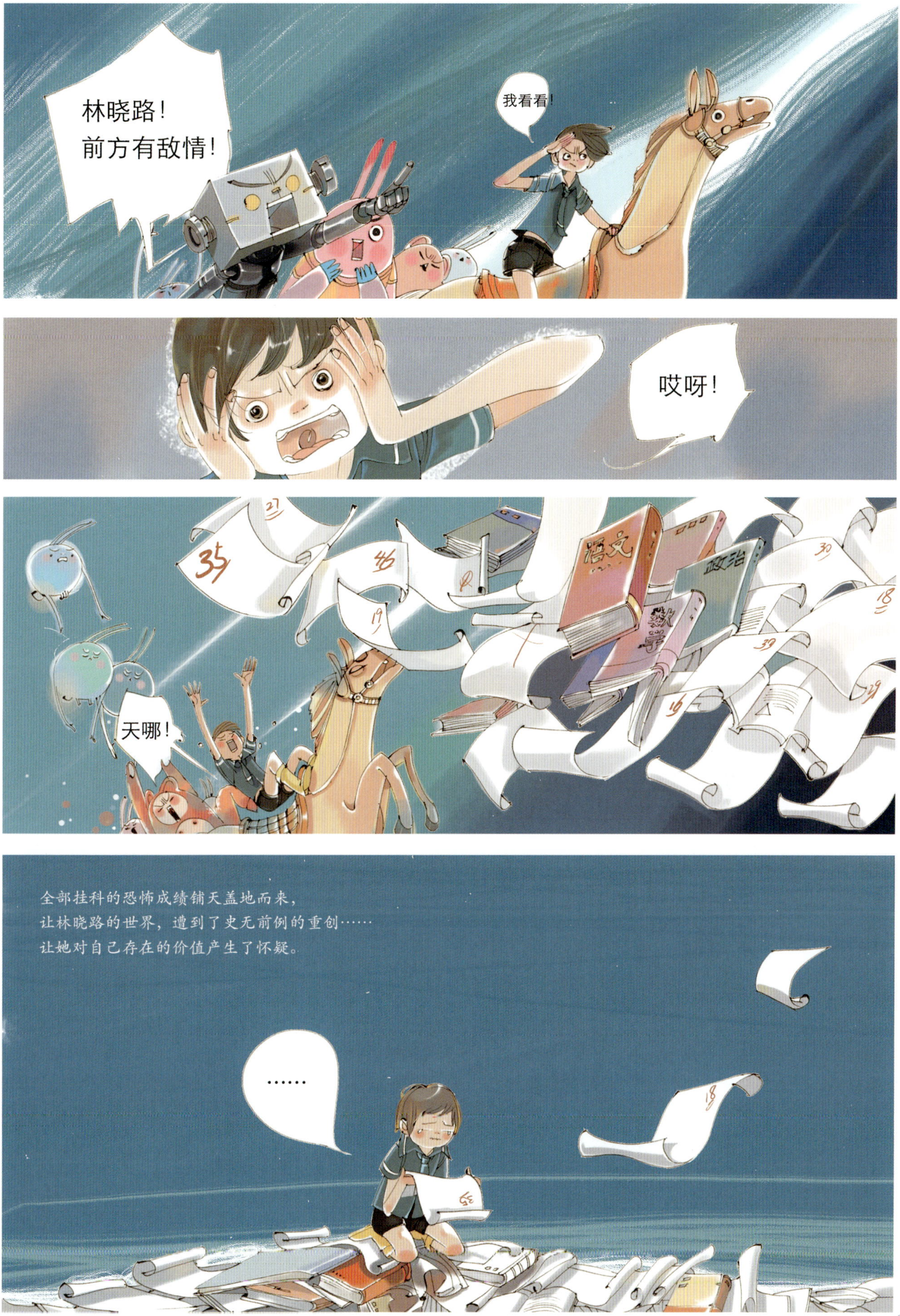
林晓路！
前方有敌情！
我看看！
哎呀！
天哪！
全部挂科的恐怖成绩铺天盖地而来，
让林晓路的世界，遭到了史无前例的重创……
让她对自己存在的价值产生了怀疑。
……

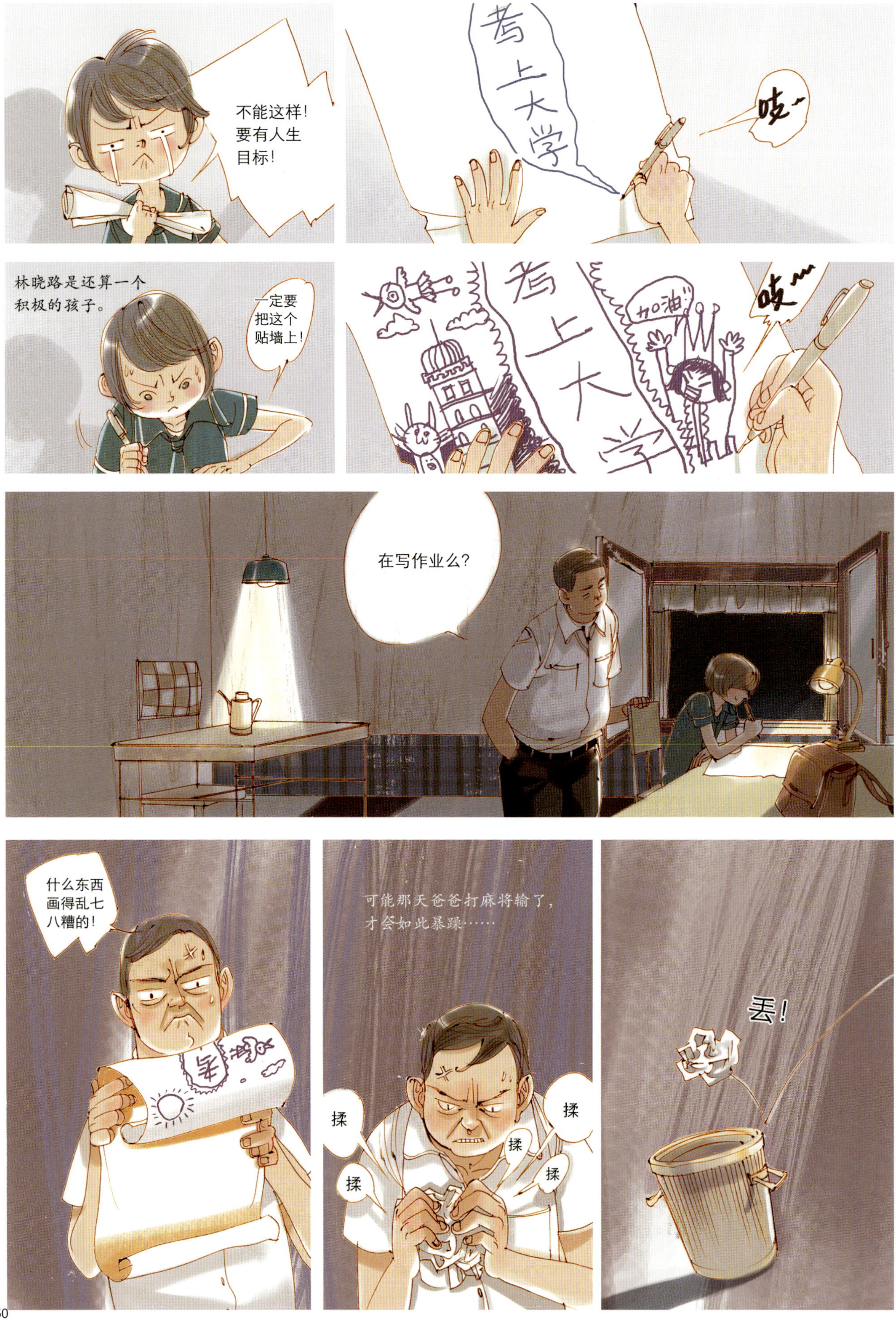
不能这样！
要有人生
目标！
考上大学
哎~
林晓路是还算一个
积极的孩子。
一定要
把这个
贴墙上！
考上大学
加油
哎~
在写作业么？
什么东西
画得乱七
八糟的！
可能那天爸爸打麻将输了，
才会如此暴躁……
揉
揉
揉
揉
揉
丢！

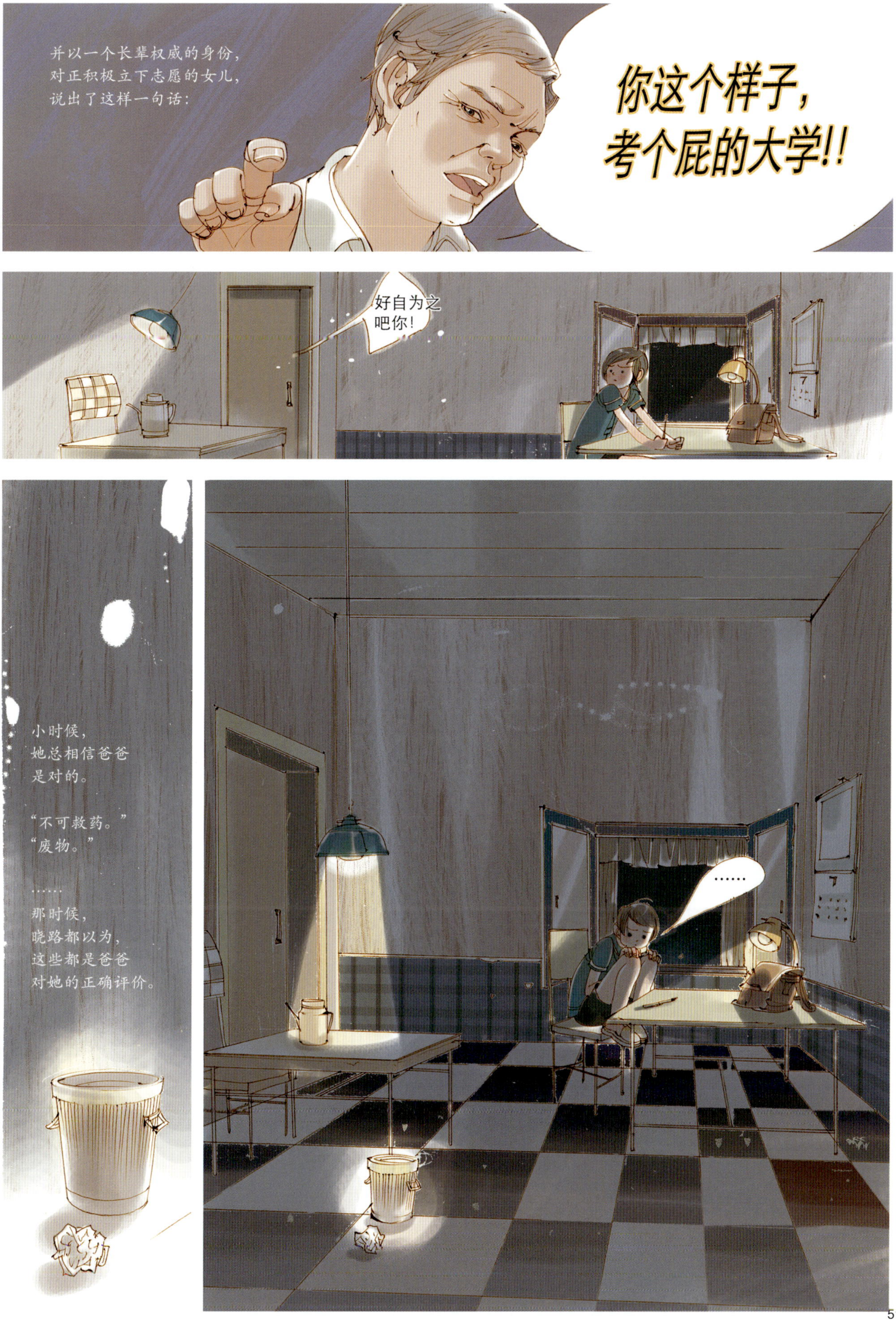

并以一个长辈权威的身份，
对正积极立下志愿的女儿，
说出了这样一句话：
你这个样子，
考个屁的大学！！
好自为之
吧你！
小时候，
她总相信爸爸
是对的。
“不可救药。”
“废物。”
……
那时候，
晓路都以为，
这些都是爸爸
对她的正确评价。
……

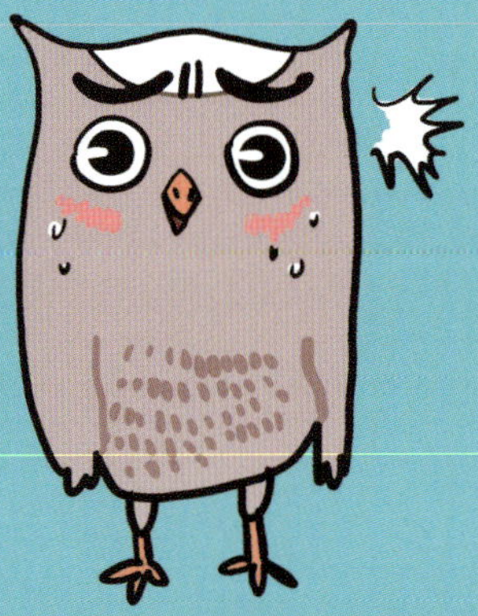

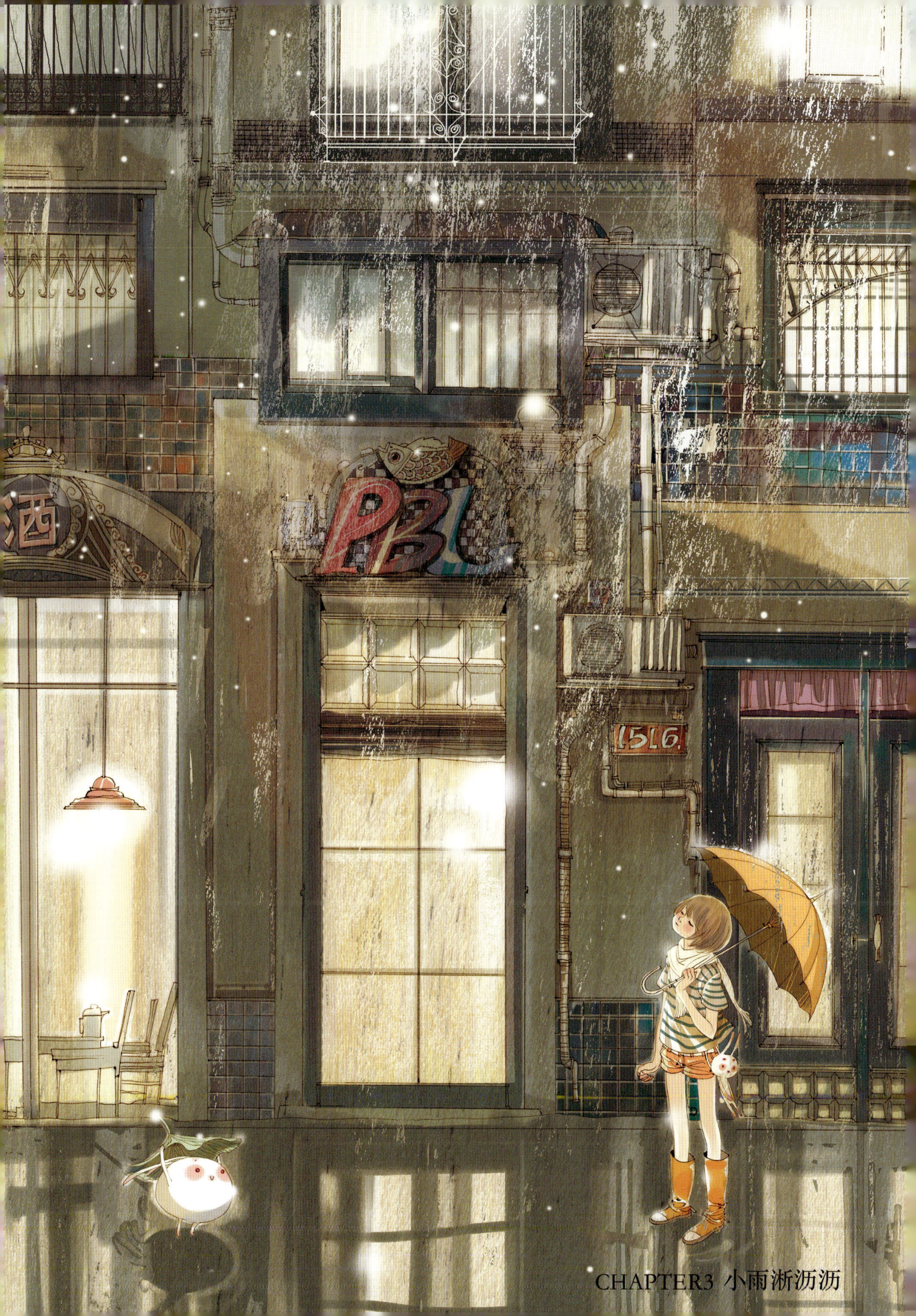

CHAPTER3 小雨淅沥沥

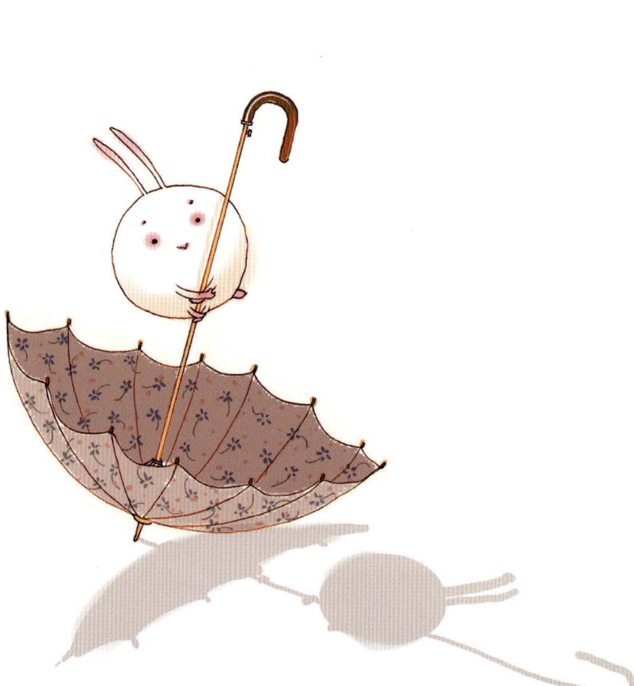

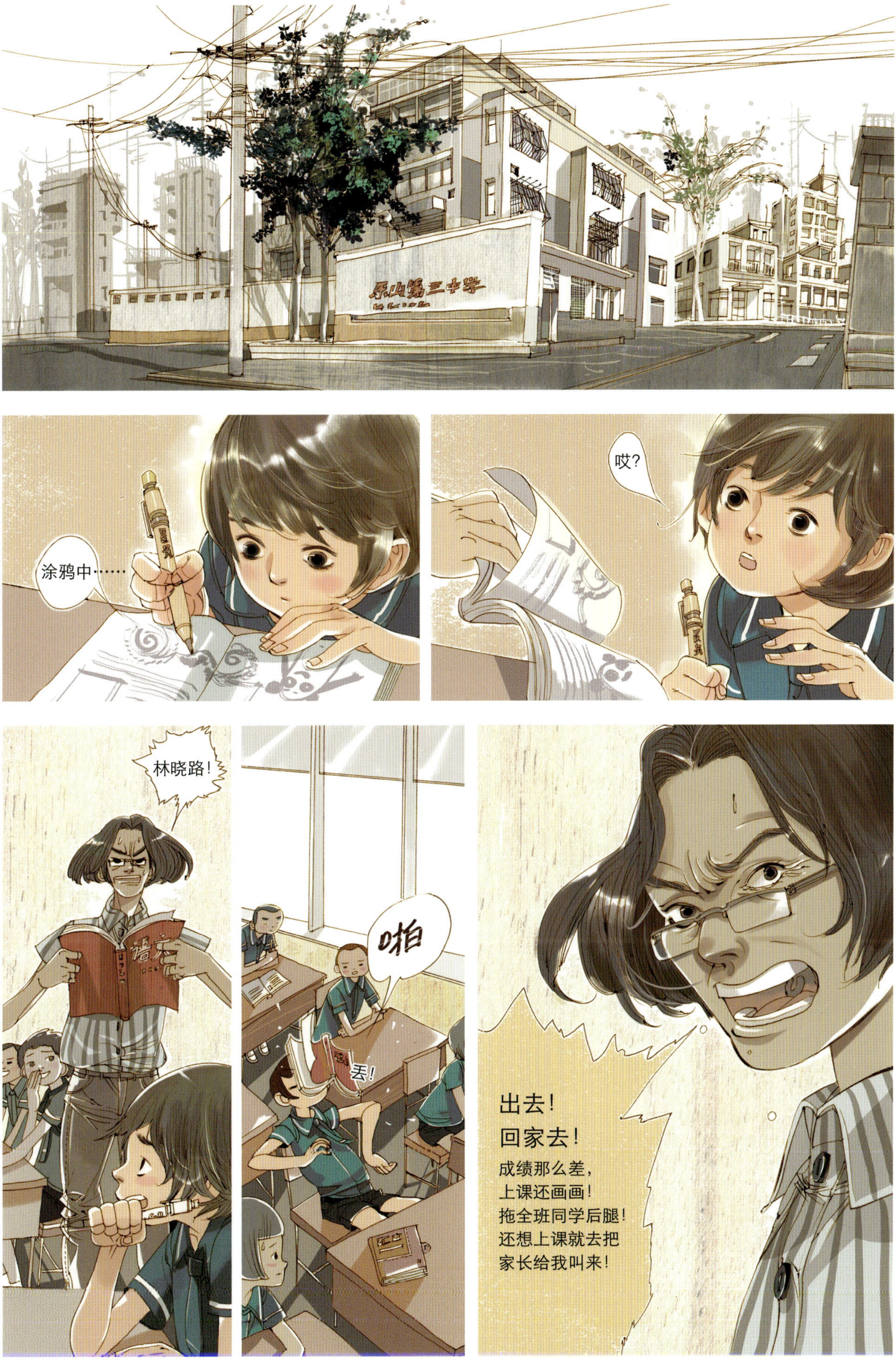
涂鸦中……
哎?
林晓路!
啪
丢!
出去!
回家去!
成绩那么差,
上课还画画!
拖全班同学后腿!
还想上课就去把
家长给我叫来!

林晓路知道，
爸爸不会来学校的。

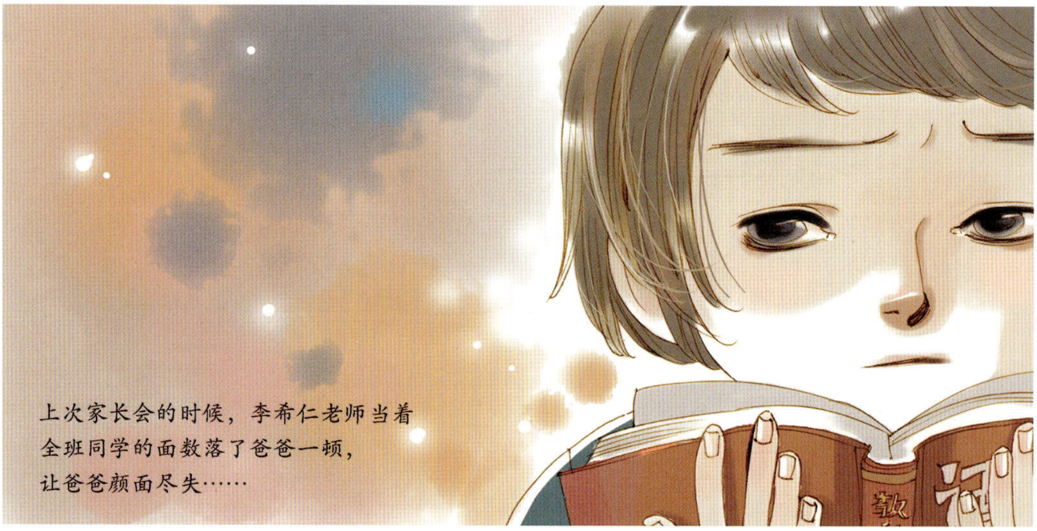

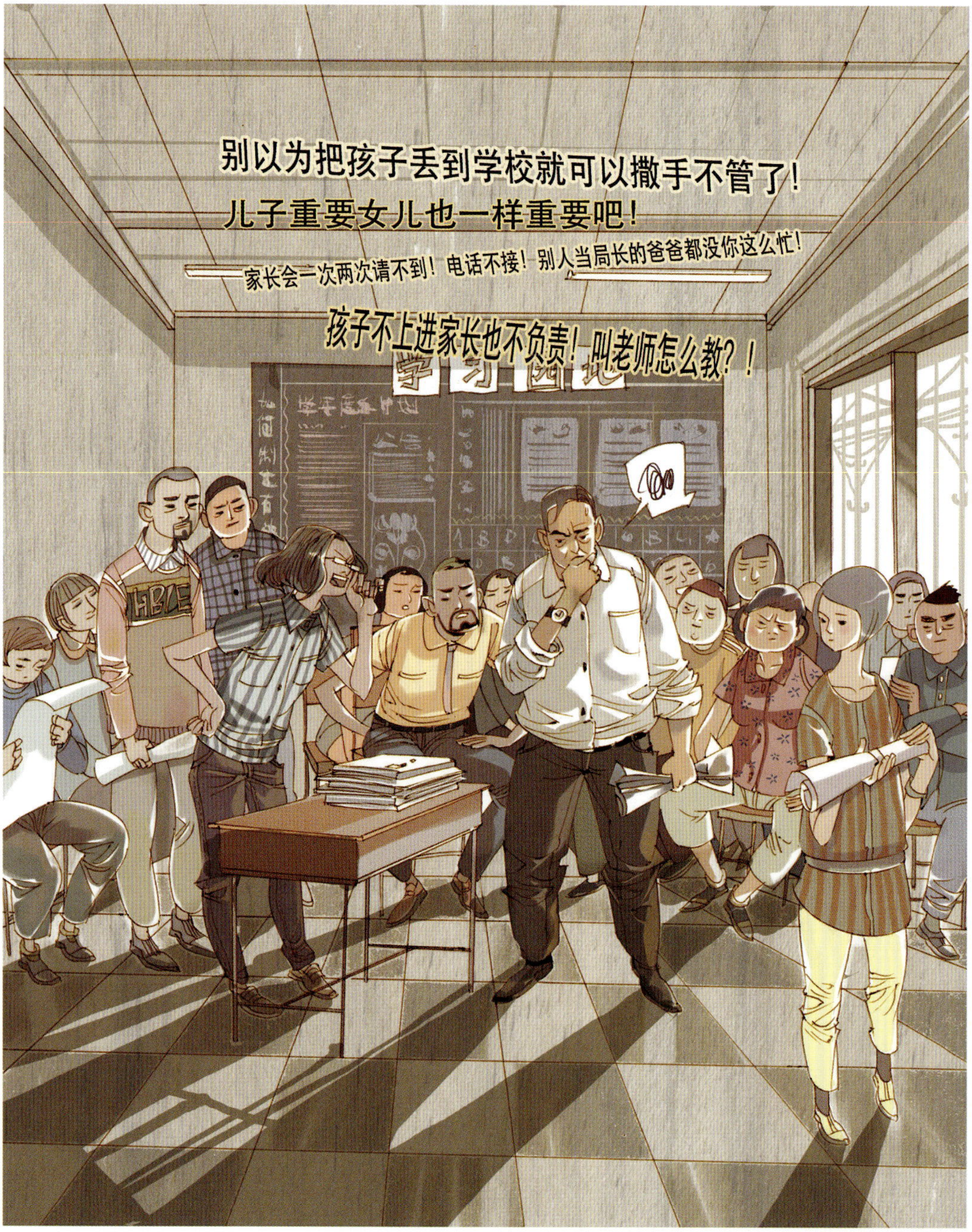

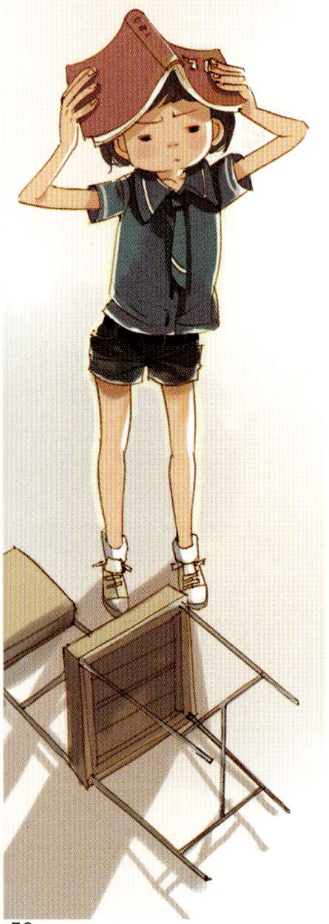

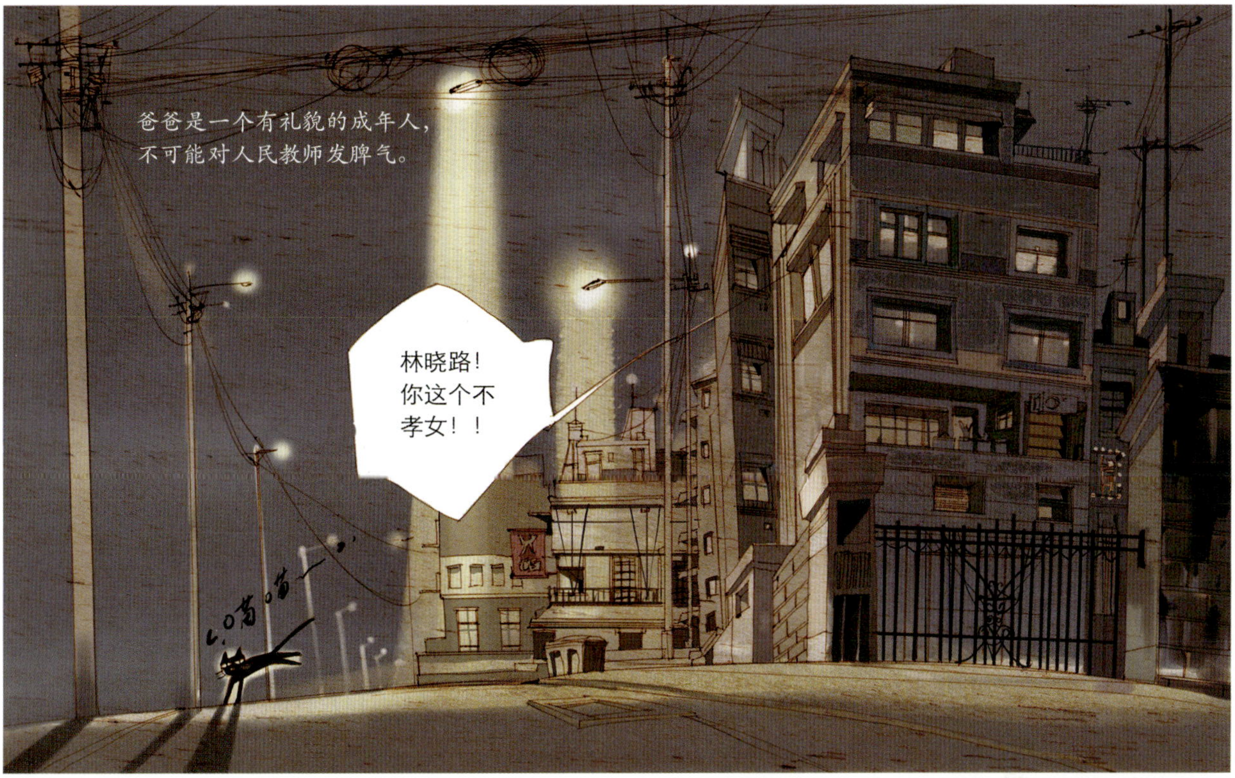
爸爸是一个有礼貌的成年人，
不可能对人民教师发脾气。
林晓路！你这个不孝女！！
喵喵～

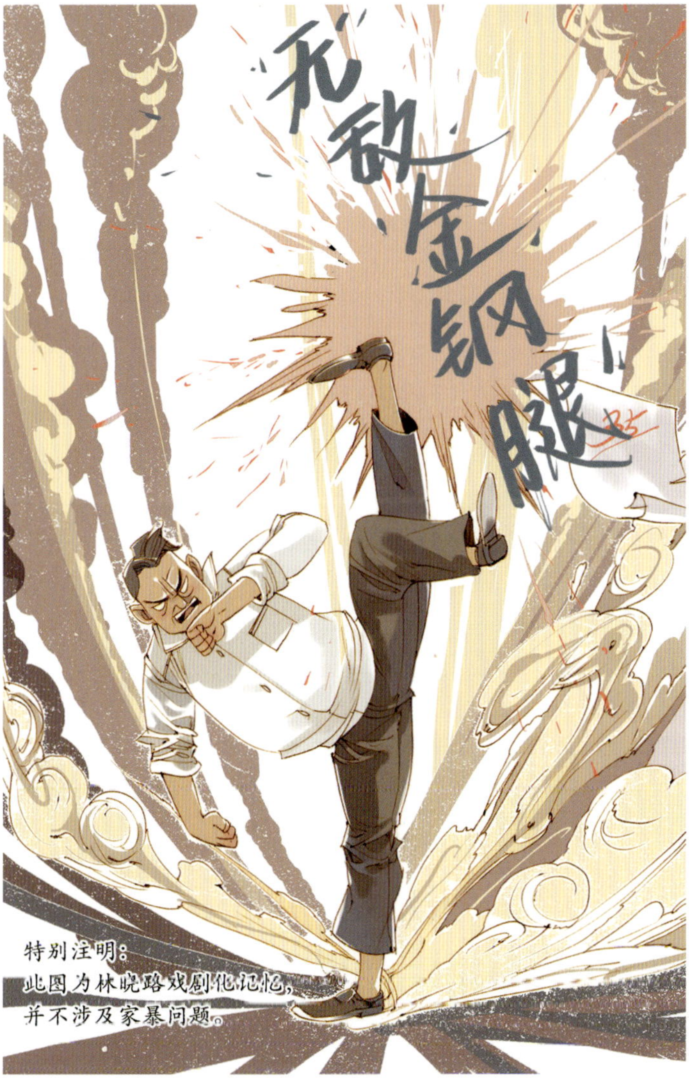
无敌金钢腿！
特别注明：
此图为林晓路戏剧化记忆，
并不涉及家暴问题。

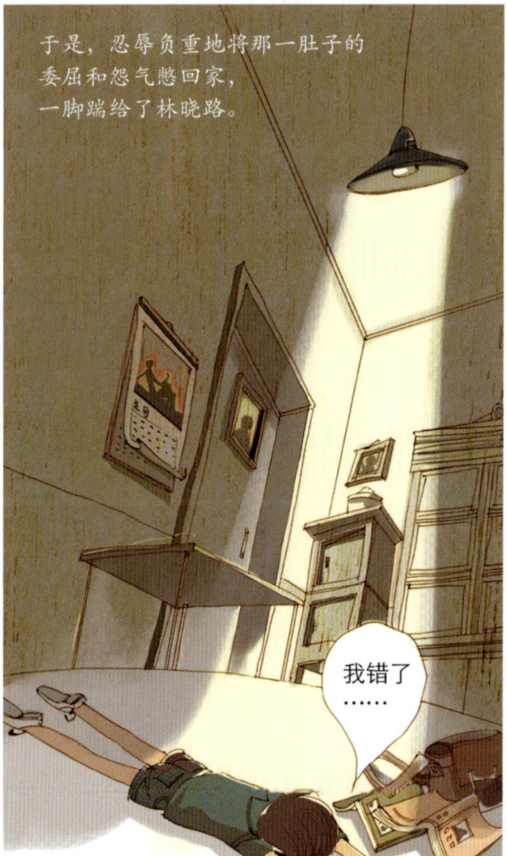
于是，忍辱负重地将那一肚子的
委屈和怨气憋回家，
一脚踹给了林晓路。
我错了……

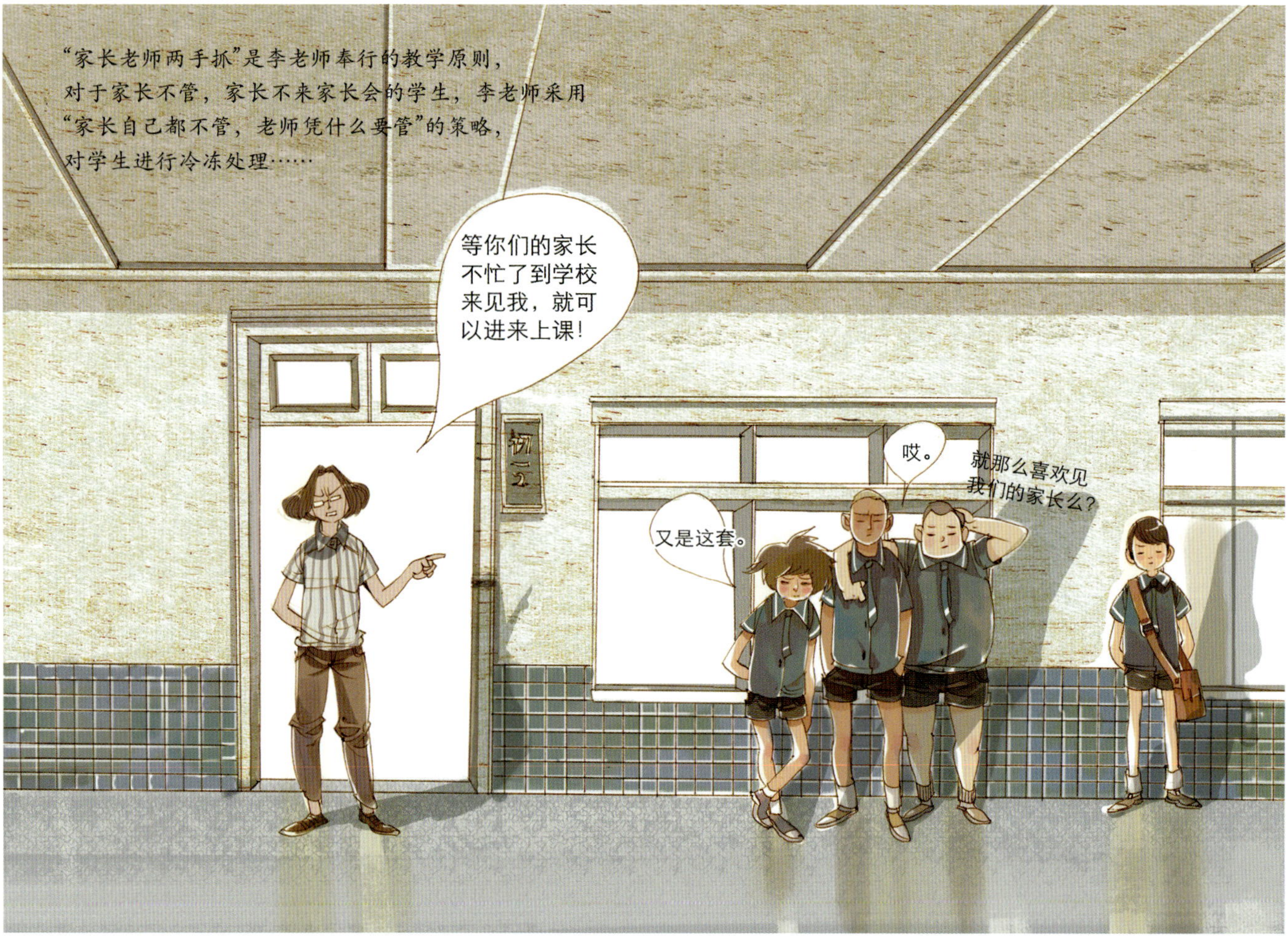
“家长老师两手抓”是李老师奉行的教学原则，
对于家长不管，家长不来家长会的学生，李老师采用
“家长自己都不管，老师凭什么要管”的策略，
对学生进行冷冻处理……
等你们的家长不忙了到学校来见我，就可以进来上课！
又是这套。
哎。
就那么喜欢见我们的家长么？

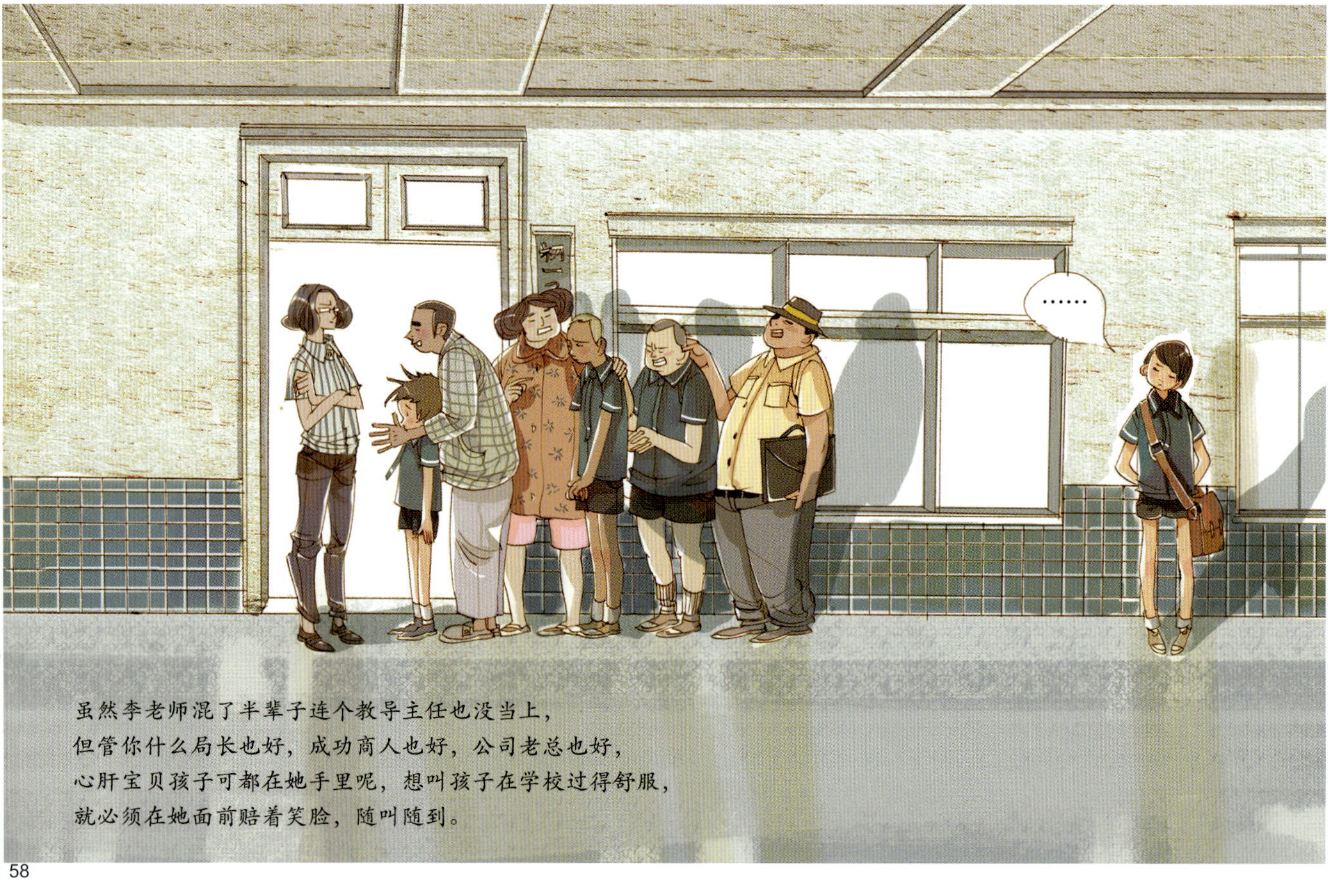
……
虽然李老师混了半辈子连个教导主任也没当上，
但管你什么局长也好，成功商人也好，公司老总也好，
心肝宝贝孩子可都在她手里呢，想叫孩子在学校过得舒服，
就必须在她面前赔着笑脸，随叫随到。

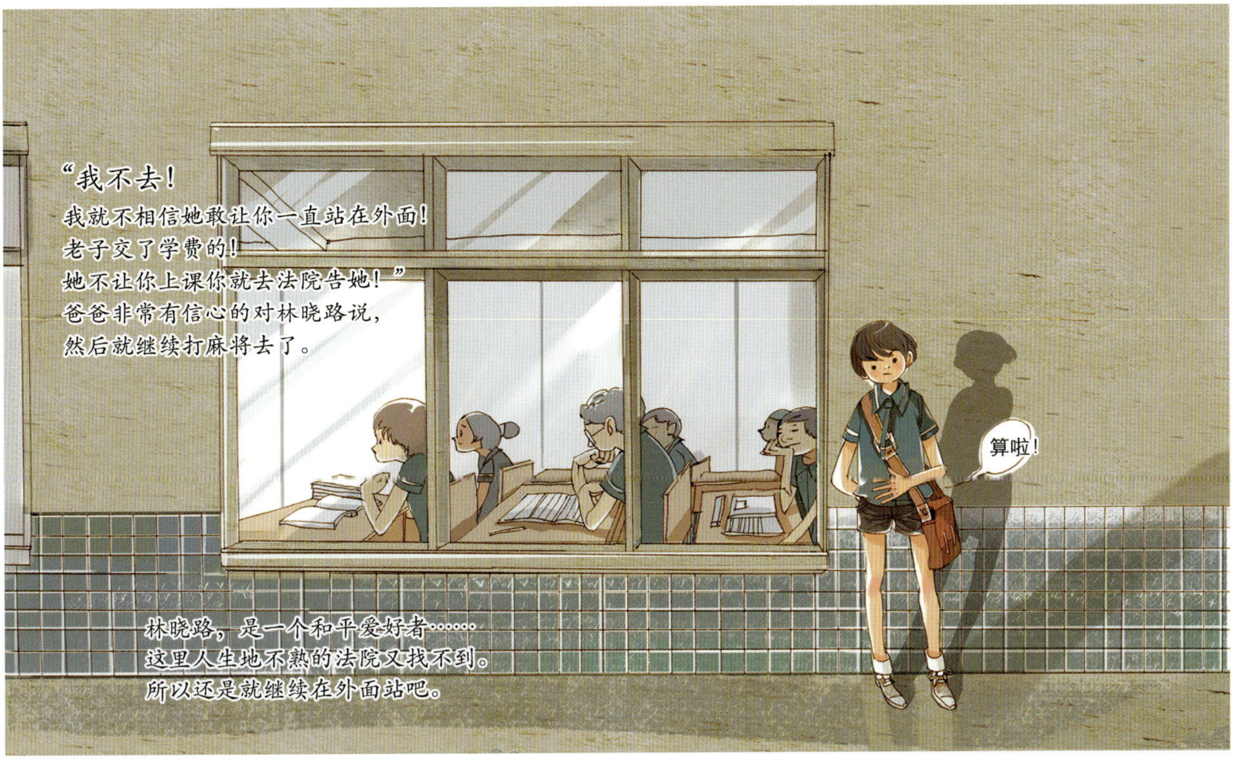
"我不去！
我就不相信她敢让你一直站在外面！
老子交了学费的！
她不让你上课你就去法院告她！"
爸爸非常有信心的对林晓路说，
然后就继续打麻将去了。
算啦！
林晓路，是一个和平爱好者……
这里人生地不熟的法院又找不到。
所以还是就继续在外面站吧。

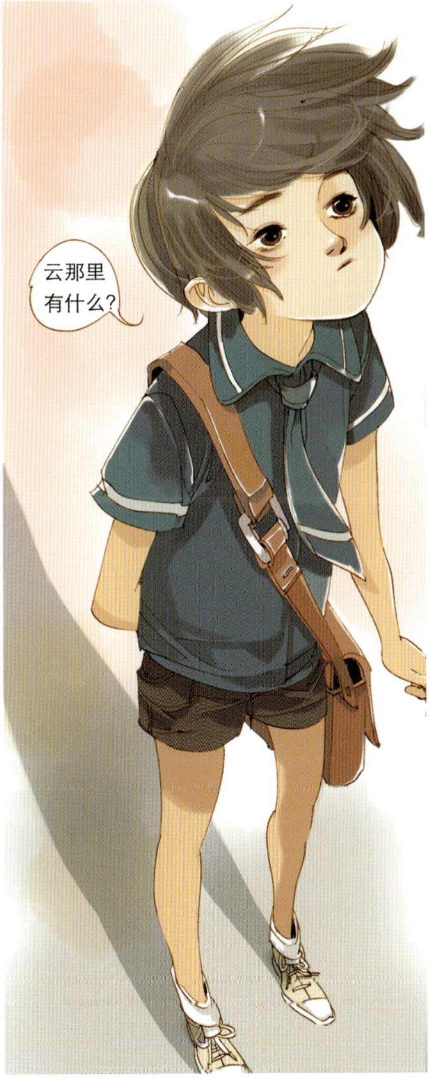
云那里
有什么?

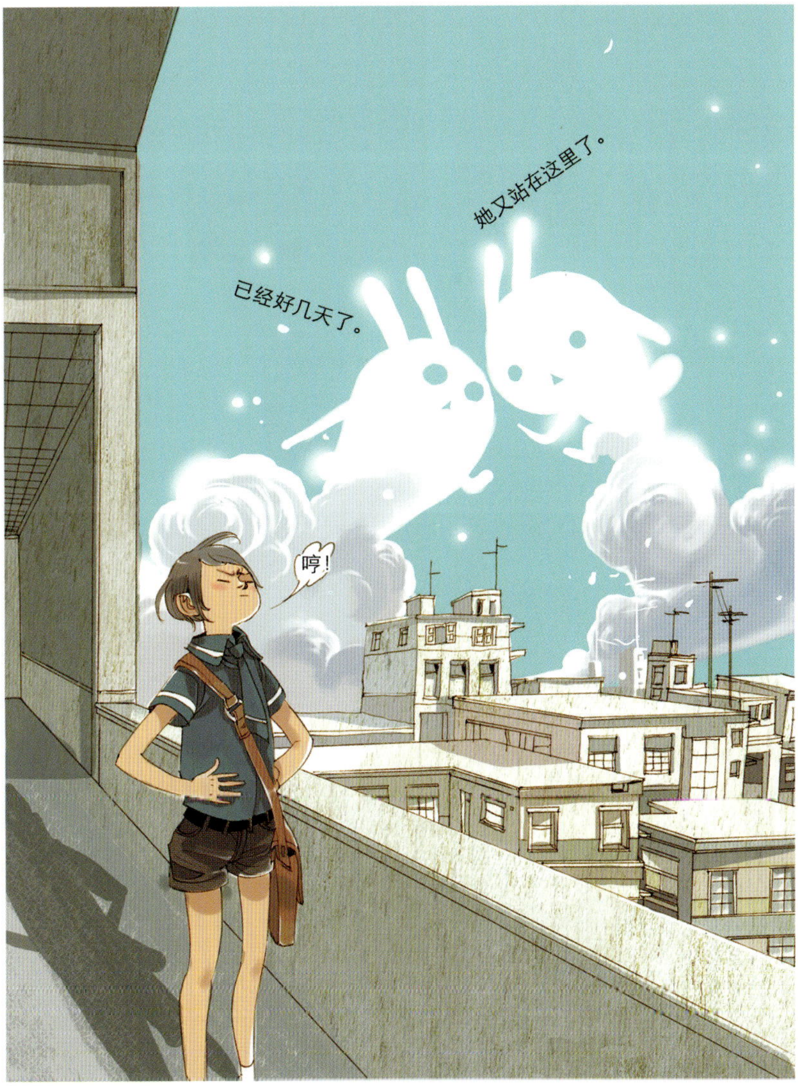
她又站在这里了。
已经好几天了。
哼！

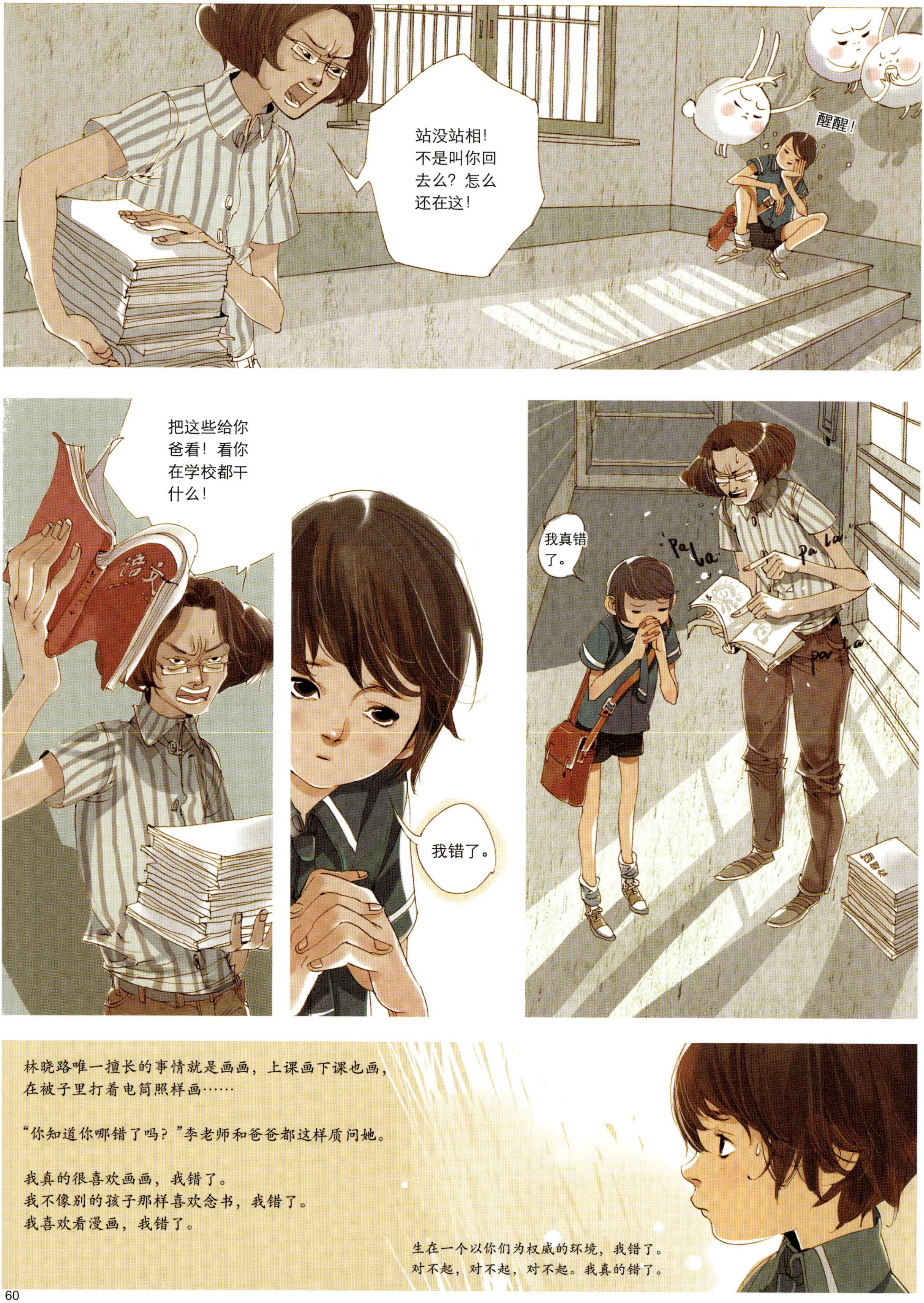

醒醒！
站没站相！
不是叫你回
去么？怎么
还在这！
把这些给你
爸看！看你
在学校都干
什么！
我错了。
我真错
了。
林晓路唯一擅长的事情就是画画，上课画下课也画，
在被子里打着电筒照样画……
“你知道你哪错了吗？”李老师和爸爸都这样质问她。
我真的很喜欢画画，我错了。
我不像别的孩子那样喜欢念书，我错了。
我喜欢看漫画，我错了。
生在一个以你们为权威的环境，我错了。
对不起，对不起，对不起。我真的错了。

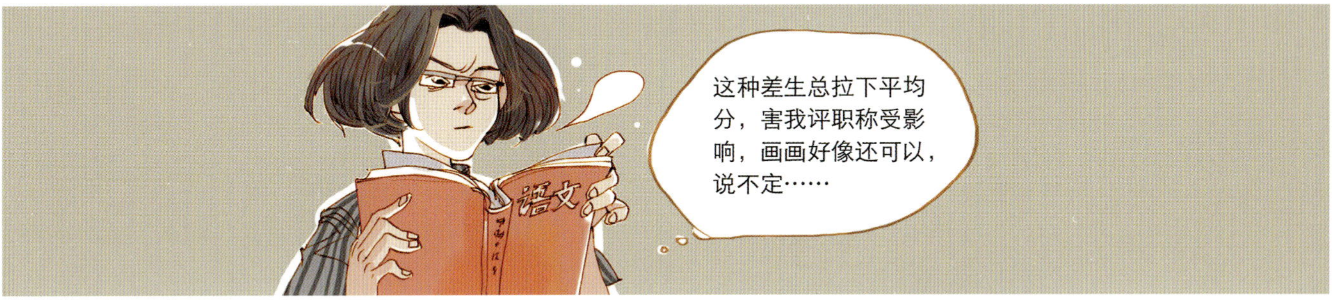
语文
这种差生总拉下平均分，害我评职称受影响，画画好像还可以，说不定……

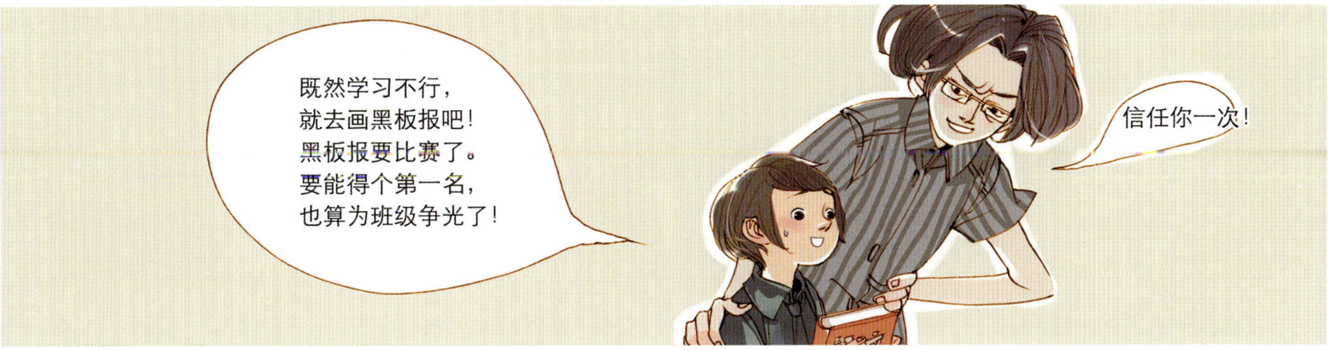
既然学习不行，就去画黑板报吧！黑板报要比赛了。要能得个第一名，也算为班级争光了！
信任你一次！

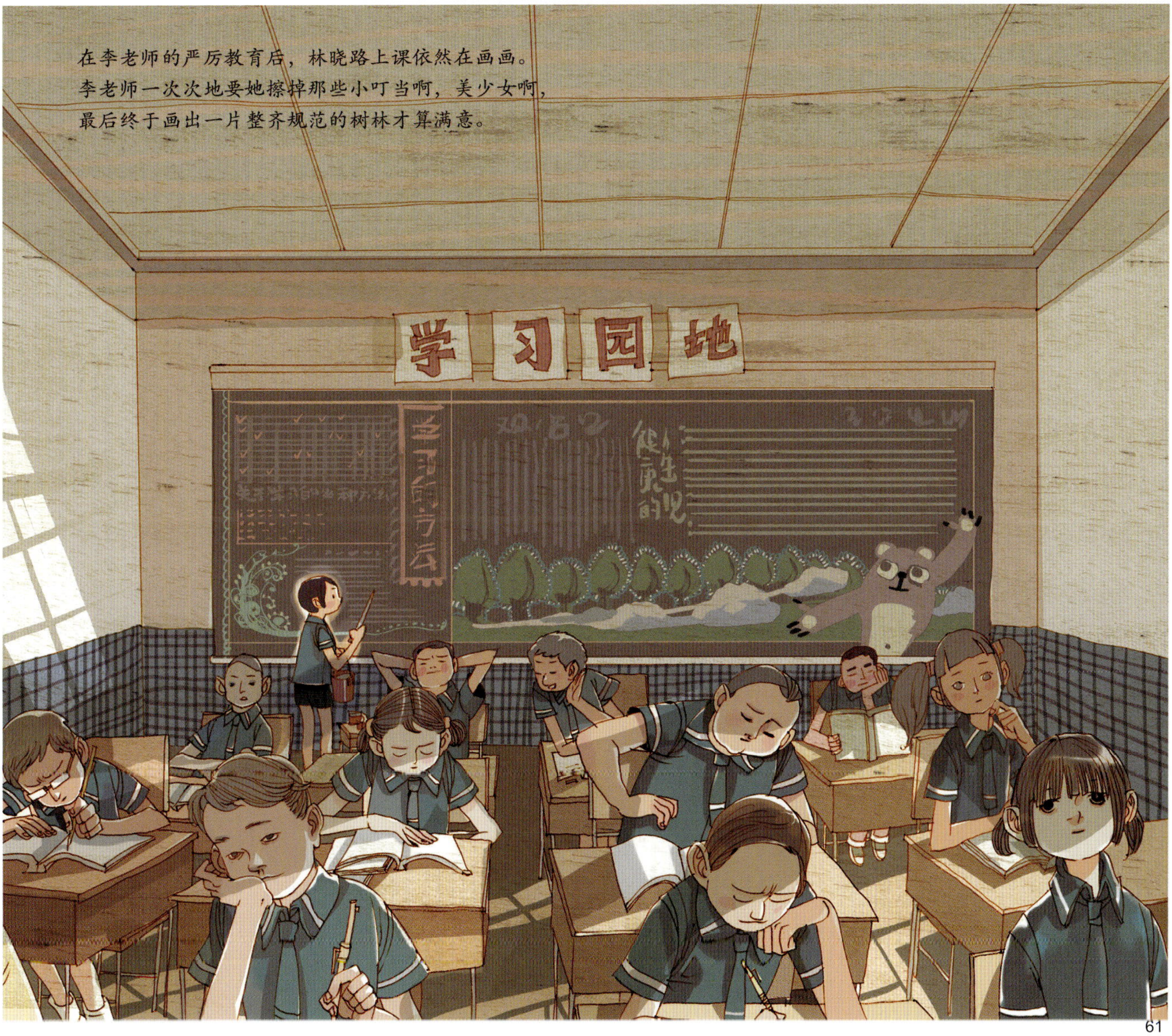
在李老师的严厉教育后，林晓路上课依然在画画。李老师一次次地要她擦掉那些小叮当啊，美少女啊，最后终于画出一片整齐规范的树林才算满意。
学习园地

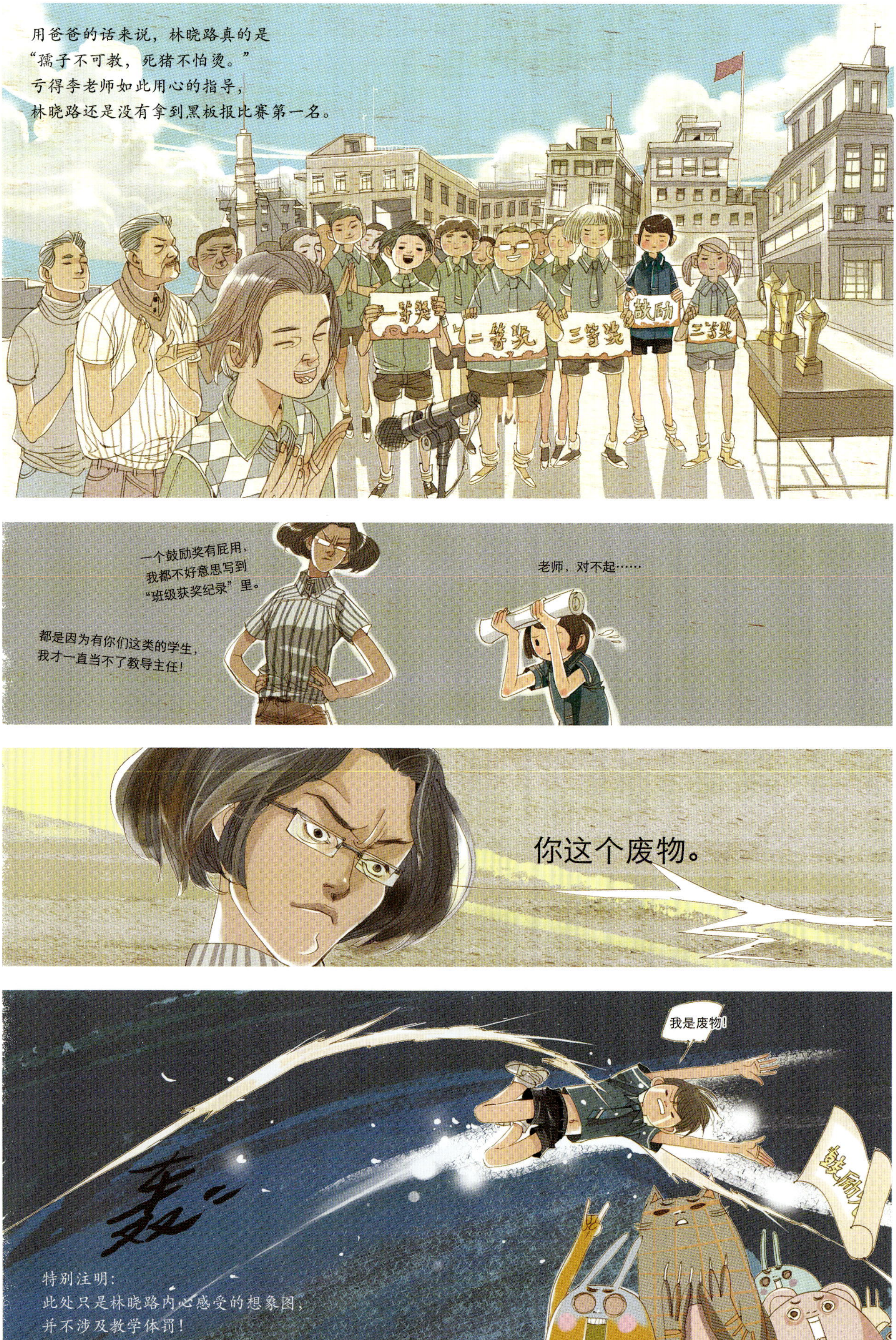
用爸爸的话来说，林晓路真的是
"孺子不可教，死猪不怕烫。"
亏得李老师如此用心的指导，
林晓路还是没有拿到黑板报比赛第一名。
一个鼓励奖有屁用，我都不好意思写到"班级获奖纪录"里。
都是因为有你们这类的学生，我才一直当不了教导主任！
老师，对不起……
你这个废物。
我是废物！
轰
特别注明：
此处只是林晓路内心感受的想象图，
并不涉及教学体罚！

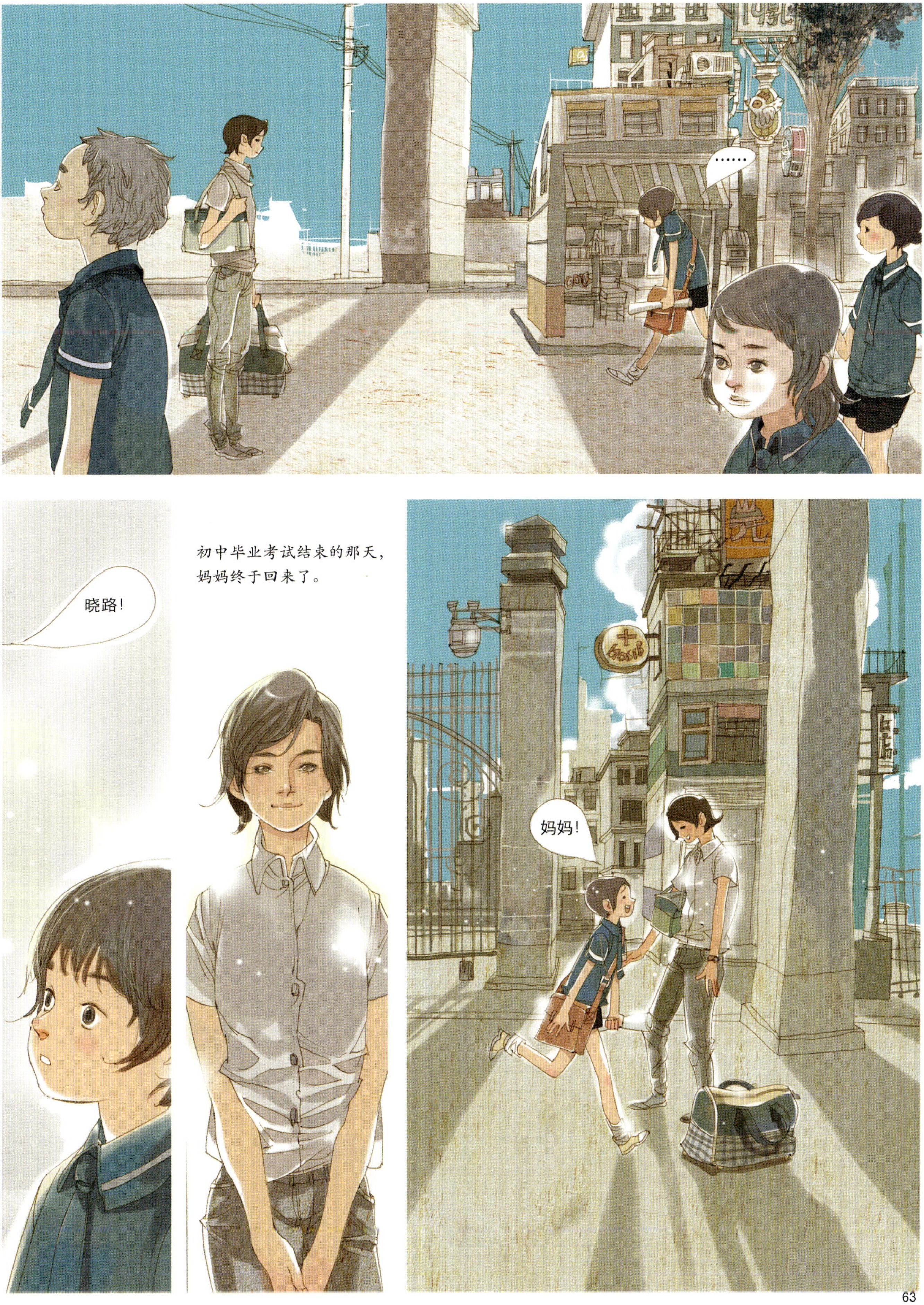
……
晓路!
初中毕业考试结束的那天，
妈妈终于回来了。
妈妈!

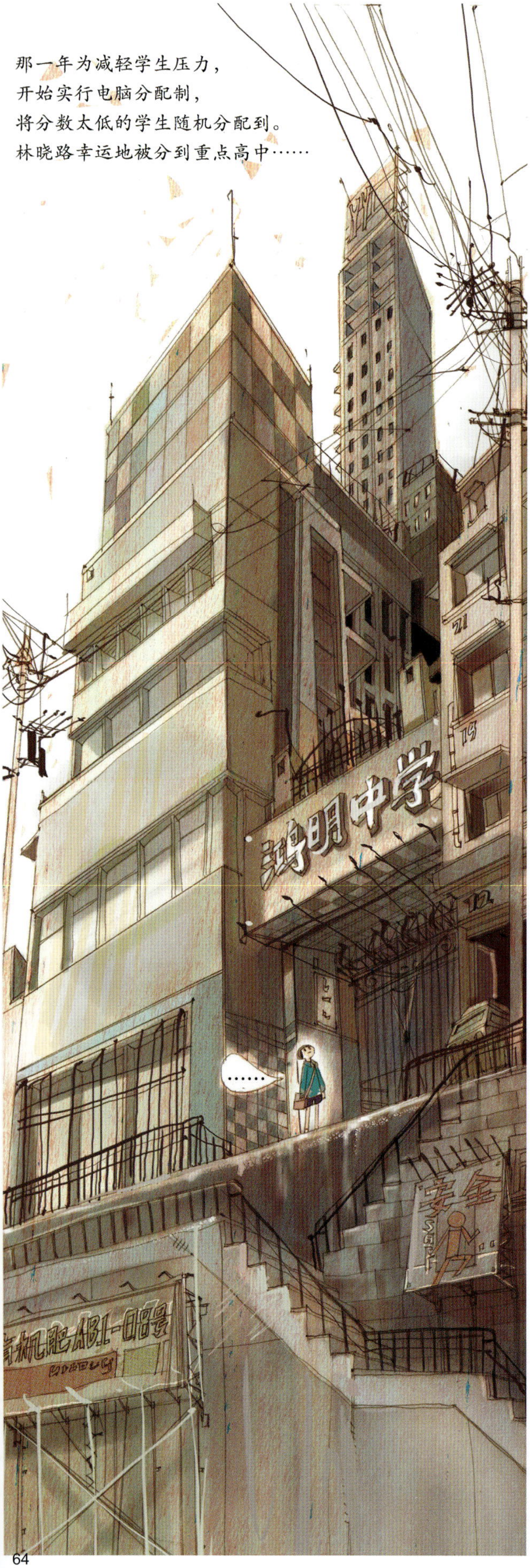
那一年为减轻学生压力，
开始实行电脑分配制，
将分数太低的学生随机分配到。
林晓路幸运地被分到重点高中……
鸿明中学
……
安全

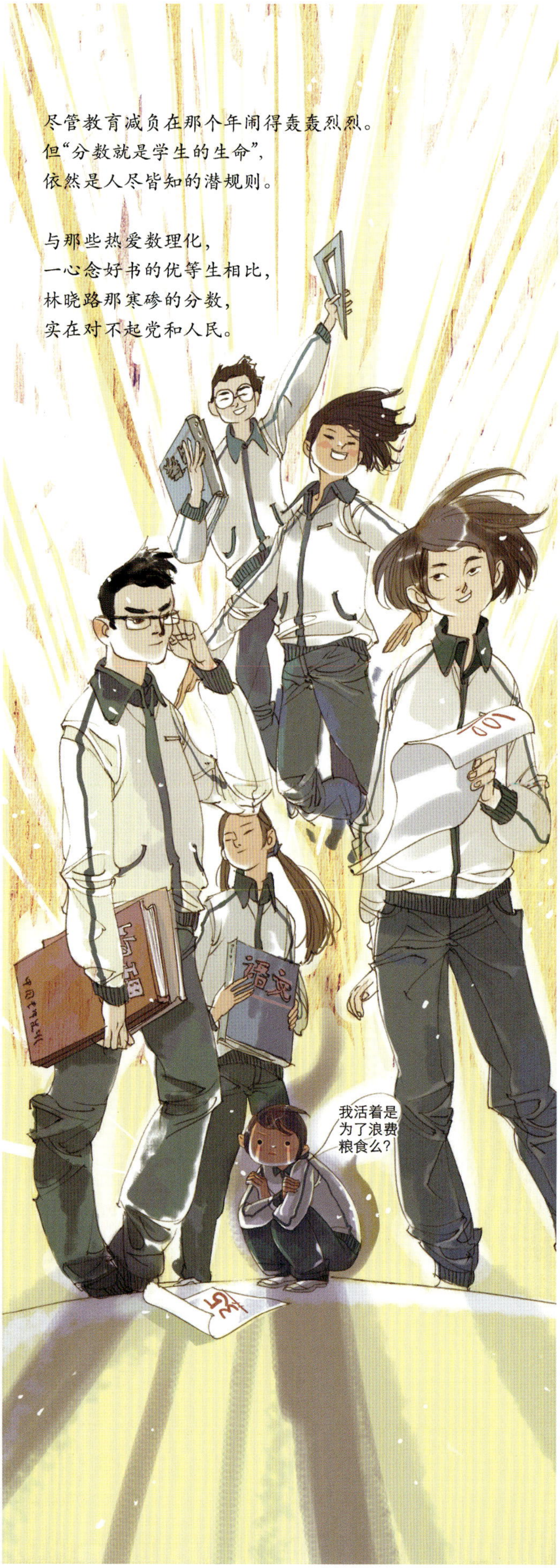
尽管教育减负在那个年闹得轰轰烈烈。
但“分数就是学生的生命”，
依然是人尽皆知的潜规则。
与那些热爱数理化，
一心念好书的优等生相比，
林晓路那寒碜的分数，
实在对不起党和人民。
语文
100
我活着是为了浪费粮食么？

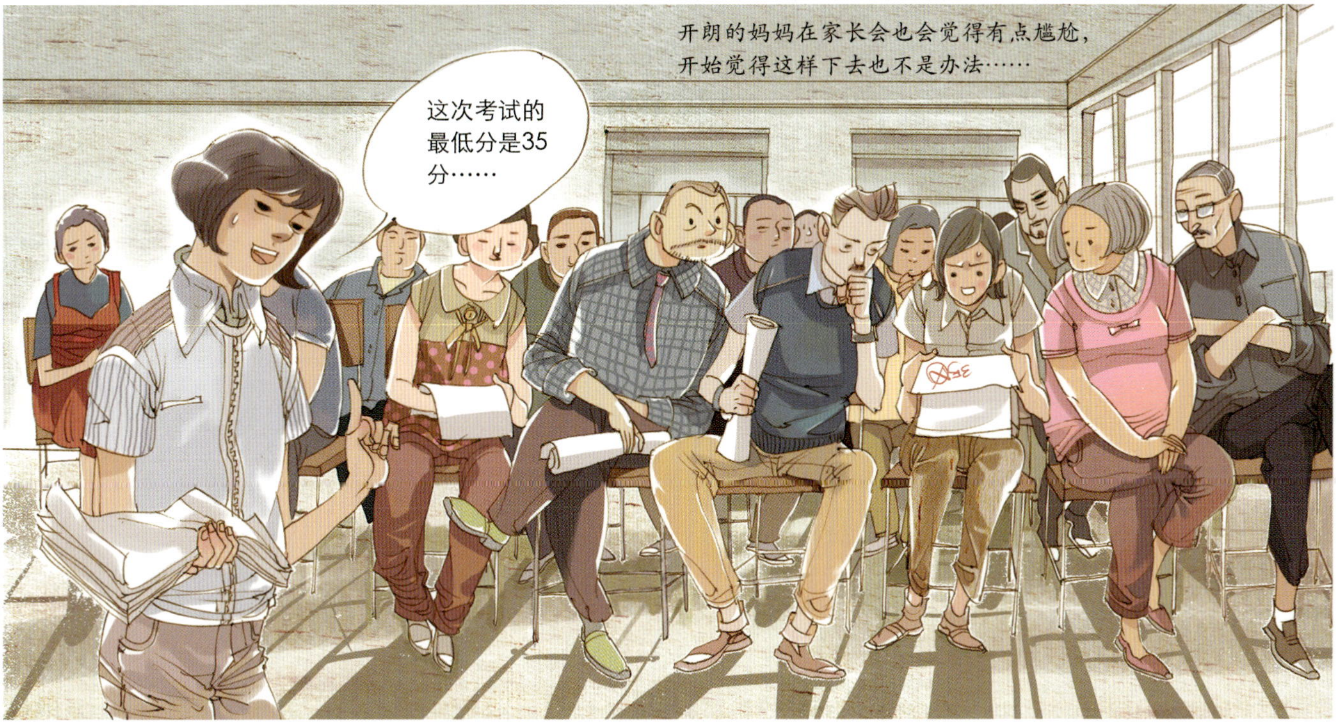
开朗的妈妈在家长会也会觉得有点尴尬，
开始觉得这样下去也不是办法……
这次考试的最低分是35分……

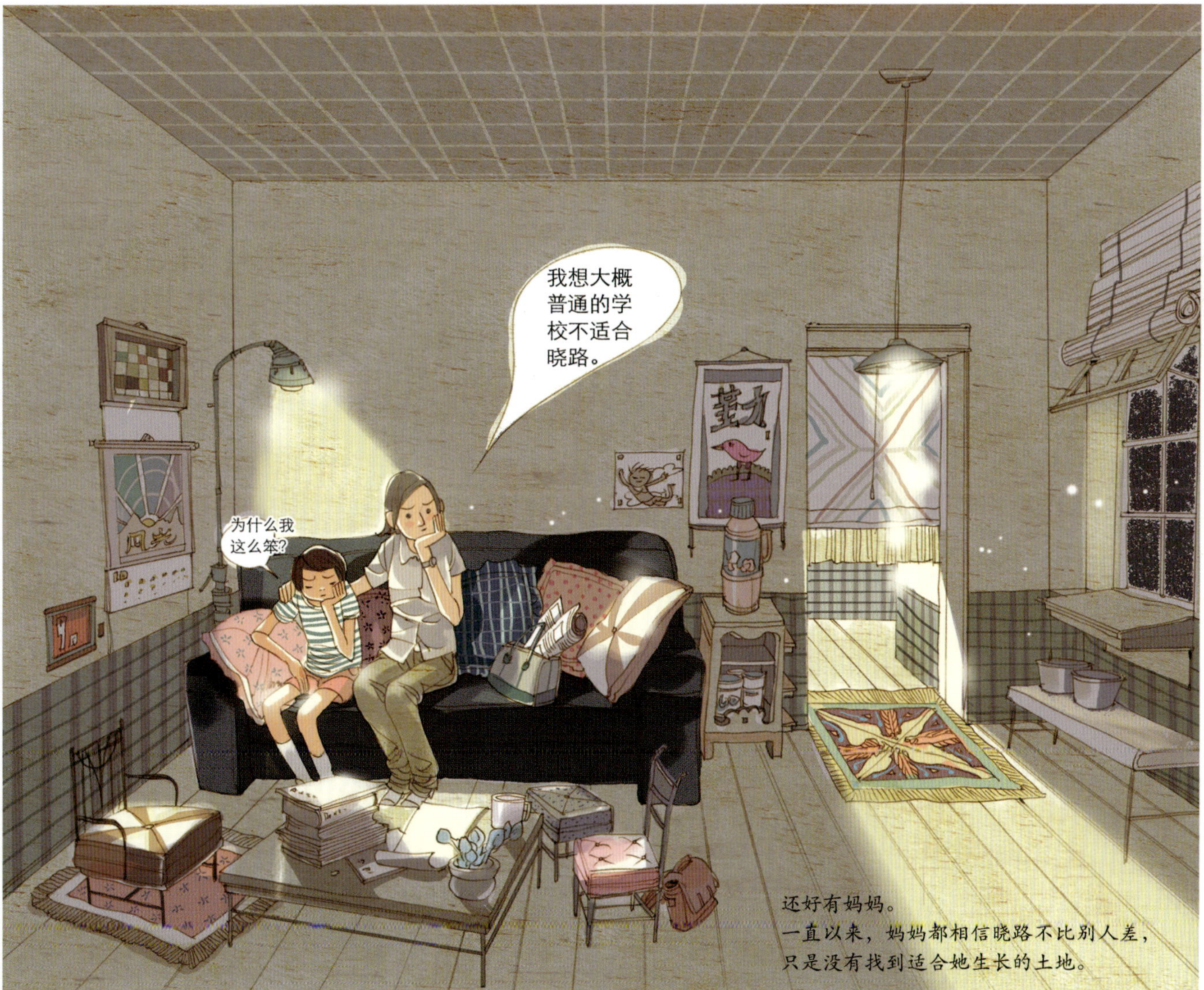
我想大概普通的学校不适合晓路。
为什么我这么笨?
还好有妈妈。
一直以来，妈妈都相信晓路不比别人差，
只是没有找到适合她生长的土地。

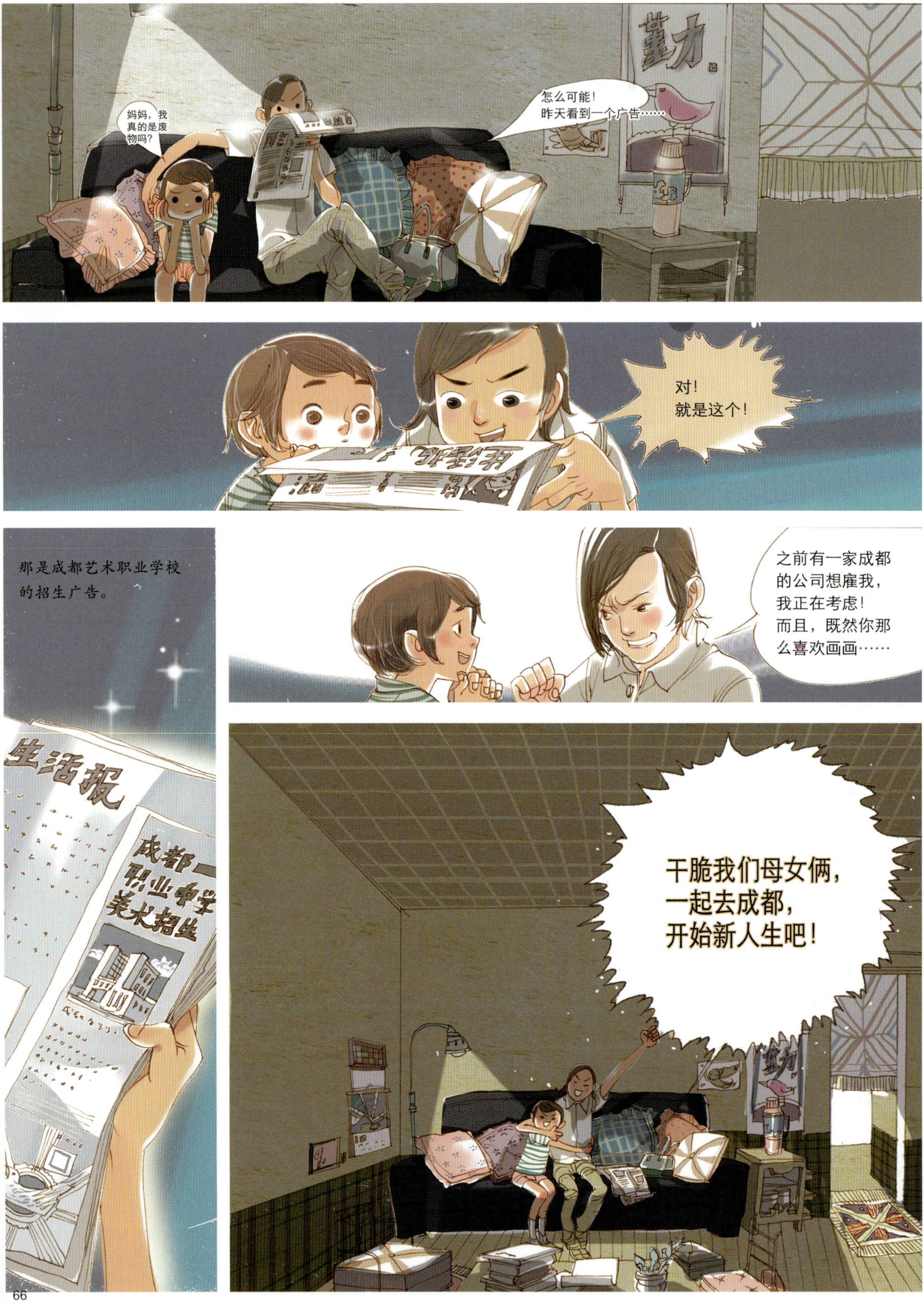
妈妈，我真的是废物吗?
怎么可能！昨天看到一个广告……
对！就是这个！
那是成都艺术职业学校的招生广告。
之前有一家成都的公司想雇我，我正在考虑！而且，既然你那么喜欢画画……
生活报
成都一职业中学美术招生
干脆我们母女俩，一起去成都，开始新人生吧！

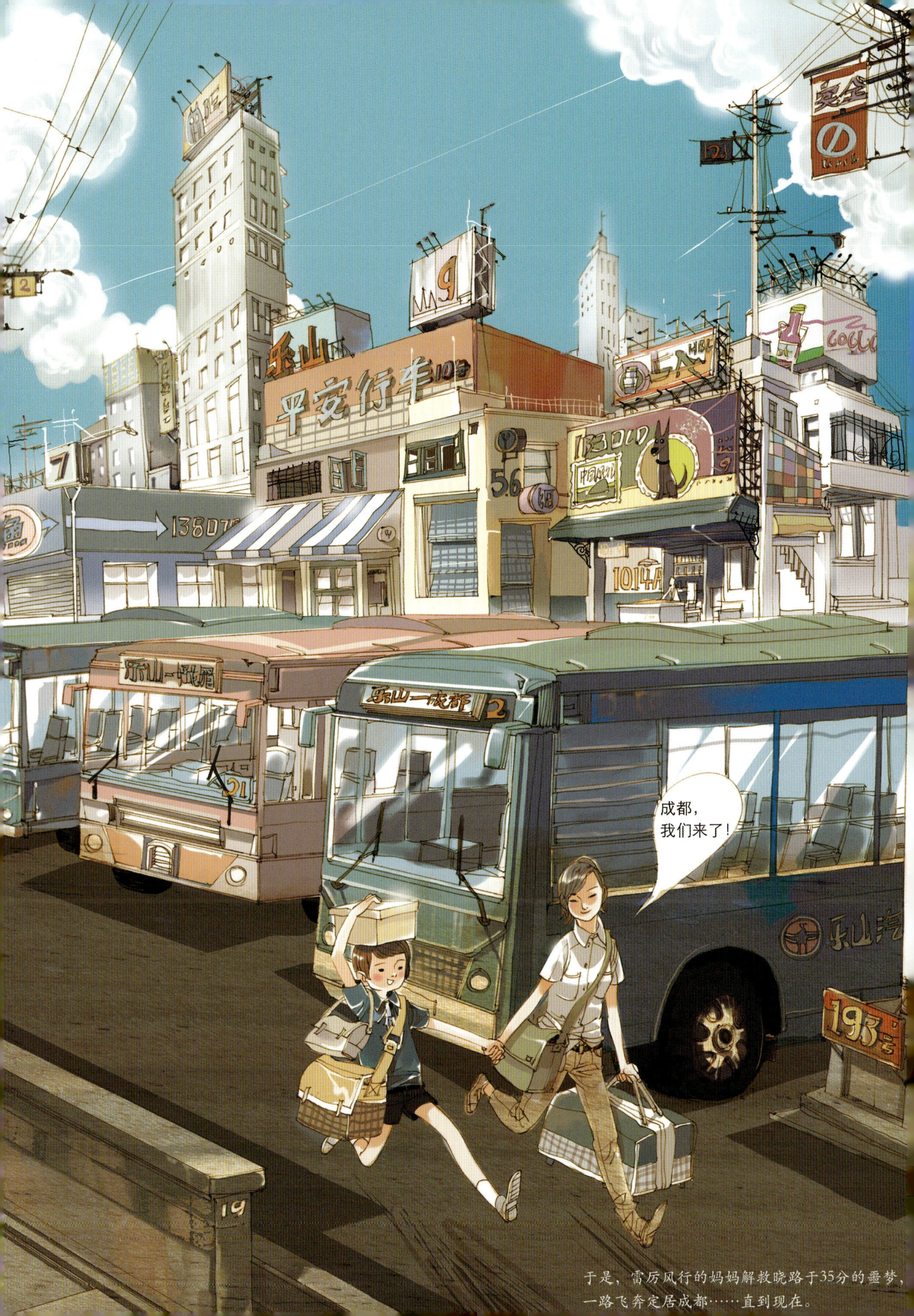

于是，雷厉风行的妈妈解救晓路于35分的噩梦，
一路飞奔定居成都……直到现在。

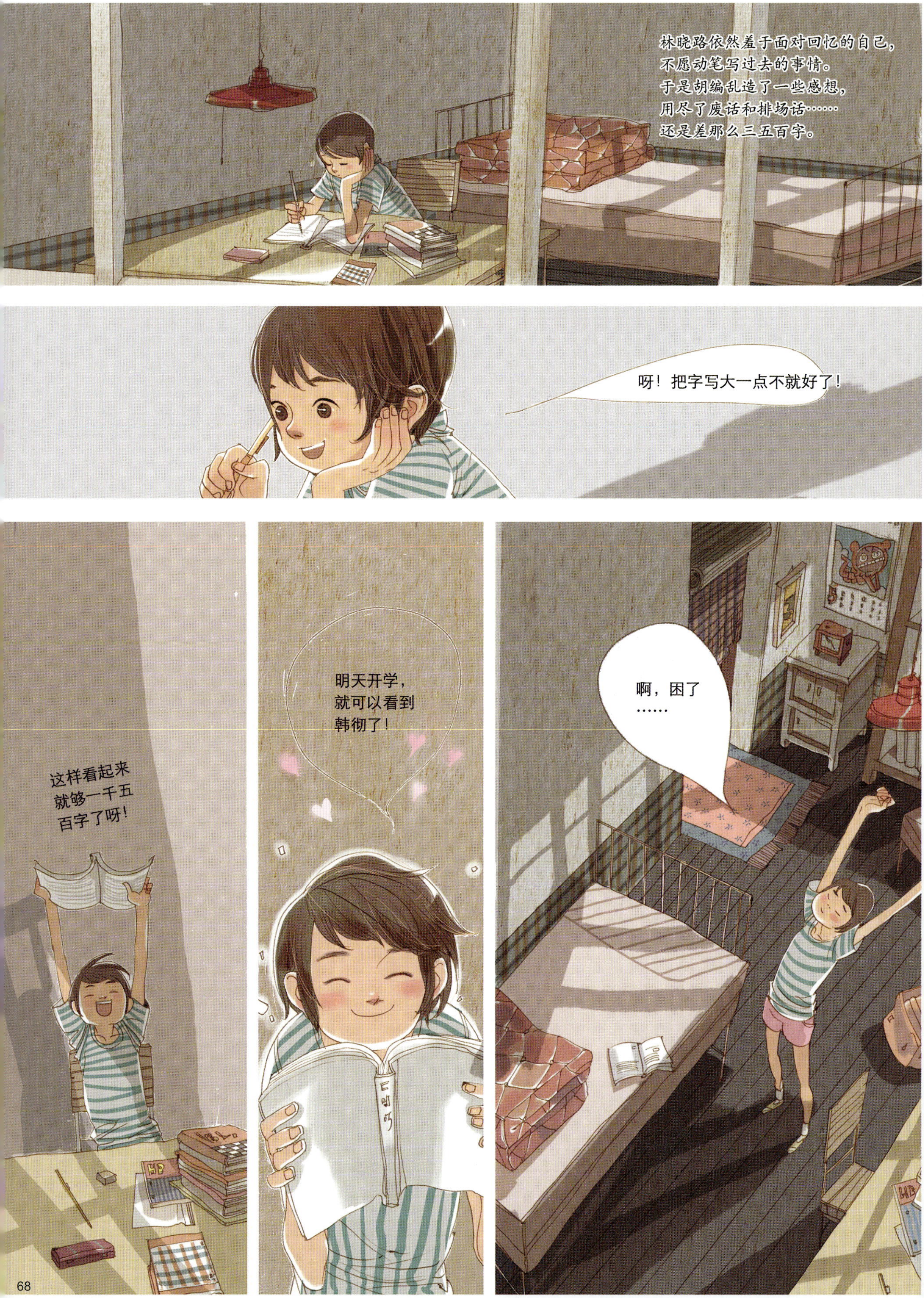
林晓路依然羞于面对回忆的自己，
不愿动笔写过去的事情。
于是胡编乱造了一些感想，
用尽了废话和排场话……
还是差那么三五百字。
呀！把字写大一点不就好了！
这样看起来就够一千五百字了呀！
明天开学，就可以看到韩彻了！
啊，困了……

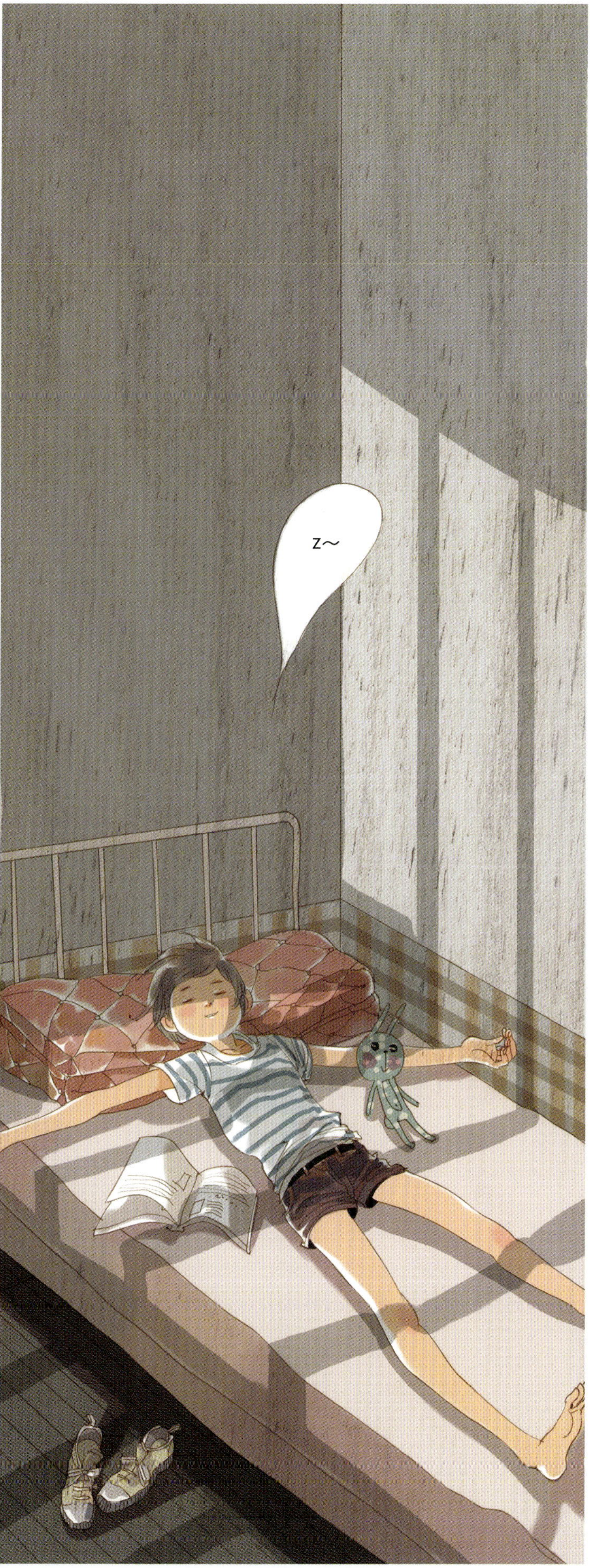
z~

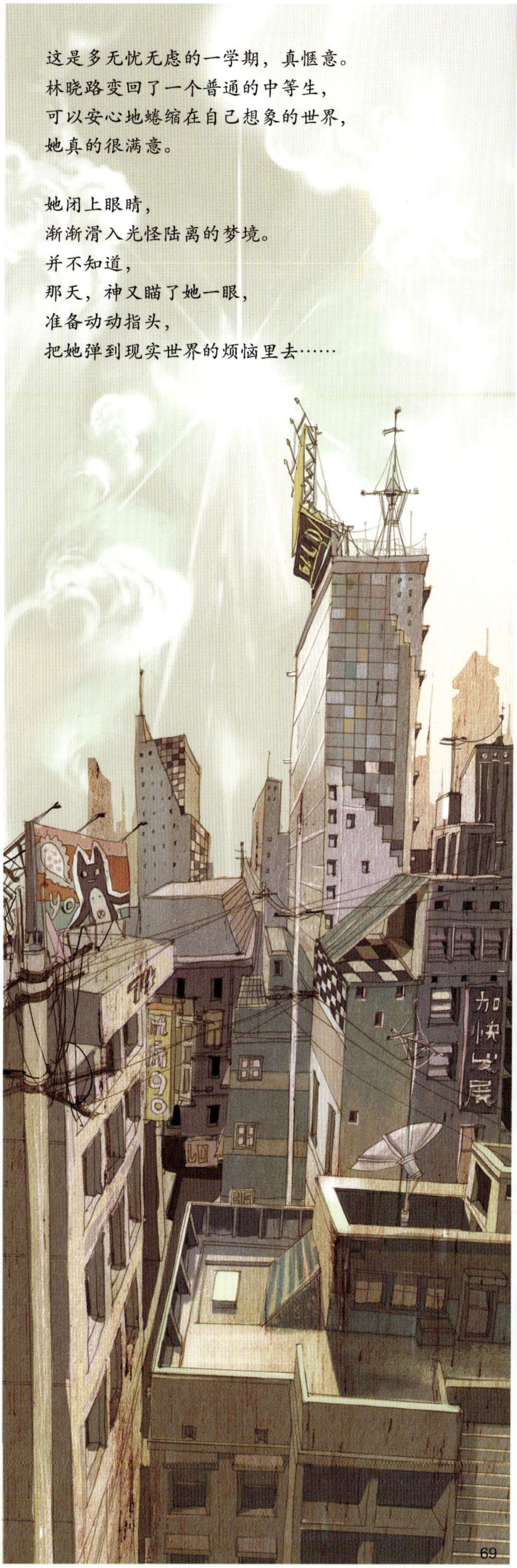
这是多无忧无虑的一学期，真惬意。
林晓路变回了一个普通的中等生，
可以安心地蜷缩在自己想象的世界，
她真的很满意。
她闭上眼睛，
渐渐滑入光怪陆离的梦境。
并不知道，
那天，神又瞄了她一眼，
准备动动指头，
把她弹到现实世界的烦恼里去……
加快发展

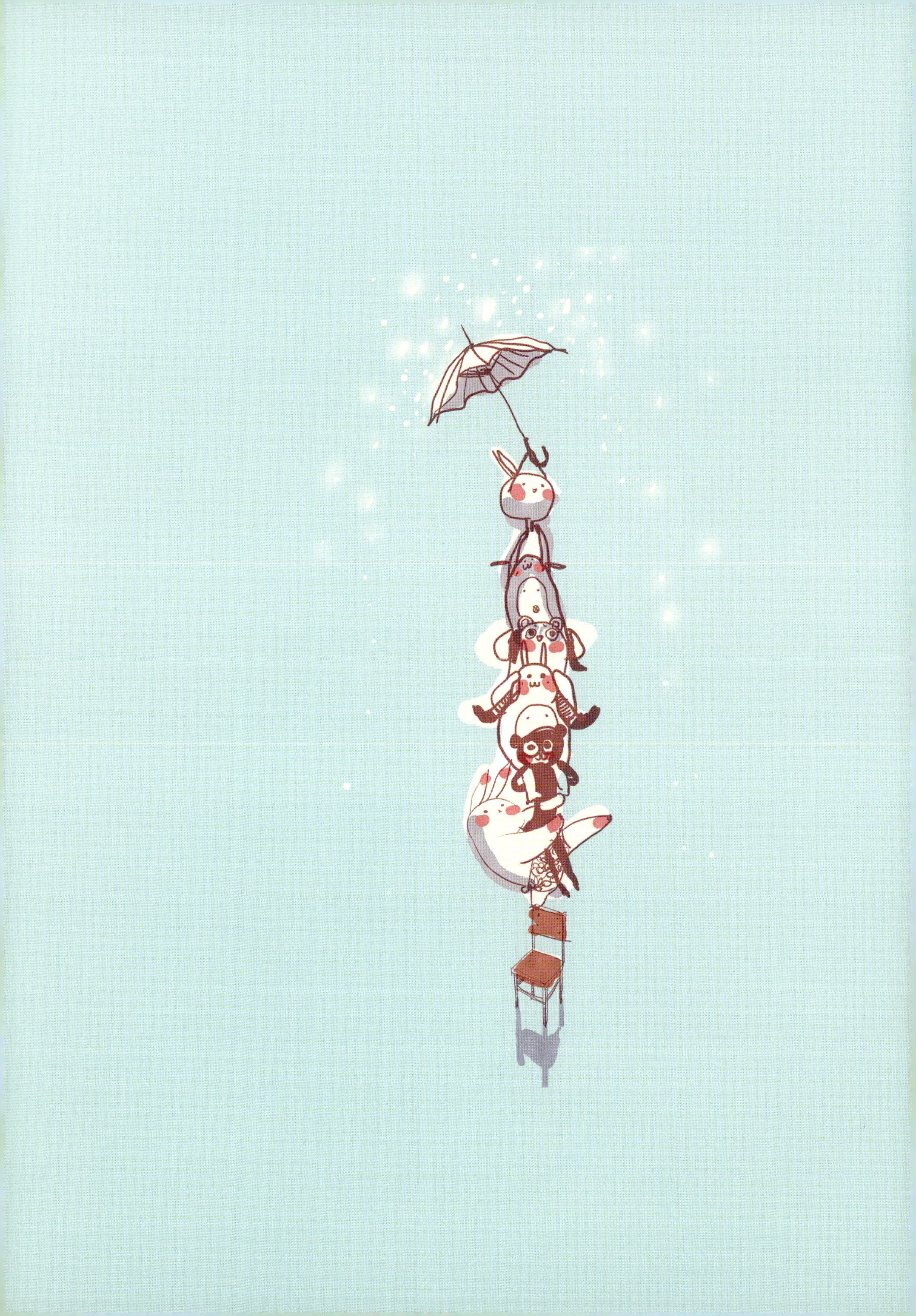

CHAPTER4 公园旁边

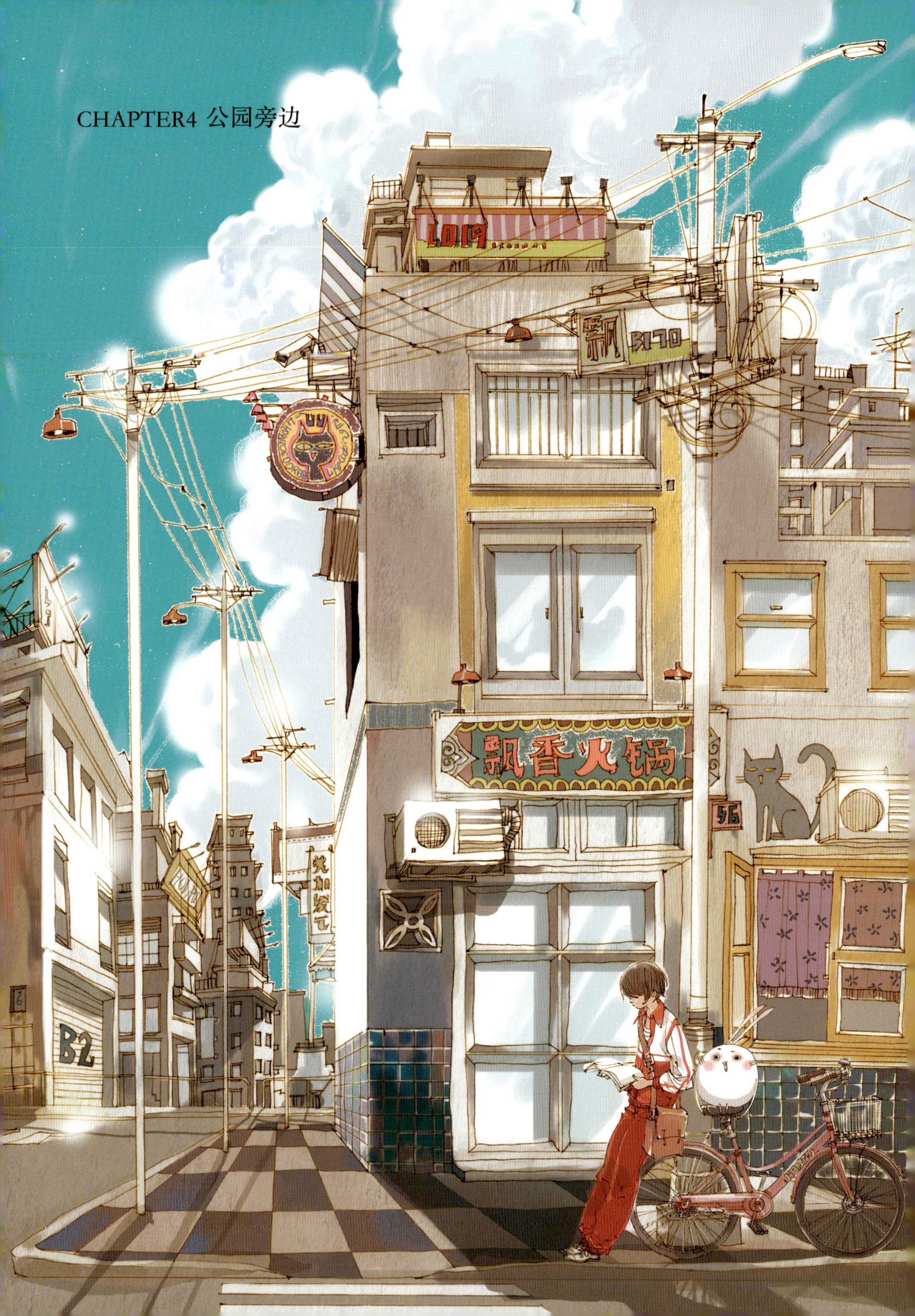

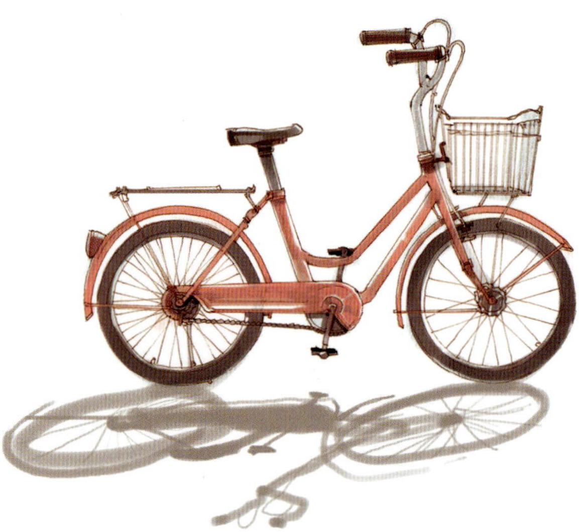

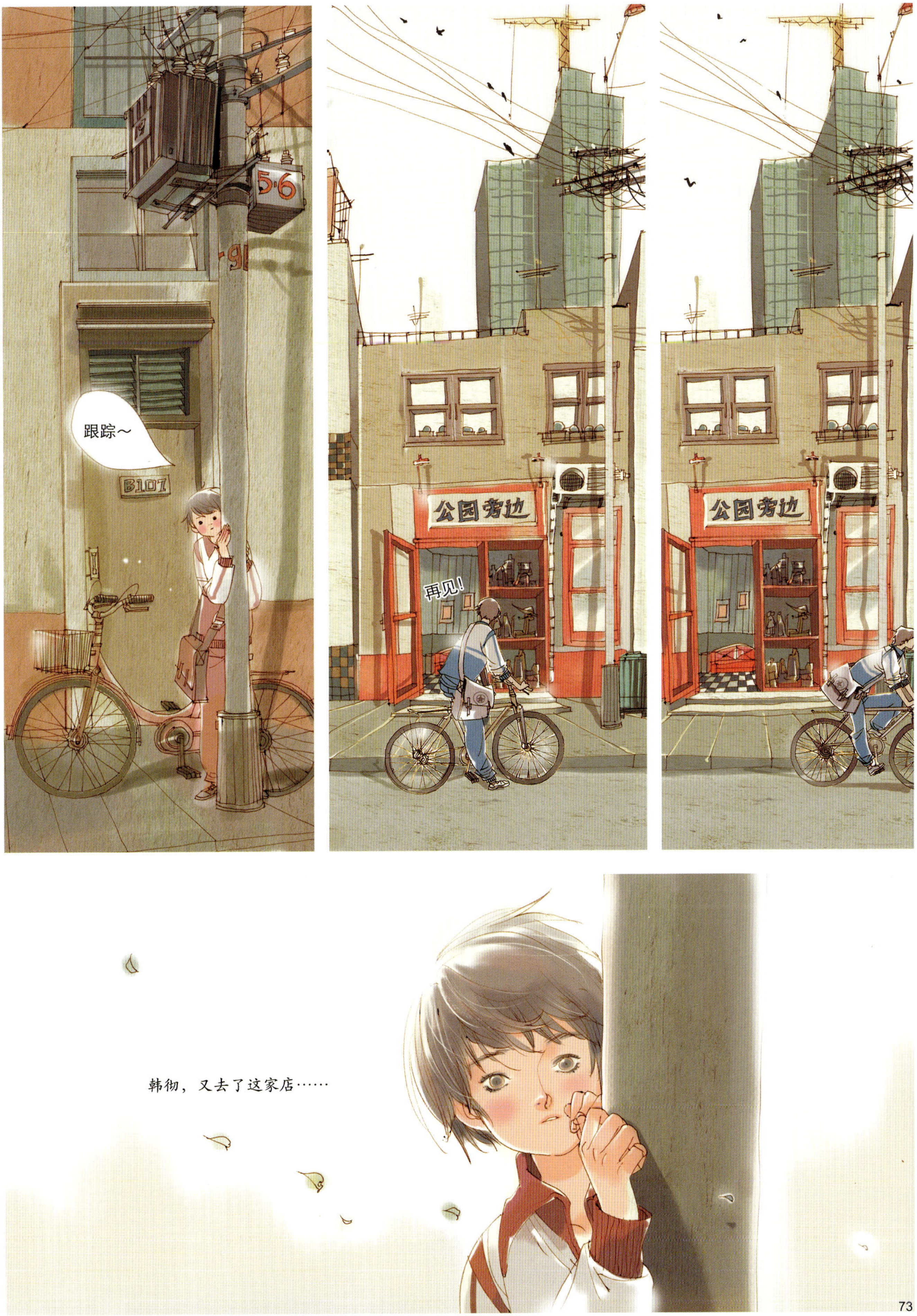
跟踪～
B107
公园旁边
再见！
韩彻，又去了这家店……

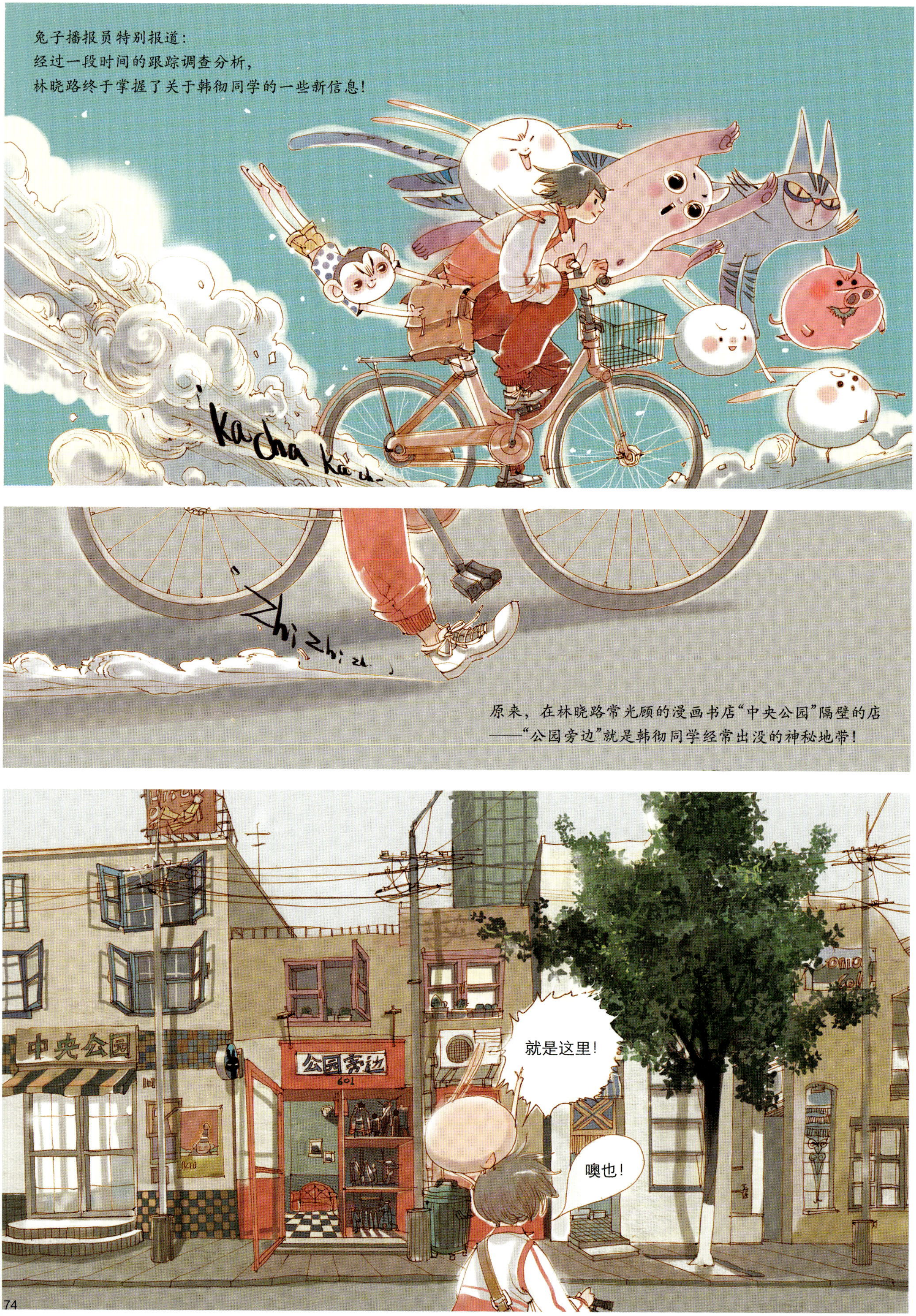
兔子播报员特别报道：
经过一段时间的跟踪调查分析，
林晓路终于掌握了关于韩彻同学的一些新信息！
kacha
zhi zhi
原来，在林晓路常光顾的漫画书店“中央公园”隔壁的店
——“公园旁边”就是韩彻同学经常出没的神秘地带！
中央公园
公园旁边
601
就是这里！
噢也！

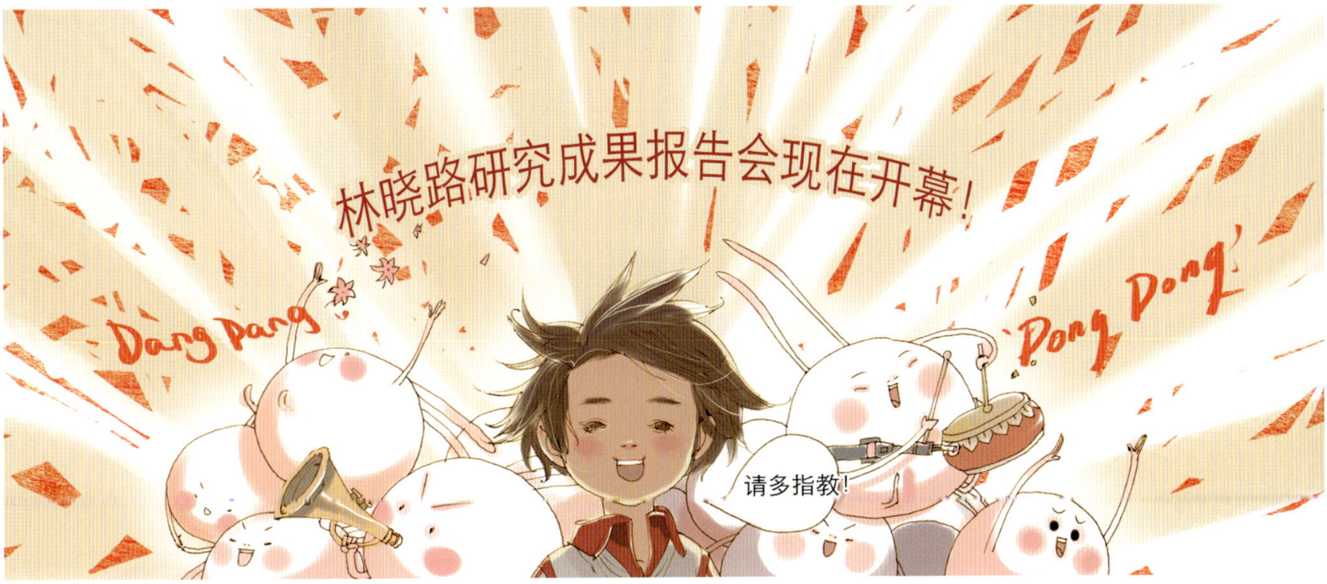

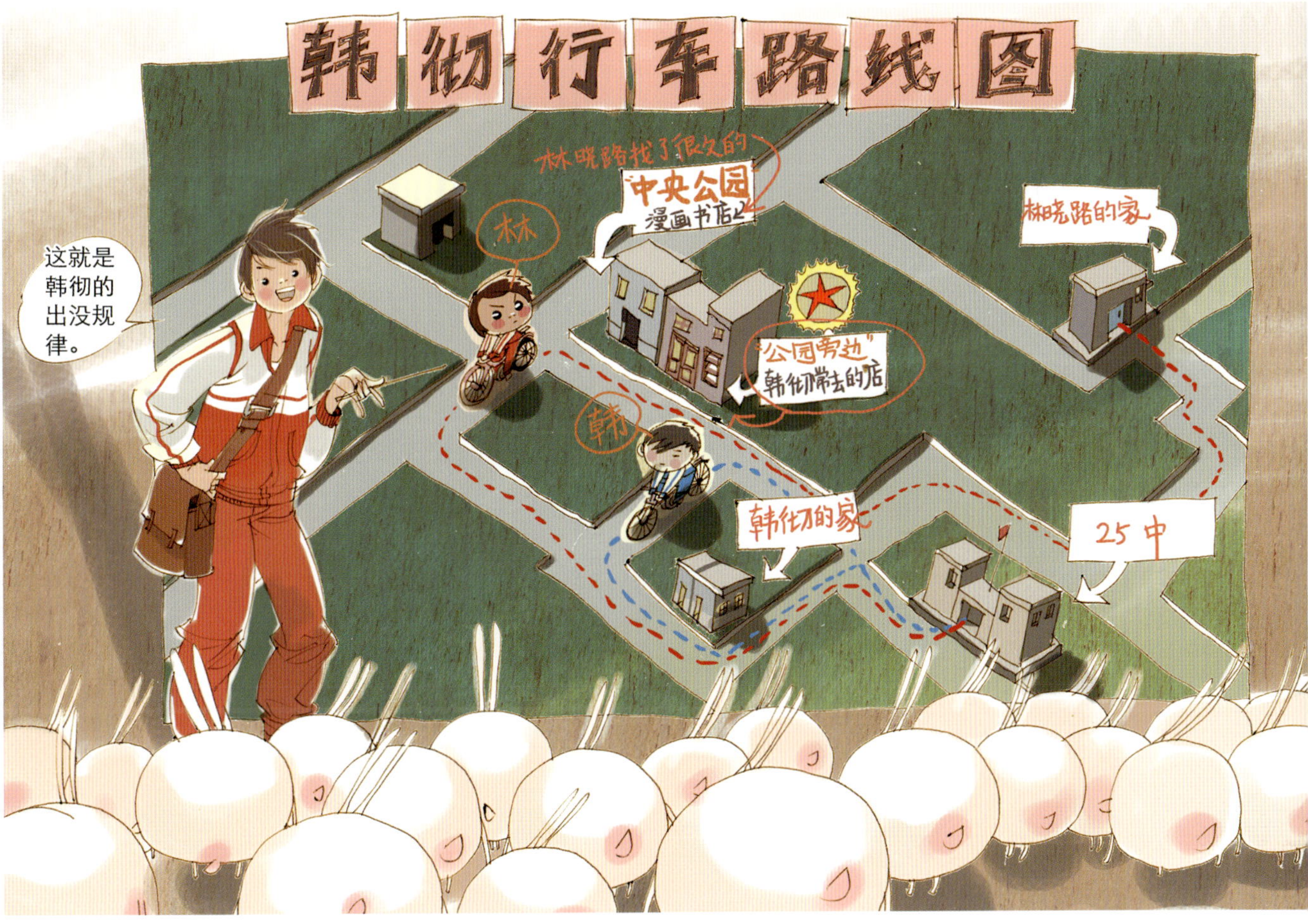

在新学期，经过一个月的调查，林晓路终于发现，
韩彻家住在玉林小区芳草东街，和她家并不顺路，
所以她每天都多花十分钟绕路跟踪。
韩彻经常光顾的模型店“公园旁边”在国庆期间都拉着卷帘门。
难以一探究竟……

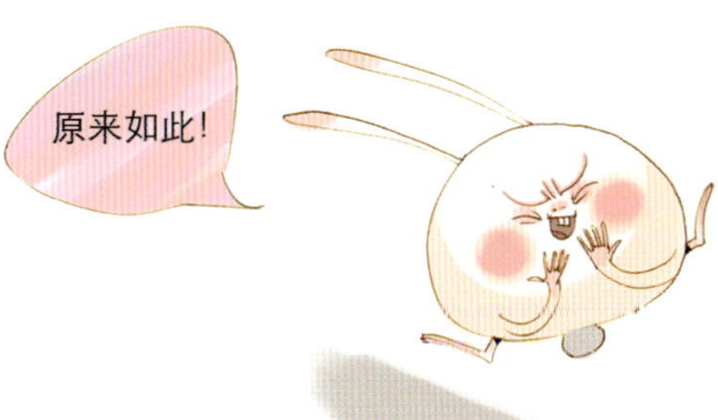

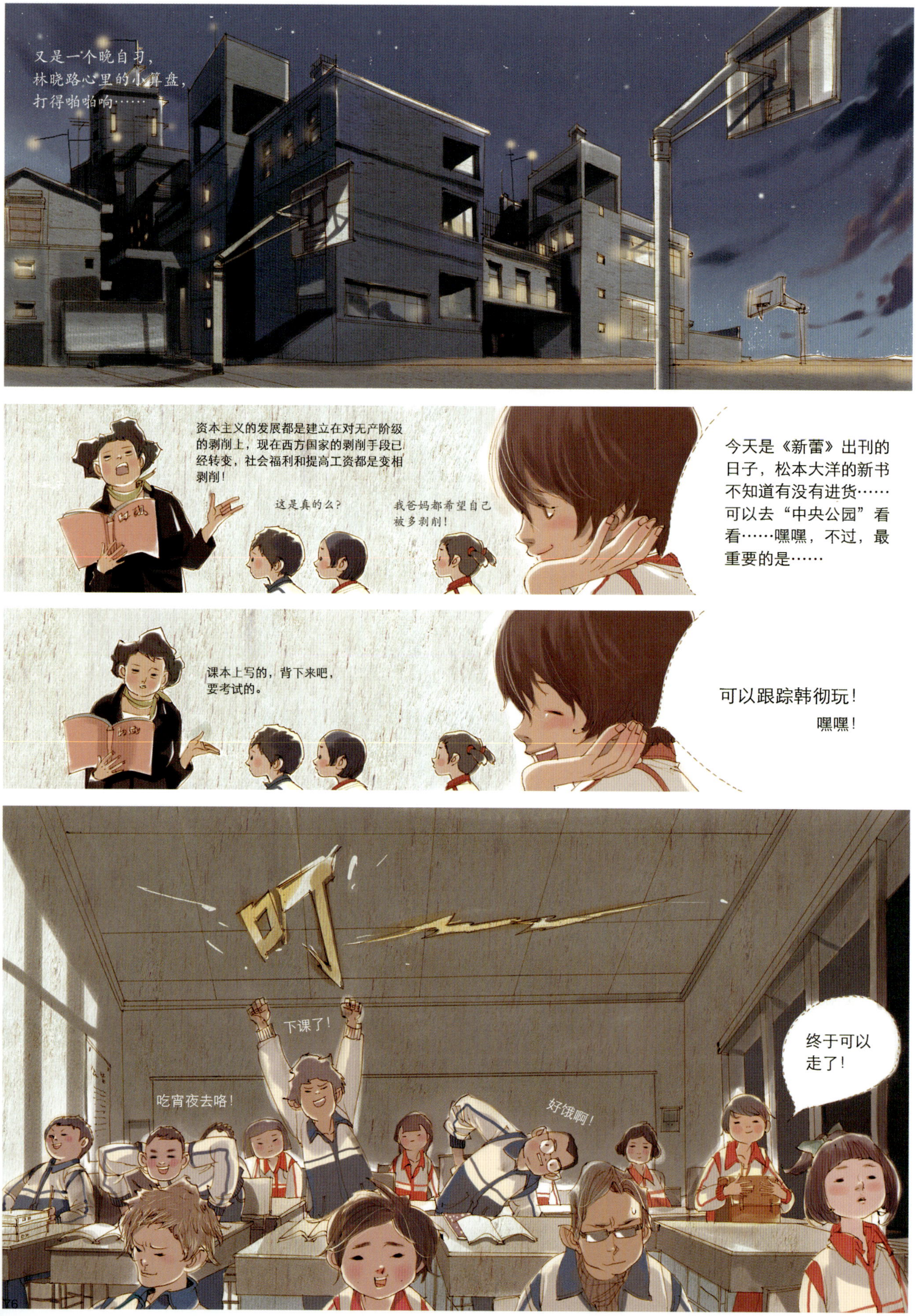
又是一个晚自习，
林晓路心里的小算盘，
打得啪啪响……
资本主义的发展都是建立在对无产阶级的剥削上，现在西方国家的剥削手段已经转变，社会福利和提高工资都是变相剥削！
这是真的么？
我爸妈都希望自己被多剥削！
今天是《新蕾》出刊的日子，松本大洋的新书不知道有没有进货……可以去“中央公园”看看……嘿嘿，不过，最重要的是……
课本上写的，背下来吧，要考试的。
可以跟踪韩彻玩！
嘿嘿！
叮
下课了！
吃宵夜去咯！
好饿啊！
终于可以走了！

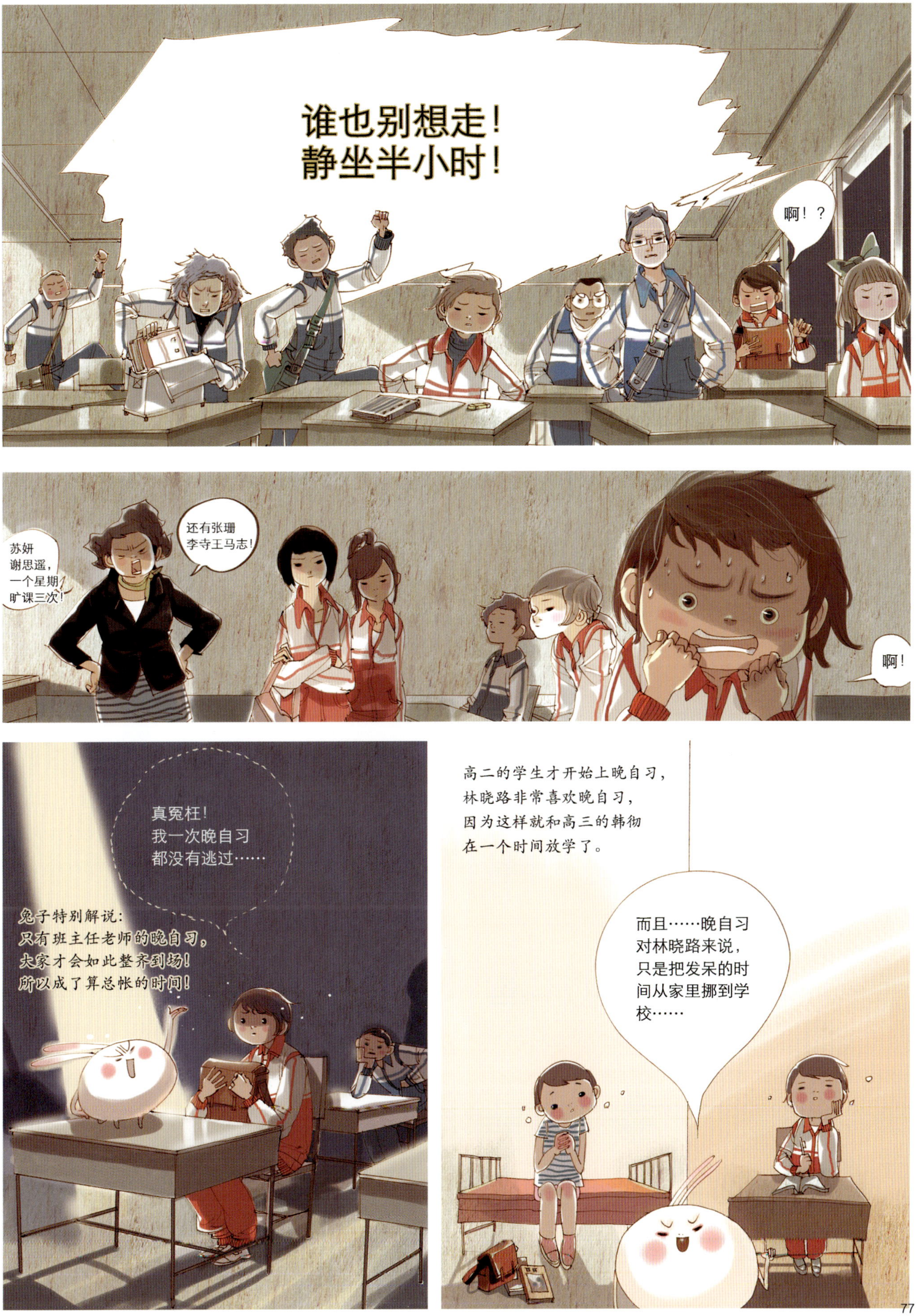
谁也别想走！
静坐半小时！
啊！？
苏妍
谢思遥，
一个星期
旷课三次！
还有张珊
李寺王马志！
啊！
真冤枉！
我一次晚自习
都没有逃过……
兔子特别解说：
只有班主任老师的晚自习，
大家才会如此整齐到场！
所以成了算总帐的时间！
高二的学生才开始上晚自习，
林晓路非常喜欢晚自习，
因为这样就和高三的韩彻
在一个时间放学了。
而且……晚自习
对林晓路来说，
只是把发呆的时
间从家里挪到学
校……

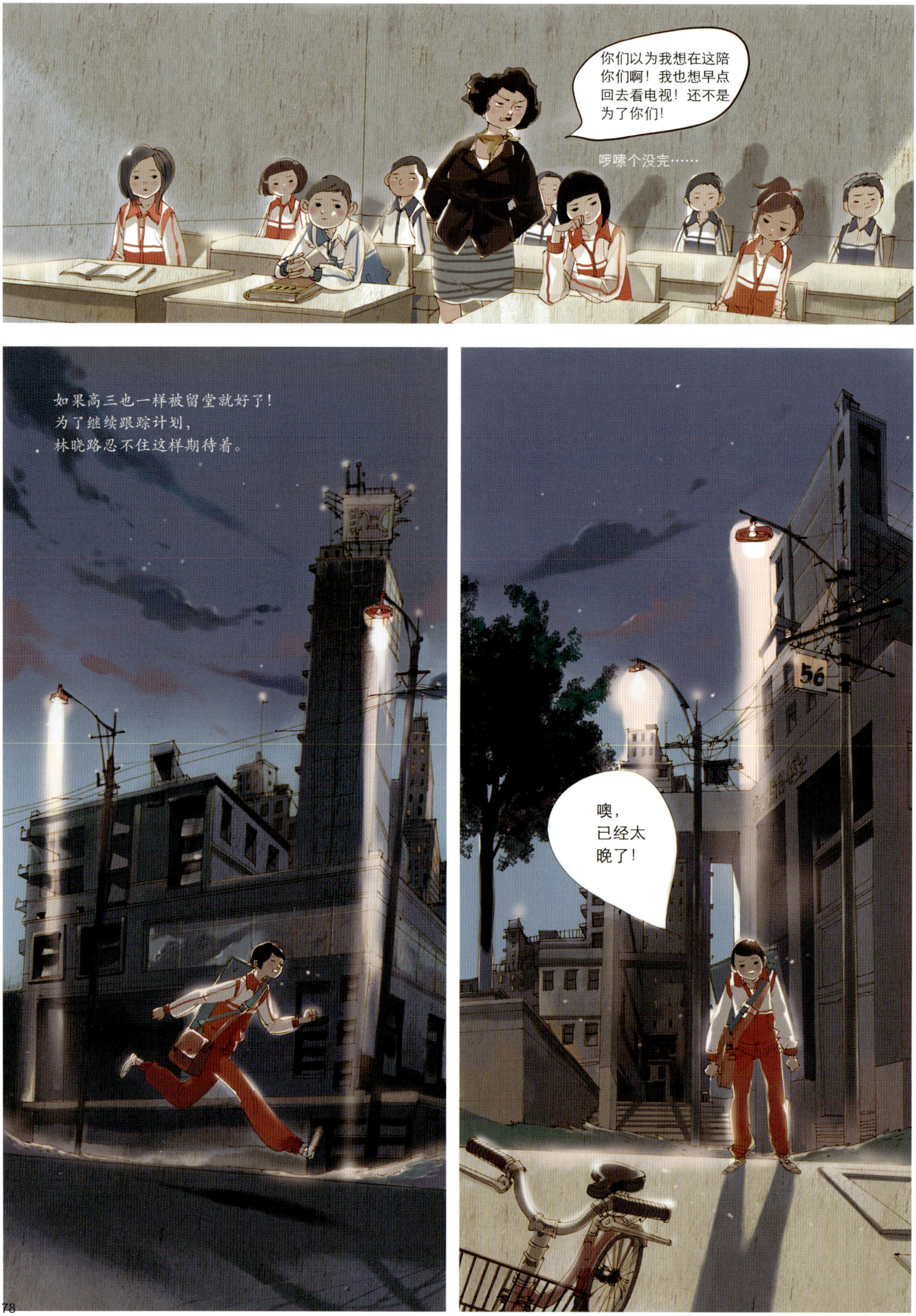
你们以为我想在这陪你们啊！我也想早点回去看电视！还不是为了你们！
啰嗦个没完……
如果高三也一样被留堂就好了！为了继续跟踪计划，林晓路忍不住这样期待着。
56
噢，已经太晚了！

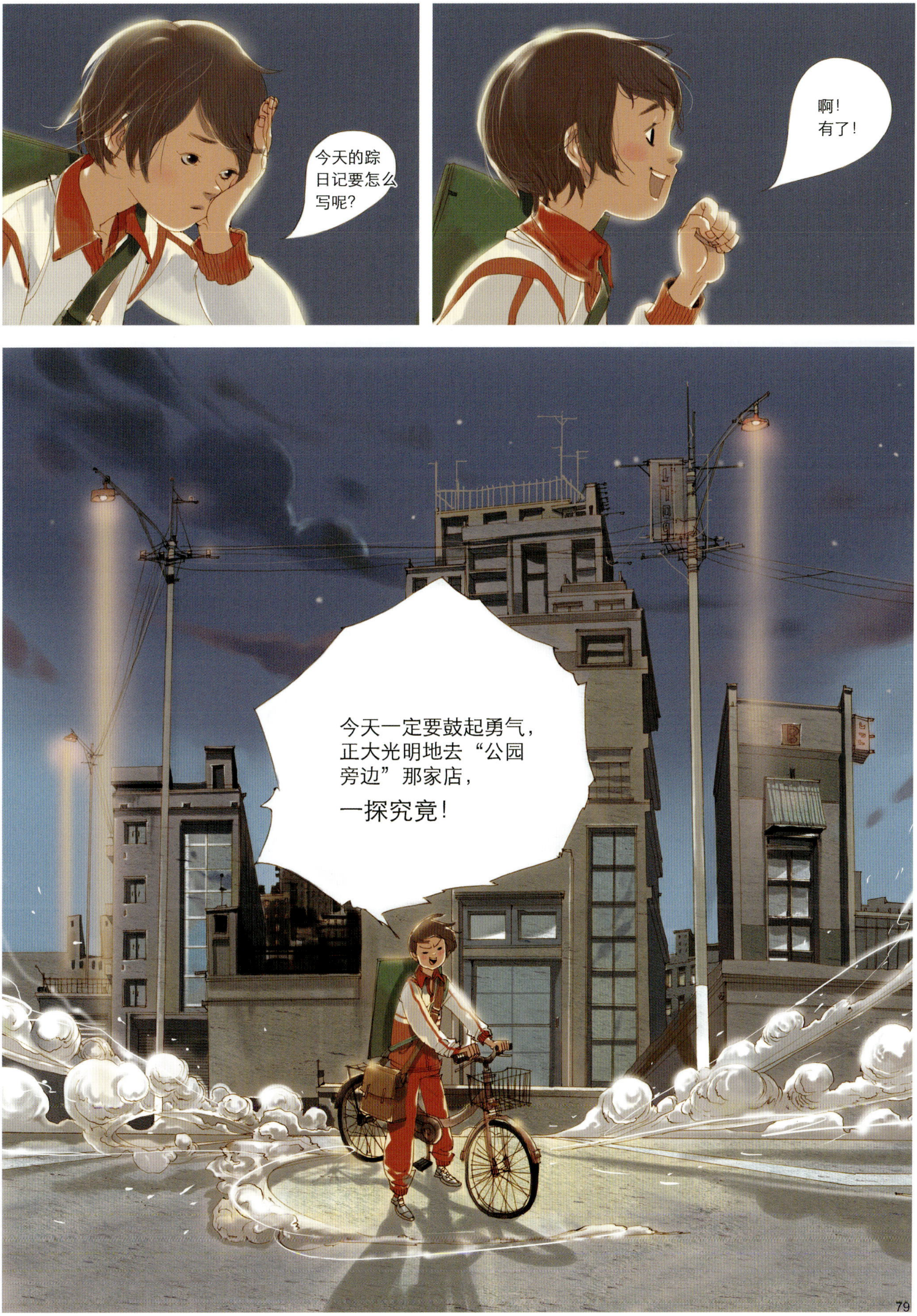
今天的踪
日记要怎么
写呢?
啊!
有了!
今天一定要鼓起勇气,
正大光明地去“公园
旁边”那家店,
一探究竟!

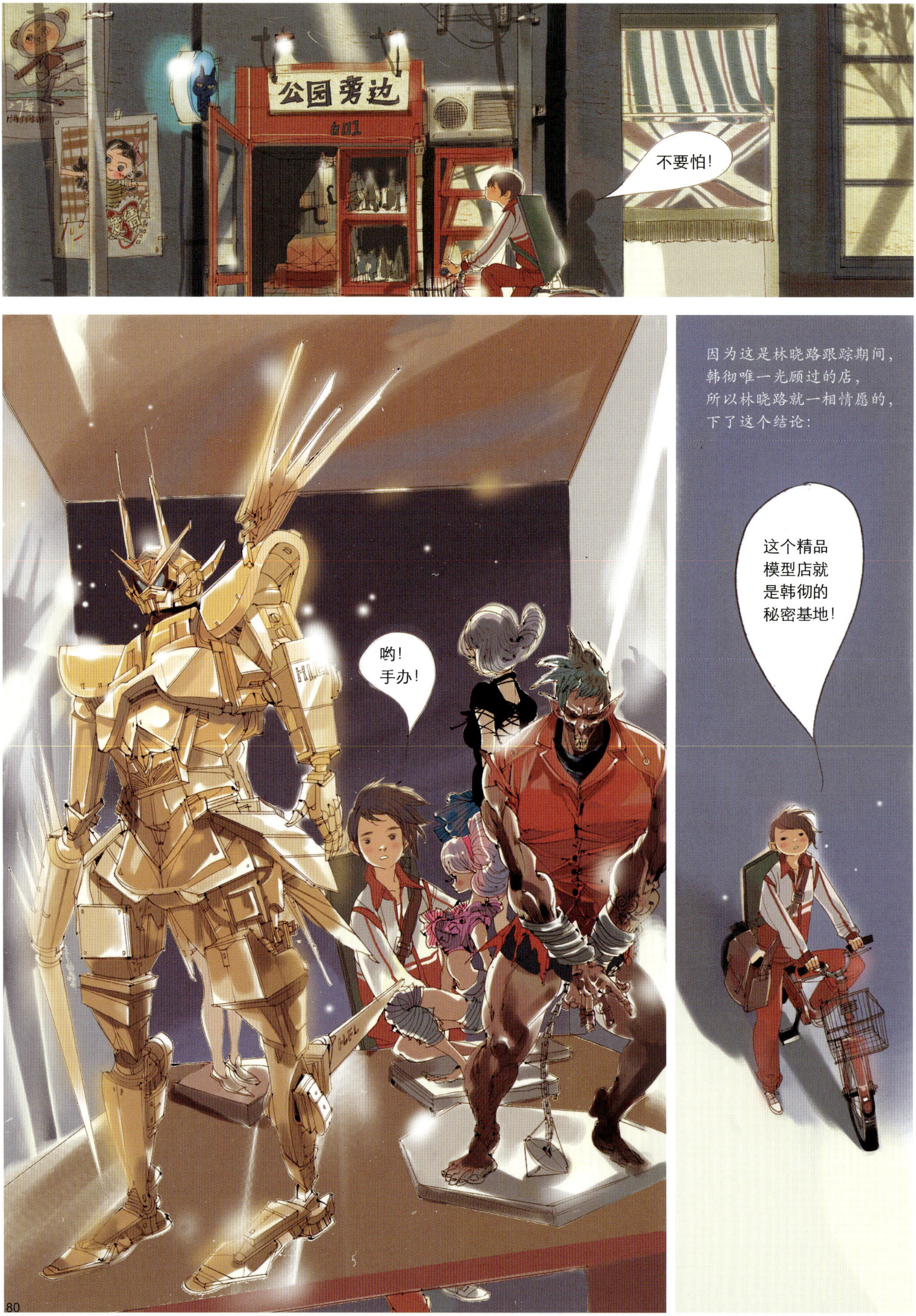
公园旁边
不要怕!
因为这是林晓路跟踪期间，
韩彻唯一光顾过的店，
所以林晓路就一相情愿的，
下了这个结论：
哟!
手办!
这个精品
模型店就
是韩彻的
秘密基地!

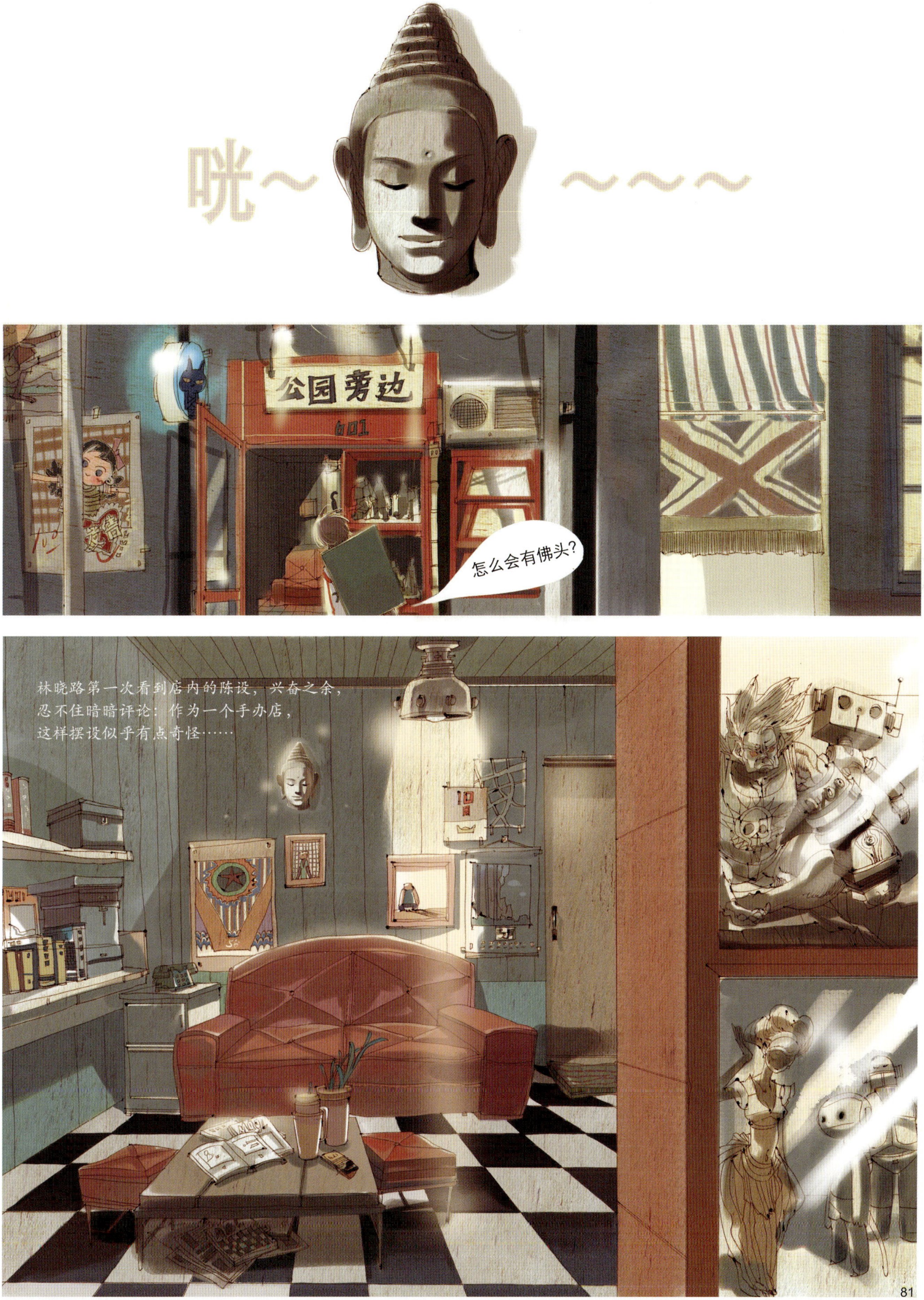
咣~～～～
公园旁边
怎么会有佛头?
林晓路第一次看到店内的陈设，兴奋之余，
忍不住暗暗评论：作为一个手办店，
这样摆设似乎有点奇怪……

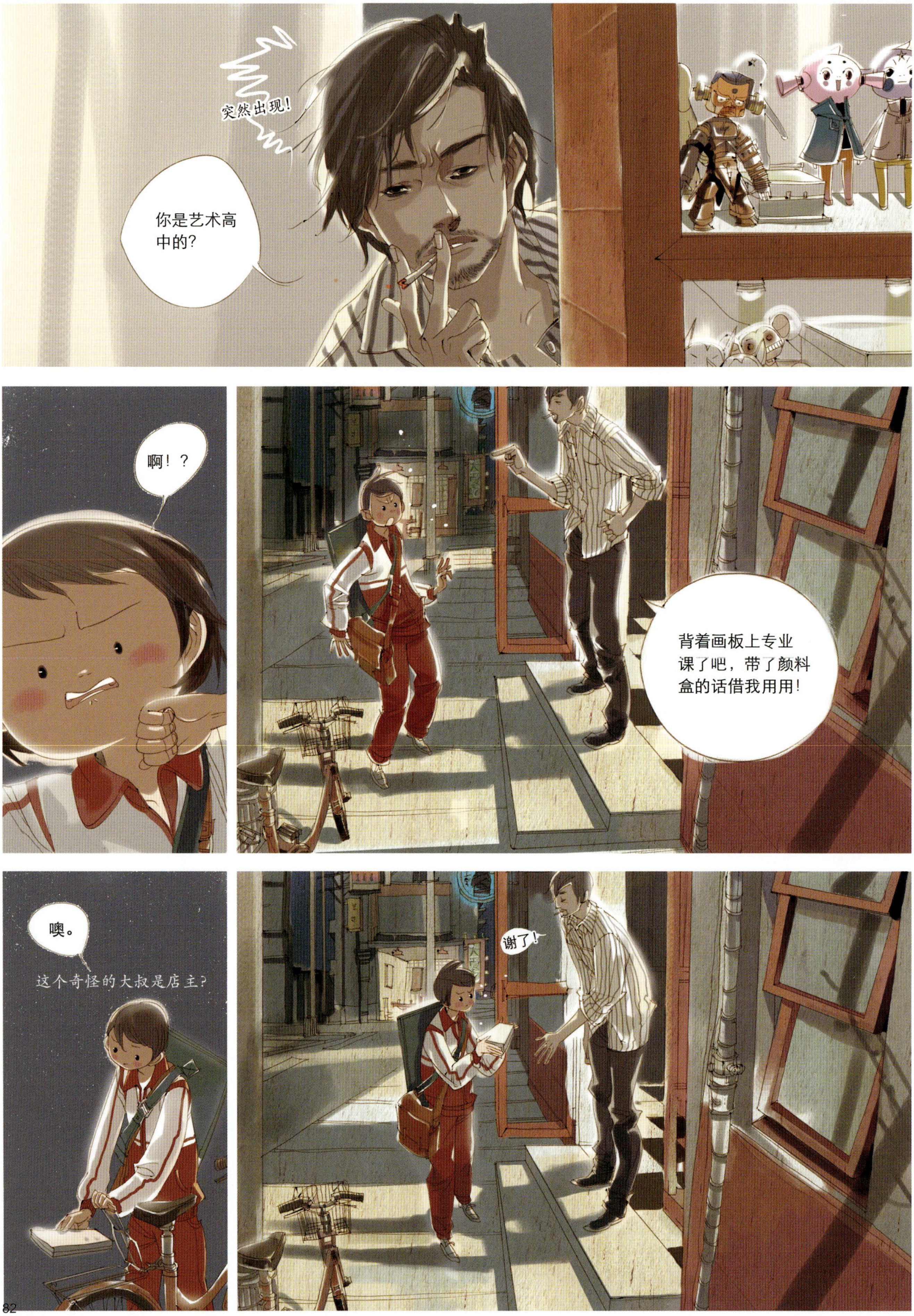
突然出现!
你是艺术高中的?
啊!?
背着画板上专业课了吧，带了颜料盒的话借我用用!
噢。
这个奇怪的大叔是店主?
谢了!

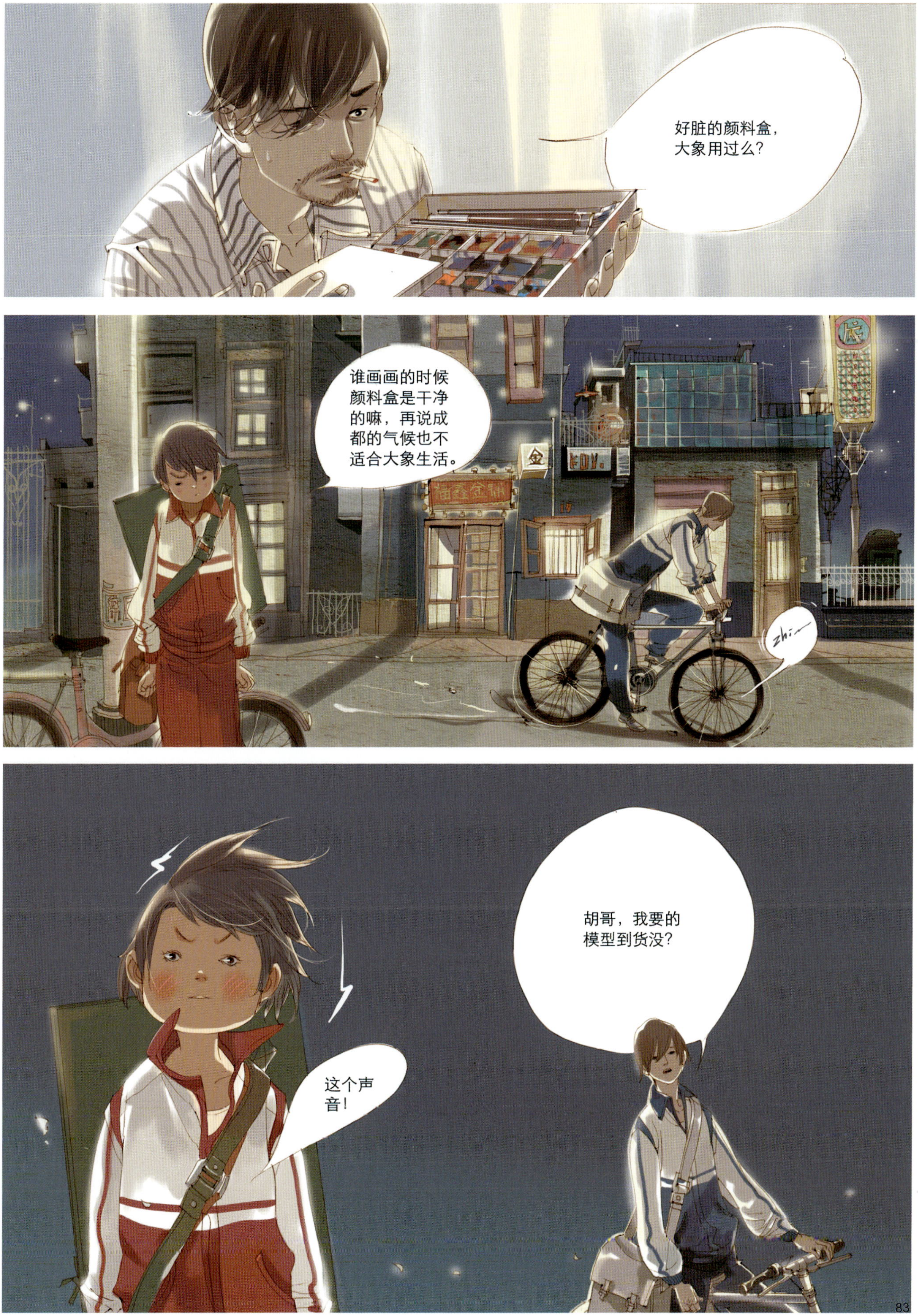
好脏的颜料盒，
大象用过么?
谁画画的时候颜料盒是干净的嘛，再说成都的气候也不适合大象生活。
zhi～
胡哥，我要的模型到货没?
这个声音!

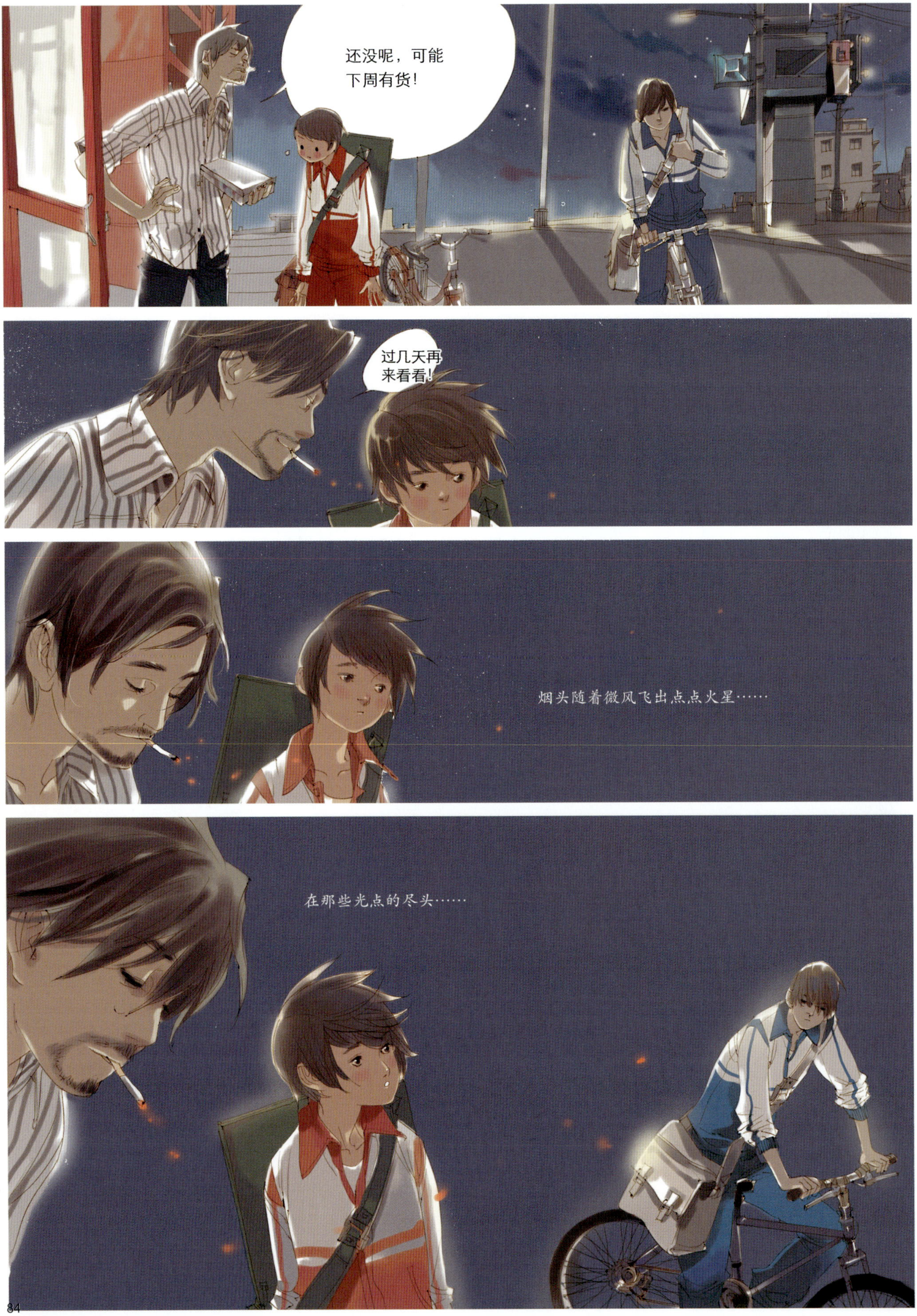
还没呢，可能下周有货!
过几天再来看看!
烟头随着微风飞出点点火星……
在那些光点的尽头……

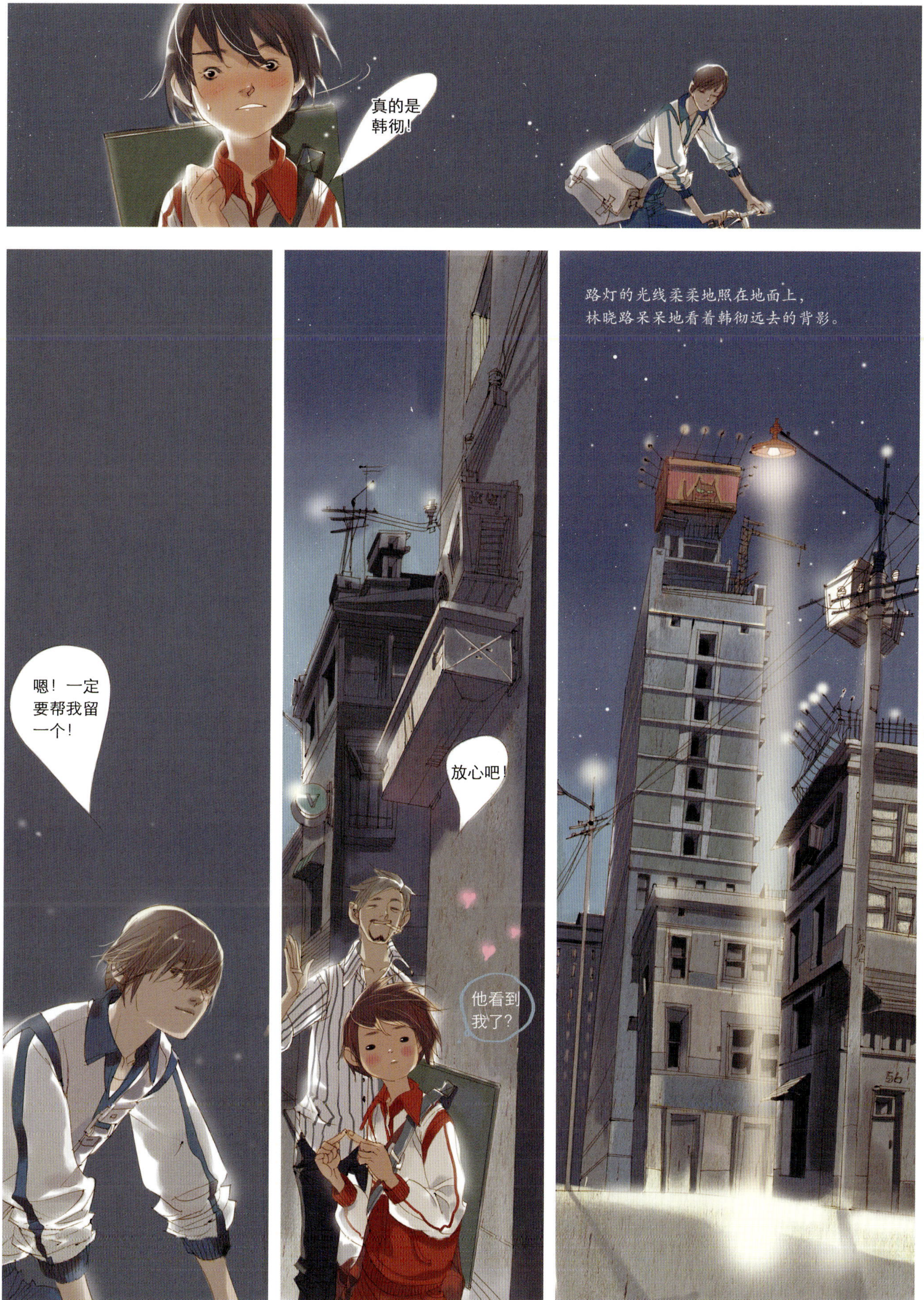
真的是
韩彻!
嗯！一定
要帮我留
一个!
放心吧!
他看到
我了?
路灯的光线柔柔地照在地面上，
林晓路呆呆地看着韩彻远去的背影。

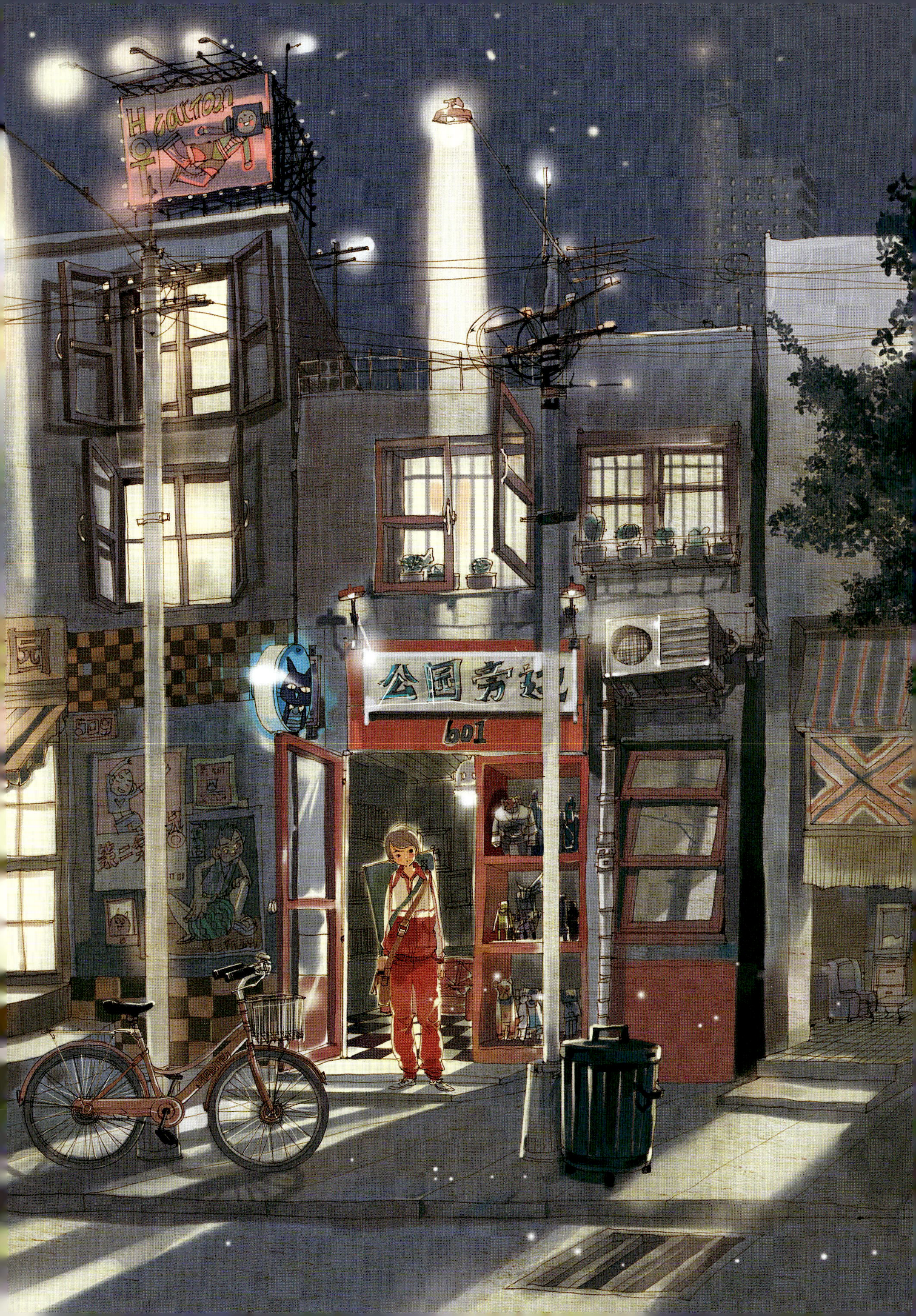
公園旁
601
509

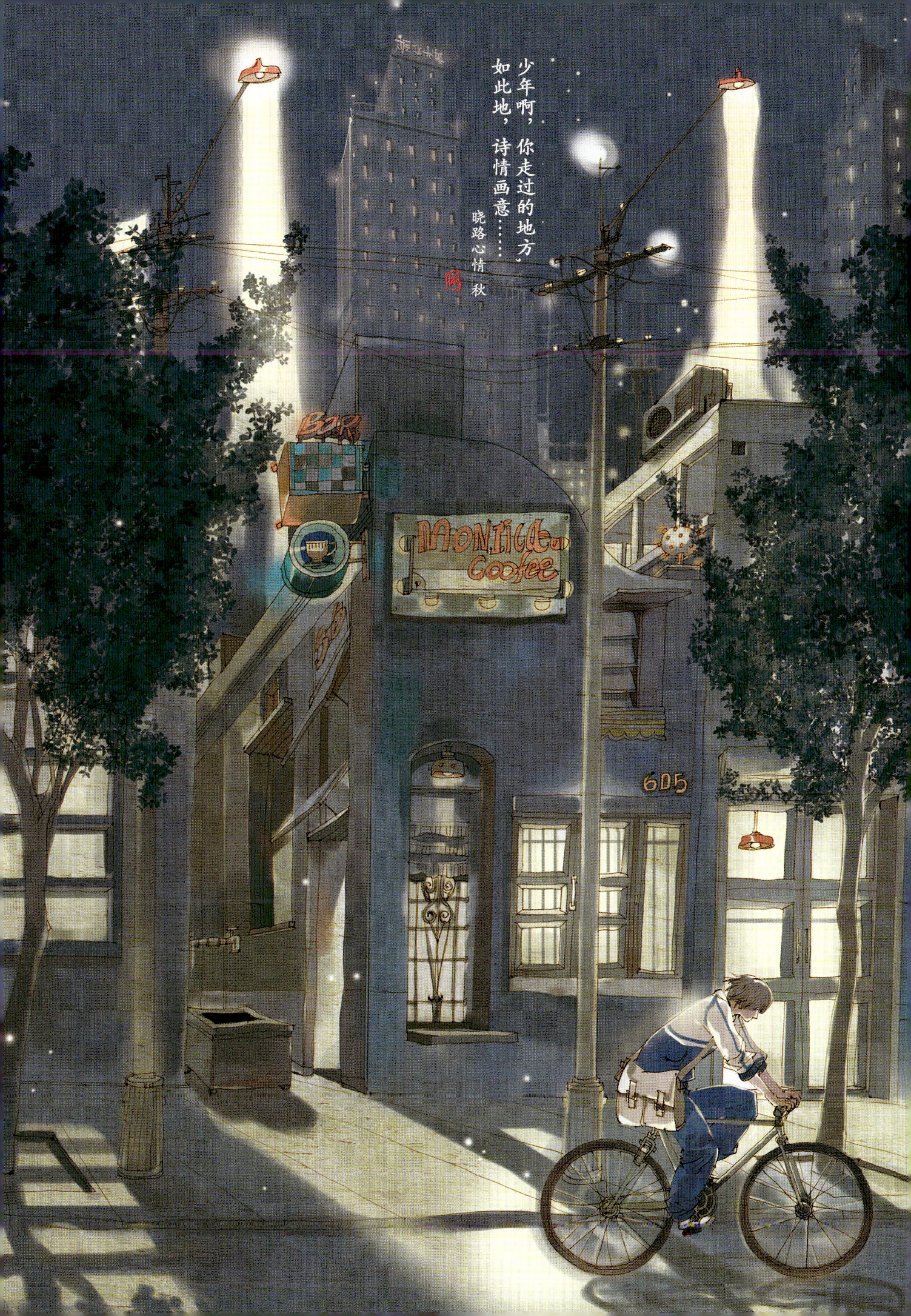
少年啊，你走过的地方，
如此地，诗情画意……
晓路心情
秋
Bar
605

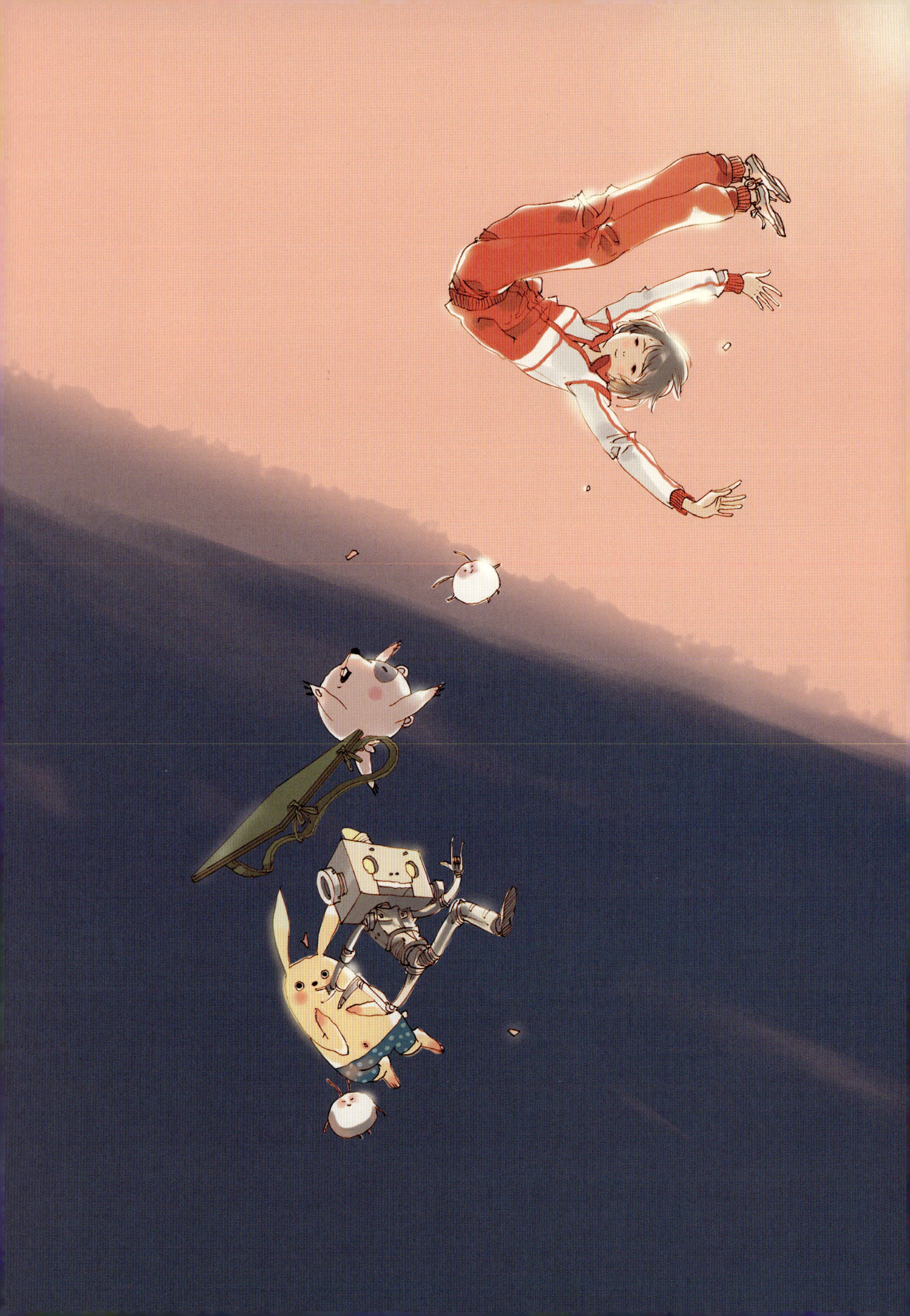

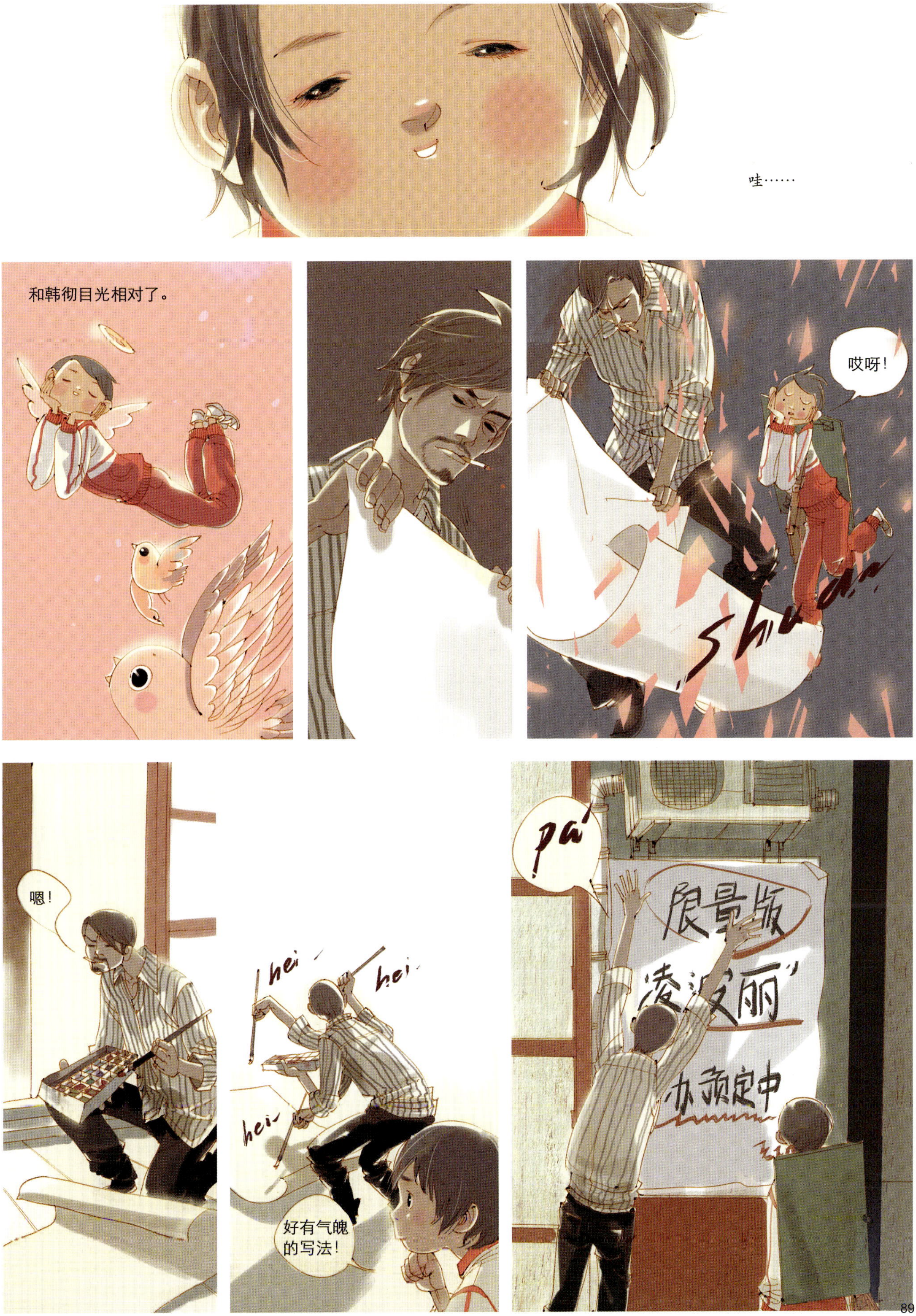
哇……
和韩彻目光相对了。
哎呀！
shua
嗯！
hei
hei
hei
好有气魄的写法！
pa
限量版
凌波丽

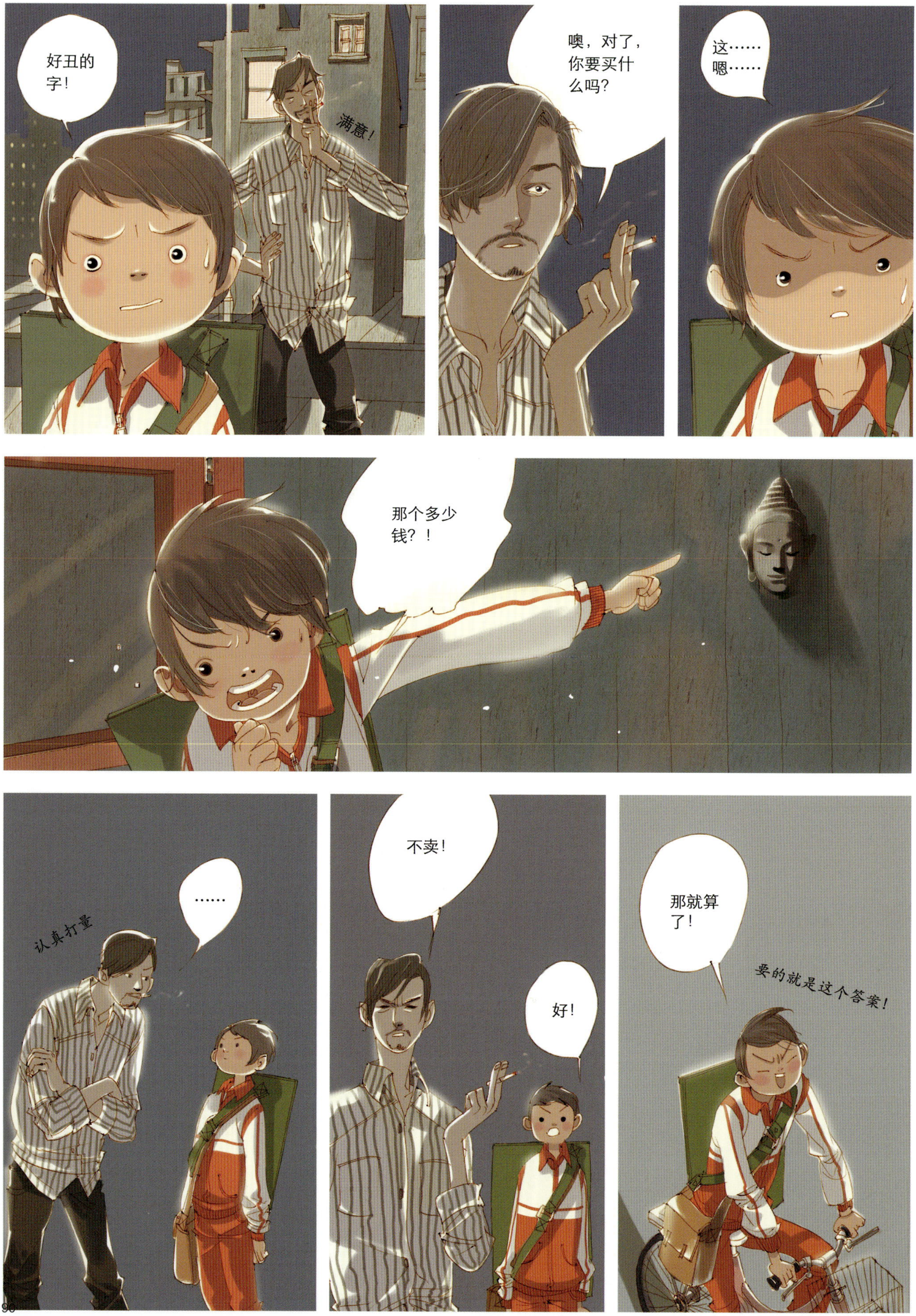

好丑的字！
满意！
噢，对了，你要买什么吗？
这……
嗯……
那个多少钱？！
认真打量
……
不卖！
好！
那就算了！
要的就是这个答案！

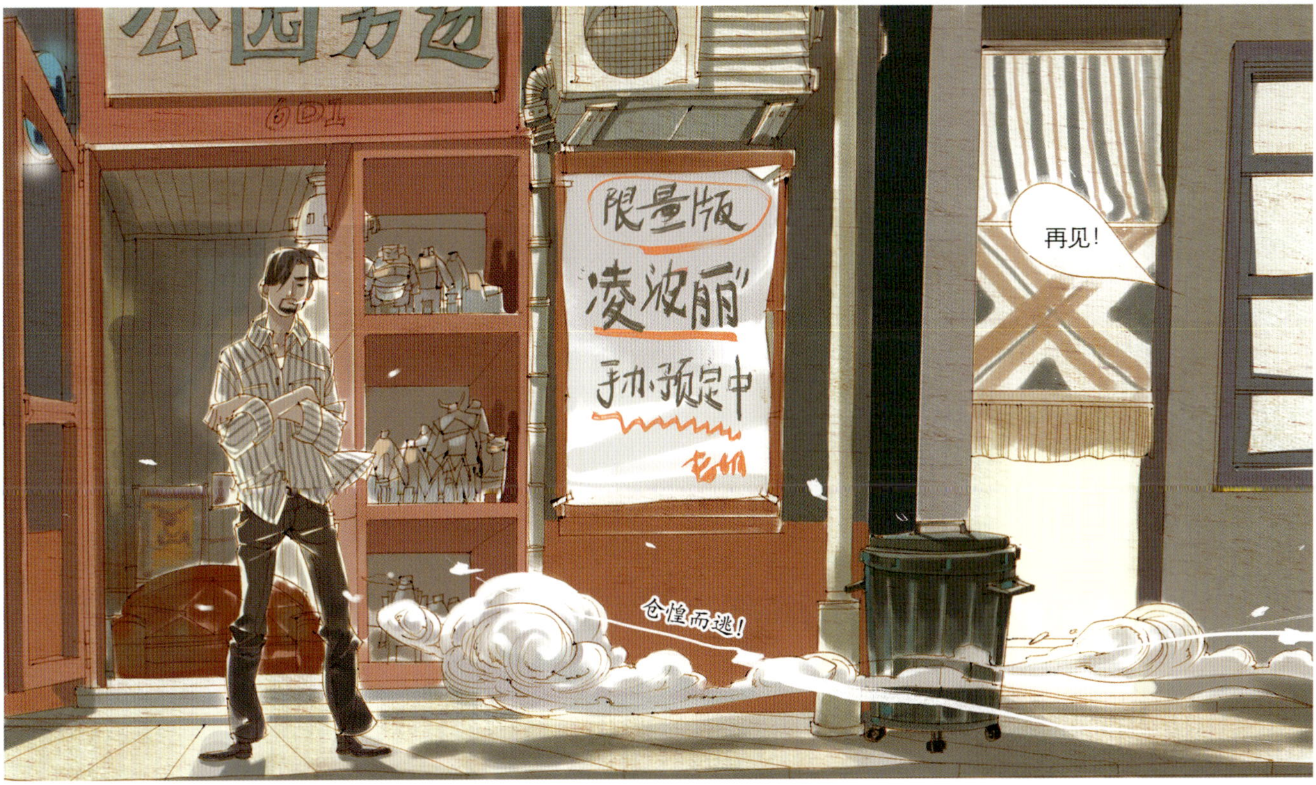
限量版
凌波丽
手办预定中
再见!
仓惶而逃!

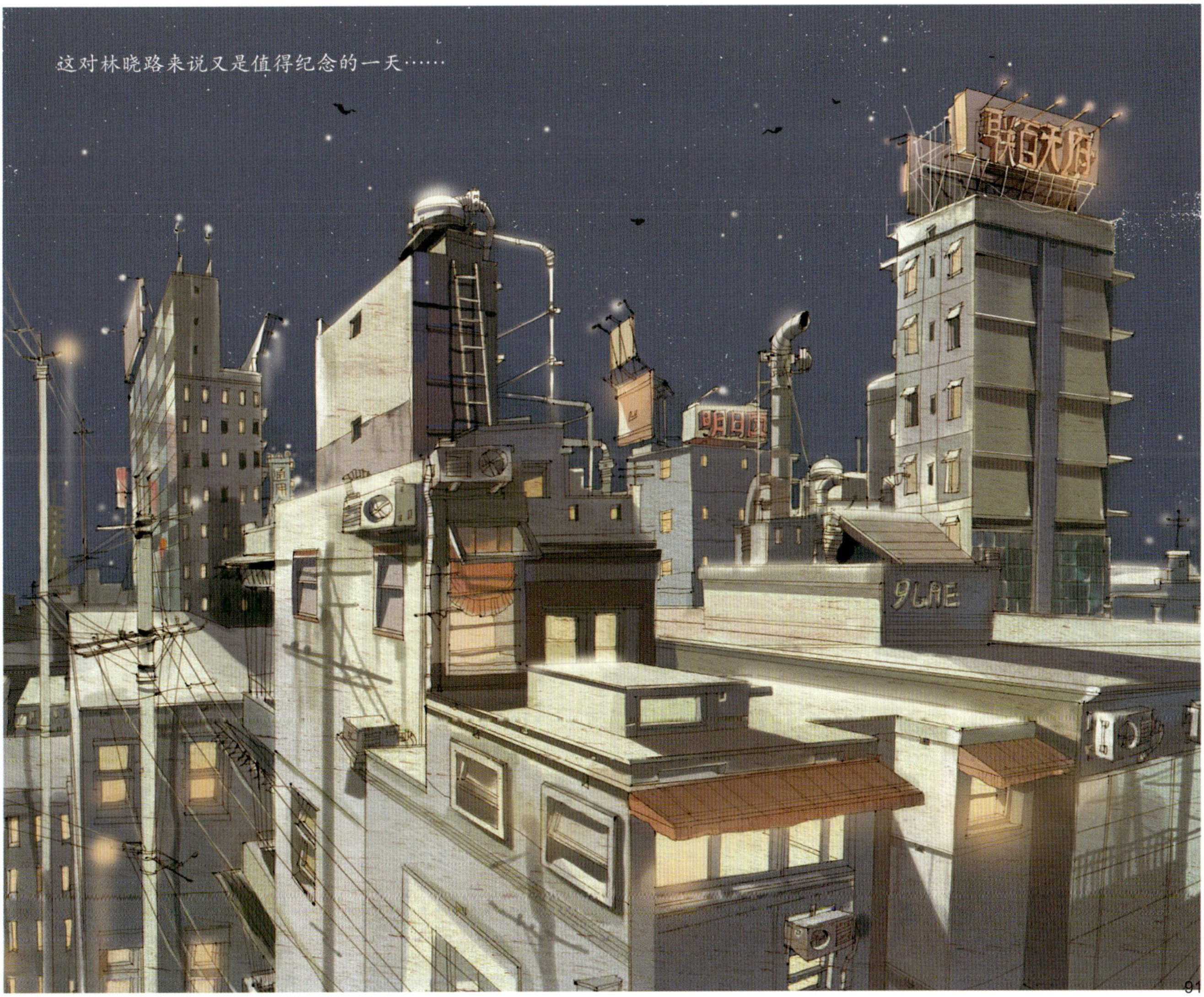
这对林晓路来说又是值得纪念的一天……

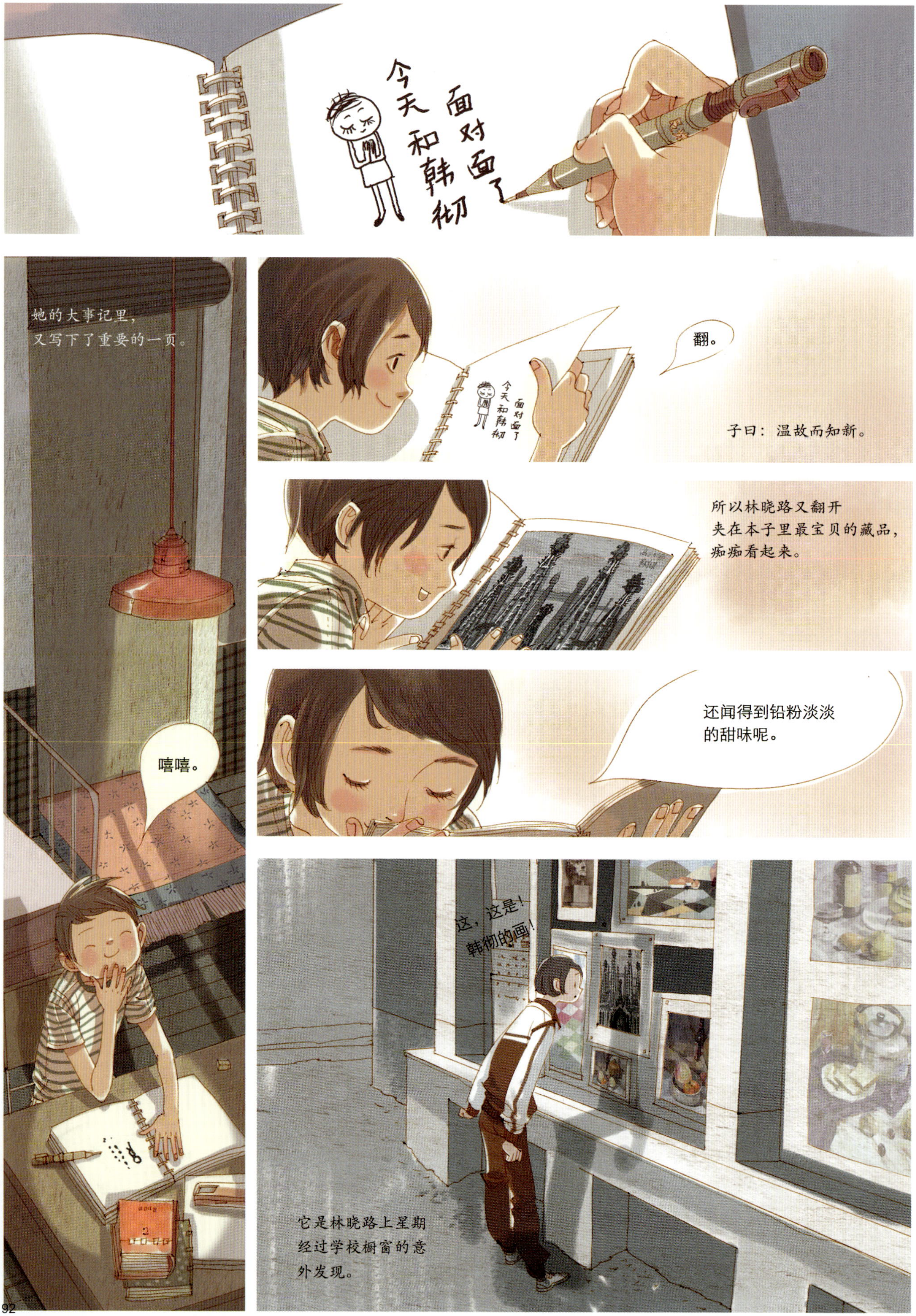
今天和韩彻面对面了
她的大事记里，
又写下了重要的一页。
翻。
今天和韩彻面对面了
子曰：温故而知新。
所以林晓路又翻开
夹在本子里最宝贝的藏品，
痴痴看起来。
还闻得到铅粉淡淡
的甜味呢。
嘻嘻。
这，这是！
韩彻的画！
它是林晓路上星期
经过学校橱窗的意
外发现。

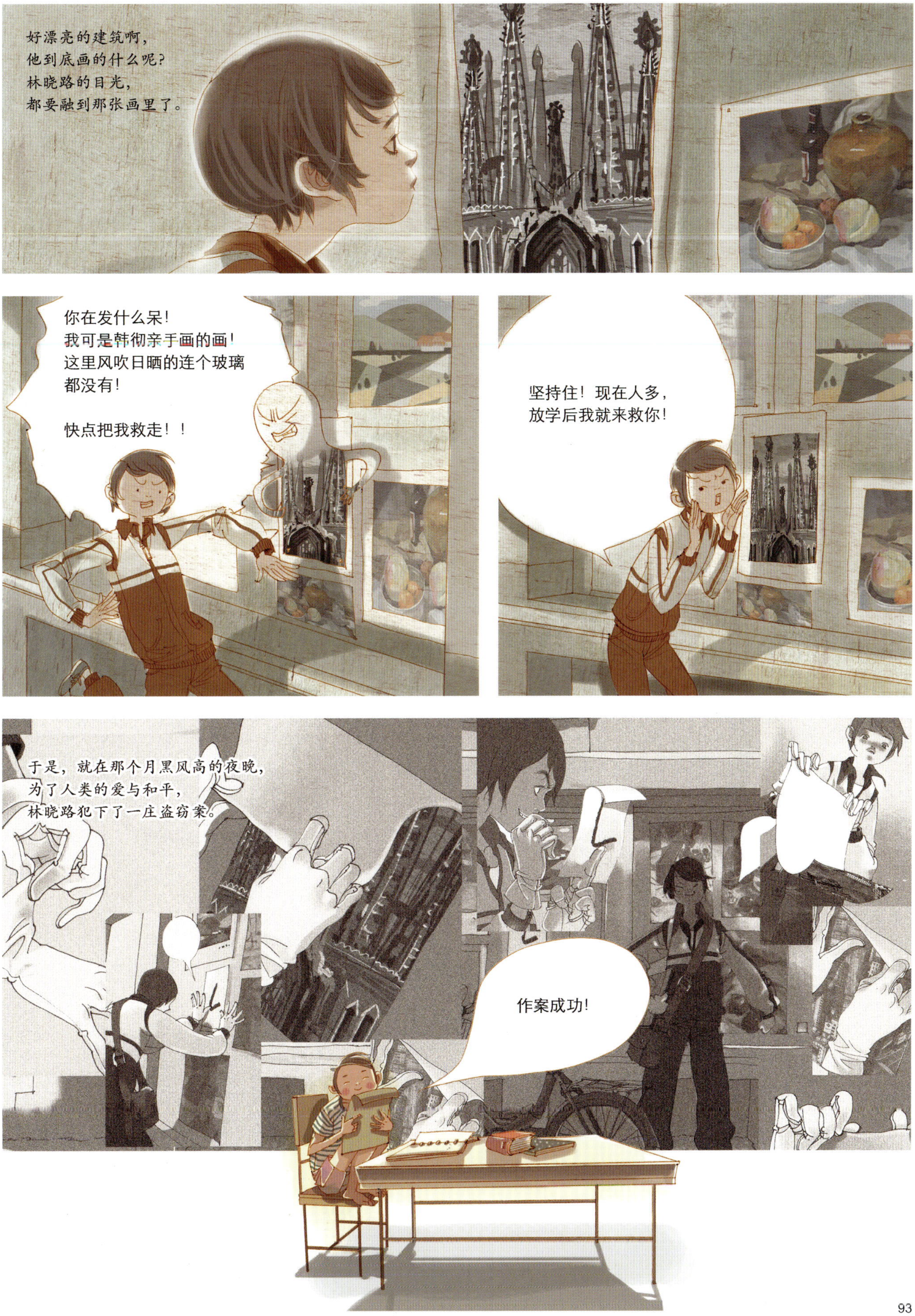
好漂亮的建筑啊，
他到底画的什么呢？
林晓路的目光，
都要融到那张画里了。
你在发什么呆！
我可是韩彻亲手画的画！
这里风吹日晒的连个玻璃
都没有！
快点把我救走！！
坚持住！现在人多，
放学后我就来救你！
于是，就在那个月黑风高的夜晚，
为了人类的爱与和平，
林晓路犯下了一庄盗窃案。
作案成功！

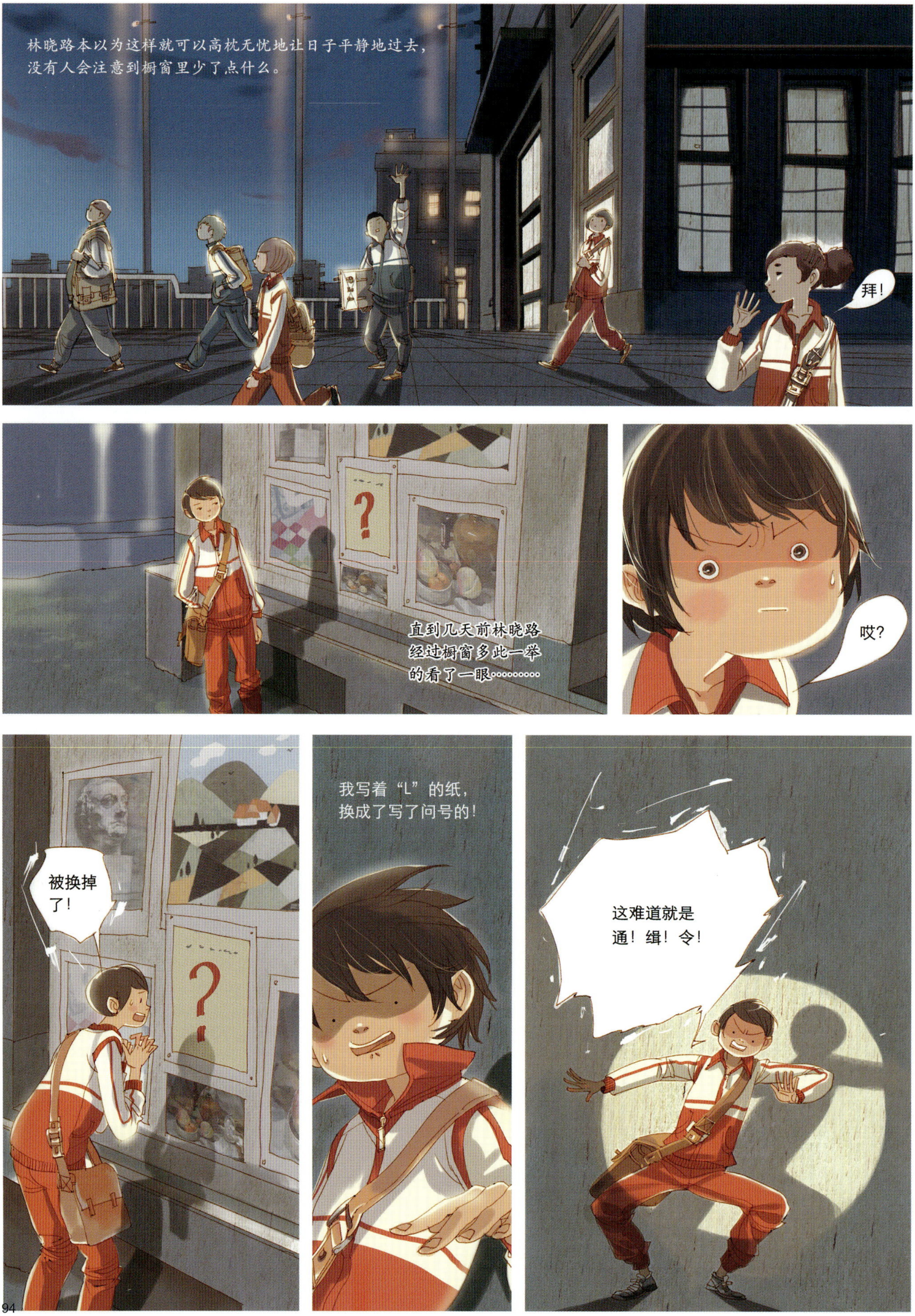
林晓路本以为这样就可以高枕无忧地让日子平静地过去，
没有人会注意到橱窗里少了点什么。
拜！
直到几天前林晓路
经过橱窗多此一举
的看了一眼……
哎？
被换掉了！
我写着“L”的纸，
换成了写了问号的！
这难道就是
通！缉！令！

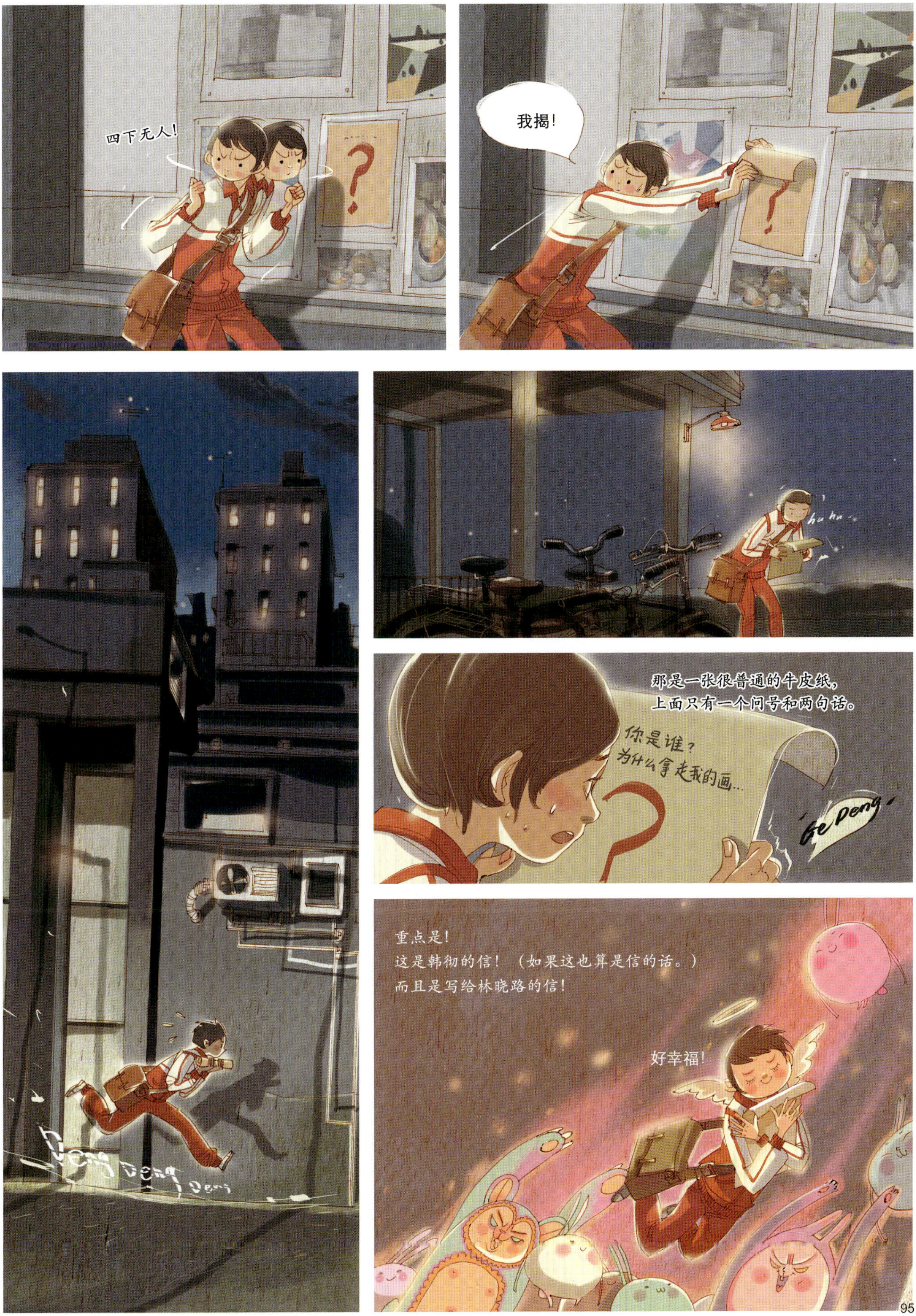
四下无人!
我揭!
那是一张很普通的牛皮纸，
上面只有一个问号和两句话。
你是谁？
为什么拿走我的画...
Ge Deng
Deng Deng Deng
重点是!
这是韩彻的信!（如果这也算是信的话。）
而且是写给林晓路的信!
好幸福!

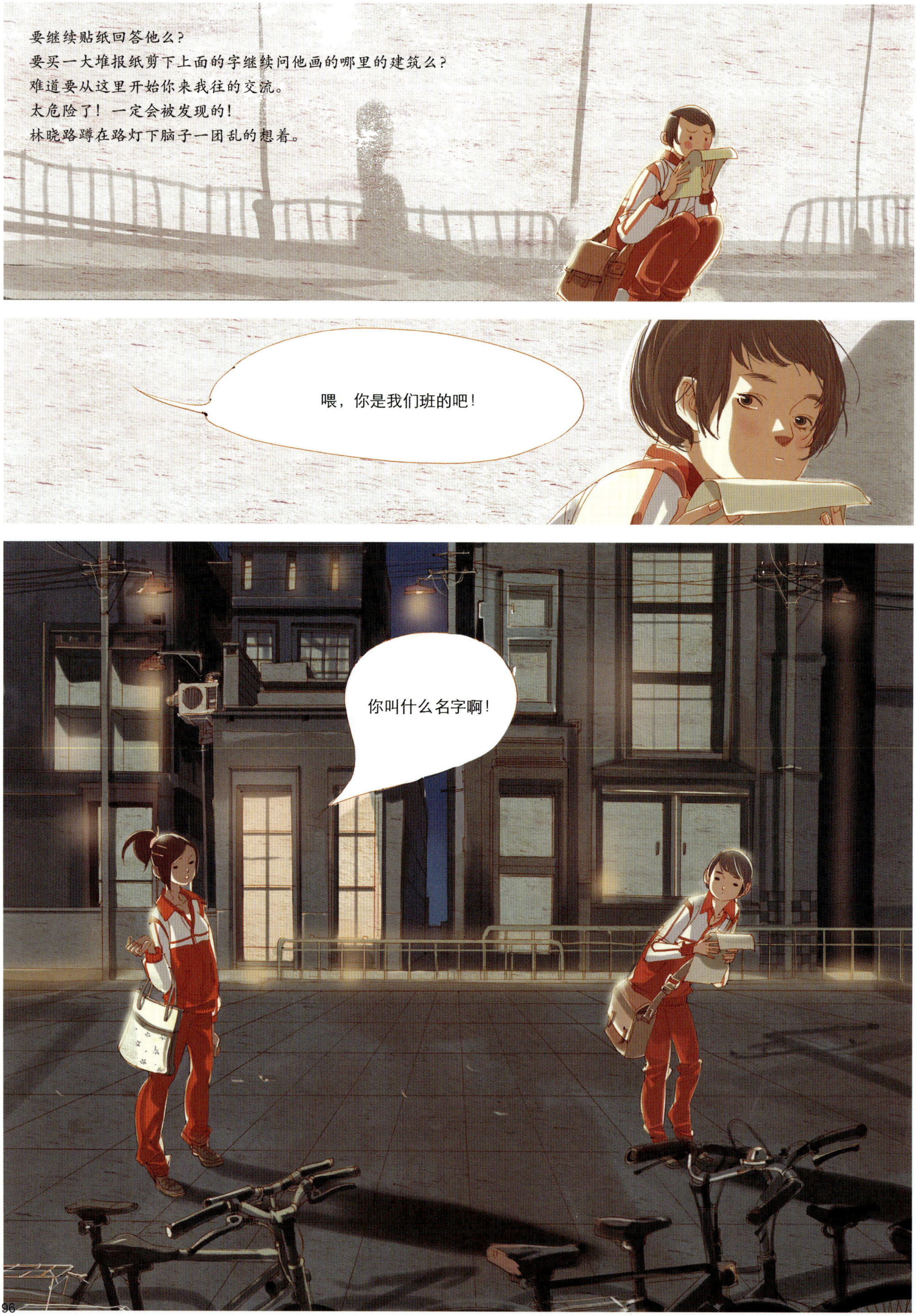
要继续贴纸回答他么？
要买一大堆报纸剪下上面的字继续问他画的哪里的建筑么？
难道要从这里开始你来我往的交流。
太危险了！一定会被发现的！
林晓路蹲在路灯下脑子一团乱的想着。
喂，你是我们班的吧！
你叫什么名字啊！

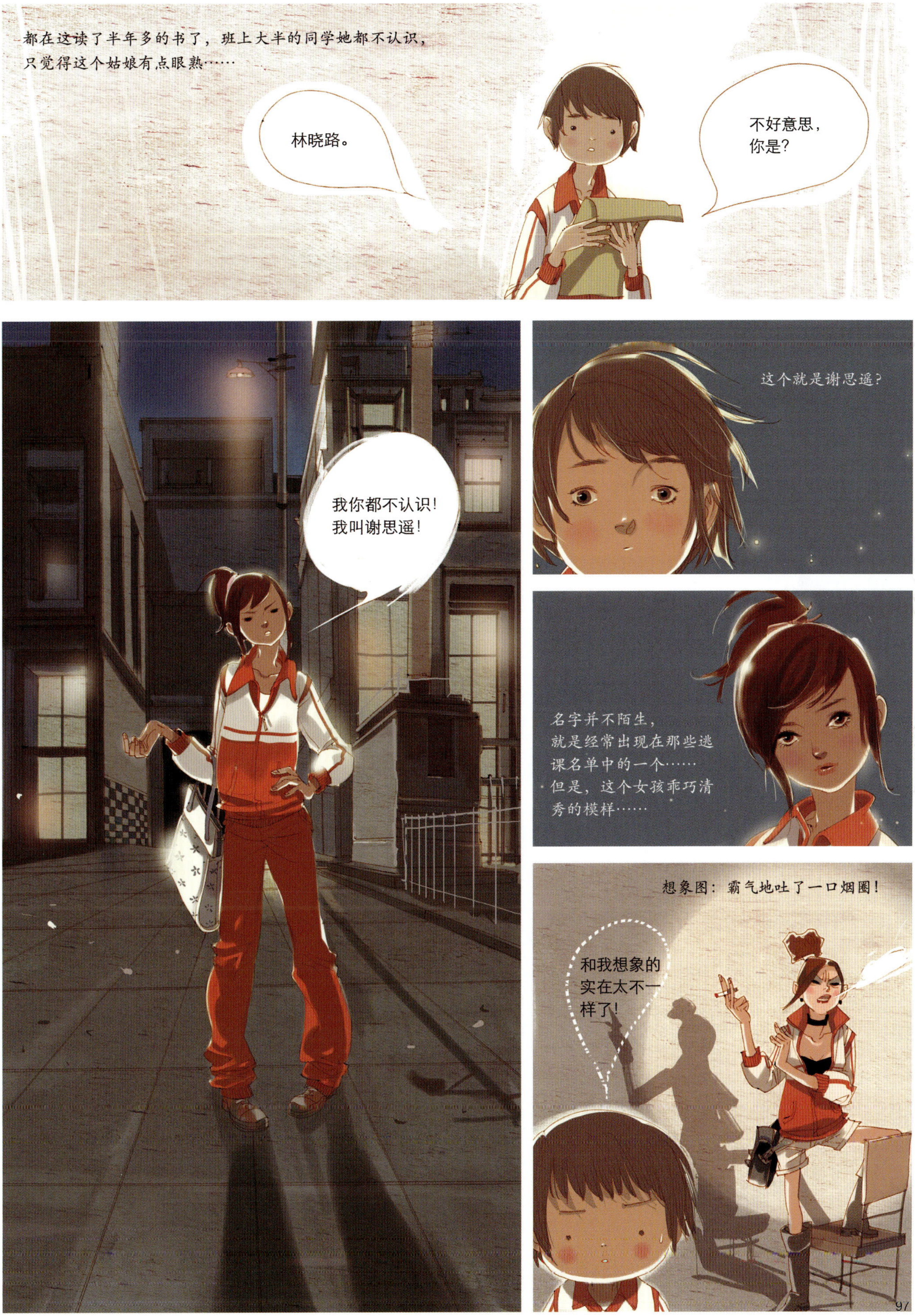
都在这读了半年多的书了，班上大半的同学她都不认识，
只觉得这个姑娘有点眼熟……
林晓路。
不好意思，你是？
我你都不认识！我叫谢思遥！
这个就是谢思遥？
名字并不陌生，就是经常出现在那些逃课名单中的一个……但是，这个女孩乖巧清秀的模样……
想象图：霸气地吐了一口烟圈！
和我想象的实在太不一样了！

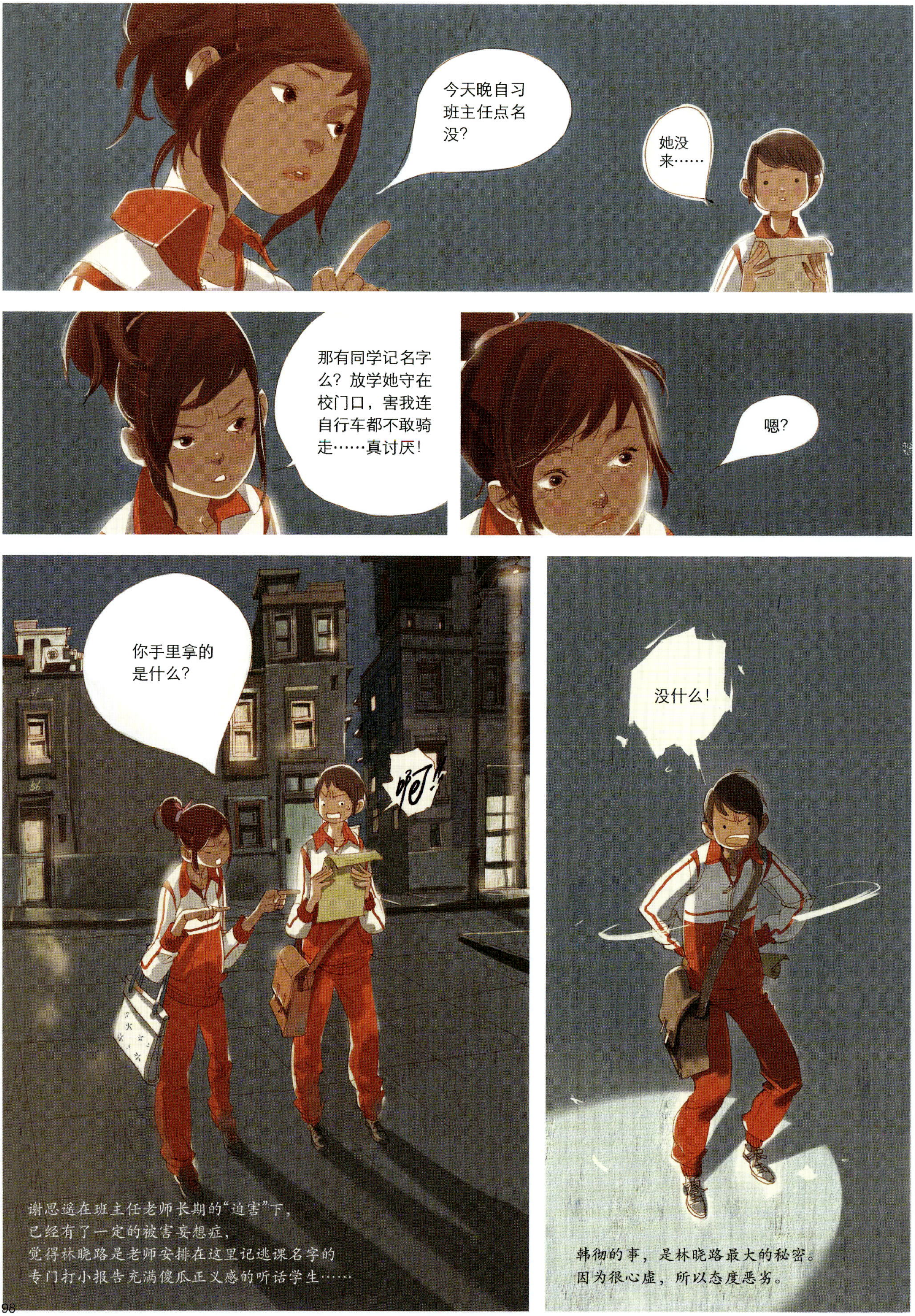
今天晚自习班主任点名没?
她没来……
那有同学记名字么?放学她守在校门口,害我连自行车都不敢骑走……真讨厌!
嗯?
你手里拿的是什么?
谢思遥在班主任老师长期的“迫害”下,
已经有了一定的被害妄想症,
觉得林晓路是老师安排在这里记逃课名字的
专门打小报告充满傻瓜正义感的听话学生……
没什么!
韩彻的事,是林晓路最大的秘密。
因为很心虚,所以态度恶劣。

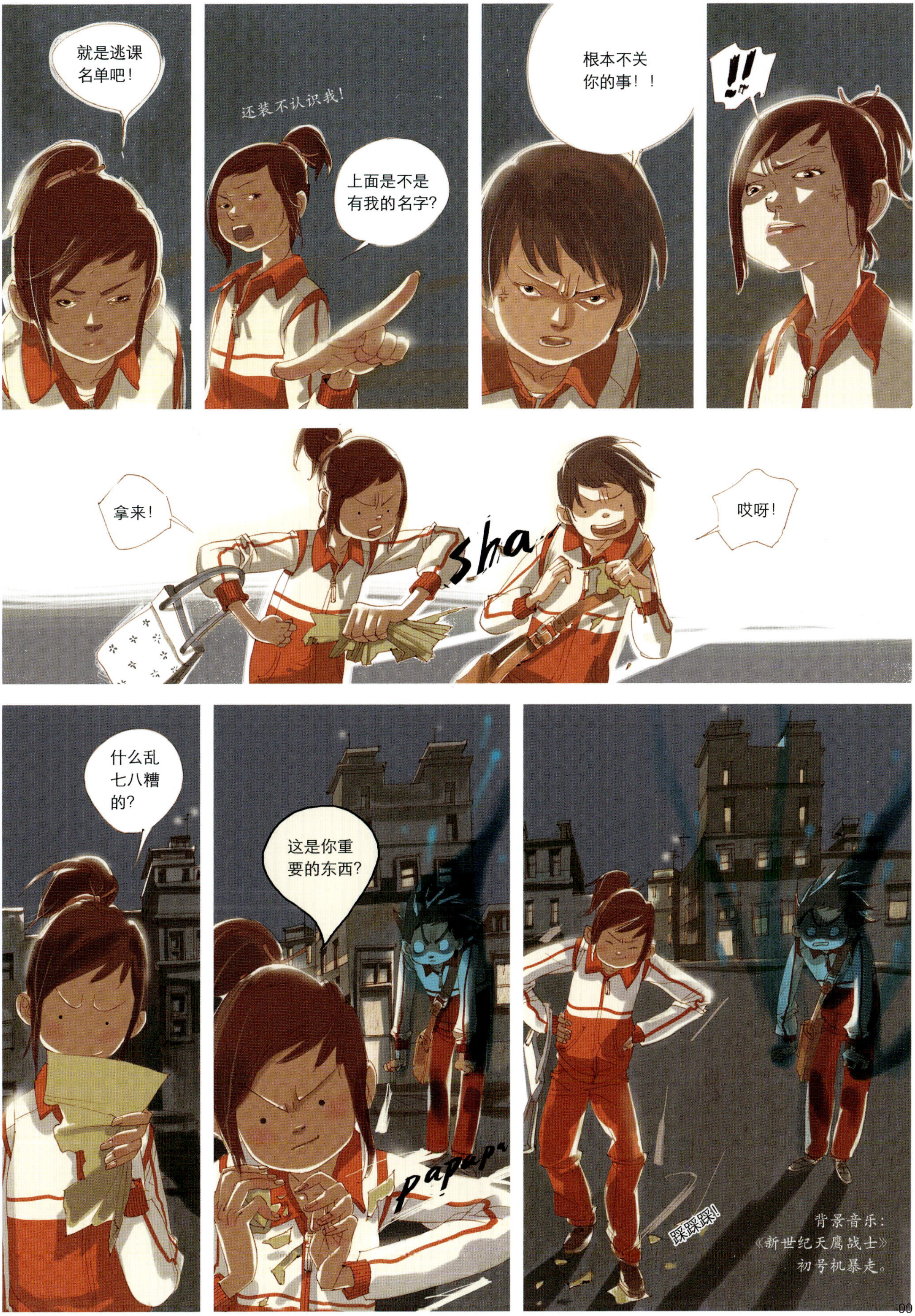
就是逃课
名单吧！
还装不认识我！
上面是不是
有我的名字？
根本不关
你的事！！
!!
拿来！
Sha
哎呀！
什么乱
七八糟
的？
这是你重
要的东西？
papapa
踩踩踩！
背景音乐：
《新世纪天鹰战士》
初号机暴走。

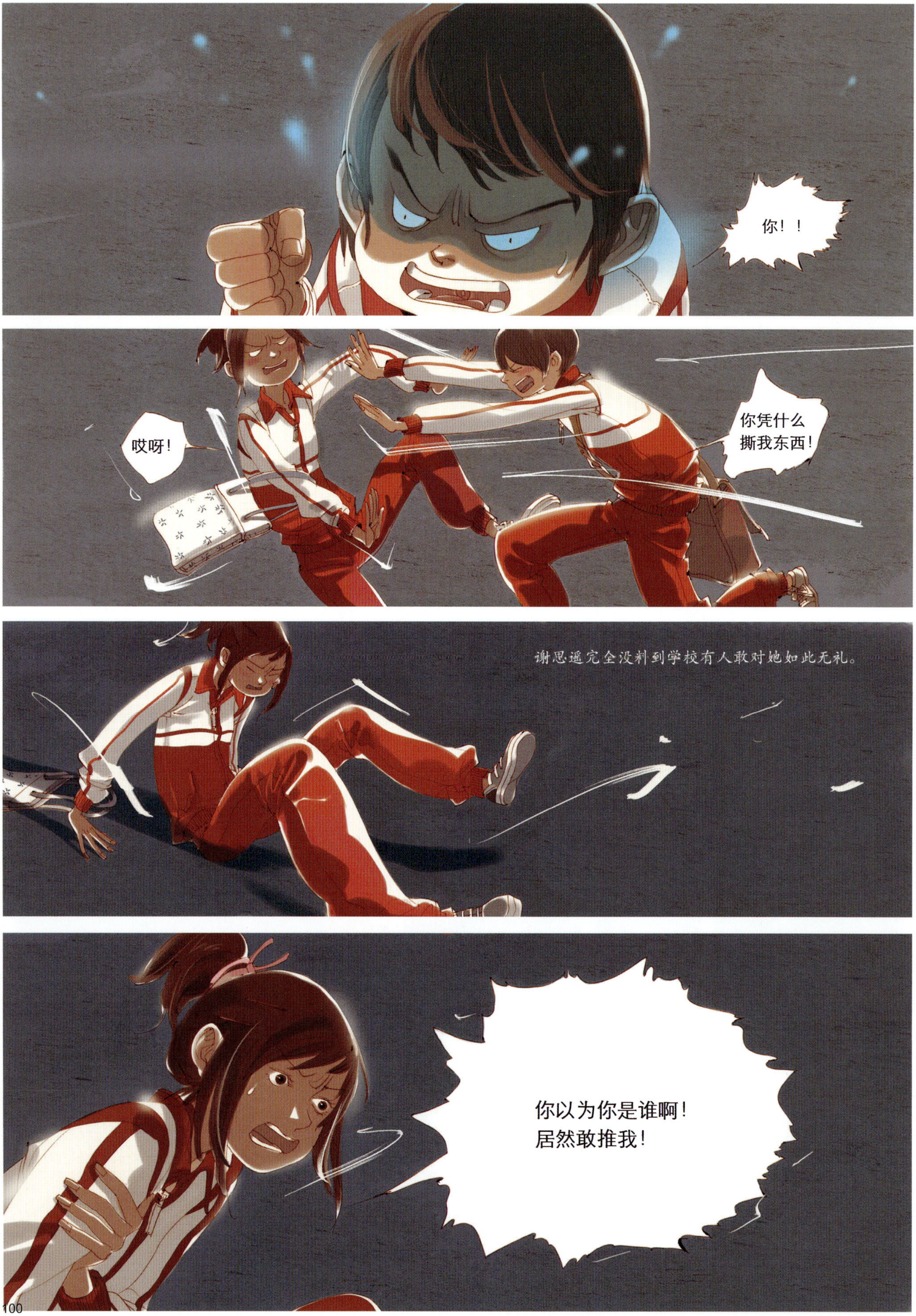
你！！
哎呀！
你凭什么撕我东西！
谢思遥完全没料到学校有人敢对她如此无礼。
你以为你是谁啊！居然敢推我！

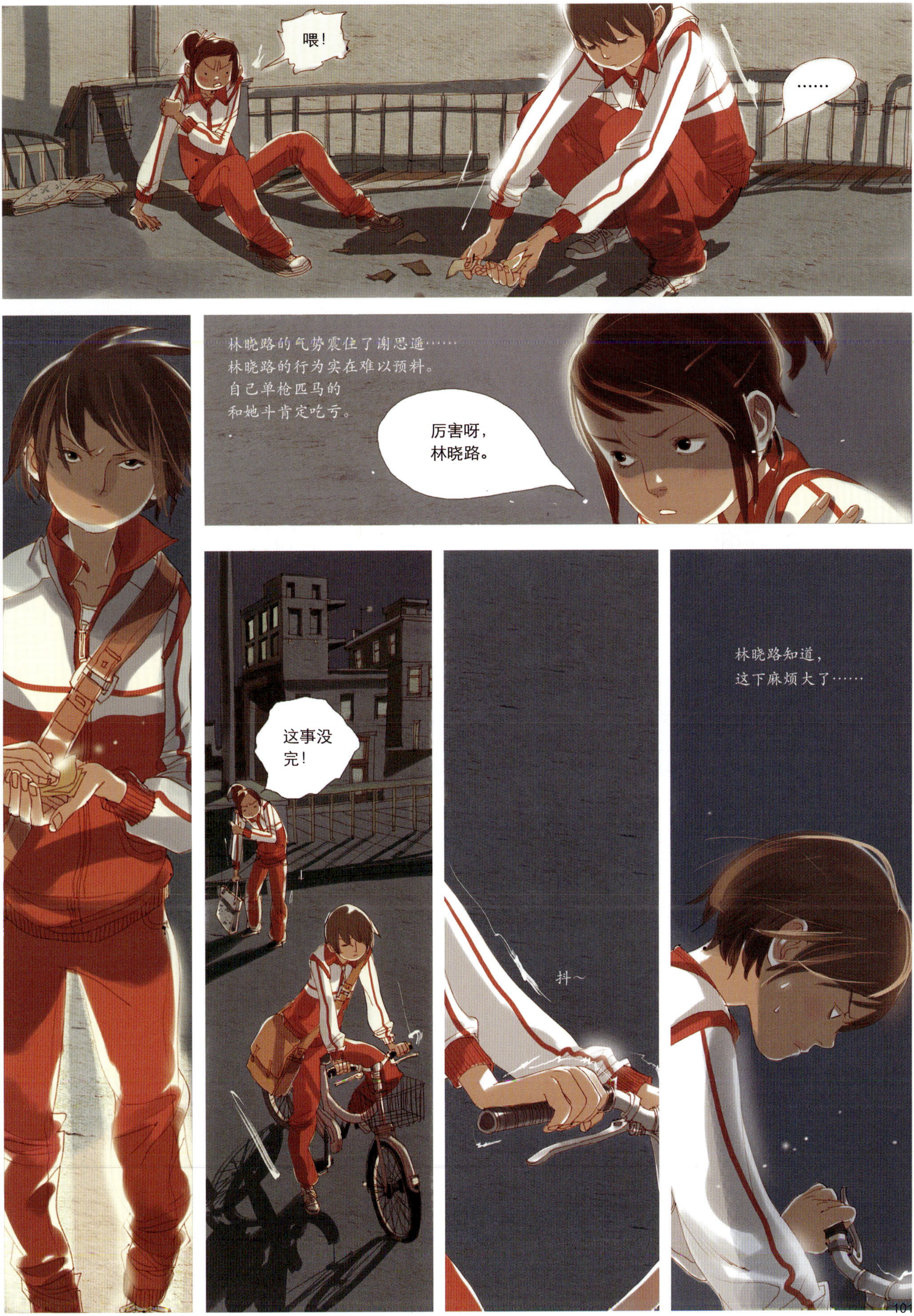

喂！
……
林晓路的气势震住了谢思通……
林晓路的行为实在难以预料。
自己单枪匹马的
和她斗肯定吃亏。
厉害呀，
林晓路。
这事没
完！
抖～
林晓路知道，
这下麻烦大了……

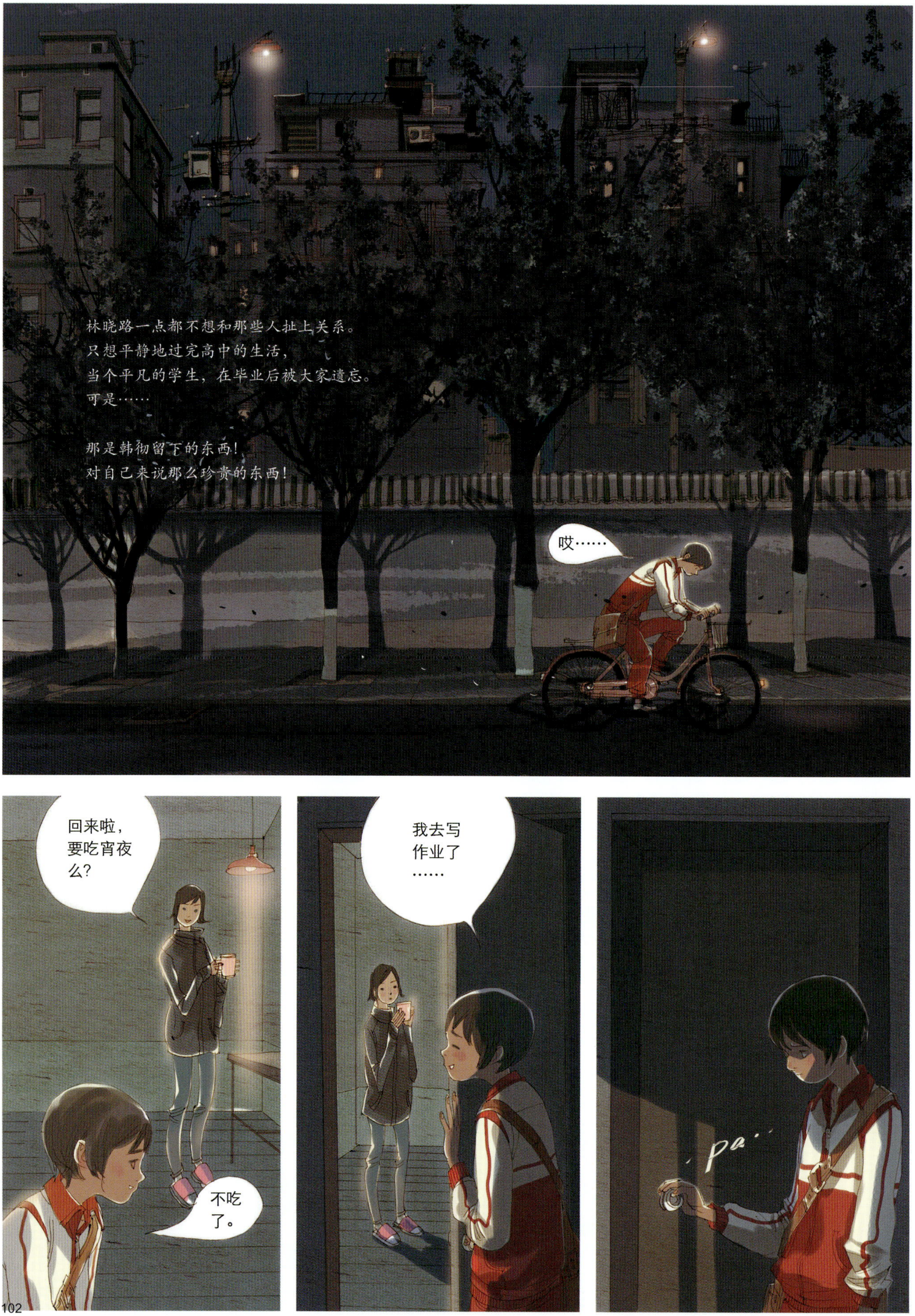
林晓路一点都不想和那些人扯上关系。
只想平静地过完高中的生活，
当个平凡的学生，在毕业后被大家遗忘。
可是……
那是韩彻留下的东西！
对自己来说那么珍贵的东西！
哎……
回来啦，要吃宵夜么？
不吃了。
我去写作业了……
pa

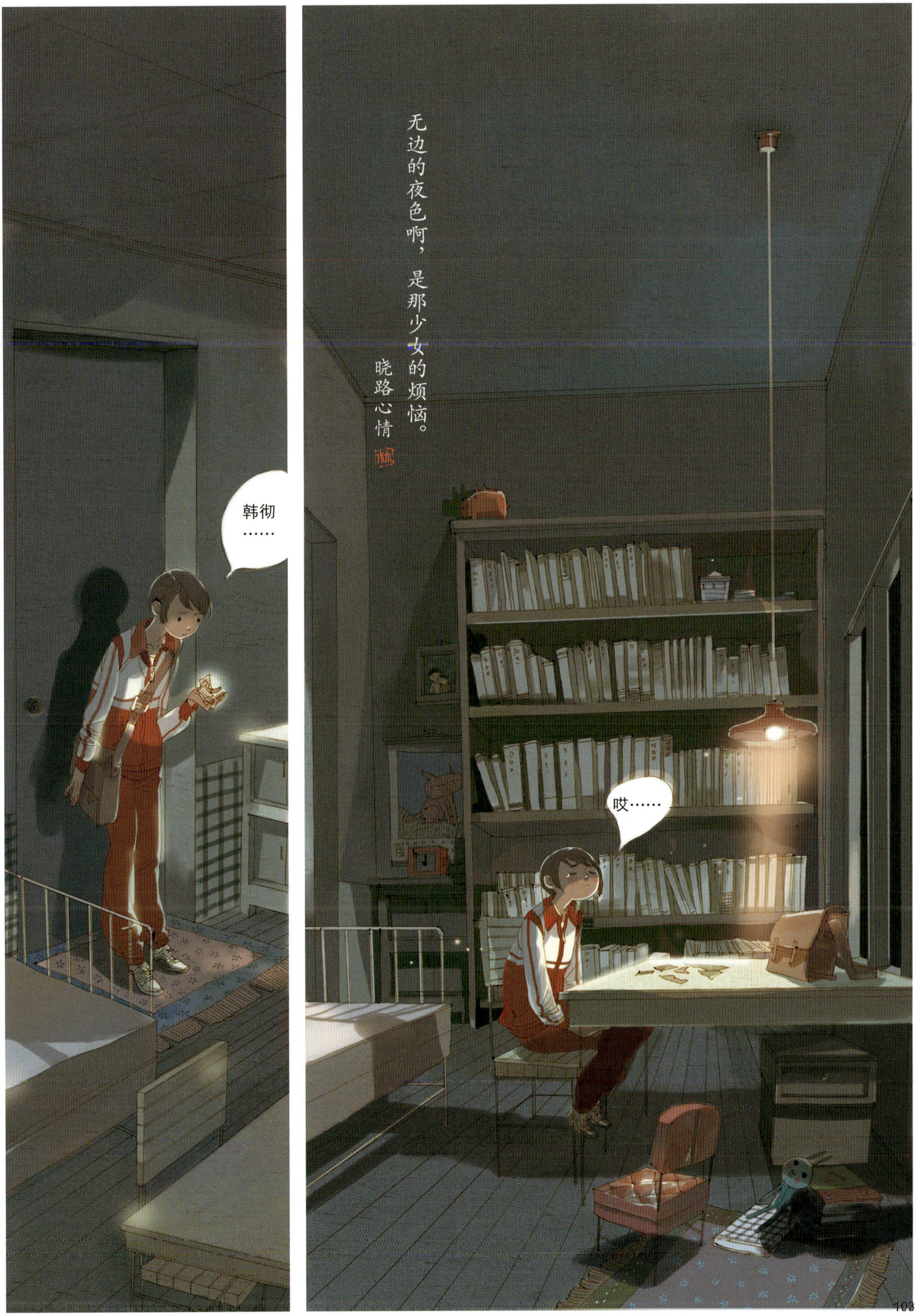
韩彻……
无边的夜色啊，是那少女的烦恼。
晓路心情
哎……

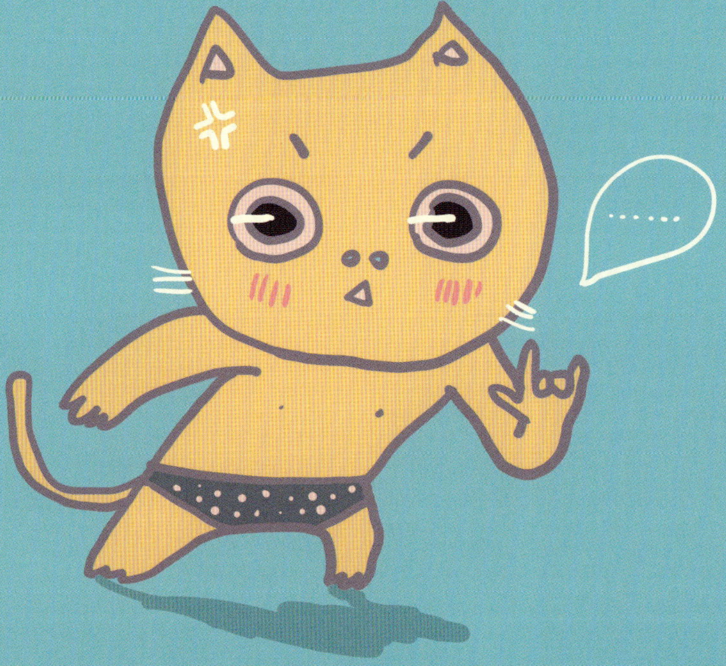

CHAPTER5 原来你是高迪

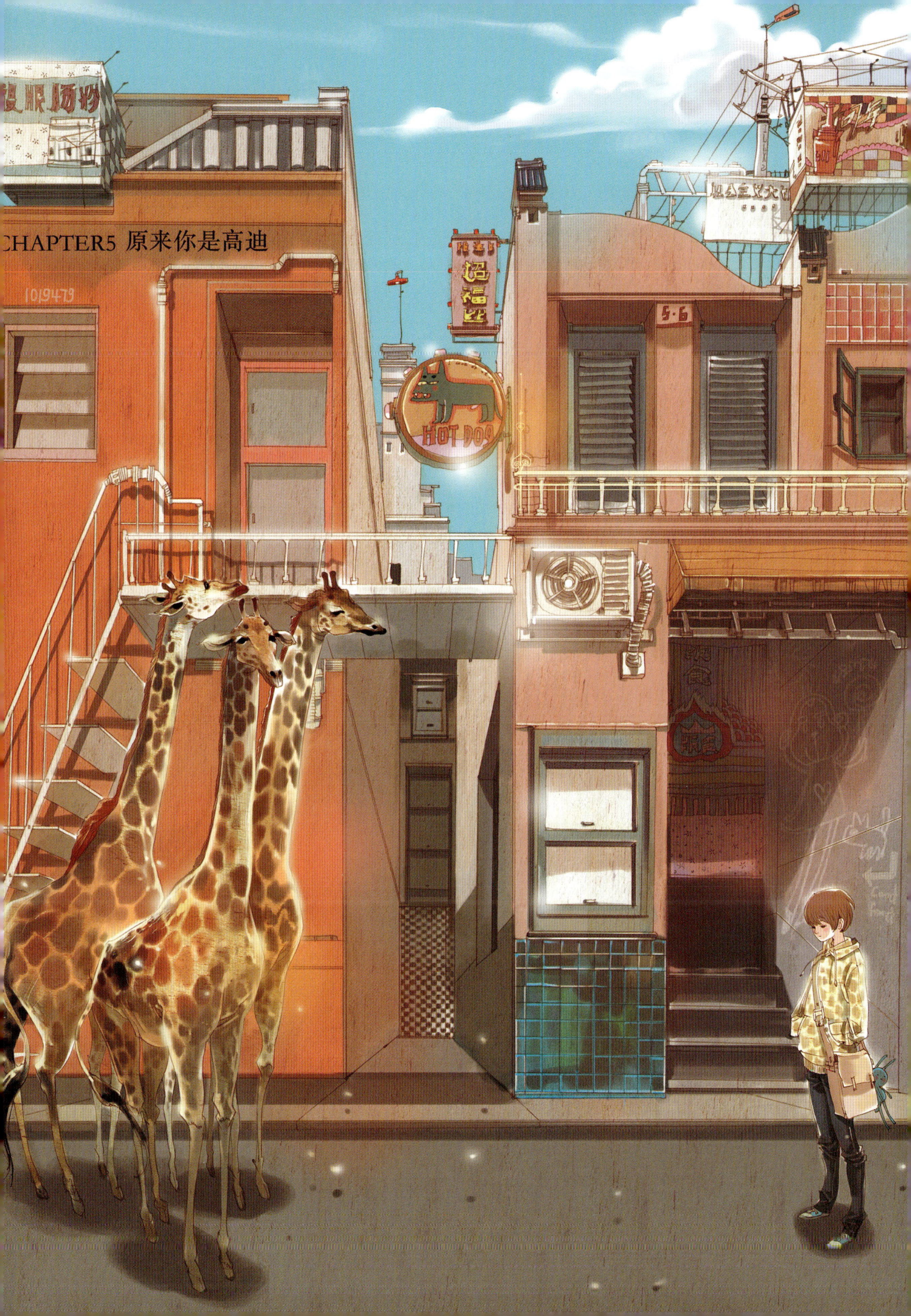

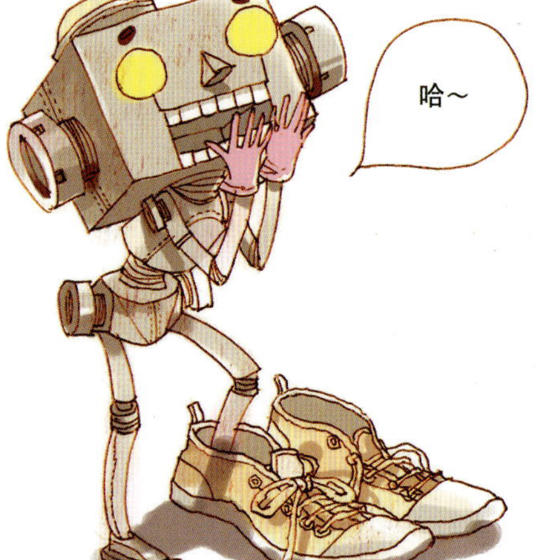
哈～

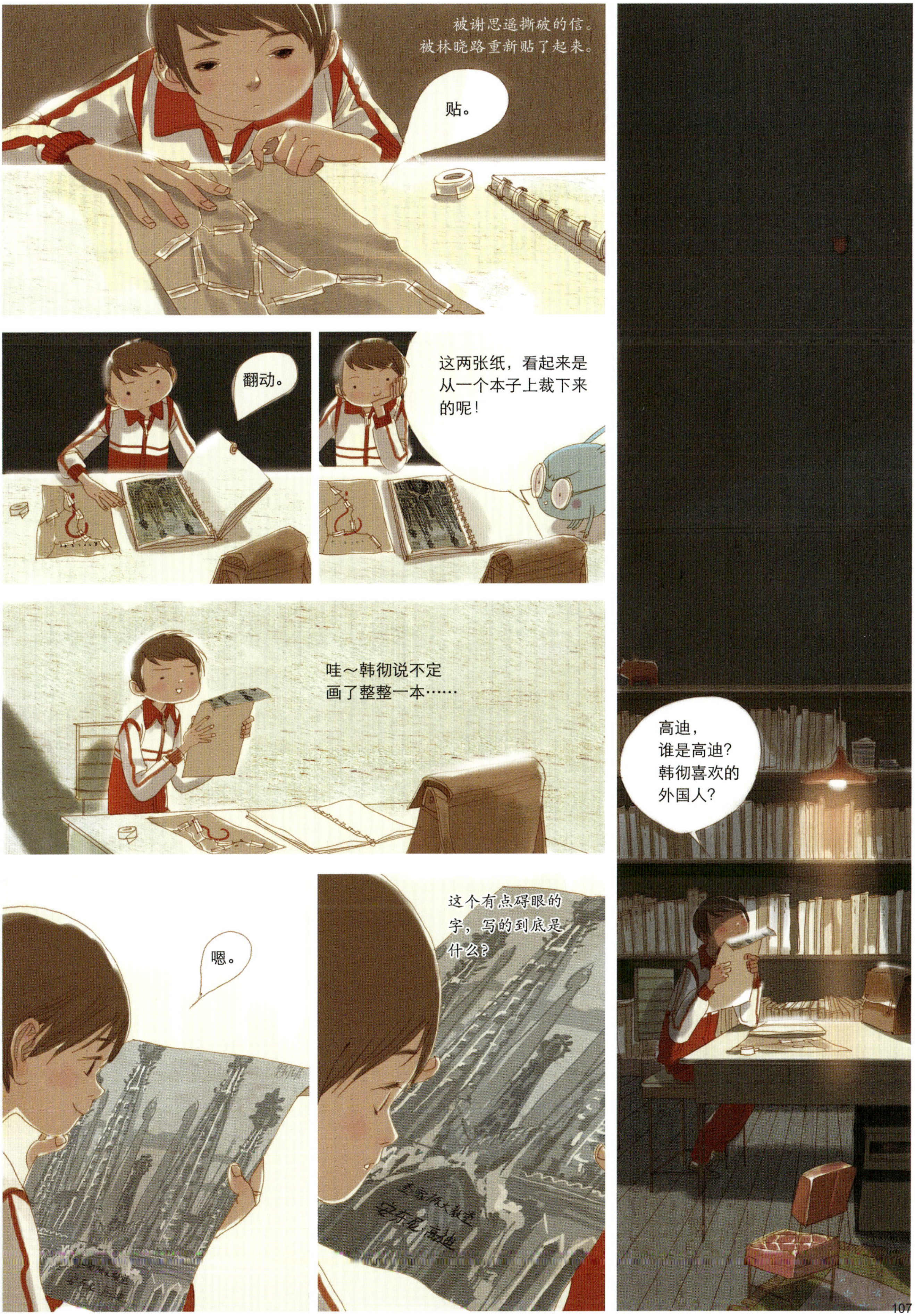
被谢思遥撕破的信。
被林晓路重新贴了起来。
贴。
翻动。
这两张纸，看起来是从一个本子上裁下来的呢！
哇～韩彻说不定画了整整一本……
嗯。
这个有点碍眼的字，写的到底是什么？
圣家族大教堂
安东尼·高迪
高迪，谁是高迪？韩彻喜欢的外国人？

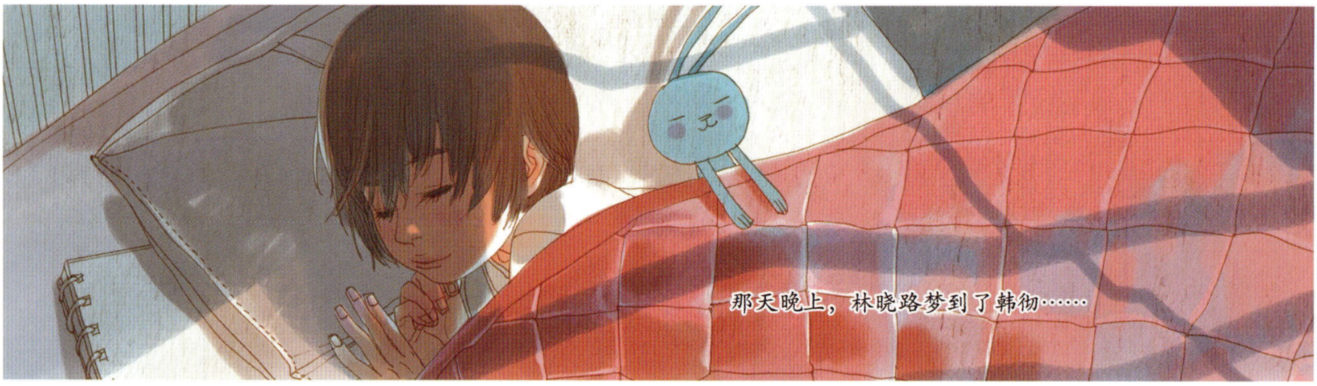
那天晚上，林晓路梦到了韩彻……

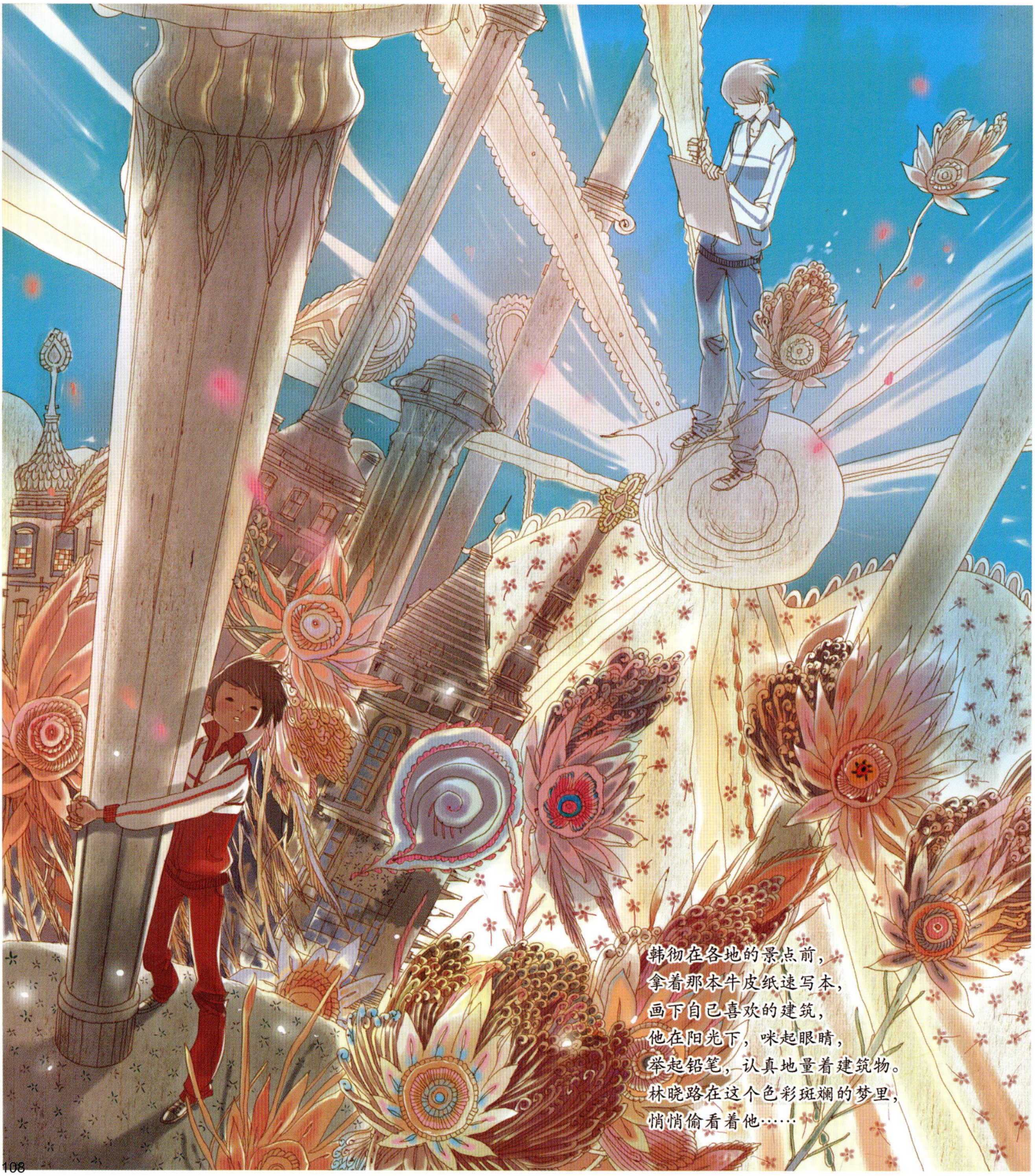
韩彻在各地的景点前，
拿着那本牛皮纸速写本，
画下自己喜欢的建筑，
他在阳光下，咪起眼睛，
举起铅笔，认真地量着建筑物。
林晓路在这个色彩斑斓的梦里，
悄悄偷看着他……

星期天……

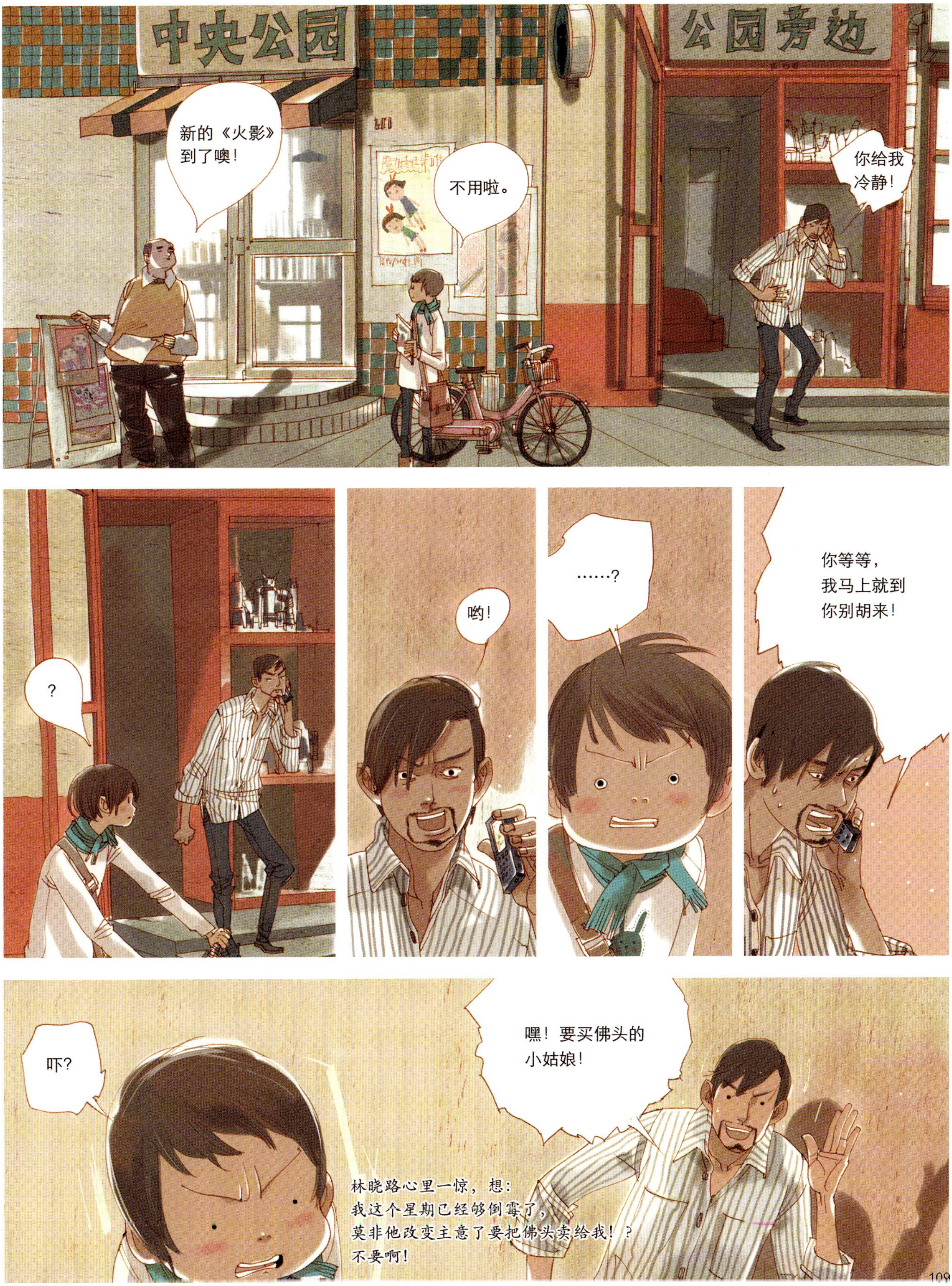
中央公园
公园旁边
新的《火影》到了噢！
不用啦。
你给我冷静！
？
哟！
……？
你等等，我马上就到你别胡来！
吓？
嘿！要买佛头的小姑娘！
林晓路心里一惊，想：
我这个星期已经够倒霉了，
莫非他改变主意了要把佛头卖给我！？
不要啊！

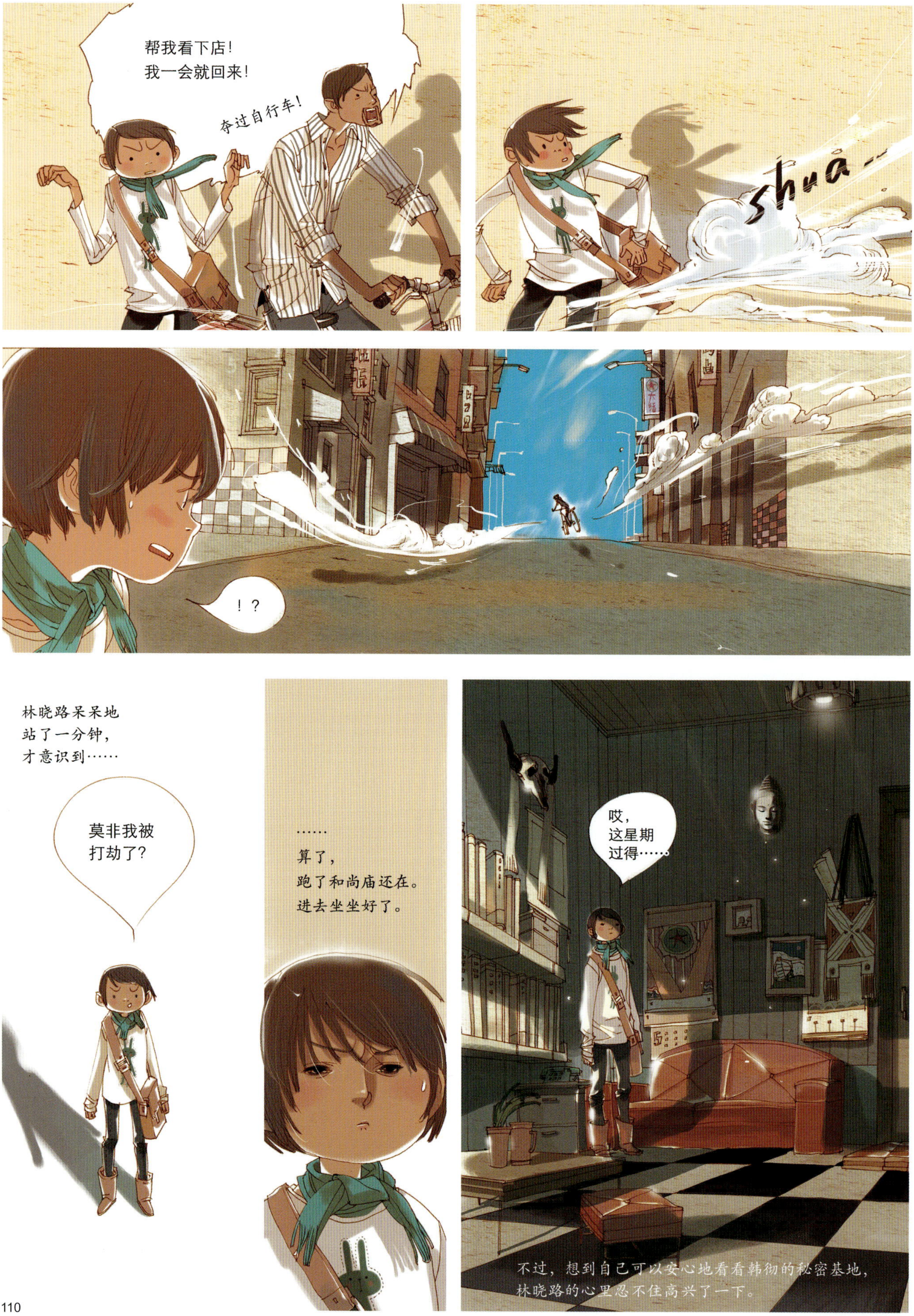
帮我看下店！
我一会就回来！
夺过自行车！
shua...
！？
林晓路呆呆地
站了一分钟，
才意识到……
莫非我被
打劫了？
……
算了，
跑了和尚庙还在。
进去坐坐好了。
哎，
这星期
过得……
不过，想到自己可以安心地看看韩彻的秘密基地，
林晓路的心里忍不住高兴了一下。

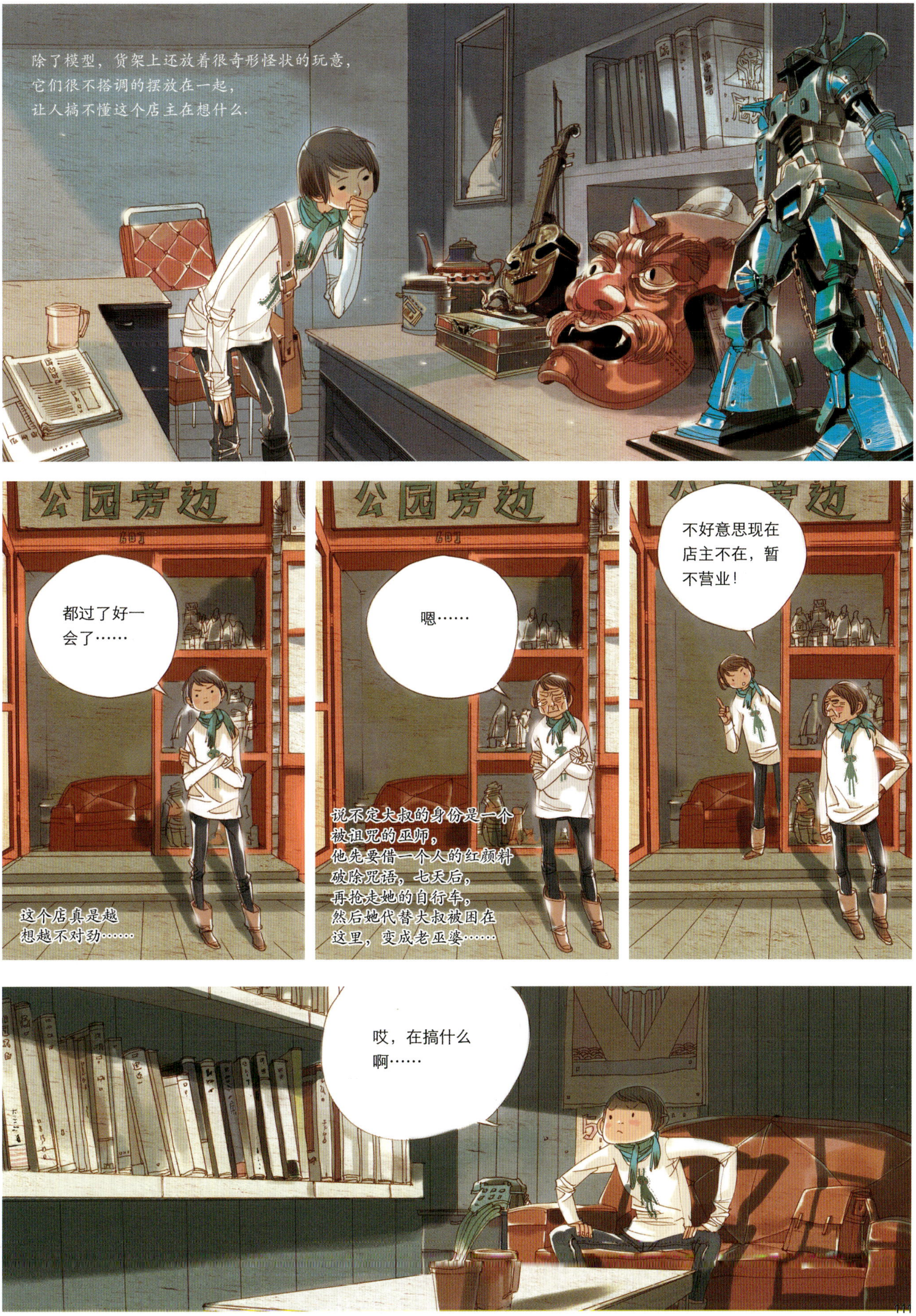
除了模型，货架上还放着很奇形怪状的玩意，
它们很不搭调的摆放在一起，
让人搞不懂这个店主在想什么。
公园旁边
都过了好一会了……
这个店真是越想越不对劲……
公园旁边
嗯……
说不定大叔的身份是一个被诅咒的巫师，
他先要借一个人的红颜料破除咒语，七天后，
再抢走她的自行车，
然后她代替大叔被困在这里，变成老巫婆……
不好意思现在店主不在，暂不营业！
哎，在搞什么啊……

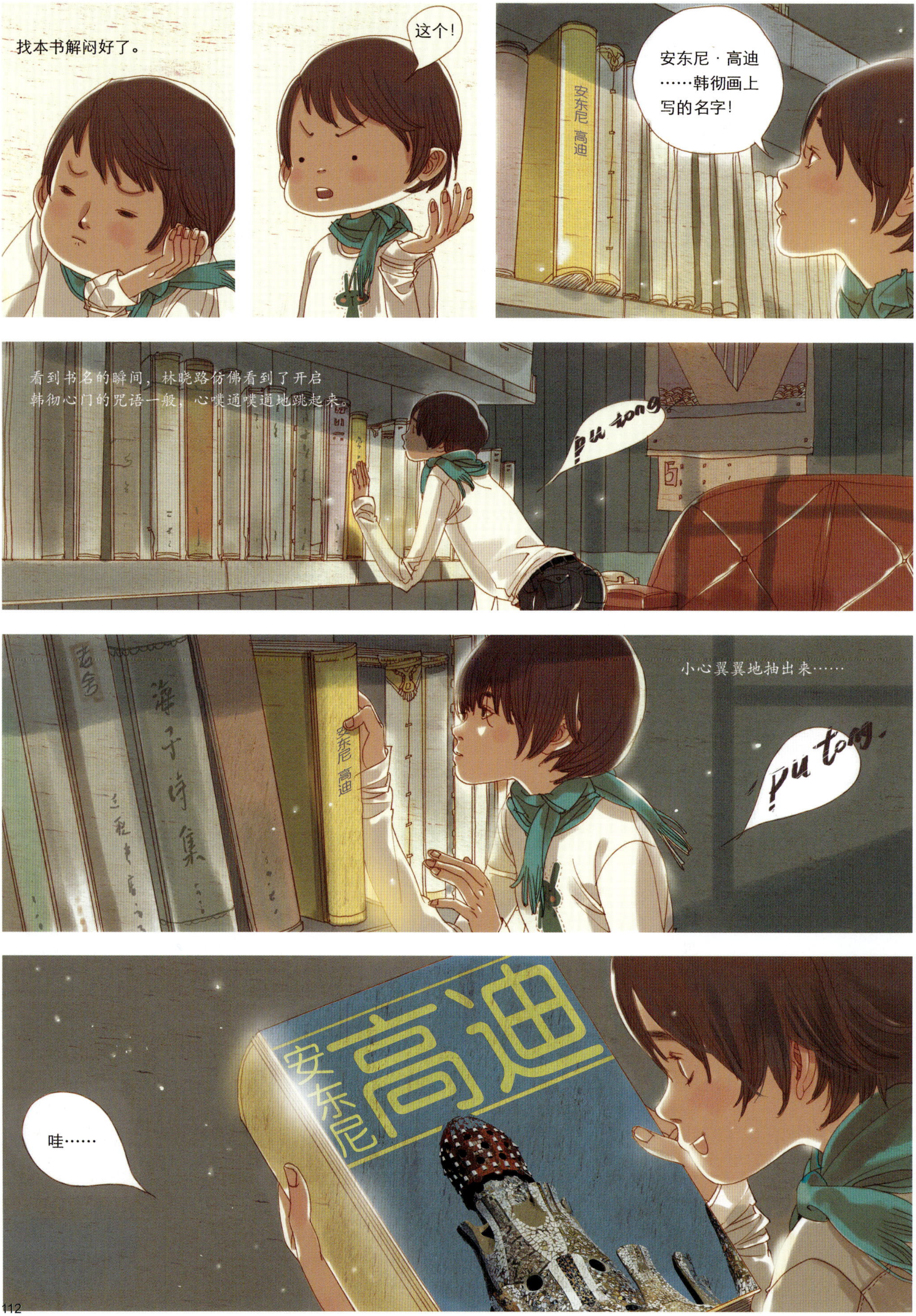
找本书解闷好了。
这个！
安东尼 · 高迪……韩彻画上写的名字！
安东尼 高迪
看到书名的瞬间，林晓路仿佛看到了开启韩彻心门的咒语一般，心噗通噗通地跳起来。
pu tong
小心翼翼地抽出来……
海子诗集
安东尼 高迪
pu tong
安东尼 高迪
哇……

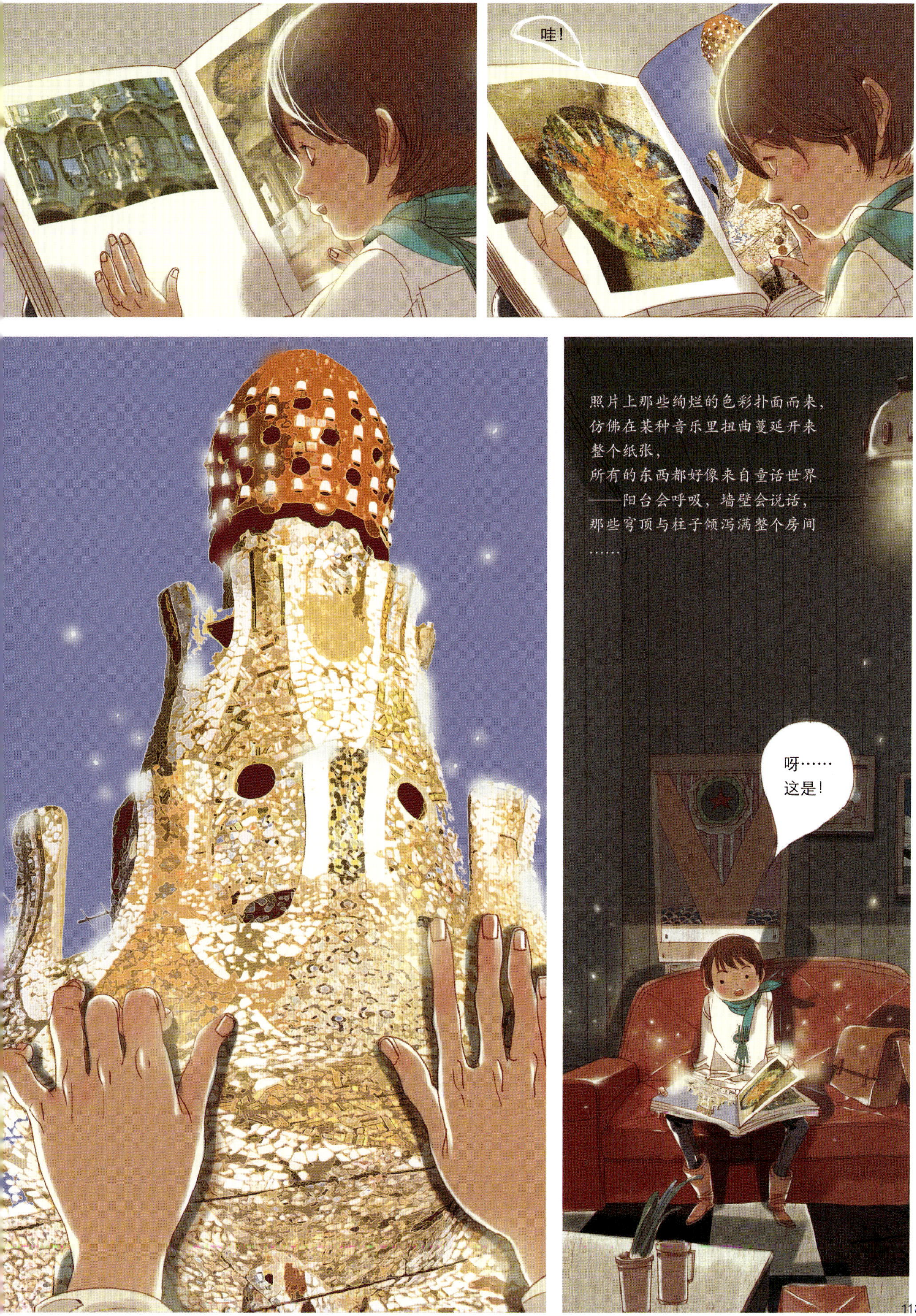
哇!
照片上那些绚烂的色彩扑面而来,
仿佛在某种音乐里扭曲蔓延开来
整个纸张,
所有的东西都好像来自童话世界
——阳台会呼吸,墙壁会说话,
那些穹顶与柱子倾泻满整个房间
……
呀……
这是!

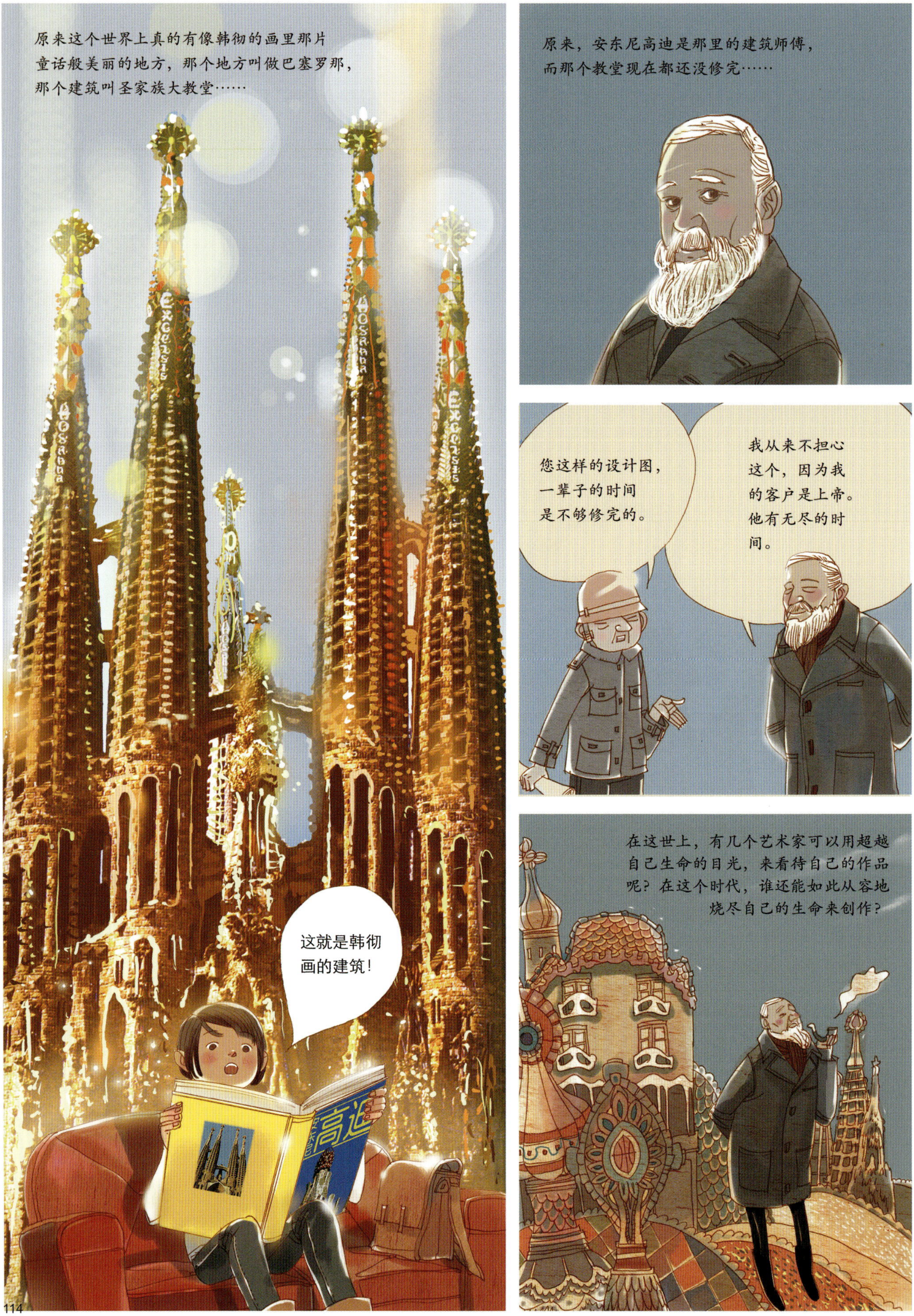
原来这个世界上真的有像韩彻的画里那片
童话般美丽的地方，那个地方叫做巴塞罗那，
那个建筑叫圣家族大教堂……
这就是韩彻
画的建筑！
高迪
原来，安东尼高迪是那里的建筑师傅，
而那个教堂现在都还没修完……
您这样的设计图，
一辈子的时间
是不够修完的。
我从来不担心
这个，因为我
的客户是上帝。
他有无尽的时
间。
在这世上，有几个艺术家可以用超越
自己生命的目光，来看待自己的作品
呢？在这个时代，谁还能如此从容地
烧尽自己的生命来创作？

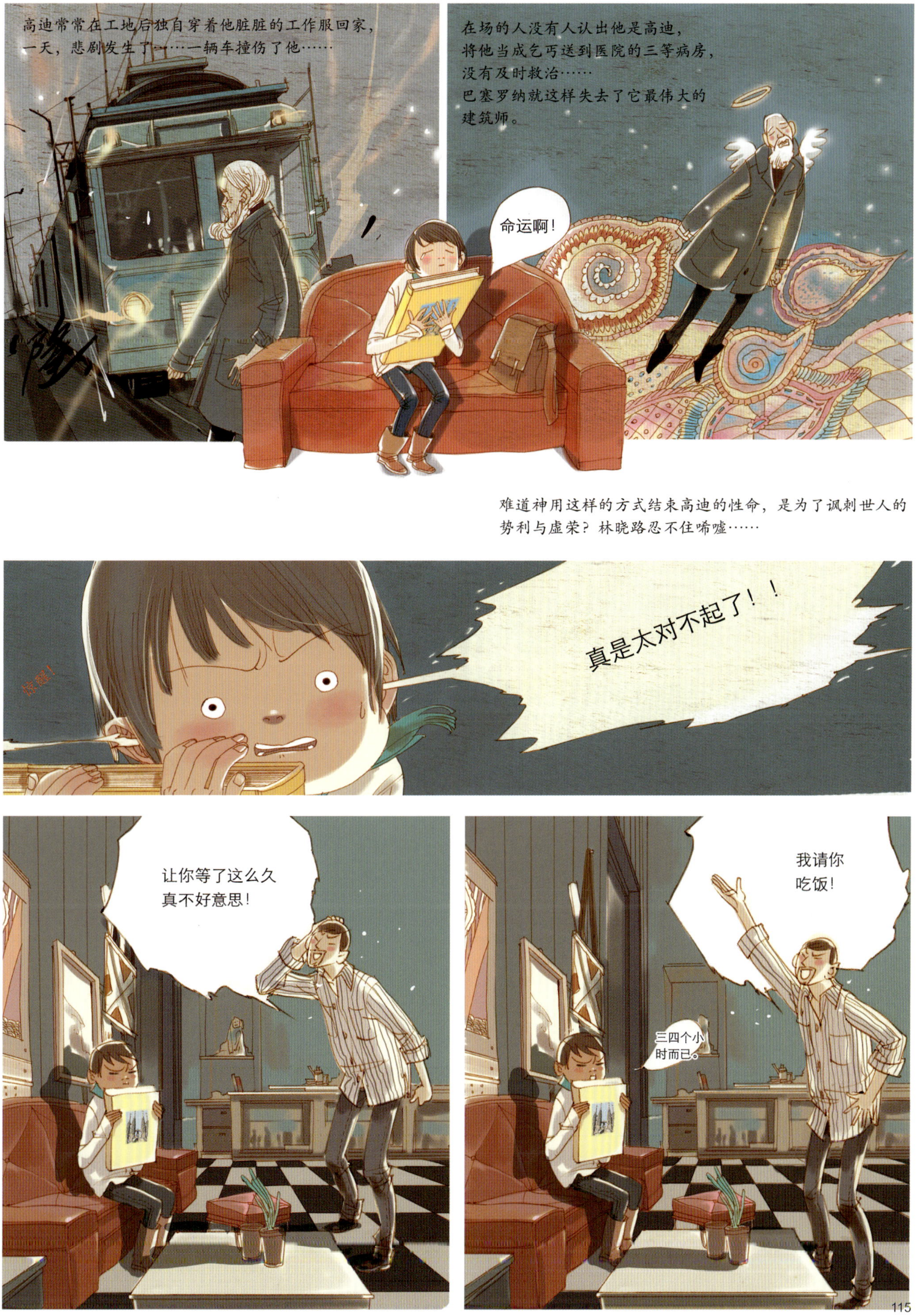
高迪常常在工地后独自穿着他脏脏的工作服回家，
一天，悲剧发生了……一辆车撞伤了他……
在场的人没有人认出他是高迪，
将他当成乞丐送到医院的三等病房，
没有及时救治……
巴塞罗纳就这样失去了它最伟大的
建筑师。
命运啊！
难道神用这样的方式结束高迪的性命，是为了讽刺世人的
势利与虚荣？林晓路忍不住唏嘘……
惊醒！
真是太对不起了！！
让你等了这么久
真不好意思！
我请你
吃饭！
三四个小
时而已。

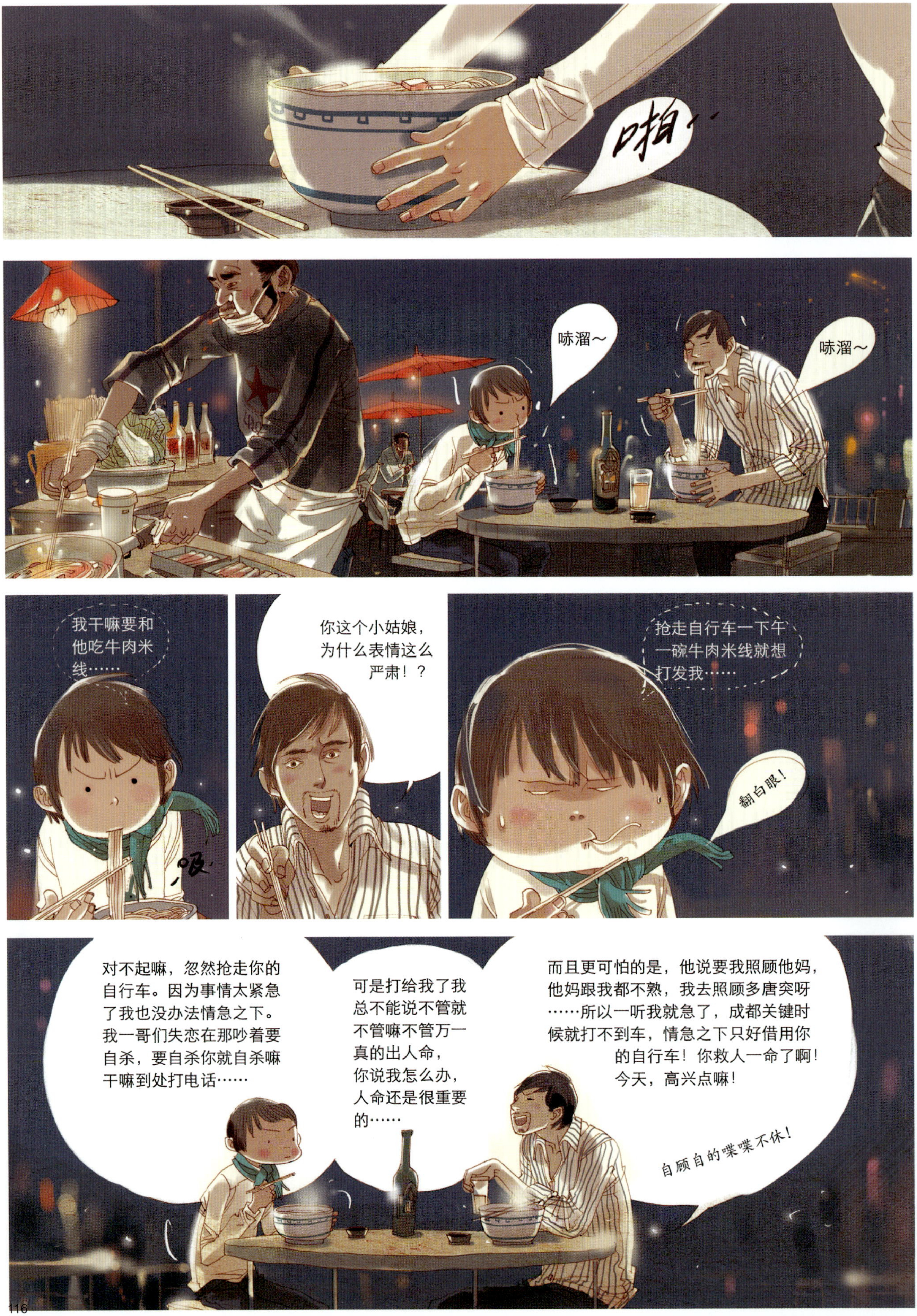

啪…
哧溜～
哧溜～
我干嘛要和他吃牛肉米线……
吸
你这个小姑娘，为什么表情这么严肃！？
抢走自行车一下午一碗牛肉米线就想打发我……
翻白眼！
对不起嘛，忽然抢走你的自行车。因为事情太紧急了我也没办法情急之下。我一哥们失恋在那吵着要自杀，要自杀你就自杀嘛干嘛到处打电话……
可是打给我了我总不能说不管就不管嘛不管万一真的出人命，你说我怎么办，人命还是很重要的……
而且更可怕的是，他说要我照顾他妈，他妈跟我都不熟，我去照顾多唐突呀……所以一听我就急了，成都关键时候就打不到车，情急之下只好借用你的自行车！你救人一命了啊！今天，高兴点嘛！
自顾自的喋喋不休！

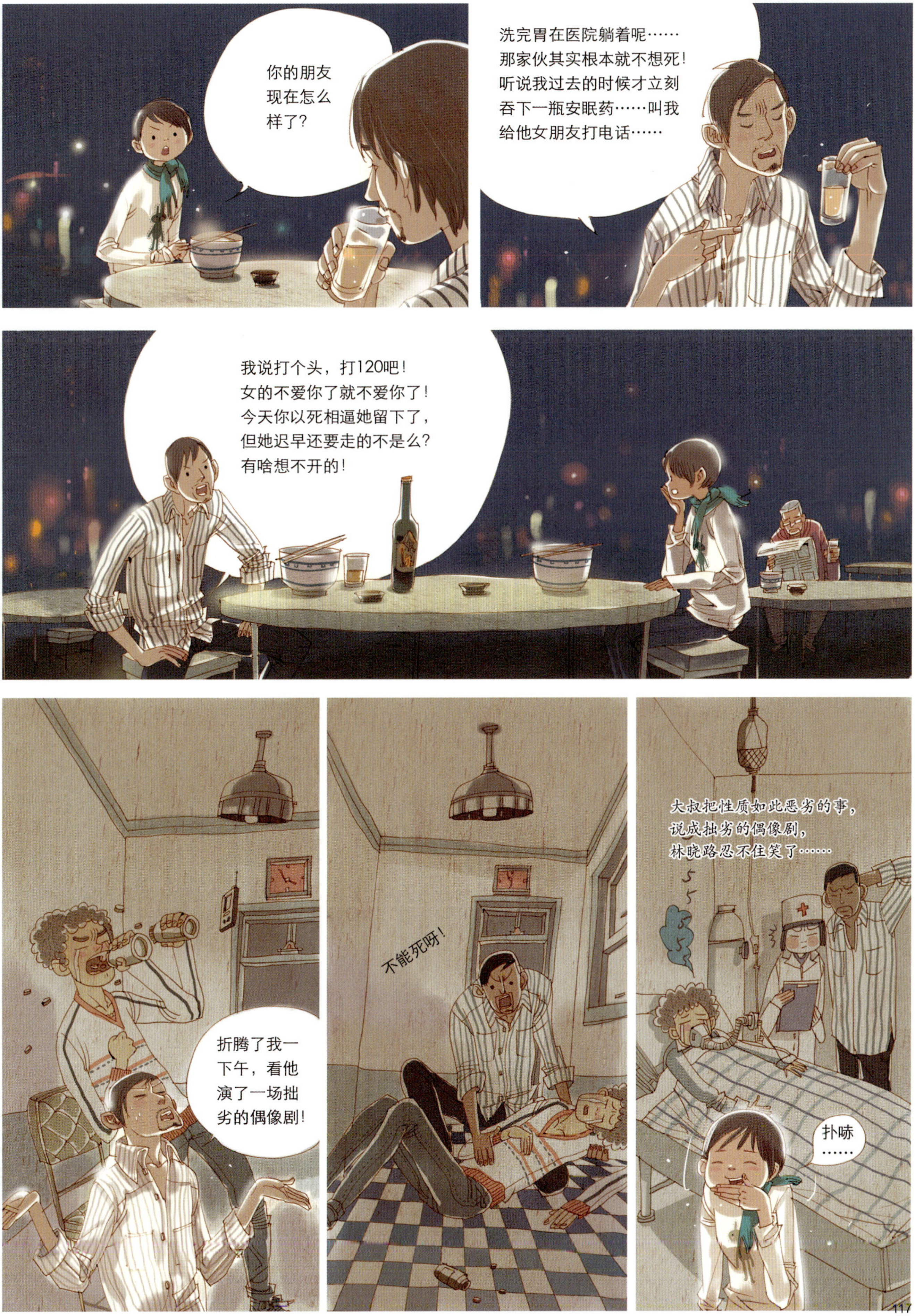
你的朋友
现在怎么
样了？
洗完胃在医院躺着呢……
那家伙其实根本就不想死！
听说我过去的时候才立刻
吞下一瓶安眠药……叫我
给他女朋友打电话……
我说打个头，打120吧！
女的不爱你了就不爱你了！
今天你以死相逼她留下了，
但她迟早还要走的不是么？
有啥想不开的！
折腾了我一
下午，看他
演了一场拙
劣的偶像剧！
不能死呀！
大叔把性质如此恶劣的事，
说成拙劣的偶像剧，
林晓路忍不住笑了……
扑哧
……

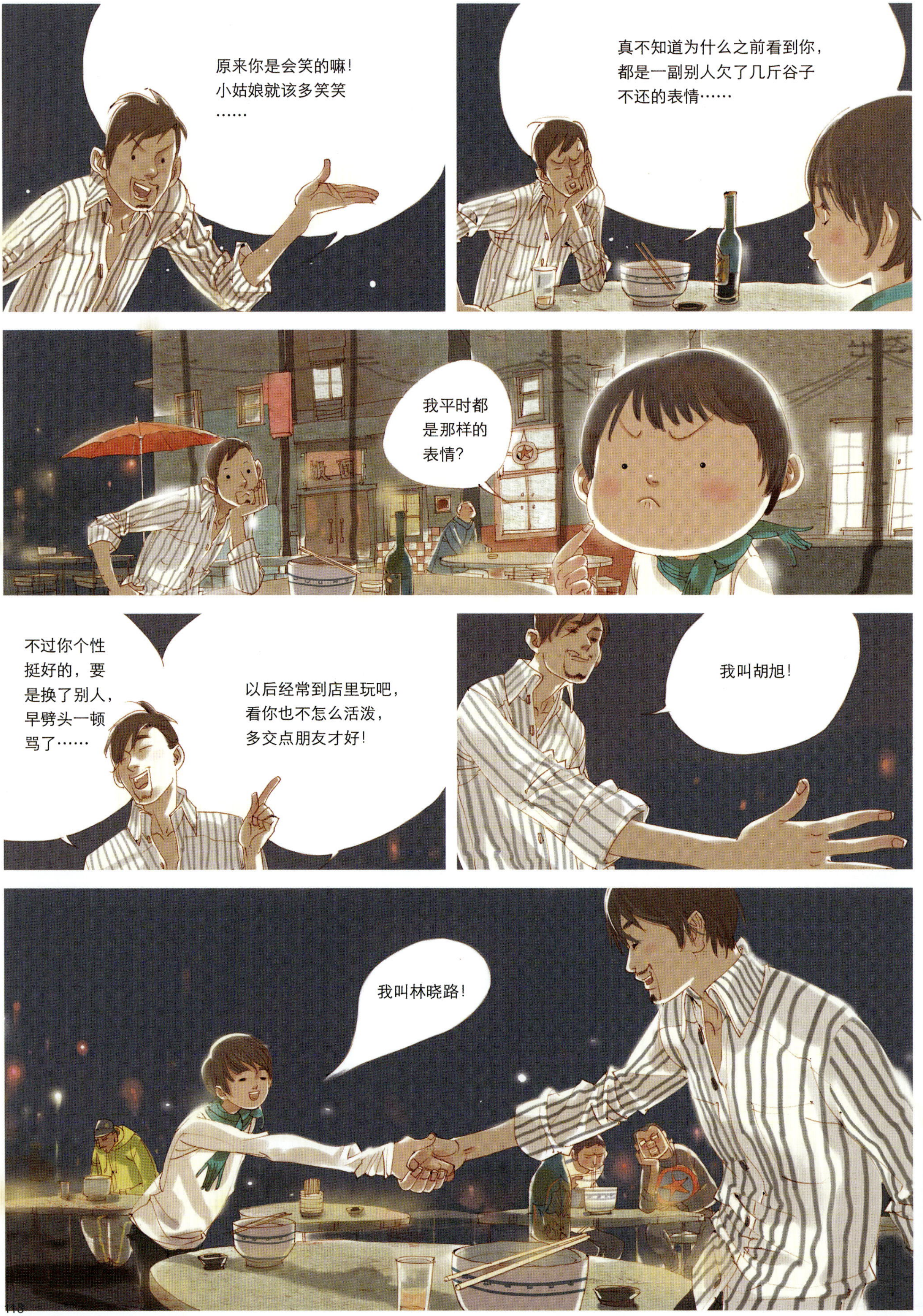
原来你是会笑的嘛！
小姑娘就该多笑笑
……
真不知道为什么之前看到你，
都是一副别人欠了几斤谷子
不还的表情……
我平时都
是那样的
表情？
不过你个性
挺好的，要
是换了别人，
早劈头一顿
骂了……
以后经常到店里玩吧，
看你也不怎么活泼，
多交点朋友才好！
我叫胡旭！
我叫林晓路！

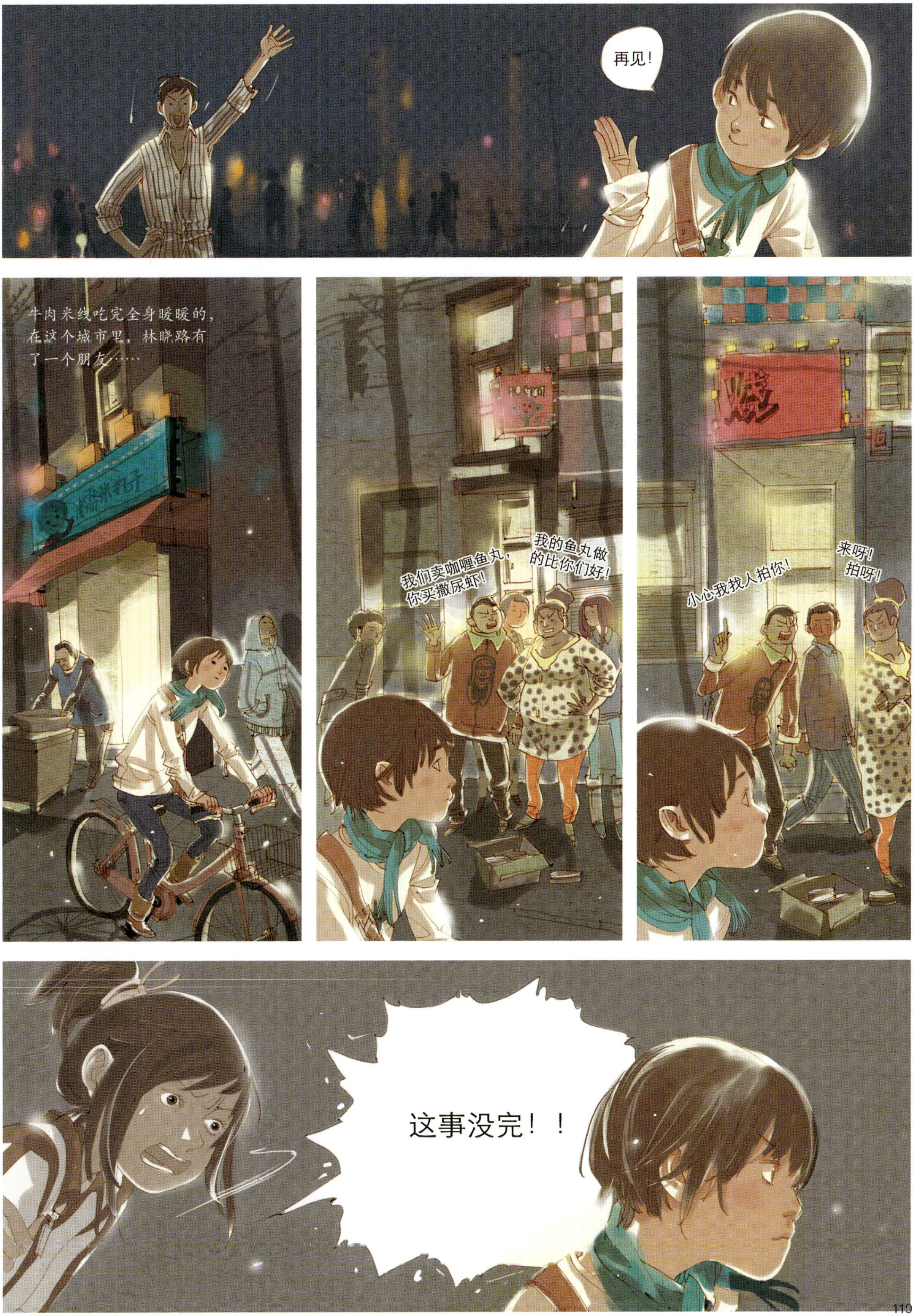
再见！
牛肉米线吃完全身暖暖的，在这个城市里，林晓路有了一个朋友……
我们卖咖喱鱼丸，你买撒尿虾！
我的鱼丸做的比你们好！
小心我找人拍你！
来呀！拍呀！
这事没完！！

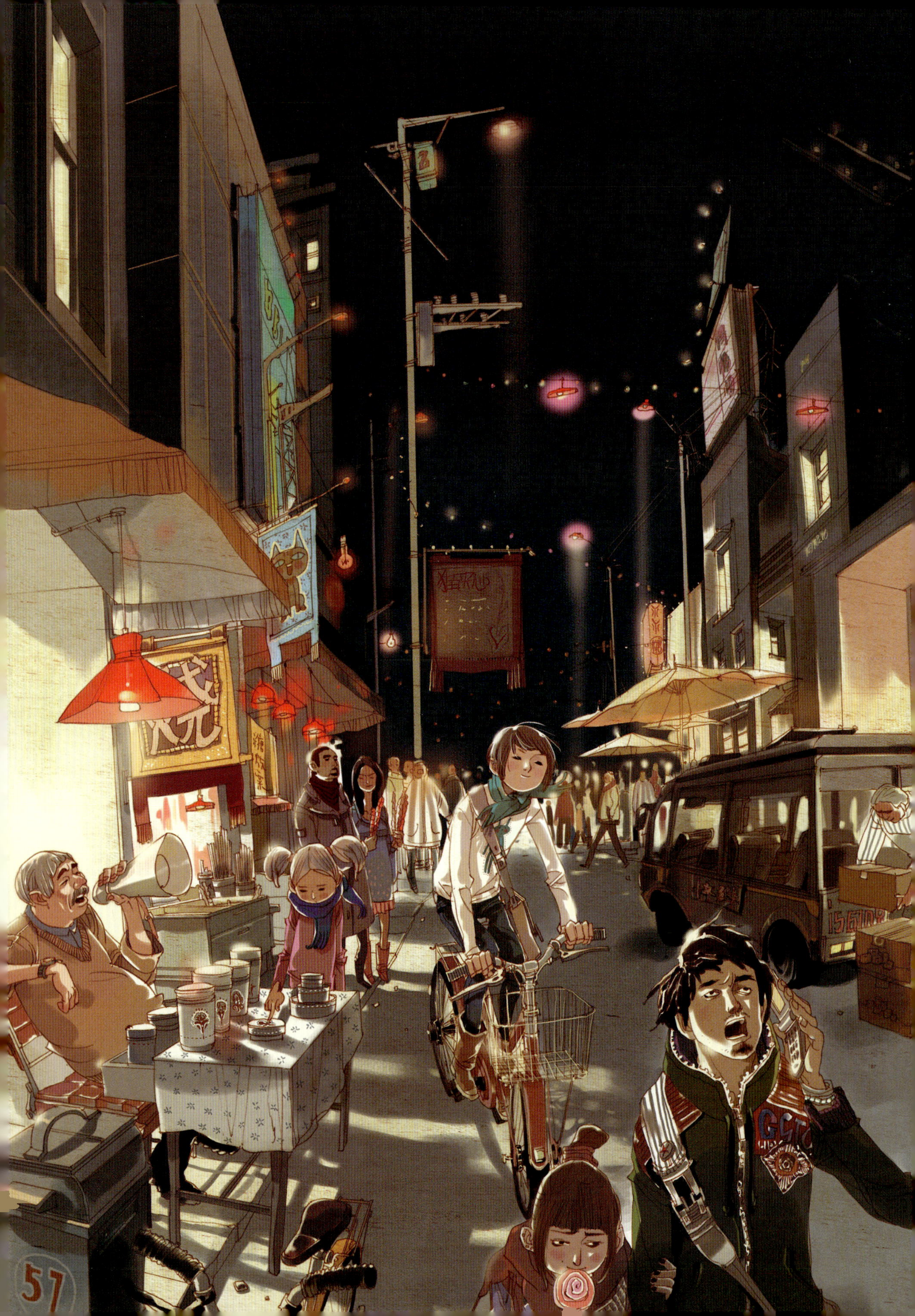

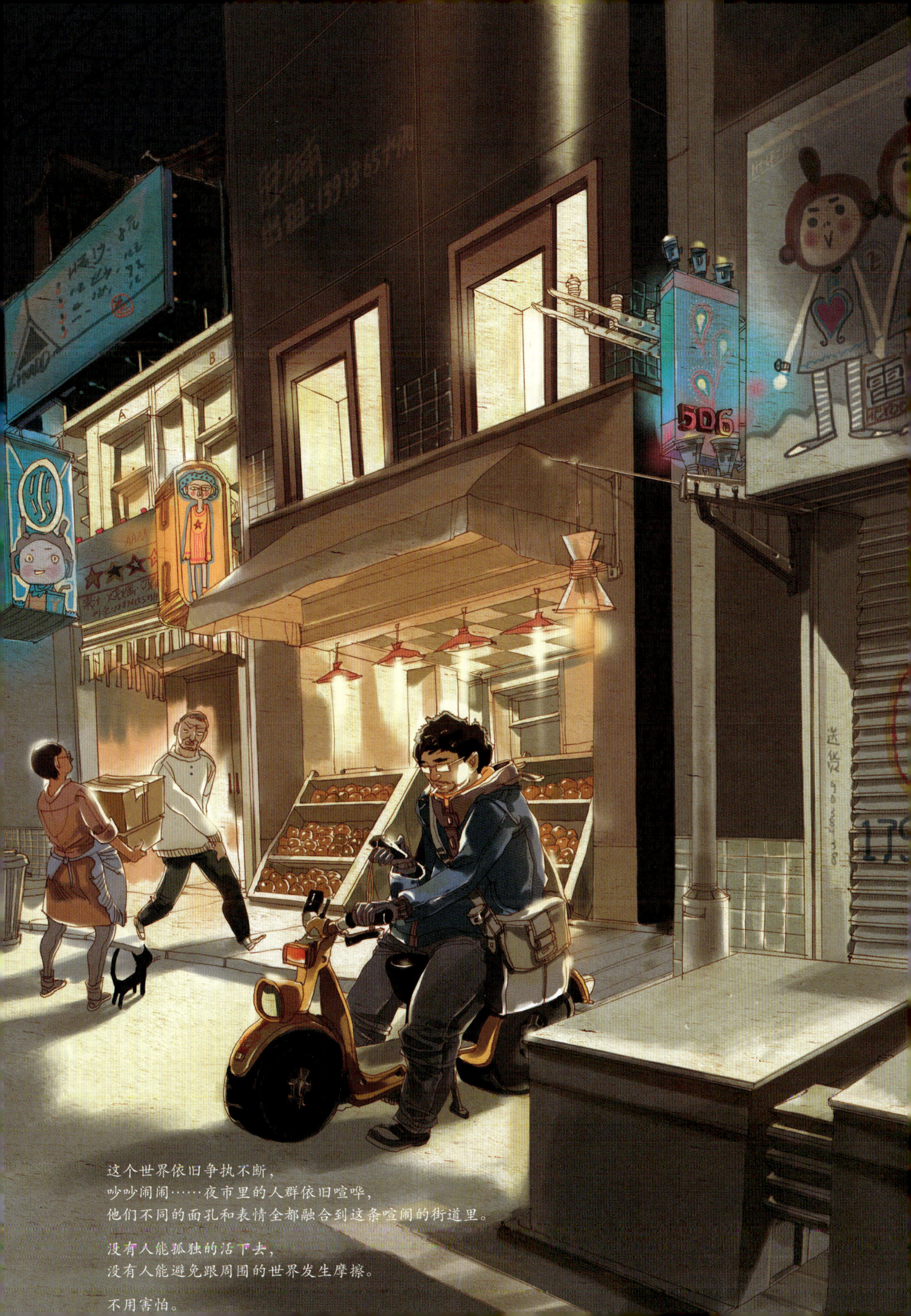

这个世界依旧争执不断，
吵吵闹闹……夜市里的人群依旧喧哗，
他们不同的面孔和表情全都融合到这条喧闹的街道里。

没有人能孤独的活下去，
没有人能避免跟周围的世界发生摩擦。

不用害怕。

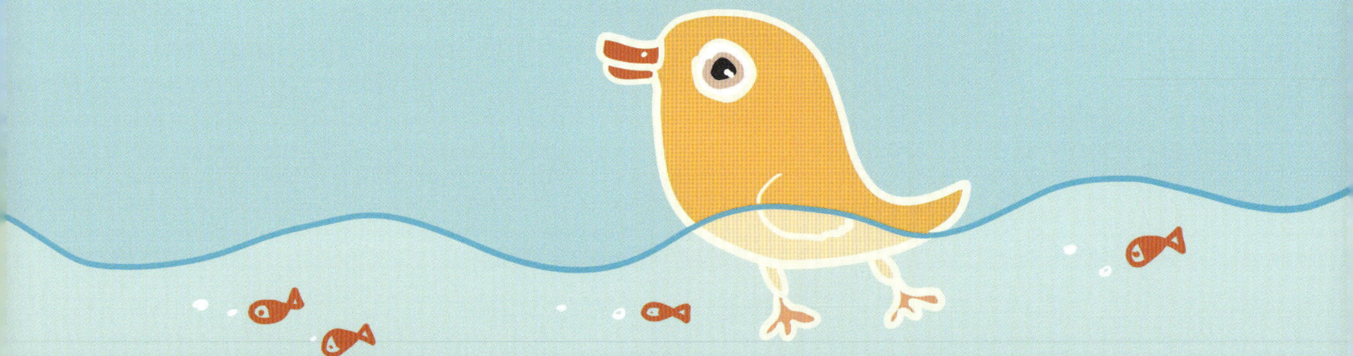

CHAPTER6 耳光响亮

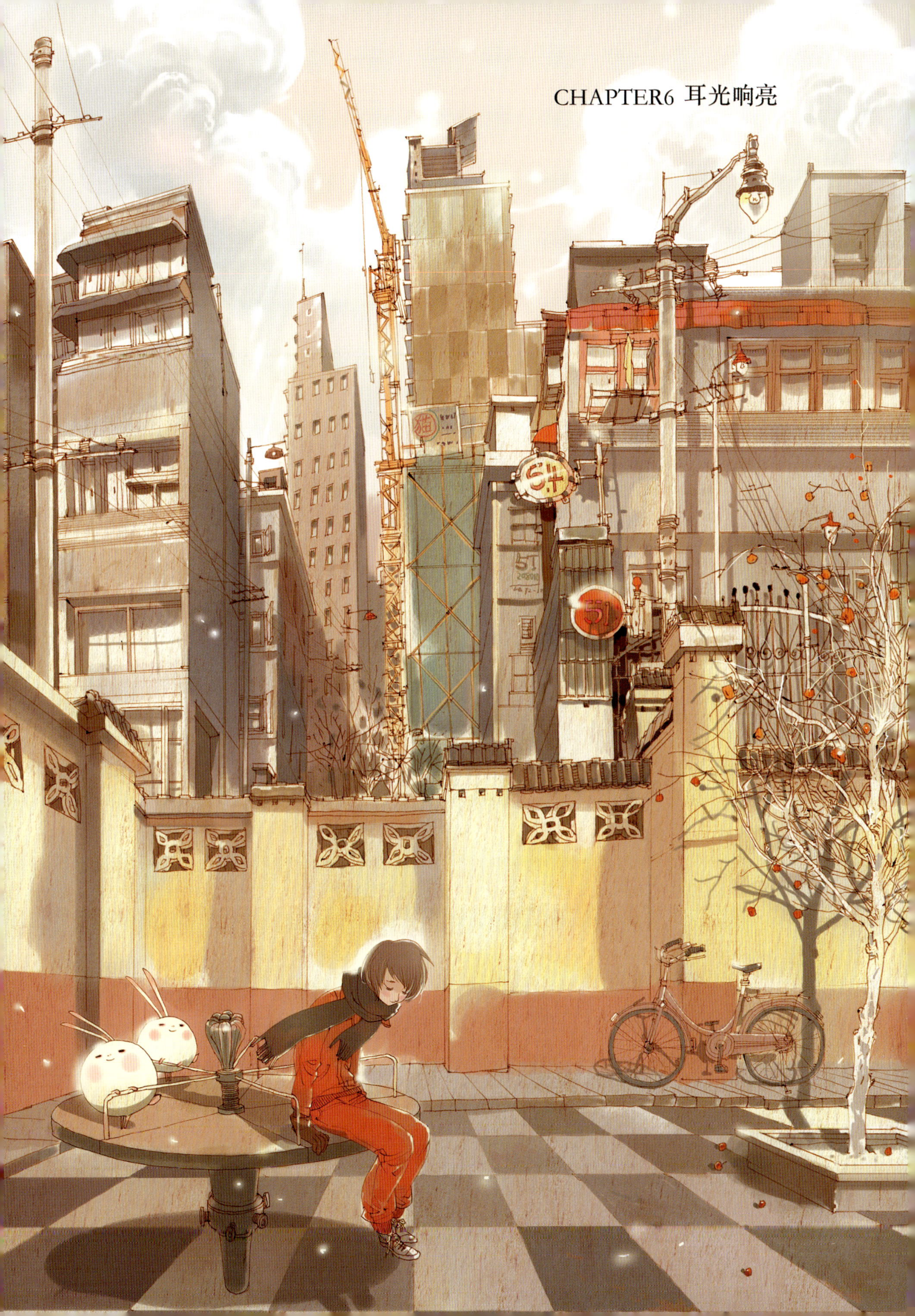

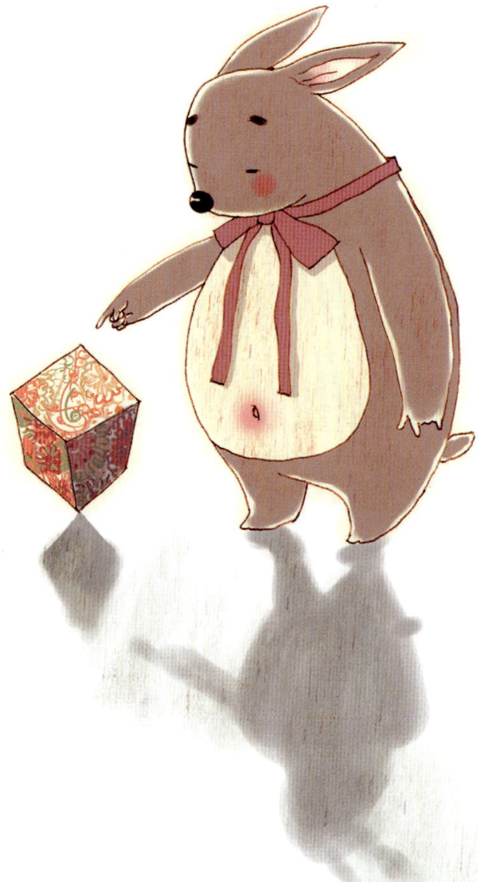

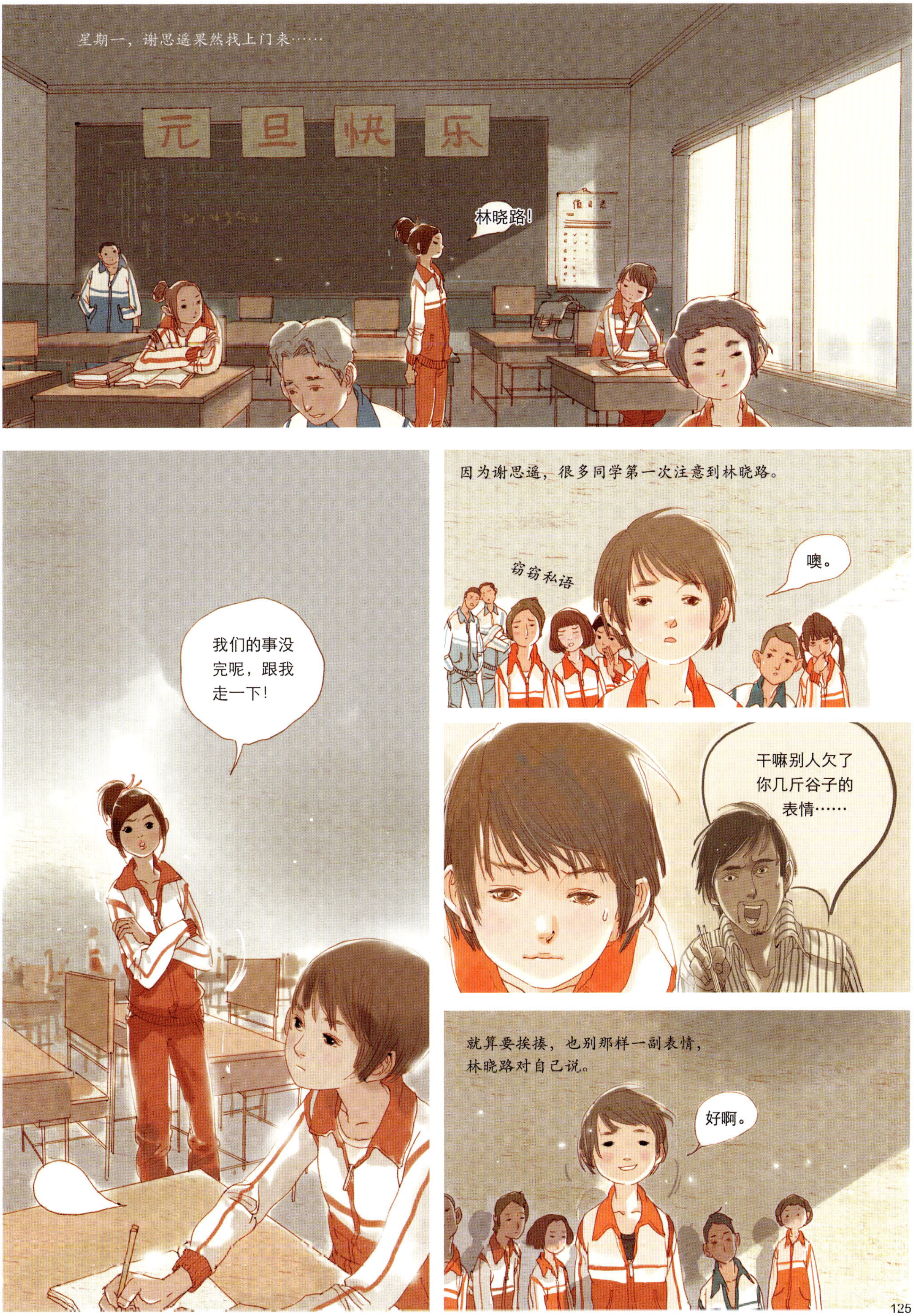
星期一，谢思遥果然找上门来……
元旦快乐
林晓路！
我们的事没
完呢，跟我
走一下！
因为谢思遥，很多同学第一次注意到林晓路。
窃窃私语
噢。
干嘛别人欠了
你几斤谷子的
表情……
就算要挨揍，也别那样一副表情，
林晓路对自己说。
好啊。

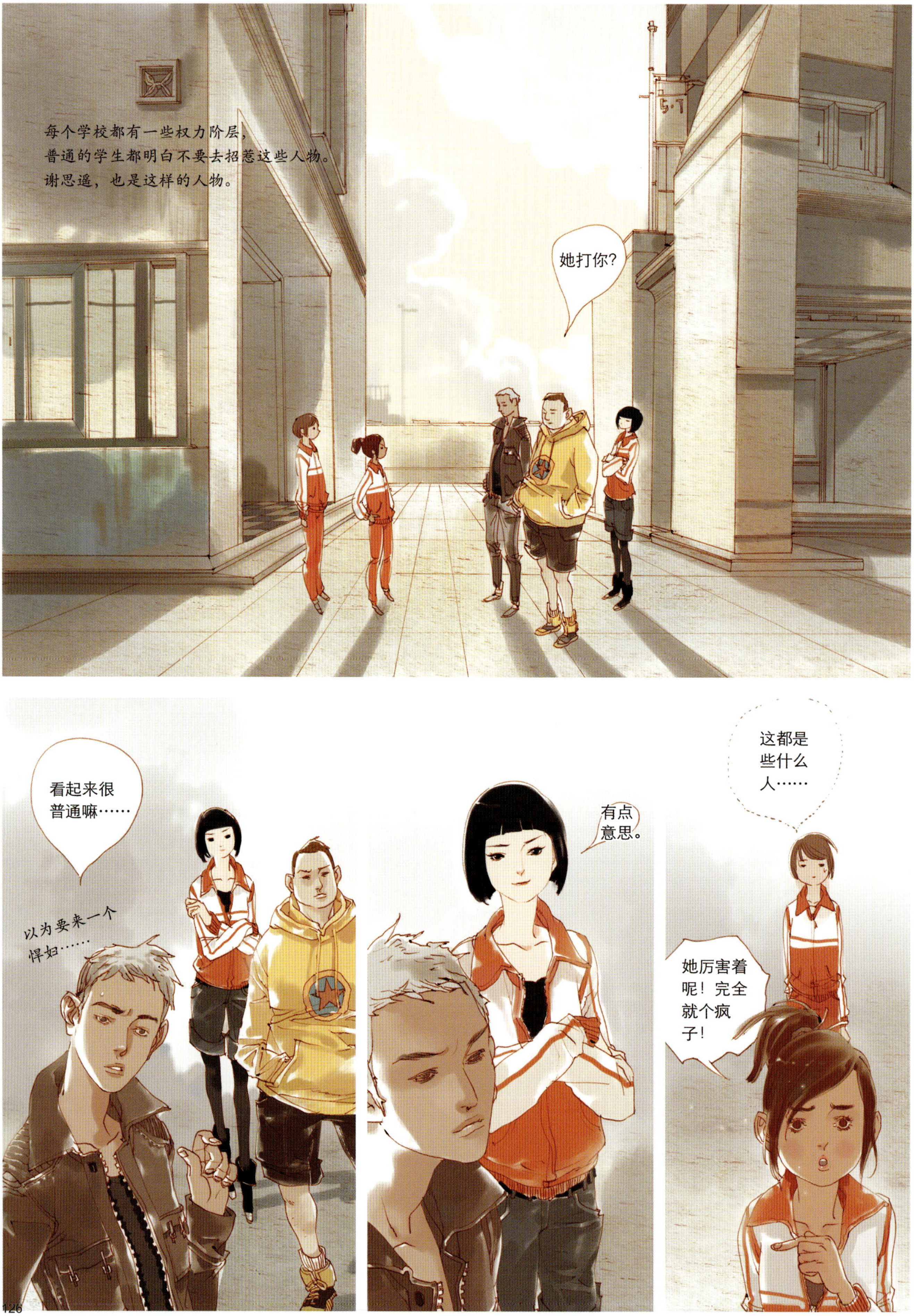

每个学校都有一些权力阶层，
普通的学生都明白不要去招惹这些人物。
谢思遥，也是这样的人物。
她打你？
看起来很
普通嘛……
以为要来一个
悍妇……
有点
意思。
这都是
些什么
人……
她厉害着
呢！完全
就个疯
子！

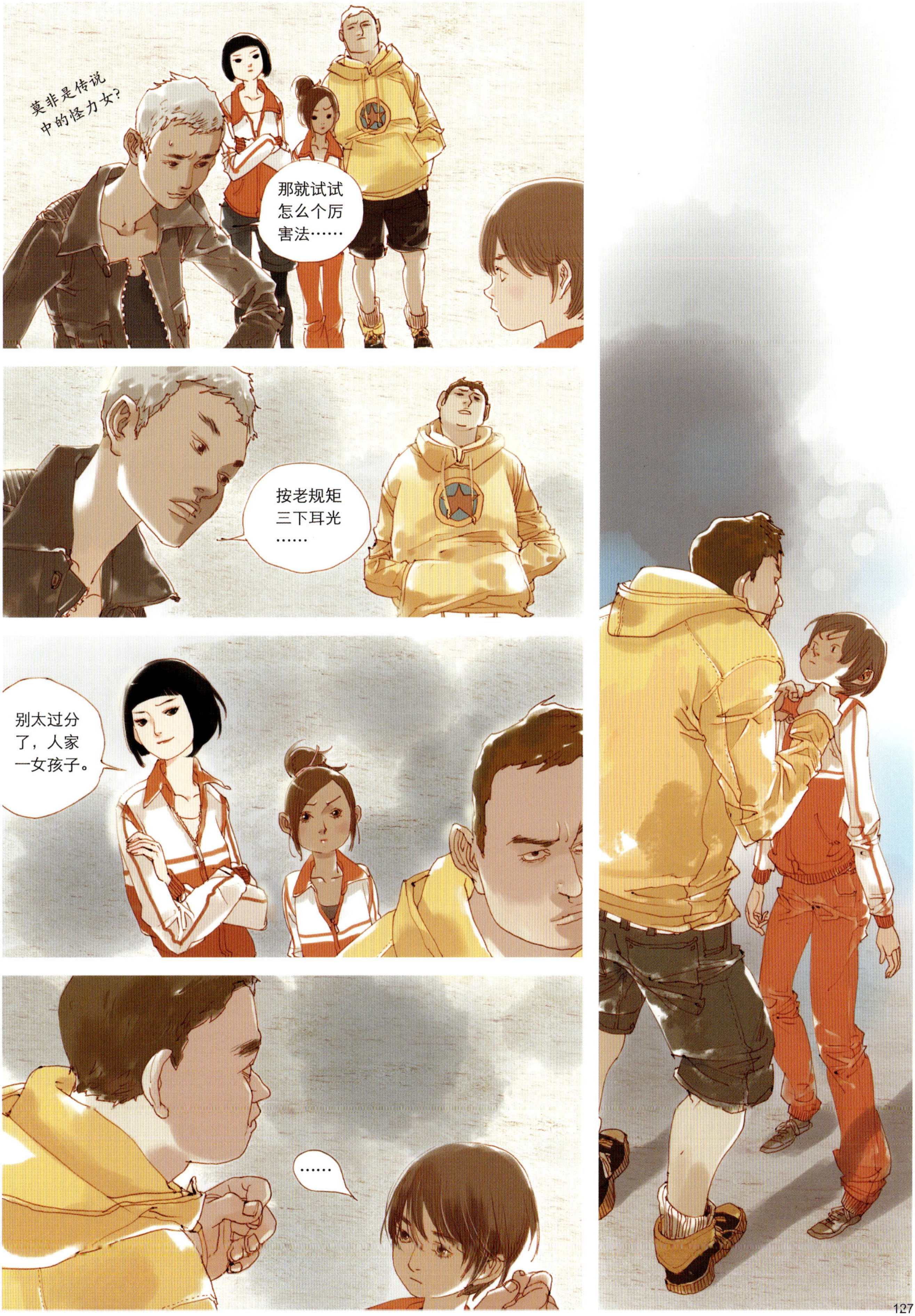
莫非是传说
中的怪力女?
那就试试
怎么个厉
害法……
按老规矩
三下耳光
……
别太过分
了，人家
一女孩子。
……

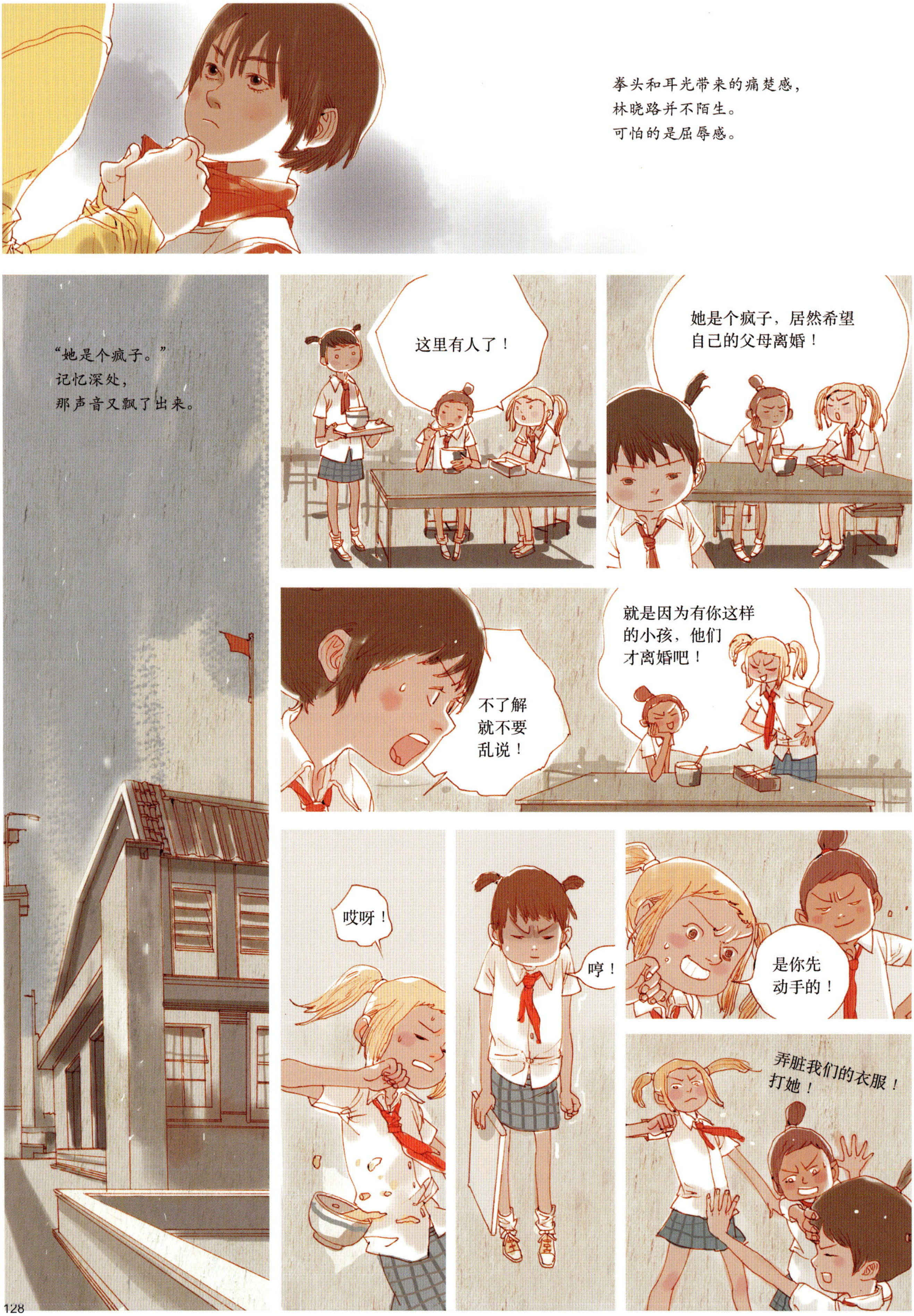
拳头和耳光带来的痛楚感，
林晓路并不陌生。
可怕的是屈辱感。
“她是个疯子。”
记忆深处，
那声音又飘了出来。
这里有人了！
她是个疯子，居然希望自己的父母离婚！
不了解就不要乱说！
就是因为有你这样的小孩，他们才离婚吧！
哎呀！
哼！
是你先动手的！
弄脏我们的衣服！打她！

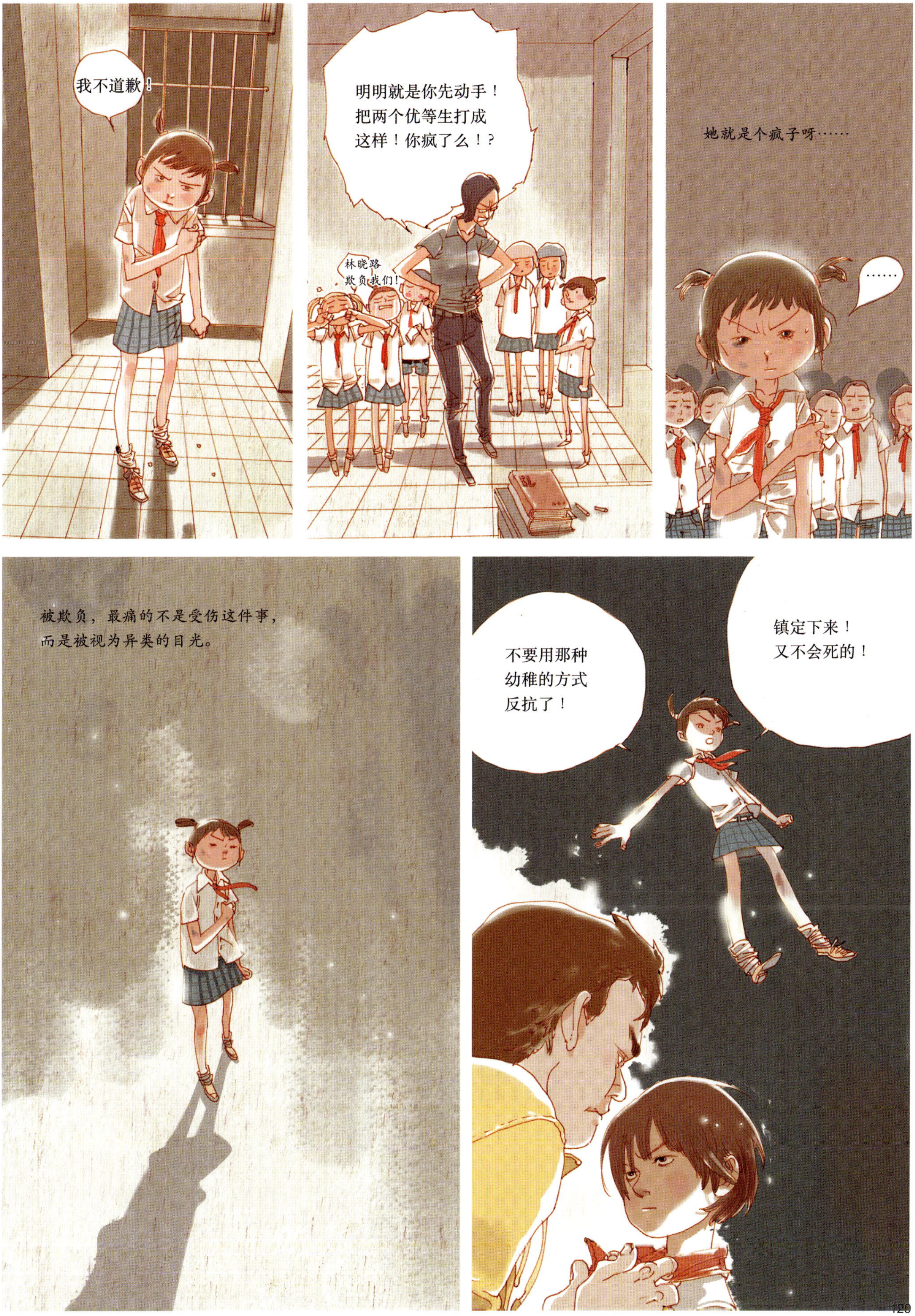
我不道歉！
明明就是你先动手！
把两个优等生打成
这样！你疯了么！？
林晓路
欺负我们！
她就是个疯子呀……
……
被欺负，最痛的不是受伤这件事，
而是被视为异类的目光。
镇定下来！
又不会死的！
不要用那种
幼稚的方式
反抗了！

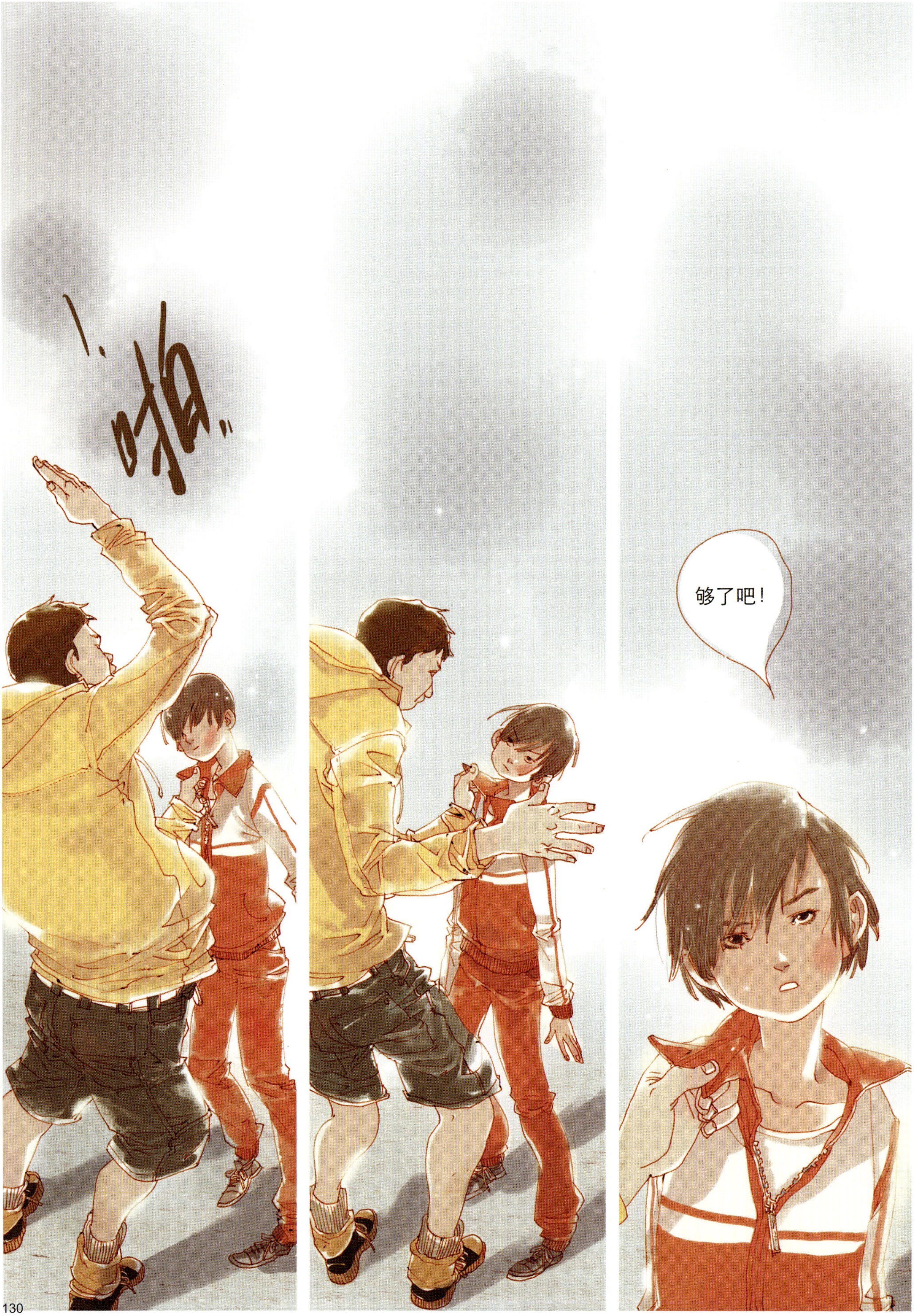
啪
够了吧！

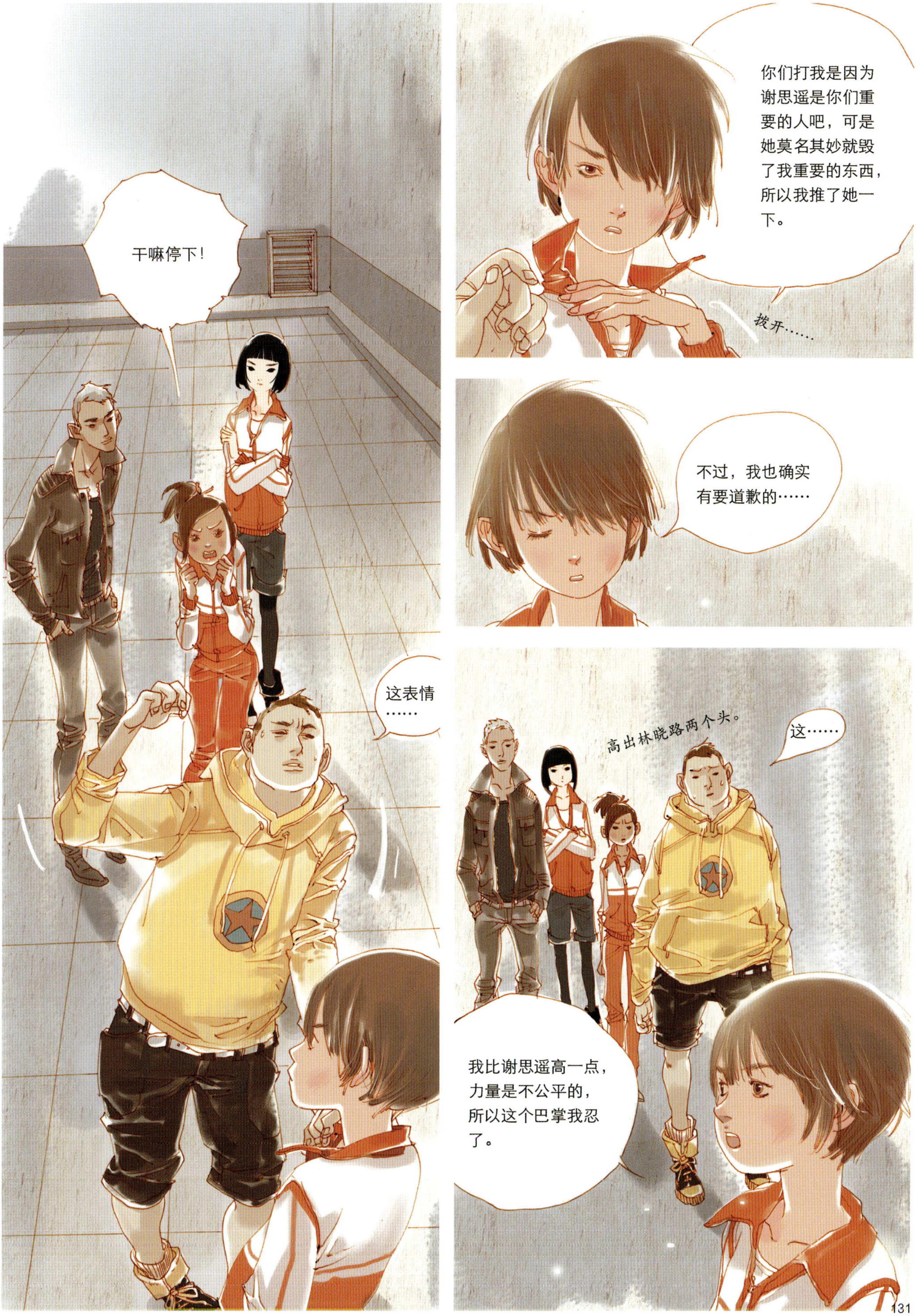
干嘛停下！
这表情……
你们打我是因为谢思遥是你们重要的人吧，可是她莫名其妙就毁了我重要的东西，所以我推了她一下。
拨开……
不过，我也确实有要道歉的……
高出林晓路两个头。
这……
我比谢思遥高一点，力量是不公平的，所以这个巴掌我忍了。

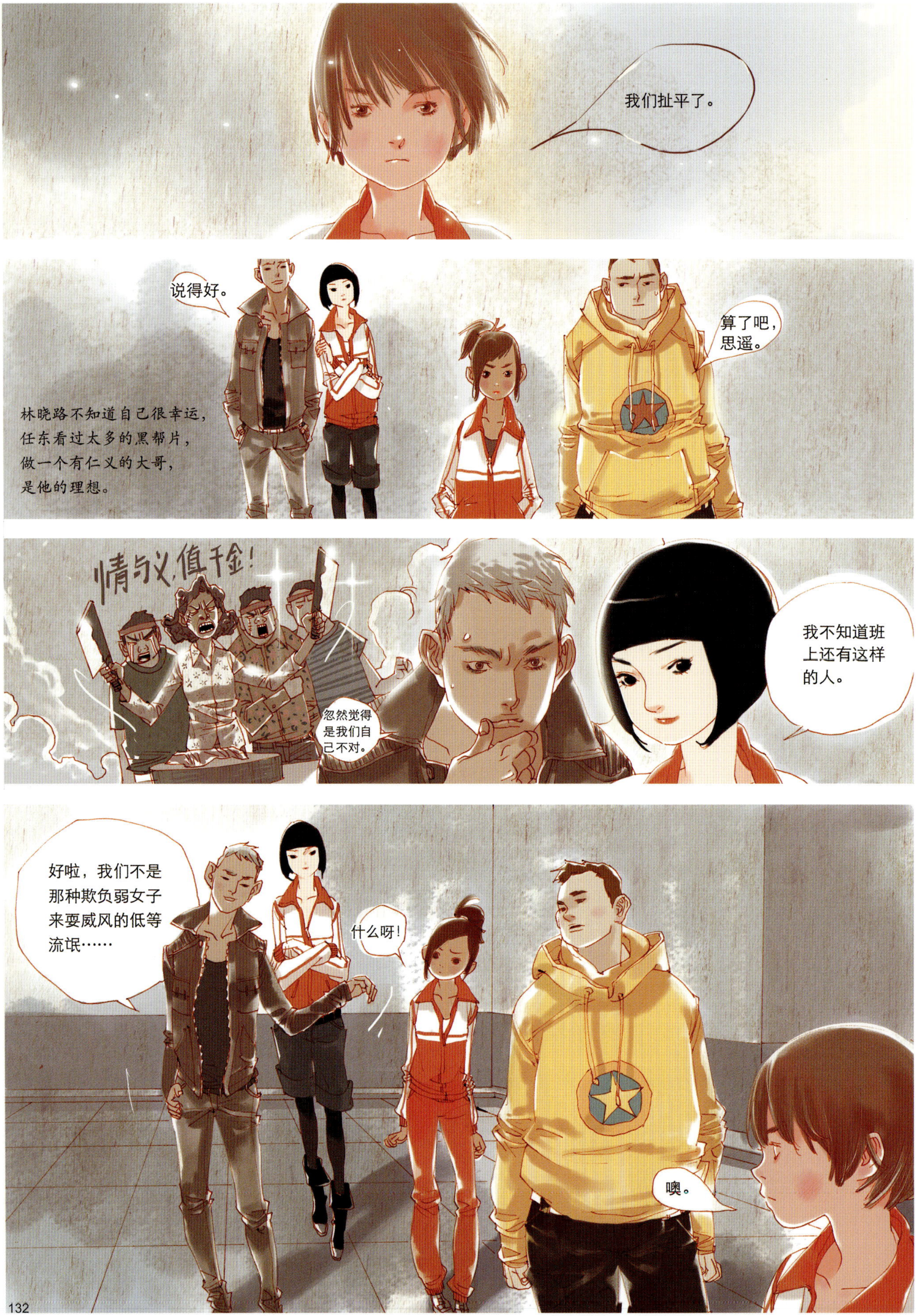
我们扯平了。
说得好。
算了吧，思遥。
林晓路不知道自己很幸运，任东看过太多的黑帮片，做一个有仁义的大哥，是他的理想。
情义值千金！
我不知道班上还有这样的人。
忽然觉得是我们自己不对。
好啦，我们不是那种欺负弱女子来耍威风的低等流氓……
什么呀！
噢。

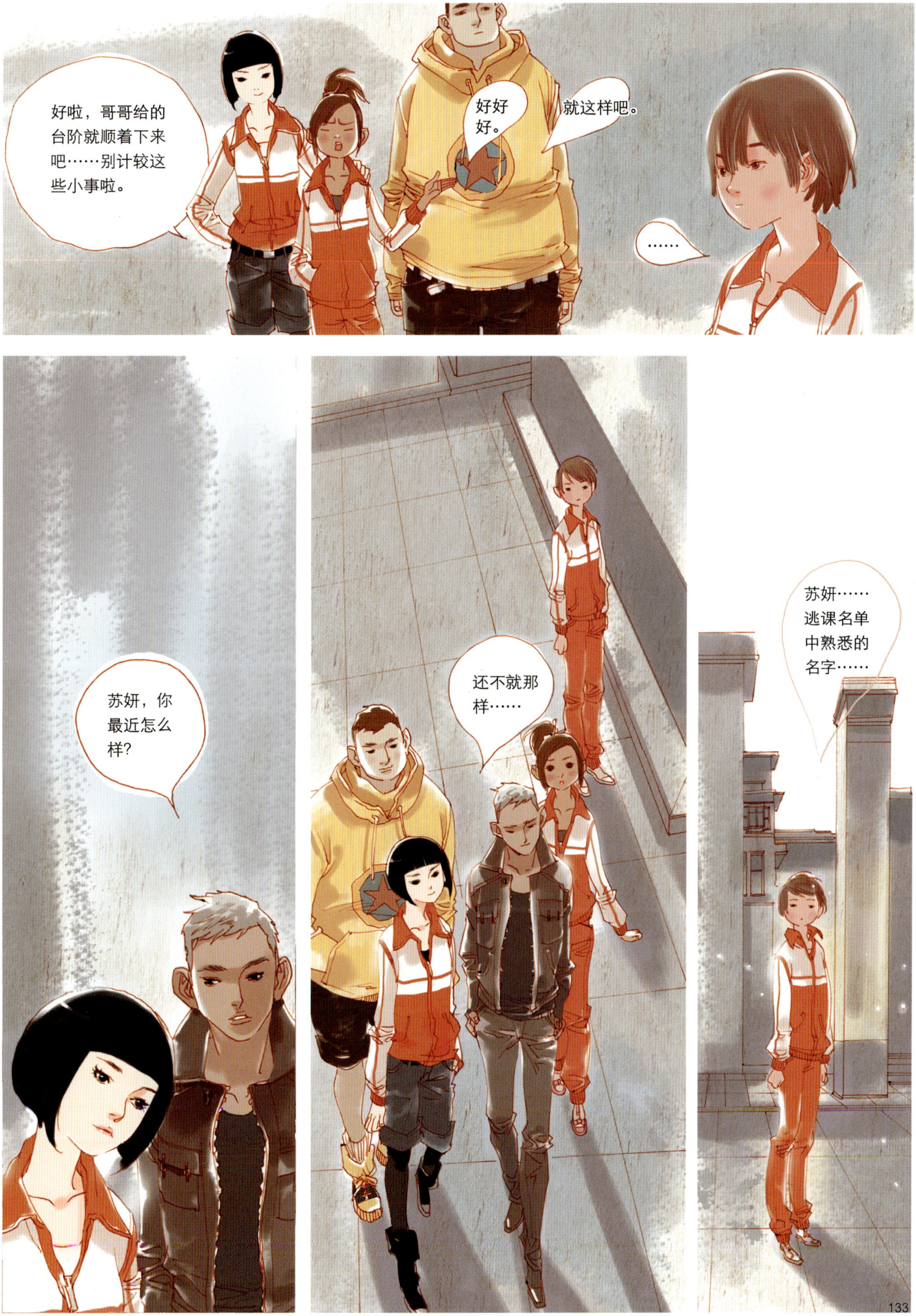
好啦，哥哥给的台阶就顺着下来吧……别计较这些小事啦。
好好好。
就这样吧。
……
苏妍，你最近怎么样?
还不就那样……
苏妍……逃课名单中熟悉的名字……

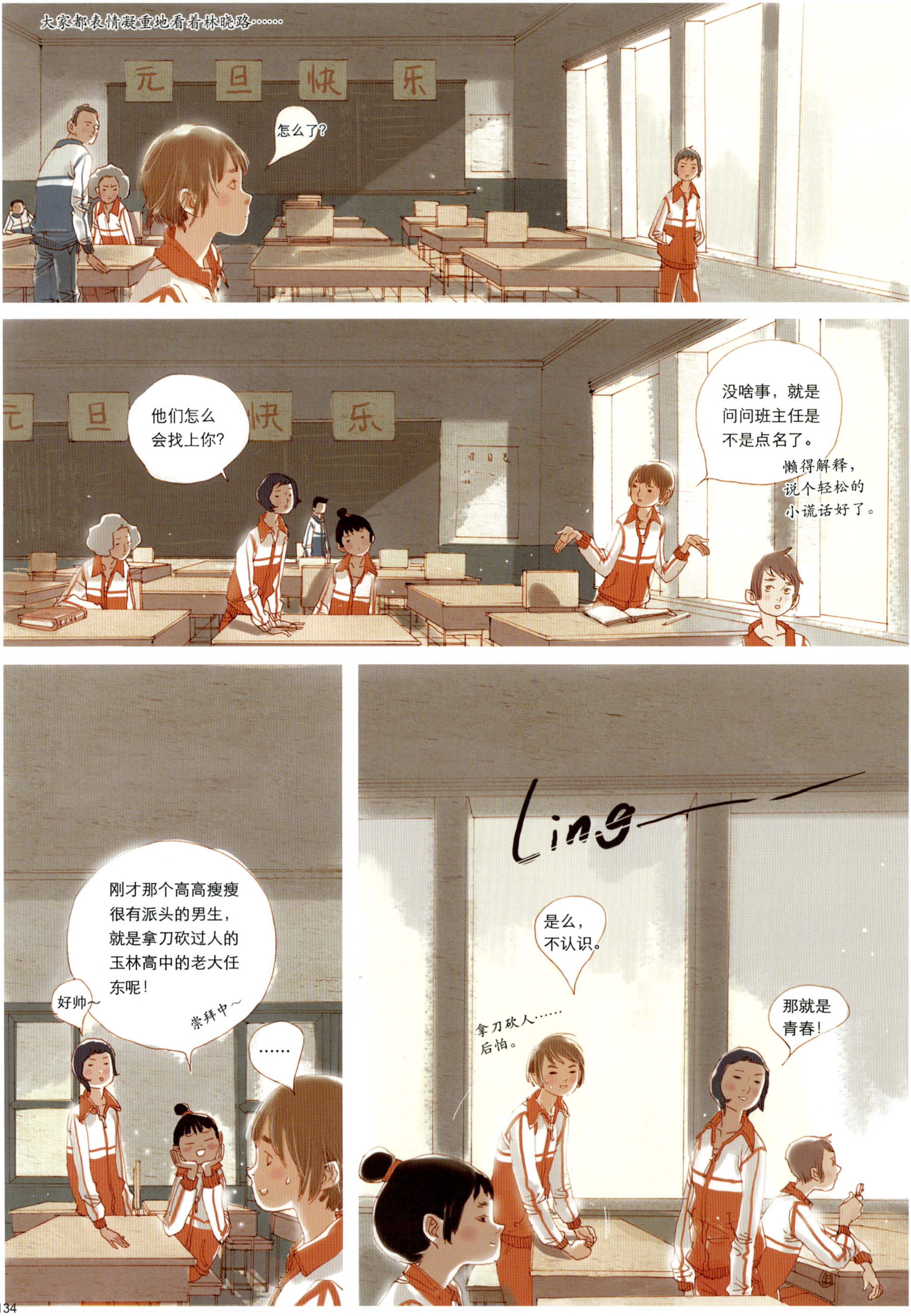

大家都表情凝重地看着林晓路……
元旦快乐
怎么了?
他们怎么
会找上你?
没啥事，就是
问问班主任是
不是点名了。
懒得解释，
说个轻松的
小谎话好了。
刚才那个高高瘦瘦
很有派头的男生，
就是拿刀砍过人的
玉林高中的老大任
东呢!
好帅~
崇拜中~
……
Ling
是么，
不认识。
拿刀砍人……
后怕。
那就是
青春!

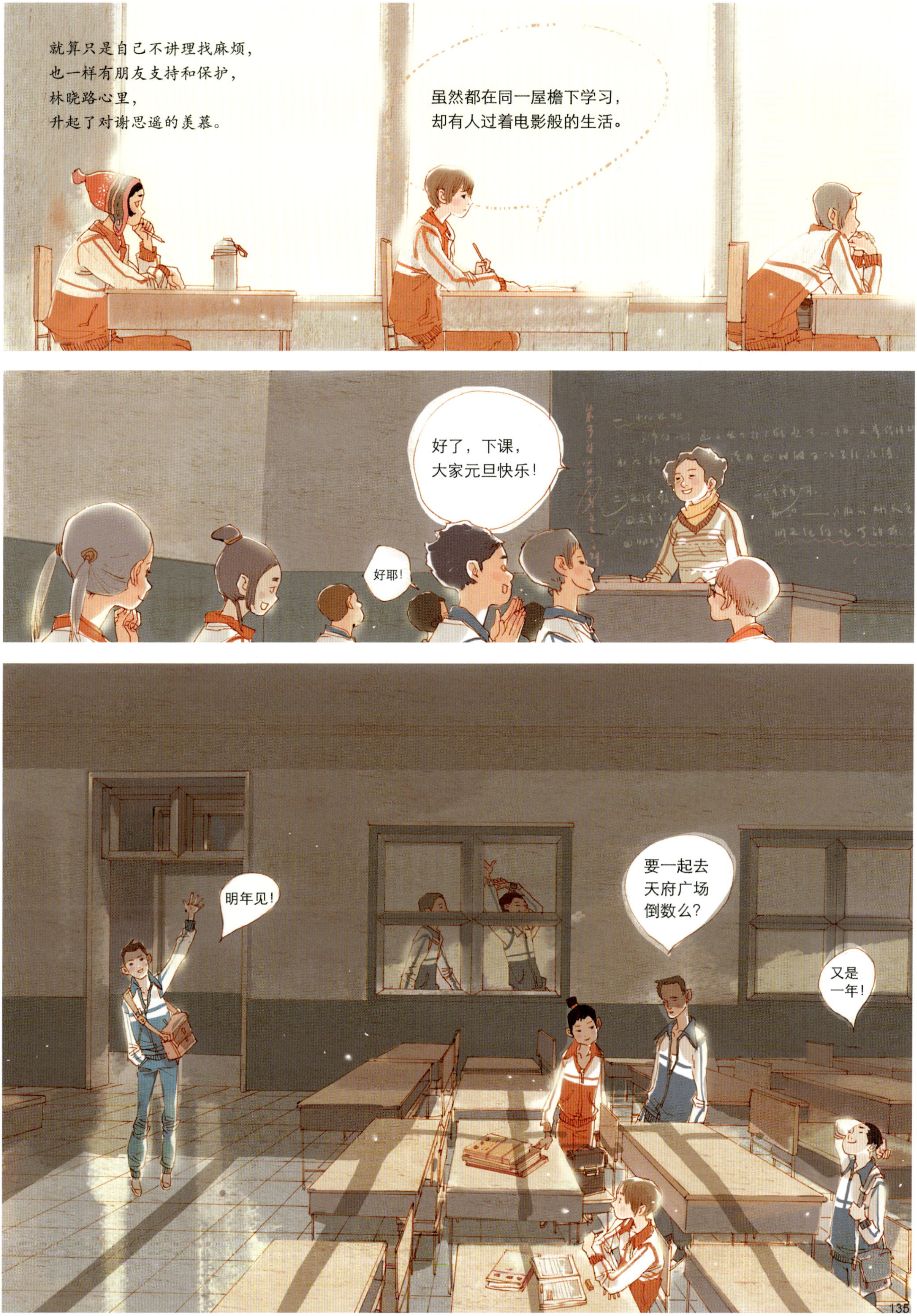
就算只是自己不讲理找麻烦，
也一样有朋友支持和保护，
林晓路心里，
升起了对谢思遥的羡慕。
虽然都在同一屋檐下学习，
却有人过着电影般的生活。
好了，下课，
大家元旦快乐！
好耶！
明年见！
要一起去
天府广场
倒数么？
又是
一年！

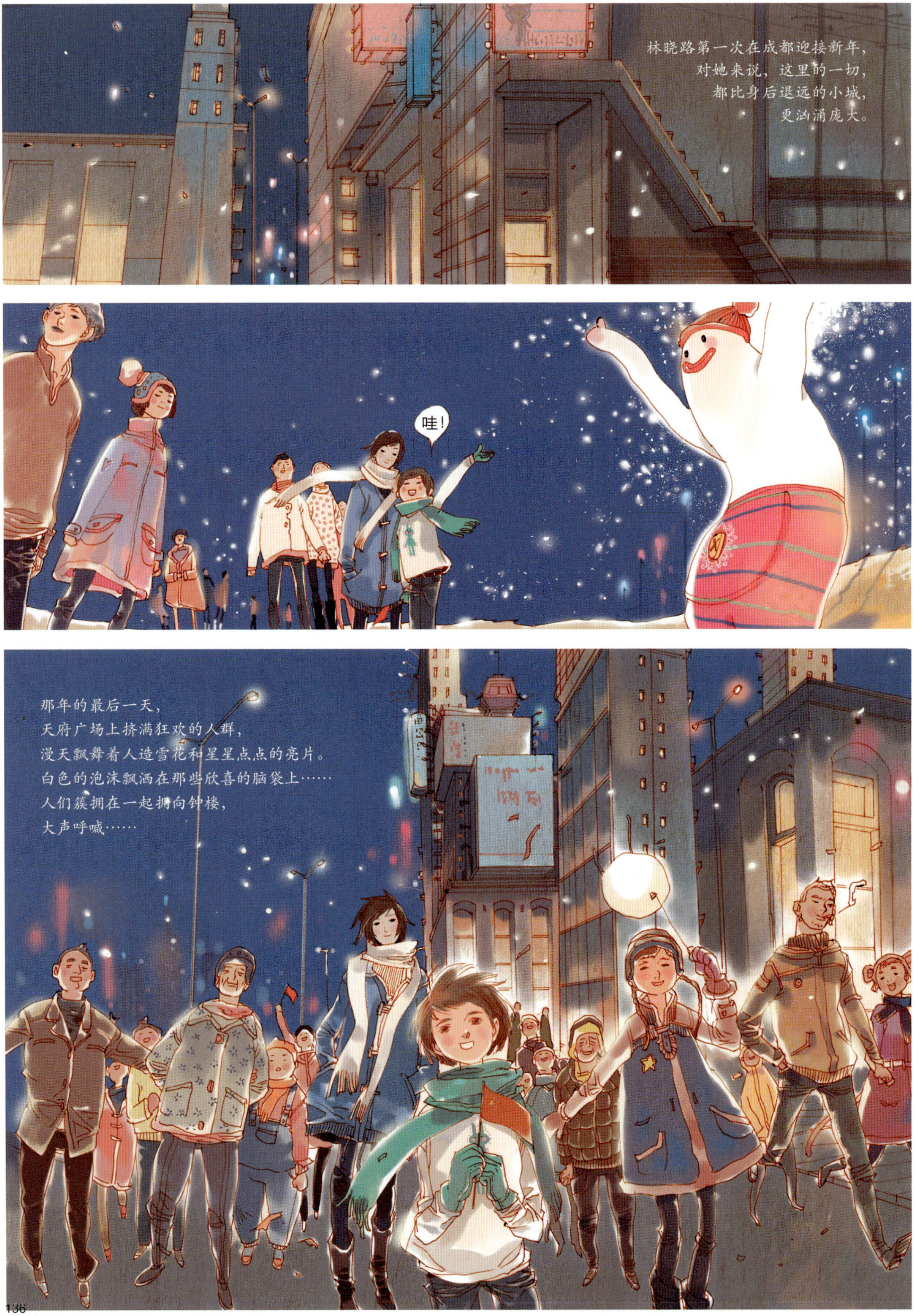
林晓路第一次在成都迎接新年，
对她来说，这里的一切，
都比身后退远的小城，
更汹涌庞大。
哇！
那年的最后一天，
天府广场上挤满狂欢的人群，
漫天飘舞着人造雪花和星星点点的亮片。
白色的泡沫飘洒在那些欣喜的脑袋上……
人们簇拥在一起拥向钟楼，
大声呼喊……

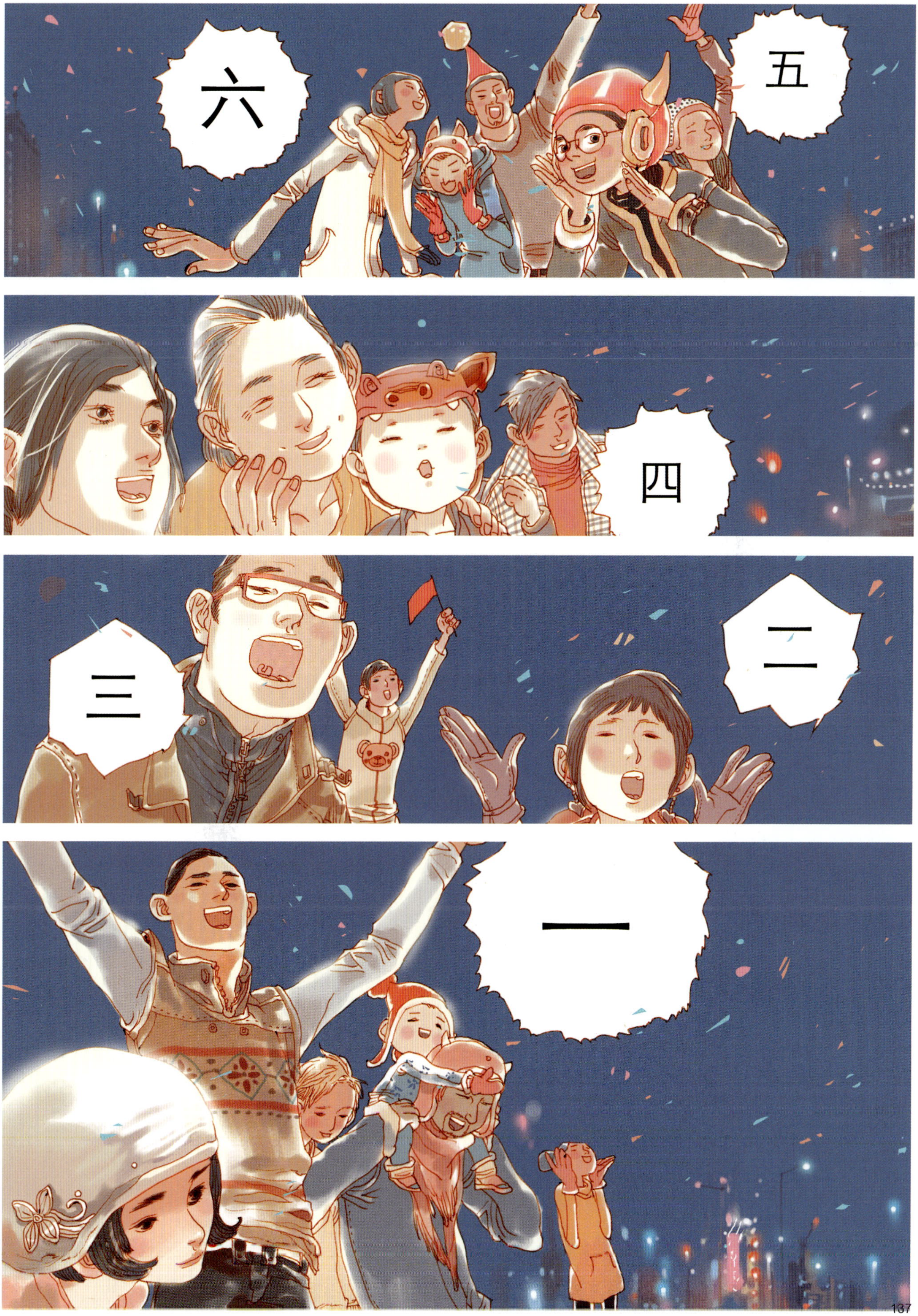
六
五
四
三
二
一

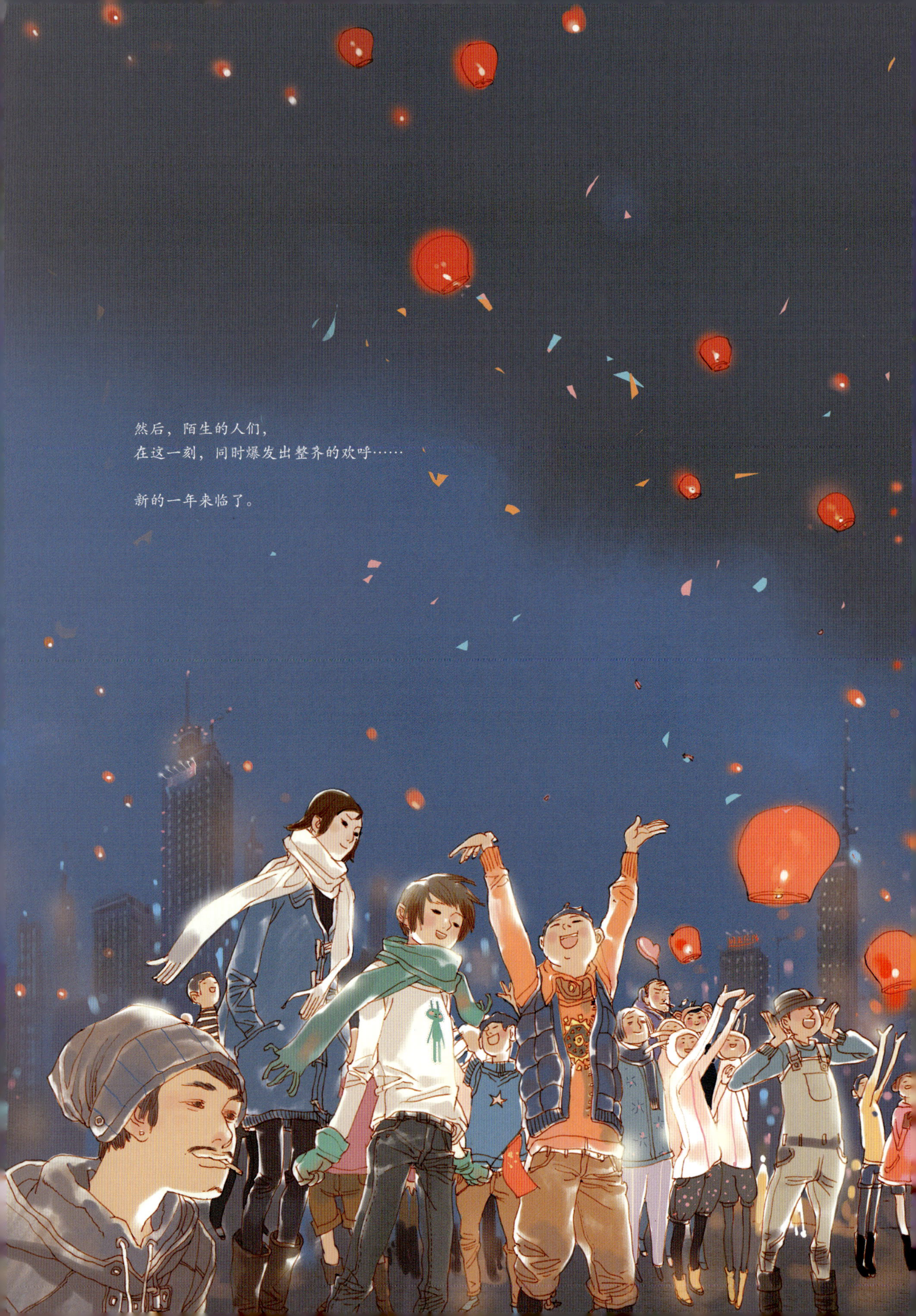
然后，陌生的人们，
在这一刻，同时爆发出整齐的欢呼……
新的一年来临了。

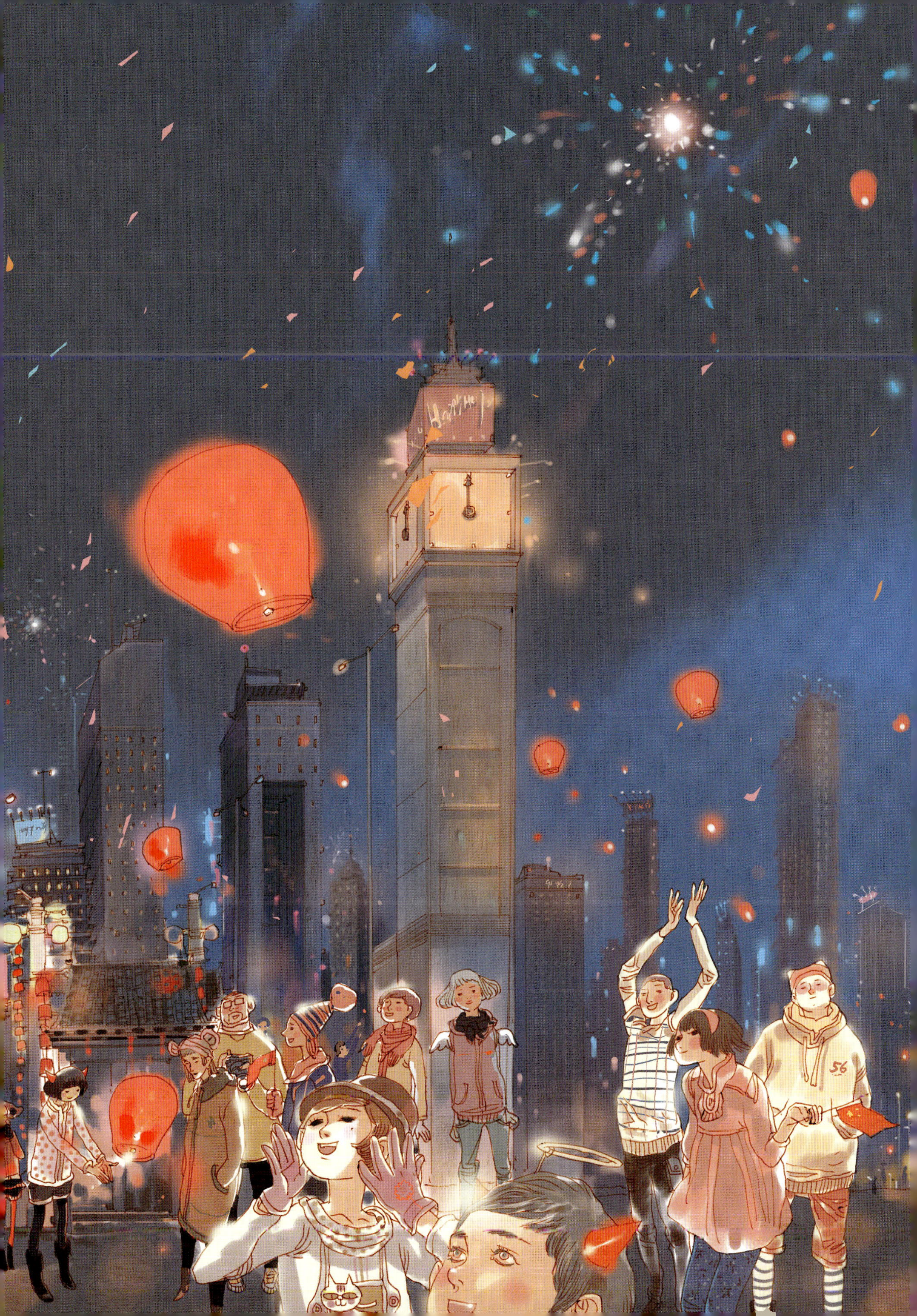

《踮脚张望》德文版后言

亲爱的德国读者大家好，很高兴这部作品将在德国出版，让我们通过作品来进行跨文化的交流，了解，无论在哪一个国家，青少年都有自己成长的苦恼和青春期的迷茫。

这套书里的有些故事，是我青春期的真实经历。我总是让我的父亲失望。我很热爱画画，写作。但他觉得这是毫无用途的事情。他只是某一种很典型的中国家长——对自己的孩子有很高的期望，但衡量孩子是否优秀的唯一标准，却是学校的成绩。我成绩很差，父亲便认为我是个废物。他不相信我未来会有任何成就。更糟糕的是，我居然认为他是对的。有好几次，因为自己不及格的成绩，无法面对他，希望自己死掉。

幸好，我的母亲一直支持着我画画，尽管她和父亲离婚后，在另一个城市工作，我们很少见面。但她给我的精神支持陪我度过了灰暗的少年时期，让我没有放弃创作。高中开始，我终于离开了父亲的家，和母亲一起生活。我为自己的成绩感觉沮丧时，她总是安慰我尽力就好。我的心情放松起来，学业和绘画都取得了很大的进步。考上了父亲不相信我能考上的大学。

在母亲的支持下，大学时我开始发表自己的作品，得到了出版的机会。到今天，我的作品总销量超过了三百万册，是中国最畅销的绘本作家之一。但我知道，中国还有很多因为成绩不好而被否定了其他天赋的孩子，他们在自己的青春期艰难地挣扎着。我很幸运，在我父亲想要剪掉我自由的翅膀时，母亲保护了它。其他的孩子呢？他们能顺利地让自己的天赋得到发挥吗？

中文版里，这本书，是献给我母亲的。2004年11月，一场车祸夺走了她的生命。半年多以后的一天，我坐在沙发上看新闻。一个成绩一直很好的高中生，在中国最重要的考试高考前的一场模拟考试中，发挥失常，考得不好，自杀了。那只是一场模拟考试，甚至不是真正的高考。我的母亲，是一个十分热爱生命，热情开朗的人。那一年她四十八岁，经历了离婚，多次失业，却一次次地战胜生活，一个人坚强快乐地生活着。她一定很想很想活下去吧，可是，却被车祸夺去了生命。一个高中生，那么年轻，无论遇到什么困难，都拥有一片光明的未来。他却放弃了自己的生命。那天，我一个人坐在沙发上，哭了很久，然后，我决定写这部小说。想通过一个微弱的声音，去告诉所有看不清未来的孩子，一切都会好起来的。不要放弃自己。

这是我目前写过的唯一一本小说，却在我的读者中引起了很大的共鸣。然后，我和好朋友阿梗——中国最优秀的实力漫画家之一，一起将它制作成漫画。而且，非常荣幸地能让经验丰富，翻译过很多我喜欢的作品的玛蒂娜女士来完成这系列作品的翻译。我与她聊了很久后，她根据书的内容核心，选择了“自由的鸟会飞”这个德国成语来当作书名。我非常喜欢这个书名。

感谢你购买了这本书，让曾经那个迷茫的小女孩又走远了一点。愿你可以享受阅读，走入这个中国小女孩丰富的内心世界。

寂地 2017年 中国 云南大理

《踮脚张望》原版后言

真来说，《踮脚张望》是我混混沌沌画了十几年，第一次完全专心去做的漫画。
手指数数，从决定画踮脚到开始连载踮脚快两年了。时间恍若游戏间稍纵即逝，目前，我总量画了174页子，每个月工作25天，每天工作时间12小时，睡眠时间7个半小时，吃饭一小时，被我家八哥欺负半小，路上骑车1小时，偶尔喘口气做个操1小时，买吃的1小时。说画连载不累那是骗人的，但是画连载锻炼我钢铁一般的意志力！！
地写《踮脚张望的时光》是完全出乎我意料之外的事情，看完之后更让我出乎意料的，是小说里面关于青的真实和欢快，我仿佛看到了自己。这是一部在社会幻想青春文学泛滥之下真正的青春小说，里面的彷，心动，爱和勇气感人却不虚假，情绪温和但是人性深刻。我画得很感动，希望你读得也感动。
个人能真正走到一起，合作一部长篇漫画，是一件很厉害的事情！有趣的是，在做出这个旁人看起来非要分慎重不可的决定的时候，我眼睛都没眨巴一下也没过脑就直接一拍大腿对寂地说"好！我们要画一部真的青春漫画！"开开心心地，我和寂地走了世界的很多地方，去感受林晓路的足迹，我第一次带着深深的鸣感行走在小说描述的场景里，在巴塞罗那，仰头看着林晓路心中向往的高迪圣家族大教堂，突然明白了晓路火热的胸膛里是一颗海洋一样宽广高大的心，噗噗通为了真实的自己跳跃着，瞬间强烈地感动了。
一本踮脚的单行本出来了，心情很平静。我和寂地，我们在画无华的朴实内心，踮脚里，没有公主的玫瑰梦没有王子宽阔的肩膀，但是始终都会有你我都曾走过或者即将要走过的恬淡青春。感谢阅读。

梗/2010年6月

一次见到阿梗是在很多年前参加漫画奖。惊喜地发现自己竟然和很喜欢的漫画家阿梗住在一个房间的时，忍不住当着她的面就打电话向朋友炫耀起来。现在回想起来，在别人夸奖她的时候就很害羞的阿梗，看高兴得手舞足蹈说个不停的我，当时心里一定很尴尬吧。
果十年前，我捧着有阿梗的画的杂志，有人告诉我："以后这个画家会和你一起合作哦。"我一定惊讶得掉吧。而如果当时有人告诉阿梗这个见到她就高兴得傻乎乎的、明明第一次见面就拉着困得要死的她哇啦啦地说了一个晚上的人将来要和她一起合作漫画，她心里会不会寒住呢？
就算是在那样的情况下相遇，我们也嗅到了"是同类！"的气息。所谓的同类，就是有一样的价值观，会同样的东西感动，就算对事物抱有不同意见，也会觉得彼此的想法都很有意思，能量相互补充，一加一大二的人。
了《踮脚张望》我去南宁和阿梗一家住了一个多月，以及后来多次的一起旅行中，她传递了一种宽厚的力给我，任何合作都会有摩擦和矛盾，而我常常急躁的时候瞬间就炸开羽毛叽叽喳喳了。阿梗那欢快朴实的事风格背后，其实是一颗爱憎分明，却又宽厚温柔的心，上善若水，她总让每个与她相处的人都感觉到被舞和快乐。
踮脚张望》这本书的生产过程，对我来说是一份礼物。收获了阿梗这个好朋友，她带领我静下心来去留意些质朴的美感，将一些事物的缺点和优点都视为它们完整的一部分。她就好像我的家人一样，就连我交男，也都要先带去给她过目，而我也知道，任何时候我伤心了，都可以打一个包去她家，厚颜无耻地骚扰她龙猫先生。像《老友记》里的朋友一样，渐渐由时间洗练成亲人。
本来想说我们为这本书多认真，多努力，去了多少地方，反复修改过多少次稿子，而现在，这一刻，我觉那些努力都非常值得。因为和这样的朋友，带着这样一份热情，快乐地写下，画下这个故事，就很幸福。
将这份朴质的幸福与你分享，祝你的生命里也有这样美好的事情。

地/2010年6月

章节内容简介和词汇表 Inhaltszusammenfassungen und Vokabellisten

一. 她与她的城堡

林晓路是艺术职业学校的一名高中生，这里的学生不喜欢数学课，所以他们的数学成绩也都很差。林晓路正在数学课上开小差，她在回忆小时候的事。小学时，她的父母离婚了，这件事对她后来的成长影响很大。林晓路希望逃脱现实的痛苦，便躲进了动漫世界里。林晓路的表姐同情她，并写了一篇关于林晓路的作文。学校的同学和老师知道了林晓路父母离婚的事情，都对她表示同情，但是林晓路不习惯大家这样关心她。为了表现出自己没事，她说她很高兴父母离婚，因为他们重新寻找到正确的生活方式。同学们听了林晓路的话都很吃惊，不理解她，觉得她不正常，都用异样的眼光看她，议论她。林晓路从此也明白了一个道理，真心话有时说出来就是大冒险。从此以后，林晓路便彻底逃避现实，把自己封闭起来，不再跟同学讲话，只活在自己想象的世界里。也因为她把自己与外界隔离了，她便有了一颗想象力丰富的大脑。林晓路很喜欢漫画，读漫画，画漫画，漫画陪伴着她一起成长。然而，转学到艺术职业学校后，林晓路开始慢慢回到现实世界。第一次让她发生改变的是她喜欢上一个男孩。自从遇到那个男孩后，林晓路就特别想再见到他，但是那个男孩就像个幽灵一样消失了一段时间。林晓路也不知道他是谁，只知道他校服背后有墨水点印迹。终于有一天，她在人群中再次遇到那个让她朝思暮想的背影。她非常得惊喜，心中的希望再次被点燃，心里默念到原来那个男孩是真实存在的。

词汇

一. 她的城堡与花园

城堡 Chéngbǎo	Burg, Festung
月黑风高 yuèhēi-fēnggāo	mondlos und stürmisch
失窃 shīqiè	gestohlen worden sein, geraubt worden sein
大动干戈 dàdòng-gāngē	Krieg führen / anfangen, mit Waffengewalt
江洋大盗 jiāngyáng-dàdào	wilder Seeräuber/Pirat, der Schrecken der Meere
职业学校 zhíyè xuéxiào	Berufsschule
高中生 gāozhōngshēng	Schüler der "oberen Mittelstufe“
吵吵嚷嚷 chǎochǎo-rǎngrǎng	poltern, Krach schlagen, lärmen, Radau machen
精神涣散 jīngshén-huànsàn	“der Geist ist lax/locker/lose" – unkonzentriert
艺术生 yìshù-shēng	Kunststudent/-in
平均分 píngjūnfēn	durschnittliche (erreichte) Punktzahl, Durchschnittsnote
三角函数 sānjiǎo hánshù	trigonometrische Funktionen
起码的 qǐmǎ de	zumindest, wenigstens, mindestens
乐土 lètǔ	Paradies
半生不熟 bànshēng-bùshú	unreif; halbgar, halb roh; ungeübt, unerfahren; hier: unvertraut
发呆 fādāi	vor sich hin starren, wie betäubt sein, stieren
渐渐退远 jiànjiàn-tuìyuǎn	allmählich abnehmen/zurückgehen/verebben
无关痛痒 wúguān-tòngyǎng	belanglos, irrevelant
造孽 zàoniè	sündigen, einen Frevel begehen
小三 xiǎosān	Geliebte, Mätresse (eines verheirateten untreuen Mannes)
燃烧 ránshāo	brennen, auflodern
宇宙 yǔzhòu	Weltraum, Weltall, Kosmos
女神 nǚ shén	Göttin
圣斗士 shèng dòushì	heilliger Krieger
无怨无悔 wúyuàn-wúhuǐ	ohne Reue, ohne Bedauern
青春 qīngchūn	Jugend(zeit), Jugendjahre
离婚 líhūn	sich scheiden lassen

心系天下安危 xīn xì tiānxià ānwēi	sich im Herzen um die Sicherheit der Welt sorgen
拯救 zhěngjiù	retten, befreien, erlösen
水深火热 shuǐshēn-huǒrè	in tiefem Wasser und in heissem Feuer – in Not und Elend
协议 xiéyì	Vereinbarung, Übereinkunft; sich in etw. einigen
哗啦哗啦 huālā huālā:	(象声词) (Lautmalerei für Flattern oder Rascheln)
小叮当 xiǎo dīngdāng	Doraemon (Figur aus der gleichnamigen japanischen Manga- und Animeserie)
罐装 guàn zhuāng	in (Blech)Dosen abgefüllt
河灯 hé dēng	放河灯又称放荷灯，是一种中国民间祭祀及宗教活动，用以对逝去亲人的悼念，对活着的人们祝福，常在每月初一、十五和逝世忌日进行。道教、佛教等宗教活动常在农七月十五举行。“Flusslaternen/-lampione"
许愿（许下心愿） xǔyuàn	einen Schwur/ ein Gelübde ablegen, ein Versprechen machen; hier: sich etwas wünschen, einen Herzenswusch vorbringen
宏伟 hóngwěi	herrlich, großartig, majestätisch
苦恼 kǔnǎo	gequält, geplagt, bekümmert, kummervoll
深情关切 shēnqíng guānqiè	tiefe Gefühle und Anteilnahme/Besorgnis
感人肺腑 gǎnrén-fèifǔ	herzergreifend, tief bewegend
刊登 kāndēng	(in Zeitung/Zeitschrift) veröffentlichen
校报 xiào bào	Schülerzeitung
真情实感 zhēnqíng-shígǎn	echtes Gefühl, wahre Empfindungen
个性 gèxìng	Individualität, Persönlichkeit, Charakter, charakterliche Besonderheit/Eigenheiten eines Menschen
常识 chángshí	Allgemeinwissen, Elementarkenntnisse; praktisches Wissen, Wirklichkeitssinn, gesunder Menschenverstand
异类 yìlèi	Andersartigkeit
心灵扭曲 xīnlíng-niǔqū	eine verkrümmte/verdrehte Seele, ein verbogener/abartiger Geist
真心话 zhēnxīnhuà	aufrichtige Worte, die von Herzen kommen
大冒险 dàmàoxiǎn	ein grosses Risiko eingehen
淅淅沥沥 xīxī-lìlì	(Lautmalerei für Tröpfeln von Regen, Plätschern von Wasser)
盗版 dàobǎn	Raubdruck, Raubkopie
铺天盖地 pūtiān-gàidì	mit etwas übersäht, unzählig, zahlreich
劣质 lièzhì	minderwertige Qualität
希腊 xīlà	Griechenland
古埃及 gǔ āijí	das alte Ägypten
尼罗河 níluóhé	der Fluss Nil
银河铁道 yínhé tiědào:	出自《银河铁道之夜:宫泽贤治童话》„Eisenbahn der Galaxie“
覆盖 fùgài	bedecken, überdecken
堡垒 bǎolěi	Festung, Burg, Befestigungsanlage
背影 bèiyǐng	Rückenansicht einer Gestalt, Silhouette

余晖 yúhuī	letzte Strahlen der Abendsonne, Abglanz, Abendschein
涂抹 túmǒ	bestreichen, beschmieren; sinnlos kritzeln, krakeln
梦境一般的 mèngjìng yībān de	wie in/aus einem Traum
耀眼的 yàoyǎn de	blenden, glänzend
落荒而逃 luòhuāng-értáo	Hals über Kopf fliehen, sich aus dem Staub machen
逗留徘徊 dòuliú-páihuái	
逗留 dòuliú	bleiben, verweilen
徘徊 páihuái	hier: unschlüssig hin und her laufen, auf und ab gehen
刹车 shāchē	bremsen; hier: (Fahrzeug) Bremse
幽灵 yōulíng	Geist, Gespenst
孤独 gūdú	einsam, allein, veralssen
（黑）板报 (hēi) bǎnbào	"Wandtafelzeitung“, Ankündigungen auf schwarzem Brett
狭窄 xiázhǎi	hier: eng, schmal
臭豆腐 chòu-dòufu	"Stinketofu“
香草 xiāngcǎo	Vanille
朝思暮想 zhāosī-mùxiǎng	sich Tag und Nacht nach etw./jm. sehnen
山穷水尽 shānqióng-shuǐjìn	die Berge sind zu Ende und die Wasser sind versiegt – am End mit seinem Latein sein, nicht mehr ein noch aus wissen
重大突破 zhòngdà-tūpò	ein grosser Durchbruch

二. 墨水点男孩

暑假到了，老师布置了暑假作业，写一篇回想自己初中生活和高一的总结。林晓路坐在书桌前准备写总结，但是脑子里想的是那个墨水点男孩。由于小时候说真话受伤的缘故，林晓路没有勇气去跟那个男孩表白，只能经常躲在暗处跟踪那个男孩。来她知道了他的名字，虽然不知道是哪几个字，只能查字典推测。林晓路把他的名字写在日记本上，内心感到满足和快乐。思乱想了一顿，林晓路又把自己拉回了现实，继续写作业，回忆自己的初中，即使她并不想记得那段时光。初中的时候，林路的爸爸希望她能够接受好的教育，就把她从乡下的外公家接到了市区上学。住在爸爸家，林晓路觉得自己是个多余的人，为她的爸爸已经和别的女人再婚而且有了孩子。林晓路试图活在自己的漫画世界里，不去关心现实的世界。然而现实世界还继续给她带来了烦恼。面对不及格的成绩，林晓路立志要改变自己，考上大学，并写下来激励自己。然而父亲看到后，非但有鼓励她反而嘲笑她，否定她。所以，小时候的林晓路活在了被父亲否定的阴影中，她甚至相信父亲给自己的评价是正确的。不过最后写总结的时候，林晓路还是没有写这些真实发生的事情，而是随便乱编地凑齐了字数。

二. 墨水点男孩

缺氧 quē yǎng	(es) mangelt an Sauerstoff: an Sauerstoffmangel leiden
手生 shǒu shēng	mit ungeübter Hand – etw. verlernt haben, keine Routine haben oder die Routine verloren haben, in etw. ungeübt sein
迷迷糊糊 mímí-húhú	den Blick trüben, vor den Augen verschwimmen; konfus, verwirr benommen, nicht bei klarem Verstand sein
吸取教训 xīqǔ jiàoxùn	eine Lehre aus etw. ziehen (wörtlich: aufnehmen, absorbieren)
喋喋不休 diédié-bùxiū	in einem fort plappern, quasseln, wie ein Wasserfall reden
往事 wǎngshì	Vergangenes, vergangene Vorkommnisse
风雨人生 fēngyǔ-rénshēng	ein Menschenleben in Wind und Regen – ein Leben voller Müh-sal und Kummer
集中精神 jízhōng jīngshén	seinen Geist/Verstand konzentrieren

神 zǒushén	sich nicht konzentrieren können, gedanklich abschweifen
漫 làngmàn	romantisch
心 shēn xīn	Körper/Leib und Seele
动 jì dòng	(meist Herz) vor Angst/Aufregung heftig klopfen
…般 xiàng… bān	jm./etw. ähnlich sein, ähneln, gleichen
居蟹 jìjū xiè	Einsiedlerkrebs
悄 qiāoqiāo	leise, geräuschlos, still; unbemerkt, heimlich, unauffällig
视 níngshì	anstarren, (mit Blicken) fixieren
护 yǎnhù	schützen, decken; hier: Deckung, Schutz
险 hǎo xiǎn	Das war sehr knapp! / Da hätte wenig gefehlt! / Nur knapp sind wir der Gefahr entronnen!
谨 yánjǐn	hier: ernsthaft, gewissenhaft
测 guāncè	beobachten
扰 dǎrǎo	stören, belästigen
态 biàntài	hier: abnormal, pervers; Abnormität, Perversion
疑 huáiyí	verdächtigen, (be)zweifeln; vermuten, annehmen
悸 xīnjì	das Herz pocht heftig – jm. ist angst und bange
捺不住 ànnà-búzhù	etw. nicht unterdrücken können, etw./Gefühle/sich nicht zurückhalten können
忆深处 jìyì shēnchù	in den Tiefen der Erinnerung
坑埋 páo kēng mái	eine Grube ausheben, um ... zu vergraben
大仇深 kǔdà chóushēn	bitteres Leid und unversöhnlicher Haß
献 gòngxiàn	etw./sich widmen, weihen, hingeben, einen Beitrag leisten
兀 tūwù	hochragend, sich auftürmend; plötzlich, unerwartet; hier: (negativ) hervorstechend, sich abhebend
恼 fánnǎo	besorgt, bekümmert; Besorgnis, Kummer
情 díqíng	die Lage des Feindes, die Aktivitäten des Gegners
科 guà kē	in einem Fach/Kurs durchfallen
怖 kǒngbù	schrecklich, fürchterlich, beängstigend
绩 chéngjì	(in der Schule oder bei der Arbeit) Leisung, Erfolg, Ergebnis
天盖地 pūtiān-gàidì	mit etwas übersäht, unzählig, zahlreich
无前例 shǐwú-qiánlì	in der Geschichte noch nie dagewesen, keine Parallele haben, es gibt in der Geschichte keinen Präzedenzfall, ohne Beispiel in der Geschichte
创 zhòngchuāng	schwere Wunde, tiefe Verletzung
七八糟 luànqī-bāzāo	in großer Unordnung, wildes Durcheinander
麻将 dǎ májiàng	Mahjong (chinesisches Spiel) spielen
威 quánwēi	Autorität, Ansehen
自为之 hǎozì-wéizhī	(meist als Warnung/Ermahnung) sein Bestes geben, das Beste aus sich/etw. machen
可救药 bùkě-jiùyào	mit Medizin nicht zu retten sein – unheilbar, hoffnungslos, unver-

besserlich, nicht zu retten sein

废物 fèiwù — Abfall, Müll, Unrat; hier: Abschaum, Taugenichts, Nichtsnutz

三. 小雨淅沥沥

初中的时候，林晓路上课画画，不听课。老师看到了，特别生气，叫她把家长叫来。林晓路知道她的爸爸是不会来学校的，因为她成绩差。上次开家长会的时候，她爸爸被老师批评，让他觉得很丢脸。因为爸爸一直不来学校，林晓路就在教室外面罚站了好几天。后来，林晓路向老师承认错误。老师便给了她一个机会，让她画黑板报，希望能够拿到一等奖，给班级争光。但是林晓路的黑板报只拿到了一个鼓励奖。老师特别失望，林晓路又再次受到老师的否定。初中毕业后，林晓路的妈妈从外地工作回来了。面对林晓路的差成绩，妈妈没有像爸爸那样否定林晓路，而是给了她信心和鼓励。林晓路跟着妈妈来到了多雨的成都，在一家艺术职业学校，开始了新的生活。

三. 小雨淅沥沥

淅沥沥 xī lìlì	(Lautmalerei für Tropfen von Regen / Plätschern von Wasser)
涂鸦 túyā	kritzeln, krakeln, unleserlich schreiben
拖后腿 tuōhòutuǐ	jn zurückhalten, abhalten, hindern, jm Steine in den Weg legen
数落 shǔluò	jn anhand seiner Fehler tadeln/zurechtweisen, jm seine Fehler vorrechnen/vorhalten
颜面尽失 yánmiàn-jìnshī	sein Gesicht völlig verloren haben, sich tüchtig blamiert haben
撒手不管 sāshǒu-bùguǎn	die Finger von etw. loslassen und sich nicht weiter darum kümmern (wollen)
上进 shàng jìn	vorwärtsstreben, Fortschritte machen
发脾气 fā píqi	vor Zorn toben, seinem Ärger Luft machen, seinen Zorn (an jm) auslassen
金刚腿 jīngāng tuǐ	"Fusstritt/-schlag der waffentragenden Buddhawächter“
戏剧化 xìjù huà	dramatisierend; Dramatisierung
家暴 jiā bào	häusliche Gewalt, Gewalt innerhalb der Familie
忍辱负重 rěnrǔ-fùzhòng	Demütigungen über sich ergehen lassen, um eine wichtige Aufgabe zu erfüllen
一肚子委屈 yī dùzi wěiqu	wörtlich: den Bauch voller Demütigungen
怨气 yuànqì	Groll, Ressentiment, Widerwille
两手抓 liǎngshǒu zhuā	etw. mit beiden Händen packen – eine Doppelstrategie verfolge
策略 cèlüè	Taktik, Strategie
冷冻处理 lěngdòng chǔlǐ:	冷落的意思 (bei jm) eine Gefrierbehandlung durchführen – jm die kalte Schulter zeigen, jn links liegen lassen, jn verachlässige
混了半辈子 hùnle bànbèizi	sein halbes Leben lang ziellos vertan/dahingelebt haben
心肝宝贝 xīngān bǎobèi	Lieblinge, Schätzchen
随叫随到 suíjiào-suídào	bei jedem Appell sofort zur Stelle sein (müssen)
电筒 diàntǒng	Taschenlampe
质问 zhìwèn	jn ausfragen, jn zur Rede stellen, von jm Rechenschaft verlange
争光 zhēngguāng	jm Ehre machen, für jn Ruhm erringen
美少女 měi shàonǚ	schöne junge Mädchen

齐规范 zhěngqí-guīfàn	ordentlich und den Normen/Standards entsprechend
子不可教 (也) rúzǐ bùkě jiāo (ye)	diesem Kind lässt sich nichts beibringen, das Kind ist ein hoffnungsloser Fall
猪不怕烫 sǐ zhū búpà tàng	tote Schweine fürchten die kochende Brühe nicht – schamlos/skrupellos/unverbesserlich sein/handeln, ohne an die Folgen zu denken
轰烈烈 hōnghōng-lièliè	stürmisch, schwungvoll, mit Schwung und Begeisterung
规则 qián guīzé	latente/versteckte/heimliche Regel – ungeschriebenes Gesetz
碜 hánchen	hier: schäbig, blamabel
朗 kāilǎng	hier: optimistisch, heiter, zuversichtlich, fröhlich
尬 gāngà	verlegen, beschämt; peinlich, blamabel, beschämend
厉风行 léilì-fēngxíng	etw. entschlossen und rasch ausführen, mit drakonischer Strenge vorgehen
救 jiějiù	retten, befreien
梦 èmèng	Albtraum
居 dìngjū	sich niederlassen, seinen Wohnsitz einnehmen
编乱造 húbiān-luànzào	etw. zusammenlügen, etw. nach Belieben erdichten
意 qièyì	überaus zufrieden und glücklich sein, wunschlos glücklich sein, im siebten Himmel sein
缩 quánsuō	sich (zusammen)krümmen, zusammenrollen, sich ducken
怪陆离 guāngguài-lùlí	seltsam und bizarr aussehend, grotesk im Aussehen

四. 公园旁边

晓路依然继续跟踪着那个墨水点男孩，她的暗恋对象韩彻。经过一段时间的跟踪，林晓路知道韩彻出没的规律，并发现那个
孩经常光顾一家漫画书店。上课的时候，林晓路还是继续开小差，想着漫画和韩彻。林晓路终于鼓起勇气去那家韩彻经常光
的漫画店。来到那家漫画店门口，店主看到林晓路背着画板，就向她借颜料写海报。这时，韩彻也来了。听到韩彻跟店主
话的声音，林晓路很开心，心里想着韩彻是不是也看到了她。暗恋上一个人，往往会想知道他的一切，并爱上和他相关的一
。就这样，林晓路也爱上了韩彻爱去的地方。这时，店主问林晓路要买什么。为了避免尴尬，林晓路就指着店里的一个佛头
饰，说要买那个佛头。不过店主说不卖，这也正好是林晓路期待的，她后来才知道这个佛头对店主有着很特别的意义。林晓
一直都在写跟踪日记。来到这家漫画店后，林晓路记录到：今天和韩彻面对面了。所以这一天对林晓路来说又是值得纪念的
天，因为她有了跟韩彻更多的美好记忆。在林晓路的日记本里，还有一幅韩彻的画，那是她在学校橱窗里偷来的。为了不引
他人的注意，林晓路把一张写着“L“的纸贴在上面。她以为这样就没有人会注意橱窗里的画被偷了。然而几天后她发现她
着“L“的纸被换成写了问号的纸，上面还有两句话：你是谁？为什么拿走我的画？林晓路把这张纸也给偷走了，因为她觉
这是韩彻写给她的信，她觉得好幸福。当林晓路蹲在路灯下，想着要怎么继续跟韩彻交流的时候，这时一位经常逃课的同学
现了，她叫谢思遥。谢思瑶以为林晓路是老师安排在这里记录逃课名单的，还以为林晓路手上拿的纸是逃课名单。于是谢思
把那张纸从林晓路手上抢了过来，把它撕破了并对那张纸进行踩踏。林晓路特别气愤，就把谢思瑶推倒了。这时，林晓路也
道自己惹麻烦了，因为谢思瑶是不好惹的。

四. 公园旁边

报员 Bobào yuán	Ansager, Nachrichtensprecher, Berichterstatter
踪 gēnzōng	einer Spur nachgehen/folgen, jn verfolgen
查分析 diàochá fēnxī	Analyse der Nachforschungen
查 diàochá	er-, nachforschen, untersuchen; Untersuchung, Nachforschungen
析 fēnxī	analysieren; Analyse
握 zhangwo	mit etw. vertraut sein, etw. meistern, beherrschen; hier: kontrol

lieren, etw. in der Hand haben

光顾 guānggù	(höfl. Floskel gegenüber Kunden) jn mit seinem Besuch (als Kunde) beehren
神秘地带 shénmì dìdài	
神秘 shénmì	mysteriös, geheimnisvoll
地带 dìdài	Zone, Gebiet, Gelände
研究成果 yánjiū chéngguǒ	Forschungsergebnisse, Forschungsresulate, Untersuchungs-
顺路 shùnlù	(etw. liegt) auf dem Weg
绕路 rào lù	einen Umweg machen, umgehen
模型 móxíng	hier: Modell (von Comic-Figuren etc.)
国庆 guóqìng	Nationalfeiertag, Feiertag zum Jubiläum der Staatsgründung
卷帘门 juǎnliánmén	Rolladentür
晚自习 wǎn zìxí	abendliche Hausaufgabenstunde, Selbststudium am Abend
打小算盘 dǎ xiǎo suànpán	mit dem (kleinen) Abakus rechnen - Vor- und Nachteile kalkulieren/abwägen, auf seinen eigenen Vorteil bedacht sein, berechnend sein
资本主义 zīběn zhǔyì	Kapitalismus
无产阶级 wúchǎn jiējí	die besitzlose Gesellschaftsklasse, das Proletariat
剥削 bōxuē	ausbeuten; Ausbeutung
社会福利 shèhuì fúlì	soziale Wohlfahrt, Sozialhilfe, Sozialfürsorge
变相 biànxiàng	getarnt, in veränderter Form, verkappt
松本大洋 sōngběn dàyáng:	日本漫画家 Taiyō Matsumoto, ein japanischer Mangaka
冤枉 yuānwang	ungerecht, unfair; jn ungerecht behandeln; vergeblich, nutzlos
算账 suànzhàng	etw. abrechnen, Bilanz ziehen; mit jm abrechnen
留堂 liú táng	(im Klassenzimmer nach dem Unterricht) nachsitzen müssen
鼓起勇气 gǔ qǐ yǒngqì	all seinen Mut zusammenreissen
光明正大 guāngmíng-zhèngdà	offen, ehrlich und gerecht
一探究竟 yītàn-jiūjìng	untersuchen, herauszufinden versuchen
一厢情愿 yīxiāng-qíngyuàn	(Das ist nur) ein frommer Wunsch./(Das ist nichts als) Wunschdenken
秘密基地 mìmì jīdì	Geheimbasis, geheimer Stützpunkt
佛头 fó tóu	Buddha-Kopf
手办 shǒu bàn:	手办是用粘土，塑料等材料制作而成的动漫人物模型 engl. Garage Kit, Modellbausätze für Animefiguren
颜料盒 yánliào hé	Farbkasten
点点火星 diǎndiǎn huǒxīng	
点点 diǎndiǎn	Tropfen, Pünktchen, Flecken, Fetzen, Sprenkel
火星 huǒxīng	(Feuer)Funken
气魄 qìpò	Mut, Kühnheit, Wagemut
限量版 xiànliàng bǎn	limitierte Ausgabe, limited edition
仓皇而逃 cānghuáng-értáo	in Panik die Flucht ergreifen, Hals über Kopf fliehen

得纪念 zhídé jìniàn	(es) lohnt sich, daran zu erinnern – erinnerungswürdig, denkwürdig
故而知新 wēngù ér zhī xīn	durch Studium des Alten neue Ansichten gewinnen – über das Vergangene nachzudenken hilft, die Gegenwart zu verstehen; aus der Vergangenheit für die Zukunft lernen
窗 chúchuāng	Schaufenster
吹日晒 fēngchuī-rìshài	der Wind bläst und die Sonne brennt – Wind und Wetter schonungslos ausgesetzt sein, ohne Schutz
窃案 dàoqiè àn	Diebstahl, Raubestat (案 àn (Rechts-)Fall, Tatbestand)
案 zuò àn	ein Verbrechen begehen, ein Delikt verüben
枕无忧 gāozhěn-wúyōu	sich ein dickes Kopfkissen unter den Kopf legen und sorglos schlafen – sich in Sicherheit wiegen
此一举 duōcǐ-yījǔ	überflüssigerweise, unnötigerweise
缉令 tōngjī lìng	Fahndungsbefehl
下无人 sìxià-wúrén	ringsum (sind) keine Menschen
皮纸 niúpízhǐ	Kraftpapier
熟 yǎnshú	vom Sehen/Anblick bekannt vorkommen
课 táokè	den Unterricht schwänzen
巧清秀 guāiqiǎo-qīngxiù	
巧 guāiqiǎo	liebenswert, reizend, herzig, einschmeichelnd; klug, gescheit
秀 qīngxiù	zierlich und hübsch
气 bàqì	herrisch, gebieterisch, anmaßend, despotisch, rücksichtslos
害 pòhài	jn (meist politisch) verfolgen, bedrängen
想症 wàngxiǎng zhèng	Paranoia, Wahnvorstellungen
小报告 dǎ xiǎo bàogào	jn (bei Vorgesetzen, Höhergestellten) verpfeifen, anschwärzen, schlecht machen
义感 zhèngyì gǎn	Gerechtigkeitsgefühl, Gerechtigkeitsempfinden
话 tīnghuà	brav, artig, gehorsam, folgsam
虚 xīnxū	ein schlechtes Gewissen haben, sich schuldig fühlen; hier: kein Selbstvertrauen haben, sich nichts zutrauen, ohne Zuversicht sein
度恶劣 tàidù èliè	hier: entsetzliches Benehmen
《新世纪天鹰战士》 "xīn shìjì tiānyīng zhànshì": 歌曲名 (Songtitel)	
礼 wú lǐ	ohne Höflichkeit, ohne Anstand – grob, unflätig
以预料 nányǐ yùliào	schwer vorstellbar
枪匹马 dān qiāng pǐ mǎ	auf einem Pferd und mit einer einzigen Lanze – ganz auf sich gestellt, ohne jede Hilfe, allein, ein Einzelkämpfer sein
凡 píngfán	gewöhnlich, normal, herkömmlich
彩斑斓 sècǎi-bānlán	farbonprächtig, farbonfroudig

五. 原来你是高迪

为对韩彻的朝思暮想，林晓路梦到了韩彻在各个景点画画，而她自己在梦里还是在跟踪偷看韩彻。第二天是星期天，林晓路来到那家漫画店门口。店主突然抢过她的自行车骑走了，并让她看店。林晓路觉得莫名其妙，不过她正好有机会进去慢慢观这个韩彻经常光顾的店。在店里她发现了一本名叫《安东尼·高迪》的书，恰好是韩彻画上写的名字。看到这个书名，林晓路特别得激动，因为也许它能帮林晓路进入韩彻的内心，对韩彻有更多的了解。打开那本书，她终于知道，韩彻那幅画的建筑是巴塞罗那的圣家族大教堂，而安东尼高迪是建筑设计师。三四个小时后，店主回来了。为了表示感谢和歉意，店主请林晓路吃饭。吃饭的时候，林晓路才知道店主是为了去救一个为情所困，想自杀的朋友。然而店主讲的方式很幽默，把表情一向严肃的林晓路逗笑了，店主也就成了她在成都的第一个朋友。

五. 原来你是高迪

碍眼 àiyǎn — unansehlich; hier: schwerleserlich

《火影》 "huǒyǐng": — 日本动漫 Naruto (Name einer japanischen Mangaserie)

胡来 húlái — sich nicht an Regeln hatlen; hier: Unfug treiben, Blödsinn anstellen

倒霉 dǎoméi — Was für ein Pech! / So ein Mist! / dummerweise, unglückselig

打劫 dǎjié — plündern, berauben

跑了和尚庙还在 pǎole héshàng miào háizài: — 来自俗语：跑了和尚跑不了庙 Abwandlung einer Redensart: "Der Mönch kann wegrennen, aber sein Tempel steht noch" – "du bist mir diesmal entwischt, aber du wirst zurückkommen müssen; ich schnappe dich früher oder später"

奇形怪状 qíxíng-guàizhuàng — von seltsamer Gestalt und ungewöhnlicher Form, grotesk aussehen

玩意 wányì — Spielzeug, Spielsachen; Dings, Dingsda, Dingsbums

搭调 dādiào — passend, aufeinander abgestimmt

诅咒 zǔzhòu — verfluchen, verdammen, verwünschen

咒语 zhòuyǔ — Fluch; Zauberformel

巫师 wūshī — Hexenmeister, Zauberer, Magier

营业 yíngyè — ein Gewerbe treiben, einen Betrieb betreiben, Geschäften nachgehen

安东尼．高迪 Āndōngní Gāodí — Antoni Gaudí (ein spanischer Architekt)

噗通噗通 pūtōng pūtōng — (Lautmalerei) plums, plums / platsch, platsch / (Herz) klopf, klopf

绚烂 xuànlàn — farbenprächtig

扑面而来 pūmiàn-érlái — direkt ins/gegens Gesicht schlagen/stossen/wehen

蔓延 mànyán — sich ausdehnen, sich ausbreiten

穹顶 qióngdǐng — Gewölbe, Kuppeldach

倾泻 qīngxiè — (meist Wasser) herunterströmen, herabstürzen

巴塞罗那 bā sāi luó nà — Barcelona

圣家族大教堂 shèngjiāzú dà jiàotáng — Sagrada Família (Kirche in Barcelona)

乞丐 qǐgài — Bettler

建筑师 jiànzhùshī — Architekt

讽刺 fěngcì — verspotten, verhöhnen, ironisieren

势利 shìli — gegenüber Höhergestellten, Mächtigen und Reichen sich einschmeichelnd und kriecherisch verhalten, gegenüber Rangniederen und Armen sich arrogant und herablassend zeigen – die Menschen nach ihrem Reichtum und Einfluss unterschiedlich behandeln (negativ konnotiert)

虚荣 xūróng — eitler Ruhm, falscher Glanz; hier: geltungssüchtig, ruhmsüchtig, nach Ruhm und Geltung strebend

嘘 xīxū	aufseufzen
溜 chīliū	(Lautmalerei für gleitende/rutschende Geräusche, hier: Schmatzen)
白眼 fānbáiyǎn	das Weisse in seinen Augen zeigen, die Augen verdrehen (als Ausdruck von Unzufriedenheit oder Wut)
恋 shīliàn	Liebeskummer haben
人命 chū rénmìng	tödlich, fatal, mit Todesfolge
突 tángtū	taktlos, indiskret, anstößig, unpassend
急之下 qíngjí zhīxià	in einem Moment der Verzweiflung
人一命 jiùrén-yīmìng	einem Menschen das Leben retten
眠药 ānmiányào	Schlafmittel, Schlaftabletten
个头 dǎ gè tóu:	口头用语,这里指不用打电话(给他女朋友) Wozu (telefonieren)?
死相逼 yǐsǐ-xiāngbī	unter Todesandrohung (Androhung des Selbstmordes) jn zu etw. zwingen
不开 xiǎng bù kāi	über etw. nicht hinwegkommen, die Dinge zu schwer nehmen
腾 zhēteng	sich hin- und herwälzen; etw. immer wieder tun; hier: jn quälen
劣 zhuōliè	schlecht, plump, einfältig, niveaulos
像剧 ǒuxiàngjù	Idol drama: sich meist an ein junges weibliches Publikum richtende TV-Serie mit einem aufgrund seines guten Aussehens vergötterten männlichen Hauptdarsteller
哧 pūchī	(Lautmalerei für Kichern oder Zischen)
副被人欠了几斤谷子不还的表情 yīfù bèirén qiànle jǐjīn gǔzi bùhái de biǎoqíng:	用来形容不开心的表情，也常用“一副别人欠钱的表情”
头 pītóu:	源于劈头劈脑 direkt ins Gesicht, gerade auf den Kopf; gerade zu Beginn, gleich auf der Stelle
顿骂 yīdùnmà	eine Schelte, eine Schimpftirade, eine Standpauke (顿 ist Zähleinheitswort)
泼 huópō	lebhaft, lebendig, munter
尿虾 sāniàoxiā:	学名虾蛄，因星爷（周星驰）的《食神》而闻名。Fangschreckenkrebs
吵闹闹 chǎochǎo-nàonào	laut streiten, keifen; Tumult, Getöse, Stimmengewirr
哗 xuānhuá	lärmen, Lärm machen
发生）摩擦 (fāshēng) mócā	(es kommt zu / es entstehen) Reibereien

六. 耳光响亮

期一到了，谢思瑶把林晓路从教室里叫了出来，并找了两个男生准备教训林晓路。站在那两个男生旁边的还有一位女同学，苏妍。林晓路打算这次理智处理问题，不再像小时候那样跟人打架。所以当那个男生打她的时候，林晓路并没有还手。林晓镇定地解释了推谢思瑶的原因，并向谢思瑶道歉。看到林晓路勇敢镇定的表现，苏妍同学对林晓路有了不错的印象。林晓路羡慕谢思瑶有这样的朋友，不管她的对错都支持保护她。就这样一年过去了，林晓路在成都度过了第一个元旦。

六. 耳光响亮

耳光 ěrguāng	Ohrfeige
找上门 zhǎo shàngmén	jn aufsuchen, bei jm vorstellig werden
窃窃私语 qièqiè-sīyǔ	miteinander verstohlen wispern, tuscheln
挨揍 ái zòu	von jm geschlagen werden, Schläge einstecken müssen
挨 ái	erleiden, ertragen, erdulden, aushalten; durchmachen, durchstehen; zögern, hinziehen, aufschieben
揍 zòu	schlagen, prügeln, verhauen
权力阶层 quánlì jiēcéng	Machtgefüge, Hierarchie
招惹 zhāorě	hervorrufen, herbeirufen, heraufbeschwören; hier: reizen, ärgern, provozieren
悍妇 hàn fù	zu Gewaltausbrüchen neigende, zänkische Frau – Xanthippe
怪力女 guàilì nǚ	weibliche Fantasyheldin mit versteckten Superkräften
老规矩 lǎo guīju	althergebrachte Regeln, alte Gepflogenheiten
屈辱 qūrǔ	Demütigung, Erniedrigung
优等生 yōuděng shēng	hervorragende Schüler, Musterschüler, Vorzeigeschüler
欺负 qīfu	schikanieren, tyrannisieren, quälen
幼稚 yòuzhì	kindisch, naiv
反抗 fǎnkàng	sich widersetzen, sich wehren, Widerstand leisten
镇定 zhèndìng	ruhig, gefaßt, gelassen, beherrscht, gleichmütig
莫名其妙 mòmíng-qímiào	nicht begreifen, wo die eigentliche Pointe liegt – rätselhaft, unerklärlich, unbegreiflich
黑帮片 hēibāng piàn:	黑帮主题的影片 Mafiafilm
仁义 rényì	Humanität und Gerechtigkeit
弱女子 ruò nǚzǐ	eine schwache Frau
耍威风 shuǎ wēifēng	seine mächtige Stellung ins Spiel bringen, seine Autorität herauskehren (um jn einzuschüchtern)
流氓 liúmáng	Bandit, Gauner, Schuft, Schurke, Lump
给台阶下 gěi táijiē xià	jm einen Flucht-/Ausweg offenlassen, jm eine Möglichkeit zur Befreiung aus einer unangenehmen Situation anbieten
计较 jìjiào	auf etw. bedacht sein, um etw. feilschen, kleinlich auf seinen Vorteil bedacht sein; disputieren, streiten; überlegen
崇拜 chóngbài	anbeten, vergöttern, verehren, einen Kult um ... treiben
后怕 hòupà	erst im Nachhinein es mit der Angst zu tun bekommen
羡慕 xiànmù	jn für etw. beneiden
同一屋檐下 tóngyī wūyán xià	unter der gleichen Dachtraufe
汹涌庞大 xiōngyǒng-pángdà	reißend, tosend, aufwallend, stürmisch
漫天飘舞 màntiān-piāowǔ	überall am Himmel schweben/flattern/fliegen
簇拥 cùyōng	(in einer Menge/in einem Haufen) umgeben, umringen
陌生 mòshēng	unvertraut, unbekannt